FRÜHE NEUZEIT
Band 32

Studien und Dokumente zur deutschen Literatur
und Kultur im europäischen Kontext

In Verbindung mit der Forschungsstelle
„Literatur der Frühen Neuzeit"
an der Universität Osnabrück

Herausgegeben von
Jörg Jochen Berns, Klaus Garber, Wilhelm Kühlmann,
Jan-Dirk Müller und Friedrich Vollhardt

Eric Achermann

Worte und Werte

Geld und Sprache bei Gottfried Wilhelm Leibniz, Johann Georg Hamann und Adam Müller

Max Niemeyer Verlag
Tübingen 1997

Publiziert mit Unterstützung des Schweizerischen Nationalfonds zur Förderung
der wissenschaftlichen Forschung

Die Deutsche Bibliothek – CIP-Einheitsaufnahme

Achermann, Eric:
Worte und Werte : Geld und Sprache bei Gottfried Wilhelm Leibniz, Johann Georg Hamann und Adam Müller / Eric Achermann. – Tübingen : Niemeyer, 1997
(Frühe Neuzeit ; Bd. 32)
NE: GT

ISBN 3-484-36532-3 ISSN 0934-5531

Printed in Germany.
Gedruckt auf alterungsbeständigem Papier
Druck: Memminger Zeitung, Verlagsdruckerei GmbH, Memmingen
Einband: Siegfried Geiger, Ammerbuch

Vorwort

Es sind viele geworden, denen ich zu danken habe, allen voran dem großen Freund und Lehrer, Wolfgang Proß, für Wissen, Kritik, Motivation, gute Laune und vieles mehr. Viel Dank bin ich auch Rudi Altrichter für die nervenaufreibenden Diskussionen schuldig, die er für Punkte, Kommata und andere Wahrheiten jederzeit zu führen gewillt war. Überraschend umgänglich hat sich bei ähnlichem Geschäft Christine Holenweger erwiesen; auch das werde ich nicht vergessen.

Dank gilt der eigens für die *Einleitung* konstituierte Diskussionsgruppe, die kein gutes Haar an meinen Überlegungen ließ. Besonders hoch rechne ich Klaus Petrus seinen proselytischen Eifer an. Mit zur Gemeinde gehörten Ian Holzheu, Reto Sorg, Regina Bühlmann, Jürgen Strauss, Adrian Mettauer, René Wüthrich, Benedikt Eppenberger und die stets verhinderte Adriana Leuenberger Lemercier.

Für hilfreiche Hinweise möchte ich Lutz Danneberg, für freundliche Unterstützung Anthea und Max Waibel, für Korrekturvorschläge schließlich Ernest W. B. Hess-Lüttich, Simone De Angelis, Cristina Achermann, Andreas Hediger und Myriam Prongué herzlich danken.

An ehrenvoller letzter Stelle geht mein spezieller Dank an Fritz Vollhardt, dessen materialreiche Postzusendungen mich schon vor mehr als drei Jahren ins Schwitzen brachten. Ihm, Wilhelm Kühlmann und Jan-Dirk Müller bin ich überdies zu großem Dank verpflichtet, da sie sich für die Aufnahme meiner Arbeit in diese Reihe eingesetzt haben.

Inhaltsverzeichnis

A. Einleitung

Der Vergleich zwischen Geld und Sprache ist ein Topos, der bereits in der Antike weite Verbreitung kannte. Durch die Reorganisation des Wissens, die grundlegende Neuformulierung des Ideals wissenschaftlicher Darstellung und die zunehmende Kritik an tradierter Autorität im 17. Jahrhundert erhält er jedoch einen spezifisch modernen Rahmen, dem der Hauptteil (B) dieser Arbeit gilt.

Die Einleitung (A) umfaßt einen theoretischen Teil (I), der sich mit den Vorbedingungen und Implikationen der gewählten Methode beschäftigt, und thematisch orientierte Überlegungen (II), die sich kritisch mit einschlägiger Literatur und der Wahl der behandelten Autoren auseinandersetzen.

I. Überlegungen zu einer interdisziplinären Literaturwissenschaft

Das theoretische Rüstzeug zur Erklärung der Produktion und implizit auch der Rezeption eines Topos liefert die Topik (1), die in grober Skizze als Ausgangspunkt für die anschließende Untersuchung der interdisziplinären Anwendung von Literaturwissenschaft dient. Dieser schematische Umgang mit der antiken Rhetorik beabsichtigt nicht, neue Einsichten ›in puncto‹ antike Rhetorik und Topik zu vermitteln; vielmehr wird gezeigt, daß die zwei Problembereiche, um die es im folgenden geht, hier vereint auftauchen, nämlich die Findung und Vermittlung von Gedanken und der Rückgriff auf geltende Meinung (doxa).

Die Methode wurde nicht im Hinblick auf das Thema gewählt, sondern konstituiert dieses erst; ein Vergleich ist nur dann ein Topos, wenn wir ihn unter dem Gesichtspunkt argumentativer Technik im Hinblick auf Überzeugen oder Überreden betrachten. Die gewünschte Wirkung determiniert wiederum die Wahl der Mittel, so daß das auktoriale Bewußtsein einerseits über dieses argumentative Arsenal als Mittel verfügt, andererseits dieses Mittel durch öffentliche Akzeptanz als sein Zweck bedingt wird.

Die genannten Schwerpunkte hängen von der mehrfachen Bedeutung von »Topos« ab, das sowohl die Fundstellen der Argumente (Wissensbereiche, Paradigmen, Diskurse), die Möglichkeiten der Erfindung (Denkfiguren, wissenschaftliche Ideale) und die Elemente des Wissens (Glaubens- bzw. Wissensstand) bezeichnet. Ziel und Voraussetzung sind Evidenz, und diese impliziert Erfahrung von Ähnlichkeit.

Der zweite Teil der Einleitung (2) wendet sich der Literaturwissenschaft zu und versucht vorerst »Literatur« als eine spezifische Wertzuschreibung zu erfassen (2.a). Diese verwendet ihrerseits formale und inhaltliche Argumente (2.b) sowie deren Synthese, die sich beispielhaft in zeitgenössischen Theoretisierungen der Metapher äußert (2.c). Es geht darum zu zeigen, in welcher Relation diese Bastionen der Literarizität zueinander und zum Begriff der Ähnlichkeit stehen und welches ihre Voraussetzungen sind. Es sind in erster Linie zwei dieser Voraussetzungen, die anschließend kritisch beleuchtet werden: einerseits der Rekurs auf die sinnliche Natur, andererseits die Berufung auf das geistige Wesen. Beide Argumente verbinden sich häufig und gerne, um einen Wertebereich vor dem historisierenden Relativismus zu retten, in diesem Falle: die Literatur. Die Kritik an apriorischen Forderungen erscheint aber als Voraussetzung für eine historische Untersuchungen, die die Geschichtlichkeit ihrer Fakten nicht scheut; um so mehr wenn es um die Untersuchung eines Vergleichs geht, dessen ›tertium comparationis‹ immer und überall als selbstverständlich betrachtet wird.

Die Tradition der Rhetorik und Poetik verfügt so in der *Ähnlichkeitskonstitution* über einen gemeinsamen Gegenstand, der die Arbeit des Literaturwissenschaftlers im Bereich der Findung, Anordnung und Vermittlung von Wissen legitimiert. In diesem Zusammenhang sind Thesen von Foucault und Quine relevant (3), da bei beiden Autoren die Möglichkeit von Gleichheit bzw. Synonymie zur Diskussion steht. Dabei dient Quines Nominalismus als kritische Vorarbeit zu einer konsequent wissenssoziologischen Methode. Sollte es gelingen, die von Foucault provozierten Probleme und Aporien auf diese sprachphilosophische Basis zu stellen, so sollte daraus eine starke theoretische Position resultieren, welche die Rekonstruktion gewählter Wissensbereiche ermöglicht.

1. Topik

Ersetzen wir »Wahrheit« durch »Wahrscheinlichkeit«, so verlassen wir nach Aristoteles das Gebiet der Logik und betreten dasjenige der Topik und der rhetorischen Argumentation.[1] Im Zentrum der Aristotelischen Rhetorik steht der *rhetorische Beweis*, das *Enthymem*. Es ist das bedeutendste rhetorische Mittel der Überzeugung (πιστισ[2]), da wir das am stärksten glauben, was wir für bewiesen (αποδειξισ) halten.[3] Dem Enthymem begegnen wir auch in der *Topik*, und zwar nun als *dialektischem* Syllogismus. Im Gegensatz zum eigentlichen logischen Syllogismus bezeichnet »Enthymem« den

---

[1] Es kann hier nicht ein Abriß der Topik- und Toposforschung geliefert werden, die sich seit Curtius' Zuwendung zu antiken und mittelalterlichen Topoi intensiviert hat. Einen hilfreichen Überblick über den Stand der Diskussion liefern folgende Texte: Max L. Baeumer: Vorwort; in: Toposforschung. Hg. v. dems. Darmstadt 1973, S. VII–XVII (Weiterentwicklung von Curtius' Ansatz); Lothar Bornscheuer: Bemerkungen zur Toposforschung. In: Mittellateinisches Jahrbuch. Bd. 11 (1976), S. 312–320 (Kritik an Baeumer und Jehn); ders.: Topik. In: Reallexikon der deutschen Literaturgeschichte. Bd. IV. Berlin ^{2}1984, S. 454–475 (Geschichte der Topik und Darstellung ihrer Verwendung in versch. Wissenschaften); ders.: Bemerkungen zur Toposforschung. In: Mittellateinisches Jahrbuch. Bd. 22 (1987), S. 312–320 (Kritische Rezension des Sammelbands von Breuer/Schanze und der *Topica universalis* von Schmidt-Biggemann).

[2] Was soviel heißt wie: Glaube, Vertrauen, Garantie, Beweis. Jozef A. R. Kemper (Topik in der antiken rhetorischen Techne. In: Topik. Beiträge zur interdisziplinären Diskussion. Hg. v. Dieter Breuer u. Helmut Schanze. München 1981, S. 21) paraphrasiert treffend mit »dasjenige, was zu Glaubwürdigkeit verhilft«.

[3] Aristoteles, *Rhetorik*, $1355^{a}3$ff. (I, 1, 11).

Schluß aus einer vom Standpunkt der Logik aus unvollständigen Anzahl von Prämissen.

Der Topos-Begriff, wie wir ihn in der *Topik* und der *Rhetorik* vorfinden, umfaßt sowohl generelle Beurteilungskriterien – was macht die Überlegenheit eines Arguments über ein anderes aus? – als auch Zuordnungskriterien – welche Verbindungen sind die brauchbarsten?[4] – und schließlich die Argumente (στοιχεια) selber.[5] Die spätere und so erfolgreiche Geschichte der Topik als ›ars iudicandi et inveniendi‹ und als Schatzkammer (thesaurus) von ›loci communes‹ ist also bereits bei Aristoteles angelegt, wobei die spätere Aufwertung der formalen und inhaltlichen Elemente durch Gleichschaltung mit dem Aufgabenbereich der Metaphysik nicht auf ihn zurückgeht.[6] Im Gegensatz zu Logik und Grammatik ist die Topik gegenüber materialen Aussagen nicht indifferent – und dies gerade weil der Umgang mit den Prämissen des Enthymems logisch mangelhaft ist. Die Topoi, die solche Prämissen bilden, benötigen einen hohen Grad an Akzeptabilität, damit die folgenden Schlüsse als Beweise gelten. Paradoxes, d.h. von der geltenden Meinung Abweichendes, kann also nur im Folgesatz erscheinen, während die Prämisse eben gerade demjenigen entspricht, was kraft seiner Zugehörigkeit zu den ›Doxai‹ gilt.[7]

Die Topik kann im Rahmen der klassischen lateinischen Rhetorik unter zwei Gesichtspunkten betrachtet werden: erstens im Verhältnis zu den ›officia oratoris‹, zweitens als ein Teil der Produktions- und Bearbeitungsphasen der Rede. Cicero sieht in seinem *De oratore* drei Pflichten als für den Redner wesentliche an: zu belehren, zu gewinnen und schließlich zur Tat zu bewegen.[8] Die Behandlung der ›loci‹ nun steht im Zeichen der ersten Pflicht,

---

4 Z.B. »Die bequemsten und die gebräuchlisten Topoi sind diejenigen, die aus Gegenteil, Beiordnung und Ableitung gewonnen werden.« Aristoteles, *Topik*, 119ª36f.

5 Vgl. hierzu: Alexander Cizek: Zur Bedeutung der *topoi enkomiastikoi* in der antiken Rhetorik. In: *Topik. Beiträge zur interdisziplinären Diskussion*, S.33.

6 Wilhelm Schmidt-Biggemann: Topica universalis. Eine Modellgeschichte humanistischer und barocker Wissenschaft. Hamburg 1983, S.7: »Bei Agricola aber wurde entscheidend, daß im Anschluß an die ciceronianische Topik die *logische* Referenz der Kategorien mit der *metaphysischen* zusammenfiel. So wurden die Topoi auch Konstituenten der Dinge selbst. Als metaphysische Grundlage wurden die *Loci* in die *Dinge selbst* gelegt, sie wurden zu substantiellen Prädikaten der Sachen. Wenn die Loci zur Substanz der Dinge selbst gehörten, dann lieferten sie die substantiellen Unterscheidungskriterien, die auch die natürliche Ordnung der Dinge ausmachten, und die andererseits zugleich dialektische Argumente waren.« Gleichzeitig hierzu läßt sich jedoch auch eine Tendenz ausmachen, welche die Topik vielmehr als »eine Möglichkeit praktisch orientierter Wissensreduktion« sieht; Helmut Zedelmaier: Bibliotheca universalis und Bibliotheca selecta. Das Problem der Ordnung des gelehrten Wissens in der frühen Neuzeit. Köln 1992, S.87.

7 Vgl. Aristoteles' Ausführungen zu den Sentenzen. *Rhetorik*, 1394ª (II,21,5). Zum *öffentlichen Geltungsanspruch* der ›topoi‹ vgl. Lothar Bornscheuer: Topik. Zur Struktur der gesellschaftlichen Einbildungskraft. Frankfurt a/M 1976, S.37–39.

8 Ich ziehe hier zwei Stellen aus *De oratore* zusammen: »Ita omnis ratio dicendi tribus ad

ist jedoch ohne die Befolgung der anderen Pflichten wert-, da wirkungslos. Die ›partes rhetoricae‹ ihrerseits können in ›res‹ und ›verba‹, innerhalb der ›res‹ wiederum in Erfindung (inventio), Anordnung (dispositio) und Auswendiglernen (memoria) unterschieden werden, während »verba« den Bereich der ›elocutio‹ (stilistische Bearbeitung) und des Vortrags (pronunciatio oder actio) bezeichnet. Die »inventio der Argumente«, die durch die Ortsangabe der Fundstellen erfaßt und gelehrt werden kann, ist gleichbedeutend mit »Topik«. Im fünften Buch von Quintilians *Institutio oratoria* findet sich eine ausführliche Darstellung der Topik, welche die kurzen Ausführungen des *De oratore* mit denjenigen aus Ciceros *Orator*[9] und *Topica* und Aristoteles' *Rhetorik* und *Topik* verbindet und auf die Zwecke des Redners hin in einer Gesamtdarstellung der Rhetorik systematisiert. Quintilians Einteilung geht somit folgerichtig von der Beweisführung (*probatio*) aus, die als natürliche (*inartificialis*, ατεχνος) und als kunstmäßige (*artificialis*, εντεχνος) gemäß der Opposition Innen-Außen strukturiert ist. Die natürlichen Mittel sind der Sache (*causa*) inhärent; sie umfassen Ruf und Gerücht, Folter, Urkunde, Eid und Zeugenaussage;[10] die kunstmäßigen Mittel hingegen sind äußerlich; sie werden vom Redner hinzugetragen und bestehen aus *signa*, *argumenta* und *exempla*[11]. Die *signa* unterscheidet er wiederum in Beweis (τεκμηρια) und Indiz (σημαιον).[12] Die *argumenta* ihrerseits und die *loci*, aus denen sie gezogen werden, bilden quantitativ den Hauptteil der Darlegungen. Quintilian faßt hier unter dem Begriff *argumentum* die drei griechischen Ausdrücke, ενθυμημα, επιχειρημα und αποδειξισ zusammen.[13] »Enthymem« hat hier drei Bedeutungen: die Gesamtheit mentaler Konzepte, die Vernünftigkeit der Aussage und drittens der Schluß durch Folge oder Gegensatz;[14] das *Epicheirema* gilt als vollständiger rhetorischer Syllogismus (*ratiocinatio*) und die *Apodeixis* schließlich als eine *probatio evidens*. Als dritte äußerliche, kunstmäßige Quelle von Argumenten

---

persuadendum rebus est nixa: ut probemus vera esse, quae defendimus; ut conciliemus eos nobis, qui audiunt; sunt animos eorum, ad quemcumque causa postulabit motum, vocemus.« (*De oratore*, II, 115); »Meae totius rationis in dicendo [...] tres sunt res [...]: una conciliandorum hominum, altera docendorum, tertia concitandorum.« (Ebd. II, 128).

9 Cicero, *Orator*, XIV, 44–49.

10 Quintilian folgt hier Ciceros Darstellung (*De oratore*, II, 116).

11 »Omnis igitur *probatio artificialis constat aut signis aut argumentis aut exemplis.*« Quintilian, *Institutio oratoria*, V, 9, 1.

12 Im Anschluß an Aristoteles, *Rhetorik*, 1357^{b}1ff. (I, 2, 16f.).

13 Quintilian, *Institutio oratoria*, V, 10, 1.

14 Ebd. V, 10, 2: »nam *enthymema* (quo nos *commentum* sane aut *commentationem* interpretemur, quia aliter non possumus, Graeco melius usuri) unum intellectum habet, quo omnia mente concepta significat [...] alterum, quo sententiam cum ratione, tertium, quo certam quandam argumenti conclusionem vel ex consequentibus vel ex repugnantibus.«

schließlich erwähnt er das *exemplum* (παραδειγμα), das er mit den Griechen – gemeint ist Aristoteles - rhetorische Induktion (ρητορικη επαγωγη) nennt. *Ratiocinatio* (επιχειρημα) und *inductio* seien die zwei Formen der *argumentatio.*[15]

Das Problem bei der Lektüre der topischen Theorien konzentriert sich in den vielfältigen Bedeutungszuweisungen, die der Begriff »Enthymem« erhält, der erstens als Oberbegriff die erwähnten argumentativen Mechanismen verschiedener Wahrscheinlichkeitsgrade erfaßt, zweitens synonym für »rhetorischer Syllogismus« (im engeren Sinne) gebraucht wird und drittens schließlich die inhaltlichen Prämissen des Syllogismus bezeichnet. Diese Bedeutungsvielfalt spiegelt diejenige von »Topos« wieder: Anleitung unter allgemeinem Gesichtspunkt[16] zur Auffindung und Beurteilung von Argumenten, die Argumente selbst und die Elemente (στοιχεια) dieser Argumente.

Die topische Betrachtung ist somit relevant sowohl für Inhalte als auch Strukturen, für formale und materiale Aspekte,[17] und vermag deshalb effizient die Konstitution als auch die Veränderungen von Wissensbereichen zu beschreiben. Die historisch immer wieder belegbare Nähe von Rhetorik und Literaturwissenschaft – wobei Wissenschaft hier nicht ahistorisch als eine ›strenge‹ verstanden werden darf –, und die Rolle der Rhetorik bei der Bereitstellung der Argumente, die in das jeweilige Aussagenkorpus »Literarizität« einfließen, legen eine intensive Auseinandersetzung der Literaturwissenschaft mit der Topik nahe. Daß dieser Weg nicht nur naheliegend, sondern – wie noch zu zeigen – auch gangbar ist, versucht diese Untersuchung theoretisch und praktisch zu demonstrieren. Vorerst muß jedoch noch der Nachweis erbracht werden, daß die Topik auch für Wissensbereiche nutzbar gemacht werden kann, deren Nähe weder genetisch noch historisch so einfach zu belegen sind. In diesem zweiten Sinne soll »Topik« hier als Schnittpunkt der Literaturwissenschaft mit der Wissenssoziologie und Wissenschaftsgeschichte verstanden werden. Die rhetorisch-topische Analyse bietet sich deshalb vorzüglich an, weil sie Geschichte als eine Abfolge bloß kontingenter, da sozial bedingter, Wahrscheinlichkeiten ›offenhält‹.[18]

---

15 Quintilian, *Institutio oratoria*, V,11,1–3; vgl. Aristoteles, *Rhetorik*, 1356^b (I,2,10); *Topik*, 105^a10ff. (I,12).

16 Aristoteles, *Rhetorik*, 1358^a (I,2,21).

17 Vgl. Bornscheuer, *Topik* (Reallexikon), S.455. Zum Verhältnis *doxai-episteme*, zwischen material und formal beglaubigtem Wissen und Topik, vgl. Stephen Toulmin: Die Verleumdung der Rhetorik. In: Neue Hefte für Philosophie 26 (1986), S.58.

18 »La rhétorique, elle, est une plante de plein vent. Elle fait voler les schémas abstraits; elle s'installe cavalièrement de part et d'autre des distinctions théoriques les plus respectables; elle fait entrer la contingence dans l'histoire, la politique dans la logique, les passions dans le discours.« Jacques Brunschwig: Rhétorique et dialectique, *Rhétorique*

Die Lehre von den ενδοξα weist nämlich nicht nur bei den Sophisten, sondern auch bei Aristoteles[19] auf die sozial bedingte Geltung der Evidenzsysteme (Ideologien) für spezifische Gruppen hin: Spezialisten, Weise – oder einfach das Volk.[20] Es sind dies erste Unterscheidungen in Richtung dessen, was Karl Mannheim in jüngerer Vergangenheit mit dem Ausdruck *Denkstil*[21] bezeichnet hat. Das Denken organisiert sich in einer Öffentlichkeit, welche seinen Geltungsbereich ausmacht. Dies kann explizit anhand von Programmen oder Statuten geschehen, deren wohl eindrücklichstes Beispiel die Fiktion der Gelehrtenrepublik darstellt. Weit grundlegender sind in diesem Zusammenhang jedoch Aussagen zur – noch zu bestimmenden – Evidenz der verwendeten Argumente sowie zu den privilegierten Denkfiguren, die sich nicht einfach aus programmatischen Absichtserklärungen rekonstruieren lassen. Die topische Analyse untersucht in einem gewählten historischen Zeitraum erstens den Status von Wahrheit und Wahrscheinlichkeit, zweitens die Häufigkeit, Möglichkeit und Unmöglichkeit der Denk- und Darstellungsfiguren sowohl in der Praxis als auch in theoretischen Entwürfen und drittens die davon abhängigen Definitionen, spezifischen Eigenschaften, Akzidentien, Unterordnungen, Nachbarschaften etc. der Argumente untereinander.

Dabei sind gerade die Formen uneigentlicher Rede – Metapher, Metonymie, Synekdoche, Personifikation etc. – wie auch der Vergleich von entscheidender Bedeutung, da gerade bei diesen Figuren der Geltungsbereich eines Arguments[22] wie auch die Restrukturierungen der Wissensbereiche,

---

et *Topiques*. In: Aristotles *Rhetoric*. Philosophical Essays. Hg. v. David J. Furley u. Alexander Nehamas. Princeton 1994, S. 94.

[19] Vgl. Andreas Graeser: Die Philosophie der Antike 2. Sophistik und Sokratik, Plato und Aristoteles. München 1983, S. 197f.

[20] Daß die Evidenz auf den *indocti*, dem Volk, aufgebaut werden kann und z. T. auch muß, ist ein Gemeinplatz, der sich u. a. bei Quintilian findet. Der rhetorische Begriff des πρεπον oder ›aptum‹/›decorum‹ scheint als Angelpunkt der Textproduktion und Rezeption eine Analyse der Geltungsbereiche vorauszusetzen; vgl. Cicero, *Orator*, XXI, 70–75. Diese Kategorie wird zu einem Zentralbegriff des modernen Stilideals im 17. Jahrhundert und der Ausbildung des *politischen Redners*, vgl. Wilfried Barner: Barockrhetorik. Untersuchungen zu ihren geschichtlichen Grundlagen. Tübingen 1970, S. 150f. u. 174.

[21] Vgl. hierzu David Kettler, Volker Meja, Nico Stehr: Politisches Wissen. Studien zu Karl Mannheim. Übers. v. Reinhard Blomert. Frankfurt a/M 1989, S. 63. In seinem programmatischen Vortrag *Die Bedeutung der Konkurrenz im Gebiete des Geistigen* (1928/1929) fordert Mannheim eine Untersuchung dieser Denkstile als zentrale Aufgabe einer Wissenssoziologie: »Man hat hier gesagt, wir müssen in ›*Wirtschaftssystemen*‹ denken lernen [...], ich würde dementsprechend behaupten, man muß in der Denk- und Geistesgeschichte in *Denkstilen* denken lernen.« In: Karl Mannheim: Wissenssoziologie. Auswahl aus dem Werk. Hg. v. Kurt H. Wolff. Berlin u. Neuwied 1964, S. 590.

[22] Ludwik Fleck sieht in den ›literarischen Figuren‹ gar die deutlichste Aktualisierung von *Meinungssystemen*: »Den aktivsten Grad der Beharrungstendenz der Meinungs-

seien sie noch so gering, beobachtet werden können. Da nun die Literaturwissenschaft, ob zu Recht oder Unrecht wird noch zu betrachten sein, die erwähnten rhetorischen Figuren in unterschiedlichem Maß als eigentliche *literarische Fakten*[23] bezeichnet, nähern wir uns der oben postulierten Spezifizität der Literaturwissenschaft innerhalb eines interdisziplinären Programms. Der rhetorische Bereich der »uneigentlichen Rede« und der (im etymologischen Sinne) poetische Bereich der ›mimesis‹ oder ›fictio‹ sind privilegierte Orte der Tradierung oder Neuschaffung des Wertes von Argumenten. Gerade in diesem Bereich der ›poiesis‹, wo die schöpferische Freiheit in ihrem problematischen Anspruch auf Innovation eben durch die beabsichtigte Erkundung der Fremdheit immer wieder auf Altbekanntes zurückgreift, entdecken wir einen idealen Maßstab, um Verschiebungen zwischen den Punkten »Wahrheit«, »Wahrscheinlichkeit« und »Unwahrscheinlichkeit« festzulegen.

Aus dem Gesagten sollte klar geworden sein, daß die Topik sich ebensowenig wie die Sprache den historischen Veränderungen entzieht. Die Analogie zwischen den Substitutionsmechanismen zentraler rhetorischer Figuren und den Ordnungskriterien der Aristotelischen Topik darf nicht einfach mentalistisch gedeutet werden, sondern dahingehend, daß die Rhetorik Plausibilität durch Übereinstimmung mit gängigen *Ähnlichkeitsstandards* und *Wertungsachsen*[24] erzeugt. Die Erfahrung von Ähnlichkeit liegt all den

---

systeme bildet die schöpferische Dichtung, die sozusagen magische Versachlichung der Ideen, das Erklären, daß eigene wissenschaftliche Träume erfüllt seien.« (Entstehung und Entwicklung einer wissenschaftlichen Tatsache. Einführung in die Lehre vom Denkstil und Denkkollektiv (1935). Hg. v. L. Schäfer u. T. Schnelle. Frankfurt a/M ^{2}1993, S. 46). Diese Ansicht richtet sich dezidiert gegen diejenige, welche die Metapher z. B. erst im Moment ihrer systematischen Entwicklung als nicht zufällig betrachtet; so etwa in folgender Äußerung: »Während dieser Terminus [Organismus] aber zumeist eine metaphorische Verwendung findet und so von einer eher fragwürdigen wissenschaftlichen Leistungsfähigkeit ist, streift der Organismusbegriff Hegels in der [...] logischen Aufarbeitung ganz die Zufälligkeit der Metaphorik ab und wird in einen mit präzisen Inhalten angereicherten, universell verwendbaren Erklärungsbegriff umgearbeitet.« Armin von Bogdandy: Hegels Theorie des Gesetzes. München 1989, S. 122f.

23 Tynjanov, dem dieser Ausdruck entliehen ist, sei anstelle der noch zu erbringenden Definition zur vorläufigen Klärung zitiert: »Während es immer schwieriger wird, eine feste *Definition* von *Literatur* zu geben, wird jeder beliebige Zeitgenosse mit dem Finger darauf weisen können, was ein *literarisches Faktum* ist. [...] Ein betagter Zeitgenosse, der ein, zwei oder auch mehrere literarische Revolutionen miterlebt hat, wird bemerken, daß zu seiner Zeit diese oder jene Erscheinung kein literarisches Faktum war, heute aber dazu geworden ist, und umgekehrt.« Jurij Tynjanov: Das literarische Faktum (1924). In: Russischer Formalismus. Texte zur allgemeinen Literaturtheorie und zur Theorie der Prosa. Hg. v. Jurij Striedter. München ^{3}1981, S. 399.

24 Die Ausdrücke sind Quines Aufsatz *Über das Wesen moralischer Werte* entnommen. In: Willard Van Orman Quine: Theorien und Dinge. Übers. v. Joachim Schulte. Frankfurt a/M 1985, S. 75–77.

erwähnten Mitteln zugrunde, auch dort wo scheinbar ihr Gegenteil argumentativ nutzbar gemacht wird, d. h. in den Topoi des *Gegensätzlichen*.[25]

Begriffe wie »Notwendigkeit« und »Wahrheit« aber schließen Geschichte aus. Gerade die geschichtlichen (Selbst-)Darstellungen einzelner Wissenschaften als Triumphzüge fachinterner Rationalität gehen häufig davon aus, daß die Geschichte in vielen ihrer Teilbereiche (den gelösten Problemen) an ihr Ende gelangt sei. Demgegenüber soll hier ein Verfahren stehen, das Logik, Rhetorik und Dialektik als Ausprägungen desselben sprachlich-sozialen Handelns betrachtet. Der Ort, der im Zentrum der Aufmerksamkeit steht, ist eine bestimmte, d. h. definierbare, Öffentlichkeit, die als Geltungsbereich einer Summe bewußter und unbewußter Codes verstanden wird. Dieser Bereich ist durch Institutionen bzw. Erwartungen bestimmt, worin er sich tendenziell vom antiken Verständnis der Topik unterscheidet. »Topik« bezeichnet hier ein deskriptives Instrumentarium, das aus dem antiken Regelwerk zur Produktion von Texten abgeleitet ist und ebenso zur Beschreibung der Rezeptionsbedingungen angewandt werden kann. Die Umkehrbarkeit der beiden Pole der Kommunikation ist dabei glücklicherweise weniger problematisch als es auf Anhieb scheinen mag, da die Topik keine Aussagen zum tatsächlichen Gelingen von Kommunikation macht, sondern Techniken beschreibt, die zum Gelingen beitragen sollen. Was intendiert und was tatsächlich erreicht wurde, sind gleichermaßen Belege für die Möglichkeiten, in denen sich Bedeutung bewegt. Die Möglichkeiten werden von der jeweiligen Grammatik und dem Lexikon eines Codes bestimmt, die nach der pragmatischen Charakterisierung ihrer Trägerschaft differenziert werden müssen.

Es stellt sich die Frage nach der Zirkularität der Argumentation: Einerseits wird behauptet, daß die Bedeutung von Argumenten nur innerhalb ihres Geltungsbereichs als Aufbewahrungs- und Gebrauchsort, als systematisch organisiert und historisch veränderlich erklärt werden kann, daß also das Lexikon der ›loci‹ und die Syntax der topischen Substitutionsmechanismen die Voraussetzungen des Verstehens liefern, die beide von der Topik erfaßt werden. Zweitens wird ein rhetorischer Wirkungsbegriff vorausgesetzt, der Wirkung und Bedeutung gleichsetzt. Wie wissen wir aber, was die persuasive Tendenz eines Textes ist, wenn wir ihn nicht verstehen? Wie können wir ihn verstehen, wenn wir seine Absicht nicht kennen? Die Antwort kann wohl nur im Spannungsfeld von habitualisierten Mitteln, erklärter Intention und erreichter Wirkung gefunden werden. Wozu Texte dienen können, dazu liefern uns die historischen Ereignisse genügend Beispiele. Rhetorik und Persuasion können unter Umständen lebensgefährlich sein; spätestens hier manifestiert sich die Realität von Bedeutung, sei es auch in radi-

---

[25] Vgl. dazu die Beispiele bei Aristoteles, *Rhetorik*, 1397^{a}11f (II, 23, 1).

kaler Form. Im Bereich der Ideen- und Wissenschaftsgeschichte ist der Erfolg[26] bzw. Mißerfolg vom Weiterleben bzw. Vergessen abhängig. Daß dabei der eine Erfolg das Vergessen konkurrentieller Entwürfe geradezu voraussetzt, liegt nicht so sehr am beschränkten menschlichen Fassungsvermögen, sondern am Bedürfnis eigene Werte zu ›de-relativieren‹. Fragen nach den Gründen des Erfolgs tauchen für Gläubige nur dann auf, wenn seine Wohlbegründetheit in Frage gestellt wird. Darüber hinaus markieren solche Fragen Indifferenz gegenüber der hauchdünnen, aber vehement verteidigten Grenze zwischen Überreden und Überzeugen.

Persuasion – als übergeordneter Begriff zu »Überreden« und »Überzeugen« – versucht, die Arbitrarität der Zeichen und Mittel durch unmittelbare Wirkung zu übertönen: Im rhetorischen Akt vergessen zu lassen, daß Rhetorik ›artificialis‹ sei; in der Literatur vergessen zu lassen, daß es Fiktion und Handwerk sei; in der Philosophie vergessen zu lassen, daß Notwendigkeit von Kontingenz nur ›a posteriori‹ geschieden werden kann – Fähigkeit also, ein abwesendes ›Mehr‹ zu einem anwesenden zu machen. Es zeigt sich wohl nirgends deutlicher als in der Antike, wo gerade eine so stark auf das Wort bedachte Gesellschaft die Metaphorik des Sehens zur grundlegenden Kategorie der Erkenntnis der Wahrheit machte.[27] Rhetorik, wenigstens in ihrer westlichen Tradition, ist der Versuch des Vor-Augen-Führens, des Übergangs von der Rede zum Drama.

2. Literarizität und literarische Fakten

In seinem 1991 erschienen Buch *Fiction et diction* unterscheidet Genette einerseits zwischen *konstitutiven* und *konditionalen* Definitionen der Ausdrücke »Literatur« und »Literarizität«,[28] andererseits zwischen formalen (*rhematischen*) und inhaltlichen (*thematischen*) Argumenten, die in diesen Definitionen Verwendung finden. Die zweite Opposition wird durch das

---

[26] »Was könnte die Sicherheit *mehr* rechtfertigen als der Erfolg?« Ludwig Wittgenstein: Philosophische Untersuchungen I (1945), §324. Frankfurt a/M 1977, S. 167.

[27] Vgl. dazu Hans Blumenberg: Licht als Metapher der Wahrheit. Im Vorfeld der philosophischen Begriffsbildung. In: Studium Generale 7. Berlin 1957. Zur Beziehung zwischen Rhetorik und Malerei in der Antike und Frühneuzeit vgl. Carsten-Peter Warncke: Sprechende Bilder – sichtbare Worte. Das Bildverständnis der frühen Neuzeit. Wolfenbütteler Forschungen. Bd. 33. Wiesbaden 1987, S. 19–28. Yves Delègue hat in seinem sehr ansprechenden Buch *La perte des mots* (Essai sur la naissance de la »littérature« aux XVIe et XVIIe siècles. Strasbourg 1990, vor allem S. 41–56) das Verhältnis zwischen Wort und Bild neu untersucht und damit den Grundstein zu einer historischen Beurteilung des Primats des Bildes über das Wort gelegt.

[28] Analog zu Goodmans Unterscheidung von *What is Art?* und *When is Art?* (Nelson Goodman: When is Art? In: The Arts and Cognition. Hg. v. David Perkins u. Barbara Leondar. Baltimore 1977); vgl. Gérard Genette: Fiction et diction. Paris 1991, S. 15.

Begriffspaar »Fiktion/Diktion« ausgedrückt, das wiederum den Bereich zwischen poetischer Sprache und Alltagssprache bzw. Fiktion und Nichtfiktion umfaßt. Bevor wir uns jedoch den konkreten Argumenten zuwenden, die diese Unterscheidungen ermöglichen, ist die Klärung der in den folgenden Überlegungen verwendeten Begriffe nötig.

a. Literarizität und Wertzuschreibung

»Literatur« soll die Gesamtheit der Texte bedeuten, denen das Prädikat »literarisch« zugewiesen wird oder zugewiesen worden ist. Der Ort dieser Zuweisung ist ein öffentlicher Geltungsbereich, der einerseits programmatisch durch literarische Institutionen bestimmt wird, andererseits durch die Erwartung[29] des Publikums. Dieser Geltungsbereich ist um so größer, je evidenter, d. h. konstitutiver die Argumente in bezug auf die Bestimmung der Zugehörigkeit eines Textes zum Bereich der Literatur erscheinen. Die Gesamtheit der für diese Zuweisung verwendeten Argumente soll »Literarizität« heißen; diese Argumente beschreiben Phänomene in Texten, die als typisch literarisch, d. h. als »literarische Fakten« gelten.

Die eingangs erwähnte konditionale Bestimmung fragt nach den Bedingungen, die unter Umständen eingehalten werden müssen, um etwas als »literarisch« erscheinen zu lassen. Das Verhältnis zwischen inhaltlichen und formalen Argumenten, die Betonung des einen oder anderen Elementes oder gar das Ausblenden eines ganzen Bereichs[30] sind Fragestellungen, die zum Aufgabenbereich der Literaturgeschichte gezählt werden müssen.[31] Eine Wissenschaft jedoch, die es auf wertfreie Deskription angelegt hat, darf selber nicht die in ihrem eigenen Wissensbereich herrschenden Werte voraussetzen. Da das äußerst sinnvolle Postulat der Wertfreiheit, das die Wissenschaftlichkeit von Aussagen kennzeichnet, zu einiger Verwirrung innerhalb der wissenschaftstheoretischen und -ethischen Diskussion geführt hat, und da zudem der Hauptteil der vorliegenden Arbeit sich mit der Wertekonstitution auseinandersetzt, sei hierzu ein kleiner Exkurs erlaubt.

---

[29] Zum Begriff »Erwartung« siehe Seite 15.

[30] Im Gegensatz zu Genette – »Il y a donc des dictions de littérarité constitutive et des dictions de littérarité conditionnelle, alors que la fiction, elle, est toujours constitutivement littéraire.« (Ebd. S. 32) – glaube ich nicht, daß konditionale Literarizität nur auf *rhematische* konstitutive Argumente zurückgreift, sondern sich auch *thematischer* Argumente bedient – z. B.: »Erzähl doch keine Märchen« oder »die Chronik von Scotland Yard ist einer der spannendsten Romane«.

[31] Barthes formulierte dieses Anliegen bereits 1960 in seinem berühmten Aufsatz *Literatur oder Geschichte*: »Was kann streng genommen eine Geschichte der Literatur anderes sein als eine Geschichte der Idee der Literatur?« Roland Barthes: Literatur oder Geschichte. Übers. v. Helmut Scheffel. Frankfurt a/M 1969, S. 21.

»Wert« ist die Funktion, die einem Gegenstand zugewiesen wird. Das Wort »zugewiesen« zeichnet »Wert« als Kulturprodukt[32] aus, d.h. daß ›aus der Natur der Sache‹ keine Werte abgeleitet werden.

Beispiel: Eine Zeitung dient als Informationsträger. Ihre Funktion und ihr Wert für den Leser besteht u.U. darin, ihn über das Tagesgeschehen zu informieren. Wird diese Zeitung nun gefaltet und auf den Kopf gesetzt, dient sie dem Maler als Schutz vor der tropfenden Farbe. Wird sie unter den Pullover geschoben, so schützt sie vor Kälte. In den zwei letzten Funktionen sind die Informationen, die die Zeitung enthält, und ihre Faktizität belanglos.

»Wissenschaftliche Wertfreiheit« besagt nun nicht, daß wir nicht wissen, was die Funktionen einer Zeitung sind, d.h. wie sie gebraucht werden kann, noch daß die Zeitung weder für den Leser noch den Maler, noch den Clochard einen Wert habe; sie besagt vielmehr, daß innerhalb einer wissenschaftlichen Untersuchung diese Funktionen nicht vorausgesetzt werden können. Dies aber gilt nur dann, wenn die Werte relevant sind, d.h. nachweisbar Einfluß auf die Ergebnisse nehmen.

Beispiel: Für den Chemiker, der die Papierkonsistenz untersucht, ist es egal, ob die Artikel tatsächlich auf historische Ereignisse referieren oder ›Enten‹ sind. Für den Historiker sind die Werte, die der Chemiker den materiellen Bestandteilen der Zeitung zuschreibt, irrelevant, während er sich für die Faktizität der Artikel interessiert. Wäre jedoch die chemische Beschaffenheit eine andere, so hielte er unter Umständen keine Zeitung in den Händen, sondern Staub.

Wo ziehen wir also die Trennlinie zwischen relevanten und irrelevanten Werten? Es scheint doch einen wesentlichen Unterschied zu machen, ob der Historiker bei seiner Arbeit eine Zeitung in der Hand hält oder nicht. Die Antwort ist in diesem Falle ziemlich einfach: Er hält ja die Zeitung in der Hand. So ist die Frage, ob es Texte gibt, für den Literaturwissenschaftler irrelevant. Relevant hingegen ist für Historiker und Literaturwissenschaftler die Frage, ob und welche Zeitungen Dokumente sind bzw. ob und welche Texte Literatur sind. Relevanz hängt von Faktoren wissenschaftlicher Organisation und Ökonomie ab, wobei die Trennlinien zwischen den Wissenschaftsbereichen durch jeweilige Definitionen eine bestimmte Autonomie erzeugen, welche die Beurteilung der (Teil-)Ergebnisse in der erwähnten relativen Art ermöglichen. Der Gefahr des ›regressus ad infinitum‹ kann mit dem Argument begegnet werden, daß dem wissenschaftlichen Gegenstand ein vorwissenschaftlicher vorausgeht, der den Wissenschaftsbereich

---

32 Zur zentralen Bedeutung des Wertebegriffs für die Soziologie bei der Erfassung *kultureller Typsierung* und *Prägung* vgl. Karl-Heinz Hillmann: Wertwandel. Zur Frage soziokultureller Voraussetzungen alternativer Lebensformen. Darmstadt ^{2}1989, S.51–104.

inhaltlich festlegt. Literaturwissenschaft gibt es vorerst einmal, weil es einen Gegenstand gibt, der den Namen »Literatur« trägt.

Nun ist es aber so, daß weder die formale Analyse der poetischen Sprache noch die inhaltliche Analyse der Fiktionen qualitative Beschreibungen zutage fördern, die wir nicht auch auf Staubsaugeranleitungen, Werbeslogans oder Reiseberichte anwenden könnten. So ist auch die im russischen Formalismus vielberufene *Disautomatisierung der Wahrnehmung*,[33] die in Literatur (und Kunst) auftreten soll, letztlich ein Produkt der Aufmerksamkeit, die wir auf diese Sprache richten: Suchten wir im alltäglichen Umgang mit Sprache nach Polysemien statt zu ›monosemieren‹, betrachteten wir die Sprache als Widerstand, statt als ein sich im Verstehen aufhebendes Vehikel, so wäre die soziale Sanktion wohl unausweichlich das Irrenhaus oder Vormundschaft. Die Literarizität besteht also nicht sosehr in der *Arbeit am Stil*,[34] wie es bei Mallarmé heißt, sondern in der Arbeit beim Entziffern des Stils; andererseits impliziert unsere Definition des literarischen Faktums die soziale Geltung der Argumente dieser Literarizität, so daß ein *sekundäres modellbildendes System*[35] angenommen werden muß, das in den Texten partiell realisiert wird und strategische Anleitungen zu einer spezifisch literarischen Rezeption gibt. Das Paradox, daß die Literarizität Produkt des Lesens und nicht des Schreibens sei, trifft also nur dann zu, wenn der Geltungsbereich für das Aussagenkorpus »Literarizität« der Rezeptionsseite von demjenigen der Produktionsseite differiert. Dies erklärt, daß spätere Zeiten Texte häufig als zur Literatur gehörig bezeichnen, obwohl dies weder dem Autor noch seinen Zeitgenossen bekannt war.

Anhand dreier Beispiele, deren Stellung unter den Argumenten der Literarizität als privilegiert gelten kann, soll gezeigt werden, daß die Zeichen, welche Literatur anzeigen, weit davon entfernt sind, eine immanente, quasi natürliche Zeichenhaftigkeit zu besitzen, sondern kraft ihrer Zugehörigkeit zu einem Code wirken. Die gewählten Beispiele sind Metrum, Fiktion (2.b) und Metapher (2.c).

---

33 Vgl. etwa den 1916 erschienen programmatischen Aufsatz Viktor Sklovskijs *Kunst als Verfahren*. In: *Russischer Formalismus*, S. 15. Zur Bedeutung der *Disautomatisierung* für den Russischen Formalismus, vgl. auch Victor Erlich: Russischer Formalismus. Übers. v. Marlene Lohner. Frankfurt a/M 1973, vor allem S. 195–197.

34 *Effort au style*. Stéphane Mallarmé: Sur l'évolution littéraire (1891). In: Igitur et. al. Paris 1976, S. 389. Vgl. Genette, *Fiction et diction*, S. 28.

35 Vgl. Jurij M. Lotman: Die Struktur literarischer Texte. Übers. v. R.-D. Keil. München 1972, S. 39: »Die Literatur spricht in einer besonderen Sprache, die als sekundäres System auf und über der natürlichen Sprache errichtet wird. Deshalb definiert man die Literatur als sekundäres modellbildendes System. Natürlich ist sie nicht das einzige sekundäre modellbildende System.«

b. Poetizität und Fiktionalität

»Fiktionalität« und »Poetizität« bezeichnen die Argumente, welche die inhaltliche bzw. formale Zugehörigkeit eines Textes zum Korpus der Literatur behaupten. Zusammen mit anderen Angaben – Gattungsbezeichnung, Titelblatt, Verlagsname etc. – bringen sie die spezifische Erwartung »Literatur« hervor.

Es gibt wohl kein formales Merkmal, das Poetizität als Steigerungsform der Literarizität augenfälliger indiziert, als das Metrum – und alles, was sich ihm nähert. Hier liegt scheinbar ein Ordnungsprinzip vor, das Literatur- und Alltagssprache klar scheidet. Wer sich mit Metrik jedoch auch nur oberflächlich auseinandergesetzt hat, der weiß, daß er einen beliebigen ›prosaischen‹ Textabschnitt stichisch anordnen und metrisch bestimmen kann. Es ist gerade bei ›freieren‹ metrischen Formen häufig die stichische Anordnung, die den Zeilen einen literarischen Anstrich verleiht, da sie beim Leser eine *Erwartung*[36] »Literatur« auslöst. Die Wahrnehmung von literarischen Fakten hängt also von routinierten Signalen und Situationen ab, die auf einen erlernten Umgang mit Texten zurückgehen. Versuche, die Definition der Literarizität aus solchen Bedingungen abzuleiten, mögen präskriptive, ›literaturpolitische‹ Berechtigung haben, bergen jedoch die Gefahr in sich, unhistorisch Werte aus sozialisierten Wahrnehmungsformen abzuleiten und auf Texte zurückzuprojizieren, für die ganz andere Merkmale als bestimmend erachtet wurden. Die Geschichte der Metrik zeigt, daß es Zeiten mit einer Vorliebe für strenge metrische Regulierung gibt, andere, die den Kontrast zwischen Metrum und Rhythmus betonen und schließlich solche, die nur in der Prosa Literatur, ja sogar Poesie für möglich halten.

Die Fiktionalität als weiteres Argument der Literarizität scheint ebenfalls nur bedingt als spezifisches Kriterium für Literatur brauchbar, da weder die Lüge noch das Beispiel ›per se‹ als literarisch betrachtet werden können, demgegenüber Gattungen und Typen wie der Aphorismus, der Essay, die Lyrik, die Reportage aus dem Bereich »Literatur« verbannt wür-

---

[36] Es ist das Verdienst der Konstanzer Schule, allen voran das von H. R. Jauß, auf die Bedeutung des *Erwartungshorizonts* für die Literaturwissenschaft aufmerksam gemacht zu haben. Es handelt sich hierbei um einen eminent soziologischen Begriff, der als *Erwartung* im Zentrum der Weberschen Theorie des *Gemeinschaftshandelns* und der *Zweckrationalität* steht (Max Weber: Ueber einige Kategorien der verstehenden Soziologie [1913]. In: Gesammelte Aufsätze zur Wissenschaftslehre. Hg. v. Johannes Winckelmann. Tübingen ^{7}1988, S. 440f.), als *Erwartungshorizont* jedoch auf Karl Mannheim zurückgeht; vgl. Hans Robert Jauß: Literaturgeschichte als Provokation. In: Ebd. Frankfurt a/M 1970, S. 200f. Bei Marcel Mauss erscheint der Ausdruck »attente« gar als das zentrale Moment der Gemeinschaftsbildung: »Je ne connais pas d'autre notion génératrice de droit et d'économie: ›Je m'attends‹, c'est la définition même de tout acte de nature collective.« Débat sur les fonctions sociales de la monnaie (1934). In: Œuvres. Bd. II. Hg. v. Victor Karady. Paris 1968, S. 117.

den.[37] Das literarische Faktum »Fiktion« wirft ähnliche Probleme auf, wie dasjenige der »poetischen Schreibweise«. Ist Marco Polo Fiktion, sind es Rousseaus *Confessions* oder etwa gar Hitlers Tagebücher? Und wenn ja, sind sie deshalb Literatur? Aus der erklärten Absicht der Autoren erfahren wir, daß die drei genannten Texte möglichst darauf verzichten, Indizien für ihre Fiktionalität zu liefern, was jedoch nicht heißt, daß spätere Zeiten die *Confessions* geradezu als Modell romancierter Selbsterfahrung mit klar erkennbarer fiktiver Absicht verwendeten. Ein gegenteiliges Beispiel liefern die Homerischen Epen und Schliemanns literale Lesart.

c. Metapher, Metonymie und Vergleich

Als ein besonderes Zeichen für Literarizität gilt die Verfremdung durch uneigentliche Rede – und unter den Tropen erscheint die Metapher als eigentliche ›pièce de résistance‹. Ihre Popularität hat dazu geführt, daß die anderen rhetorischen Figuren aus dem literarischen Diskurs verdrängt wurden,[38] so daß man sie mit dem *Wesen der Dichtung* schlechthin gleichsetzen konnte.[39] Ihre zentrale Stellung innerhalb der literaturwissenschaftlichen Theoriebildung verdankt sie einer *Ideologie des Ästhetischen,*[40] deren Zentrum in der Figur der Vermittlung zu finden ist. Die Metapher erhält die Funktion zugewiesen, zwischen Sinnlichem und Ideellem, Körperlichem und Geistigem, Tradition und Innovation zu vermitteln. Darüber hinaus sei sie verantwortlich für die erkenntnistheoretische Leistung der Dichtung, da hier Ähnlichkeit das sprachliche Zeichen motiviere und ihr enigmatischer Charakter neue Sichtweisen ermögliche. Kurz, sie illustriert wie keine andere Figur den Satz, daß in der Literatur Form und Inhalt, Text und Interpret wie auch Überlieferung und Schöpfung in gegenseitiger Abhängigkeit zueinander stünden. Wiederum können und müssen wir uns fragen, ob sich

---

[37] Von Moos hat in seiner magistralen Untersuchung mittelalterlicher Topik u. a. nachgewiesen, daß Fiktion und Historizität in den rhetorisch-topischen *exempla* Hand in Hand gehen; so äußert Johann von Salisbury anläßlich einer Anekdote: »Dieses ist entweder wahr oder wahrscheinlich. Nichts nämlich kann glaubhafter erfunden (...) und anschaulicher dargetan werden.« Peter von Moos: Geschichte als Topik. Das rhetorische Exemplum von der Antike zur Neuzeit und die *historiae* im *›Policraticus‹* Johanns von Salisbury. Hildesheim 1988, S. 214f.

[38] Vgl. Gérard Genette: La rhétorique restreinte. In: Figures III. Paris 1972. Genette nennt diesen Vorgang nicht zu Unrecht *centrocentrisme* (S. 33).

[39] So etwa Peter Szondi (Über philologische Erkenntnis [1967]. In: Hölderlin-Studien. Frankfurt a/M [2]1970, S. 17): »Dichtung, die ihr Wesen viel eher in der Einheit der Metapher denn im rationalen Dualismus des Vergleichs hat.«

[40] Der Ausdruck stammt von Paul De Man, der der hegelianischen Vermittlung als einer ›opinio communis‹ ebenfalls eine zentrale Rolle für unser heutiges Verständnis von Kunst und Ästhetik zuzusprechen scheint. Vgl. Paul De Man: Zeichen und Symbol in Hegels *Ästhetik* (1982). In: Die Ideologie des Ästhetischen. Hg. v. Christoph Menke, übers. v. Jürgen Blasius. Frankfurt a/M 1993, S. 39–58, insbesondere S. 41.

das gegenseitig bedingende Verhältnis zwischen Form und Inhalt einzig in der Literatur – und beispielsweise nicht auch in wissenschaftlichen Texten – finden läßt, ob Hesse in der Sprache Hemingways weniger Hesse sei als etwa Freud in der Sprache Fromms und Galilei in der Sprache Gauss'. Zweifellos gibt es Werke und Äußerungen, Autoren und Sprecher, die sich den sprachlichen Regeln der jeweiligen adäquaten Darstellungsform stärker anpassen als andere: Je *typischer* und unauffälliger die sprachliche Gestaltung, desto geringer der Anreiz, sie als (motivierten) Bedeutungsträger mitzuberücksichtigen. Abweichungen von sprachlichen und literarischen Konventionen erscheinen als literarisch bzw. literarischer. Wir haben es hierbei mit dem etwas befremdlichen Faktum zu tun, daß die *Atypizität* der literarischen Sprachverwendung ihre *Typizität* ausmachen sollte.[41]

Es ist dies das Phänomen der uneigentlichen Rede: Die Form konkurriert mit dem Inhalt nur dann, wenn sie gegenüber der Alltagssprache als atypisch wahrgenommen und als Bedeutungsträger beachtet wird. Seit Du Marsais' Erkenntnis, daß auf dem Marktplatz mehr rhetorische Figuren gebraucht werden als in den Versammlungen der Akademie,[42] steht jedoch fest, daß die Uneigentlichkeit der Sprache weder ein spezifisches noch ein konstitutives Merkmal für Literatur sein kann. Ganz im Gegenteil sind die Figuren und Tropen traditioneller Ort der Rhetorik. Die zunehmende Beschränkung der Literaturwissenschaft auf die Metapher ist in dieser Hinsicht symptomatisch: Die Literaturwissenschaft und die ›Partei der Literatur‹ sind auf die Metapher angewiesen, um dem Erkenntnisdefizit zu begegnen, das der Literatur seit der Antike und im wiederkehrenden Vorwurf der Sophisterei auflauert; sie trauern ob der periodischen Entleerung ihres wahlweise mythischen, ethischen und religiösen Erkenntnisanspruchs einer ebenso gearteten Legitimation nach, die mehr als das bloße Vergnügen konstatieren soll. Die Metapher scheint das gute Gewissen zu liefern. Die Ähnlichkeit zwischen ›substituendum‹ und ›substituens‹ als ›tertium comparationis‹ der metaphorischen Übertragung läßt einen Übergang von der Sprache zur Ontologie erhoffen, der an die alte ›Mimesis‹-Tradition wieder anzuknüpfen weiß und diese gar zu überbieten trachtet:

---

[41] Ganz im Sinne von Schütz' Begriff der Typizität. Vgl. Alfred Schütz: Das Problem der Relevanz. Frankfurt a/M 1971, S. 91: »Typen sind stets mehr oder minder anonyme Typen. Je anonymer die Typen sind, um so mehr Gegenstände unserer Erfahrung begreifen wir als den typischen Aspekt zugehörig. Zugleich wird aber der Typus immer weniger konkret. Sein Inhalt verliert mehr und mehr an Bedeutung, das heißt auslegungsmäßig wird er immer irrelevanter.« Schütz' Typizität *erstreckt sich auf die Erwartung*, die er mit Ausdrücken wie *generelle Idealisierung des ›und so weiter‹* und *Vertrautheit des Wissens* umschreibt. Ebd. S. 93.

[42] César Chesneau Du Marsais: Des Tropes ou des différents sens (1730). Paris 1988, S. 63.

> Warum sollten wir uns neue Bedeutungen ausdenken, Bedeutungen, die nur im Augenblick der Rede existieren, wenn nicht zum Zweck der *Poiesis* in der *Mimesis*. Wenn es stimmt, daß das Gedicht eine Welt schafft, dann bedarf es dazu einer Sprache, die seine schöpferische Kraft in spezifischen Kontexten bewahrt und zum Ausdruck bringt.
> Verbindet man die *Poiesis* des *Gedichts* und die Metapher als neuentstehende Bedeutung miteinander, so werden beide zur gleichen Zeit verständlich: die Dichtung und die Metapher.[43]

Was Paul Ricœur hier als die *schöpferische Kraft* der Metapher darstellt, die den *Sprachgebrauch über sich hinaushebe*,[44] zeigt die Funktion, die der Metapher als Schaltstelle zwischen ›Mimesis‹ und ›Poiesis‹, zwischen den Bereichen der Fiktionalität und der Poetizität zugesprochen wird. Denn in der lebendigen Metapher werde Wirklichkeit anders erfahren und zwar so, daß unser Augen sich für verborgene oder neue Aspekte dieser Wirklichkeit öffneten. Die erwähnte Disautomatisierung der Wahrnehmung des russischen Formalismus erscheint hier als Korrelat zur Schöpfung schlechthin. Es entsteht der Eindruck, als sei die Literatur in der Lage, die Grenzen ihrer eigenen Sprachlichkeit zu sprengen und Aussagen zu machen, die durch ihre sinnliche Unmittelbarkeit einen alternativen Wahrheitsbegriff liefern. Dieser, folgen wir Szondi, bestehe im Erfassen von Ähnlichkeiten, die im Gegensatz zum rationalistischen Dualismus des Vergleichs auf einer monistischen Intuition beruhten.[45] Metaphorisches Sprechen stellte insofern den Versuch dar, ein Stück Substanz der Dinge in die Worte hinüberzuretten und diese als nicht mehr kontingent, willkürlich und unmotiviert zu betrachten, sondern in dem *sekundären modellbildenden System* ein Abbild höherer Ordnung zu erschauen.

Ähnlichkeit als Motivation sprachlicher Zeichen kann unter zwei Gesichtspunkten betrachtet werden: als innersprachliche Relation oder als Referenz auf außersprachliche Realität. Es stellt sich die Frage, ob die Unterscheidung aufrecht erhalten werden kann, d. h. ob sowohl Sprach- und unmittelbare Sinneserfahrung als auch sprachliche (Lern-)Erfahrung und analytisches Sprachwissen voneinander zu trennen sind. Ob Kohle in den meisten Fällen schwarz oder grau sei, ob Löwen eher zu Mut oder Faulheit neigten, ob die Vorstellung von »wachsen« derjenigen von »Hoffnung« ähnele, könnten wir in den ersten beiden Fällen vielleicht noch experimentell oder statistisch ermitteln, während die dritte Relation im Rekurs auf eine außersprachliche Wirklichkeit wohl kaum eine plausible Antwort finden dürfte,

---

43 Paul Ricœur: Die Metapher und das Hauptproblem der Hermeneutik. In: Theorie der Metapher. Hg. v. Anselm Haverkamp. Darmstadt 1983, S. 374.
44 Ebd. S. 375.
45 Szondi, *Über philologische Erkenntnis*, S. 17.

sondern Produkt des Sprachgebrauchs und habitualisierter Assoziationen ist.

Im folgenden sollen zwei Argumente der Metapherntheorie untersucht werden, die in einem komplizierten Verhältnis zur obengenannten Unterscheidung zwischen außersprachlicher und sprachlicher Motivation durch Ähnlichkeit stehen. Das erste Argument besagt, daß Metaphern eine sinnliche Grundlage haben, das zweite, daß sie im Gegensatz zu anderen Figuren semantisch motiviert sind.

Die These, daß Metaphern eine sinnliche oder sinnlichere Grundlage als andere Ausdrücke hätten, ist keineswegs neu. Ihre Popularität verdankt sie dem Versuch, die Entstehung des Wortschatzes aus sinnlichen Eindrücken zu erklären, wobei der Metapher als Übersetzung eine grundlegende Funktion zukomme. Im Sensualismus ist die Metapher der Grundstein der Bedeutungslehre, weil sie das (sinnlich) Bekannte sprachlich vermittelt und die ›Bildung‹ des (allgemeinen) Unbekannten durch sprachliche Bilder ermöglicht. Aus diesem Verfahren, Bekanntes für Unbekanntes oder Altes für Neues zu setzen, leitet die erwähnte Ideologie des Ästhetischen ihren Anspruch ab, durch Anschaulichkeit erkenntnistheoretische Defizite zu kompensieren; die anschauliche Rede erscheint so als der ästhetische Gehalt der Dichtung.[46] Der metaphorische Akt galt und gilt als schöpferisch und intuitiv und deshalb fähig, entgegen der materialistischen Doktrin vom Massenerhaltungsgesetz Neues zu schaffen.

Diese These hat, wenn auch in weit differenzierterer Darstellung, in Davidsons Metapherntheorie eine neue Formulierung und mit ihr neue Aktualität erhalten. In einem Aufsatz von 1978 spricht er den Metaphern einen propositionalen Gehalt ab, da er in den *Worten* nicht die richtige *currency* sieht,[47] die man für die *Wirkung* der Metapher eintauscht. Die Metapher, so legt der Text zumindst nahe, sei dem *Bild* zu vergleichen, dessen einzelne Elemente von der Sprache nie restlos erfaßt werden könne. Davidson nennt denn auch unter Berufung auf Heraklit[48] die *Wirkung* der Metapher ein *Andeuten.* Der *Gehalt* [content] der Metapher oder ihr *hidden power*[49] bestehe nun darin, daß wir *one thing as another* sehen *by making some literal statement that inspires or prompts the insight.*[50] Bei Davidson kommen zwei Argumente zusammen, die wahrlich nicht neu sind: die Disautomatisierung

---

46 So schon bei Baumgarten: »Oratio sensitiva perfecta est Poema.« Alexander Gottlieb Baumgarten: Meditationes philosophicae de nonnullis ad poema pertinentibus (1735). § IX. Hamburg 1983, S. 10.

47 Donald Davidson: What Metaphors Mean (1978). In: Inquiries into Truth and Interpretation. New York 1984, S. 263.

48 Vgl. ebd. S. 262: Das Orakel von Delphi »does not say and it does not hide, it intimates«.

49 Ebd. S. 264.

50 Ebd. S. 263.

der Wahrnehmung und die Wirkungsabsicht rhetorischer Figuren, deren Erfolg ja vom Vergessen ihrer Zeichenhaftigkeit bestimmt wird. Die Rekurrenz der Augenmetaphorik in Davidsons Aufsatz scheint insgeheim die Verbindung beider Aussagen zu liefern, obwohl die Beziehung zwischen sinnlicher Wahrnehmung und Metapher nirgends genauer bestimmt, sondern nur durch die gemeinsame Eigenschaft zwischen der Nicht-Propositionalität der Metapher und der Nicht-Propositionalität der optischen Wahrnehmung suggeriert erscheint: »What we notice or see is not, in general, propositional in character«.[51] Der Unterschied zwischen ›normalem‹ und metaphorischem Sprachgebrauch liege in der *Wirkung* [effect] der Metapher, die uns dazu verleite, *Vorstellungen* miteinander zu vergleichen. Der metaphorische Sprechakt, denn die Metapher *belongs exclusively to the domain of use*,[52] provoziere also notwendig eine Verdoppelung zwischen Bedeutung und Wirkung aufgrund seiner offensichtlichen Absurdität; die metaphorische Funktion hängt somit davon ab, daß die Bedeutung der Wörter in einem metaphorischen Ausdruck buchstäblich bleibe.

Davidsons Entwurf leidet zum einen unter mangelnder Spezifizität, da er auf eine ganze Reihe von rhetorischen Figuren zutrifft,[53] zum andern setzt er die Unterscheidbarkeit von Wirkung und Bedeutung voraus, und schließlich macht er keine Aussagen über das Verhältnis zwischen Bedeutung und Wirkung im metaphorischen Akt. Davidsons Ansicht, daß die Bestandteile der Metapher buchstäblich verstanden werden müssen, leuchtet ein, nur stellt sich die Frage, wie man ein Wort nicht-wörtlich zu verstehen hätte. Im Anschluß an unsere eigenen Überlegungen zur Topik können wir die ›wörtlichen‹ Bedeutungen als diejenigen bezeichnen, die aufgrund ihrer Häufigkeit und des sprachlichen und kommunikativen Umfelds als am ›naheliegendsten‹ erscheinen. Je inexpliziter der Übergang vom literalen Gebrauch, in dem Bedeutung und Wirkung nicht dissoziert zu werden brauchen, zu einer opaken, ›uneigentlichen‹ Kommunikation, desto solider der denotative Kern, den das metaphorische ›substituens‹ enthält. Die metaphorische Wirkung beruht auf der sicheren Kenntnis der Verwendungsregeln des metaphorischen Ausdrucks. Die Wirkung der Metapher ist deshalb nicht so sehr von einer Vorstellung ›sinnlicher‹ Art abhängig, die sie hervorriefe, sondern von einer Reihe von Bedeutungsmerkmalen, die als Konstitutiv für den Ausdruck gelten. Die Inkommensurabilität zwischen optischer und taktiler Fülle und sprachlichen Beschreibungsmöglichkeiten, wie sie in Davidsons Beispielen für Nicht-Propositionalität von metaphorischer Wirkung er-

---

51 Ebd. S. 263.

52 Ebd. S. 247.

53 Was Davidson auch selber eingesteht, vgl. ebd. S. 256: »Metaphor and simile are merely two among endless devices that serve to alert us to aspects of the world by inviting us to make comparisons.«

scheint, hängt also davon ab, wie wir Bedeutung und Wirkung definieren. Gerade in diesem Punkt liegt das Hauptgewicht von Davidsons logischen Untersuchungen zu den natürlichen Sprachen. Das Problem artikuliert sich um das Verhältnis zwischen Funktionalitäts- und Zusammenhangsprinzip in der Nachfolge Freges, oder einfacher zwischen *den Bedeutungen von Sätzen* und *den Bedeutungen ihrer Bestandteile und ihrer Zusammensetzungen.*[54] Davidsons Metapherntheorie setzt voraus, daß die Bedeutung der Einheiten eines metaphorischen Satzes unabhängig von der Wirkungsabsicht des Satzes zunächst einmal literal gelesen werden können, d.h. über eine autonome Bedeutung verfügen.[55] Hier liegt auch die ganze Problematik der uneigentlichen Rede, die folglich als Dissoziation von Lokution und Illokution im Sprechakt definiert werden kann.

Die Beziehung zwischen der wörtlichen Bedeutung und der erwirkten Vorstellung durch Suggestion von Ähnlichkeit, wie sie für die Metapher gilt, soll *semantische* Motivation heißen.[56] »Ein Gedanke, der einbeinig ist« und »Ein Gedanke, der nur einen Fuß hat« entziffern wir, indem wir durch intuitive Semanalyse die Momente herausfischen, die uns eine ökonomische Erklärung und Auflösung der Rätsel ermöglichen. Im Deutschen ist es so, daß man vorzugsweise »auf beiden Füssen steht«, aber jemandem »Beine macht«. Diese Vorstellung ist weder sinnlich noch anschaulich noch privat psychologistisch,[57] wie wir uns auch Gedanken mit oder ohne Holzbein nicht anders als in Worten denkend vorstellen können; vielmehr ist bei einem Wort wie »Gedanke« unsere Vorstellung mit dem, was wir als seine Bedeutung verstehen, so ziemlich identisch. Es scheint unmöglich zu sein, die Vorstellung »Gedanke« von der Idee »Gedanke« und der Bedeutung »Gedanke« zu trennen.[58] Jeder Ausdruck ist darüber hinaus mit einer Reihe von emotionalen, moralischen, ästhetischen ›Eindrücken‹ verbunden, die wir

---

54 Louise Röska-Hardy: Die ›Bedeutung‹ in natürlichen Sprachen. Frankfurt a/M 1988, S. 180 u. 190.

55 Davidsons Absicht, die hier nicht zur Kritik steht, ist es, die Bedeutungstheorie auf die Basis einer Semantik mit einer finiten Zahl lernbarer Einheiten (semantical primitives) zu stellen. Er muß deshalb notorisch ›offene‹ bzw. ›schöpferische‹ Momente der Sprache wie Eigennamen, propositionale Einstellungen, Zitate und Metaphern entweder auf diese beschränkte Semantik zurückführen oder aus dem Bereich der Semantik ausschließen.

56 Der Begriff stammt von Jürgen Link: Literaturwissenschaftliche Grundbegriffe. Eine programmierte Einführung auf strukturalistischer Basis. München [2]1979, S. 149.

57 Gottlob Frege (Über Sinn und Bedeutung [1892]. In: Ders.: Funktion, Begriff, Bedeutung. Hg. v. G. Patzig. Göttingen 1962, S. 44) bezeichnet die Vorstellung als »ganz subjektiv«. Zwischen Gegenstand und Vorstellung liegt bei ihm der *Sinn* (unsere Bedeutung), der auf soziale Gemeinsamkeiten schließen läßt, d.h. einen Geltungsbereich voraussetzt.

58 Vgl. Willard Van Orman Quine: Grundzüge der Logik (1964). Übers. v. D. Siefkes. Frankfurt a/M 1974, S. 256f.

gemeinhin als Konnotationen[59] bezeichnen und vom Ausdruck in irgendeiner Form hervorgerufen werden. Die Merkmale, die wir zum Entziffern der Metapher brauchen, gehören aber zum denotativen Bereich. Unter »denotativer Bereich« soll, wie bereits erwähnt, der Aspekt des Zeichens verstanden werden, der durch allgemein akzeptierte Verwendungsregeln bestimmt wird. Dabei ist nebensächlich, wie man sich »Bein« privat vorstellt: Mit oder ohne Fuß? Braun oder weiß? Lang oder kurz? Falls der Vorstellung eine andere Funktion zukommen sollte als der Bedeutung, so scheint gerade der metaphorische Akt oder die Interpretation des metaphorischen Ausdrucks ein schlechtes Beispiel dafür zu liefern, da hier Verwendungsregeln der allgemeinsten Art in Form von Definitionen bestimmend sind: »Beine sind Körperteile zum Gehen oder Stehen«; »Füsse sind die Extremitäten, auf denen jemand oder etwas steht«. Eine Paraphrase für dieses Beispiel wäre demnach etwa: »Entweder sind meine Gedanken nicht sehr solide, oder sie kommen nicht vom Fleck.«

Schwieriger wird es allerdings bei Figuren, die sich im Bereich zwischen Metapher und Metonymie bewegen, von der Art: »Seine Worte waren alte Socken.« Hier können wir die Eigenschaften von »Socken«, von »Worte« und diejenigen von »alt« aufzählen – es fruchtet nichts. Wir werden uns also entweder ›metonymisch‹ nach dem Umfeld der Socken umschauen, die passenden Füsse und – als ›Fußnote‹ – auch den Fußschweiß finden, oder aber die konstitutiven Merkmale von »alte Socken« erforschen. Das Resultat kann in beiden Fällen als »Seine Worte waren anrüchig« paraphrasiert werden. Einen etwas anders gearteten Fall finden wir im Satz »Meine Schreibmaschine ist ein Edelweiß«. Stellen wir uns eine Schreibmaschine vor, so entdecken wir wenig Ähnlichkeiten mit einem Edelweiß – oder die Ähnlichkeiten sind so entlegen, daß sie ›wenig Sinn machen‹. Wir werden uns also nach metonymischen Bezügen umschauen: Wozu dient eine Schreibmaschine? Wo wachsen Edelweiße? Welche Farbe haben sie? Welches Material wird beschrieben (im doppelten Sinn)? Gibt es Schreibmaschinenmarken, die auf Edelweiß reimen? Wir könnten so etwa in einem passenden Kontext die Paraphrase finden: »Ich bin ein Heimatschriftsteller«. Hier habe ich »Schreibmaschine« in Relation zu Schriftsteller gebracht, während »Edelweiß« als Symbol für die Schweizer Bergwelt gelesen wurde. Als Symbol jedoch hat es nicht mehr metonymische Beziehung, sondern scheinbar metaphorische.

Diese ersten Überlegungen haben also keine Klärung gebracht. Im Gegenteil scheint die Verwirrung noch größer; denn: Wo beginnt die Metonymie und wo hört die Metapher auf? Sind ihre Wirkungen gar identisch?

---

[59] »Konnotation« hier für Nebensinn im Gegensatz zu »Denotation« für Grundbedeutung.

Können schließlich Wirkung und Bedeutung, Sprache und ihre Verwendung von einander getrennt werden? Die Antwort könnte vielleicht durch einen Blick auf das traditionelle ›Pendant‹ der Metapher, den Vergleich, etwas näher rücken.

Vergleich und Metapher werden in sprachanalytischen Untersuchungen oft als dasselbe betrachtet oder nur durch ihren Grad an Explizitheit unterschieden. Dabei scheint ein wesentlicher Punkt keine Beachtung zu finden: Der Vergleich, der ja ebenfalls auf Ähnlichkeit beruht, wird im Gegensatz zur Metapher sowohl durch Elemente aus dem Bereich der Extension als auch durch Eigenschaften der Intension des ›comparans‹ motiviert, die Metapher hingegen ausschließlich aus der Intension des ›substituens‹. Die Sätze »Paul spricht wie mein Metzger« oder »Seine Haare waren so grau wie diese Kohle hier« sind Vergleiche, die einen bestimmten Metzger und eine bestimmte Kohle *bezeichnen* (extensional), während in dem Satz »Dieser Mann spricht wie ein Metzger«, »Metzger« die intensionale Seite der Bedeutung von »Metzger« partiell *ausdrückt.*[60] Im Hinblick auf die weitere Entwicklung dieser Gedanken können wir sagen, daß der Vergleich *singuläre Termini* zuläßt, die Metapher hingegen nur *allgemeine.* Die Voraussetzungen hierfür sind, daß i) jede Metapher in einen Satz mit »sein« als Prädikat überführt werden kann, ii) das ›substituens‹ erst in diesem »sein«-Satz allgemein zu sein hat und schließlich, iii) dieses ›substituens‹ im »sein«-Satz nach dem Verb steht. Also:

Dieser Metzger hat mir weh getan.
Mein Arzt ist ein Metzger.

In Anlehnung an Jürgen Links Terminologie[61] wären Vergleiche entweder *pragmatisch* oder *semantisch motiviert,* Metaphern hingegen ausschließlich *semantisch.* Dieser ›ideelle‹ Zug der Metapher suggeriert, daß die Metapher eine wesentlichere Zuschreibung oder Substitution darstellt als die Metonymie,[62] die Synekdoche oder der Vergleich, da die Ähnlichkeit in analytischen Urteilen gründet und folglich als ›wesentlich‹ betrachtet wird, während die erwähnten anderen Figuren auf synthetischen Urteilen, d. h. Erfahrungswissen aufbauen. Den Übergang von Metonymie zu Metapher soll folgende kurze Betrachtung zur Verwendung von Namen in diesen zwei rhetorischen Figuren zeigen: Ersetzen wir »Aristoteles« durch den »Stagiriten«, so haben wir keine Metapher, sondern eine Metonymie, da Aristoteles zufällig aus Stagira gebürtig ist. Eigennamen zeichnen sich dadurch aus, daß

---

60 *Ausdrücken* und *bezeichnen* nach Frege, *Über Sinn und Bedeutung,* S. 40–42.

61 Link, *Literaturwissenschaftliche Grundbegriffe,* S. 149.

62 die immer partikulär ist. Es ist nicht die Idee des römischen Bürgers, die die Ersetzung »der Römer« anstelle der Klammer im Satz »Der Römer (= Giacomo F., stammend aus Rom) aber saß schweigend und dachte an Lucinde« motiviert.

ihre Extension genau mit nur einem Gegenstand identisch ist. Wir können jedoch diesen Eigennamen im Deutschen durch Hinzusetzung eines unbestimmten Artikels in seiner Extension erweitern: »Er ist ein Aristoteles«. Damit erscheint »Aristoteles« nicht mehr als Eigennamen, sondern als Begriff, der nicht einen bestimmten Philosophen bezeichnet, sondern »großer Philosoph« bedeutet.

Metonymie und Vergleich, so könnten wir folgern, sind singulär, die Metapher hingegen generalisierend. »Könnten wir«, denn die Herleitung ist falsch, wie das folgende Beispiel zeigen soll:

> Unser Gewissen ist gestorben.
> Sacharow ist unser Gewissen.

Das Beispiel wirft zwei Probleme auf, wobei das erste, das Tempus-Problem, wohl mit einer Zusatzregel zu beseitigen wäre; das zweite hingegen ließe sich nur durch die Eliminierung des deiktischen »unser« lösen, wobei jedoch gerade ein solcher Index stellvertretend für »Pragmatik« bei unserer Bestimmung von »pragmatischer Motivation« gestanden hat. Der logische Fehler unserer Herleitung besteht in der Gleichsetzung von »singuläre Termini« und »Extension«, »allgemeine Termini« und »Intension«. Diese Verwechslung begründet die Wirkung der Metapher und enthüllt den für die Metapher konstitutiven Prozeß des Verwechselns von Zeichen und Vorstellung. Es gilt, diese Verwechslung zu analysieren und für die Topik nutzbar zu machen, die Quine in seinem berühmten Werk *Word and Object* »the disreputable origins of abstract discourse« genannt hat, die »perhaps even [by] a savage theology« unterstützt waren.[63]

3. Gelten

Es ist sicherlich nicht sehr elegant, die eigenen Wortspiele zu erklären; dennoch: Der Titel dieser Arbeit ist eine Kontrafaktur zu den Titeln von Quines *Word and Object* und Foucaults *Les mots et les choses*. Das folgende Kapitel versucht zu zeigen, daß Quines These der Nichtunterscheidbarkeit zwischen Analytizität und Synthetizität die logische Unterscheidung zwischen Metapher und Metonymie in der erwähnten Form verunmöglicht.[64] Diese logi-

---

[63] Willard Van Orman Quine: Word and Object. Cambridge 1960, S. 123.

[64] Eine – bei aller Differenz – ähnliche Position vertritt in der Literaturwissenschaft Paul De Man, der in der Verwechslung beider ein wichtiges Moment der bereits mehrmals erwähnten zeitgenössischen *Ideologie des Ästhetischen* sieht; vgl. Paul De Man: Allegories of Reading. Figural Language in Rousseau, Nietzsche, Rilke and Proust. New Haven 1979, S. 71: »The relationship between the literal and the figural senses of a metaphor is always metonymic, though motivated by a constitutive tendency to pretend the opposite.« In andern Punkten – dem Verhältnis von wissenschaftlicher Arbeit

sche Nichtunterscheidbarkeit verweist Analytizität in den Bereich der Rhetorik und soll hier als Ausgangspunkt für eine konsequent wissenssoziologische Beschreibung von Wissens- und Kulturbereichen und ihrer Elemente dienen, da sie keinen Bereich ›a priori‹ aus dem Gefüge sozialer und historischer Bedingungen heraushebt. Die Geschichtlichkeit von Wissensformen als geschlossene Systeme ist Gegenstand der Foucaultschen *Archéologie*, deren Aufgabenkatalog im Sinne der eingangs skizzierten Topik gelesen und durch Rückbesinnung auf den intentionalen und wirkungsorientierten Charakter rhetorischer Technik ergänzt wird. Dies erscheint notwendig, um dem rekurrenten Auftreten solcher Ausdrücke wie »Gleichheit«, »Ähnlichkeit«, »Analogie« Konsistenz zu verleihen.

Die Unterscheidung zwischen semantischer und pragmatischer Motivation, welche die Metapher von der Metonymie trennen soll, kommt durch Quines These von der logischen Nicht-Unterscheidbarkeit zwischen analytischen und synthetischen Aussagen in arge Nöte. In seinem 1974 erschienen *Roots of Reference* faßt Quine das Problem der Analytizität, wie er es schon in seinen frühesten Arbeiten[65] dargestellt hatte, wie folgt zusammen:

> Language is social, and analyticity, being truth that is grounded in language, should be social as well. Here then we may at last have a line on a concept of analyticity: a sentence is analytic if *everybody* learns that it is true by learning its words. Analyticity, like observationality, hinges on social uniformity.[66]

Evidenz als Produkt der Sozialisation scheint Quines Antwort auf den Vorwurf zu sein, daß die Auflösung der Eigengesetzlichkeit der Analytizität zur Aufgabe der Synonymie führe und dies *gegenintuitiv* sei, da es sich bei der Zuweisung analytischer und nicht-analytischer Aussagen ja um *projizierbare* Unterscheidungen handle.[67] Quine macht nun die Projizierbarkeit zur

---

und Gegenstand, der Konstatierung von Sinnlosigkeit, der Aufhebung des Unterschieds von Objekt und Subjekt – weichen die vorliegenden Überlegung entschieden von denjenigen Paul De Mans ab, wie Kenner von dessen Werk aus dem Vorausgehenden und dem Folgenden unschwer erkennen werden. Im übrigen scheint die dekonstruktive Lektüre als Methode, denn dies ist sie, immer wieder die hier beschriebene Ausgangslage der Arbitrarität letztlich aller Zeichen zu konstatieren und als Resultate immer wieder zu bestätigen.

65 Willard Van Orman Quine: Notes on Existence and Necessity. In: Journal of Philosophy 40, S. 113–127 (1943).

66 Willard Van Orman Quine: Roots of Reference. La Salle 1974, S. 79. Hans Jürgen Wendels Überlegungen (Benennung, Sinn, Notwendigkeit. Eine Untersuchung über die Grundlagen kausaler Theorien des Gegenstandsbezugs. Frankfurt a/M 1987, S. 219) führen dahin, daß analytische und synthetische Urteile von Anfang an nur auf den *Erkenntnisstand* ausgerichtet seien. Ob dies tatsächlich eine adäquate Kant-Interpretation ist, bleibe dahingestellt; es stimmt auf alle Fälle mit den folgenden Überlegungen überein.

67 So H. P. Grice u. P. F. Strawson: In Defense of a Dogma. Philosophical Revue 65,

Grundlage der Analytizität und definiert Analytizität nicht mehr in Opposition zur Synthetizität, sondern als eine spezielle soziale Erscheinungsform derselben, die den Rahmen der Zustimmung vom Einzelnen, der Forscher- oder Glaubensgruppe in Richtung Sprachgruppe erweitert. *Notwendigkeit* ist für Quine skalierbar; als ›analytischer‹ oder ›notwendiger‹ gilt diejenige Aussage, der die zentralere Bedeutung als Stütze komplexer Glaubens- und Wissenszusammenhänge zukommt.[68] Diese Zusammenhänge bilden ein *web of belief*, ein Kommunikationsfeld, das aus Wahrscheinlichkeits- und Wahrheitskriterien besteht und die Grundlage für *Inferenz*[69] liefert.

Für Quine – wie für die meisten zeitgenössischen Analytiker – sind Sätze die minimalen Bedeutungseinheiten, die Entscheidungen über Bedeutung, Wahrheit oder Sinn zulassen. Ein Wort wird erst dann zur Bezeichnung, wenn es als *one word sentence* aufgefaßt wird.[70] Die Benennung oder der Ein-Wort-Beobachtungssatz impliziert den Zeigeakt als illokutionären Akt der Ostension (»Das hier ist ein ...«), der das *parasitäre*[71] Wort stillschweigend zu einem Satz ergänzt. Daraus entstehen neue Probleme: Wie können wir, falls die Unterscheidung zwischen Extension und Intension nicht möglich ist, zwischen illokutionärem und lokutionärem Akt unterscheiden? Wie erlernen wir die Konventionen, auf denen der illokutionäre Akt dieser (parasitären) Syntax aufbaut? Die Grundannahme des Quineschen Spracherwerbmodells macht aus jedem Beobachtungssatz eine performative Äußerung,[72] die im Akt des Zeigens benennt und erst durch Iteration und ›Iterativität‹ eine lokutionäre Bedeutung innerhalb des sozialen Wirkungsbereichs erhält. Die Zirkularität aber lauert: Die Kenntnis der Lexis – der Namen – scheint diejenige der Syntax – Gesetze und Regeln – vorauszusetzen und ›vice versa‹. Dies träfe jedoch nur dann zu, wenn die Satzbedeutung

---

S. 141–158. Vgl. Paul Gochet: Quine zur Diskussion. Ein Versuch vergleichender Philosophie. Frankfurt a/M 1984, S. 17.

68 Quine, *Grundzüge der Logik*, S. 20f.

69 Die Inferenz setzt ein gemeinsames Kommunikationsfeld voraus, dessen logische oder wahrscheinliche Implikationen das Schließen ermöglicht. Vgl. Dan Sperber, Deirdre Wilson: La pertinence. Communication et cognition. Übers. v. A. Gerschenfeld u. D. Sperber. Paris 1989, S. 27–38.

70 Willard Van Orman Quine: Three Indeterminacys. In: Perspectives on Quine. Hg. v. R. Barrett und R. Gibson. Cambridge 1990, S. 1.

71 Ich übernehme den Ausdruck von Röska-Hardy, *Die ›Bedeutung‹ in natürlichen Sprachen*, S. 62. Austin hingegen verwendet den Ausdruck einzig im Hinblick auf einen pathologischen Gebrauch von Sprache. J. L. Austin: How to Do Things With Words (1955). Oxford ²1975, S. 22.

72 Etwa diejenige der Taufe: »I name this ship the *Queen Elisabeth*.« Austin, *How to Do Things With Words*, S. 5. Daß Gestik (Zeigen) zu den *primären* performativen Äußerungen zu zählen sei, ders.: Performative Äußerungen. In: Logik und Sprache. Hg. v. Albert Menne u. Gerhard Frey, Bern 1974, S. 20; vgl. auch *How to Do Things With Words*, S. 71f.

nicht unabhängig von der Wortbedeutung beschrieben werden könnte.[73] Verstehen wir die Sätze jedoch wiederum als Teile komplexerer Gebilde, so können wir die syntaktischen Regeln in einen Anweisungsapparat sozialer Regeln stellen. Um ein Wort zu verstehen, brauchen wir also bereits einen Satz, die Kenntnis der Sprache, sowie die relevanten Ko-[74] und Kontext-Informationen. Ein so definierter Satz ist von dem Begriff des Textes in der neueren Linguistik nicht mehr zu unterscheiden. Der *semantische* Holismus Quines wäre also ein *textueller* Holismus, da ein Satz nicht in erster Linie aufgrund einer Sprache verstanden würde, sondern auf der Grundlage einer partiellen Aktualiserung para- und meta-sprachlicher Normen bzw. sprachlicher Gesetze und kommunikativer Regeln.[75] Nun, wir wissen, wohin uns diese Geschichte führt: Was wir auf der Satzebene nicht loswerden konnten, werfen wir nun auf der Ebene des Textes oder der ›Kommunikation‹ ab. Dabei stellen sich wiederum die gleichen Fragen, die nun das Erlernen sozialer Regeln betreffen. Wir können dem Problem damit begegnen, daß wir den Erwerb sprachlicher und sozialer Kompetenz als Formen ein und desselben Lernprozesses betrachten, der schließlich dem Selbsterhalt, dem Lustgewinn und daraus abgeleiteten Interessen dient – im Sinne der Skinner Box etwa –, oder in dem wir eingeborene oder sonstwie apriorische Werte aufstellen, die Aussagen darüber erlauben, wie man Sätze nicht verwenden ›sollte‹ – ironisch, lügenhaft, dunkel etc. –, wer Sätze falsch verwendet – Wortbrecher, Bigamisten, Legastheniker – und wie die gesunde Entwicklung zur moralischen und sozialen Reife aussehe.[76] Maximen der letztge-

---

[73] Röska-Hardy, *Die ›Bedeutung‹ in natürlichen Sprachen*, S.67.

[74] Den Ausdruck hat, wenn ich mich nicht täusche, Halliday als erster geprägt. Er definiert den *co-text* als »the relevant textual environment at any point«. Die Wirkung des ›textuellen Umfelds‹ hängt von Relevanzkriterien ab, vermag Stellen zu verdeutlichen oder Widersprüche zu produzieren: »Different features may be counted as relevant; some features will allow more than one interpretation; and some features will run counter to other in the pressures they exert. But there will always be a vast number of theoretically possible readings that are ruled out by the co-text, so that the number of sensible interpretations is reasonably small.« M. A. K. Halliday: Language as social semiotic. The social interpretation of language and meaning. London 1978, S.133.

[75] Die Unterscheidung zwischen *langue* und *parole* und deren sinnvolle Erweiterung *norme* oder *usage* als deren Zwischenebenen gehört zu den viel diskutierten Problemen der post-saussurianischen Linguistik. (Vgl. Eugenio Coseriu: System, Norm und Rede. In: Sprachtheorie und allgemeine Sprachwissenschaft. München 1975, S.11–101). Unter »sprachlichen Gesetzen« verstehe ich hier die Bedingungen, die es ermöglichen, eine Aussage einer bestimmten Sprache zuzuordnen und zu verstehen, unter »kommunikativen Regeln« hingegen Anweisungen, welche die Aussage im Hinblick auf Zweck und Richtigkeit als adäquat erscheinen lassen.

[76] Zwischen Skinner und Grice scheint die Alternative zwischen Selbsterhaltung und ›sociabilitas‹ reaktualisiert zu werden. Zum Zusammenhang zwischen diesen sozialanthropologischen Kategorien und der Bedeutung der Metapher als Institution, vgl. Hans Blumenberg: Anthropologische Annäherung an die Aktualität der Rhetorik (1971). In: Wirklichkeiten in denen wir leben. Stuttgart 1981, S.115.

nannten Art scheinen die Untersuchung natürlicher Sprachen zu verunmöglichen, da sie unter Ausschluß eines wesentlichen Teils dessen, was der Sprache eigen ist, zirkulär das Sollen aus dem Sein ableiten, das vorgefaßten Wahrheitsbedingungen entspricht – unter anderem derjenigen, daß Sprache erst in Kommunikationsschemata ›eigentlich‹ werde, außerhalb dieser aber ein parasitäres Dasein friste.

Quine folgt dieser Entwicklung nicht. Um ein gewagtes Bild zu verwenden: Er hängt die Sprache nicht an der Gesellschaft auf, sondern stützt sie auf der physikalischen Realität ab. Er geht von der Voraussetzung aus, daß Beobachtungssätze Grundstein und Eckpfeiler der Sprachen und Theorien sind – eine ›petitio principii‹, die impliziert, daß physikalische Erklärungen anderen Formen wissenschaftlicher Darstellung überlegen seien.[77] Das Verhältnis zwischen theoretischer Beschreibung und empirischer Gegebenheit, wie auch dasjenige zwischen einer Sprache und einer anderen, ist Gegenstand der beiden berühmtesten Thesen Quines: der Indeterminiertheit der Sprache und der Unterdeterminiertheit physikalischer Theorien. Die erste besagt, daß die Sprachen unbestimmt seien, da es weder ein objektives ›tertium comparationis‹ noch eine Definition von Synonymie gebe, die über linguistische Korrespondenz von Wort und Welt und von Worten untereinander Aussagen machen könne; die zweite, daß zwei verschiedene und sich widersprechende physikalische Theorien nebeneinander existieren können, ohne mit den Beobachtungen in Widerspruch zu kommen, die jedoch in der Gesamtheit der Elementarteilchen und deren Anordnung ein ›tertium comparationis‹ haben. Indeterminiertheit impliziert also Unterdeterminiertheit, ohne daß die Umkehrung zuträfe. Der Physikalismus weist den Beobachtungssätzen zwar eine Vorrangstellung zu, diese jedoch stellt keine Garantie der Objektivität dar, weil es hier nichts zu garantieren gibt. Von Bedeutung sind solche Sätze jedoch für die Wissenssoziologie, da – aufgrund der scheinbar ausgesprochen engen Verbindung zwischen Erlebnis und Zeichen[78] – hier historisch und geographisch differierende Wahrnehmungsme-

---

77 Quine vertritt einen rigorosen physikalischen Materialismus, der besagt, »daß in dieser Welt nichts geschieht – kein Augenzwinkern und kein Aufflackern eines Gedankens –, ohne daß eine Umverteilung mikrophysikalischer Zustände stattfindet.« (Willard Van Orman Quine: Rezension zu Nelson Goodmans ›Weisen der Welterzeugung‹ [1978]. In: Theorien und Dinge. Übers. v. J. Schulte. Frankfurt a/M 1985, S. 125.) Sprachphilosophisch äußert sich dies darin, daß er die – in seinem Sinne – *konkreten* Termini als gesicherter bezeichnet, da sie den abstrakten im Spracherwerb vorausgingen: »For one thing, terms for physical objects belong to a more basic stage in our acquisition of language than abstract terms do. Concrete reference is felt more secure than abstract reference because it is more deeply rooted in our formative past.« Quine, *Word and Object*, S. 234.

78 Den sozialen Status von Beobachtungssätzen und welche Sinne (Gesicht, Gehör etc.) bevorzugt werden, kann durch die Verwendung und Zustimmung innerhalb persuasiver Vorgänge untersucht werden.

chanismen untersucht werden können. Diese Wahrnehmungsmechanismen sind nun gleichbedeutend mit den erwähnten *Ähnlichkeitsstandards*, die Produkt sozialer Konditionierung und der minimalen Voraussetzung sind, daß die Fähigkeit, Ähnlichkeit wahrzunehmen, Mensch und Tier angeboren sei. Wertungen und Wahrnehmungen sind im Erlebnis aufs engste miteinander verknüpft,[79] und es ist nur in der Distanz zu diesem Nexus, daß eine wertfreie Wissenschaft möglich ist. Es ist nun von besonderem Interesse zu untersuchen, wie *Evidenzen* als Identitäts*erlebnisse*[80] zustande kommen und wie sie eingesetzt werden.[81] Nach dem ›linguistic turn‹, der »Wahrheit« von Regeln sprachlicher Darbietung abhängig gemacht hat, scheint die Reihe am ›rhethoric turn‹ zu sein, der sich den Möglichkeiten der Produktion und Rezeption von Argumenten ungeachtet ihrer Dignität zuwendet.

Die Regeln, die den Umfang von Sprachen und Theorien und damit möglicher Aussagen beherrschen, versucht Foucault in seiner Diskurstheorie seit dem Erscheinen von *Les mots et les choses* zu bestimmen. Die Frage nach den Ordnungsschemata soll die Beschreibung eines *Raums* der Identitäten, Ähnlichkeiten und Analogien ermöglichen, der unsere Gewohnheiten, *de distribuer tant de choses différentes et pareilles*, erfaßt. Die Regeln dieser Ordnung sind vorgegeben:

> Les codes fondamentaux d'une culture – ceux qui régissent son langage, ses schémas perceptifs, ses échanges, ses techniques, ses valeurs, la hiérarchie de ses pratiques – fixent d'entrée de jeu pour chaque homme les ordres empiriques auxquels il aura affaire et dans lesquels il se retrouvera.[82]

---

[79] Wahrnehmung und Wissen bedingen sich gegenseitig; vgl. hierzu Ludwik Fleck: Schauen, sehen, wissen (1947). In: Ders.: Erfahrung und Tatsache. Gesammelte Aufsätze. Hg. v. Lothar Schäfer u. Thomas Schnelle. Frankfurt a/M 1983, S. 147–174.

[80] Ich verwende den Begriff »Evidenz« hier im Sinne Flecks (*Entstehung und Entwicklung einer wissenschaftlichen Tatsache*, S. 39): »Der Zusammenhang zwischen Wiedergabe und Erlebnissen gliche nicht dem konventionellen Verhältnis zwischen einem Zeichen und dem Bezeichneten, sondern läge in einem psychischen Entsprechen beider. Die Evidenz wäre in derart entstandenen Denkgebilden unmittelbar enthalten. [...] Worte und Ideen sind ursprünglich lautliche und gedankliche Äquivalente der Erlebnisse, die gleichzeitig mit ihnen gegeben sind. Dies erklärt die magische Bedeutung der Worte und die dogmatische, religiöse Bedeutung der Sätze.« Auf keinen Fall aber impliziert unsere Verwendung von »Evidenz« Vorstellungen, wie sie etwa in Schelers *Versuch einer Philosophie des Lebens* als *Haben des Seins* gegen allen *Kritizismus* ins Feld geführt wird. (In: Max Scheler: Vom Umsturz der Werte [1915]. Bern [5]1972, S. 328f.)

[81] Wolfgang Proß (Einführung in die Diskussion. In: Acta historica Leopoldina 20 [1992], S. 123) hat bei der Bestimmung der Aufgaben des Kommentators diese hier zugrundeliegende Ansicht auf die Formel gebracht: »Die Aufgabe des Kommentators wäre es vielmehr, dort Fragen zu finden, wo der Text scheinbar überhaupt keine stellt.«

[82] Michel Foucault: Les mots et les choses. Une archéologie des sciences humaines. Paris 1966, S. 11.

Diese *codes fondamentaux* einer Kultur würden ihrerseits von neuen Ordnungsschemata restrukturiert, zur Erscheinung gebracht oder neutralisiert. Zwischen den *codes fondamentaux* und den historisch aktualisierten wissenschaftlichen Theorien und Interpretationen entstehe also eine *région ›médiane‹*, die in der *nackten Erfahrung* der Ordnung bestehe. Diese Region ist nun der Gegenstand der *Archäologie*, welche die *conditions de possibilités* freizulegen versucht, und wird als *épistémè* bezeichnet.[83] Die Grenzen, welche die *épistémè* bestimmten, seien diejenigen der Möglichkeit. Wir können – ›definitio est negatio‹ – hieraus folgern, daß es einen Bereich der Unmöglichkeit innerhalb einer Kultur gibt, ein notwendiges Schweigen. Die häufig ausgesprochen restriktiven Vorstellungen Foucaults über dasjenige, was in einem Diskurs möglich ist, sind nicht nur das Ergebnis einer Blindheit gegenüber einem Teil des historischen Materials, sondern auch gewisser methodischer Annahmen, die es quasi unmöglich machen, durch empirische Textbelege die Grenzen einer *épistémè* zu sprengen:[84] So zum Beispiel die Annahme, daß die Negation eine bloße Modifikation sei und folglich ein Oberflächen-Phänomen.[85] Dieses ›Schweigegebot‹ wird in der 1969 erschienen *Archéologie du savoir* wesentlich entschärft. An Stelle der ausschließlichen *épistémè* tritt nun eine Vielzahl von Diskursen. Der Vergleich dieser Diskurse führe dabei zur Rekonstruktion einer *épistémè*, die von der Wahl einer *interdiskursiven Konfiguration* abhängig sei. Diese Reformulierung seiner Thesen erlaubt es Foucault, sich vor den (berechtigten) Kritiken an der Ausschließlichkeit von *Les mots et les choses* zu retten:

> L'horizon auquel s'adresse l'archéologie, ce n'est donc pas *une* science, *une* rationalité, *une* mentalité, *une* culture; c'est un enchevêtrement d'interpositivité dont les limites et les points de croissements ne peuvent pas être fixés d'un coup. L'archéologie: une analyse comparative qui n'est pas destinée à réduire la diversité des discours et à dessiner l'unité qui doit les totaliser, mais qui est destinée à répartir leur diversité dans des figures différentes. La comparaison archéologique n'a pas un effet unificateur, mais multiplicateur.[86]

---

[83] Ebd. S. 12f.

[84] Schon 1968 kritisierte Jean Piaget (Le structuralisme. Paris 1968, S. 110f.) – zu Recht – das Faktum, daß Foucaults Definitionen der Wissensbereiche seinen eigenen Absichten entgegenkämen: »En fait, la critique des sciences humaines de Foucault se facilite quelque peu la tâche en se donnant d'elles une définition limitative qu'aucun de leurs représentants ne saurait accepter.«

[85] Nach Jerrold J. Katz u. Paul M. Postal (Théorie globale des descriptions linguistiques [1964]. Übers. v. J. Y. Pollock. Paris 1973, S. 118) darf die Negation nicht zur Tiefenstruktur gezählt werden, da sonst die semantische Einheit, welche die Rede von der Transformation erst erlaubt, nicht mehr garantiert ist. Noam Chomsky (Aspekte der Syntax-Theorie [1965]. Frankfurt a/M 1973, S. 169) korrigiert dann auch sein Standardmodell dahingehend.

[86] Michel Foucault: Archéologie du savoir. Paris 1969, S. 208f.

Es scheint das Ziel Foucaults zu sein, eine Wissenssoziologie auf der Grundlage des Vergleichs verschiedener Diskurse aufzubauen, wobei nicht die thematische Homogenität eines Supradiskurses das Ziel der Analyse ist, sondern eine Reihe von Beziehungen, welche die spezifischen Eigenschaften der Organisation der Diskurse ausmachen. Die nähere Bestimmung dieser Beziehungen umfaßt fünf Aufgabenbereiche: a) zu zeigen, wie heterogenste diskursive Elemente aufgrund analoger Regeln geformt werden können – Isomorphismus; b) die Ähnlichkeit oder Unähnlichkeit der Ordnung und Anwendung solcher Regeln zu zeigen – Modell; c) zu zeigen, daß eine analoge Funktion von grundverschiedenen Konzepten eingenommen werden kann – Isotopie; d) zu zeigen, daß der gleiche Begriff verschiedene Plätze in analogen Systemen einnehmen kann – Verschiebung; e) die Unterordnung oder Zuordnung in und zu den diskursiven Systemen zu zeigen – Korrelation.[87]

Die Ähnlichkeit der von Foucault vorgeschlagenen Aufgaben mit denjenigen, die »Enthymem« impliziert, und den einzelnen Produktionsregeln von Topoi ist frappant. Im Gegensatz zur antiken Rhetorik sieht sich Foucault jedoch aufgrund seines erklärten Szientismus veranlaßt, die bewußte technische Verwendung argumentativer Mittel durch einen gesetzhaft unbewußtes Auftreten und Herrschen von Wissensdistributionen zu erstzen. Diese Substitution hat nicht nur vordergründig Bezug zum psychoanalytischen Interesse an unbewußten Mechanismen, sondern läßt sich geradezu exemplarisch auf Freuds Konzept »unbewußter Technik« zurückführen.[88] Freuds Beitrag zur Herteronomie der Zwecke ›qua‹ Besetzung, zum Übergang von der Natur zur Kultur (oder Diskurs) in der Figur des Ödipuskomplex' und zur – nach Lacan – grundlegenden Affinität zwischen sprachlichen und psychischen Mechanismen, sind Grundkonstanten in Foucaults Werk. In dieser Beziehung zum Szientismus der Moderne liegen aber auch die Schwächen seines Entwurf. Die oben aufgezählten fünf Aufgabenbereiche (a-e) enthalten ja die Anweisungen, denen der Diskursanalytiker bei der konkreten Untersuchungen eines Korpus' nachgeht, d.h. die Wegleitung von den manifesten Inhalten zu den bestimmenden Mechanismen. Dabei fällt schon im ersten Punkt (a) auf, daß ein Wissen in bezug auf *Analogie* bzw. *Heterogenität* vorausgesetzt wird und in den folgenden drei Punkten (b-d) in den Ausdrücken »ähnlich«, »gleich« und »verschieden« ›variiert‹ wird, wobei über den Status von »Identität« und »Ähnlichkeit« vorerst noch keine Gewißheit herrscht. Der Diskursbegriff setzt einen Identitätsbegriff

---

[87] Ebd. S.209–211.

[88] Besonders deutlich wird diese Verwendung von »Technik« in der *Traumdeutung* (1900) und in *Der Witz und seine Beziehung zum Unbewußten* (1906). Zur Beziehung Freuds zu einer Topik im weiteren Sinn, vgl. Bornscheuer, *Topik*, S.196–206.

voraus, wobei aber der Rekurs auf Modifikation[89] der Ereignis- oder Ideengeschichte ausgeschlossen wird.

Aus dem Diskursbegriff, der in *Les mots et les choses* einzig auf die *épistémè* des *âge classique* angewandt wurde,[90] wird nach und nach ein ›idealtypischer Block‹ von Aussagen, dessen Einheit jedoch *positiv* ist:

> La positivité d'un discours [...] en caractérise l'unité à travers le temps, et bien au-delà des œuvres individuelles, des livres et des textes.[91]

Diese Einheit ist flächenhaft: Die diachrone Betrachtung wird durch die synchrone abgelöst, die allfälligen Ähnlichkeiten oder Unähnlichkeiten der Sprechakte oder *parole* werden dem System nachgeordnet.[92] Der Diskurs soll dadurch ›grundlegender‹ sein, da er sich weder auf partikuläre Einflüsse noch auf allfällige bewußte Polemiken einläßt, sondern unabhängig vom Bewußtsein ein *historisches Apriori*[93] bildet. Die Vermittlung zwischen Er-

---

[89] »tout au long du XIXe siècle, la jurisprudence criminelle, la pression démographique, la demande de main-d'œuvre, les formes de l'assistance, le statut et les conditions juridiques de l'internement n'ont pas cessé de se modifier; pourtant la pratique discursive de la psychiatrie a continué à établir entre ces éléments un même ensemble de relations [...]« Foucault, *Archéologie du savoir*, S. 99.

[90] Im Gegensatz zu *Les mots et les choses* scheinen ab *L'archéologie du savoir* die Begriffe *épistémè* und *discours* für Foucault gleichbedeutend zu sein.

[91] Foucault, *Archéologie du savoir*, S. 166.

[92] Die oben erwähnte Problematik der Unterscheidung zwischen *langue* und *parole* manifestiert sich auch bei Foucault, der zwischen *loi fondamentale* und weniger restriktiven Normen und Anweisungen ein bedenkliches Schwanken an den Tag legt.

[93] Ebd. S. 167. Eine soziologische Interpretation von *Apriori* liegt bereits in Simmels Geschichtsphilosophie vor, der damit die *Voraussetzungen des täglichen Lebens* bezeichnet (S. 13) und diese wie später Foucault als maßgebliche Kategorien der Wahrnehmung und Begriffsbildung, der Abgrenzung von Kulturbereichen und wissenschaftlichen Darstellungstypen betrachtet. (Georg Simmel: Die Probleme der Geschichtsphilosophie [1892]. Leipzig ^{5}1923). Im Gegensatz zu Simmel deutet aber Foucault das *Apriori* nirgends psychologistisch, sondern als eine epochal determinierte Form semiotischer Repräsentation, die Wahrnehmung und Darstellung gleichermaßen beeinflußt. Alessandro Cavalli (Max Weber und Georg Simmel: Sind die Divergenzen wirklich so groß? In: Max Webers Wissenschaftslehre. Interpretation und Kritik. Hg. v. Gerhard Wagner und Heinz Zipprian. Frankfurt a/M 1994, S. 230) sieht in Simmels *Apriori* die subjektive Formulierung der Weberschen *Wertbeziehung*, wobei gerade dieser Subjektivismus als Schwachpunkt der Simmelschen Konstruktion erscheint. Nedelmann dagegen betrachtet den auf der Grundlage der Weberschen Äußerungen gegen Simmel erhobenen Vorwurf des *Psychologismus* als völlig gegenstandslos. Ich verstehe jedoch nicht, wieso *psychologische Mikroskopie* (S. 20) als Grundlage der *Vergesellschaftung* keine Psychologie sei, noch wieso das *Verstehen historischer Persönlichkeiten* durch das Inferieren ihrer *Motive* den *Historiker* vom *Psychologen* trenne (S. 14). Nedelmann scheint sich hier (S. 21) mit den Absichtserklärungen Simmels zufrieden zu geben. Die Frage lautet, ob man den Vorwurf des Psychologismus dadurch beseitigen kann, daß man Psychologie an vergesellschafteten Individuen oder historischen Persönlichkeiten betreibt. Birgitta Nedelmann: ›Psychologismus‹ oder Soziologie der Emotionen? Max Webers Kritik an der Soziologie Georg Simmels. In:

eignissen geschieht für den Archäologen *par la forme de positivité de leur discours*.[94] Hinter diesem etwas rätselhaften Ausdruck verbirgt sich die Annahme, daß ein Diskurs – der nun als Fachbereich erscheint – als eine positive Gegebenheit verstanden werden kann, dessen wissenschaftliche Erfassung aber nicht über die realen Substanzen zu leisten ist, sondern durch die Betrachtung des kategorialen Gerüsts, das die Identität und die Opposition der verschiedenen Elemente artikuliert. Hier folgt Foucault Hjelmslev, der Saussure dahingehend auslegt, daß einzig der Form eines semiotischen Systems wissenschaftliche Relevanz zukäme. Die Konsequenzen, die sich aus dieser Grundannahme für den ganzen Bereich der Semiotik ergeben, sind bei Foucault noch problematischer als bei Hjelmslev. Denn während dieser sich darauf berufen konnte, aus dem Begriff der Sprache ein differenzielles System abzuleiten, das anhand des tatsächlich vorhandenen Materials der konkreten semiotischen und linguistischen Systeme nur noch *empirisch* gefüllt zu werden bräuchte, setzt Foucaults Verwendung von »Diskurs« eine Mehrzahl von Sprachbegriffen voraus, die jeweils den konkreten historischen Epochen entsprechen sollten. Die intrikate Beziehung zwischen Deduktion und Induktion, die bei Hjelmslev systematisch konsequent durchgeführt ist,[95] läuft bei Foucault Gefahr, daß aus einer ›intuitiven‹ oder gar sehr traditionellen Vorstellung von einer bestimmten Epoche Grundgesetze deduziert werden, denen anschließend die historischen Ereignisse oder Äußerungen zugeordnet werden. Die von Hjelmslev in den *Prolegomena* geforderte *Autonomie* der Theorie wird dann problematisch, wenn diese dem Gegenstand von vornherein *angemessen* zu sein hat,[96] was im Fall eines *›historischen‹ Aprioris* wohl zu fordern wäre, falls hierin dem Begriff der »Historie« überhaupt noch Sinn zukommen sollte. Ein System von *Formaldefinitionen* als rein taxonomischer Entwurf, wie es Hjelmslev intendierte, kann nur dann sinnvoll sein, wenn die Definition (hier: der Sprache), die der Deduktion vorausgeht, der Forschergemeinschaft als analytisch erscheint. Dies ist im Hinblick auf die Geschichte der Idee von Wissen und Wissensberei-

---

Simmel und die frühen Soziologen. Nähe und Distanz zu Durkheim, Tönnies und Max Weber. Hg. v. Otthein Rammstedt. Frankfurt a/M 1988.

[94] Foucault, *Archéologie du savoir*, S. 167.

[95] An Einwänden hat es jedoch nicht gefehlt; man vergleiche die – zum Teil sehr scharfen – Kritiken an Hjelmslevs Bevorzugung der Deduktion bei der Theoriebildung bei André Martinet: Au sujet des *Fondements de la théorie linguistique* de Louis Hjelmslev. In: Bulletin de la Sociéte de linguistique 42/2 (1946), S. 36–42; Paul L. Garvin: Review of the *Prolegomena to a theory of language* by Louis Hjelmslev. In: Language 30/1 (1954), S. 91–94; Eugenio Coseriu: Form und Substanz bei den Sprachlauten (1954). In: Ders.: Sprachtheorie und allgemeine Sprachwissenschaft. München 1975, S. 113, 156–188; Jean-Pierre Corneille: La linguistique structurale. Sa portée, ses limites. Paris 1976, S. 42–49.

[96] Vgl. hierzu Louis Hjelmslev: Prolegomena zu einer Sprachtheorie (1943). München 1974, S. 16–20.

chen wesentlich problematischer, weil das, was galt, vorerst rekonstruiert werden muß. Um den Zirkel zwischen der relativen Bestimmung eines Wissenselements und der elementaren Bestimmung einer Relation zu vermeiden und den Aufgabenkatalog (a–e) Foucaults zu retten, muß die identitätsstiftende Funktion auf Seiten der *Geltung* und des *Geltungsbereichs* gesucht werden.[97]

Während Quines logische Untersuchung der Sprache auf der gesellschaftlichen Grundtatsache des Erlernens durch Habitualisierung von ›stimulus‹ und ›response‹ aufbaut, die sowohl die sprachliche wie die kulturelle Kontinuität garantiert als auch Verständigung bei aller ›Unbestimmtheit‹ ermöglicht,[98] ist Foucaults zentraler Geschichtsbegriff derjenige von *Diskontinuitäten*[99] und flächenhaften, von einem Supradiskurs bestimmten, synchronen Repräsentationssystemen der Wirklichkeit.[100] Foucault ersetzt die ›vertikale‹, historische Betrachtung durch eine ›horizontale‹. Die Regelsysteme, die seine Archäologie bestimmen, sind Einheiten, die er jedoch nicht als idealtypisch verstanden sehen will, sondern als positiv. Wer Einheit sagt, sagt ja auch immer Diskontinuität; in der Foucaultschen Betrachtung aber wird diese Diskontinuität zu einem real existierenden Faktum, zur klaren Trennung innerhalb der Geschichte des Wissens. Er scheint eine *langue* der Geschichte als einer *grammaire universelle* (be)schreiben zu wollen, die von

97 »Gelten« kann als Indiz des Übergangs von Wissens- und Lebensbereich definiert werden; vgl. Wittgenstein, *Philosophische Untersuchungen*, § 325, S. 167: »Was die Menschen als Rechtfertigungen gelten lassen, – zeigt, wie sie denken und leben.« Siehe auch Seite 11. Zum Verhältnis von Wittgensteins Sprachspiel zu Foucaults Diskurs vgl. Dietrich Busse: Historische Semantik. Analyse eines Programms. Stuttgart 1987, S. 254–256; Rudi Visker: Michel Foucault. Genealogie als Diskurs. München 1991, S. 149

98 Vgl. Quine, *Word and Object*, S. 76: »Containment in the Low German continuum facilitated translation of Frisian into English [...], and containment in a continuum of cultural Evolution facilitated translation of Hungarian into English. In facilitating translation these continuities encourage an illusion of subject matter: an illusion that our so readily intertranslatable sentences are diverse verbal embodiments of some intercultural proposition or meaning, when they are better seen as the merest variants of one and the same intracultural verbalism.«

99 Foucault, *Archéologie du savoir*, S. 16: »La notion de discontinuité prend une place majeure dans les disciplines historiques. Pour l'histoire dans sa forme classique, le discontinu était à la fois le donné et l'impensable: ce qui s'offrait sous l'espèce des événements dispersés – décisions, accidents, initiatives, découvertes; et ce qui devait être, par l'analyse, contourné, réduit, effacé pour qu'apparaisse la continuité des événements. La discontinuité, c'était ce stigmate de l'éparpillement temporel que l'historien avait à charge de supprimer de l'histoire. Elle est devenu maintenant un des éléments fondamentaux de l'analyse historique.«

100 Daß auch Foucault Geschichte *erzähle*, behauptet dagegen Hayden White: Auch Klio dichtet oder Die Fiktion des Faktischen. Studien zur Tropologie des historischen Diskurses. Hg. v. Reinhart Koselleck u. Karlheinz Stierle. Übers. v. Brigitte Brinkmann-Siepmann u. Thomas Siepmann. Stuttgart 1986, S. 268–302.

verschiedenen (regionalen) Sprachen aktualisiert, jedoch bei der Veränderung ihrer *codes fondamentaux* aufhört, diese Sprache zu sein. Während also bei Quine eine Kombination des Primats der Lebensnähe sinnlicher Gewißheit durch die Beobachtungsaussagen und der wissenschaftlichen Tradition durch die Resistenz der Kernwissenschaften (Logik, Mathematik, Physik) eine Grundlage zur soziologischen Beschreibung von Wissenszusammenhängen liefert, finden wir bei Foucault im Zentrum seiner Diskurstheorie die Einheit der Regeln, welche die mannigfaltigen Aussagen (*énoncés*) ermöglichen. Der Weg Foucaults von den ›Gesetzen der Geschichte‹ zur ›Geschichte von Gesetzen‹ führt in eine Aporie: Zeit und Geschichte halten sich nicht an Regeln, sondern *zeichnen* ihre *Systeme* (ab),[101] werden in einer beeindruckenden Katachrese sich selbst zum Herrscher,[102] der willkürlich (sprunghaft, nicht-kausal), aber notwendig waltet. Dies zeigt etwa die reflexive Form, die Foucault der *Aussage* andefiniert:

> Il [l'énoncé; die Aussage] est lié plutôt à un ›référentiel‹ qui n'est point constitué de ›choses‹, de ›faits‹, de ›réalités‹, ou d'›êtres‹, mais de lois de possibilité, de règles d'existence pour les objets qui s'y trouvent nommés, désignés ou décrits, pour les relations qui s'y trouvent affirmées ou niées.[103]

Die Regeln, die sich und andere Regeln einsetzen und sich selbst wieder aufheben (im einfachen Wortsinn), sind – wie wir gesehen haben – also positive Formen, synchron und verbindlich. Sie schreiben vor, ohne statisch zu sein; sie sind selbst sowohl Form als auch Referenzobjekt und nicht zweckgerichtete Figur und entwickeln durch ihre Kombination und Rekombination ihre eigene Dynamik, die als Konsequenz aus Saussures – und Derridas – Verbindung und Problematisierung des logischen Primats der Synchronie und der historischen Vorläuferschaft der Diachronie erscheint.[104] Zwischen rechtsgültiger Positivität und dynamischen Prozessen der Bildung, Variation und Auflösung erscheinen die diskursiven Einheiten, ihre Bildungsregeln und die Metaregeln wie Hochsicherheitstrakte mit unsichtbaren Gummistäben, deren Dehnbarkeit bestimmt aber unendlich ist. Wir

---

101 Foucault, *Archéologie du savoir*, S. 98: »il [le temps] dessine [...] le système des règles [...]«

102 So ist die ›diskursive Verteilung‹, welche den synchronen Schnitt durch die Wissensgeschichte bestimmt, auf Formationsregeln zurückzuführen, die sich nicht nur selbst erhalten, sondern auch gleich selbst erledigen: »Les règles de formation sont des conditions d'existence (mais aussi de coexistence, de maintien, de modification et de disparition) dans une répartition discursive donnée.« Foucault, *Archéologie du savoir*, S. 53.

103 Vgl. Foucault, *Archéologie du savoir*, S. 120.

104 Ferdinand de Saussure: Cours de linguistique générale. Zusammengestellt u. veröffentl. v. Charles Bally u. Albert Sechehaye (1916). Hg. v. Tullio de Mauro. Paris ^{2}1983, S. 30, 37, 138. Jacques Derrida: De la grammatologie. Paris 1967, S. 102: »La brisure marque l'impossibilité pour un signe, pour l'unité d'un signifiant et d'un signifié, de se produire dans la plénitude d'un présent et d'une présence absolue.«

wissen ja: Falls Dänemark ein Gefängnis ist, dann gilt dies nicht nur für Norwegen, sondern für die ganze Welt.[105]

Der Relativismus, der in diesem Ansatz steckt, ist in einem Punkt zumindest mit demjenigen Quines kompatibel: Die ›Notwendigkeit‹ ist bei beiden die Unmöglichkeit für Zeitgenossen und Kulturmitglieder, historisch und geographisch bedingte Repräsentationssysteme und ihre Implikationen von ›zeitloser‹ logischer Richtigkeit zu unterscheiden, denn der *Wesensbegriff* und der *Notwendigkeitsbegriff* sind *nur relativ zu einem Kontext sinnvoll.*[106] Diese gemeinsame Relativerung der Rationalität und somit Unterstellung von Irrationalität bei der Begründung eines Wissenssystems ist im folgenden theoretische Voraussetzung der intendierten wertfreien Untersuchung, die Beschreibung der historischen Organisation und Zuschreibung von Werten aber deren Ziel.

Nehmen wir also an, daß Irrationalität eine notwendige Voraussetzung einer voraussetzungslosen Analyse sei, gleichzeitig die rationale Erklärung der Texte das Ergebnis unserer Arbeit, so folgt daraus, daß es verschiedene Formen von Rationalität gibt und daß deren Begründung wiederum nicht bis ins letzte rational sein kann.[107] Diese Behauptung stößt auf Widerspruch: So hat etwa Hilary Putnam in einem Zusammenhang, der uns hier interessiert, Foucault als einen *Satiriker* bezeichnet, der sich nur für *gesellschaftliche Torheit* interessiere, und nicht für das, »was an der Gesellschaft gesund ist – sofern es dergleichen gibt.«[108] Der Grund zu solcher Entrüstung dürfte dort liegen, wo Putnam von der *Herabwürdigung der Rationalität*[109] spricht, die er in Äußerungen wie »der Glaube an das Gottesgnadentum [sei] vollkommen rational gewesen« zu finden glaubt. Gemäß der hier verwendeten Bedeutung von »Rationalität« als zweckorientiertem Aspekt menschlicher Handlung relativ zu einem Wertesystem oder Geltungsbereich ist der zitierte Satz dann rational, wenn er sich auf die Kernsätze des zeitgenössischen historischen Wissens zurückführen oder aus diesem ableiten läßt und den eigenen Absichten dient. Ein solcher Kernsatz wäre z. B.:

---

[105] Zur Funktion der Diskursformen als *Machtmechanismen* in *Les mots et les choses*, vgl. Busse, *Historische Semantik*, S. 236.

[106] Willard Van Orman Quine: Nochmals zum Thema Intensionen (1977). In: *Theorien und Dinge*, S. 153.

[107] Die Einvernahme der Topik durch die Logik, wie sie etwa De Paters Untersuchungen zugrundeliegt, scheint mir nicht sinnvoll, da sie die natürliche Folge von der Alltagssprache zur Topik und dann zur Logik als Rationalitätsfortschritt zum Ausgangspunkt setzt und nicht beweist. Vgl. W. A. De Pater: Les Topiques d'Aristote et la Dialectique Platonicienne. Fribourg 1965. Hierzu: Bornscheuer, *Topik*, S. 109–114.

[108] Hilary Putnam: Vernunft, Wahrheit und Geschichte. Übers. v. Joachim Schulte. Frankfurt a/M 1982, S. 222.

[109] Ebd. S. 212.

»Es braucht einen ersten Beweger«, wobei weder feststeht, wer diesen ersten Beweger bewegt, noch inwiefern diese Frage relevant wäre. Putnam nun scheint die ein Form absoluter zeitloser Begründung solcher Kernsätze im Gegensatz zu Quine zu fordern, um ihnen das Prädikat »rational« zu gewähren:

> Quines Behauptung, daß »keine Aussage gegen Revision gefeit« ist, deutet darauf hin, daß es für jede Aussage Umstände gebe, unter denen es *rational* wäre, sie zurückzuweisen. Dies ist jedoch ganz offensichtlich falsch, denn unter welchen Umständen wäre es rational, »Nicht jede Aussage ist wahr« abzulehnen, d.h. »Alle Aussagen sind wahr« zu akzeptieren?[110]

Die Antwort lautet: Unter den Umständen eines veränderten Wahrheitsbegriffs, wie ihn z.B. Adam im Paradies vorfand, als er die Dinge benannte, oder in einer Welt optimistischen Agnostizismus auf der Basis »Was wir uns denken können ist möglich; Möglichkeit ist die Grundlage des Wahrheitsbegriffs«. Natürlich sind diese Beispiele ›bei den Haaren herbeigezogen‹ und wahrscheinlich geht ihnen Putnams Instinkt für jenes ab, was da Gesundheit ist. Was Putnam zu provozieren versucht, ist eine Aporie der Art »Alle Kreter sind Lügner«: Wenn Quines Aussage wahr ist, dann ist sie gegen Revision nicht gefeit, also ist sie auch nicht wahr. Ein ähnliches Argument braucht Manfred Frank gegen Foucault:

> sollte sie [die Archäologie] aber als Theorie jenseits der de facto in Erscheinung getretenen abendländischen Diskurse sich situieren, so erbte sie gerade den altabendländischen Anspruch der definitiven *theoria*: der vom geschichtlichen Wandel selbst nicht betroffenen einheitlichen Gesamtschau der Dinge und der Reden in ihrer *Wahrheit*; [...][111]

Es scheint, daß wer recht haben will, auch »Wahrheit« akzeptieren muß. Es handelt sich hierbei um die Strategie des ›letzten Arguments‹, die – so können wir prognostizieren – auf so ziemlich jede kritische Philosophie angewendet werden kann. Prinzipiell scheint sich jedoch eine Lösung gegen die von Putnam und Frank vorgebrachten Einwendungen anzubieten: Wir können eine Wahrheitsbedingung formulieren, welche die unzähligen Schemata der Selbstreflexivität in der Art des Kreter-Paradoxes von vornherein ausschließen.[112] Damit beseitigen wir nicht nur eine Möglichkeit, regelkonform Paradoxe zu produzieren, sondern illustrieren gleichzeitig die These, daß Wahrheit von revidierbaren Wahrheitsbedingungen abhängig ist. Nicht

---

110 Ebd. S.117.

111 Manfred Frank: Was ist Neostrukturalismus? Frankfurt a/M 1983, S.217.

112 W. V. Orman Quine: Quiddities. An Intermittently Philosophical Dictionary. Cambridge 1987, S.145: »Nothing can bear a relation to all and only the things that do not bear it to themselves.«

die Wahrheit einer Aussage innerhalb eines Systems formaler Bedingungen ist revidierbar, sondern die Wahrheitsbedingungen. Um eine möglichst große Stabilität zu erreichen, ist es deshalb angebracht, möglichst wenig vorauszusetzen, was zu einer Reihe von minimalen Annahmen führt, die den Anschein radikaler Unumstößlichkeit produzieren, da sie – wie die Widerspruchsfreiheit – als analytisch und konstitutiv für den Begriff »rational« erscheinen. Die Entstehung der modernen Logik ist aber ebenfalls von dem abhängig, was für die Zeitgenossen etwa Freges als rational galt und den Grundstein der anschließenden Formalisierungen lieferte. Der Plural von »Rationalität« erscheint folglich als sinnvoll.

Eine wesentliche Differenz zwischen Quine und Foucault besteht aber in der Grundlegung der jeweiligen Geltungsbereiche; zwar sind diese bei beiden sprachlich, gründen bei Foucault jedoch in der Gesetzmäßigkeit der Zeichenzuordnung, bei Quine hingegen in der sinnlichen Erfahrung. Durch seine Hypostasierung des Idealtypus auf die gesamte Sprache resultiert bei Foucault die Vorstellung der Diskontinuität: Was zwischen einer *épistémè* und einer anderen in diesem *pli* oder in der *déchirure* geschieht, ist nicht die Entwicklung neuer syntaktischer Formen, sondern die plötzliche Substitution eines alten Regelsystems durch ein neues. Die naturalistische Spracherwerbstheorie Quines hingegen wurzelt in der Annahme, daß die Natur keine großen und unbegründeten Sprünge macht. Foucault sieht die Entwicklung der Wissenschaften nicht im *naturalistischen Philosophen* versinnbildlicht, der wie *der fleißige Matrose, auf See im Neurathschen Schiff* das *System von innen heraus zu verbessern, zu klären und zu verstehen*[113] versucht, sondern betrachtet die Geschichte eher als einen etwas lebensmüden Matrosen, der den Stöpsel zieht, ohne sich zu fragen, wie weit es zur nächsten Insel sei. Zwischen Quine und Foucault scheint ein ähnliches Verhältnis zu bestehen, wie zwischen dem *wohlwollenden Nihilismus* Humes und demjenigen Sades,[114] was etwa der Vergleich von der zitierten Kritik Quines an der Ontogenese der abstrakten Begriffe in *Word and Object* und den Ausführungen Nietzsches in *Wahrheit und Lüge*[115] zeigen könnte. Im Gegen-

---

[113] Willard Van Orman Quine: Fünf Marksteine des Empirismus (1975). In: *Theorien und Dinge*, S. 95. Es handelt sich bei diesem Bild von Otto Neurath um Quines Lieblingszitat, vgl. *Word and Object*, S. 3, 124. Vgl. dazu den Aufsatz von Susan Haack: Rebuilding the Ship While Sailing on the Water. In: *Perspectives on Quine*, S. 111–127. Zum historischen Zusammenhang zwischen dem Neurathschen Bild und der Kohärenzthese, vgl. Dies.: Philosophy of Logics. Cambridge 1978, S. 94–97.

[114] Vgl. Panajotis Kondylis: Die Aufklärung im Rahmen des neuzeitlichen Rationalismus. München ^{2}1986, S. 495, 503.

[115] Vgl. Friedrich Nietzsche: Über Wahrheit und Lüge im außermoralischen Sinn (1873). In: Werke. Bd. I. Leipzig 1924, S. 511f.: »Was ist also Wahrheit? Ein bewegliches Heer von Metaphern, Metonymien, Anthropomorphismen, kurz eine Summe von menschlichen Relationen, die, poetisch und rhetorisch gesteigert, übertragen, geschmückt wurden, und die nach langem Gebrauch einem Volke fest, kanonisch und verbindlich

satz zu Nietzsche schließt Quine seine Ausführung mit den beruhigenden Sätzen, die nicht nur Otto Neuraths Diktum wieder aufnehmen, sondern auch die wohlwollende und kompromißvolle Haltung Humes nachzeichnen:

> The ship may owe its structures partly to blundering predecessors who missed scuttling it only by fools' luck. But we are not in a position to jettison any part of it, except as we have substitute devices ready to hand that will serve the same essential purposes.[116]

Es gibt keinen Grund, den Wissensstrukturen eine größere Bedeutung einzuräumen als den einzelnen Inhaltselementen. Die folgenden Untersuchungen sollen zeigen, daß Inhalte zur Rekonstruktion der Wissensbereiche epistemologisch relevant sind, da die sogenannte ›Nähe‹ der Gedanken wohl kaum von der Existenz ›naheliegender‹ Verbindungen getrennt werden kann. Das Ideal formaler Systeme, das in einer möglichst großen Ökonomie und mechanischen Anwendbarkeit der Mittel besteht, wie sie am deutlichsten im Aufgabenbereich der Logik und Mathematik zu finden sind, darf weder als Orientierung wissenschaftlicher Arbeit unterschätzt noch umgekehrt mit Wissenschaft identifiziert werden. Der Problembereich, der zwischen den formalen Systemen – seien diese nun streng oder locker – und den materialen Elementen liegt, ist derjenige der Interpretationsregeln oder der Frage nach der Identifikation einer Stelle in einer formalen Anordnung mit den entsprechenden Elementen des Wissens. Die Frage ist also wiederum diejenige nach dem Geltungsbereich der Funktionen oder Werte, die einem Element zugeordnet werden. Der wissenssoziologische Ansatz versucht nun vorerst die formulierten Systeme wie auch die definierten Elemente, wie sie im Bewußtsein dieser und jener Zeitgenossen existierten, zu beschreiben und unter Umständen aus den sich ergebenden Aporien und Veränderungen auch die Konstitution der Elemente und die Wirkung der Systeme als unbewußte und übergreifende Organisationsmuster zu beschreiben. Ein solches Wissenschaftsverständnis setzt voraus, daß wir die Vorliebe für Tiefenstrukturen überwinden.

Dies bedeutet jedoch nicht, daß der Regelbegriff zugunsten eines ›musischen‹ Individualitätsempfindens aufgegeben werden soll. Gehen wir nämlich davon aus, daß die Inhaltselemente der Wahrnehmung immer schon artikuliert, d.h. zu einem semiotischen System gehörig und semiotisch überliefert sind, so stellt sich das Problem der Individualität nirgends, es sei denn als ein Scheinproblem. Gerade in der Literaturwissenschaft wird dieser Gemeinplatz des »Individuellen«, der seine Darstellung und Lösung bereits in

---

dünken [...] Münzen, die ihr Bild verloren haben und nun als Metall, nicht mehr als Münzen, in Betracht kommen«.

116 Quine, *Word and Object*, S. 124.

den Gründerjahren der modernen Soziologie gefunden hatte,[117] unter antireduktionistischem Banner immer wieder gegen formalistische Untersuchungen ins Feld geführt. Er dient dazu, einerseits die Literatur- oder Geisteswissenschaften vor den Naturwissenschaften zu schützen, andererseits aus der rätselhaften Anders- und Einzigartigkeit des eigenen Untersuchungsbereichs eine notwendige Adaptation der Methode an den jeweiligen Gegenstand zu folgern.[118] Daß mit Rücksicht auf die genannte Prämisse die Methode des Geisteswissenschaftlers irgendwann aufhört, Methode zu sein, sie vielmehr zur bloßen ›Einfühlung‹ verkommt, ist nachgerade konsequent. Das Individualitätskriterium scheint hier entweder eine Banalität auszudrücken – alles ist individuell: ein Molekül, der 8-Uhr-Zug aus Genf vom 19.7. 1994, ein bestimmtes Achselhaar – oder gerade das zu übergehen, was einen Text (und damit hat es der Geisteswissenschaftler ja meist zu tun) zu einem bestimmten Text macht: die Zugehörigkeit seiner Elemente zu einer Reihe äußerst komplexer Regelsysteme. Individualität kann bloß als ein Problem der Kombinatorik, als eine Frage von Ko- und Kontexten[119] oder als Restprodukt, das sich dem einen aber nicht dem anderen Maßstab entzieht, gesehen werden, nicht aber als etwas, das bedeutend ist, weil es nicht bedeutet. Als Zeichen sind die einzelnen Elemente jedoch nur zu erkennen, weil sie sich auf Codes ›beziehen‹.[120]

Aus der behaupteten Relevanz der Inhalte, der ›Oberflächenelemente‹, die aus ihrem kompromißvollen Verhältnis zur physischen und sozialen Wirklichkeit, aus ihrem inkonsequenten Zusammenstehen, aus ihrer genetischen Belastung (woher kommen sie?), aus ihrem intentionalen Gebrauch (wohin gehen sie?), aus dem Wert, den sie innerhalb einer bestimmten *Kultur*[121] einnehmen, resultiert ein umkehrbares Verhältnis zwischen Geltung und Verwendung.

---

[117] Max Weber: Die »Objektivität« sozialwissenschaftlicher und sozialpolitischer Erkenntnis [1904]. In: Gesammelte Aufsätze zur Wissenschaftslehre. Hg. v. Johannes Winckelmann. Tübingen ^{7}1988, S.171.

[118] Zu Form, Politik und Geschichte dieser Kunstideologie vgl. die brillianten, oft polemischen Ausführungen Bourdieus. Pierre Bourdieu: Les règles de l'art. Genèse et structure du champ littéraire. Paris 1992.

[119] Siehe Seite27.

[120] Falls weiter unter Individualität die ›Privatheit‹ des Bezugs zwischen einem sprachlichen Zeichen und einer personengebundenen Vorstellung verstanden wird, so scheint mir die Ergründung dieses Bereichs aleatorisch und uninteressant. Vgl. auch Busse. *Historische Semantik*, S.80.

[121] Weber definiert Kultur als ein Gefüge an Zuschreibungen auf Werte bezogener Bedeutungen. Vgl. Weber, *Die »Objektivität« sozialwissenschaftlicher und sozialpolitischer Erkenntnis*, S.212–214. Die Weberschen Gedanken werden bei Mannheim anregend aber stets nur ansatzweise fortgedacht; vgl. Karl Mannheim: Über die Eigenart kultursoziologischer Erkennntnis (posth.). In: Strukturen des Denkens. Hg. v. David Kettler, Volker Meja u. Nico Stehr. Frankfurt a/M 1980, vor allem S.48.

II. Leibniz, Hamann, Müller: Geld und Sprache

Fast ein halbes Jahrhundert nach Erscheinen von Saussures *Cours* greift Lévi-Strauss die Definition der *valeur* und das ›monetäre Bild‹ der Bedeutung als Wirkung und soziale Akzeptanz wieder auf, um seinerseits von der Reorganisation der *expérience sensible* in semantischen Systemen (Mythologien, Riten, Kulten) zu sprechen.[122] Der Vergleich erscheint bei beiden Autoren unklar, weil die Beziehung zwischen Bedeutung und Zeichenträger eines sprachlichen Ausdrucks nicht klarer ist als diejenige zwischen dem Wert und dem Zeichenträger eines ›montetären Ausdrucks‹. Diese Unklarheit ist symptomatisch für Probleme, die aus den theoretischen Widersprüchen in bezug auf Funktion und Eigenschaften des Vergleichs, aus der historischen Verlagerung des Interesses von den ›verba‹ zu den ›res‹ und schließlich aus den ungelösten Fragen zur Verbindung von Form und Materie in Zeichen resultieren. Die drei Punkte hängen historisch zusammen.

Vergleiche sind im Allgemeinen weder uninteressant noch uninteressiert. Sie verfügen über eine ›tautologische Mechanik‹, die darin besteht, eine Ähnlichkeit zu setzen mit dem Zweck, die Eigenschaften zumindest einer Seite des Vergleichs zu erhellen. Streng genommen ist also die Kenntnis beider Seiten des Vergleichs vorausgesetzt, da man keine Ähnlichkeit zwischen Dingen annehmen kann, die man nicht kennt. Die Wirkung des Vergleichs ist aber eine andere: Die reine Behauptung der Ähnlichkeit durch »wie« führt dazu, die ›Erhellung‹ aufgrund der Gleichschaltung der beiden Seiten zu erwarten. Diese erhellende Wirkung kann wiederum nicht das Produkt der Identität eines bestimmten Teils beider Seiten sein, da diese ja bereits bekannt sind, sondern muß aus der Projektion verschiedener Eigenschaften der einen Seite resultieren, die nun die Kenntnis der andern Seite (und ›vice versa‹) affizieren. Der Vergleich wird dadurch noch interessanter, daß die Intention keine verborgene zu sein scheint, sondern im Gegenteil durch »wie« transparent gemacht ist. Dem »wie« kommen aber mindestens zwei unterschiedliche Funktionen zu: die Bezeichnung der Klassenzugehörigkeit (identitas specifica und generica) oder der Ähnlichkeit (Teilidentität).

---

[122] Vgl. Saussure, *Cours de linguistique générale*, S. 101 vs 115. Claude Lévi-Strauss: Anthropologie structurale. Paris 1958, S. 108–110.

Die vorgebliche Transparenz des Vergleichs hat dazu geführt, daß das Anathema der Wissenschaften des ausgehenden 17. Jahrhunderts gegen die Rhetorik den Vergleich nicht im gleichen Maße getroffen hat wie die ›uneigentliche Rede‹, sondern vielleicht sogar in seiner Position gestärkt. In diesem Zusammenhang zeichnet sich eine Reinterpretation des »wie« als Beispiel (Zugehörigkeit zu einer Klasse) auf Kosten des »wie« der Analogie (Teilidentiät) ab, d. h., der Beschreibung der Ereignisse nach der Gesetzmäßigkeit ihres Auftretens statt der Deutung gemeinsamer Eigenschaften der Dinge aufgrund eines supponierten Parallelismus innerhalb der Heilsordnung.

Leibniz steht nun wie kaum ein anderer zwischen diesen zwei Formen der Weltbeschreibung und – nicht zufällig, wie zu zeigen sein wird – zwischen den konträren Ansichten zur Materialität der Sprachzeichen; Ansichten, die auch heute noch virulent sind. Nicht weniger unproblematisch sind die Zeichenbegriffe, wie sie bei Hamann und Müller aus der Nähe zwischen Sprache und Geld resultieren. Anhand der drei gewählten Autoren soll die Wertkonstitution für Sprache und Geld untersucht werden. Dieser Prozeß der Wertkonstitution kann durch zwei ›metaphorische‹ Ausdrücke hier veranschaulicht werden: »verbindlich machen« und »in Kraft setzen«. Der ästhetische Aspekt des Zeichens erscheint als Bindeglied beider Ausdrücke, als proklamierte Synthese zwischen gesellschaftlicher Austauschbarkeit und einem neuen Begriff selbstregulierter Produktivität. Dies scheint ein wesentlicher Faktor der Kunstanschauung zu sein, welche die dichterische Sprache zu dem macht, als das sie heute vielerorts gilt. Die ökonomischen und semiotischen Voraussetzungen dieses Glaubens und seine strategische Position bilden den Gegenstand des *Hauptteils.*

1. Geld als Symbol symbolischer Repräsentation (Literaturauswahl)

Es ist dies nicht das erste Mal, daß der Vergleich zwischen Geld und Sprache Gegenstand einer Untersuchung ist. In der Folge wird kurz auf eine Reihe vorausgehender Behandlungen eingangen, wobei vor allem die Differenzen im Hinblick auf Methode und Erklärungsanspruch exemplarisch hervorgehoben werden. Die kritische Besprechung dieser Werke verfolgt zwei Ziele: zu zeigen, daß im Gegensatz zu den gewählten Arbeiten es hier nicht um eine Neuerfassung eines diskursiven Bereiches anhand mehr oder minder großer Kenntnisse der Nationalökonomie geht; zu erkennen, daß das semiotische Problem der Materialität oder Formalität von Zeichen all diese Entwürfe ebenso prägt wie diejenigen Saussures, Hjelmslevs oder Lévi-Strauss'.

Bereits vor 35 Jahren hat Harald Weinrich die topische Tradition von *Münze und Wort* untersucht. Sein Aufsatz baut auf der Unterscheidung zwischen *linguistique de la parole* und *linguistique de la langue* auf,[123] woraus Weinrich die Möglichkeit einer getrennten Betrachtung der historischen Entwicklung der Münz-Wort-Metapher und anschließend der synchronen assoziativen Erweiterungen innerhalb der beiden Wortfelder abzuleiten scheint. Auch wenn wir diese äußerst fragwürdige Zuordnung akzeptierten, könnten wir dennoch nicht der Paraphrase zustimmen, die Weinrich an den Anfang der historischen Entwicklung seiner ›Metapher‹ stellt:

> Wenn nämlich die Wörter einer Sprache von der Art der Münzen und damit Zeichen sind, dann kann die Sprache nicht von Natur sein, sondern muß auf menschlicher Übereinkunft beruhen. Ihre Gesetze werden dann nicht von der allgemeinen Vernunft gegeben, sondern beruhen auf der Autorität maßgeblichen Sprachgebrauchs.[124]

Wie bereits erwähnt kann man Topoi isoliert als Elemente betrachten; wir können ihnen in diesem Falle jedoch keine Bedeutung zusprechen. Wir können bloß feststellen, daß eine Vorlage existiert, Felder miteinander zu verbinden, und daß die Tradition der Figur deren argumentative Wirkung im Rückgriff auf Bekanntes verändert. Weinrich begeht den Fehler, den Vergleich oder die Metapher mit einer Bedeutung zu füllen, die durch ihre diachronen Varianten widerlegt wird, und ignoriert so den topischen Charakter, die Indifferenz gegenüber der Verwendung.[125] Die Äußerung, daß Münzen konventionell seien, ist – wie wir sehen werden – mindestens so umstritten, wie die Konventionalität spachlicher Zeichen. Topoi aber sind äußerst flexibel.

Interessanter erscheint da der Versuch Marc Shells. In seinen zwei Büchern – *The Economy of Literature* und *Money, Language, and Thought* – untersucht er die *tropic interaction between economic and linguistic symbolization and production.*[126] Die wesentliche theoretische Differenz zwischen diesen und den vorliegenden Ausführungen liegt in Shells Überzeugung, daß die zu untersuchende Analogie in der ›Natur der Sache‹ begründet ist, wie seine Verwendung von »exchange« etwa illustriert:

> The economy of literature seeks also to understand the relation between such literary exchanges and the exchanges that constitute the political economy.[127]

---

123 Harald Weinrich: Münze und Wort. Untersuchungen an einem Bildfeld. In: Romanica. Festschrift für Gerhard Rohlfs. Hg. v. H. Lausberg u. H. Weinrich. Halle 1958, S. 509.

124 Ebd. S. 511.

125 Vgl. Bornscheuer, *Topik*, S. 30.

126 Marc Shell: Money, Language, and Thought. Literary and philosophical economies from the medieval to the modern era. Berkeley 1982, S. 4.

127 Marc Shell: The Economy of Literature. Baltimore 1979, S. 7.

Und wenig später weiß Shell, daß

> Poetics is about production (poiesis). There can be no analysis of the form or content of production without a theory of labor. Labor, like language, is symbolically mediated interaction, reconciling man and »nature«.[128]

Shell leitet aus einer Etymologie eine Definition ab und beweist so, was es zu zeigen gälte. Falls indes Arbeit *symbolisch vermittelt* ist und falls der monetäre Wert wirklich auf Arbeit beruht, wieso sollten sie den *Menschen* mit der *Natur versöhnen*? Dies zu akzeptieren, heißt die von ihm vertretene ›hegelianisierende‹ Position akzeptieren, die wir in *Money, Language, and Thought* wiederum aus geld- und finanztheoretischen Grundsätzen abgeleitet finden. Die Ähnlichkeit von Geld und Sprache wird sowohl vorausgesetzt als auch bewiesen und erlaubt eine Neukonstitution des alten Topos, worin die Rede gleich dem Werkzeug *nature-in-transformation*, während das Gedächtnis *nature-in-conception* ist. Zwischen diesen beiden Aspekten der Sprache scheint der *Geist der Menschheit* vollständig bei sich zu sein und gleichzeitig über sich hinaus zu gelangen:

> Language is the final and original home of the conscious spirit of mankind, and it enables men to incorporate and rise above contemporary and socially »functional« ideologies.[129]

Was wir hier als eucharistisches Sprachwunder bezeichnen können – und Shell geht an anderer Stelle auch darauf ein[130] – ist jedoch nicht ideologiekritisch zu verstehen, sondern exemplifiziert Shells eigene Sprachphilosophie. Die Ideologiekritik richtet sich vielmehr gegen einen Begriff von Ideologie, den der Autor gleich eingangs der Einleitung definiert:

> Those discourses are ideological that argue or assume that matter is ontologically prior to thought.[131]

Nun, das mag stimmen,[132] doch trifft das Gegenteil wohl genauso zu. Die angeführten Beispiele erklären, worauf Shell hinaus will. Ideologische Dis-

---

[128] Ebd. S. 9.

[129] Ebd. S. 9.

[130] Shell, *Money, Language, and Thought*, S. 43: »Theories of metallic money tend to share with discussions of the Eucharist the problem of homogeneity and heterogeneity, or confusion of representation with production.« Vgl. ebd. S. 181: »The dialectician proceeds along the way of division by theorizing about the articulative homogeneity and heterogeneity of things and concepts.«

[131] Ebd. S. 1.

[132] Wenn wir entweder »ideological« von »Idéologues« ableiten, d. h. den ›Nachfolgern‹ Condillacs in der französischen Philosophie zu Beginn des 19. Jahrhunderts, oder davon ausgehen, daß aus »prior« sowohl »(genetisch) vorher« als auch »wesentlicher« abgeleitet wird.

kurse nämlich argumentierten etwa von sexuellen Bedürfnissen aus auf die Entstehung von Gedanken. Es ist nicht ganz einzusehen, wieso psycho-physische Untersuchungen und ihr wissenschaftlicher Fokus *ideologisch* sein sollten, während umgekehrt Untersuchungen, welche die Wirkung der Gedanken auf die Sexualität untersuchen, nicht. Der Materialismus behauptet ja nicht, daß der Körper den Gedanken vorausgehe, sondern daß eine Interaktion zwischen Körpern und Gedanken stattfinde und daß darüber hinaus Physis und Psyche eine gemeinsame physikalische Erklärung finden könnten. Betrachten wir die Entwicklung der Physik im 20. Jahrhundert, so erscheint das Wort *matter* zumindest als inadäquat. Natürlich ist es möglich, wenn auch nicht sehr originell, das *prior* statt in *matter* in den Andeutungen des Orakels von Delphi zu verorten, wie das Anfangsmotto aus Heraklit[133] insinuiert.

So bleibt denn auch in den Deutungen der *Andeutungen* immer wieder unklar, wer hier genau spricht, ob es sich um eine Interpretation von Heraklit, von der Gyges-Fabel, von Kant, von Goethe oder von Nietzsche handelt, oder ob es ganz einfach ziemlich egal ist, womit man die eigenen Vorgaben illustriert, solange es dazu dient, sich der *Essenz* der Dialektik zu nähern.[134] Die Intention, die dahinter steht, dürfte wohl auch nicht die Beschreibung und Erklärung der vorliegenden Texte sein, sondern die Darstellung und das Verständnis der eigenen denkerischen Voraussetzungen.[135] Es fragt sich, ob sich der Aufwand lohnt, eine These zu reaktualisieren, welche das geistige Geschäft auf die Grundlagen der Arbeitswert- und Zinstheorie stellt. Die theoretischen Positionen Shells scheinen sich zwischen der Publikation von *The Economy of Literature* und der Abfassung von *Money, Language, and Thought* nicht verändert zu haben,[136] jedoch sein methodisches Vorgehen. In seinen zweifellos brillanten Ausführungen zu Kant und Hegel – *Dialectic and Monetary Form in Kant and Hegel*[137] – leitet er philolo-

---

133 Es handelt sich bezeichnenderweise um die gleiche Stelle, die Davidson an zentraler Stelle seiner Metapherntheorie zitiert. Vgl. Davidson, *What Metaphors Mean*, S. 262. Siehe oben Seite 19.

134 Vgl. etwa Shells Verwendung *historischer* Untersuchung zur Darstellung der Entwicklung der Dialektik unter Berufung auf Georg Simmels Aussage, daß die Essenz des Geldes nicht nur aus Analogie zum Wesen des Intellekts, sondern auch durch die Ähnlichkeit der historischen Entwicklung sowohl des Geldes als der Intellektualität verstanden werden könne (*Money, Language, and Thought*, S. 182, Fußnote).

135 Aussagen wie die folgende sind Legion und belegen auch immer wieder, was für den Autoren eigentlich schon längst feststeht: »The story of Gyges, however hypothetical or mythical, is a great explanation of the genesis of a political, economic, and verbal semiology. [...] The myth of Gyges helps to reveal the origin of modern thought and to call that thought into question.« (Ebd. S. 13). Wie könnte es auch anders sein.

136 Vgl. *Conclusion* in *Money, Language, and Thought*, vor allem die subtilen Übergänge von *suggest* zu *in general* (S. 180).

137 Kap. 5 von *Money, Language, and Thought*, S. 131–155.

gisch argumentierend den Begriff der *Aufhebung* ab aus der Entwicklung der doppelten Buchhaltung und der Praxis des Rechenbretts, aus den sprachlichen Ausdrücken und Handlungen rund um das Wechselgeschäft und schließlich aus der Zinstheorie. Ist dies nun nicht – in Shells Sinn – ideologischer Diskurs? Nur dann natürlich, wenn wir in der ökonomischen Theorie und Praxis *matter* vermuten. Dies müssen wir nicht, wenn wir in ihnen ebenfalls Diskursformen vermuten und somit ›irgendetwas Geistiges‹. So wird jedoch die Unterscheidung zwischen *thought* und *matter* endgültig zu einer Banalität, da die theoretische Erfassung und Beschreibung dessen, was wir als Empirie betrachten (und es gibt keinen Grund diese aufzugeben) in und auf einem theoretischen Diskurs artikuliert wird. Dies gilt auch für den Neurologen oder den Biophysiker, der Gehirnfunktionen beschreiben und erklären will, ebenso wie für den ›Geisteswissenschaftler‹, der die Theoretisierung von Werten und ökonomischen Mechanismen zur Erklärung von zeitgenössischen philosophischen Positionen herbeizieht.

Einen völlig entgegengesetzten Begriff von Ideologie scheint Alfred Sohn-Rethel in seinem kurzen Text *Das Geld, die bare Münze des Apriori* zu vertreten. Die Eingangssätze sind auch hier vielversprechend:

> »Intellekt« ist ein Fetischbegriff für geistige Tätigkeit, die wesensmäßig von der Handarbeit geschieden ist. Intellekt ist immer im geschichtlichen Bezugszusammenhang zu Handarbeit zu sehen.[138]

Dieser *geschichtliche Bezugzusammenhang* kennt jedoch einen *apriorischen* Ort, der den *Fetischbegriff* »Intellekt« zu allen Zeiten vorstrukturiert und den *intellektuellen Diskussionszusammenhang* garantiert: »Die Warenform und folglich auch die Geldform des Warenwertes sind also der Form nach schon das Apriori der Gesellschaftsformation auf Basis der Warenproduktion.«[139] So sympathisch oder originell Sohn-Rethels Thesen auch erscheinen mögen, so fragwürdig bleibt doch die Konstruktion eines ausschließlichen Kausalbezugs vom Geld auf den Intellekt, für den die empirischen Belege mehr als dürftig sind:

> Das Vermittlungsglied nun, das zwischen der gesellschaftlichen Realität und der begrifflichen Idealität derselben Formabstraktion den Zusammenhang herstellt, ist das

---

[138] Alfred Sohn-Rethel: Das Geld, die bare Münze des Apriori (1976). Berlin 1990, S. 13. Sohn-Rethel versteht sich als *materialistischer Dialektiker*: »Hierin sollte ein Kennzeichen einer genuin materialistischen Dialektik erblickt werden können, indem die Einheit von Denken und Sein auf dem Boden des raumzeitlichen, materiellen Seins statt in der Sphäre des Geistes gefunden wird.« (Ebd. S. 43) Die Sphäre des Geistes erscheint Sohn-Rethel als *bürgerlich* und deshalb ›per se‹ als ideologisch, wie er es am deutlichsten am Beispiel Hegels zeigt, der *die Dialektik selbst an nichts als an ›die Idee‹ verschwendet*; vgl. Alfred Sohn-Rethel: Geistige und körperliche Arbeit. Zur Theorie der gesellschaftlichen Synthesis. Frankfurt a/M 1973, S. 32f.

[139] Ebd. S. 14f.

> Geld, und zwar das Geld in seiner erstmalig 680 v.u.Z. in Ionien geschaffenen Münzform. Der Grund ist, daß erst im gemünzten Geld die Abstraktheit des Warentausches in Erscheinung tritt.[140]

Diesen *Zusammenhang* bezeichnet Jochen Hörisch in seinem Vorwort zu Sohn-Rethel als *nicht zufällig.*[141] Mit dem Zufall ist das so eine Sache. Die Basis dieser Rekonstruktion des formalen Denkens scheint zwei Argumenten zu folgen: erstens einer altbekannten Zivilisationsthese, die besagt, daß der Weg von der primitiven Gesellschaft zur zivilisierten ein Prozeß der Abstraktion sei, zweitens der jeweiligen Zuordnung nach der Trennung der Allerweltskategorien material-formal, konkret-abstrakt, sinnlich-geistig, partikulär-kollektiv. Daß dabei Mechanismen entwickelt werden, die ebenso die Entstehung der Sprache, der Schrift, des Handels, der Volksrepräsentation etc. betreffen, sollte deshalb nachdenklich stimmen, weil daraus auch immer wieder Zusammenhänge der erwähnten Art generiert werden können.[142] Es wird hier eine These der Geschichtsschreibung aufgegriffen, die besagt, daß die Geschichte des menschlichen Geistes die Geschichte seiner Erfindungen sei. Betrachten wir jedoch, was in Ionien *um 680* sonst noch alles *entsteht*, so dürften wir mit ruhigem Gewissen die Schrift, den Handel, die Schiffahrt etc. miteinander in Verbindung setzen, ohne dabei die gleichzeitige ›Erfindung‹ von Schrift und Münze durch die Phönizier zu vergessen. Die ›tertia comparationis‹, die hier Verwendung finden, sind dabei so allgemein wie evident: Abstraktion und Tausch, Produktion und Konsumation. Es ist auch kein Problem, den Tausch als Abstraktion zu sehen (was vielleicht schon Aristoteles getan hat), noch die Abstraktion als Tausch (wobei Repräsentation als Ver-Tauschen zu lesen ist).

Die Tatsache, daß Shell als Hegelianer das Geld auf den Geist zurückführen kann und Sohn-Rethel als erklärter Marxist den Geist auf das Geld, verweist auf das Problem, das beiden Ansätzen zugrundeliegt: Beschrieben wird nichts anderes als semiotische Repräsentation, d.h. Wertbildung als kulturelle oder gesellschaftliche Tätigkeit und ihre Rückwirkung auf Kultur und Gesellschaft. Die technischen Veränderungen, die diese Zeichen betreffen, führen zu einer Ausdehnung ihres Geltungsbereichs, die in einem geeigneten theoretischen Kontext als Verlustes an Ursprünglichkeit erfahren wird, dessen Faktizität jedoch äußerst relativ ist. Als ein Beispiel aus

---

140 Ebd. S.17.

141 Jochen Hörisch: Die beiden Seiten einer Münze. Sohn-Rethels Theorie von Geld und Geltung. Vorwort zu Sohn-Rethel, Ebd. S.9. Ob die Erfindung der Münzprägung den Jonern oder Lydern (Gyges) zukommt, ist übrigens umstritten. Vgl. René Sédillot: Histoire morale & immorale de la monnaie. Paris 1989, S.53f.

142 Als Beispiel sei etwa die Warnung Goodys vor der Konstruktion eines Kausalzusammenhangs zwischen Literarisierung und Demokratie erwähnt. Jack Goody: Die Logik der Schrift und die Organisation von Gesellschaft. Übers. v. Uwe Opolka. Frankfurt a/M 1990, S.202f.

neuester Geschichte sei die rasante Verbreitung der ›elektronischen Zahlungsmittel‹ (Kreditkarten) in den letzten zwei Jahrzehnten genannt, die wahrscheinlich (dazu braucht es keine prophetische Begabung) in den kommenden Jahren das Papier- und Metallgeld aus weiten Bereichen unseres Alltagslebens verdrängen wird. Haben wir es hier nun mit einem weiteren Grad an Abstraktheit zu tun, der in paralleler Entwicklung zum Intellekt steht, oder im Gegenteil mit einem Zahlungsmittel, das auf der persönlichen Kaufkraft aufgrund der persönlichen Einkünfte und des darin begründeten Vertrauens einer Bank steht und nur durch die Partikularität der Unterschrift oder des persönlichen Codes gilt? Ist das ›Plastikgeld‹ eine Entwicklung zurück zu den sogenannten primitiven Gesellschaften?

Die Probleme, die sich trotz der häufig sehr interessanten historischen Analysen aus den Ansätzen Shells und Sohn-Rethels ergeben, haben entgegen den erklärten weltanschaulichen Differenzen eine gemeinsame Wurzel. Dieser begegnen wir auch im umfangreichen philosophischen Entwurf Georg Simmels, der es in den letzten Jahren zu bemerkenswertem Nachruhm gebracht hat. *Die Philosophie des Geldes* kann zurecht eine *ästhetische Theorie* genannt werden.[143] Simmel findet, wie schon Shell und Sohn-Rethel, im Geld den geeigneten Ort, um seine eigenen philosophischen Ideen zu artikulieren. Die Ästhetik, die entworfen wird, ist identisch mit den gesellschaftskritischen Überlegungen Simmels, wie sie sich in seiner Auseinandersetzung mit der Kultur der Moderne und dem Phänomen der *specifisch modernen »Begehrlichkeit«* äußern.[144] Diese Verbindung verdeutlicht ein Vortrag aus dem Jahre 1896 *Das Geld in der modernen Kultur*: Simmels Analyse folgt hier dem Schema der zunehmenden Entpersonalisierung der gesellschaftlichen Abhängigkeiten aufgrund der zunehmenden *Allgemeinheit mit steigender Kultur.*[145] Diesem Prozeß scheint Simmel, im Gegensatz zu ähnlichen Denkergebnissen konservativer oder marxistischer Denker, durchaus auch einen positiven, befreienden Aspekt abzugewinnen.[146] Der Gedankengang kulminiert, mit ausdrücklichem Verweis auf Schleierma-

---

[143] Hannes Böhringer: Die »Philosophie des Geldes« als ästhetische Theorie. Stichworte zur Aktualität Georg Simmels für die moderne bildende Kunst. In: Georg Simmel und die Moderne. Neue Interpretationen und Materialien. Hg. v. Heinz-Jürgen Dahme u. Otthein Rammstedt. Frankfurt a/M 1984, S. 178–182.

[144] Georg Simmel: Das Geld in der modernen Cultur. In: Aufsätze und Abhandlungen 1894 bis 1900. Hg. v. Heinz-Jürgen Dahme u. David P. Frisby. Frankfurt a/M 1992, S. 190.

[145] Ebd. S. 187. Eine ausführlichere, doch weniger deutliche Analyse dieses Sachverhaltes findet sich in: Philosophie des Geldes (1900). Hg. v. David P. Frisby u. Klaus Christian Köhnke. Frankfurt a/M 1989, S. 490–493.

[146] Über die Beziehungen Simmels zu ›konservativen‹ Kulturideologen vgl. Stefan Breuer: Ästhetischer Fundamentalismus. Stefan George und der deutsche Antimodernismus. Darmstadt 1995, S. 169–183. Dort (S. 170) auch der Vermerk, daß Hofmannsthal die *Philosophie des Geldes* gleich zweimal gelesen habe.

cher,[147] in einer Gleichsetzung von Gott, Geld und Einheit als Fokalisation der Mannigfaltigkeit, die allesamt als *unnerreichbare Ideale* des *Charakters des reinen Symbols* betrachtet werden können, wie sie Simmel als teleologisches Prinzip der Geldentwicklung seit dem Mittelalter zu beobachten glaubt.[148] Unschwer erkennen wir in diesen Ausführungen eine Reihe von Gemeinplätzen, die die deutsche Kulturphilosophie der Jahrhundertwende bis in die 30er Jahre bestimmt haben.

Ob das Geld nun dazu strebe, *reines Symbol* zu werden, das *Apriori* des Intellekts darstelle oder als stetes Produzieren den Bereich semiotischer Repräsentation entgrenze, wir haben es in allen erwähnten Fällen mit einer theoretischen Konstruktion zu tun, die aus dem Zusammenziehen verschiedener diskursiver Bereiche – Ökonomie-Ästhetik, Ökonomie-Erkenntnistheorie, Ökonomie-Literaturwissenschaft – die ›symbolische Erhellung‹ des Hinterglieds erhofft.

Die hier formulierte Kritik kann analog auf Versuche angewendet werden, die ökonomische Begriffe und Methoden der Analyse auf die Sprache projizieren. So schreibt Florian Coulmas in *Die Wirtschaft mit der Sprache* der Rede eine Reihe von positiven Eigenschaften zu, die sie mit der Ökonomie gemeinsam habe. Coulmas nennt sie die *ökonomischen Aspekte* der Sprache. Wir sollten sie vielleicht besser die *ökonomischen Aspekte* linguistischer Modelle nennen. Daß man z.B. Kommunikation als Tausch beschreibt oder den Tausch als Kommunikation, weist m.E. weder auf den ökonomischen Charakter einer Sprache noch auf den linguistischen Charakter der Ökonomie hin, sondern auf das Ausblenden der Differenz beider unter dem Gesichtspunkt ›einer‹ Ähnlichkeit, die sich aus der Anwendung der einen auf die andere ergibt. Die Beziehungen zwischen Sprachwissenschaft und Ökonomie sind über weite Strecken das Produkt einer wissenschaftlichen Selektion, die zum Beispiel die Verwendung von Sprache in sozialen Kontexten betrachtet und insofern im Austausch von sprachlichen Zeichen Analogien zum Warentausch entdecken kann,[149] die als weiteres

---

[147] Simmel, *Das Geld in der modernen Cultur*, S. 191; vgl. auch die Variante zu *Philosophie des Geldes*, S. 760f.

[148] Simmel, *Philosophie des Geldes*, S. 182.

[149] So sieht Bourdieu in der (sozialen) Verwendung von Sprache einen *linguistischen Austausch*, wobei natürlich auch Analogien zum Rechtsbegriff, zu Riten etc. untersucht werden könnten. Die soziale Seite der Sprache ist unter dem Gesichtspunkt der Vergesellschaftung analog zu Formen der Vergesellschaftung ›tout court‹ und es ist sinnvoll, diese Formen miteinander zu vergleichen. Vgl. Pierre Bourdieu: Ce que parler veut dire. L'économie des échanges linguistiques. Paris 1982. Da von einem soziologischen Standpunkt aus »Erwartung« oder »Geltung« als zentrale Begriffe erscheinen, so kann es nicht verwundern, daß die *Münze* als die *soziale Realität* (François Simiand: La monnaie réalité sociale. In: Annales sociologiques. D/1 [1934]) betrachtet wird und werden kann.

Beispiel die Sprache als System zu erfassen versucht und somit mit Differenzierungsmechanismen konfrontiert ist, die Elemente in Systemen bestimmen (da sie zu Zeichen werden) und die zusammengenommen synonym für »Wertkonstitution« stehen, die schließlich die Sprache unter dem Aspekt ihrer *poetischen Funktion*[150] analysiert und damit im Hinblick auf ihre Reflexivität, wie sie als selbstreferentielles Moment einem modernen wissenschaftlichen Verständnis von »System« eignet. Wir können uns viele weitere Forschungsgebiete vorstellen, weil alles mit allem ähnlich ist, was miteinander verglichen wird, man denke nur an Ausdrücke wie »Notenwert«, »Musikmarkt«, »Orchesterleitung«, »Musikgenuß« oder »Teilhabe«... Diese Versuche waren und sind vollkommen legitim, solange sie nicht der Versuchung erliegen, die eigenen Analogien zu objektivieren, statt ihren Wert einzig kraft ihrer Fähigkeit theoretischer Problemlösung zu bemessen. Coulmas behauptet etwa, daß der Vergleich Rossi-Landis zwischen Sprache und Markt *hinke*, gibt jedoch keine Gründe an, wieso etwa der Vergleich zwischen *Marktschreier* und *Reklame* oder dem *Maria-Theresia-Taler* und der *Pidginsprache* sich überhaupt noch bewege,[151] da hier scheinbar nichts anderes getan wird, als von der ein für allemal als wesentlich erachteten Beziehung zwischen Wirtschaft und Sprache nach Entsprechungen in den Phänomenen zu suchen, die heute zu diesen Bereichen zugerechnet werden.[152] So wird eine beachtliche Zahl von Tautologien geschaffen, die sich teils historischer Topoi bedienen, teils neue hinzuerfinden, ohne daß klar wird, was wir gewinnen, wenn wir bekannte linguistische Fakten in ökonomischen Begriffen abhandeln. Die Stoßrichtung ist dabei generell von der Ökonomie zur Linguistik. Die Linguisten sollen darüber entscheiden, ob in Coulmas' Buch neue Einsichten aus dieser Verschiebung des Blickwinkels entstehen.

Der heikle Punkt aber, und dasselbe gilt auch für die vorausgehenden Versuche, liegt in der Behauptung, »daß hier [zwischen Wort und Münze] mehr als Metaphorik waltet«.[153] Dies wird durch den z. T. unkritischen Gebrauch einer Ahnenreihe von Zitaten belegt, deren Autorität die eigene,

---

[150] Jakobson definiert die *poetische Funktion* der Sprache durch das systeminterne und somit selbstreferentielle Moment der Projektion des Selektionsprinzips »Äquivalenz« von der paradigmatischen auf die syntagmatische Achse. Vgl. Roman Jakobson: Linguistik und Poetik (1960). Übers. v. Heinz Blumensath u. Rolf Kloepfer. In: Literaturwissenschaft und Linguistik. Eine Auswahl Texte zur Theorie der Literaturwissenschaft. Bd. I. Hg. v. Jens Ihwe. Frankfurt a/M 1972, S. 110.

[151] Florian Coulmas: Die Wirtschaft mit der Sprache. Eine sprachsoziologische Studie. Frankfurt a/M 1992, S. 58–61.

[152] Die Schlußfolgerungen aus dem erwähnten Beispiel sind dementsprechend einfach: a) der Tauschhandel ist stumm, b) der Markt beredt (Marktschreier) und c) der nationale Markt verschriftlicht (Reklame). Simmel war hier Vorbild.

[153] Ebd. S. 14. Wieso Hume durch Analogie mehr sagen soll, als daß Geld und Sprache analog sind, ist mir nicht klar.

recht gängige Position belegen soll. Man hätte sich dabei mit ebensolchem Nutzen einer Jean Paul-Stelle bedienen können, um etwa zu zeigen, daß die politischen Ämter gleich der Sprache und den Münzen keine materielle Präsenz sondern mit *Surrogaten* ohne weiteres auskommen; das Gegenteil aber hieße,

> klar in die Zeiten des Tauschhandels zurückfallen wollen, wo die Römer, anstatt des abgebildeten Ochsen auf ihren Ledermünzen, das Rindvieh selber vorführten.[154]

Man hätte weiter argumentieren können, daß zwischen den *Römern*, dem *abgebildeten Ochsen* und dem *vorgeführten Rindvieh* tatsächlich auch noch das Wesen der Dichtung ausgedrückt sei.[155] Dies tun Coulmas und seine Autoritäten nicht. Dafür finden wir aber bei Jean-Joseph Goux in der Münze eine weitere Metapher der Sprache:

> Si la monnaie peut devenir métaphore du *langage* (et de bien d'autres choses encore, un certain statut de la valeur et du sens) c'est qu'elle constitue une *forme* déterminée de la valeur économique, et que cette forme est susceptible elle-même d'un certain nombre de modalités historiques très précises. Il faut donc dépasser la notion confuse et affective d'»argent« (toujours située dans le registre de la dépense et de l'acquisition) pour accéder à celle de monnaie, comme structure qualitativement déterminée de l'échange. Ce n'est qu'à ce prix que l'ensemble de tous les registres que la monnaie est capable de métaphoriser (car elle présente une structure homologue) pourra nous apparaître.[156]

Die Analogie ist für Goux in diesem Abschnitt nicht mehr zwischen der Münze und dem Wort etwa anzusiedeln, sondern zwischen der Münze als *determinierter Form* und Sprache als *langue* und *parole*. Nur wenn wir in unserer Betrachtung über die Funktion der Münze im Prozeß von *Erstehen* und *Ausgeben* hinausgehen, werden die historisch sehr *präzisen* Möglichkeiten ersichtlich, welche die Münze metaphorisch darstellen kann. Die Münze muß also in ihrem Verhältnis zur *langue* betrachtet werden, um den Raum ihrer Wirkung strukturell zugewiesen zu erhalten. Metaphorisch wirkt sie jedoch, da sie eine *homologe Struktur* hat; sie ist imstande, alle strukturellen Register zu erfassen, die ein *generelles Äquivalent* besitzen, oder eben eine *forme monnaie*:

> Ce n'est pas seulement la monnaie-or, montrions-nous, qui fait fonction d'»équivalent général«, mais aussi, dans des registres où il ne s'agit plus de valeur économique mais

---

154 Jean Paul: Leben des Quintus Fixlein, aus funfzehn Zettelkästen gezogen; nebst einem Musteil und einigen Jus de tablette (1796). Stuttgart 1972, S. 103.

155 »der Dichter aber rücket nicht nur in unserem Kopfe alle Bilder und Farben zu einem einzigen Altarblatte zusammen, sondern er frischet uns auch jedes einzelne Bild und Farbenkorn durch folgenden Kunstgriff auf. Indem er durch die Metapher einen Körper zur Hülle von etwas Geistigem macht [...]« Ebd. S. 224.

156 Jean-Joseph Goux: Les monnayeurs du langage. Paris 1984, S. 46f.

> d'autres types de valeur, la *langue*, le *père*, et l'élément signifiant désigné comme *phallus* dans la dialectique de l'inconscient. L'*or*, le *père*, le *phallus*, la *langue* nous apparaissaient ainsi, dans une logique généralisée des échanges et des valeurs, occuper des places et des fonctions tout à fait homologues, celles d'équivalents généraux des échanges.[157]

Es eröffnet sich hier ein neues (weites) Feld, dasjenige einer psychoanalytico-ökonomisch orientierten Theorie. Goux behauptet nicht, daß diese *Formen* den heutigen Diskurs bestimmen, sondern daß ihre Geltung mit dem Verschwinden der Wertgaranten ins Wanken gerät, und veranschaulicht dies am Beispiel von Gides *Les faux-monnayeurs*. Der Zusammenbruch der paternalistisch-phallisch-linguistisch-monetären Metastruktur sei gleichzeitig zum Verschwinden der Goldwährung. Das ›tertium comparationis‹ ist hier, daß die Krise in der Akzeptanz der Münze die ›Umwertung der Werte‹ und die Subversion der erwähnten Sinnzentren ausdrücke. Daraus können wir folgern, daß Gides *Faux monnayeurs* ein moderner Roman sei.[158] Wie schon im Falle *Ioniens um 680 v. u. Z.* handele es sich um keinen Zufall; nein, die Ablösung des Realismus durch die *esthétique nouvelle* seien *eng korreliert.*[159] Das Räsonnement, daß der Wertgarant mit einem Machtgaranten und einem Bedeutungsgaranten in Analogie steht, müßte nun mit der literarischen Vielzahl modernistischer Kulturwerte in Verbindung gebracht werden, um über das allgemeine Konstatieren des Wèrtzerfalls in der Moderne hinaus die Untersuchung ergiebig zu machen. Wenn Korrelationen der erwähnten Art zutreffen sollten, dann müßte mit Sohn-Rethel und Simmel gezeigt werden können, daß die scholastische, ausgesprochen abstrakte Philosophie gleichzeitig mit einer drastischen Erweiterung des Geltungsbereichs des Metallgeldes entstand[160] oder sich entwickelte, während die induktive Methode mit einer Reduktion der Produktion und Zirkulation des Münzgeldes einherging; es müßte mit Goux[161] gezeigt werden, daß das ›Plastikgeld‹ die radikale Abschaffung der weiblichen Pikturalität zugunsten männ-

---

157 Ebd. S. 47.

158 Vgl. ebd. S. 14: »Ce sont donc l'*or*, la *langue*, et le *père*, c'est-à-dire les *équivalents généraux* qui sont suspectés en même temps – le faux-monnayage devenant la métaphore centrale de la crise historique d'une certaine modalité de la forme valeur.«

159 Ebd. S. 131. Zur Kritik an dieser Korrelation vgl. auch die interessante Fußnote zu Goux von Jacques Derrida: Donner le temps. 1. La fausse monnaie. Paris 1991, S. 141.

160 Dies behauptetet Sohn-Rethel denn auch konsequent, doch in keiner Weise überzeugend; vgl. *Das Geld, die bare Münze des Apriori*, S. 59–61.

161 Vgl. Goux, *Les monnayeurs du langage*, S. 114f., 120: »Une femme ça s'imagine. C'est l'imagination même.« Goux' ungenanntes theoretisches Leitbild läßt sich leicht erkennen; es handelt sich um Lacans Reinterpretation des Ödipuskomplexes, der den Übergang von Bild zu Symbol und damit die Vergesellschaftung durch die phallische An- und Abwesenheit garantiert. Die Übereinstimmungen sind häufig wörtlich. Vgl. etwa: Jacques Lacan: Fonction de la parole et du langage en psychanalyse (1953). In: Écrits I (Paris 1966).

licher Abstraktion im Autoritätsakt der Unterschrift (im Namen des Vaters) ausdrücke.

2. Vorgehen und Wahl der Autoren

Die Vorgehensweise ist bei den drei gewählten Autoren verschieden. Das heißt nicht, daß verschiedene Autoren oder Gegenstände verschiedene Methoden erforderten. Die Verschiedenheit hängt vielmehr von der Ökonomie der Darstellung ab und einer gewissen Indifferenz gegenüber der Frage, ob man vom Ganzen auf die Teile, oder von den Teilen auf das Ganze schließen kann oder soll. Die Ansicht, daß die Ganzheit des Werkes die einzelnen Elemente als ihre Teile ›monosemiere‹ oder in ihrem ›polysemischen Potential‹ beschränke, ist Produkt eines überkommenen Werkbegriffs, der Einheit als ästhetisches Kriterium in der erwähnten Zirkularität voraussetzt. Da aber die anwachsende Zahl der Zusammenhänge sich aus der zunehmenden Komplexität der Texterklärung ergibt, resultieren daraus auch immer neue ›Öffnungen‹. Dem ›neuen Ganzen‹ folgt ein weiteres ›Ganzes‹ und so fort, wobei jede dieser Stufen der Integration auf die vorausgehenden zurückwirkt. Lesen und Lernen, Wahrnehmungen und Eindrücke sind gleichzeitig atomistisch und vom jeweils übergeordneten Ganzen relativiert und korrigiert.[162] Eine zufriedenstellende Erklärung der gewählten Textstelle hängt von dem Standpunkt und der Fragestellung ab, die wir gewählt haben, und den Grenzen dessen, was wir als in dieser Hinsicht als relevant erachten.

Das konfliktuelle Zusammenleben der alten, zu bewahrenden Ordnung mit den Forderungen der ›neuen Methode‹ führen zu Aporien, denen wir die weitreichendsten theoretischen Formulierungen in Leibniz' Werk verdanken. Die ausschließlichen und sich ausschließenden Erklärungsansprüche verschiedener Forschungsrichtungen können – zumindest teilweise – auf divergierende Geltungsbereiche der Leibnizschen Schriften zurückgefüht werden. Wie andere seiner Zeitgenossen kennt Leibniz drei Adressaten-Kreise: den Hof, die Gelehrten und das gebildete Publikum. Diesen Adressaten entsprechen verschiedene Texttypen, wie etwa Projektschriften, Berichte und Gutachten, dann Briefe und Zeitschriftenartikel und

---

162 Eine weiterreichende und befriedigende Untersuchung des Verhältnisses zwischen Teil und Ganzem und den verfehlten Überlegungen zur *hermeneutischen Zirkularität* bietet Elisabeth Ströker: Über die mehrfache Bedeutung der Rede vom Ganzen und Teilen. Bemerkungen zum sogenannten hermeneutischen Zirkel. In: Theorie der Geschichte. Beiträge zur Historik. Bd. 6. Teil und Ganzes. Hg. v. Karl Acham u. Winfried Schulze. München 1990, S. 278–298.

schließlich die ›popularisierenden‹ Schriften.[163] Die internationalen Kontakte konstrastieren in dieser schriftstellerischen Tätigkeit mit Interessen und Zielen der eigenen politischen und praktischen Betätigung, die eigene, zu weiten Teilen in der neo-aristotelischen Tradition des Protestantismus stehende, Bildung mit neuen Strömungen, wie sie aus Frankreich oder England nach Deutschland dringen. Dies beeinflußt wiederum die Rezeption von Leibniz in den genannten Ländern und durch das ganze Zeitalter der Aufklärung hindurch; eine Rezeption, die abhängig ist vom relativen Vergessen und Verkennen der Leibnizschen Voraussetzungen und praktischen Ziele. Diese Verbindung von Theorie und Praxis, von prudentistischer, politischer und sapientistischer, gelehrter Philosophie, sind bei Leibniz Programm und somit eine wichtige Anleitung zum Verständnis der Entstehung und der Intention seiner Schriften.

Leibniz bietet sich zudem als Ausgangspunkt an, da er in seiner (partiellen) Gegnerschaft zu Descartes einen Grundton schafft, der durch die ganze Zeit der Aufklärung hindurch deutlich vernehmbar ist. »Aufklärung« soll hier vorerst einen historischen und geographischen Raum benennen, dessen Grenzen sich aus der Diskussion um das Konzept der Evidenz ergben, wie es dem Cartesischen *Discours* zugrundeliegt. Aufklärung erscheint also nicht als ›Zeitalter der Evidenz‹,[164] sondern als deren Problematisierung. Auf dieser Grundlage bilden sich spezifische Lösungsvorschläge, die sich wiederum in neuen Wissensbereichen organisieren: Ästhetik, Psychologie, Anthropologie, Gesellschaftstheorie, Infinitesimalrechnung etc. Ein Teil dieser Entwicklung, der im Umfeld der erwähnten Aporien der cartesianischen Philosophie, der kompromißvollen Stellung Leibniz' zu politischen, religiösen und moralischen Forderungen seiner Umgebung und dessen eigenen systematischen Leistungen entsteht, wurde häufig mit einer spezifisch ›deutschen Art‹ des Philosophierens identifiziert, die die mystische Knospe im Denken Leibniz' durch die Aufklärung hindurch bewahrte und in der Romantik oder Vereinigungsphilosophie zur Blüte brachte.

Hamann spielt bei dieser Legende eine wichtige Rolle: Hamann beseitige den Rationalismus, Hamann lese Luther statt Voltaire, Hamann spreche die Sprache des (deutschen) Pietismus etc. Damit werde er zu einem Vorgänger der deutschen Romantiker, mit denen er – so nebenbei – auch

---

[163] Natürlich kann das überlieferte Material nicht schematisch eingeteilt werden, da wesentliche Überlappungen existieren, so etwa die (die eigene Philosophie popularisierenden) Briefe an Sophie Charlotte, die in weiteren Kreisen deutscher Höfe Verbreitung fanden und vom Stil her der *Théodicée* nahe stehen.

[164] Im Ggs. etwa zu. Michel Lutfalla (Aux origines de la pensée économique. Prodromes, épigones et périparadigmatiques. Paris 1981, passim.), der versucht sowohl Physiokraten wie auch Enzykopädisten aus einer schlagwortartigen und recht unkritischen Verwendung des Ausdrcks »évidence« zu erklären.

bluts- und sippenverwandt sei.[165] Ja, wir wären gar in der Lage, die entscheidende Wende des ›deutschen Geistes‹ weg vom Rationalismus zu edleren Gefühlen genau zu datieren: Es ist dies Hamanns Londoner Erlebnis. Die Vorliebe von Biographen für ›Turmerlebnisse‹ ist nichts Neues – und ihre Wirkung nicht zu unterschätzen. Es kann jedoch nicht die Aufgabe wissenschaftlicher Arbeiten sein, aus einer mehr als nebulösen Lebenskrise, wovon wir zwei französische Briefe und eine ausgesprochen konventionelle Lebensbeichte als Dokumente besitzen, die Geburt eines neuen Menschen abzuleiten. Daß Hamann nach seiner Londoner Zeit andere Ansichten vertritt als vor ihr, steht nicht in Frage. Es scheinen aber Konsequenzen zu sein, die sich aus seinem theistischen Engagement (schon vor London) und seiner Moralphilosophie in der Nachfolge Shaftesburys ergeben und bei Hamanns intensivem Studium eine Entscheidung forderten. Das Dilemma, das hier erscheint, ist für eine große Zahl deutscher Aufklärer bezeichnend, die zwischen der weltmännischen Stoßrichtung der Bewegung und den eigenen Verhältnissen nur mit Mühe einen eigenen Denkstandort entwickeln konnten. So versucht Hamann einen größtmöglichen Teil seines Wissens und seiner vorgängigen Überzeugungen neu zu verorten und auf dieser Basis einen widerspruchslosen Theismus zu konstruieren, der seinem Freiheitsbegriff nicht mehr konkurrierend entgegensteht, sondern der diesen als Grundlage verwendet und ihm eine ansehnliche moralische Unbeschränktheit garantiert.[166] Ich sehe also weder in Hamann einen Wendepunkt innerhalb der Zeit der Aufklärung noch einen Vorläufer der Romantik. Vorläufertum ist rückwärtige Projektion und ist für das Selbstverständnis folgender Zeitabschnitte kennzeichnend – und nur insofern historisch relevant.[167]

---

[165] Diese Anspielung geht auf Kosten von Josef Nadlers Stammes-Literaturgeschichtsschreibung und wäre sicherlich nicht nötig, wenn nicht große Teile der Hamann-Forschung dessen Ansehen so hoch hielten. Auch diese These baut darauf auf, daß man am klügsten aus einer Metonymie (in diesem Fall: Königsberg) eine Metapher mache (Hamann und Müller sind sich ähnlich). Arthur Salz, ebenfalls ein Verehrer Müllers, sieht nach dem gleichen Prinzip eine innere Verwandtschaft zwischen Luther, Leibniz und Novalis, weil sie sich alle drei um Bergwerke verdient gemacht haben. Wie aktuell und verbreitet das Bild Hamanns als »Pionier des Antirationalismus«, als Vorkämpfer für Romantik und *reaktionären Obskurantismus* ist, zeigt die kürzlich erfolgte Veröffentlichung von Isaiah Berlins 1965 gehaltenen Vorträgen unter dem Titel: Der Magus im Norden. J.G. Hamann und der Ursprung des modernen Irrationalismus. Hg. v. Henry Hardy. Übers. v. Jens Hagestedt. Berlin 1995 (S. 25f. für die obigen Zitate).

[166] Wollten wir also biographisch argumentieren, so sollten wir das Londoner Erlebnis als das verstehen, was es aller Wahrscheinlichkeit nach ist: ein moralisches Dilemma. Lesen wir die zwei Londoner Briefe, die uns erhalten sind, so erscheint Hamann als jemand, der mit seinen homoerotischen Neigungen nicht fertig zu werden weiß. Daß die Hamann-Forschung dieses Faktum wegdiskutieren will, ist weiter nicht verwunderlich. Es existiert sogar die Ansicht, daß die Briefe französische Stilübungen seien. Wozu? Zur Weiterbildung als Erpresser?

[167] Man vergleiche etwa Hegels Rezension der Ausgabe-Roth, deren Verdikt – Hamann sei *partikulär* – ohne die hier zugrundeliegende Vorstellung der Vereinigungsphiloso-

Ebenso werden folglich die Schriften Müllers nicht als die Vollendung einer solchen Entwicklung gelesen, sondern als Zeugnisse einer gezielten Auswahl und Kombination von nationalökonomischen und kunsttheoretischen Überlegungen, die dieser einem neuen Zweck unterordnet. Dabei stilisiert Müller die Ständeordnung und ihre Zersetzung in der Zeit der Aufklärung zu Gegensätzen, die in seiner Philosophie eine vermittelte Lösung finden. Die Verzerrungen, die die genannten Denkstile dabei erfahren, lassen sich aus den Intentionen und Bedürfnissen der Müllerschen Grundideen rekonstruieren.

Die Wahl der Autoren ist also nicht im Siegeszug des deutschen Irrationalismus und in seiner Aufhebung im deutschen Idealismus begründet, sondern durch die kritische Distanz zu dieser These. Im Gegensatz zu den häufig geäußerten Meinungen steht beispielsweise die Begründung der ›romantischen‹ Staatstheorie im Widerspruch zum Irrationalismus des 18. Jahrhunderts, da sie die *Sprache des Herzens* eines Jacobi lediglich dazu verwendet, um christlich-charitative Züge mit einer Sprache zu portieren, deren Adressatenkreis als Geltungsbereich bereits konstituiert ist. Diese Verbindung steht wiederum auf der Basis des aristotelischen Staatsbegriffes: Der Mensch ist Gesellschaftswesen (zoon politikon), also ist der Staat ein notwendiger Bestandteil des menschlichen Wesens und gleichzeitig zu diesem. Es braucht wohl nicht betont zu werden, daß die Autoren der ›Empfindsamkeit‹ Gemeinschaft und Staat nicht synonym verwenden, sondern im Gegenteil – auf der Grundlage einer spezifischen Rousseau-Rezeption – diese als antinomisch empfunden haben.

Nebst dieser kritischen Distanz ist die Wahl der Texte einerseits durch die emphatische Verwendung des Geld-Sprach-Vergleichs motiviert, andererseits durch ihre Symmetrie: Leibniz bis ins erste Jahrzehnt des 18. Jahrhunderts, Hamann in den 60er Jahren und Adam Müller im und ab dem ersten Jahrzehnt des 19. Jahrhunderts. Der gewählte Zeitraum entspricht zudem einer Epoche der Wirtschaftsgeschichte, die der französische Historiker Pierre Vilar als *Blütezeit* euorpäischen Ausmaßes bezeichnet hat. Sie wird bestimmt durch die Stabilisierung der Währungen und anhaltende Inflation.[168] Vielleicht sind es diese Umstände, die zu einem recht waghalsi-

---

phie wohl kaum verstanden werden können: »Hamanns Philosophieren, oder wie man das irrlichtende Gespenstige seines Fühlens und Bewußtseins nennen will, konnte sich leicht gegen geistreiche Frauenzimmer, mit denen nicht durch Poltern und Kruditäten etwa, womit er sich [sonst] heraushalf, abzukommen war, in Bedrängnis und Angst gesetzt fühlen, wenn es aus seiner Nebulosität zur Klarheit des Gedankens oder der Empfindung herauszutreten sollizitiert wurde.« (Georg Wilhelm Friedrich Hegel: Hamanns Schriften [1828]. In: Werke. Bd. XI. Frankfurt a/M 1970, S. 351).

168 Pierre Vilar: Gold und Geld in der Geschichte. Vom Ausgang des Mittelalter bis zur Gegenwart. München 1984, S. 38f.

gen und kontroversen Theoretisieren Anlaß gaben; in den wenigstens Fällen dürfen wir jedoch von den ökonomischen Verhältnißen direkt auf die Theorien und umgekehrt von diesen auf historische Entwicklungen schließen. Die alltägliche Erfahrung mag uns lehren, daß psychologische Faktoren bei der Beurteilung der ökonomischen Lage einem außenstehenden Betrachter in den mildesten Fällen als ›schwer begründbar‹ erscheinen.

Daß dieses recht grobe Raster natürlich sehr viele – und sicherlich sehr wesentliche – Autoren und Texte unberücksichtigt läßt, ist klar. So erscheinen die wichtigen Leistungen eines Galiani, Smith, Malthus, wenn überhaupt, nur am Rand – das gleiche gilt für Kant oder Hegel.

Wie aktuell das Thema im 18. Jahrhundert ist, soll zum Schluß dieser Einleitung eine Fußnote belegen, die Nicolai in seiner Ausgabe der Werke Mösers einem Brief seines Freundes beifügt. Es handelt sich um eine der wenigen Anmerkungen des Herausgebers; sie betrifft den Satz:

> und auf die Dauer gleicht die Sprache nur dem Gelde, wodurch keine neuen Waaren in den Handel kommen, sondern nur die darin vorhandenen bezeichnet werden.

Nicolai fühlt sich veranlaßt, hier einzugreifen und schreibt:

> Die Vergleichung der Sprache mit dem Gelde führt weiter, als mein Freund Möser in dem Augenblicke dachte, da er dieses schrieb. Allerdings entstehen durch das Geld neue Waaren, und der Handel ward dadurch erst geschaffen. Ehe Geld da war, konnte bloß das Land angebauet werden, und nur so weit als das Angebaute zu nützen war. Wer kein Land hatte, mußte *hörig* oder *leibeigen* oder im *Gefolge* seyn; konnte nie durch eigenen Trieb seine Geisteskräfte ganz entwickeln. Erst durchs Geld entstand Handel, Künste, Industrie, eine Menge neuer Bedürfnisse und neuer Waaren. So ists auch mit der Sprache, und dem Unterricht durch die Sprachen. Durch die Entwicklung der Begriffe werden die Menschen von der *Leibeigenschaft* der Vorurtheile befreyet, wornach sie ehemals selbst verlangten, der sie aber nicht mehr bedürfen, wenn sie Ursachen und Wirkungen kennen lernen, und ihre Handlungen darnach einrichten. Aber so wie *Cirkulation* nur das Geld nützlich macht, und Cirkulation nicht statt findet, wenn das Geld bey jeder Veränderung ein Zeichen einer thätigen Industrie ist, so ists auch mit den Begriffen durch die Sprache hervorgebracht. Sie wirken nichts, wenn sie bloß aus einem Munde in den andern unthätig hin- und hergehen. Sie nützen nur, wenn sie thätig machen.[169]

Die Stelle ist interessant, gerade weil Nicolai die Aussagen Mösers scheinbar nicht stehen lassen kann und gerade weil er sich verpflichtet fühlt, hier korrigierend einzugreifen, um kritischen Einwänden zuvorzukommen, die ›auf der Hand lagen‹. Die Stelle ist zudem interessant, weil es Nicolai ist, der die Feder für ein *thätiges* Wort führt. Dies kurze Beispiel mag darüber hinaus zeigen, wie die – in meiner Arbeit zu stark vernachlässigte – Popularphi-

---

169 Justus Möser: Brief an Hrn. Rath Becker in Gotha vom 28. Jun. 1786. In: Vermischte Schriften. Hg. v. Friedrich Nicolai. Zweyter Theil. Berlin 1798, S. 241.

losophie in der Romantik nachwirkte und wie verkürzend Darstellungen sind, die diesen Handlungsaspekt (Handeln darf hier im zweifachen Wortsinn verstanden werden) und seine Einflüsse – etwa auf die Dramentheorie[170] – unberücksichtigt lassen.

---

[170] Vgl. Bachmann-Medick, die in ihrer Untersuchung die Verbindung zwischen Dramentheorie und Handlungstheorie (im einfachen Wortsinn) rekonstruiert hat. Doris Bachmann-Medick: Die ästhetische Ordnung des Handelns. Moralphilosophie und Ästhetik in der Popularphilosophie des 18. Jahrhunderts. Hamburg 1989.

B. Hauptteil

Das erste Kapitel (I) versucht, die Variation des Topos' »Geld und Zeichen« bei Leibniz zu erklären. Dies setzt die Kenntnis der sich neugliedernden praktischen Philosophie voraus, namentlich der entstehenden politischen Ökonomie (1) und der Rechtslehre (2), bevor anhand der zeitgenössischen Erfassung der Funktion des Geldes die Verbindung zur Architektonik von Leibniz' Philosophie hergestellt werden kann (3).

Hamanns *Vermischte Anmerkungen* (II) liefern eine kuriose Ballung an autoritativen Belegen und weitgreifenden Verweisen, die um unseren Topos kreisen. Die Untersuchung wendet sich vorerst den *Kreuzzügen* zu, in deren Rahmen der gewählte Text erschien, und betrachtet die darin charakterisierte problematische Figur des *Philologen* (1). Anschließend werden die *Vermischten Anmerkungen* kursorisch kommentiert (2) und schließlich die Ergebnisse der ersten beiden Teilkapitel in Verbindung zu anderen Texten der Sammlung gebracht (3).

Das dritte Kapitel (III) zeichnet Müllers Denken um den Begriff des Kredits anhand seiner eigenen, explizit formulierten Denkfiguren nach (1), um den polemischen Gehalt (2) und die zirkuläre Zurückführung aller Werte (3) auf zwei Werte – oder vielleicht doch nur einen – herauszuarbeiten: Gott und Leben (4/5).

Die so gewonnenen Einsichten werden anschließend noch einmal systematisch geordnet und unter verschiedenen Gesichtspunkten dargestellt (IV).

I. Unvorgreifliche Gedanken

In seinen 1697[1] verfaßten *Unvorgreiflichen Gedanken betreffend die Ausübung und Verbesserung der deutschen Sprache* äußert Leibniz, daß das Denken Worte als *Ziffern* oder *Rechen-Pfennige*[2] statt der *Bildnisse*[3] und *Sachen* brauche und erst beim Fazit, beim *Vernunftschluß* zur Sache selbst gelange.[4] Einer ähnlichen Dichotomie begegnen wir in einer undatierten Notiz, die – dunkel – auf Wilkins' und Dalgarnos Versuche einer Universalschrift[5] verweist:

> Die Worth sind wie rechenpfennige bey verstaendigen und wie geld bey unverstaendigen. Denn bey verstaendigen dienen sie vor zeichen, bey unverstaendigen aber gelten sie als ursachen und vernunfftsgründe.[6]

Damit übersetzt und variiert Leibniz einen Passus, der sich in Hobbes' *Leviathan* findet:

> For words are wise men's counters, they do but reckon by them; but they are the money of fooles, that value them by the authority of an *Aristotle*, a *Cicero*, or a *Thomas*, or any other Doctor whatsoever, if but a man.[7]

---

1 Zu den verschiedenen Fassungen des Titels und den Entstehungsdaten vgl. das Nachwort von Uwe Pörksen in Rec, S. 114.

2 »... eine kupferne oder messingene kleine platte mit einem gepräge als eine münze, welche zum rechnen auf dem rechentisch oder rechenbuch gebraucht wird, aber keinen werth hat.« (Grimm).

3 Bildnis als *imagination*. Zur philosophischen Relevanz dieses Ausdrucks vgl. Ulrich Ricken: Leibniz, Wolff und einige sprachtheoretische Entwicklungen in der deutschen Aufklärung. Berlin 1989, S. 13. Siehe auch weiter unten Seite 145.

4 *Unvorgreifliche Gedanken*, § 7, H II, S. 521.

5 Es handelt sich nach der Terminologie von Leau und Couturat um *apriorische Systeme*, die vollkommen künstlich sind und keine Verwandtschaft mit natürlichen Systemen aufweisen. Vgl. Gerhard F. Strasser: Lingua Universalis. Kryptologie und Theorie der Universalsprachen im 16. und 17. Jahrhundert. Wolfenbütteler Forschungen. Bd. 38. Wiesbaden 1988, S. 15f. Zu Wilkins' und Dalgarnos Plänen einer Universalschrift vgl. Olga Pombo: Leibniz and the Problem of a Universal Language. Münster 1987, S. 76–81; Umberto Eco: La recherche de la langue parfaite dans la culture européenne. Hg. u. eingel. v. Jacques Le Goff, übers. v. Jean Paul Manganaro. Paris 1994, S. 263–296.

6 *Vobabula* (um 1678?), Couturat, S. 30.

7 Thomas Hobbes: Leviathan, or the Matter, Forme, & Power of a Common-Wealth Ecclesiasticall and Civill (1651), I, IV, S. 15. Eine Interpretation des Geld-Sprach-Topos bei Bacon, Hobbes und Leibniz liefert mit einer reichen Anzahl von Belegen bereits

Hobbes' Vergleich richtet sich nicht nur gegen die Autorität der ›Schule‹, sondern auch gegen eine topische Tradition, die in der Münze ein gelungenes Bild für sprachliche Zeichen zu finden glaubte; er reinterpretiert damit das Begriffspaar zwischen *token* und *money*, das seine ›lettres de noblesse‹ bereits in der neuen – antischolastischen – Philosophie gefunden hatte:

> For Arguments consist of Propositions, and Propositions of Words; and Words are but the current tokens or marks of Popular Notions of things;[8]
> for words are the tokens current and accepted for conceits, as moneys are for values.[9]

Hobbes und Leibniz ändern den klassischen Geld-Wort-Vergleich ab, ohne daß soweit einsichtig wäre, welche Beweggründe sie dazu veranlassen: Vorerst scheinen beide Autoren einen hyper-nominalistischen Standpunkt einzunehmen, der dem Wort einen geringeren Realitätsbezug zuweist als der Münze.

Leibniz weitet in den erwähnten zwei Stellen den Vergleich aus. Er ordnet der Seite der ›Realität‹ und der Wahrnehmungsgrundlage (*Sachen* und *Bildnisse*) die Ausdrücke *Geld*, *Ursachen* und *Vernunftschlüsse* zu; die andere Seite besetzen die Repräsentanten, das sind: *Rechenpfennige*, *Ziffern*, *Worte*, die als Instrumente des *Verstandes* fungieren. Und auch hier dient Hobbes' *Leviathan* wiederum als Vorlage, diesmal jedoch mit umgekehrten Vorzeichen:

> The Use and End of Reason, is not the finding of the summe, and truth of one, or a few consequences, remote from the first definitions, and settled signification of names; but to begin at these; and proceed from one consequence to another. For there can be no certainty of the last Conclusion, without a certainty of all those Affirmations and Negations, on which it was grounded, and inferred. As when a master of a family, in taking an account, casteth up the summs of all the bills of expence, into one sum; and not regarding how each bill is summed up, by those that give them in account; more, than if he allowed the account in grosse, trusting to every of the accountant skill and honesty: so conclusions on the trust of Authors, and doth not fetch them from the first Items in

---

Marcelo Dascal in seinem Aufsatz *Language and Money.* In: Leibniz. Language, Signs and Thought. Amsterdam 1987, S. 1–29. Der Vergleich zwischen Worten und *Rechenpfennigen* findet sich jedoch auch deutsch bereits bei Georg Philipp Harsdörffer: Frauenzimmer Gesprächspiele, II, LXX, 12. Nürnberg 1641, S. 180f.: »Dann die Wörter sind gleich den Rechenpfenningen/wie man sie legt/so gelten sie/ wie man sie gebrauchet/so müssen sie verstanden werden.«

[8] Francis Bacon: Of the Proficience and Advancement of Learning (1605), II. In: The Works. Hg. v. J. Spedding, R. L. Ellis u. D. D. Heath. Bd. III. London 1860, S. 388; vgl. ders.: De dignitate et augmentis scientiarum (1623), V, II. In: *The Works*, I, S. 621: »verba notionum tesserae sunt«; in der lat. Version steht bezeichnenderweise *syllogismi* für *arguments*.

[9] Bacon, *Advancement of Learning*, II, S. 400; *De dignitate et augmentis scientiarum*, VI, I, S. 653: »Tractamus enim hic veluti numismata rerum intellectualium«. Zur Differenz Bacon-Hobbes vgl. Dascal, *Leibniz. Language, Signs and Thought*, S. 11.

> every Reckoning, (which are the significations of names settled by definitions), loses his labour; and does not know any thing; but only beleeveth.[10]

Leibniz folgt scheinbar Hobbes' Definition – *Reason is nothing but Reckoning of the Consequences of generall names agreed upon*[11] –, weicht jedoch von diesem in einem wichtigen Punkt ab: Zur *Sache selbst* gelange man, nachdem *man stufenweise zum Fazit* geschritten sei. Die Wohlgegründetheit der *Wechselzettel*[12] ist Resultat der Rechnung und nicht Voraussetzung.

So erfährt der scheinbar harmlose und verbreitete Vergleich des Geldes mit der Sprache bei Leibniz (und Hobbes) an den zwei erwähnten Orten nicht nur eine originelle Variation; die nachdrückliche Verwendung des *Rechenpfennigs* anstelle der ›eigentlichen‹ Münze zeugt von einer Veränderung in der Sprachauffassung und weist – durch die Subtilität der ›bildlichen Argumentation‹ – hin auf eine Aporie. Die Stelle und ihre Filiation spiegelt ›in nuce‹ die Auseinandersetzung zwischen dem cartesianischen Dualismus »Sprache vs. Denken« und den sensualistischen Einwänden[13] Gassendis und Hobbes'.[14] Der sprachdirigistische Grundtenor der *Unvorgreiflichen Gedanken*, die im Untertitel genannte *Verbesserung der deutschen Sprache*, scheint eine cartesianische Position zu implizieren. Aus heutiger Sicht sind wir versucht, diesen Eindruck als eine logische Konsequenz aus dem Begriff der »Sprachverbesserung« (als Sprachpolitik) anzusehen, da diese gleichsam die Konventionalität der Sprache voraussetzt und zudem bei der Optimierung der Sprache von einer urteilenden Position jenseits der Sprache ausgeht. Dem kann jedoch entgegengehalten werden, daß – falls Denken und Sprache unabhängig voneinander existieren könnten – daraus noch keine Forderung nach Veränderung und Erweiterung der formalen Elemente einer Sprache resultieren muß, da der Intellekt die bestehenden Zeichen quasi als Worthülsen mit Inhalten nach Belieben aufzufüllen imstande wäre. Die Sensualisten hingegen verfügen in der sinnlichen Wahrnehmung über ein Wahrheitskriterium, das zugleich Ursprung der Ideen und der Worte ist. Sprachkritik gilt hier – ebenfalls nicht ohne inneren Widerspruch – vor allem der *metaphorischen* Übertragung und Erweiterung der Bezeichnungen für sinnliche Ausdrücke auf abstrakte und *absurde*[15] Ideen.

---

[10] Hobbes, *Leviathan*, I, v, S. 19.

[11] Ebd. S. 18.

[12] *Unvorgreiliche Gedanken*, § 7, H II, S. 521.

[13] Vgl. Ulrich Ricken: Von Descartes zu Locke und Leibniz. In: Sprachtheorie und Weltanschauung in der europäischen Aufklärung. Berlin 1990, S. 15; Daniel Droixhen: La linguistique et l'appel de l'histoire (1600–1800). Genf 1978, S. 14ff.

[14] Thomas Hobbes: Einwände gegen die Meditationen des Descartes nebst dessen Erwiderungen (1641). Im Anhang zu: Elemente der Philosophie (I. Vom Körper). Hamburg ^{2}1967, S. 163–183.

[15] Vgl. Hobbes, *Leviathan*, I, IV., S. 20f.

Wir wissen – spätestens seit dem Erscheinen der *Nouveaux Essais* im Jahre 1765 –, daß die oft brüchige Wort- und Beispielwahl der *Unvorgreiflichen Gedanken* ihren Grund in der Mittelstellung zwischen diesen beiden Richtungen hat, von deren Aporien auch die hier zitierten Stellen ein deutliches Zeugnis liefern.

Die unzweifelhaft großen Fortschritte in der Erforschung von Leibniz' Denken, insbesondere seiner Sprachphilosophie, aufgrund der Veröffentlichung seines Nachlasses vermögen indes das subtile Lavieren in den Begriffsfeldern von Sprache und Geld, von Wissen und Macht, von Philosophie und Ökonomie nicht restlos zu erklären. Ein Grund hierfür mag darin liegen, daß Leibniz ökonomisches Denken und seine häufig wiederkehrenden ökonomischen Analogien als wichtiger Ort der theoretischen Vermittlung zwischen den neuen, exakten Wissenschaften und den alten Textwissenschaften zu geringe Beachtung gefunden haben.

1. Haus und Staat

Die Sprachverbesserer, die seit dem ausgehenden 15. Jahrhundert immer zahlreicher auftreten, kleiden ihre Forderungen mit Vorliebe in Soldatenröcke. Die Ansicht, daß die Nationalsprachen die internationale Wettbewerbsfähigkeit bestimmen und nach innen und außen dem Machterhalt dienen, verleiht schon den ersten Akademieplänen der Italienereine martialische Note.[16] Auch Leibniz macht hiervon keine Ausnahme:

> Nachdem die Wissenschaft zur Stärke gekommen und die Kriegszucht in Deutschland aufgerichtet worden, hat sich die deutsche Tapferkeit zu unsern Zeiten gegen die morgen- und abendländische Feinde, durch große von Gott verliehene Siege wiederum merklich gezeigt, da auch meistenteils die gute Partei durch Deutsche gefochten hat. Nun ist zu wünschen, daß auch der Deutschen Verstand nicht weniger obsiegen und den Preis erhalten möge: welches ebenmäßig durch gute Anordnung und fleißige Übung geschehen muß. Man will all das, so daran hängt, jetzt nicht abhandeln, sondern allein bemerken, daß die rechte Verstandesübung sich finde nicht nur zwischen Lehrenden und Lernenden, sondern auch vornehmlich im gemeinen Leben unter der großen Lehrmeisterin, nämlich der Welt oder Gesellschaft, vermittelst der Sprache, so die menschlichen Gemüter zusammenfügt.[17]

---

[16] Vgl. Jürgen von Stackelberg: Die Académie Française. In: Der Akademiegedanke im 17. und 18. Jahrhundert. Hg. v. Fritz Hartmann und Rudolf Vierhaus. Wolfenbütteler Forschungen. Bd. 3. Bremen und Wolfenbüttel 1977, S. 29. Ernst Robert Curtius (Europäische Literatur und lateinisches Mittelalter. Bern [10]1984, S. 186–188) behandelt den Topos von *Waffen und Wissenschaften* zu eng, da es sich hier nicht nur um Standes- und Karrierefragen handelt, sondern auch – und vor allem – um nationale Superiorität.

[17] *Unvorgreifliche Gedanken*, § 4, H II, S. 521. Zur Einordnung dieser Gedanken in die Entwicklung des Deutschen zur (gelehrten) Universitätssprache vgl. das materialreiche Kapitel von Klaus Weimar: Geschichte der deutschen Literaturwissenschaft bis zum Ende des 19. Jahrhunderts. München 1989, S. 13–39.

Damit sind die Themenbereiche des intellektuellen Fortschritts, der Wissenschaft und des nationalen Interesses genannt, die das Werk und auch das Leben unseres Autors über weite Strecken artikulieren. Schon in seiner Jugendschrift *Bedenken von Aufrichtung einer Akademie oder Societät* schwärmt er von den unerhörten Leistungen der Deutschen auf dem Gebiet der Chemie, der Mechanik, des Handels, der Schiffahrt und schließlich der Kriegskunst. Der Handel werde aber die Kriegskunst *ferocia deposita*[18] ablösen. Es ist deshalb nur folgerichtig, wenn er ein paar Paragraphen später über das Verschleudern der Produkte deutscher Bergungslust ins Ausland klagt, darüber,

> daß wenn wir etwas erfunden, [...] andere Nationen es bald zu schmücken, zu *appliciren*, zu *extendiren*, zu *perfectioniren* gewußt [haben], und es uns denn wieder also auffgeputzet, daß wir rohe wahren den frembden überlassen und uns umb ein liederliches abschwäzen lassen, die unsre hände mit großer Mühe auff und auß der Erde bracht, und denn solche *refinirt*, *polirt*, gezieret, daß wir sie selber nicht mehr kennen, uns theuer genug wiederumb gegen rohe wahren, *perpetuo damni circulo*, verkauffen und *obtrudiren* lassen.[19]

Eine solche Analyse wirtschaftlicher Mißstände folgt in allen Punkten der Hauptströmung der ökonomischen Literatur des 17. Jahrhunderts, die in der Geschichte der Nationalökonomie unter dem Namen des »Merkantilismus« bekannt ist.

a. Mercantile system

Diese lange negativ belastete Epochenbezeichnung des ökonomischen Denkens dient heute – nach verschiedenen Phasen intensiver Auseinandersetzung – als Sammelbegriff sowohl für die Empfehlungen der Staats- und Wirtschaftsdenker als auch für Maßnahmen des Souveräns zur Wahrung des nationalen Interesses und der Vergrößerung der staatlichen Macht seit dem Ausgang des Mittelalters bis hin zu den Physiokraten. Dieser verflachte Begriff nimmt »Merkantilismus« einerseits die polemische Spitze, die er bei seiner Prägung in der zweiten Hälfte des 18. Jahrhunderts erhalten hatte, und fügt sich andererseits den historischen Allerweltskategorien Absolutismus-Liberalismus,[20] die es in dieser Form wohl kaum noch weiter zu illustrieren gilt. Die Rede vom *mercantile system* markiert im Grunde das historische Selbstverständnis Adam Smiths und seine daraus erwachsene Abkehr vom ›Krämergeist‹ früherer volkswirtschaftlicher Bewegungen. Der Ausdruck liefert ein Indiz dafür, daß auf eine vorwissenschaftliche Phase

---

[18] *Bedenken von Aufrichtung einer Akademie oder Societät* (1671), § 8, AA IV/1, S. 545.
[19] Ebd. § 14, AA IV/1, S. 547.
[20] Zur Kritik an dieser *over-simplification* vgl. Terence Hutchison: Before Adam Smith. The Emergence of Political Economy, 1662–1776. Oxford 1988, S. 4.

nun eine wissenschaftliche folgen soll, und ist somit von eminent metahistorischem Interesse, hat jedoch auch zu einer umstrittenen Frage geführt, welche die Forschung nach wie vor beschäftigt: Wie systematisch ist der Merkantilismus?

Der Ausdruck *système mercantile* findet sich bereits in Mirabeaus *Philosophie rurale.* Er steht als Marginalie am Anfang einer längeren Diatribe gegen ein System, das Geld als Repräsentant mit der Ware als Repräsentiertem verwechsle und so der einzigen *valeur naturelle*, der Bodenproduktion, ein Netz von *sterilen* Preisbildungsfaktoren entgegensetze, die nicht in der Lage seien, die Produktion zu beleben.[21] Für dieses System und dessen *inconséquence absurde* kennt der physiokratische Wortschatz eine Reihe illustrativer Synonyme, welche die polemische Intention unschwer erkennen lassen: *système de privilège exclusif, régime réglementaire, système de commerce.*[22] Die Geringschätzung liegt dabei nicht nur in der ›erstarrenden‹ Sterilität der Handelskaste, sondern auch in der sterilen ›Starrheit‹ des *système.* Die Begriffsgeschichte von »System« kennt nämlich im Verlauf des 18. Jahrhunderts eine Reihe von Veränderungen, die auf die Abwertung deduktiver metaphysischer Systeme zurückzuführen sind. Die bestehende Bezeichnung *système,* die im 17. Jahrhundert einem »ensemble de dispositions institutionnelles«[23] oder einem »ensemble cohérent et unifié de propositions [...] ou de choses«[24] entspricht, trägt seit Beginn des Jahrhunderts negative Konnotationen, die auf die Ablehnung der *Projektenmacher* als Phantasten wie auch auf die zunehmend kritische Haltung gegenüber der Abstraktion zurückzuführen sind. Dieser, von der Forschung verkannte negative Aspekt, kommt klar im Artikel *système* der *Encyclopédie* zum Ausdruck:

> M. Locke compare ingénieusement ces faiseurs de *systèmes* à des hommes, qui sans argent & sans connaissances des especes courantes, compteroient de grosses sommes avec des jettons [tokens, Rechenpfennige], qu'ils appeleroient Louis, livre, écu. Quelques calculs qu'ils fissent, leurs sommes ne seroient jamais que des jettons; quelques raisonnements que fassent des philosophes à *systèmes* abstraits, leurs conclusions ne seront jamais que des mots.[25]

---

21 Victor Riqueti de Mirabeau: Philosophie rurale ou Économie générale et politique de l'agriculture pour servir de suite à l'Ami des hommes (1763), Bd. III. Amsterdam 1766, S. 91.

22 Vgl. Kurt Zielenziger: Die alten deutschen Kameralisten. Jena 1914, S. 16.

23 Emmanuel Le Roy Ladurie: Anm. zu Vauban: La dîme royale. Paris 1992, S. 273.

24 Michel Fichant: La notion de système dans la physique de Leibniz. In: La notion de nature chez Leibniz. Hg. v. Martine de Gaudemar. Studia Leibnitiana. Sonderheft 24. Stuttgart 1995, S. 43.

25 Encyclopédie ou dictionnaire raisonné des sciences, des arts et des métiers: Art. Système (Jaucourt), Bd. XV (1761), S. 781.

Der Gedanke, der sich hinter diesen Sätzen Lockes verbirgt, spiegelt exakt die Sorge Mirabeaus wider, der die betrügerische Vertauschung von Zeichen und Bezeichnetem – obgleich auf einer anderen Stufe der ›Derivation‹ – an den Pranger stellt. Wie in der eingangs zitierten Leibniz-Stelle ist es wiederum die Opposition zwischen Empirie und Abstraktion, die den Vergleich bestimmt. In diesem Sinne wird sie auch von Condillac mit Verweis auf Locke wiederaufgenommen und an den Anfang seiner sensualistischen Erkenntnistheorie, dem *Traité des systêmes* gestellt.[26] Es mag deshalb nicht verwundern, daß auf diesem begriffsgeschichtlichen Hintergrund *système* auch für die Finanzkonstruktion John Laws zu stehen kommt, dessen ruinöses ›Geldexperiment‹ seinen zahlreichen Gegnern als beispielhaft für eine konsequente Aufwertung derivierter und somit irrealer Zahlungseinheiten erscheint:

> SYSTEME, (Finance) on a donné très-bien ce nom vers l'an 1720 au projet concu & exécuté par le sieur Law écossois [...].[27]

Wohlgemerkt wendet Smith, dem Condillacs Schriften nicht unbekannt waren,[28] den Ausdruck auch auf die Physiokraten – *agricultural system* – und auf seinen eigenen Entwurf an: *the obvious and simple system of natural liberty.*[29] Dieser erscheint jedoch in Anbetracht der herkömmlichen Bedeutung von System im 17. Jahrhundert als ein eigentliches ›Antisystem‹, so daß wir in der polemischen Differenzierung Smiths zwischen *mercantile system* und seinem eigenen freien System eine begriffsgeschichtliche Demarkationslinie ziehen können, die der Verlagerung des Schwerpunkts von deduktiver Norm oder institutionalisierter Intervention zu empirischer Funktion nachzeichnet.[30] Der Vorwurf, den Smith früheren Systemen macht, ist ein

---

26 Etienne Bonnot de Condillac: Traité des systêmes (1749). In: Œuvres philosophiques. Bd. IV. Parma ²1792, S. 11.

27 *Art. Système*, S. 777f. Zu Law vgl. Kapitel II dieser Arbeit.

28 Vgl. die Anm. zu Adam Smith: Considerations Concerning the First Formation of Languages and the Different Genius of Original and Compounded Languages (1761). In: The Works and Correspondence. Hg. v. D. D. Raphael u. A. S. Skinner. Bd. IV. Hg. v. J. C. Bryce. Oxford 1983, S. 203; wie auch: Peter Groenewegen: La «French Connection». Influences françaises sur l'économie politique britannique. In: Économie et politique. Dix-huitième siècle (26) 1994, S. 29. Zur Bedeutung der antisystematischen Philosophie für die Entwicklung der Ökonomie vgl. Hutchison, *Before Adam Smith*, S. 324–331.

29 Adam Smith: An Inquiry into the Nature and Causes of the Wealth of Nations (1776), IV, IX. In: The Works and Correspondence. Hg. v. R. H. Campbell u. a. Oxford 1976. Bd. II/2. S. 687.

30 Vgl. Günther Nonnenmacher: Die Ordnung der Gesellschaft. Mangel und Herrschaft in der politischen Philosophie der Neuzeit: Hobbes, Locke, Adam Smith, Rousseau. Weinheim 1989, S. 123: »Überhaupt scheinen ihm [Smith] normative Begründungen an der Sache vorbeizugehen. Denn – und dieses Argument bezieht Smith zunächst einmal auf Fakten (oder was er dafür hält) – : Die Menschen haben von jeher in Gesellschaft gelebt; und Gesellschaft ist von jeher, gleichsam ›von Natur‹, nach bestimm-

doppelter und basiert auf den zwei bereits bekannten Kriterien der Abstraktion und Willkür. Dabei richtet er das erste, in der Tradition Lockes und Condillacs stehende Kriterium, gegen die Physiokraten:

> That system [...] has, so far as I know, never been adopted by any nation [...] It would not, surely, be worth while to examine at great length the errors of a system which never has done, and probably never will do any harm in any part of the world.[31]

Dementgegen betont er in seiner Beschreibung des *mercantile system* vor allem einen Aspekt der Handelspolitik, nämlich die staatlich regulierten Beschränkungen des Imports und die Förderung des Exports,[32] und bemerkt kritisch,

> that the mercantile system has not been very favorable to the revenue of the great body of the people, to the annual produce of the land and labor of the country,[33]

sondern im Gegenteil nur den *merchants* und *manufactures* Vorteile gebracht habe.

Damit liefert Smith den Stoff für die heute übliche Trennung von Merkantilismus, Physiokratie und Klassik, indem er gegen die ersten die Aufhebung einer aktiven Wirtschaftspolitik fordert, während er gegen die Physiokraten den Pragmatismus ins Feld führt. Der staatliche Dirigismus wird durch autoregulative Wirtschaftssysteme abgelöst, durch das Prinzip der *natural liberty.* Die ostentative Einführung der Eigengesetzlichkeit gilt als die Geburtsstunde der Wirtschaftswissenschaft überhaupt;[34] damit fällt der Merkantilismus wie erwähnt aus dieser Wissenschaft und erhält darüber hinaus das fragwürdige Privileg, an ihren Maßstäben gemessen zu werden. Der staatliche Dirigismus setzt aber tatsächlich eine ebenso große Kenntnis der Mechanismen voraus als der Liberalismus der Naturgesetze; der Unter-

---

ten Prinzipien der Über- und Unterordnung geordnet. Diese Prinzipien sind nicht naturrechtlich ableitbar, sondern funktionieren auf ›natürliche‹ Art und Weise; sie wirken gewissermaßen als gesellschaftliche Naturgesetze (genauso wie die physikalischen Naturgesetze) und müssen in ihrem Funktionieren erforscht werden.«

31 Smith, *Wealth of Nations,* IV, IX, Bd. II/2, S. 663.

32 Ebd. IV, VIII, passim.

33 Ebd. V, II/2, Art. 4, Bd. II, 2, S. 881.

34 Vgl. etwa Mark Blaug: Systematische Theoriegeschichte der Ökonomie. Bd. I. Vom Merkantilismus zu Ricardo. München 1971, S. 124: »*An Inquiry into the Nature and Causes of the Wealth of Nations* ist das erste Werk der Ökonomie, das diesen Namen verdient. [...] Das ganze ist durchdrungen von dem hohen Lied auf das ›offensichtliche und einfache System der natürlichen Freiheit‹, auf das Adam Smith die Welt sich zubewegen sah.« Dieser unkritischen und unhaltbaren Aussage stimmen auch noch neuere Dogmengeschichtler zu; vgl. Michael Hüther: Die ›sattelzeitgerechte‹ Entstehung der Nationalökonomie. Ein Beitrag zur Dogmengeschichte. In: Jahrb. für Nationalök. u. Stat. 205/2 (1988), S. 155. Daß die Eigenregulation vorliberales und liberales Denken trenne, zeigt Diedrich Lange: Zur sozial-philosophischen Gestalt der Marktwirtschaftstheorie bei Adam Smith. München 1983, S. 160f.

schied liegt vielmehr darin, daß der Merkantilismus eine Möglichkeit sah, den ökonomischen Gesetzmäßigkeiten entgegenzuarbeiten und so eigene ökonomische Nachteile (mangelnde Bodenschätze, schlechte Handelsverbindungen) zu beseitigen, während der Liberalismus vorgab, in diesen Gesetzen Vorbild und Leitidee des eigenen wirtschaftlichen Handelns zu erkennen.[35]

b. Wirtschaftstheorie und Wirtschaftspolitik

Ich schlage deshalb vor, den Begriff »Merkantilismus« für ein wirtschaftspolitisches Denken zu gebrauchen, das Reichtum als absolutistischen[36] Garanten für äußere nationale Superiorität und innere Stabilität und gleichzeitig als ›Glückseligkeit‹ für Prinz und Untertan definiert und den Weg dahin in einer geregelten Geld- und internationalen Handelspolitik sieht. Die Kluft zwischen der Analyse der wirtschaftlichen Lage als ›Sein‹ und den formulierten Zielen wirtschaftlicher Prosperität als ›Sollen‹ wird in der klassischen Wirtschaftwissenschaft durch die Behauptung eines natürlichen Bandes zwischen ›Sein‹ und ›Wollen‹ überwunden, das das Wohlbefinden von Individuum und Staat gleichzeitig garantiere. Natürlich verschwindet weder mit den Physiokraten noch mit den Klassikern die Forderung nach Glückseligkeit oder Reichtum; der Unterschied liegt in einer kontinuierlichen Überantwortung des ›common wealth‹ vom Staat auf den Einzelnen.[37]

Die erwähnte Kluft spiegelt die parallele Wandlung der Sprachschriften vom akademischen Dirigismus zur Betrachtung der natürlichen Mechanismen der Funktion und Wandlung von Sprache. Diese Parallele hat ihren Grund in der gemeinsamen Zugehörigkeit zum Prozeß der Entstehung des Territorial- bzw. Nationalstaates[38] und der Entwicklung innerhalb des Naturrechtdenkens.

---

[35] Dieses Verdienst wurde (mit nicht geringem Nationalstolz) auch den Physiokraten zugesprochen; vgl. Charles Gide/Charles Rist: Histoire des doctrines économiques. Paris [4]1922, S. 3: »Les Physiocrates ont été les premiers qui ont eu une vision d'ensemble de la science sociale, dans le sens plein de ce mot, c'est-à-dire qui ont affirmé que les faits sociaux étaient liés par des rapports nécessaires et que les individus et les gouvernements n'avaient qu'à les apprendre pour y conformer leur conduite.«

[36] »So ist *Merkantilismus Nationalismus: mit dem leitenden Prinzip der politischen und volkswirtschaftlichen Zentralisation.* Er leitet hinüber von der mittelalterlichen Enge zum großen nationalen Einheitsstaat, indem er sich schließlich mit dem Absolutismus verbindet.« Zielenziger, *Die alten deutschen Kameralisten*, S. 46.

[37] Vgl. Werner Sombart: Der moderne Kapitalismus. Historisch-systematische Darstellung des gesamteuropäischen Wirtschaftslebens von seinen Anfängen bis zur Gegenwart. Bd. I. München [5]1992, S. 363.

[38] Fernand Braudel: Sozialgeschichte des 15.-18. Jahrhunderts. Bd. II. Der Handel. Übers. v. S. Summerer u. G. Kurz. München 1986, S. 602: »›Die Merkantilisten‹, versichert Daniel Villey, ›haben die Nation erfunden‹ – wofern nicht die im Werden begriffene Nation oder Pseudo-Nation gleichzeitig mit sich selbst auch den Merkantilismus erfand.«

c. *Politische Ökonomie*

Die Verbindung von »Politik« und »Ökonomie« zu einer *politischen Ökonomie,* die obige Definition des Merkantilismus impliziert, gehört zu den wichtigen Leistungen des Merkantilismus.[39] Der schlechte Ruf, den der Merkantilismus seiner (nationalistischen) Handelsbilanztheorie[40] und seiner Gleichsetzung von Reichtum und Edelmetallbesitz[41] verdankt, hat sehr lange die (meta-)historische Bedeutung der merkantilistischen Wortprägungen – wie *œconomie politique,*[42] der *political arithmetick*[43] oder der *politica mercantile*[44] überschattet: Alle drei Ausdrücke zeigen auf ihre Weise ein neues Wissenschaftsverständnis an. So durchbricht die erwähnte Zusammenziehung von Ökonomie und Politik die aristotelische Dreiteilung[45] der praktischen Philosophie in Ethik, Ökonomie und Politik, die innerhalb der aristotelischen Tradition das Verhalten des Einzelnen, seine Beziehung zu Haus und Besitz[46] und schließlich zum Staat bestimmten. Die Ausweitung der Haushaltslehre zu einem Teil der Staatslehre verschiebt den Akzent der Untersuchung vom Haus zum Markt und bezeichnet das Ende des alteuropäischen »ganzen Hauses«:[47] »Mit der Entstehung der Volkswirtschaftslehre ist die alteuropäische Ökonomik untergegangen.«[48]

---

[39] Vgl. Max Weber: Wirtschaft und Gesellschaft. Grundriss der verstehenden Soziologie. Tübingen ^{5}1972, S. 819: »*Merkantilismus* bedeutet die Übertragung des kapitalistischen Erwerbsbetriebs auf die Politik.«

[40] Der Begriff der *balance* wird 1623 von Misselden in seinem *The Circle of Commerce or the Balance of Trade* eingeführt. Vgl. Hutchison, *Before Adam Smith*, S. 22.

[41] Ein hartnäckiges Vorurteil der Geschichtsschreibung, die den Merkantilisten einen Midas-Wahn vorwarf, bestenfalls zwischen intelligenten Merkantilisten und solchen, die es nicht sind, unterschied. Für eine differenziertere Darstellung vgl. Eli F. Heckscher: Der Merkantilismus. Bd. II. Jena 1932, S. 170–174, 181–190.

[42] Antoyne de Montchrétien: Traicté de l'œconomie politique (1615).

[43] William Petty: Political Arithmetick (1676).

[44] Vettorio Lunetti: Politica mercantile (1630). Vgl. dazu Tommaso Fornari: Delle Teorie Economiche nelle provincie napolitane dal secolo XIII al MDCCXXXIV. Milano 1882, S. 293–300.

[45] »Mit dem Wandel zur bürgerlichen Gesellschaft und zum modernen Staat wurden nach Brunner die alten Begriffe, Modellvorstellungen und Wertannahmen ebenso wirklichkeitsinadäquat wie ihre tradierte Systematisierung in ›Politik‹, ›Ethik‹ und ›Ökonomik‹. Die neuen Sozialwissenschaften füllen somit eine Leerstelle aus, deren historischer Ort primär durch einen Verlust bestimmt wird, und zwar durch den ›Verlust der aristotelischen Tradition‹.« Hans Medick: Naturzustand und Naturgeschichte der bürgerlichen Gesellschaft. Göttingen 1973, S. 18.

[46] Gemäß der Definition: »Da nun der Besitz ein Teil des Hauses und die Lehre vom Besitz ein Teil der Haushaltslehre ist [...]« Aristoteles, *Politik*, 1253^{b}24f.

[47] Otto Brunner: Das ›ganze Haus‹ und die alteuropäische ›Ökonomik‹. In: Neue Wege der Verfassungs- und Sozialgeschichte. Göttingen ^{2}1968, S. 106.

[48] Ebd. S. 118.

Die erwähnte Kombination aristotelischer Wissensbereiche spielt eine bedeutende Rolle bei der Erarbeitung wissenschaftlicher Gesetze: Die Ökonomie befaßt sich mit einer Form der sozialen Organisation, die der Politik *genetisch*[49] vorausgeht, und erhält in dieser neuen Verbindung einen Status, der nun auch *de dignitate* über die Politik zu stehen kommt. Das pseudo-historische Modell von Ehe und Familie[50] wird auf die – bei Aristoteles – höhere Stufe der Politik[51] übertragen, wodurch es in beiden Bereichen zu grundlegenden Veränderungen kommt. So weichen Tugend und Vollkommenheit, welche die aristotelische Polis bestimmen,[52] in der Naturrechtsdiskussion unter dem Einfluß der Redefinition der Naturzustandstheoreme des 17. und 18. Jahrhunderts den Forderungen nach Selbsterhaltung. Die Familie, die den Lebensunterhalt im Alter und das Weiterleben des Individuums in der Spezies durch eheliche Verbindung und Familienzusammenhang garantiert,[53] wird – bis hin zu Locke – zum Modell des Staates und des Marktes:[54]

---

49 Aristoteles, *Ökonomie*, 1343^{a}13f: »Es ist [...] offensichtlich, daß die Ökonomik vom Ursprung her [γενεσει] älter als die Politik ist: Ihr Werk ist tatsächlich seinerseits älter, da eine Familie Teil einer Polis ist.« Die Verfasserschaft dieser (pseudo-?)aristotelischen Schrift bleibt umstritten. Das hier zitierte erste der drei Bücher steht jedoch im Ruf, wenn nicht echt, so doch mindestens gut nachgebildet und von *einem guten Alter zu sein*. J. Tricot: Einführung zu Aristoteles' *Les Économiques*. Paris 1989, S. 8.

50 Für Aristoteles die Gesellschaftsform der natürlichsten Verbindung. Ebd. 1343^{b}9.

51 Aristoteles, *Nikomachische Ethik*, 1094^{b}8ff: »Denn wenn dasselbe auch für den Einzelnen und für das Gemeinwesen das gleiche ist, so muß es doch größer und vollkommener sein, das Wohl des Gemeinwesens zu begründen und zu erhalten. Man darf freilich schon zufrieden sein, wenn man auch nur einem Menschen zum wahren Wohl verhilft, aber schöner und göttlicher ist es doch, wenn dies bei einem Volke oder einem Staate geschieht.« Zum logischen Primat der Polis als Ganzes über das Haus als deren Teil vgl. *Politik*, 1253^{a}19.

52 Aristoteles (*Politik*, 1252^{b}27ff.) sieht im Staat das Ziel gesellschaftlicher Entwicklungen und somit – dem entelegischen Prinzip gemäß – Vollkommenheit und Natur: »Endlich ist die aus mehreren Dorfgemeinden gebildete vollkommene Gesellschaft der Staat, eine Gemeinschaft, die gleichsam das Ziel vollendeter Selbstgenügsamkeit erreicht hat, die um des Lebens willen entstanden ist und um des vollkommenen Lebens willen besteht. Darum ist alles staatliche Gemeinwesen von Natur, wenn anders das gleiche von den ersten und ursprünglichen menschlichen Vereinen gilt. Denn der Staat verhält sich zu ihnen wie das Ziel, nach dem sie streben; das ist aber eben die Natur.«

53 Aristoteles, *Ökonomie*, 1343^{b}13ff.

54 Medick, *Naturzustand und Naturgeschichte*, S. 22f: »Bei Pufendorf – aber nicht mehr bei Locke – bildet die patriarchalisch verfaßte Familie, das ›ganze Haus‹ unter der Herrschaft des Oikodespoten, zwar noch die selbstverständliche, undiskutierte Voraussetzung der vernunftrechtlichen Systemkonstruktion, doch zeigt gerade die Einbeziehung des ›ganzen Hauses‹ in Markt- und Tauschzusammenhänge und die Begründung der Räson politischer Herrschaft auf eben diesen spezifisch ›gesellschaftlichen‹ Kontext den entscheidenden Übergangscharakter des Pufendorfschen Naturrechts als einer frühbürgerlichen Gesellschaftstheorie.«

eine große Familie [ist] ein Königreich, und ein kleines Königreich ist eine Familie.[55]

Ein beredtes Zeugnis für diese Wandlung ist Antoyne de Montchrétien, der den Ausdruck *œconomie politique* geprägt zu haben scheint. Nachdem dieser auf die Bedeutung der Ökonomie für Ernährung und Bekleidung, Erhaltung der Gesundheit und des Hauses eingegangen ist,[56] bestimmt er das neue Verhältnis zwischen Politik und Ökonomie, und zwar indem er Aristoteles gegen Aristoteles zitiert:

Les vacations privées font la publique. La maison est premier que la cité; la ville que la province; la province que le royaume. Ainsi l'art politic dépend mediatement de l'œconomic; et, comme il en tient beaucoup de conformité, il doit pareillement emprunter son exemple. Car le bon gouvernement domestic, à le bien prendre, est un patron et modelle du public; soit que l'on regarde le droit commandement, soit la fidelle obeïssance, liaison principale de l'un et de l'autre.[57]

Die Ökonomie ist und bleibt Teil der Politik, jedoch Hauptteil; sie könne nicht – entgegen der Meinung Xenophons und Aristoteles' – vom Ganzen getrennt werden:

on peut fort a propos maintenir contre l'opinion d'Aristote et de Xenophon, que l'on ne sçauroit diviser l'œconomie de la police sans demembrer la partie principale de son Tout, et que la science d'acquerir des biens, qu'ils nomment ainsi, est commune aux républiques aussi bien qu'aux familles.[58]

Die ›Ganzheitsvorstellung‹ verbindet sich mit dem Topos des Staatskörpers, dessen wohl bekannteste Quelle die Fabel Menenius Agrippas darstellt.[59]

---

55 Thomas Hobbes: Vom Bürger/De Cive (1647). Elemente der Philosophie III, VIII, 1, Hamburg ^{3}1977, S. 161.

56 Er folgt darin der dreifachen Aufgabe des Hausvaters: Regieren, Ernähren und Heilen. Dies zeigt die Übergangsstellung Montchrétiens an: Nicht *Herz*, sondern *Haupt* steht der Monarch/Hausvater als Arzt in einem therapeutischen Verhältnis zum Staat als Körper.

57 Antoyne de Montchrétien: Traicté de l'œconomie politique (1615). Hg. v. T. Funck-Brenatano. Paris o. J. [1889], S. 17f.

58 Ebd. S. 31. Aristoteles unterscheidet die Erwerbskunde (Chresmatik) in Gelderwerb und natürlichen Erwerb; die Einstellung zu jenem ist negativ, da das Verlangen keine Schranken kenne und sich um das Gute nicht schere. Der Gelderwerb folgt somit anderen Zielen als die Politik. Vgl. *Politik* 1257^{b}32ff. Zudem behandelt er die Erwerbskunde – außer im zweiten Buch der Ökonomie, das mit Sicherheit eine Fälschung ist – nirgends auf der Ebene größerer politischer Gebilde.

59 Vgl. Gerhard Dohrn-Van Rossum: Organ, Organismus, Organisation, politischer Körper (1. Teil). In: Geschichtliche Grundbegriffe. Hist. Lexikon zur politischen und sozialen Sprache in Deutschland. Hg. v. O. Brunner, W. Conze u. R. Koselleck. Bd. IV. Stuttgart 1978, S. 525. Zum Topos des Staatskörpers in der älteren deutschen Staats- und Verwaltungslehre vgl. Gotthardt Frühsorge: Der politische Körper. Zum Begriff

Der Hausherr und Herrscher hat gemäß den Anforderungen der Ökonomik für die Gesundheit des Hauses bzw. Staatskörpers zu sorgen, dessen gesundes Funktionieren von der Natur zwar garantiert, gleichzeitig jedoch auch von Störungen aufgrund einer unklugen Lebensführung bedroht wird:

> La bonne administration politique est une santé universelle de tout le corps de l'Estat, et par conséquent une entiere disposition de chaque membre particulier. Car il n'importe pas moins d'avoir soin des plus viles parties que des plus nobles, des cachées que des découvertes, puisqu'il est ainsi que de celles qui sont destinées à servir les autres sortent les labeurs plus necessaires à son entretien et conservation. Voyons la Nature, que le grand Politique doit seulement et principalement imiter, distribuer à tous les membres de nostre corps par proportion et mesure, l'aliment qui leur fait besoin, et que, si quelqu'un n'en reçoit à l'égal de la necessité, les esprits cessent peu à peu d'y venir, il s'atrophie et amenuise et de luy commence la dissolution de tout nostre assemblage.[60]

Die konsequente Anwendung der Metaphorik des Staatskörpers erlaubt es Montchrétien, den Herrschern[61] eine Reihe von therapeutischen Maßnahmen[62] zu empfehlen und sich dabei rhetorisch geschickt des medizinischen Wortschatzes zu bedienen.[63] Die Hauptbedrohung des Körpers sieht er in den Verteilungsproblemen, die auf Dysfunktionen verschiedener Körperteile zurückzuführen sind und als Folge der Mißachtung ihrer natürlichen Rolle und Bedeutung auftreten. So heißt es von der Geldausfuhr:

> Ce n'est pas d'aujourd'huy que l'on soustrait en plusieurs façons le sang de la France à la France; ce n'est pas toujours par le commandement du medecin qu'on le saigne. Ses esprits se perdent invisiblement, insensiblement et s'enferment à la dérobée dans les secrets des navires [...] C'est principalement à vos Majestez qu'il touche d'empescher ces purgations, qui se font hors de saison et contre votre ordonnance; vous seriez tous esbahis que l'Estat tomberoit en syncope entre vos mains, et ce par des causes la-

---

des Politischen im 17. Jahrhundert und in den Romanen Christian Weises. Stuttgart 1974, S. 63–74.

60 Montchrétien, *Traicté de l'œconomie politique*, S. 17f.

61 Das Buch ist Louis XIII und seiner Mutter Marie de Medicis gewidmet.

62 Der Herrscher hat die Rolle des *bon medecin* zu übernehmen; Montchrétien, *Traicté de l'œconomie politique*, S. 148.

63 Die Verbindung von Medizin und Politik bestand natürlich schon vorher, und zwar sowohl in der aristotelischen Politik wie auch – besonders ausgeprägt – bei Machiavelli. »Dem Aristotelismus entsprach ja in sehr viel stärkerem Maße als heute noch erkennbar die zur gleichen Zeit aufstrebende Medizin. Am menschlichen Körper ließ sich ablesen und nachweisen, was *Aristoteles* für den Staat postulierte: daß es einen objektiven Zustand der Gesundheit gab, der sich mit gesicherten Methoden herstellen ließ.« Dietmar Willoweit: Hermann Conring. In: Staatsdenker im 17. und 18. Jahrhundert. Reichspublizistik, Politik, Naturrecht. Hg. v. Michael Stolleis. Frankfurt a/M 1987, S. 135; zur Verwendung der ärztlichen Metaphorik bei Machiavelli vgl. Barbara Stollberg-Rilinger: Der Staat als Maschine. Historische Forschungen. Bd. 30. Berlin 1986, S. 45–48. Auch Francis Bacon sieht eine grundlegende Übereinstimmung der Politik und Ethik mit der Medizin; vgl. *Advancement of Learning*, I, *Works* III, S. 270; II, S. 437f., 444; *De dignitate et augmentis scientiarum*, VII, III, S. 735, 743.

> tentes, qu'il luy prendroit à toutes heures des vomissements procedans d'inanition; or ils sont mortels.[64]

Diese Textpassagen lassen erkennen, daß die *œconomie naturelle* Montchrétiens auf ein autoregulatives System der Natur abzielt, die dem Herrscher als Vorbild dienen soll.[65] Die Vorstellung des Herzens als Zentralorgan eines natürlichen Wachstums und Wohlbefindens basiert noch auf der aristotelisch-galenischen Doktrin von der Produktion und anschließenden Verteilung des Blutes durch das Herz bzw. die Niere,[66] die Montchrétiens Analogie zwischen Gütertausch und Stoffwechsel als Hauptregel der Staatswirtschaft bestimmt:

> le cœur attire ce qu'il y a de sanguin aux vivres et en fait du sang, non pour luy seulement, mais pour le distribuer par tout le corps [...] Ceste est la meilleure règle, à quoi tout bonne police puisse estre rapportée pour bien faire la distribution des commoditez et richesses d'un Estat.[67]

Die Entdeckung des Blutkreislaufes durch Harvey führt ein Jahrzehnt später zur schrittweisen Ablösung der Vorstellung des Geldverkehrs als Berieselung oder Ebbe und Flut[68] innerhalb des Staatskörpers durch das Konzept des Kreislaufes. Er eröffnet in Anlehnung an Robert Fludd[69] eine neue Bilderwelt, die das Herz als Zentralorgan mit der Sonne als Zentrum des Kosmos und des Wasserkreislaufs[70] gleichsetzt. Harvey greift schon in der *Dedicatio* seiner *Exercitatio anatomica de motu cordis et sanguinis in animalibus* das Bild des Sonnenkönigs auf, das zum berühmtesten Emblem des absolutistischen Staates werden sollte:

---

64 Montchrétien, *Traicté de l'œconomie politique*, S. 174f.

65 Vgl. Nicola Panichi: Antoine de Montchrétien. Il Circolo dello Stato. Napoli 1989, S. 89: »L'autoregolamentazione del sistema/corpo politico si pone allora piuttosto come progetto che come inizio o prerogativa naturale dell'artificiale, quando, vinta la malattia, la salute permette al corpo politico di ripristinare e praticare un'economia che pu divenire sempre più intrinseca [...]«

66 Aristoteles, *Von der Jugend und dem Alter* (In: Parva Naturalia), 468^b5–10. Das Herz ist Sitz der Seele und gilt als Herrscher [το κυριον] und Ausgangspunkt [αρχη] der Verteilung über die andern Glieder. Zu Galens Modell der Niere als Ort der Blutproduktion, vgl. Colin Ronan: Histoire mondiale des sciences. Paris 1988, S. 323. Andere Stellen ähnlichen Inhalts von Zeitgenossen Montchrétiens finden sich in der Einführung von John Dover Wilson zu William Shakespeare: The Tragedy of Coriolanus. Cambridge 1969, vor allem S. XVf.

67 Zit. n. Panichi, *Antoine de Montchrétien*, S. 90. Die Stelle wurde in der Ausg. 1889 weggekürzt. Montchrétien greift die Blutzirkulation auch in Zusammenhang mit der Geldzirkulation (S. 171), wie auch mit den Kolonien auf (S. 301).

68 Vgl. zu diesen beiden Vorstellungen: Annie Bitbol-Hespériès: Le principe de vie chez Descartes. Paris 1990, S. 169–177.

69 Zu Robert Fludds Einfluß vgl. Bitbol-Hespériès, *Le principe de vie*, S. 181.

70 William Harvey: Exercitatio anatomica (1628), viii. Übers. v. R. Willis. Chicago ^{22}1978, S. 285.

The heart of animals is the foundation of their life, the souvereign of everything within them, the sun of their microcosm, that upon which all growth depends, from which all power proceeds. The King, in like manner, is the foundation of his Kingdom, the sound of the world around him, the heart of the republic, the fountain whence all power, all grace doth flow.[71]

Und auch Leibniz verwendet in einer seiner zahlreichen staatsmännischen Projekt-Schriften dieses Bild, um die Bedeutung einer Hauptstadt als des *mittelpuncts* des *corpus* zu umschreiben:

Ein solches Land [d.h. Württemberg] nun soll im Mittel gleichsam ein Politisches Herz haben von welchem des ganzen leibes bewegung und nahrung hehrrühret, und solches fleust aus dem wahren Hauptgrund der Regiments=Kunst, so da ist, *daß aus vielen eines gemacht werde, doch ohne verderbung und vielmehr mit nuzen der Stücke.* Denn alle *vereinigung* ist entweder eine *vermischung*, als wenn man kraut unter einander hacket, oder eine zusammenfügung, als wenn man aus unterschiedenen Rädern ein Uhrwerk macht; jene ist eine Verderb=, diese eine vollkommen machung der vereinigten dinge. [...]
Der Zweck der vereinigung nun ist die bewegung, durch welche das ganze verrichtet, was die stücke alle einzeln nicht hatten thun können, nehmlich allgemeine sicherheit, ruhe und nahrung. Solche allgemeine bewegung nun, wofern sie regular und richtig seyn soll, erfodert auch ein bewegendes; welches innerlich seyn soll, damit das vereinigte soviel wie müglich vor sich selbst bestehe. Also ist in der welt eine sonne, im Leibe des Menschen ein Herz, im Land ein Herr oder doch zum wenigsten ein *Convent* der alles regiret.[72]

Leibniz denkt hier also nicht Körper und Räderwerk in dem später verabsolutierten Gegensatz von Organismus und Maschine, sondern in iatromechanischer Analogie auf das Funktionieren eines autonomen Ganzen hin.[73] Darüber hinaus zeigt der Text, daß die beiden Metaphern der Regierung als Haupt[74] und als Herz koexistieren können, insofern Haupt als Bild der ver-

---

[71] Harvey, *Exercitatio anatomica*, S.267.

[72] *Ursachen worumb Canstatt füglich zur Hauptstatt Würtemberg zu machen* (1669), AA IV/1, S.105.

[73] Zur Verbreitung der Vorstellung einer funktionalen Gleichheit zwischen Körper und Maschine vgl. Stollberg-Rilinger, *Der Staat als Maschine*, S.23. Die strukturelle Gleichheit mechanizistischer und organizistischer Analogien bei Leibniz illustriert sehr schön das reiche Material bei Marie-Noëlle Dumas: La pensée de la vie chez Leibniz. Paris 1976. Die Behauptung jedoch, daß die Biologie ein *umfassendere* Grundlage zum Verständnis der Leibnizschen Philosophie als etwa die Dynamik liefere (S.26–31,146), scheint aus einer anachronistischen Reinterpretation des Begriffspaars »Maschine« und »Organismus« unter den Prämissen einer *Lebensphilosophie* hervorzugehen und verkennt die spezifisch Leibnizsche Kopräsenz und Ununterscheidbarkeit beider Topoi, die aus seinem Festhalten an den beiden aristotelischen Erkenntnisfiguren – Kausalität und Finalität – resultiert. Eine Geschichte der Entwicklung beider Konzepte liefert Georges Canguilhem: La connaissance de la vie (1952). Paris ²1989, S.101–127.

[74] *Ursachen worumb Canstatt füglich zur Hauptstatt Würtemberg zu machen*, S.102f: »Der obriste stand ist der Regenten und ihrer bedienten. [...] Wie nun der untere

nünftigen Führung, der Staatsräson, in *res politicae*, Herz aber als das ernährende Verteilerorgan in *res oeconomicae* betrachtet wird. Analog hierzu konzipiert Leibniz sein Konzept der *persona civilis*:

> Denn das Reich soll eine persona civilis seyn. Gleichwie nun in einer persona naturali oder menschlichen Leibe sich die spiritus, das Blut und die Glieder finden, also ist in der persona civilis ein perpetuum consiliium, welches den Verstand und die spiritus, ein perpetuum aerarium, welches geblüth und adern, ein perpetuus miles, welcher die Glieder repräsentiert.[75]

Es zeichnet sich eine Verlagerung der staatlichen Macht in der Rerpräsentation des ökonomischen Systems ab, welche die Analogie zwischen Polis und Oikos in der politischen Ökonomie zu sprengen droht, da der Herrscher nicht mehr als Haupt der Familie, sondern als Herz des Staates gedacht wird und so der Interventionismus sukzessive in eine *laissez faire*-Poilitik übergehen muß. Darin kommt dem Herrscher zu guter Letzt nur noch die Funktion der Krediterhaltung als Seele des Handels zu, wie dies etwa im Neomerkantilismus eintreten wird.[76] Gemeinsam ist den merkantilistischen Konzeptionen des Staates als Körper die vergleichsweise Autonomie des Nationalstaates,[77] die auch nach Verschwinden des Abbildungsverhältnisses von Mikro- und Makrokosmos bestehen bleibt. Ebenso bleibt der Ausdruck der *économie politique*, obwohl die Gewichtung der Ökonomie und Politik innerhalb dieser Verbindung schwankt, bis es gegen Ende des 17. Jahrhunderts zum Bruch mit der evident erscheinenden Analogie zwischen Staat und Familie in der Umformung des Naturzustandstheorems im Liberalismus Lockes[78] kommt, dessen Sorge um eine klare Trennung der beiden Bereiche Rousseau ein halbes Jahrhundert später noch teilt.[79]

---

stand in die dörffer, der mitlere in kleine städte, also giebt die gesunde vernunfft, daß der obriste in die Hauptstatt gehöre. (*Caput rerum, unde in omnia regimen, si Tacito credimus.*)«

75 *Bedencken, welchergestalt Securitas publica etc. im Reich auf festen Fuß zu stellen* (1670). Zit. n.: Karl Hermann: Das Staatsdenken bei Leibniz. Bonn 1958, S. 40.

76 Anzeichen dieser Entwicklung lassen sich auch bei Harvey schon finden, wenn er das Herz *the household divinity* nennt; *Exercitatio anatomica*, S. 286.

77 Vgl. Montchrétien, *Traicté de l'œconomie politique*, S. 147: »En un mot la France est un monde: qui la veuë, a tout veu ce qui se peut voir, mers, fleuves [...]«

78 John Locke: Second Treatise/Of Civil Government (1690), VII, 86. In: The Works of John Locke. Bd. V. London 1823, S. 387.

79 Jean-Jacques Rousseau: Discours sur l'économie politique (1755). In: Œuvres complètes. Bd. III. Paris 1964, S. 241f.

d. *Kameralismus*

Im deutschen Sprachraum gehört jedoch die prinzipielle Gleichstellung von Familie und Staat zum sicheren Bestand kameralistischer Theorie.[80] Becher, Schröder und Pufendorf,[81] deren Schaffen in die Zeitspanne zwischen 1660 und 1690 fällt, demonstrieren die Variationsbreite der Legitimierung väterlicher Macht:[82] der Monarch als Vater in Gottes Ebenbild,[83] die Ableitung der Macht aus dem absoluten Besitz des Vaters in der Nachfolge Hobbes[84] und väterliche Rechte und Pflichten aufgrund von ›Sociabilitas‹ und Selbsterhaltung.[85] Auffällig ist, daß hier die Doktrin um Staatsfamilie und

---

80 Vgl. Albion W. Small: The Cameralists. The Pioneers of German Social Polity. Chicago 1909, S. 588f.

81 Zur umstrittenen Zuordnung Pufendorfs zum Kameralismus vgl. Erhard Dittrich: Die deutschen und österrreichischen Kameralisten. Darmstadt 1974, S. 55.

82 Es handelt sich hierbei um drei Naturrechtspositionen, die alle drei auf eine Wiederaufbereitung aristotelischer Argumente – in Verbindung mit stoischen, epikuräischen oder konfessionellen Elementen – zurückgehen. Während die protestantisch-aristotelische Naturrechtstradition etwa die Ebenbildlichkeit des Menschen betont und die aristotelische Tugend als Endzweck politischer Gemeinschaft im Sinne eines *status integritatis* liest, dessen unmittelbares Verhältnis zu Gott (Naturrecht) nach dem Sündenfall nunmehr mühsam zu rekonstruieren ist, leistet das *zoon politikon* den Stoikern, die Selbsterhaltung und die familiäre Machtgemeinschaft der epikuräischen Lehre wichtige Dienste. Zur Gegenüberstellung stoischer und epikuräischer Tradition vgl. Wilhelm Hasbach: Die allgemeinen philosophischen Grundlagen der von François Quesnay und Adam Smith begründeten politischen Ökonomie. In: Staats- und socialwissenschaftliche Forschungen. Hg. v. Gustav Schmoller. 10/2. Frankfurt 1890, S. 1–45.

83 Johann Joachim Becher: Politische Discurs, Von den eigentlichen Ursachen/des Auf= und Abnehmens der Stadt/Länder und Republicken/In specie, Wie ein Land Volkkreich und Nahrhafft zu machen/und in eine rechte Societatem civilem zu bringen (1668). Frankfurt [2]1673, S. 14. Becher (Ebd. S. 48–58) verbindet in seinem *Politische Discurs* die *oeconomia divina* mit einer ›vorpolitischen‹ Ökonomie, wie sein Verwaltungsplan zeigt: Zur guten Regierung soll der Regent fünf *Collegia* errichten: a) *Collegium spirituale* für Religion, Andacht und Gottesfurcht; b) *Collegium morale* für Sitten und Ehrbarkeit; c) *Collegium doctrinale* für Erziehung, Studium und Wissenschaft; d) *Collegium civile* für Erhaltung, Ausgabe und Einnahmen; e) *Collegium vitale* für Medizin, Soldatenwesen, Züchtigung und Kriminalgericht. Diese fünf Kollegien sind Analog zu den Eigenschaften Gottes und – aufgrund der Ebenbildlichkeit – der menschlichen Tugenden erstellt, denn »dieses seyn die Gesetze der Natur« (Ebd. S. 40). Ein Darstellung der Becherschen Staatslehre findet sich bei Wilhelm Brauneder: Bechers Lehre vom Staat. In: Johann Joachim Becher (1635–1682). Hg. v. Gotthardt Frühsorge u. Gerhard F. Strasser. Wolfenbütteler Arbeiten zur Barockforschung. Bd. XXII. Wiesbaden 1993, S. 41–67. Zum Parallelismus der Heils-, Wirtschafts- und Naturordnung im Werk Bechers, insbesonders im Hinblick auf sein *Physica Subterannea* vgl. Mikulás Teich: Interdisciplinarity in J. J. Becher's Thought. In: Ebd.: S. 23–40.

84 Zielenziger, *Die alten deutschen Kameralisten*, S. 296; zu dogmatischen Differenzen zwischen Hobbes und Schröder vgl. Louise Sommer: Die Österreichischen Kameralisten. In Dogmengeschichtlicher Darstellung. 2. Teil. Wien 1925, S. 82f.

85 Vgl. Medick, *Naturzustand und Naturgeschichte*, S. 55: »In seiner frühen Schrift *Elementorum Jurisprudentiae Universalis* (1660) hatte er [Pufendorf] sein Naturrechts-

Landesvater einer ›Erosion‹ wesentlich länger standgehalten hat als in England und Frankreich.[86] Der Grund dafür kann weder in der Kleinstaatlichkeit noch in der konfessionellen Eigenart des Protestantismus gefunden werden, da gerade Wien[87] und später Preußen sich als Zentren der Kameralistik behaupteten, sondern muß in der unterschiedlichen Motivation und gesellschaftlichen Provenienz kameralistischer und merkantilistischer Autoren gesucht werden, wie auch in der weiterhin an deutschen Universitäten verankerten Schulphilosophie und wirtschaftlichen Unterentwicklung der deutschsprachigen Gebiete. Das heißt konkret: Die Kameralisten waren weder Händler noch Parlamentarier,[88] sondern standen im Dienste eines Fürsten, waren entweder in der Verwaltung oder in der Ausbildung tätig und sahen in den Kameralwissenschaften nicht etwa eine neue Wissenschaft ›sui generis‹, sondern eine auf Sachzwängen beruhende Erweiterung der aristotelischen Politik,[89] die den Verwaltungsaufgaben im Fürstenstaat ge-

---

system noch auf dem Versuch einer Synthese der Prämissen von Hobbes und Grotius aufgebaut. Rechte und Pflichten leitete er hier aus dem unvermittelten Nebeneinander zweier angeborener Triebe (inclinationes), des Triebs zur Selbsterhaltung (übernommen von Hobbes) und des Triebs zur Gesellschaft (übernommen von Grotius im Gefolge der stoischen Tradition), ab. In den späteren verfaßten beiden großen Naturrechtsschriften gelingt es Pufendorf, materiell durch die Einführung des Prinzips der ›imbecillitas‹ und in engstem Zusammenhang damit methodisch durch den Kunstgriff der Naturzustandstheorie, die in seinem Frühwerk nicht vorkommt, Selbsterhaltungstrieb und Sozialprinzip, Rechte und Pflichten des Einzelmenschen in einen unmittelbaren Zusammenhang zu bringen.« Pufendorf geht in der beschriebenen Synthese so weit, daß er auch die Familie – wenigstens z. T. – als ein Vertragswerk (expliziter Vertrag zwischen den Ehepartnern, implizite Zustimmung – *pacto tacito* – der Kinder) ansieht. Vgl. Samuel Pufendorf: De jure naturae et gentium. Libri octo (1672/1688), VI, II, 4, S. 623f.

86 Auch Leibniz vertritt noch 1678 (?) in bezug auf die politische Ordnung den pursten Aristotelismus; vgl. *Die natuerlichen Gesellschaften*, Grua II, S. 600–603. Es handelt sich um eine Skizze, die versucht – anhand von Feldes *Elementa juris universi* – die eigene philosophische Terminologie mit den Vorstellungen des protestantischen Naturrechts zu verbinden; die hier vertretene Tugendlehre, wie auch die Behandlung der Hausgemeinschaft (Ehe, Kinder, Knechte) sind ausgesprochen konservativ. Zum Einfluß Johann von Feldes auf Leibniz vgl. Hans-Peter Schneider: Justitia Universalis. Quellenstudien zur Geschichte des ›christlichen Naturrechts‹ bei Gottfried Wilhelm Leibniz. Frankfurt a/M 1967, S. 125ff., sowie Ders.: Gottfried Wilhelm Leibniz. In: Staatsdenker im 17. und 18. Jahrhundert. Reichspublizistik, Politik, Naturrecht. Hg. v. Michael Stolleis. Frankfurt a/M 1987, S. 214f.

87 ... und in geringerem Maße auch München; vgl. Zielenziger, *Die alten deutschen Kameralisten*, S. 83.

88 Die Aussagen Viners, daß der Merkantilismus *a doctrine of practical men* war, mag zutreffen, da der Bereich der Politik im 17. und 18. Jahrhundert zur praktischen Philosophie gerechnet wird. Vollends absurd ist jedoch folgende Behauptung: »The philosophers before the 1750s, the theologians, and the universities neither challenged it nor made any important contributions to it. It was not an area in which disciplined scholarship showed any deep interest.« Jacob Viner: Mercantilist Thought (1968). In: Essays on the Intellectual History of Economics. Princeton 1991, S. 263.

89 Zur Herausbildung der aristotelischen Politik in Deutschland und deren Weiterwirken

nügen sollte.[90] Daher sind die ursprünglich gleichen wirtschaftlichen Fragestellungen nicht denselben Spannungen und philosophischen Tendenzen ausgesetzt, die andernorts die wirtschaftliche Doktrin und ihre sozial-anthropologische Begründung inkompatibel erscheinen ließen.

Die Resistenz des Kameralismus gegenüber ›liberalen‹ Elementen können wir etwa daran erkennen, daß Hörnigks *Österreich über alles, wenn es nur will*[91] von 1648 bis 1784 dreizehn Auflagen erfährt. Den Kern dieses Werkes bilden neun Regeln – ein ›ideal‹-merkantilistisches Wirtschaftprogramm:

> 1. Genaue Erforschung des Landes, auch durch Versuche, und volle Benutzung seiner Productionsfähigkeit, namentlich an Edelmetallen. 2. Verarbeitung aller, nicht unmittelbar roh zu gebrauchenden, Rohstoffe im Lande selbst. 3. Möglichste Vermehrung und nützlichste Beschäftigung der Einwohner. 4. Keine Ausfuhr und müßige Aufspei-

---

vgl. Horst Dreitzel: Protestantischer Aristotelismus und absoluter Staat. Die ›Politica‹ des Henning Arnisaeus (ca. 1575–1636) Wiesbaden 1970, S. 53ff., 407ff. Als besonders wichtiger Vertreter erscheint in bezug auf Leibniz Hermann Conring, mit welchem er von 1670 bis 1678 einen Briefwechsel unterhielt (G I, S. 153–207). Zu Conring vgl. Willoweit, *Hermann Conring*, S. 129–147. Zum Neoaristotelismus von Leibniz' Freund und Lehrer Jakob Thomasius vgl. Christia Mercer: The Seventeenth-Century Debate Between the Moderns and the Aristotelians: Leibniz and Philosophia Reformata. In: Leibniz' Auseinandersetzung mit Vorgängern und Zeitgenossen. Hg. v. Ingrid Marchlechwitz u. Albert Heinekamp. Studia Leibnitiana Supplementa. Bd. XXVII. Stuttgart 1990, S. 18–29.

90 Hans Maier: Die ältere deutsche Staats- und Verwaltungslehre. München [3]1986, S. 172–177. Gegen Maier (S. 175) ist jedoch einzuwenden, daß das Verständnis der Ökonomik als Hauswesen bei Schröder wohl kaum auf aristotelischen Einfluß deutscher Provenienz, sondern – was Schröders Ablehnung der aristotelischen Naturrechtstradition Deutschlands erklärt – auf Hobbes' in diesem Punkte gleichlautenden Ansichten zurückgeht. Schröders Sonderstellung belegt jedoch gerade auch der Skandal, den seine Thesen auslösten und die Leibniz in einem Schreiben an Jakob Thomasius als *gefährlich* bezeichnet. Vgl. Heinrich von Srbik: Wilhelm von Schröder. Ein Beitrag zur Geschichte der Staatswissenschaften. In: Sitzungsberichte der Kais. Akademie der Wissenschaften in Wien. 164/1, S. 33. Schröder verneint das eudämonistische Prinzip und bejaht einen radikalen Absolutismus, der in Deutschland auf massive konfessionell bedingte Ablehnung stößt.

91 Die Verfasserschaft Hörnigks scheint auch heute noch umstritten. Als mutmaßlicher Verfasser gilt der verstorbene Schwager Hörnigks, Joh. Joachim Becher (vgl. Horst Knapps Einleitung zu Philipp Wilhelm Hörnigk: Österreich über alles, wann es nur will [1684/[2]1708]. Wien 1983, S. 12); wie auch immer: Feststeht, daß der Verfasser sich in seinen Regeln stark an die *Mercantilischen Reguln* von Bechers *Politische Discurs* (S. 260–267) anlehnt. Die Korrespondenz Leibniz', der mit Hörnigk über Jahre im Briefverkehr stand, streift keine wirtschaftlichen Fragen (vgl. AA I/5). Es ist mir auch nicht bekannt, ob Leibniz irgendwelche Kenntnis von der Verfasserschaft des anonym erschienen *Österreich über alles* gehabt hätte. Eine weitergreifende und gründliche Darstellung der Beziehung zwischen Becher und Leibniz liefert Herbert Breger (Becher, Leibniz und die Rationalität. In: *Johann Joachim Becher*, S. 69–84), der die Fehleinschätzung Bechers, insbesondere seitens der Leibniz-Forschung, überzeugend zu korrigieren vermag; zum direkten Einfluß der Becherschen Wirtschaftsdoktrin auf Leibniz, ebd. S. 71.

cherung des Goldes und Silbers. 5. Soviel wie möglich, Beschränkung des Verbrauchs auf einheimische Producte. 6. Die unentbehrlichen Fremdwaren sollen aus erster Hand, und nicht um Geld, sondern um andere Landesproducte eingetauscht werden; auch 7. so viel wie möglich in unverarbeiteter Form.[92] 8. Möglichst große Ausfuhr ›überflüssiger‹ Landesproducte, und zwar gegen Zahlung von Gold und Silber. 9. Keine Wareneinfuhr zu gestatten, wo das Inland dieselbe Ware ›zur Genüge und in erträglicher Güte‹ auch liefern kann.[93]

Vergleichen wir diese Stelle mit den Aussagen Leibniz', so erkennen wir, daß der deutsche Philosoph das ›intellektuelle Defizit‹ in den merkantilistischen Kategorien des österreichischen Kameralisten zum Ausdruck bringt. Die Punkte 2, 5, 6 und 7 entsprechen seiner Analyse des *commercio scientiarium* und *unsern traficqven*[94] – anderen Punkten werden wir noch begegnen.

e. Boden und Reichtum

Leibniz' Aussagen unterscheiden sich auch in der Gewichtung der Rohmaterialien nicht von denjenigen Hörnigks. Der Besitz von Rohmaterialien gilt sowohl in den Augen des österreichischen Kameralisten wie des deutschen Philosophen als eine ideale Grundlage, um den internationalen Wettbewerb für sich zu entscheiden; denn Manufakturen könnten jederzeit errichtet werden, während die Rohstoffe ein Geschenk Gottes seien. Jahre vor Hörnigk hatte schon Becher als unumstößliche *Hauptregul* formuliert:

> wo kein Baur ist/da hat der Handwercksmann nichts zu verarbeiten/und wo nichts gearbeitetes da ist/da kan auch der Kauffmann nichts verkauffen.[95]

Becher versteht den Bauernstand als Fundament *von dem Civil-Stand und dessen societät*,[96] da er die Grundmaterien für Handwerker und Kaufleute liefert. Der Bauernstand wird nach Arbeitsgebieten unterteilt: Erde, Bergwerke, Viehzucht und Jagd. *Österreich über alles* bevorzugt die Gold- und Silbererzwerke – gefolgt von Lebensmitteln, Kleidung, Vieh etc.[97] – da der ›bare‹ Reichtum, wie das Beispiel Hollands zeige, *einen Krieg länger beste-*

---

[92] Gemeint ist die fremde Ware in unverarbeiteter Form: »Sotane fremde Waren sollen alsdann in roher Gestalt genommen, innerhalb Landes fabriziert, und der Manufaktur-Lohn allda selbst verdienet werden.«

[93] Zit. n. der zusammenfassenden Formulierung von Wilhelm Roscher: Geschichte der Nationalökonomik in Deutschland. München 1874, S. 292. Die Regeln finden sich in Hörnigk, *Österreich über alles*, IX, S. 45–47.

[94] *Bedenken von Aufrichtung einer Akademie oder Societät* (1671?), § 14, AA IV/1, S. 547.

[95] Becher, *Politische Discurs*, S. 9.

[96] Ebd. S. 5. Gerade die ersten Seiten des *Politische Discurs* zeigen, daß die Behauptung der Physiokraten falsch ist, der Merkantilismus habe grundsätzlich die Bedeutung des Bodens vernachlässigt.

[97] Hörnigk, *Österreich über alles*, X, S. 48ff.

hen[98] lasse. Diese Lieblingsidee des Merkantilismus, daß Geld der ›nervus belli‹ und somit Macht sei, überschattet auch den grundlegenden Gedanken Hörnigks, den nationalen Reichtum in zwei Posten aufzuteilen: einerseits die Naturgaben, andererseits die Handelsbilanz. Das Fundament des Reichtums aber liegt in den Bodenschätzen,[99] da diese – im Gegensatz zu Manufaktur und Handel – nicht beliebig vermehrt und entwickelt werden können. Diese Waren ›roh‹ zu veräußern, kommt somit einem Ausverkauf der gottgegebenen Anlagen gleich und bedrohen die gesamte ›societas civilis‹.

Analog hierzu lassen sich die ›geistigen Bauern‹ Deutschlands von den Nachbarn – in erster Linie natürlich den Franzosen – übers Ohr hauen. Die Deutschen erkaufen sich den Tand modischer Schöngeisterei um den Preis ihrer eigenen Ideen, bezahlen die Arbeit Fremder und leiden zudem unter Intelligenzflucht, was zur Unterbevölkerung der Gelehrtenrepublik führt. Denn Reichtum ist das sicherste Mittel zur *Volckreichmachung*; eine dichte Bevölkerung aber ein wesentlicher Faktor nationaler Macht. *Populosität* und Reichtum hängen voneinander ab:

> Die Nahrung ist [...] ein Angel/oder Hamen/wodurch man die Leute herzulocket/ dann wann sie wissen/wo sie zu leben haben/da lauffen sie hin/ und je mehr hinlaufen/ je mehr können auch von einander leben.[100]

Diese Grundgedanken der deutschen Kameralisten bestimmen auch ihre Haltung in der Luxusdebatte,[101] die wesentlich später – im Anschluß an Mandevilles *The Fable of The Bees* – ihren Höhepunkt erreichen wird: Nicht das ›Was?‹, sondern das ›Woher?‹ macht *la Mode* zum *Thier.*[102] Der Skandal ist kein moralischer, sondern ein national-ökonomischer.[103] Die Verletzung der einfachen Regel,

---

98 Ebd. S. 42.

99 Schon Xenophon beginnt die Darstellung seiner ορoι mit den natürlichen Reichtümern Attikas, bevor er zu Problemen der Bebauung, des (See-)Handels und des Bergbaus übergeht. Vgl. Xenophon: ορoι/Les revenus, I. In: Œuvres complètes. Hg. u. übers. v. P. Chambry. Bd. I. Paris 1967, S. 473f.

100 Becher, *Politische Discurs*, S. 2.

101 Die Luxuskritik beschränkt sich nicht etwa auf den Kameralismus, sondern gehört zum zentralen Bestand der merkantilistischen Handelspolitik; vgl. Michael Stolleis: Pecunia Nervus Rerum. Zur Staatsfinanzierung der frühen Neuzeit. Frankfurt a/M 1983, S. 45–55.

102 Vgl. Johann Joachim Becher: Wohlgemeintes unvorgreiffliches Gutachten/Wie das Reichs-Edict in bannisierung der Frantzößchen Waaren in praxin und zum effect zu bringen/auch was dem gesammeten Röm. Reiche und allen Ständen dran gelegen (1678). Zit. n.: Zielenziger, *Die alten deutschen Kameralisten*, S. 255; vgl. auch Hörnigk, *Österreich über alles*, XII, S. 87ff.

103 Zielenziger, *Die alten deutschen Kameralisten*, S. 255: »Den Luxus, der sich mit heimischen Produkten begnügt, bekämpfen weder Becher noch die anderen Kameralisten, weil er ihrer Meinung nach die Produktion anregt.« Dies gilt jedoch nicht für stark

Die rohe wahre nie unverarbeitet aus dem lande zu lassen, frembde rohe wahre bey Uns zu verarbeiten,[104]

führt zu einer negativen Handelsbilanz und Deutschland in die Dritte Welt. Leibniz scheint in dieser Wirtschaftsmaxime den Grund für den progressiven Verderb des internationalen Ideenhandels zu sehen. Denn dem war nicht immer so: Die Deutschen belieferten die *Italiener und andern Europaeer* mit militärischen, mechanischen und ähnlichen Künsten und erhielten im Gegenzug *Religion, gute Ordnung* und *Gesetze* und *dergleichen subtile gemüths übung*. Dieses einstmals paritätische *fundament* – dieser *gar natürliche beyden theilen annehmliche Tausch*[105] – habe sich zur üblen Gewohnheit des ›homo teutonicus‹ entwickelt, weiter in der Erde zu graben und die anderen Europäer für seine eigenen Produkte auch noch überzubezahlen. Leibniz' Übertragung des ökonomischen Gemeinplatzes auf die Sprachpolitik ist keineswegs originell. Wir eng diese Klagen mit dem Wirken der Sprachgesellschaften verbunden sind, zeigen die parodistischen Verse, die Christian Weise in seinem Lustspiel *Poeten-Zunfft* zu einer Prügelszene nationalgesinnter Spracherneuerer singen läßt:

Laßt Latein und Griechisch fahren/
Nehmet keine falsche Wahren
Irgend von Frantzosen an:
Lernet nichts von Welschen Leuten/
Weil man alles wohlbestreiten/
Und in Deutschland haben kan.[106]

Die Konsequenz aus der Luxusdebatte, dem internationalen Vergleichen und Bilanzieren führt zu einer Neubestimmung der ›imitatio‹, die nebst der erläuterten ›imitatio naturae‹ in ökonomischen Fragen eine ebenso wesentliche Rolle spielt wie in literarischen. Dabei verwirft Leibniz emphatisch die Nachahmung der Franzosen:

---

konfessionell und stände-spezifisch argumentierende Autoren der Art Seckendorffs, dessen erklärtes *letztes ziel die ehre Gottes* ist. Veit Ludwig von Seckendorff: Teutscher Fürstenstaat (1656). Mit Anm. u. Reg. v. Andreas Simson von Biechling. Jena ^{7}1737. Repr. Aalen 1972, S. 205.

104 *Grundriß eines Bedenkens von Aufrichtung einer Societät* (1671?), AA IV/1 542; auf diesem Hintergrund muß auch die besondere Betriebsamkeit Leibniz' in bezug auf die inländische Seidenzucht gesehen werden. Vgl. *Ermahnung an die Deutschen, ihren Verstand und ihre Sprache besser zu üben, samt beigefügtem Vorschlag, einer deutschgesinnten Gesellschaft* (1682/83), Rec, S. 50.

105 *Bedenken von Aufrichtung einer Akademie oder Sozietät*, AA IV/1, S. 547.

106 Christian Weise: Von einer zweyfachen Poeten=Zunft (1683). In: Sämtliche Werke. Bd. XI. Hg. v. Hans-Gert Roloff. Berlin 1976, S. 187.

> Eines wäre zu loben, wenn die französische Mode das übermäßige Saufen abbringen könnte, doch sorge ich, man werde den Teufel mit Beelzebub vertreiben, und ich bin fast der Meinung, daß weiland ein trunkener alter Deutscher in Rede und Schreiben mehr Verstand hat spüren lassen als jetzt ein nüchterner französischer Affe tun wird. Denn wie soll ich diese Fäntchen anders nennen, welche, indem sie nach dem fremden Schatten schnappen, die rechtschaffene deutsche Tat verlieren und nicht sehen, daß allemal, was gezwungen und nachgetan, abgeschmackt ist. Besser ist: ein Original von einem Deutschen als eine Kopie von einem Franzosen zu sein.[107]

Er empfiehlt jedoch, wie wir sehen werden, die Holländer nachzuahmen. Es besteht dabei ein eigentümlicher Zusammenhang zwischen Protektionismus und Imitation, der aus der Dichotomie von natürlichem und erworbenem Reichtum heraus erklärt werden kann. Der nationale Stolz auf die eigenen Ressourcen führt dazu, daß die Mängel im Gemeinwesen auf Defizite im Bereich der ›ars‹ oder ›techne‹ zurückgeführt werden. Nur die Verbindung der gegebenen Eigenart mit dem verfeinerten Wissen der Ausländer führt zur Meisterschaft. Die Deutschen müssen sich gleichsam ihrer eigenen Vorzüge bewußt werden, um aus dem Teufelskreis des Imports eigener Ideen – der Imitation der eigentlichen Imitatoren – auszubrechen.[108]

Leibniz' Diagnose ist klar und simpel: Deutschlands Boden und seine Bewohner sind überdurchschnittlich gesegnet; es mangelt jedoch an den Künsten, diesen Reichtum auszunützen und zu einem Mittel nationaler Macht und Stabilität zu machen. *Macht* und *Wissen* – sie stehen auch im Zentrum der vielberufenen Leibnizschen Praxis.

---

[107] *Ermahnung an die Deutschen*, Rec, S. 75. Zum moralischen Topos der Trunkenheit und seiner ökonomischen Bedeutung vgl. Stolleis, *Pecunia Nervus Rerum*, S. 22–31. In diesem Zusammenhang ist auch das Gedicht Leibniz' *Auf die Nachahmer der Franzosen* (1670), das sich bei Guhrauer findet, zu erwähnen, wo es u. a. heißt: »In Frankreich aber man aus uns ein Sprichwort macht,/Und lobt das teutsche Geld, wenn man des Teutschen lacht,/Wenn manche Höfe sich der Teutschen Sprache schämen,/[...] Die Unterthanen auch zuletzt französisch werden!« G.E. Guhrauer: Gottfried Wilhelm Freiherr von Leibnitz. Eine Biographie. Breslau 1842, Bd. II, S. 135f.

[108] Zur Vorbildfunktion Hollands bei Montchrétien vgl. Panichi, *Antoine de Montchrétien*, S. 305–313. Montchrétiens Einstellung zum Problem der Imitation weicht jedoch von demjenigen Leibniz' insofern ab, da er die Nachahmung der eigenen Vorzüge bei den andern empfiehlt, statt der Rückbesinnung auf die eigenen Qualitäten: »Si nous avons esté autrefois dignes d'estre imitez, maintenant que nous sommes devenus autres, suivons nos imitateurs, qui sont dignes d'imitation. Empruntons d'eux à notre tour ce qu'ils ont emprunté de nous.« Montchrétien, *Traicté de l'œconomie politique*, S. 144.

2. Prudentia juris

a. Philadelphische Gesellschaft

Der Einfluß des Kameralismus zeichnet sich in den Akademieplänen besonders deutlich ab, da Leibniz das Wissen gerne als Schatzkammer,[109] die Akademie aber als ein *Collegium* denkt. Somit ist sie ein *Rad* innerhalb der *Staats Uhr*,[110] dessen Aufgaben verwaltungstechnisch behandelt werden können:

> Curandumque est rectoribus primum, ut jam inventa dijudicataque litterarum monumentiis conserventur, secundo, ut usus eorum promptus fiat per repertoria, tertio, ut ipsa scientia cogitandi, i. e. inveniendi, judicandi, recordandi augeatur, quarto, ut omnes observationes memorabiles, quas casus offert, diligenter adnotentur, quinto, ut non exspectato casu doctore multa per experimenta tententur ad investigendas rerum naturas, quo data ad eas cognoscendas aufficientia consequamur, sexto, ut exquisito usu auctae cogitandi artis ex datis jam notitiis colligamus, quidquid utile inde duci potest.[111]

Wirtschaftlicher und intellektueller Reichtum finden sich auch in dem frühen utopischen Entwurf Leibniz' zu seiner philadelphischen Gelehrtenrepublik vereint. Er empfiehlt die indische Gesellschaft der Holländer zum Vorbild beim Erwerb des Grundkapitals,[112] damit die Gesellschaft über genügend Mittel verfüge und so unter Beihilfe der Künste, der Wissenschaften und der Religion als Schiedsrichterin in internationalen Konflikten auftreten könne, die Erde durch Güte erobere[113] und zur Vervollkommnung des menschlichen Geschlechts beitrage.[114] In der *philadelphischen Gesellschaft*

---

[109] »Maximus autem generis humani thesaurus consistit in scientiis artibusque, quibus nostra potentia in rerum naturam augetur, ut scilicet animis corporibusque, nostro aliisque quam optime ad communem felicitatem uti sciamus possimusque. [...]« In: Georg Mollat: Mittheilungen aus Leibnizens ungedruckten Schriften. Leipzig 1893, S. 4. Zit. n. Hermann, *Das Staatsdenken bei Leibniz*, S. 67f.

[110] Vgl. *Denkschriften über die Collegien* an den Zaren Peter, zit. n.: Hermann, *Das Staatsdenken bei Leibniz*, S. 64.: »Vor die Reiche Ihre Groß Zarischen Majestäst könten anfänglich folgende 9 Collegia als Haupträder in dero Staats Uhr angesehen werden. I. Ein Etats-Collegium./II. Ein Kriegs-Collegium./III. Ein Finanzen-Collegium./IV. Ein Policey-Collegium./V. Justice-Collegium./VI. Ein Commcerc-Collegium./VII. Ein Religions-Collegium./VIII. Ein Revisions-Collegium./IX. Ein Gelehrt-Collegium.«

[111] In: Mollat, *Mittheilungen aus Leibnizens ungedruckten Schriften*, S. 4. Zit. nach Hermann, *Das Staatsdenken bei Leibniz*, S. 67f.

[112] *Societas Philadelphica* (1669?), §§ 33–35, AA IV/1, S. 555. Durch die Imitation der Holländer können »omnes divitiae Hollandicae trahi [...] ad societatem«.

[113] Ebd. § 49, S. 556: »subjugari totus ibi orbis non vi sed mansvetudine.«

[114] Ebd. §§ 5 u. 6, S. 553: »Perfectio humani generis in eo consistit, ut sit qvoad eius fieri potest et sapientissimum et potentissimum. Sapientia et potentia generis humani duplici ratione augetur, partim ut scientiae artesqve novae eruantur, partim ut jam cognitis homines assvefiant.«

verbinden sich politische Klugheit – *prudentia* im Vokabular des 17. Jahrhunderts – und die Weisheit – *sapientia* – in der Konzeption der *societas*, die einerseits als Wirtschaftsmacht in der Nachahmung Hollands, andererseits als theologisch-wissenschaftliche Autorität nach dem Vorbild der Jesuiten[115] sich zu einem Rechtswesen von Weltbedeutung ausdehnen und so die prudentistischen und partikulären Bestrebungen zugunsten einer auf Analogie mit der Heilsordnung bestehenden neuen Weltordnung aufheben soll.[116]

b. Iustitia

Die Leitgedanken der *philadelphischen* Verfassung spiegeln einen wesentlichen Teil der begrifflichen Architekur von Leibniz' praktischer Philosophie: Die *potestas* untersteht der *justitia* und der *sapientia.* In deutlicher Opposition zu Hobbes' physico-geometrischer Ableitung der größten Macht[117] aus dem Vergleich mit der zunehmenden Geschwindigkeit eines fallenden Körpers, verwirft er Beispiel und Sache –

> Cujus [d.h. dafür, daß Widersprüche Realität verunmöglichen] ratio est, quia de notionibus contradictionem involventibus simul concludi opposita, quod absurdum est. Soleo autem ad hoc declarandum uti exemplo motus celerrimi qui absurdum implicat; ponamus enim rotam aliquam celerrimo motu rotari, quis non videt, productum aliquem rotae radium extremo suo celerius motum iri, quam in rotae circumferentia clavum; hujus ergo motus non est celerrimus, contra hypothesin.[118]

– und hält Macht für bedingt. Den Lakonismus *Macht macht Recht* Hobbesscher Prägung lehnt er ab und verweist die *potentia* in die Schranken eben dieser *iustitia*:

---

115 Ebd. §§ 12–14, 25, 36, S. 553–555.

116 Dem *prudentismus* haftet in der Nachfolge Machiavellis die Fama des Unchristlichen ›par excellence‹ an. Vgl. Stolleis, *Pecunia Nervus Rerum*, S. 84; Leibniz vermeidet in seiner Definition des *prudentia*-Begriffs peinlichst diese negativen Konnotationen, indem er ihn von vornherein an den Begriff der Moral bindet: »prudentia [...] esse enim nihil aliud quam Logicam ad moralia applicatam.« *Brief an Conring vom 9. Apr. 1670* G I, S. 168.

117 Hobbes, *Leviathan*, I, x, S. 41.

118 *Meditationes de Cognitione, Veritate et Ideis* (1684), G IV, S. 424: Mit diesem Beispiel versucht Leibniz, Hobbes gleich doppelt zu widerlegen: Implizit dessen Konzeption der *summa potestas*, explizit im Anschluß hieran dessen Nominalismus. Als Gegenbeispiel zum *motus celerrimus* führt Leibniz die Idee *Gottes* an, der – in einem andern Begründungszusammenhang stehend – die *summa potestas*, die Allmacht beanspruchen kann; in der Natur hingegen – wie Leibniz später schreibt – gibt es keine Sprünge, folglich keine *parfaite dureté*, keine *parfaite fluidité* und auch keine *atomes*. *Brief an Hartsoeker vom 30. Okt. 1710* G III, S. 506. Zum Problem der höchsten Macht und dieser ontotheologischen Kritik an Hobbes: Hartmut Schiedermair: Das Phänomen der Macht und die Idee des Rechts bei Gottfried Wilhelm Leibniz. Wiesbaden 1970, S. 184ff.

> iustitia est prudentia in adhibenda erga alios potentia nostra, contemplatione prudentiae in adhibenda erga nos potentia sua alienae.[119]

Hobbes' Ableitung des Gesetzes und des moralischen Urteils aus der Macht wird umgedreht und im Kontext des (alten) protestantischen Naturrechtsdenkens neu definiert; statt zu trennen,[120] verbindet Leibniz die politischen Begriffe *prudentia* und *potentia* mit den theologischen *sapientia* und *caritas*[121] unter der – nach 1677 – zunehmends ›metaphysischen‹ *iustitia*:

> Habe das *arcanum motus* gefunden: Demonstrationes de jurisprudentia naturali ex hoc solo principio: quod justitia est caritas sapientis.[122]

Weisheit, *Gerechtigkeit* und *Liebe* bilden in dieser Formel den Grundstein der Architektonik, die Leibniz' praktische Philosophie bis in seine spätesten Schriften bestimmt. Mit diesem Axiom räumt er eine Reihe von Problemen aus der Welt, die sich im Hintergrund der *societas philadelphica* bereits regten. Die *politica*, deren ausgesprochen partikuläre Finalität[123] potentiell gefährlich scheinen konnte, wird über die Erziehung zur *sapientia* und der *necessitas charitatis*[124] zu einem systematisch verorteten Mittel zur (Wieder-) Herstellung des *ordo charitativus* und stellt den ganzen Bereich der Praxis in die Tradition des thomistischen Naturrechts.[125] Die Tendenz, die Leibniz verfolgt, versucht, der Trennung der verschiedenen Lebens- und Wissensbereiche, wie sie in den modernen politischen Wissenschaften aufkommt, Einhalt zu tun, um die Gesellschaftstheorie aus den kontingenten Macht-

---

119 *Elementa Juris Naturalis/Untersuchungen* (1669–1670?), AA VI/1, S. 453.

120 »Nur im staatlichen Leben gibt es daher einen allgemeinen Maßstab für Tugenden und Laster; und eben darum kann dieser nichts anderes sein als die Gesetze eines jeden Staates; […] Die sittliche Tüchtigkeit nun, soweit wir sie an den staatlichen Gesetzen, die in verschiedenen Staaten verschieden sind, messen können, ist nur Gerechtigkeit und Billigkeit; soweit wir sie aber an den rein natürlichen Gesetzen messen, ist nur Liebe.« Thomas Hobbes: Vom Menschen/De homine (1658). Elemente der Philosophie II, xiii, 9, S. 41f. In der Kritik Leibniz' an der Reduktion von Moral auf Macht äußert sich ein zentrales Anliegen der konservativen Kritik an der Trennung von Politik und Ethik wie sie von Seiten des Konservativismus her betrieben wird; vgl. Panajotis Kondylis: Konservativismus. Geschichtlicher Gehalt und Untergang. Stuttgart 1986, S. 136. Vgl. auch die bei Robinet ausführlich zitierte anti-absolutistische Streitschrift gegen Ludwig XIV. *Mars Christianissimus*; André Robinet: G. W. Leibniz. Le meilleur des mondes par la balance de l'Europe. Paris 1994, S. 195–199.

121 Die Ersetzung des Wortes *amor* durch *caritas* in Verbindung mit dem *iustitia*-Begriff findet »etwa um das Jahr 1677 – also kurz nach seiner [Leibniz'] Rückkehr aus Paris« statt. Schneider, *Justitia Universalis*, S. 380.

122 *Brief an den Herzog Johann Friedrich von Hannover von Mai 1677* AII/1, S. 23; zit. n. Schneider, *Justitia universalis*, S. 385.

123 *Societas philadelphica*, § 1, AIV/1, S. 552: »Vera Politica est nosse qvid sit sibi utilissimum.«

124 Ebd. § 7, S. 553.

125 Schneider, *Iustitia universalis*, S. 380f.

ansprüchen des Interesses loszulösen und in den Bereich christlicher Werte zurückzuführen. Dabei bedient er sich des Argumentes, daß nur diese Werte den Unterschied zwischen einem christlichen Staat und einer Räuberbande begründen können[126] – ein Argument, das vor ihm schon Gentillet und später auch Bornitz gegen die Staatsräson Machiavellis gedient hatte.[127]

Leibniz versucht jedoch nicht nur, die *iustitia* begrifflich zu verorten, sondern sie auch – im Hinblick auf die Praxis – weiter zu zerlegen: Während sich einerseits die *iustitia universalis* von *honestas vitae, sive virtus affectus*[128] zu einer eigentlichen Rechtsmetaphysik im *Discours de métaphysique*[129] und – als Gleichung zwischen Seinsordnung und Gerechtigkeit – zum Kernstück der Theodizee entwickelt,[130] ist die *iusitia particularis* die

> virtus quae affectum hominis erga hominem ita moderatur ne actu ipso laedere, sed ut actu ipso prodesse velit.[131]

Diese unterteilt Leibniz weiter in eine *privata* oder *commutativa* und eine *publica* oder *distributiva* und bildet mit dieser Einteilung in *iustitia universalis* (oder *generalis*), *iustitia commutativa* und *distributiva* die *regulae juris – honeste vivere, neminem laedere und suum cuique tribuere* – des spätantiken Rechtsgelehrten Ulpian nach.[132] Diese Dreiteilung erscheint bei Leibniz auch als das Fundament seiner *jus naturae*-Lehre, die er als *praecepta perpetui* versteht:

> Ex hoc jam fonte fluit jus naturae, cujus tres sunt gradus: jus strictum in justitia commutativa, aequitas (vel angustiore vocis sensu caritas) in justitia distributiva, denique pietas (vel probitas) in justitia universali: unde neminem laedere, suum cuique tribuere, honeste (vel potius pie) vivere, totidem generalissima et pervulgata juris praecepta nascuntur.[133]

Die durch das *neminem laedere* bestimmte *iustitia commutativa* bestimmt den Privatrechtsverkehr und bewahrt die Besitzverhältnisse und damit den

---

126 *Nouveaux Essais,* I, I, 2, G V, S. 82.

127 Vgl. Paul-L. Weinacht: Fünf Thesen zum Begriff der Staatsräson. In: Staatsräson. Studien zur Geschichte eines politischen Begriffs. Hg. v. Roman Schnur. Berlin 1975, S. 69.

128 *De tribus juris praeceptis* (1677–1678?), Grua II, S. 611.

129 Ohne Titel überlieferte Abhandlung von 1686, die Leibniz in einem Brief als *petit discours de metaphysique* bezeichnet. G IV, S. 410, 427–463.

130 Vgl. Schneider, *Iustitia universalis,* S. 424ff.

131 *De tribus juris praeceptis,* Grua II, S. 611.

132 Ebd. S. 609ff; vgl. auch Schneider, *Iustitia universalis,* S. 369.

133 Vorrede zum *Codex Juris Gentium Diplomaticus* (1693), abgedruckt als Beilage zu einem *Brief an Coste vom 4. Juli 1706* G III, S. 387. Zur Bedeutung dieser *drei Stufen rechtlichen Verhaltens* für die Jurisprudenz Leibniz' vgl. auch Hermann, *Das Staatsdenken bei Leibniz,* S. 43–47.

äußeren Frieden.[134] So nennt Leibniz die *justice commutative* dann auch *conservative* und setzt sie in Verbindung mit dem *vrai point de perspective* für Moral und Politik ein. In einem Bibelwort glaubt Leibniz, das Verhältnis zwischen Politik und Ethik genauer bestimmen zu können, nachdem er sie lange Zeit als identisch[135] betrachtet hatte:

> Et le précepte de Jesus Christ de se mettre à la place d'autruy ne sert pas seulement au but dont parle Notre Seigneur, c'est-à-dire à la morale, pour connoitre notre devoir envers le prochain, mais encore à la politique, pour connoitre les vue que notre voisin peut avoir contre nous.[136]

In dieser ›perspektivischen Verschränkung‹ von Politik und Ethik finden wir die *prudentia erga alios* und die *prudentia erga nos* der oben zitierten Definition der Gerechtigkeit wieder. Zusammen bilden diese zwei Standpunkte die *praktischen* Regeln zur Anwendung der Erkenntnis[137] – noch einmal schließt sich der Kreis der *caritas, sapientia* und *iustitia.*

Gerade die Verschiebung des Akzents vom ›Gebot‹ der Nächstenliebe zur göttlichen ›Liebe‹ als Grundlage der Ordnung und der damit zusammenhängenden Analogie zwischen göttlicher und menschlicher Seinsordnung[138] unterscheidet Leibniz' Denken von einem großen Teil der modernen Naturrechtsschule. Aber: Trotz dem Festhalten an der Zwei-Rechte-Lehre,[139] der Berufung Gottes zum Maschinisten, König und Vater, dem konstanten Rückgriff auf traditionelle – scholastische, antike oder protestantische – Positionen der Rechts- oder Naturwissenschaften[140] und seiner »Halbjahrhundertidee«[141] der Theodizee – oder auch gerade deshalb – rükken die Leibnizschen Ideen in gefährliche Nähe zu Spinoza einerseits und zu ›säkularisierten‹ Naturrechtskonzeptionen andererseits. Wenn Leibniz

---

134 Vgl. Schiedermair, *Das Phänomen der Macht*, S. 111f. Leibniz scheint diesen Bereich des Rechtes wenigstens zeitweise als gleichbedeutend mit dem Geldverkehr gesehen zu haben; vgl. *De systemate juris romanis* (1680–1682?), Grua II, S. 764: »*De pecuniariis actionibus.* [Neminem laedere.]«

135 So etwa: ›*Politica ab ipsa ethica non est distincta*‹ (1662–1664?), Grua II, S. 563- 565.

136 *La place d'autruy* (1708–1716?), Grua II, S. 699f.

137 »La politique achève l'ordre analytique des sciences en fournissant les principes d'exécution.« Gaston Grua: Zusammenfassung von Leibniz' Entwurf *Politicam non inutilem*, Grua II, S. 566

138 Schneider, *Iustitia universalis*, S. 348f.

139 Ebd. S. 119f.,145.

140 So etwa die präeminente Stellung der Finalursachen, die Leibniz von anderen Neuerern in den Naturwissenschaften unterscheiden. Vgl. Clarence J. Glacken: Traces on the Rhodian Shore. Nature and Culture in Western Thought from Ancient Times to the End of the Eighteenth Century. Berkeley 1967, S. 377, 506–508. Die konservative Bedeutung der Finalursache im Bezug auf die Verschränkung von Politik und Ethik macht der Anfang von Gentillets *Anti-Machiavel* besonders deutlich. Innocent Gentillet: Anti-Machiavel (1576). Hg. v. C. Edward Rathé. Genf 1968, S. 29f.

141 Hans Blumenberg: Die Lesbarkeit der Welt. Frankfurt a/M ^{2}1983, S. 121.

nämlich behauptet, daß Ordnung und Harmonie der Mathematik und somit den – für Menschen, Engel und Gott in gleichem Maße geltenden[142] – *règles universelles* unterliegen, dann bedarf es weder Göttern noch Engeln, um diesen Regeln Geltung zu verleihen. Die Ablehnung des Okkasionalismus und die Beschränkung des Voluntarismus auf eine pure Möglichkeit führt dazu, daß die Naturwissenschaften Gott durch solche Begriffe wie Kraft in die Transzendenz der Metaphysik verbannen können.[143] Naturrecht und Vernunftrecht decken sich hier genauso wie im rechtsphilosophischen Rationalismus und in der rationalistischen Theologie des 18. Jahrhunderts,[144] weil die rationale Ableitung von Ethik und Politik aus der Rechtsmetaphysik durch die Begriffe der Weisheit und durch das neutestamentarische Caritasgebot auch im Sinne solcher Begriffe wie *recta ratio, lumen naturale* und *sociabilitas* gelesen werden können. Mit der Analogiebeziehung zwischen Ethik, Logik und Physik im Konstrukt der Theodizee ist Leibniz darüber hinaus ein wichtiger Vermittler zwischen dem stoisch-thomistischen Naturrecht der Scholastik und dem stoischen Naturrechtsdenken des 18. Jahrhunderts.[145]

---

142 *Brief an die Kurfürstin Sophie von Hannover vom August 1696* Grua I, S. 378–380. Die Analogie zu den Naturgesetzen ist auch hier wieder gewahrt: »Dieu gouverne les substances brutes suivant les loix materielles de la force ou des communications du mouvement, mais les Esprits suivant les loix spirituelles de la Justice, dont les autres sont incapables.« *Brief an Arnauld vom September 1687* G III, S. 124.

143 »Die Unterschiede zwischen der Kraftlehre Leibnizens und der Newtonschen hinderten die gemeinsame Wirkung der beiden nicht. Denn die Aufmerksamkeit der Rezipienten richtete sich nicht auf die Unterschiede und ihren nunmehr weitgehend verblaßten theologisch-metaphysischen Hintergrund, sondern auf die gemeinsame Ablehnung des cartesianischen Dualismus und der cartesianischen Indifferenz der Materie gegenüber der Bewegung [...]«. Kondylis, *Die Aufklärung im Rahmen des neuzeitlichen Rationalismus*, S. 268.

144 *Parallèle entre la Raison originale ou la loy de la nature, le paganisme ou la corruption de la loy de la nature, la loy de Moyse ou le paganisme reformé et le Christianisme ou la loy de la nature retablie* (nach 1704), Grua I, S. 50: »Ainsi la raison est le principe d'une religion universelle et parfaite, qu'on peut appeller avec justice la loy de la nature.« Schneider (*Iustitia universalis*, S. 440) verweist darauf, daß der Berufung auf Cicero und Lactanz nur noch *traditionalistische Bedeutung* zukomme. Das ungewisse Ausmaß der Verfasserschaft Leibniz' oder Tolands an diesem Text wie auch die wiederholte Feststellung (vgl. Grua I, S. 46; Schneider, S. 439), daß diese Schrift *weitgehend Leibnizsches Gedankengut* enthalte, sind ein weiteres Indiz für die Nähe dieser so ›entfernten‹ Positionen. Daß die Immanenz der mathematischen Wahrheit im Göttlichen dieses faktisch erledige, ist auch die Hauptthese von Kondylis' Leibniz-Interpretation. Panajotis Kondylis: Die neuzeitliche Metaphysikkritik. Stuttgart 1990, S. 241. Zu Leibniz' Rezeption der Hauptthesen Tolands (*Christianity not Mysterious*) vgl. Margrit Muff: Leibnizens Kritik der Religionsphilosophie von John Toland. Zürich (Diss.) 1940, vor allem S. 37–83.

145 »Dieser nomos [d. h. der Stoiker] ist Gesetz alles Seienden .... und Gesetz ebensowohl des physikon und logikon, wie des ethikon .... So wohnt das ethische Gesetz der Natur inne als einige und absolute Norm, welche, erhaben über Raum und Zeit, unabhängig von menschlicher Satzung, gleichmäßig allen Menschen die Regel des Guten und Bö-

Trotz der scharfen Ablehnung der angeblichen Trennung zwischen Naturrecht und christlichem Recht bei Grotius, der zu jenen gehöre, die aus Christus einen *alterum Draconem*[146] machen wollten, und möglicher Konsequenzen aus dessen *sociabilitas* und *recta ratio*-Denken können und müssen wir Leibniz auch auf dem Hintergrund des modernen Naturrechts lesen, an dem sich sein eigenes Denken ja immer wieder selbst mißt. Das Naturrecht erscheint als unumgängliche ›Pilotwissenschaft‹ des 17. Jahrhunderts, als ein übergreifender Versuch, die wissenschaftlichen Ideen und Methoden der Moderne für die praktische Philosophie nutzbar zu machen.

c. *Naturrecht*

Die Bestimmung des wissenschaftlichen Status der Ökonomie hängt wesentlich von der Deutung des Begriffs »Gesetz« ab. Dieser enthält zugleich ein präskriptives und ein deskriptives Moment: Das Gesetz beschreibt und schreibt vor.[147] So kritisiert schon Suarez den Gesetzesbegriff Thomas von Aquins, der das Gesetz einzig präskriptiv und auf den Menschen bezogen definiert, und erweitert diesen auf die Sachen und deren Funktionieren:

> nam vnaquaeque res suam regulam habet, & mensuram secundum quam operatur, & inducitur ad agendum, vel retrahitur ab agendo.[148]

Zwischen Abkoppelung und Verbindung der beiden Bedeutungen von »Gesetz« zieht sich eine Demarkationslinie, die Anlaß zu einer – angesichts der Einsätze – äußerst vehement geführten Naturrechtsdiskussion lieferte und ökonomische Modelle nachhaltig beeinflußte. Als eigentliche Katalysatoren fungieren die unterschiedlichen Naturzustandstheoreme, die ihre Elemente der stoischen oder epikuräischen Tradition entnehmen, diese jedoch auf dem Hintergrund der Auseinandersetzung zwischen Theologie und An-

---

sen ist.« M. Voigt: Die Lehre vom Jus naturale, aequum et bonum und jus gentium der Römer. 1856. Bd. I, S. 135; zit. n.: Hasbach, *Die allgemeinen philosophischen Grundlagen*, S. 4. Zu Neostoizismus, Naturrecht und Naturreligion vgl. die hervorragenden Arbeiten von Jacqueline Lagrée: La religion naturelle. Paris 1991; La raison ardente. Religion naturelle et raison aux XVIIe siècle. Hugo Grotius. Paris 1991, vor allem S. 19–42; Juste Lipse. La restauration du stoïcisme. Paris 1994, vor allem S. 48–76.

146 *De lege caritatis commentatio ad Hug. Grotii de jure belli ac pacis* (1688), Grua II, S. 633: »Caritas non differt a jure naturae.«

147 Nach René Sève (Leibniz et l'École moderne du droit naturel. Paris 1989, S. 81) liegt hier das Gemeinsame zwischen Hobbes und seinen Gegnern und somit ein wesentliches Merkmal des modernen Naturrechtsdenkens überhaupt: »la raison découvrant la ›loi‹ comme naturelle et indicative, la révélation, la loi comme divine et préceptive. Il y a bien ici divergence – tout au moins si l'on s'en tient aux passages incriminés par les lecteurs de Hobbes – mais, en deçà, se laisse percevoir la convergence profonde qui lie Hobbes et ses ›adversaires‹.«

148 Francisco Suarez: Tractatus de legibus ac deo legislatore in decem libros distributus. Coimbra 1612. I, I, S. 7.

thropologie neu kombinieren. Gewichtige Differenzen gliedern die – logischen und (pseudo-)historischen – Begründungen der Gesellschaft: Produkt des Triebs zur Gemeinschaft für die Stoiker, Vertragswerk als Mittel der Selbsterhaltung für die Epikuräer.[149] Der Stoiker leitet die Gemeinschaft aus dem Naturzustand ab, während der Epikuräer ihn durch die Gemeinschaft zu überwinden sucht. Die Naturgesetze erkennen und ihnen gehorchen ist jenem der Weg in ein neues Goldenes Zeitalter oder Paradies, d. h. die Korrektur zivilisatorischer Fehlentwicklungen, Rückkehr aus der kontinuierlichen Entfremdung; demgegenüber finden wir in der epikuräischen Tradition im vorstaatlichen Zustand eine Gefährdung des Menschen durch den Menschen, die nur die Regelung der Herrschaftsverhältnisse aus der Welt schaffen kann. Gerade so wichtige Autoren von Naturzustandstheoremen wie Pufendorf, Locke und auch noch Rousseau bedienen sich dieser Elemente äußerst freizügig und nicht ohne inneren Widerspruch.[150]

Grundlage dieser Diskussionen über die Natur des Menschen und der Funktion der Gesellschaft liefert die im engeren Sinne rechtliche Untersuchung des Zusammenhangs zwischen natürlicher und moralischer Ordnung. Dabei können drei Positionen unterschieden werden: i) eine naturalistische, die Moral auf Lustbefriedigung bzw. Schmerzvermeidung zurückführt, ii) eine kreationistische, die in Gottes Schöpfung ein verpflichtendes Vorbild für unser Streben sieht und schließlich iii) eine normativistische, welche die Verpflichtung aus dem göttlichen Willen ableitet, der nicht im Willensakt der Schöpfung restlos aufgeht.[151] Es ist nicht einfach, Leibniz' eigene Position zu bestimmen, da sie einerseits Elemente von allen dreien in sich aufnimmt und dadurch andererseits auch alle drei bekämpft.

Die naturalistische Variante, die Gleichsetzung von physischen Gesetzen mit der Determination des Handelns von Tier und Mensch, erscheint als ein Skandalon, das sich mit dem Namen Spinoza verbindet.[152] Barbeyrac erkennt in seiner Spinoza-Kritik in der doppelten Bedeutung des Gesetzesbegriffs die Wurzeln des Naturalismus:

---

149 Ich stütze mich bei dieser Darstellung auf Hasbach, *Die allgemeinen philosophischen Grundlagen*, S. 5–26.

150 Vgl. Hans Welzel: Die Socialitas als oberstes Prinzip der Naturrechtslehre Samuel Pufendorfs. Heidelberg 1930, S. 1–16; Walter Euchner: Naturrecht und Politik bei John Locke. Frankfurt a/M. 1979, S. 11ff. u. 236f.; Robert Derathé: Jean-Jacques Rousseau et la science politique de son temps. Paris 1950, S. 125–151.

151 Ich folge in dieser Unterteilung Sève, *Leibniz et l'École moderne du droit naturel*, S. 122f.

152 Besonders markant für die naturrechtliche Begründung der Ökonomie erscheint Spinozas Formulierung im *Tractatus Politicus*: »Sed homines magis coeca cupiditate quam Ratione ducuntur, ac proinde hominum naturalis potentia, sive Jus, non Ratione, sed quocunque appetitu, quo ad agendum determinantur, quoque se conservare conantur, definiri debet.« Benedicti de Spinoza: Tractatus Politicus (1677), ii, 5. In: Opera quotquot reperta sunt. Hg. v. J. Van Vloten u. J. P. N. Land. Bd. II. Den Haag [3]1914, S. 6.

> Les anciens philosophes, surtout les Stoïciens, appellent souvent loi de la nature ce que se fait en conséquence de l'ordre des causes physiques: comme les philosophes modernes disent que telle ou telle chose se fait selon les loix du mouvement, qu'ils détaillent. Mais tout cela est nécessaire d'une nécessité physique, qui n'a rien de commun avec l'ordre moral, dont il s'agit, et auquel on ne se soumet que par une détermination libre de la volonté [...][153]

Die Kritik am Spinozismus versucht das *agere praevia ratione*[154] vor dem physischen Determinismus zu bewahren, das als notwendige Voraussetzung für eine optimistische Deutung des Naturrechts erscheint; wir bewegen uns hier in einem Denken, das Materialismus und Pessimismus[155] in ein kausales Verhältnis zueinander stellt. Die Gegner der psychophysischen Determination versuchen zu beweisen, daß Meliorierung und Optimierung der menschlichen Gesellschaft nur durch die Erkenntnis der natürlichen Veranlagungen des Menschen möglich sei. Dieser Prozeß setzt jedoch eine Entscheidung innerhalb des Rahmens der obgenannten drei Punkte voraus, welche die Interessen im Hinblick auf ein moralisches Ziel neu zu begründen hätte. Als zentrales Moment tritt dabei die Frage auf den Plan, inwieweit und auf welche Weise die menschlichen Handlungen unter dem Aspekt ihrer moralischen Qualität eine natürliche oder übernatürliche Sanktion erhalten. Dabei ist die moderne Naturrechtsschule verpflichtet, eine grundsätzliche Konvergenz zwischen den jeweils postulierten Formen der Vergeltung anzunehmen, da sonst geradezu die grundsätzliche Idee des Naturrechts geopfert werden müßte, d.h. die letztliche Übereinstimmung zwischen den Gesetzen der Natur, der Vernunft und Gottes.[156] Leibniz' eigene Position erklärt sich zum Teil aus seiner Ablehnung sowohl des deterministischen Naturalismus Spinozas als auch des Normativismus und könnte als ›metaphysischer Utilitarismus‹ bezeichnet werden. Er besteht

---

153 Jean Barbeyrac im Kommentar zu seiner Pufendorf-Übersetzung: Le droit de la nature et des gens, Bd. I, II, ii, 3, Fußnote 7. Es ist auffällig, daß Barbeyrac hier die Stoiker und nicht – wie dies Pufendorf in seiner Kritik an Hobbes tut – die Epikuräer nennt. Die durch Spinoza aufgeworfenen Probleme führen dazu, daß die Partizipation der menschlichen Seele an der Weltseele der Stoiker ethisch und theologisch ebenso suspekt geworden ist wie die epikuräische Doktrin der französischen *libertins*. Vgl. die Empfehlung Friedrich II. in seinem Lehrplan zum Schluß von *De la littérature allemande* (1780): »Viendra ensuite Spinoza, qu'il [der Lehrer] réfutera sans peine, en employant les mêmes arguments dont ils s'est servi contre les stoïciens.« In: Frédéric II: Œuvres philosophiques. Paris 1985, S. 444.

154 Pufendorf, *De jure naturae et gentium*, II, ii, 3, S. 109.

155 Kondylis (*Die Aufklärung im Rahmen des neuzeitlichen Rationalismus*, S. 587) bringt die *normativische Denkautomatik* auf folgende Formel: »Materialismus = Fatalismus = Pessimismus.« Zum Problem der Freiheit bei Leibniz und Spinoza und ihrer gemeinsamen Rezeption vgl. Yvon Belaval: Leibniz lecteur de Spinoza (1983). In: Ders.: Leibniz. De l'âge classique aux lumières. Lectures Leibniziennes. Hg. v. Michel Fichant. Paris 1995, S. 116–122.

156 Vgl. Sève, *Leibniz et l'École moderne du droit naturel*, S. 62.

aus einer Identifizierung von Gerechtigkeit und Nützlichkeit, da nützlich ist, was zur Perfektion beiträgt. Die Arbeit, die zur Perfektion führt, ist Quelle der Lust. Grund und Ziel dieser Lust ist die Liebe zu Gott, da kein Unterschied besteht zwischen Gott lieben und das Gute wollen:

> *Felicitas* est status laetitiae durabilis.
> *Laetitia* est Affectus animi ortus ex opinione alicujus perfectionis, quae opinio si vera est, laetitia nascitur durabilis.
> Itaque ad felicitatem conducunt, quaecumque ad perfectionem augendam conservandamque conferunt. [...]
> Itaque convenit ut tum naturam nostram tum et aliarum rerum, quae maxime in nos agunt quaeque et juvare nos sive perficere, et impedire sive laedere possunt, summatim cognoscamus [...][157]

Die gesunde Vernunft will, daß wir unseren Vorteil suchen; das Streben nach Perfektion und Glück eines jeden Einzelnen ist somit gottgewollt und damit verpflichtend. Damit löst Leibniz den Konflikt zwischen Eigennutz und Gemeinwohl, da die *caritas* als vernünftige Grundlage der Erkenntnis Gottes die Richtung beider auf dasselbe Ziel hin garantiert, das Abweichen davon aber nicht im Interesse des Menschen liegen kann, da er so die Quelle der Lust aus den Augen verliert und sich Mangel und Mühsal aussetzt.

Diese moralische Deduktion hat zwei Konsequenzen, die für die Wirtschaftswissenschaft bedeutend sind: Einerseits wird durch das Gleichsetzen von Pflicht und Interesse der Naturalismus – denn in der Praxis laufen diese Überlegungen auf einen solchen hinaus – moralisch aufgewertet, andererseits der merkantilistische Konflikt zwischen Einzelnem und Staat gelöst. Die Ähnlichkeit zwischen Leibniz' und Cumberlands naturrechtlicher Position[158] gibt uns Aufschluß über die Bedeutung solcher Thesen für die bereits in Gang gesetzte Umbildung der politischen Ökonomie.[159]

d. Naturrecht und Ökonomie

Die konkurrierenden Prinzipien »Selbsterhaltung« und »sociabilitas«, die den Menschen als politisches Wesen bestimmen, begründen sowohl Gesell-

---

[157] *Praecognita ad Encyclopaediam sive Scientiam universalem* (?), G VII, S. 43

[158] Vgl. Sève, *Leibniz et l'École moderne du droit naturel*, S. 70.

[159] Hasbach (*Die allgemeinen philosophischen Grundlagen*, S. 148) sieht in Cumberlands *De legibus naturae disquisitio philosophica, in qua earum forma, summa capita, ordo, promulgatio et obligatio a rerum natura investiguntur; quin etiam elementa philosophiae Hobbesianae cum moralis et civilis considerantur et refutantur* (1672) einen entscheidenden Einfluß auf Quesnays naturrechtliche Wirtschaftswissenschaft; Raynaud geht sogar soweit, in Cumberlands Lehre von Lohn und Strafe den Übergang von der *loi précepte* zur *loi constatation* und damit gleichsam die Geburtsstunde der Wirtschaftswissenschaft zu sehen. Barthélemy Raynaud: La loi naturelle en économie politique. Bd. I: L'idée de loi naturelle en économie politique. Paris 1936, S. 19–23.

schaft als auch ihre Korrelate Erwerb und Handel und eröffnen so der Ökonomie die Möglichkeit zur Entwicklung und Emanzipation im Bereiche der Politik.[160] Die Synthese von Selbsterhaltung und Naturgesetzlichkeit bei gleichzeitiger Verlagerung der Gewichtung von den natürlichen Pflichten zu den Rechten des Einzelnen führt – wie wir gesehen haben – zur Auffassung, daß der Einzelne seine Ziele verfolgend indirekt auch der Gemeinschaft nütze. Damit ersetzt der ›self interest‹ des ›homo oeconomicus‹ die aristotelisch-thomistische Lehre der *inaequalitas*.[161]

Der Merkantilismus entnimmt seine philosophische Legitimation dem modernen Naturrechtsdenken. Entscheidend ist dabei, daß die Naturgesetzlichkeit des Staates, wie sie im Topos des Staatskörpers bereits vorformuliert war, zur naturrechtlichen Bestimmung des moralischen Handelns eines jeden einzelnen wird. Diese Neubesetzung hängt engstens mit der naturrechtlichen Diskussion um die Beziehung zwischen göttlichem Willen und moralischer Verpflichtung zusammen, wie sie sich wohl am deutlichsten und nachhaltigsten in Grotius' *etiamsi-daremus*-Problem äußert. Dieser behauptet in der Vorrede seines berühmten *De jure belli ac pacis*, daß

> haec [die dargelegten rechtlich und moralischen Bestimmungen] locum aliquem haberent etiamsi daremus, quod sine summo scelere dari nequit, non esse Deum, aut non curari ab eo negotia humana.

Diese kasuistisch gesetzte Aussage über die Verbindlichkeit der rechtlichen Bestimmungen auch ohne den Machtspruch Gottes, ja selbst ohne dessen Vernunft als Grundlage der Ordnung, hat zu manchen Fehlinterpretationen

---

160 Eine Entwicklung, die in der Gründung von eigenen Lehrstühlen ihren institutionalisierten Ausdruck findet – so die Berufung Gassers 1727. Vgl. Dittrich, *Die deutschen und österreichischen Kameralisten*, S. 81. Ein beredtes Beispiel für die neue Dignität der *Oeconomic* liefert der historische Abriß der Cameralwissenschaften von Daniel Gottfried Schreber: Zwo Schriften von der Geschichte und Nothwendigkeit der Cameralwissenschaften in so ferne sie als Universitätswissenschaften anzusehen sind. Leipzig 1764. Schreber sieht die Gründe für die Verachtung seiner Wissenschaft bei Aristoteles (S. 10) und dessen Tradierung durch die Papisten (S. 18ff).

161 Alfred F. Chalk: Natural Law and the Rise of Economic Individualism in England. In: The Journal of Political Economy. Vol. LIX/4, August 1951, S. 332f.: »In essence, natural law was used by Aquinas and other Scholastics as the basis for a rationalization of static social and economic relationships. In the Thomistic system, economic inequalities were justified because they existed by virtue of the laws of nature and providence. Thus the Stoic tradition of equality was broken, for Aquinas agreed with Aristotle that slavery and social inequality were in accord with natural law. [...] In brief, the spirit of Thomism was, in most respects, the antithesis of that which was later to prevail during the liberal revolution.
It was during the latter half of the sixteenth century that the new (›liberal‹) interpretation of natural law began to evolve in England. About that date, for the first time in the history of natural-law doctrine, writers began to argue that man's freedom to pursue his own economic interests would, through the operation of natural law, promote social welfare.«

und apodiktischen Urteilen geführt. Die Problematik der Aussage wird erst beim Weiterlesen deutlich:

> cujus contrarium cum nobis parim ratio, partim traditio perpetua, inseverint; confirment vero & argumenta multa & miracula ab omnibus saeculis testata, sequitur jam, ipsi Deo, ut opifici & cui nos nostraque omnia debeamus, sine exceptione parendum nobis esse, praecipuè cum is se multis modis & optimum & potentissimum ostenderit, ita ut sibi obedientiubs praemia reddere maxima, etiam aeterna, quippe aeternus ipse, possit, et voluisse credi debeat, multoque magis si id disertis verbis promiserit: quod Christiani indubitata testimoniorum fide convicti credimus.[162]

Die Bestimmungen, die nach Grotius die *praecepta naturalia* und *perpetua* sind, begründet er anthropologisch:

> quod tali judicio plane repugnat, etiam contra jus naturae, humanae scilicet, esse.[163]

Die Natur des Menschen wiederum besteht aus seinem Trieb zur Geselligkeit und seiner Vernünftigkeit. Die Verpflichtung, die aus den Geboten der Natur erwächst und welche die genannte *Geltung* der Naturgesetze ausmacht, liegt in der Natur des Menschen verankert, der daher das Gute – für die Gesellschaft – und Vernünftige notwendigerweise anstreben muß. Wer gegen diese Gesetze der eigenen Natur verstößt, hat sich vor seinem Gewissen und dem Himmelreich zu verantworten.[164] Das *etiamsi-daremus*-Problem darf also nicht so gelöst werden, als ob Grotius Gott ›de facto‹ abschafft, vielmehr daß Gott die Gesetze der Gerechtigkeit ›in foro interno‹ der menschlichen Seele verankert hat und daß diese Gesetzte ›per se‹ gut und vernünftig sind, da Gottes Schöpfung gut und vernünftig ist. Die Gesetze wirken in der menschlichen Seele kraft dieser Vernünftigkeit und Natürlichkeit und dies auch ohne den Rekurs auf ihren Ursprung, d. h. Gott.

Die stoische Begründung der natürlichen Rechtschaffenheit des Menschen, wie sie hier exemplarisch am Beispiel Grotius veranschaulicht worden ist, gerät im Verlauf der Geschichte der Naturrechtsschule zunehmends unter Druck. Einerseits durch das Postulat der Selbsterhaltung, andererseits durch die damit verbundene – epikuräische – moralische Vorstellung, daß der Mensch letztlich aus Eigennutz handle. Innerhalb der ökonomischen Literatur ist der zweite Punkt in der erwähnten *Bienenfabel* Mandevilles be-

---

162 Hugo Grotius: De jure Belli ac Pacis Libri Tres, in quibus Jus Naturae & Gentium, item Juris Publici praecipua explicantur (1625). Prolegomena. Amsterdam 1646, S. V^r.

163 Ebd.

164 Ebd. III,x,3, S. 510. Insofern ist Leibniz' Kritik (*Elementa juris naturalis* [1669/70], AA VI, S. 431f.) an Grotius unbegründet, da beide die himmlische Belohnung für den Dienst an der Gemeinschaft in Anschlag bringen. Dazu Sève, *Leibniz et l'École moderne du droit naturel*, S. 124. Robinet (*G. W. Leibniz*, S. 84) spricht der *relecture* des *etiamsi*-Problems im Jahre 1670 zentrale Bedeutung bei der Entstehung der Spätphilosophie Leibniz' zu.

sonders fruchtbar geworden, der mit der paradoxen Behauptung, daß Egoismus und Mangel an Tugend der Gesellschaft am meisten nützen, eine konzise Formulierung einer verbreiteten Ansicht geliefert hatte.[165] So entwickelte sich etwa die Luxusdebatte in der ökonomischen Literatur von moralischen Erwägungen weg zu einer Frage der Handelsbilanz. Von den Überlegungen zum Naturrecht wird also nicht in erster Linie die Begründung einer moralischen Autonomie im Sinne Grotius' rezipiert, sondern die Idee der Selbsterhaltung der Gesellschaft und des Individuums in der Nachfolge Hobbes' und Pufendorfs, wie auch die Vorstellung einer zweiten Natur, die das Verhältnis der menschlichen Freiheit zur gesellschaftlichen und physischen Bedingtheit im Bereich der Anthropologie, der menschlichen Veranlagung, regelt.

Die amoralische Haltung in wirtschaftlichen Fragen wie auch die nahezu vollständige Entleerung des Naturrechts von seinem religiösen Gehalt[166] innerhalb der merkantilistischen Literatur betont überdeutlich der Versuch, den Naturbegriff nicht mehr normativ, sondern deskriptiv zu deuten. In der gewählten Terminologie kommt es im Bereich der wirtschaftlichen Erörterung zu einer Verbindung des Naturalismus mit dem Kreationismus. Dies zeigt sich bei der englischen Pamphlet-Literatur ausgeprägter als bei den deutschen Kameralisten, da der fortbestehende Rahmen der ›societas civilis‹ Platz für das Einbringen von moralisch-theologisch begründeten wirtschaftspolitischen Forderungen offenhält. In beiden Fällen ist jedoch – wenn auch nicht in demselben Maße – eine schwankende Haltung zu beobachten, die sich einerseits aus der Wissenschaftlichkeit und Notwendigkeit der an Naturwissenschaften orientierten Beschreibungen wirtschaftlicher Mechanismen ergibt, andererseits jedoch immer wieder auf die korrektive Funktion des Staates bei der Bewahrung seiner eigenen Interessen auf dem internationalen und nationalen Markt pocht.[167]

Illustrieren mag dies der Titel von Philipp Wilhelm von Hörnigks *Öster-*

---

[165] Zum Zusammenhang zwischen Mandevilles Thesen und Frühkapitalismus vgl. Walter Euchner: Egoismus und Gemeinwohl. Studien zur Geschichte der bürgerlichen Philosophie. Frankfurt a/M 1973, S. 74–131.

[166] Chalk, *Natural Law and the rise of Economic Individualism*, S. 336: »In mercantilist literature the law of nature was simply divested of almost all its religious, and even ethical, overtones.«

[167] Dies erklärt auch die unterschiedliche Beurteilung des Merkantilismus in der Wirtschaftsgeschichte: Frühliberalismus oder System von interessierten Vorurteilen? So finden wir etwa bei North, die Forderung nach Welthandel und *laissez-faire* – »for no People ever yet grew rich by Policies; but it is Peace, Industry, and Freedom that brings Trade and Wealth, and nothing else« (Postscript, S. V) –, gleichzeitig jedoch auch nach einer geregelten Zins- und Münzpolitik (S. 16), wobei er für erstere theologische Argumente kategorisch ablehnt (S. 8). Dudley North: Discourses Upon Trade Principally Directed to the Cases of the Interest, Coynage, Clipping, Increase of Money. London 1691.

reich über alles, Wann es nur will, den der Autor im ersten Kapitel gleich selber deutet; er schließt mit einer Erläuterung zum *Willen*:

> Und wollte Gott, Österreich liesse sich so leicht den Willen zu rechtmäßiger Beneficierung seiner natürlichen Gaben und Vorteile eingießen, als leicht ihm durch die Handgreiflichkeit selbst solle erwiesen werden, daß seine Heilmachung und Erhebung wahrhaftig einig und allein nächst Gott an seiner eigenen Willkür behange.[168]

Gegenüber dem *natürlichen* Reichtum der Nation und der *rechtmäßigen Beneficierung* steht die *eigene Willkür* und ihre mehr als supplementäre Wirkung auf *Heilmachung* und *Erhebung* – zur Selbsterhaltung gegenüber Türken und Franzosen.[169] In dieser kaum verklausulierten Ablösung national koordinierter Wirtschaftspolitik von der göttlichen Providenz unterscheidet sich Hörnigk kaum von seinen europäischen Kollegen; im Gegensatz zu den holländischen oder englischen Pamphletisten, die als Sprachrohr einer sich zunehmends etablierenden Handelsklasse auftreten, macht er jedoch – wie alle bekannten Kameralisten – die *Glückseligkeit* des Einzelnen von der Macht des jeweiligen sozialen Gefüges abhängig. So erscheint Hörnigks Programm als eine relativ später Versuch, der dem Absolutismus zum Durchbruch verhelfen möchte durch die patriotisch gefärbte Forderung, die partikulären Interessen den übergeordneten Interessen des Staates und darüber hinaus denjenigen des Deutschen Reiches unterzuordnen. Die propagandistische Verwendung des von allen Seiten bedrohten Vaterlandes erlaubt eine Annäherung an die Souveränitätslehre eines Hobbes', da nun – wenn auch in unverbindlicherer Formulierung – die naturrechtliche Grundlage nur in zweiter Linie in der Vernunftnatur des Menschen gesehen wird, in erster Linie aber im Recht der Selbsterhaltung und dem daraus abgeleiteten *zweiten Gesetz der Natur*:

> That a man be willing, when others are so too, as farre-forth, as for Peace, and defence of himselfe he shall think it necessary, to lay down this right to all things; and be contented with so much liberty against other men, as he would allow other men against himselfe.[170]

Die neuzeitliche Naturrechtsdiskussion liefert – nebst juristischen, philosophischen, naturwissenschaftlichen und theologischen Argumenten zur politischen und ethischen Orientierung des Menschen und Bürgers – die Erklärung sozialer Mechanismen, die teils Erklärungszusammenhänge weitertradieren, teils neu begründen: In einem solchen Zusammenhang stehen Geld und Sprache.

---

[168] Hörnigk, *Österreich über alles*, S. 26.

[169] Das Buch erscheint 1684, im Gründungsjahr der Heiligen Allianz und zu Beginn des Zweifrontenkriegs.

[170] Hobbes, *Leviathan*, I, XIV, S. 64f.

e. Vertragslehre

Der systematische Ort in Naturrechtsabhandlungen, an dem sich Geld und Sprache treffen, ist die Vertragslehre. Grotius definiert Verträge als *omnes actus aliis utiles, extra mere beneficos*. Sie setzen Gleichheit voraus.[171] Pufendorf hingegen definiert *contractus* im Gegensatz zu *pactus* als eine Übereinkunft, bei der Geld notwendig eine Rolle spielt,[172] wobei er die Gleichheit ebenfalls betont;[173] folglich setzt der *contractus* bei Pufendorf den Preis voraus.[174] Sprache, Geld und Regierung sind die drei Grundtypen menschlicher Institution, die auf Übereinkunft beruhen:

> Institutorum istorum deprehenduntur potissimum *tria; sermo, dominium rerum,* earundemque *pretium, & imperium humanum.*[175]

Unumgängliche Voraussetzung für diese Gleichheit und die Verbindlichkeit von Verträgen sind Regeln zur Auslegung der (sprachlichen) Verpflichtungen,[176] wie auch zur Beurteilung des Wertes. Die juristische Hermeneutik steht also im 17. Jahrhundert in direkter Verbindung zu einem der meistdiskutierten Theoreme des Naturrechtsdenkens, der Vertragslehre. Die Bedeutung der Sprache für das Naturrecht resultiert aus dieser exegetischen oder hermeneutischen Fundierung der Verbindlichkeit, welche die verschiedenen Formen der Abhängigkeit regelt: Der Bund zwischen Gott und Mensch beruht auf der richtigen Auslegung der Bibel,[177] das Verhältnis zwischen Herrscher und Untertan wird verstärkt zum Gegenstand der Verfassung, während das Zusammenleben der Bürger durch Gesetze und Verträge

---

171 Grotius, *De jure belli ac pacis*, II, xii, 7 u. 8, S. 230.

172 Pufendorf, *De jure naturae et gentium*, V, ii, 1, S. 474 u. V, ii, 4, S. 475f. Die Unterscheidung geht auf Hobbes (De Cive, II, 9, S. 90) zurück, der jedoch allgemeiner den *pactus* als einen *contractus* mit aufgeschobener Gegenleistung (Erfüllung) definiert.

173 Samuel Pufendorf: De officio hominis et civis juxta legem naturalem. Libri duo (1673/1682), I, xv, 3, S. 83: »Habent autem hoc omnes contractus onerosi, ut in illis versari *aequalitas* debeat.« Der *contractus onerosus* steht im Ggs. zum *contractus beneficus*.

174 Pufendorf, *De jure naturae et gentium*, V, ii, 1, S. 474.

175 Ebd. I, ix, 22, S. 62.

176 die beide Autoren in einem eigenen Kapitel behandeln; vgl. Grotius, *De iure belli ac pacis*, II, xvi; Pufendorf, *De jure naturae et gentium*, V, xii. Pufendorf folgt – seinen eigenen Worten nach – fast κατα ποδα Grotius'.

177 Beide Autoren widmen der Bibelauslegung ein eigenes Kapitel. Hierzu Christian Thomasius (Vorrede von der Historie des Rechts der Natur bis auf Grotium; von der Wichtigkeit des Grotianischen Werks und von dem Nutzen gegenwärtiger Übersetzung [1707]. In: Hugo Grotius: Drei Bücher vom Recht des Krieges und des Friedens nebst einer Vorrede von Christian Thomasius. Übers. u. eingel. v. Walter Schätzel. Tübingen 1950, S. 3): »Der Mensch braucht das natürliche Licht auch zur Auslegung der Heiligen Schrift dergestalt, als Gott und die von Gott getriebenen Männer die Heiligen Schriften für vernünftige Menschen und nicht für unvernünftige Tiere geschrieben. Man soll sich aller unvernünftigen Auslegungen enthalten, aus denen sich etwas Widersprechendes, Unmögliches und offenbar Unvernünftiges ergeben würde.«

bestimmt ist. Diese Verbindlichkeit wiederum kann jedoch nur aufrecht erhalten werden, wenn die moralische Verpflichtung besteht, daß sich ein jeder bei der Äußerung seiner Absicht an die plausibelsten Bedeutungen einer Sprache halte, *nam sine tali obligatione inane fuisse tale repertum.*[178] Die Grundregel lautet:

> Rectae interpretationis mensura est collectio mentis ex signis maxime probabilius.[179]

Das logische Problem, das sich hieraus ergibt, besteht darin, daß die Verpflichtung aus der Übereinkunft entsteht,[180] die Übereinkunft aber die Verpflichtung bereits voraussetzt. Denn sowohl Grotius als auch Pufendorf sehen die Sprache als eine Übereinkunft und berufen sich hierin beide auf Aristoteles;[181] demgegenüber sieht Hobbes die Auslegung durch die Macht des Souveräns garantiert. Alle drei aber versuchen der Gefahr des Skeptizismus, der in der nominalistischen Grundposition lauert, durch Berufung auf die politische *Institution* zu begegnen. Das heißt aber aus der ›Natur‹ der Sprache auf ihre Funktion zur (ehrlichen) Mitteilung der eigenen Absicht schließen, gleichzeitig die Bedeutung der Worte zirkulär aus dem Verstehen der Mitteilung eben dieser Absicht abzuleiten.

Der heiß debattierte Sprachursprung[182] steht somit in direktem Zusammenhang mit heiklen Machtfragen, wobei jedoch die sprachtheoretischen Denkgewohnheiten nicht den uns vertrauten Pfaden folgen. Arbitrarität und Konventionalität – Begriffe, die heute oft synonym gebraucht werden[183] – gehen gegenseitige Verbindungen ein, die uns die Kategorisierung von vier Typen erlauben: konventionelle Zeichen, die willkürlich oder na-

---

178 Grotius, *De iure belli ac pacis*, III, I, 11, S. 432; Pufendorf zitiert diese Stelle in *De jure naturae et gentium*, IV, I, S. 322.

179 Grotius, *De iure belli ac pacis*, II, XVI, I, S. 275.

180 Vgl. etwa Freigius' juristischen Syllogismus: »Omnis conventio iuris naturalis seu gentium parit obligationem./At pactum est conventio iuris naturalis seu gentium./Pactum igitur parit obligationem.« J. Th. Freigius: De logica iureconsultorum (1590), S. 124; zit. n. Georges Kalinowski: La logique juridique et son histoire. In: Archives de Philosophie du Droit. 27 (1982), S. 281.

181 Pufendorf, *De jure naturae et gentium*, IV, I, 1, S. 309. Grotius, *De jure belli ac pacis*, III, I, 8, S. 428. Die verschiedenen Begründungen des gesellschaftlichen Triebs verhindern keineswegs die Berufung auf die gleichen Stellen; es handelt sich um Aristitotels, *De interpretatione*, 17^{a}1f: »Die Rede hat Bedeutung nicht als ein natürliches Werkzeug, sondern [...] aus Übereinkunft.«

182 Zu den biblischen und philosophischen Voraussetzungen der Sprachursprungsdiskussion vgl. Klaus D. Dutz: ›Lingua Adamica nobis certe ignota est‹. Die Sprachursprungsdebatte und Gottfried Wilhelm Leibniz. In: Theorien vom Ursprung der Sprache. Hg. v. Joachim Gessinger u. Wolfert von Rahden. Berlin 1989, Bd. I, S. 205ff.

183 Kritik an diesem Sprachgebrauch übt Ferruccio Rossi-Landi: Über das Vorurteil vom Vertragsabschluß (1967). In: Semiotik, Ästhetik und Ideologie. Übers. v. Burkhart Kroeber. München 1976, S. 30.

türlich, und ›imponierte‹ Zeichen, die ebenfalls willkürlich oder natürlich sein können. Diese vier möglichen Zeichentypen bestimmen das Verhältnis zwischen *lumen rationale* und *usus*, zwischen natürlicher Fähigkeit und gesellschaftlich-moralischer Gültigkeit als Maßstab zur vernünftigen Auslegung und zur moralisch korrekten Verfertigung der Rede. Pufendorf, dessen Behandlung der Sprache wohl als die weitreichendste innerhalb der Naturrechtsschule betrachtet werden kann, bedient sich der *impositio* zur Erklärung der Bildung von Zeichen, während die Funktion der Zeichen von der Konvention garantiert wird. Die *impositio* erscheint als zeichenstiftender Akt. Er macht einen bloßen Schall zum Zeichen, das folglich eine willkürliche Beziehung zu den Dingen hat. Es existieren jedoch noch andere Zeichen, deren *Natur* nicht in ihrer *Funktion* aufgeht, sondern eine natürliche Beziehung zu den bezeichneten Dingen aufgrund ihrer materiellen Ähnlichkeit haben. Die *conventio* komplettiert nun quasi den Zeichencharakter der willkürlichen Zeichen durch die soziale Akzeptanz, während sie dieser im Bereich der natürlichen Zeichen nicht bedarf. Die Sprache, und dazu zählt Pufendorf nur die ›imponierten‹ und anschließend konventionalisierten Zeichen,[184] ist jedoch nicht nur Produkt der menschlichen Soziabilität, sie ist auch deren ›beredstes‹ Zeugnis. Gemäß der Aristotelischen Definition des Menschen als ›zoon politikon‹ trägt somit die Sprache wesentlich zur Unterscheidung des Menschen vom Tier bei. Darüber hinaus begründet sie die politische Gemeinschaft im Unterschied zum ›Rudel‹, da nur die Worte es erlaubten, Gut und Böse zu trennen:

> daß der Mensch mehr noch als jede Biene und jedes schwarm- oder herdenweise lebende Tier ein Vereinswesen [›zoon politikon‹] ist, liegt amtage. Die Natur macht, wie wir sagen, nichts vergeblich. Nun ist aber einzig der Mensch unter allen animalischen Wesen mit der Sprache begabt. Die Stimme ist das Zeichen für Schmerz und Lust und darum auch den anderen Sinneswesen verliehen, indem ihre Natur so weit gelangt ist, daß sie Schmerz und Lust empfinden und beides einander zu erkennen geben. Das Wort aber oder die Sprache ist dafür da, das Nützliche und das Schädliche und so denn auch das Gerechte und das Ungerechte anzuzeigen. Denn das ist den Menschen vor den anderen Lebewesen eigen, daß sie Sinn haben für Gut und Böse, für Gerecht und Ungerecht und was dem ähnlich ist. Die Gemeinschaftlichkeit dieser Ideen aber begründet die Familie und den Staat.[185]

Leibniz folgt in diesem Punkt Aristoteles, indem er – wie bereits gezeigt – die Räuberbande von der politischen Gemeinschaft anhand des Kriteriums der Gerechtigkeit unterscheidet und somit die Gemeinschaft gegen Locke moralisch aufwerten will. Vielmehr als Locke trifft dieser Einwand jedoch Hobbes. Es ist gerade diese doppelte Konventionalität der Worte und der Werte, die dieser zu untergraben versucht, indem er aus dem krisenhaften

---

[184] Pufendorf, *De jure naturae et gentium*, IV, I, 4, S. 312f.

[185] Aristoteles, *Politik*, 1253^{a}8–19. Auf diese Stelle verweist auch Pufendorf (*De jure naturae et gentium*, IV, I, 1, S. 309) als ›prominentesten‹ Beleg.

»Zusammenhang zwischen dem Dezisionismus der Worte mit dem Dezisionismus der Werte bzw. Wahrheiten«[186] heraus eine absolute Instanz der Auslegung propagiert, die zwar willkürlich sei, aber nichtsdestoweniger den Werterelativismus überwinde und den Frieden garantiere.

Die Parallelen zwischen den sprachphilosophischen Erörterungen und der Behandlung der Wertfrage, welche die Geldtheorie aufwirft, sind vielfältig und kulminieren in eben diesem Punkt der Verbindlichkeit, die sich immer mehr in Aporien verstrickt. Der Handel erscheint als Kommunikationssystem, das nebst der Sprache gesellschaftsbildend wirkt und wie diese den Trieb zur Gesellschaft ausdrückt. Anstelle der Worte begegnen wir den Münzen, anstelle der Bedeutung dem Preis, der wiederum ein Nützliches, sprich: Gutes, und somit einen Wert ausdrückt. Der ›Erfolg‹ dieser Gegenüberstellung liegt in der unmittelbaren Beziehung, die der Handel mit den natürlichen Trieben der verschiedenen Naturrechtskonzeptionen eingehen kann: Als Tausch, *commerce* oder *Kommunikation*[187] betont er den Gesellschaftstrieb,[188] als Erwerb den Selbsterhaltungstrieb.[189] Da gerade die Erfindung des Geldes den Übergang vom Naturzustand in den vergesellschafteten Zustand markiert, leitet sich daraus fast selbstverständlich eine ›moralische‹ Bewertung des Geldes ab. Deutlich illustriert dies die Idylle mit ihrem rekurrenten Gebrauch des ›hortus conclusus‹, die das Geld (meist) nicht kennt und so der gefährlichen Eigendynamik des ›self interest‹ und des schrankenlosen Erwerbs, wie sie die aristotelische Politik beschreibt, zu entgehen versucht.[190] Es ist eben diese Schrankenlosigkeit, die Locke zum Problem wird, weil er aufgrund seiner Unterscheidung von Natur- und positivem Recht[191] das Aufkommen des Geldes und der Arbeitsteilung ja noch nicht als ein Verlassen des Naturzustandes betrachtet. Er sieht sich deshalb

---

186 Kondylis, *Die Aufklärung im Rahmen des neuzeitlichen Rationalismus*, S. 162.

187 »Kommunikation« bezeichnet auch heute noch in einigen Sprachen den (Güter)-tausch; hierzu kommt die Bedeutung der Kraftübertragung; man denke etwa an »mitteilen«. Winfried Lenders (Die Verwendung des Terminus ›Kommunikation‹ bei G. W. Leibniz und Chr. Wolff. In: IPK-Forschungsbericht 68/2, S. 1–19) übergeht gänzlich die ökonomische Bedeutung – die in den juristischen Abhandlungen Leibniz' eine gewisse Rolle spielt – zugunsten der physikalischen.

188 Schon bei Aristoteles (*Politik*, 1257ª20f.) bezeichnet der Handel den Übergang von der Familie zur Polis.

189 Vgl. Hobbes, *Leviathan*, II, XXIV, S. 127ff.

190 Es ist bermerkenswert, daß nebst der verbreiteten ›Verteufelung‹ des Geldes, die gleichen Argumente gegen die Sprache ins Feld geführt werden. Auch hier ist Schrankenlosigkeit ein Verzicht auf Kontrolle und ein Fall unter die Herrschaft der Leidenschaft. Vgl. Andreas Gryphius: Leo Armenius (1650), 1. Reyen, Zusatz: »Lernt/die ihre lebt/den zaum in ewre Lippen legen!//In welchen heil vnd schaden wohnet//Und was verdammt/vnd was belohnet.//Wer nutz durch wortte such't/sol jedes wort erwegen.//Die Zung ist dieses Schwerdt//So schützet und verletzt.//[...] Ein strom der träncket vnd erträncket: [...]«

191 Locke, *Second Treatise*, II, 13–15, S. 345f. u. V, 46–51, S. 364ff.

gezwungen, zwei Phasen innerhalb des Naturzustandes zu unterscheiden, wobei die ›monetäre Phase‹ den Übergang von Naturzustand zum Zivilzustand durch die zunehmende Komplexität der Anwendung von natürlichen Verpflichtungen provoziert. Der Respekt des Wortes und damit des Vertrages aber sind dem Menschen als Menschen und nicht als Mitglied einer Gesellschaft eigen. Der zivilisatorische Fortschritt fällt also mit einem Verstummen der Stimme der Vernunft und natürlichen Religion zusammen, die im *civil government* Ersatz finden, wobei es nun Aufgabe der politischen Institution wird, den Verlust an natürlicher Unmittelbarkeit zu kompensieren. Das Geld als wesentlicher Schritt in die Richtung der zunehmenden Komplexität des menschlichen Wirkungskreises erhält in der historischen Fiktion des Naturzustandmodells die Funktion, die ›Depersonalisierung‹ der natürlichen menschlichen Verpflichtung des Wortes durch die institutionalisierte politische Verpflichtung des Geldes zu ermöglichen und zu beschleunigen.

3. Geld

Geld, das sind im Selbstverständnis des 17. Jahrhunderts immer noch Metallmünzen, obwohl Reisende immer wieder von andern Materialien berichten, die anstelle des Goldes, Silbers und der Bronze in fernen Ländern zirkulieren.[192] Gerade diese Vielfalt an möglichen ›prägbaren‹ Materialien verschärft die Auseinandersetzung um die universale Geltung des gemünzten Metalls, die wie ihr linguistisches Pendant um die Probleme der Konventionalität und Arbitrarität kreist. Geld, das nicht mehr gälte, oder dessen Fundament beliebig ersetzbar wäre, erscheint als ein theoretisches Skandalon, das es zu beseitigen gilt. Dazu dient ein Kanon von Eigenschaften, der die Wahl des Materials zu begründen und die universale Geltung des monetären Wertes vor dem Vorwurf der Willkür zu schützen hat. Ein Beispiel einer solchen Eignungsprüfung finden wir in dem englischen Traktat *A Compendious or briefe examination* von 1581.[193] Hier behauptet ein Ritter, daß

---

[192] Vgl. Geminiano Montanari: La Zecca in consulta di stato. Trattato mercantile [...] (1683). In: Economisti del cinque e seicento. Hg. v. Augusto Graziani. Bari 1913, S. 247ff. Die Einsicht, daß andere Materialien als Zahlungsmittel benutzt werden könnten, äußert sich auch im Wort-Geld-Vergleich; Bacon – obwohl er überzeugt ist, daß *words and letters are by far the most convenient organs of transmission* – glaubt in anderen Zeichensprachen (chinesische Zeichen, Hieroglyphen) eine Grundlage für eine Universalschrift finden zu können: »For we are handling here currency (so to speak) of things intellectual, and it is not amiss to know that as moneys may be made of other materials besides gold and silver, so other Notes of Things may be coined besides words and letters [...]«. Francis Bacon: (Translation of) De Augmentis. VI, 1. In: The Works, Bd. IV, S. 440.

[193] A Compendious or briefe examination of certayne ordinary complaints, of divers of

die Münze nur ein Zeichen und die Beschaffenheit des Materials nebensächlich sei, ihr Wert sodann auf dem Stempel des Prinzen beruhe. Sein Gesprächspartner, ein Doktor, belehrt ihn eines Besseren, indem er die Eigenschaften von Gold und Silber eingehend beschreibt. Gold und Silber seien Waren, und zwar unentbehrliche Waren, die als Münzen von Hand zu Hand gingen. Somit stünden sie unter der preisbildenden Herrschaft von Überfluß und Mangel. Da der Transport der eigentlichen Waren kostspielig und umständlich sei, Überfluß und Bedürfnis zudem nicht immer proportionierbar, hätte der Mensch Gold und Silber als leichte, platzsparende, beliebig teilbare und wertvolle Waren entdecken und die Münze erfinden müssen.[194] Gold und Silber besäßen nun alle diese Eigenschaften; deshalb habe die ganze Welt – die zivilisierte, versteht sich – in universaler Übereinstimmung sie als Tauschmittel und Maßstab aller Dinge gewählt. Sie dienten darüber hinaus der Kommunikation, der Aufbewahrung und dem Handel. Existierten jedoch weder Gold noch Silber, so wären zweifellos an ihre Stelle Zinn, Kupfer oder Blei getreten, wobei wir das Metall vorzögen, das den größten Wert bei kleinstem Gewicht hätte. Feuerfestigkeit und Schönheit des Goldes runden das Bild des Doktors ab. *Dame Nature* habe das Gold dann auch versteckt und dadurch seine ausgezeichneten Eigenschaften durch seine Seltenheit noch verstärkt.

Gold und Silber eignen sich durch ihre relative Seltenheit als universelles Pfand, durch die Haltbarkeit zur Hortung von Reichtümern, durch die leichte Transportierbarkeit zur Kommunikation, durch die Teil- und Vereinbarkeit als Maßstab, und schließlich dient der Glanz des Edelmetalls der Ehre des Herrschers. Die Wahl des Materials, Gold und Silber, erscheint als eine Eignung, die mit der Länge dieses Kanons und der Ausschließlichkeit seiner Kriterien in Richtung Notwendigkeit zunimmt. Die erforderlichen Argumente, welche die Autoren des 16. und 17. Jahrhunderts zur Beschreibung der Eigenschaften der Metalle und zur Bestimmung der Geldfunktion verwenden, stehen einerseits in der Tradition der *Naturgeschichte* eines Plinius,[195] andererseits in der Nachfolge der geldtheoretischen Erwägungen Aristoteles'.[196]

---

our country men in these our days which although they are in some part unjust and frivolous, yet are they by way of dialogues throughly debated and discussed (1581). In: Ecrits notables sur la Monnaie. XVIe siècle. De Copernic a Davanzati. Hg. v. Jean-Yves Le Branchu. Bd. 2. Paris 1934. Im folgenden fasse ich S. 108–116 zusammen.

194 Hier zitiert der Verfasser der *Examination* Aristoteles' *Ethik*.

195 Plinius: Naturalis historiae, Buch XXXIII; dort Feuerfestigkeit, Teilbarkeit, schwierige Bergung, Dauerhaftigkeit. Plinius verurteilt ansonsten scharf Gold und Geld.

196 *Politik* 1257^{a}; *Nikomachische Ethik* (V, 5) 1133^{a-b}.

a. Das aristotelische Modell

Die Fragen, ob Geld messe oder gemessen werde – Zeichen, Ware oder beides zugleich sei –, ob die Münze dem Metall den Wert verleihe oder umgekehrt das Metall der Münze, ob Nachfrage, Bedürfnis oder Arbeitsaufwand den Wert und den Preis bestimme, ob die Entstehung des Geldes auf Konvention oder Natur zurückgehe und ob es sich schließlich bei dieser Entstehung um ein logisches Modell oder um eine historische Erklärung handle, werden vom Mittelalter bis ins 18. Jahrhundert aus der klassischen Behandlung des Geldes in Aristoteles' *Ethik* entwickelt, die als relativ geschlossene und abgeschottete Doktrin die anti-aristotelische Wende überlebt und die Bahnen der geldtheoretischen Diskussion vor- und mitbestimmt.

> Der Entgelt nach Verhältnis kommt zustande durch eine Verbindung der Daten nach Maßgabe der Diagonale; z.B. *a* sei Baumeister, *b* Schuster, *c* Haus und *d* Schuh. Der Baumeister muß nun vom Schuster dessen Arbeit bekommen und selbst ihm die seinige dafür zukommen lassen. Wenn nun zuerst die Gleichheit im Sinne der Proportionalität bestimmt ist, und dann der Ausgleich nach diesem Verhältnis stattfindet, so geschieht das, was wir meinen. Geschieht jenes aber nicht, so ist keine Gleichheit da, und ein geordneter Verkehr und Austausch kann nicht stattfinden. Denn nichts hindert, daß die Leistung des einen wertvoller sei als die des anderen, und folglich muß hier ein Ausgleich geschafft werden. Dasselbe Verhältnis findet sich bei den anderen Künsten und Handwerken. Es wäre um sie geschehen, wenn der Werkmeister nicht tätig ein Produkt schüfe, das sich quantitativ und qualitativ bewerten ließe, und nicht leidend dafür sowohl quantitativ als qualitativ entsprechend ausgelohnt würde. Denn aus zwei Ärzten wird keine Gemeinschaft, sondern aus Arzt und Bauer und überhaupt aus verschiedenen und ungleichen Personen, zwischen denen aber eine Gleichheit hergestellt werden muß.
>
> Daher muß alles, was untereinander ausgetauscht wird, gewissermaßen quantitativ vergleichbar sein, und dazu ist nun das *Geld* bestimmt, das sozusagen zu einer Mitte wird. Denn das Geld mißt alles und demnach auch den Überschuß und den Mangel; es dient also z.B. zur Berechnung, wie viel Schuhe einem Haus oder einem gewissen Maß von Lebensmitteln gleichkommen. Es kommen also nach Maßgabe des Verhältnisses eines Baumeisters zu einem Schuster soundso viele Schuhe auf ein Haus oder auf ein gewisses Maß von Lebensmitteln. Ohne solche Berechnung kann kein Austausch und keine Gemeinschaft sein. Die Berechnung ließe sich aber nicht anwenden, wenn nicht die fraglichen Werte in gewissem Sinne gleich wären. So muß denn für alles ein Eines als Maß bestehen, wie vorhin bemerkt worden ist. Dieses Eine ist in Wahrheit das *Bedürfnis*, das alles zusammenhält. Denn wenn die Menschen nichts bedürften oder nicht die gleichen Bedürfnisse hätten, so würde entweder kein Austausch sein oder kein gegenseitiger. Nun ist aber kraft Übereinkunft das Geld gleichsam Stellvertreter des Bedürfnisses geworden, und darum trägt es den Namen Nomisma, weil es seinen Wert nicht von Natur hat, sondern durch den Nomos, das Gesetz, und weil es bei uns steht, es zu verändern und außer Umlauf zu setzen.
>
> So hat man denn eine wirkliche Wiedervergeltung, wenn eine Gleichung von der Art durchgeführt wird, daß wie der Bauer zum Schuster, so die Leistung des Schusters sich zu der des Bauers verhält. Man muß aber bei Herstellung des Ausgleiches die verschiedenen Glieder des Verhältnisses nach dem Schema der Proportionalität einsetzen, weil sonst auf das eine der beiden Extreme ein doppeltes Plus entfiele. Dagegen, wenn jeder das Seine bekommt, dann stehen sie sich gleich, und es kann ein geregelter Verkehr stattfinden, weil diese Gleichheit zwischen ihnen verwirklicht werden kann.

Gesetzt, wir haben Bauer *a*, eine Scheffel Getreide *c*, Schuster *b*, seine nach der Regel des Ausgleichs bemessene Leistung *d*. Ließe sich die Wiedervergeltung nicht in dieser Weise durchführen, so gäbe es keine Gemeinschaft des Verkehrs.

Daß aber das Bedürfnis als eine verbindende Einheit die Menschen zusammenhält, erhellt daraus, daß, wenn kein Teil des anderen bedarf, oder auch nur der eine des anderen nicht, sie in keinen Verkehr des Austausches treten, wie sie tun, wenn der eine Teil dessen benötigt, was der andre hat, z. B. Wein, und darum die Getreideausfuhr freigibt. Hier ist also eine Gleichheit herzustellen.

Für einen späteren Austausch ist uns, wenn kein augenblickliches Bedürfnis dafür vorliegt, das Geld gleichsam Bürge, daß wir ihn im Bedürfnisfall vornehmen können. Denn wer mit Geld kommt, muß nach Bedarf erhalten können. Freilich geht es mit dem Geld, wie mit anderen Dingen: es behält nicht immer genau seinen Wert. Jedoch ist derselbe naturgemäß mehr den Schwankungen entzogen.

Daher muß alles seinen Preis haben; denn so wird immer Austausch und somit Verkehrsgemeinschaft sein können. Das Geld macht also wie ein Maß alle Dinge kommensurabel und stellt dadurch eine Gleichheit unter ihnen her. Denn ohne Austausch wäre keine Gemeinschaft und Gleichheit kein Austausch und ohne Kommensurabilität keine Gleichheit. In Wahrheit können freilich Dinge, die so sehr voneinander verschieden sind, nicht kommensurabel sein, für das Bedürfnis aber ist es ganz gut möglich. Es muß also ein Eines geben, welches das gemeinsame Maß vorstellt, und zwar kraft positiver Übereinkuft vorstellt, weshalb es auch Nomisma heißt, gleichsam ein vom Gesetz, Nomos, aufgestelltes Wertmaß. Denn alles wird nach ihm gemessen.

a sei ein Haus, *b* zehn Minen, *c* ein Bett. *a* ist nun ½ *b*, wenn das Haus fünf Minen wert oder ihnen gleich ist. Das Bett *c* sei ⅒ *b*. So sieht man dann, wieviel Betten dem Haus gleich sind, nämlich fünf. daß in dieser Weise der Austausch vor sich ging, bevor das Geld aufkam, ist klar. Denn es trägt nichts aus, ob man fünf Betten für ein Haus gibt oder den Geldwert der fünf Betten.[197]

Der Passus erklärt nicht nur die ›Erfindung‹ des Geldes, sondern legt auch den Grund für die traditionelle Unterscheidung von dessen drei Funktionen Tauschen, Messen und Horten.[198] Andererseits bilden sich durch die fortgesetzte Kommentierung[199] der Stelle in der Scholastik verschiedene interpretatorische Positionen zur Beantwortung der Frage, woher denn das Geld seinen Wert nehme, wobei sich drei verschiedene Argumente[200] unterscheiden lassen: das Geld erhält seinen Wert a) aus seinem Nutzen (*utilitas*), da es in seiner aktuellen Form seine Funktionen am besten erfüllt, b) durch die Prägung und den damit verbundenen staatlichen Willen und schließlich c) dadurch, daß der Prägstempel einen realen Gehalt an Edelmetallanzeigt. Punkt b) entspricht im Rückgriff auf die sprachphilosophi-

---

197 Aristoteles, *Nikomachische Ethik*, 1133^a7–1133^b28. (Übersetzung Bien).

198 Erst im 19. Jh. kommt die vierte Funktion, diejenige des Geldes »als Standard für aufgeschobene Zahlungen« hinzu. Vgl. Joseph A. Schumpeter: Geschichte der ökonomischen Analyse. Bd. 1. Göttingen 1965, S. 103.

199 Eine genaue und scharfsinnige Untersuchung der scholastischen Kommentare zu Aristoteles' Ethik V, 5 liefert: Odd Langholm: Price and Value in the Aristotelian Tradition. A study in scholastic economic sources. Bergen 1979.

200 Die Unterteilung stammt aus: Marjorie Grice-Hutchinson: The School of Salamanca. Readings in Spanish Monetary Theory 1544–1605. Oxford 1952, S. 30f.

sche Begrifflichkeit[201] einer nominalistischen, c) einer realistischen[202] Position, während a) eine Mittelstellung zwischen beiden einnimmt, die zugleich die Problematik dieser Unterscheidung verdeutlicht. Im Rückgriff auf die zitierten Ausführungen zu Pufendorf wird klar, daß hier – bei Punkt a) – die subtile Unterscheidung zum Spielen kommt, die Pufendorf gegen Grotius' Bestimmung des sprachlichen Zeichens ins Feld führt. Die Natur des sprachlichen Zeichens, so heißt es dort, gehe in der Zeichenfunktion auf, während ein natürliches Zeichen zuerst Mal eine Sache sei und darüber hinaus auch noch etwas bezeichnen könne. Die Frage, ob das Edelmetall als Material den Funktionen des Geldes eigne, weil jenes in erster Linie Ware – und damit kommensurabel zum Warenangebot – sei, oder ob es, bloß materieller Träger einer Recheneinheit, einen klar anderen ontologischen Status besitze, begründet den monetär-linguistischen Parallelismus. Die zeitgenössische Behandlung der drei Funktionen des Geldes zeigt, daß die aufgezeigte Problematik sowohl Grundlage der Theoriebildung als auch Brennpunkt der daraus resultierenden Aporien darstellt.

b. Horten

Die Haltung der Wirtschaftstheoretiker des 17. Jahrhunderts gegenüber der Aufbewahrungsfunktion scheint auf den ersten Blick widersprüchlich: Einerseits gilt das Horten als staatsschädigend,[203] andererseits die Ausfuhr. Das hier zugrundeliegende Prinzip läßt sich mit dem einzigen Ausdruck der Zirkulation hinreichend erklären: Das Blut muß kreisen, ohne dabei jedoch

---

201 Die Begriffe »Nominalismus« und »Realismus« sind in diesem Zusammenhang geläufig. In der zweiten Hälfte des 19. Jh.s tritt der Nominalismus gar als Schule auf, dessen Doktrin jedoch komplexer als die eben dargestellte ist. Die Vertreter dieser Richtung versuchten, Aussagen – die unserer Position b) entsprechen – für sich zu vereinnahmen. Vgl. die scharfe Kritik an diesem Vorgehen bei Ernst Stampe: War Carolus Molinaeus Nominalist? Eine Untersuchung über seinen ›Valor extrinsecus monetae‹. In: Sitzungsberichte der preußischen Akademie der Wissenschaften. Phil.-hist. Klasse. Berlin 1926, S. 37–66. Marc Bloch hat in seiner *Esquisse d'une histoire monétaire de l'Europe* (Paris 1954, S. 25) diese Begriffe der Sprachphilosophie nicht nur auf die Gelddiskussionen des Mittelalters übertragen, sondern diese monetären Positionen auch verschiedenen Epochen des Mittelalters zugeordnet.

202 Der monetäre Realismus entspricht hier dem Metallismus. Howard Bloch (Etymologie et généalogie. Une anthropologie littéraire du Moyen Age français. Paris 1989, S. 226f.) faßt die Position des *ökonomischen Realismus* in drei Punkten zusammen: »1. Il désigne une conception où la valeur a une existence universelle et indépendante du prix particulier des choses. [...] 2. L'expression [...] renvoie à la relation fixe entre monnaie de compte et denier [...] 3. Finalement, le terme [...] implique que [...] le propre de l'argent est de contenir sa propre valeur.« Wir werden in der Folge sehen, wie diese Begriffe zusammenhängen.

203 Vgl. die Ausführungen zum Blutkreislauf und *stopping of the stomach* in der von Petty besorgten fünften Ausgabe von *Graunts Natural and Political Observation upon the Bill of Mortality.* In: The Economic Writings of Sir William Petty, S. 359f.

übermäßig aus dem Körper zu fließen.[204] Diese Grundidee, die eine medizinische Erkenntnis mit Hochkonjunktur und den alten Vergleich zwischen Körper und Staat zusammenbrachte, führt – wie wir bereits gesehen haben – zu grundlegenden Änderungen im Bereich der Wirtschaftstheorie und deren wissenschaftlichem Selbstverständnis. So formuliert Petty in der Vorrede zu seiner *Political Anatomy* die Analogie zwischen menschlichem Körper und Staatskörper auf der Grundlage der ebenfalls programmatischen Äußerungen Bacons[205] – und ihre möglichen Konsequenzen:

> Sir *Francis Bacon*, in his *Advancement of Learning*, hath made a judicious *Parallel* in many particulars, between the *Body Natural*, and the *Body Politick*, and between the Arts of preserving both in Health and Strength: And it is as reasonable, that as *Anatomy* is the best foundation of one, so also of the other; and that to practice upon the Politick, without knowing the *Symmetry*, *Fabrick* and *Proportion* of it, is as *casual* as the practice of Old-women and Empyricks.
> [...]
> Furthermore, as Students in Medicine, practice their inquiries upon cheap and common *Animals*, and such whose actions they are best acquantied with, and where there is the least confusion and perplexure of Parts; I have chosen *Ireland* as such a *Political Animal*, who is scarce Twenty years old; where the *Intrigue* of *State* is not very complicate, and with which I have been conversant from an *Embrion*; and in which, if I have done amiss, the fault may be easily mended by another.[206]

Der Idee des Staates als Körper steht die Konzeption des Staates als Schatztruhe entgegen. Die beiden Konzeptionen schließen sich nicht aus: Im ersten Fall erscheint das Geld als Nährstoff des Binnenhandels und sorgt für den Erhalt und die Vermehrung der Bevölkerung, im zweiten Fall repräsentiert es die wirtschaftliche und politische Macht. Das Geld spielt analog dazu eine doppelte Rolle, da es vom Standpunkt des Binnenhandels aus das Blut des Staatskörpers darstellt, während es im internationalen Vergleich den Maßstab zur Bilanz liefert. Und auch hier können wir wieder unterscheiden: Die nationalen Währungen sind nämlich nicht nur Stellvertreter des *universal barter* – Gold oder Silber – sondern auch (im Prozeß des Umtausches) Indikatoren für die wirtschaftliche Gesundheit der Nation. Importiert das

---

204 Mit dem gleichen Argument fordert Jocelyn die Aufhebung des Ausfuhrverbots des Geldes, da dies die *circulation* hindere und mit einem Körper vergleichbar sei, der mit Blut vollgestopft werde, ohne je welches zu verlieren. J. Jocelyn: An Essay on Money and Bullion. Wherein are considered, Value Intrinsick and Extrinsick. Money and Bullion compared. Mr. Locke's Considerations concerning Raising the Value of Coin. The Present State of our Coin. And a *Scheme* for Raising the Value of our Coin, as well Gold as Silver. London 1718, S. 14. Der Vergleich zwischen Geld und Blut war auch schon vor der Entdeckung des Blutkreislaufs geläufig. So bezeichnet etwa Bernardo Davanzati in seinen berühmten *Lezione delle Monete* (1588) das Geld als zweites Blut. In: *Ecrits notables*. Bd. 2, S. 233.

205 Zu Bacon vgl. oben Fußnote Seite 73.

206 William Petty: The Political Anatomy of Ireland (1672/1691). In: The Economic Writings of Sir William Petty. Hg. v. C. H. Hull. Bd. I. Cambridge 1899, S. 129.

Land mehr als es exportiert, kommt es zur Geldflucht und zwar – nach dem Gesetz Greshams[207] – zur Flucht der ›guten‹ Münzen, da das Ausland nicht die Münzen, sondern ihren Metallgehalt als internationalen Maßstab ansieht. Ist der Wechselkurs tief, dann bedeutet dies, daß das inländisch schlechte Geld das ausländische gute bezahle und dies folge wiederum aus der negativen Handelsbilanz, da mehr Ware importiert und bezahlt worden sei als umgekehrt. Der Wechselkurs zeigt somit sowohl die Qualität der Münze als auch der nationalen Produktion und des Handels an.

Der Wechselkurs des Geldes ist der Prüfstein des nationalen Reichtums und der Macht. Trotz der verbreiteten Forderung nach Exportverbot des Geldes finden wir im internationalen Handel den Ausdruck des Reichtums eines Landes, der im 17. Jahrhundert immer schwieriger zu errechnen ist. Er wird bestimmt durch Zirkulationsgeschwindigkeit und Geldquantität, Bodenpreis und Ertrag, Populationsdichte und Arbeitsaufwand, oder in der Sprache des Merkantilismus: Geld, Land und Leute. Dementsprechend betrachten die Sprachverbesserer des 17. Jahrhunderts, namentlich Leibniz, den *Reichtum* der Sprache als den entscheidenden Faktor im internationalen Sprachkrieg.[208] Der *Sprachschatz*[209] – Thesaurus – wird verglichen und kritisch evaluiert, die Qualität der Prägung untersucht und die Übersetzung als Prüfstein für die eigene Sprache angesetzt:

> Der rechte Probier-Stein des Ueberflusses oder Mangels einer Sprache findet sich beym Uebersetzen guter Bücher aus anderen Sprachen. Dann da zeiget sich, was fehlet, oder was vorhanden; [...][210]

Bei diesem Umtausch der Worte zweier Sprachen gehe es jedoch nicht darum, ob etwas in fremder Währung ausgedrückt werden könne, sondern wieviele eigene Worte dafür nötig seien: So brauchten die Franzosen für *Reiten* drei Worte, und bei der Übersetzung des Tacitus trete der Mangel an bündiger Kraft klar vor Augen. Damit aber eine Sprache konkurrenzfähig bleibe, müsse sie den unbestrittenen Vorbildern – griechisch und lateinisch – nacheifern, wie sie es in ökonomischen Belangen mit den Holländern hatten

---

207 Zu Gresham siehe Seite 125f. Als ein Zeichen für die Schlechtigkeit der Münze erachtet der anonyme Verfasser im sächsischen Münzstreit den Umstand, daß sie nicht exportiert werde. *Gemeine stimmen* von der Müntz/und ob es dem hause und Fürstentumb zu Sachssen Ehrlicher und zutreglicher sey/die alte gute Müntz zubehalten oder geringere anzunemen (1530). In: *Ecrits notables*. Bd. 1, S. 39.

208 Vgl. Justus Georg Schottelius: Der schreckliche Sprachkrieg. Horrendum Bellum Grammaticale (1673). Leipzig 1991, S. 138, wo Schottel – metaphernreich – auf den Zusammenhang zwischen Worten und Geld aufmerksam macht: Die Celten *hauen viel tausend WörterSeelen nieder*, nachdem sie kein Geld mehr finden und besiegeln somit *nemlich den Untergang aller Teutschen Wolfahrt und Freiheit*.

209 »Sprach-Schatz oder cornu copiae ...« *Unvorgreifliche Gedanken*, § 33, H II, S. 531.

210 Ebd. § 60, S. 539.

aufnehmen müssen. Glücklicher Ausgang der Bemühungen wäre die Eins-zu-Eins-Entsprechung zwischen beiden Sprachen. Für diesen paritären Tausch fordert Leibniz von den Worten: *Reichtum, Reinigkeit und Glanz.*[211] Parallel hierzu fordern die merkantilistischen Pamphlete die Erhöhung der Geldmaße, die Reform der Münze und eine Prägung, die Staat und Monarch Ehre bereitet:

> C'est la grandeur du prince qu'en la monnoye, qui a cours dans ses terres et seigneuries, on ne voit autre caractere que celuy de son image ou celuy des ses armes.[212]

Zur *Bereicherung*[213] der deutschen Sprache sieht Leibniz verschiedene Mittel vor:

> Aufsuchung guter Wörter, [...] Wiederbringung alter verlorener Worte, so von besonderer Güte; auch durch Einbürgerung oder Naturalisierung fremder Benennungen [...] und letztens, wo kein anderes Mittel, durch wohlbedächtliche Erfindung oder Zusammensetzung neuer Worte [...][214]

Der Sprachverbesserer findet die verlorenen und verborgenen Schätze der deutschen Sprache in den literarischen Werken vergangener Zeiten und in den Randgebieten deutscher Sprache.[215]

Von besonderem Interesse erscheint aber, da sie von eminent politischer und ökonomischer Bedeutung für die Zeitgenossen war, die *Einbürgerung*:

> Was die Einbürgerungen betrifft, ist solche bei guter Gelegegenheit nicht auszuschlagen und den Sprachen so nützlich als den Völkern. Rom ist durch Aufnehmung der Fremden groß und mächtig geworden, Holland ist durch Zulauf der Leute wie durch den Zufluß seiner Ströme aufgeschwollen; die englische Sprache hat alles angenommen, und wenn jedermann das Seinige abfordern wollte, würde es den Engländern gehen wie der äsopischen Krähe, da andere Vögel ihre Federn widergeholt. Wir Deutschen haben es weniger vonnöten als andere, müssen uns aber dieses nützlichen Rechts nicht gänzlich begeben.[216]

---

211 Ebd. §56f., S.538.

212 Montchrétien, *Traicté de l'œconomie politique*, S.179.

213 *Unvorgreifliche Gedanken*, §74, S.544.

214 Ebd. §63, S.540.

215 »Und errinnere ich mich bey Gelegenheit der Schweizer, ehmals eine gute alte Teutsche Redens-Art dieses Volks bemercket zu haben, die unsern besten Sprachs-Verbesserern nicht leicht beyfallen sollte.« Ebd. §67, S.542. Es handelt sich – ist es Zufall? – um *Schutz- und Trotz-Verbündniß*. Nebst den Schweizern erwähnt Leibniz noch das Plattdeutsch und das Holländisch (Ebd. §71, S.543). Zur Wertschätzung und Beurteilung der Dialekte wie auch der gesprochenen Sprache vgl. die kurze Darstellung bei Hans Aarsleff: The Eighteenth Century, Including Leibniz. In: Current Trends in Linguistics. Hg. v. T.A. Sebeok. Bd.13. Historiography in Linguistics. Berlin 1976, S.394f. und vor allem Sigrid von der Schulenburg: Leibnizens Gedanken und Vorschläge zur Erforschung der deutschen Mundarten. In: Abhandlungen der Preußischen Akademie der Wissenschaften. 2 (1937), passim.

216 *Unvorgreifliche Gedanken*, §68, H II, S.542.

Das *Bürgerrecht der Worte* geht auf eine antike Anekdote zurück, die Dio Cassius' überliefert hat und die sich auch bei Pufendorf – im Kapitel *De interpretatione* – findet:

> *Dio Cassius l. 59.* Tiberius cum in edicto voce non Latina usus esset, Attejus Capito dicebat; tametsi nemo ante ipsum eo vocabulo usus fuisset, nunc nihilominus in gratiam Tiberii inter antiqua referendum. Ibi Marcellus quidam subdidit: hominibus Caesarem civitatem Romanam dare posse, vocabulis non posse.[217]

Pufendorf läßt diese Stelle direkt auf ein Quintilian-Zitat folgen:

> *Quintilian.* Institut. Orat. I. i. c. 6. Consuetudo certissima loquendi magistra: utendumque plane sermone, ut numo, cui publica forma est.

Die Einbürgerung der Worte wirft die Frage wieder auf, ob die Wörter Resultat der Konvention oder einer Satzung seien; im Gegensatz hierzu stehen die Wörter, die von Alters her einer Sprache angehören. Ihr Vorteil liegt nicht nur in ihrer Historizität – sie schreiben die Vorgeschichte einer Sprachgemeinschaft – sondern auch in ihrer, nur innerhalb des eigenen Systems erkennbaren Motivation, die Zeugnis der ›Entdeckungsarbeit‹ gibt. Ein Leitgedanke der Einbürgerungsdebatte der zweiten Hälfte des 17. Jahrhunderts[218] lautet, daß aus der Integration der fremden Intelligenz die eigene Bereicherung folge. Vorschläge werden also dahingehend gemacht,

---

217 Pufendorf, *De jure naturae et gentium*, V, XII, 3, S. 541. Auch Aulus Gellius (Noctes Atticae. XIX, 13. Leipzig 1987, S. 174) führt eine solche Stelle auf, in der Apollinaris Sulpicius in einem Streit um die *latinitas* von »nanus« seinem Gesprächspartner erwidert: »Allein hättest du nur [...] dieses Wort deines Gebrauchs gewürdigt, dann wäre ihm gewissermaßen das volle Bürgerrecht, zumindest aber das einer lateinischen Tochterstadt, geschenkt worden.« Ein dritte Variante findet sich bei Locke, *An Essay concerning Human Understanding*, III, II, 8, S. 12. Einer ausführlichen Verwendung dieses Topos' begegnen wir im *Frauenzimmergespräch* über die *fremden Wörter*; Harsdörffer, *Frauenzimmer Gesprächspiele*, II, LXX, 12, S. 173–183.

218 Auf die Bedeutung der Einbürgerung zur ›Volksreichmachung‹ hatte schon Bacon in seinem Essay *Of the True Greatness of Kingdoms and Estates* (1612) hingewiesen. Francis Bacon: The Essays (1597/1612), XXIX. Hg. v. J. Pitcher. Harmondsworth 1985, S. 150f. Zur ökonomischen Bedeutung der – aus Gründen der Konfession verfolgten – Kolonisten vgl. Sébastien Le Prestre de Vauban: *Mémoire pour le rapport des Huguenots* (1689), Carrières-sous-Poissy 1985; Hörnigk, *Österreich über alles*, XXVIII, S. 125; Pierre de La Court äußert in seinen (Pseudo-)*Mémoires* de Jean de Witte (Den Haag 1709, S. 42) klar die Politik Hollands: »la liberté de Religion est le meilleur moyen pour attirer & pour conserver les Etrangers«, schränkt diese Freiheit im folgenden jedoch ein: »pourvue qu'elle [die Religion] ne soit pas contraire à notre gouvernement.« La Court vertritt hier die Ideen Lockes in etwas radikalerer Form; vgl. John Locke: *Essay concerning Toleration* (1667) und die daran anschließend harsche Auseinandersetzung um die ›Rentabilität‹ der Toleranz; vgl. die Darstellung bei Euchner, *Naturrecht und Politik*, S. 218f. und vor allem S. 294. Einen Höhepunkt erreicht die Debatte mit Josiah Tuckers *Reflections on the Expediency of a Law for the Naturalization of Foreign Protestants* (1751/52). (Zu Titel und Verfasserschaft der oben genannten *Mémoires* vgl. Pierre Deyon: Le mercantilisme. Paris 1969, S. 39.)

konfessionelle Flüchtlinge aufzunehmen, Religionsverbote aufzuheben und ausländischen Kunst- und Sachverständigen Privilegien zu erteilen. Nicht jeder Ausländer und jede Ausländerin profitierten der eigenen Wohlfahrt in gleichem Maße, obwohl sie alle potentiell immer auch einen Soldaten oder eine Mutter, sicherlich aber eine Erweiterung des Binnenmarktes darstellten; der Vorzug gilt einer technischen Elite, die im eigenen Land unterrepräsentiert ist. Ebenso sollen Wörter sparsam und wohlgewählt Aufnahme finden, denn die Überfremdung könnte zum Verlust der eigenen kulturellen – respektive konfessionellen – Grundlage führen. Leibniz glaubt ja, wie eingangs erwähnt, die eigenen Gedanken, den eigenen Reichtum in fremder modischer Gestalt teuer zu bezahlen. Wieso sollte jedoch in der merkantilistischen Währungslogik nicht die fremde Münze im eigenen Land in Umlauf gesetzt werden? Dudley North benutzt in seiner Antwort ein Argument, das sich den Klagen der ausländischen Übervorteilung anschließt:

> But a Country which useth Forreign Coyns, hath great disadvantage from it; because they pay strangers, for what, had they a Mint of their own, they might make themselves. For Coyned Money, as was said, is more worth than Uncoyned Silver of the same weight and alloy; that is, you may buy mor Uncoyned Silver, of the same fineness with the Money, than the Money weighs; which advantage the Stranger hath for the Coynage.[219]

Wieder ist die Übernahme des Fremden gleichbedeutend mit der Bereicherung fremder Länder. Die Prägung macht aus dem *universal barter* das Nationalgeld und trägt mit dem Zeichen fremder Macht die internationale Bedrohung ins Land: Fremdes Geld ist ein Zeichen eigener Armut. Leibniz begegnet diesem Umstand, indem er die Einbürgerung weniger und guter Worte zum Kriterium der eigenen Stärke macht. Gerade weil die deutsche Sprache von Alters her so reich und kräftig sei, könne sie sich die paar Immigranten leisten, ohne sich dabei zusätzlich zu korrumpieren. Denn wie das Licht den Schatten voraussetzt, die Allgüte Gottes die Sünde, so verstärkt die *Unreinigkeit* die Wirkung einer wesentlich reinen Sprache, während die *Scheinreinigkeit* und der Verzicht auf *ein fremdes aber bequemes Wort entkräfte*:[220]

> Ich erinnere mich gehöret zu haben, daß wie in Frankreich auch dergleichen Rein-Dünkler aufkommen, welche in der That, wie Verständige anitzo erkennen, die Sprache nicht wenig ärmer gemacht, da solle die gelehrte Jungfrau von Gournay, des berühmten Montagne Pflege-Tochter, gesaget haben: was diese Leute schrieben, wäre

---

[219] North, *Discourses Upon Trade*, S.16f. Das Aufgeld – *Agio* – spielt in der englischen Münzpolitik eine wichtige Rolle, da England das einzige Land war, das kostenlos Silber prägte. Münzreform und Münzflucht, wie auch der Goldpreis, hängen nach Newton zusammen. Isaac Newton: Vorstellung der Geld- und Silberspecien, mit derselben gerechten Werth durch gantz Europa (1717). In: Joh. Philip Graumann: Gesammelte Briefe von dem Gelde. Berlin 1762, S.107ff. Newtons Vorschläge bilden gleichsam den Gegenentwurf zu Leibniz' *Denkschrift* (siehe Seite 125.)

[220] *Unvorgreifliche Gedanken*, § 16, H II, S.524.

> eine Suppe von klarem Wasser, (un bouillon d'eau claire) nehmlich ohne Unreinigkeit und ohne Krafft.[221]

Eine Sprache, wo *weder Kraft noch Saft darin,*[222] taugt nichts. Nichtsdestoweniger erhebt Leibniz die Forderung nach *Reinigkeit*. Sind die Sprache und ihre Wörter nämlich Spiegel einer Nation, so gilt es das Bild zu pflegen und minderwertiges Sprachgut zu vermeiden. Die Zirkulation einer zu großen Anzahl von Scheidemünzen, von gefälschtem oder vermindertem Geld etc. führt zum Verlust der obrigkeitlichen Autorität und der verbindlichen Wirkungen von Zeichen:

> the Dishonour that accompanies base Money's, is of a more important Inconvenience than all the rest, for what can be more dishonourable than to have the Image of the Prince, or the Mark of the Publick Attestation impressed upon false and counterfeited stuff: according to the saying of an Emperour, Quid enim erit tutum si in nostra peccetur Effigie?[223]

Der Kredit hängt von der Echtheit ab; über diesen entscheidet die Öffentlichkeit, der Markt. Die *Wurzelworte* genügen sowohl dem Kriterium der *Kraft*, also auch demjenigen der *Reinigkeit*; die Verbindung beider ist gleichsam das Zentrum der Leibnizschen Sprachideologie, die seit seiner Frühschrift *De stylo Marii Nizolii* in einem – zumindest – problematischen Verhältnis zu seiner Universalsprache steht:

> In Germania inter alias causas, idea fixior est scholastica Philosophia, quod sero, et ne nunc quidem satis, germanice philosophari coeptum est. Illud tamen asserere ausim, huic tentamento probatorio atque examine philosophematum per linguam aliquam vivam, nullam esse in Europa linguam Germanica aptiorem, quia Germanica in realibus plenissima est et perfectissima, ad invidiam omnium caeterarum, cum artes reales et inter eas mechanicae a multis seculis a nulla gente sint diligentius excultae, usque adeo ut ipsi Turcae in fodinis Graeciae et Asiae minoris vocabulae metallicis Germanorum utantur. Contra ad commentitia exprimenda lingua Germanica est facile ineptissima, longe quidem Gallica Italicaque et caeteris latinae propaginibus ineptior, quia in Latinae filiabus, voce Latino-barbara leviter inflexa statim fit Gallica aut Italica non-barbara, unde et multa philosophiae Scholasticae in Gallicum quomodocunque tamen translata habentur; at in Germania nemo hactenus tale quicquam, nisi omnium sibilis exceptus tentavit.[224]

---

[221] Ebd. § 17, S. 525.

[222] *Ermahnung an die Deutschen*, Rec, S. 73.

[223] Rice Vaughan: A Discourse of Coin and Coinage: The first Invention, Use, Matter, Forms, Proportions and Differences, ancient & modern: with the Advantages and Disadvantages of the Rise or Fall thereof, in our own or Neighbouring Nation: and the Reasons (1675), S. 53.

[224] *Marii Nizolii de veris principiis philosophandi contra pseudophilosophos* (1670), G IV, S. 144. Zu Nizolio vgl. Panajotis Kondylis: Die neuzeitliche Metaphysikkritik. Stuttgart 1990, S. 115–129.

Die für den jungen Leibniz noch selbstverständliche Ablehnung des scholastischen Denkens äußert sich sprachkritisch. Bei Hobbes war es die Verwechslung zwischen Geld und Wörtern, die das Überleben der scholastischen Philosophie garantierte; bei Leibniz lieferte die deutsche Sprache den Prüfstein dafür, ob es sich bei den Ideen denn auch wirklich um Geld handle.

Das sinnliche Verhaftetsein der deutschen Sprache ist dabei die hervorstechende Eigenschaft, die sie über die andern Sprachen erhebt und in ein homogenes Verhältnis mit dem sinnlich Erfaßten bringt:

> daß die Deutschen ihre Sprache bereits hoch gebracht in allem dem, so mit den fünf Sinnen zu begreifen ist und auch dem gemeinen Mann vorkommen absonderlich in leiblichen Dingen, auch in Kunst und Handwerksachen; [...] daß es keine Sprache in der Welt gibt, die zum Exempel von Erz- und Bergwerken reicher und nachdrücklicher rede als die deutsche.[225]

c. *Maßstab*

Es ist jedoch diese ästhetische Komponente nicht das einzige Wahrheitskriterium von Sprache und Geld. In einer Definitionsreihe zu einer geplanten Enzyklopädie, die Leibniz wahrscheinlich zwischen 1702 und 1704 entworfen hat, liefert er in der Rubrik *Supellex varia* auch eine Definition des Geldes:

> *Pecunia* est materia pretii noti apta ad aliarum rerum pretia, ad exiguas usque partes, mensuranda.[226]

Diese Betonung der Maßstab-Funktion finden wir schon in frühen Schriften: so schreibt der junge Leibniz in *De Tribus juris praeceptis sive gradibus* der menschlichen *ratio* die selbe Funktion beim ›Ermessen‹ tugendhafter Handlungen im Hinblick auf das *honeste vivere* zu:

> Est enim ratio in rebus omnibus quod pecunia in commercio, certa nimirum et constans mensura cui fidi possit ubicunque terrarum simus.[227]

Angesichts der zentralen Rolle, welche die Problematik des Maßstabes in der Erkenntnistheorie Leibniz' spielt, erscheint weder die Definition des Geldes als Maßstab noch dessen Verwendung als ›tertium comparationis‹ im Vegleich *ratio-pecunia* als besonders klärend: Maßstäbe seien abstrakt nicht begreifbar, d.h. ihre Bedeutung könne nur durch wirkliche Maße als empirische Gegenstände erfaßt und bewahrt werden,[228] so daß Definitions-

---

[225] *Unvorgreifliche Gedanken*, § 9, S. 8.
[226] ›*Table de définitions*‹ (1702–1704), Couturat, S. 469.
[227] *De tribus juris praeceptis sive gradibus* (1667?), Grua II, S. 609.
[228] *Nouveaux Essais sur l'entendement humain* (1701–1704), S. 134: »On ne sauroit dire ny comprendre par l'esprit ce que c'est qu'un pouce ou un pied. Et on ne sauroit garder

versuche unweigerlich zu einem ›regressus ad infinitum‹ führten. Die Unterscheidung zwischen rein geistigem Begreifen und Begreifen durch Vergleichen geht auf die Unterscheidung zurück, die Leibniz zwischen dem Erkennen der Qualitäten und demjenigen der Quantitäten in den *Initia rerum mathematicarum metaphysica* entwickelt:

> Die *Quantität* oder Größe ist diejenige Bestimmung der Dinge, die in ihnen nur durch *ihr unmittelbares, gleichzeitiges Beisammensein (oder durch ihre gleichzeitige Wahrnehmung) erkannt werden kann.* So ist es z. B. unmöglich, zu erkennen, was der Fuß und die Elle ist, wenn man nicht ein wirklich gegebenes Objekt als Maßstab zugrunde legt und es sodann nacheinander mit verschiedenen Gegenständen zusammenbringt. Was ›ein Fuß‹ ist, kann daher durch keine Definition vollständig erklärt werden, d. h. durch keine, die nicht wiederum eine Bestimmung derselben Art in sich schlösse.[229]

Der Maßstab wird also selber wieder gemessen; er ist zugleich Verglichenes und Vergleichendes. Im Gegensatz zur Qualität ist die Quantität immer von einem Maßstab abhängig, der ihre Erkenntnis erst ermöglicht.[230] Montanari kommt das Verdienst zu, die daraus resultierende Konsequenz für die Geldwerttheorie in aller Schärfe gefaßt zu haben:

> Ma, perché egli è proprio ancora delle misure d'aver sí fatta relazione colle cose misurate, che in certo modo la misurata divien misura della misurante (ond'è che, siccome il moto è misura del tempo, cosí il tempo sia misura del moto stesso), quindi avviene che non solo sono le monete misure de'nostri disidèri, ma vicendevolmente ancora sono i disidèri misura delle monete stesse e del valore; [...][231]

Das Argument, daß die Qualitäten ›per se‹, die Quantitäten aber ›per accidens‹ erfaßt werden, bringt diese scholastischen Begriffe in ein neues Verhältnis zueinander. Leibniz bildet nur angeblich die thomistische Trichotomie Qualität/relative Kategorie/Quantität der *modi* der Prädikate nach, die das Subjekt in sich, in Relation zu einem Dritten oder in sich in Beziehung auf ihre Materie bezeichnen;[232] in Wirklichkeit richtet sich die ›perseitas‹ seines Qualitätsbegriffes nach der Vorstellung der *forma substantialis*, und die *Ähnlichkeit* als Erkenntnisgrundlage der Qualität bietet das Mittel, die Identität von *Form* oder *Figur* zu bestimmen:[233] Ähnlichkeit, so könnten

---

la signification de ces noms que par des mesures reelles qu'on suppose non-changeantes, par lesquelles on les puisse tousjours retrouver.«

229 *Initia rerum Mathematicarum metaphysica* (1715?), Math VII, S. 18 (H I, S. 55).

230 *De Analysi situs* (1679?), Math. V, S. 180f (H I, S. 72)

231 Montanari, *La Zecca in consulta di stato*, S. 255f.

232 Thomas von Aquin: Expositionem in Duodecim Libros Metaphysicos Aristotelis. V, Lectio IX. In: Divi Thomae Aquinatis [...] Bd. IV. Venedig 1593, S. 64G.

233 *Brief an Jacob Thomasius vom 6. Okt. 1668*, G I, S. 10: »Neque enim absurdum est, intimam partium figuram dici formam substanitalem: nihil enim in rebus corporeis figura prius, simplicius et a materia abstractius cogitando consequi licet.« Zur Bedeutung dieses Briefes in der Entwicklung von Leibniz' Denken vgl. Konrad Moll: Der junge

wir kurz formulieren, ist (Teil-)Gleichheit in Absehung der konkreten Maße, d.h. des unmittelbaren Vergleichs.[234] Die Geometrie, insbesondere die *Analysis situs*,[235] ist die Wissenschaft, die versucht, diese Formen oder Figuren dem Kalkül zur Verfügung zu stellen, da die Erkenntnis dieser Einheiten das Wesen, der Vergleich mit dem Maßstab aber nur die Größenverhältnisse der Dinge untereinander erfaßt. Es gilt also vorerst einen klaren – und wie zu zeigen sein wird – intuitiven Begriff der Maßeinheit zu erlangen, die den Bezug zwischen der weitgreifenden Rechnerei der Leibnizschen *scientia generalis* und der empirischen Erkenntnis herstellen könnte.

Ein zweiter Weg muß jedoch noch eingeschlagen werden, bevor das Verhältnis zwischen Qualität, Quantität und Maßstab im Hinblick auf das Geld befriedigend dargestellt werden kann. Es handelt sich um die Unterscheidung zwischen *entia moralia* und *entia physica* bei Pufendorf[236] und ihrer Verbindung zur Geldwerttheorie. Die Unterscheidung beruht auf der nun schon bekannten Dichotomie von göttlicher *creatio* und menschlicher – oder göttlicher – *impositio*.[237] Die Untersuchung der moralischen Einheiten ist Gegenstand des Naturrechts, da die Kenntnis und Ausübung seiner Rechte und Pflichten den Menschen erst zum Menschen machen.[238] Die *res morales* seien wissenschaftlich, obwohl sie von unserem Willen und somit vom Zufall abhingen, da ihre *inductio* durch den Schöpfer sich zum größten Teil aus der menschlichen *conditio* mit Notwendigkeit ergebe und da die Entscheidung zwar frei (und somit kontingent), die Folgen aber notwendig

---

Leibniz. Bd. I. Die wissenschaftstheoretische Problemstellung seines ersten Systementwurfs. Der Anschluß an Erhard Weigels Scientia Generalis. Stuttgart 1978, S. 18ff. Zu den Bedeutungsdifferenzen zwischen *figura* und *forma* vgl. ders.: Der junge Leibniz. Bd. II. Der Übergang vom Atomismus zu einem mechanistischen Aristotelismus. Der revidierte Anschluß an Pierre Gassendi. Stuttgart 1982, S. 178f.

234 Zur Bedeutung der Ähnlichkeit Louis Couturat: La Logique de Leibniz. D'après des documents inédits. Paris 1901, vor allem S. 410ff. und Yvon Belaval: Leibniz critique de Descartes. Paris 1960, S. 238ff.

235 Vgl. *De Analysi situs*, Math. V, S. 181; zit. nach H I, S. 73. Die ›Analysis der Lage‹ ist eine Form der Erkenntnis, die versucht, sinnliche Anschauung aus *Symbolen* abzuleiten (S. 76), eine Art Rechenpfennig-Kalkül in Sachen Geometrie.

236 Pufendorf greift hier eine Unterscheidung auf, die von Erhard Weigel zumindest angeregt wurde; vgl. Notker Hammerstein: Samuel Pufendorf. In: *Staatsdenker im 17. und 18. Jahrhundert*, S. 178; Karl-Heinz Ilting: Naturrecht und Sittlichkeit. Begriffsgeschichtliche Studien. Stuttgart 1983, S. 84.

237 Pufendorf, *De jure naturae et gentium*, I, I, 4, S. 3. Die *impositio* ist als »Interpretation« der *entia moralia* zu lesen, vgl. Wolfgang Proß: »Natur«, Naturrecht und Geschichte. Zur Entwicklung der Naturwissenschaften und der sozialen Selbstinterpretation im Zeitalter des Naturrechts (1600–1800). In: Internationales Archiv für Sozialgeschichte der deutschen Literatur Bd. 3 (1978), S. 53. In unserem Zusammenhang können wir auch von ›Prägung‹ sprechen, da die vorgegebenen *entia physica* analog zur Wort- und Geldbildung mit einem Wert versehen werden.

238 Pufendorf, *De jure naturae et gentium*, I, I, 7, S. 4f.

seien.[239] Die moralischen Entitäten umfassen nach Ansicht Pufendorfs – in Analogie zum Substanzbegriff der physikalischen Entitäten – moralische Personen[240] und – in bezug auf ihre Form – *modi*, die unterschieden werden in *modus affectivus* und *modus aestimativus*, d. h. Qualität und Quantität.[241] Der zweite Modus, die moralische Quantität, heißt Wertschätzung – *existimatio* – in bezug auf Personen oder aber Preis bzw. Wert in bezug auf Dinge.[242] Dieser *modus* basiert auf dem Vergleich:

> Deprehendimus ergo in vita communi res invicem dici aequales, non solum quod coincidant secundum tres dimensiones, sed & alio quodam respectu. Sic enim dignitates, operae, merces, aequales invicem aut inaequales dicuntur alio intuitu, quam ob coincidentiam dimensionum. Inde necessum est dari aliquam quantitatem praeter physicam & mathematicam, circa quam solam hactenus Philosophi videntur soliciti fuisse. Id quod clarius adparebit, si attendamus, quantitatis universim sumtae rationem formalem consistere non in extensione substantiae, sed ut ita dicam, in aestimativitate; seu ideo primò res dicuntur quantae, quatenus aestimari possunt, & consequenter inter se comparari, utrum aequales sint, an inaequales.[243]

Der Preis kommt den Sachen durch den Vergleich zu, was ihrem Eintritt in den Handel, – kurz dem Markt – entspricht:

> [...] *pretium*. Quod est quantitas moralis seu valor rerum & actionum in commercium venientium, secundum quam illae invicem comparari solent.[244]

Die Analogie zwischen moralischer und physikalischer Welt, zwischen Kultur und Natur, erlaubt zwar einerseits eine Annäherung von Moral- und Naturlehre, verhindert aber andererseits gerade durch das *aestimare*, daß aus dem *comparari solent* ein ›comparari debent‹ oder ›comparati sunt‹ werde. Quantifizierbarkeit und Vergleich kommen wie bei Leibniz zur Deckung. Die Position Pufendorfs und Leibniz' scheint mit derjenigen Descartes' übereinzustimmen, der Messen und Vergleichen ebenfalls gleichsetzt;[245] sie steht jedoch in einem wesentlichen Punkt in Opposition zu Descartes, der gemäß dem Prinzip *quantitas sive materia* in der Dimension – der ausgedehnten Substanz – das Meßbare schlechthin sieht.[246]

---

239 Ebd. I, II, 5, S. 17f.

240 Ebd. I, I, 12, S. 7: Die moralischen Personen zerfallen wiederum in eine Reihe von Bestimmungen, deren Kriterium die gesellschaftliche Funktion der Person ist.

241 Ebd. I, I, 17, S. 11.

242 Ebd. I, I, 22, S. 14.

243 Ebd. V, I, 2, S. 457f.

244 Ebd. V, I, 2, S. 458.

245 René Descartes: Regulae ad directionem ingenii. Reg. XIV. In: Œuvres philosophiques. Hg. v. Ferdinand Alquié. Bd. I. Paris 1963, S. 180: »L'unité est cette nature commune dont doivent participer à titre égal [...] toutes les choses qu'on compare entre elles.« Der Text der *Regulae* dürfte 1628 verfaßt worden sein, erschien jedoch erst 1684 zuerst auf flämisch und 1701 dann auf lateinisch.

246 Ebd. S. 178: »Par dimension, nous n'entendons rien d'autre que le mode et le rapport

Die Anwendung der Bewertung als moralisches Urteil – in Analogie zu »Wert« als naturwissenschaftlicher Größe – auf die Probleme der Preisbildung lassen Pufendorf auf den ersten Blick als einen Gegner der zunehmenden Mathematisierbarkeit bei der Analyse ökonomischer Probleme erscheinen. Und in der Tat sind die von Pufendorf zur Beschreibung der Preisbildung gewählten Parameter weder neu noch originell: Sie, *utilitas* und *raritas*, stammen aus der aristotelischen Tradition[247] – ja, sie bleiben häufig in der Interpretation hinter dem Stand der scholastischen Diskussion zurück.[248] Andererseits liefert Pufendorfs systematische Behandlung des Quantitätsbegriffes in *moralia* eine theoretische Basis zur Beurteilung des Geldes als ›Maß aller Dinge‹, die subjektive Faktoren mitberücksichtigt.

Leibniz ist trotz seiner (meist) ablehnenden Haltung gegenüber Pufendorf[249] dessen Gedanken nicht nur in der Terminologie[250] verwandt, sondern nähert sich auch in zentralen Punkten seiner Rechtsmetaphysik dessen Naturrechtslehre an, jedoch nur was die Problemstellung angeht:

> metaphysica juris [...] seu Ens naturale oppositum morali.[251]

---

sous lequel un sujet quelconque est considéré comme mesurable.« Soweit ich sehen kann, ist der Einfluß von Descartes auf die Geschichte der Ökonomie äußerst gering. Im Vorwort zu Norths *Discourses Upon Trade* (S. Vf.) äußert zwar der – wahrscheinlich fiktive – Herausgeber, daß hier die Prinzipien Descartes befolgt würden, gibt jedoch im folgenden zu erkennen, was hierunter zu verstehen ist: »This Method of Reasoning hath been introduc'd with the new Philosophy, the old dealt in Abstracts more than Truths; and was employed about forming Hypotheses, to fit abundance of precarious and insensible Principles; such as the direct or oblique course of the Atomes *in vacuo*, Matter and Form, Privation, solid Orbs, *fuga vacui*, and many others of like nature; whereby they made sure of nothing; but upon the appearance of *Des Carte's* excellent dissertation de Methodo, so much approved and accepted in our Ages, all those Chymera's soon dissolved and vanisht.
And hence it is, that Knowledge in great measure is become Mechanical; which word I need not interpret farther, than by noting, it here means, built upon clear and evident Truths.« Der Grund für die geringe Beachtung von ökonomischer Seite her mag darin liegen, daß die cartesianische Physik bei quantitativen Aussagen versagte. Vgl. Hans Günther Dosch u.a.: Einführende Bemerkungen zum physikalischen Weltbild im 17. Jahrhundert. In: Spec, S. XIVf.

247 Hutchison, *Before Adam Smith*, S. 41, 97–99.

248 Vgl. Langholm, *Price and Value*, S. 104.

249 »Vir parum Jurisconsultus, minime Philosophus.« *Brief an Heinrich Ernst Kestner vom 21. Aug. 1709* Dutens IV/3, S. 261.

250 Vgl. etwa *Notae in tabulam jurisprudentiae* (1696?), Grua II, S. 803: »jus [...] significat qualitatem moralem in communi, id est tam potestatem quam obligationem.« Die Verdoppelung des Rechtsbegriffs in subjektive Freiheit – das Recht, etwas zu tun oder nicht zu tun – und objektive Verbindlichkeit – es ist Recht, etwas zu tun oder nicht zu tun – kann nur durch die Trennung zwischen moralischer und physikalischer Sphäre aufrecht erhalten werden, da die Freiheit einen unabhängigen Handlungsspielraum voraussetzt.

251 ›*Varia*‹ (1695–96?), Grua II, S. 819.

Die ›neo-aristotelische‹[252] Begründung des wissenschaftlichen Vorgehens aus der Notwendigkeit – Natur der Sache – einerseits und der Kontingenz – Freiheit der Wahl – andererseits hängen eng mit Leibniz' *Theodicee*-Gedanken zusammen:[253] Beiden Autoren geht es darum, die Willensfreiheit theoretisch zu retten,[254] ohne dabei auf die von der ›neuen‹ Wissenschaft geforderten Methode und ihrer Voraussetzung, der Gesetzmäßigkeit, zu verzichten. Ihre Thesen stellen gleichsam die Vorder- und Rückseite einer Aporie dar, wobei Pufendorf die Gesetzmäßigkeit der Kontingenz aus dem Wesen der *Kreatur*, Leibniz die Möglichkeit der Kontingenz trotz ›Bester Ordnung‹ unter Wahrung der Kontinuität der moralischen Person zu erklären trachtet. Leibniz sieht im Gegensatz zu Pufendorf die moralische Ordnung nicht als eine hinzutretende Interpretation, sondern als einen koexistenten Aspekt der Heilsordnung, an der die moralische Person partizipiert. Im Kampf gegen die epikuräische ›Macht des Zufalls‹[255] und den Voluntarismus verfällt Leibniz selber einer naturalistischen Position, deren Monismus die Mathematisierbarkeit über den von Pufendorf eingeräumten Bereich hinaus befördert.

Die Ablehnung, die Pufendorfs Ansichten bei Leibniz erfahren, hängen mit dem Verdacht der Gottlosigkeit und des Voluntarismus zusammen,[256] den Leibniz wiederholt gegen den Juristen ins Feld führt. Die Nähe, die er zwischen Hobbes und Pufendorf zu sehen glaubt, verleitet ihn, Pufen-

---

[252] Die anti-scholastische ›Wiederentdeckung‹ des ›wahren‹ Aristoteles, wie sie Erhard Weigel betrieb, hängt aufs engste mit der Einführung der mathematisch-demonstrativen Methode in die praktische Philosophie Pufendorfs und Leibniz' zusammen, deren beider Lehrer Erhard Weigel in Jena war. Leibniz bezichtigt Pufendorf sogar, Weigel zu plagiieren; vgl. Hans Welzel: Naturrecht und materielle Gerechtigkeit. Prolegomena zu einer Rechtsphilosophie. Göttingen 1951, S. 146. Zum Einfluß Weigels auf Leibniz' *Ersten Systementwurf* vgl. Moll, *Der junge Leibniz I*; zum Verhältnis Weigels zu Leibniz' Naturrechtsphilosophie vgl. Schiedermair, *Das Phänomen der Macht*, S. 23 und Schneider, *Iustitia Universalis*, S. 23, 33ff.

[253] Diesen Zusammenhang stellt auch Ilting (*Naturrecht und Sittlichkeit*, S. 85) fest: »Die prinzipielle Unterscheidung zwischen einer natürlichen und einer normativen Ordnung bei Pufendorf erweist sich so als die Grundlage der Unterscheidung zwischen einem Reich der Natur und einem Reich der Freiheit bei Leibniz, Kant und Hegel.« Vgl. auch die Belege ebd.

[254] Und zwar vor deren Bedrohung durch Hobbes. Dazu: Kondylis, *Die Aufklärung im Rahmen des neuzeitlichen Rationalismus*, S. 163.

[255] Leibniz verbindet das *clinamen*-Theorem (die Abweichungen der Atome von ihrer Bahn im Atomregen) der epikuräischen Kosmogonie mit seiner Kritik am angeblichen moralischen Indifferentismus Bayles. *Essais de Théodicée* (1710), § 304, G VI, S. 297.

[256] Vgl. Yves-Charles Zarka: Le droit naturel selon Leibniz. In: La notion de nature chez Leibniz. Hg. v. Martine de Gaudemar. Studia Leibnitiana. Sonderheft 24. Stuttgart 1995, S. 182–184.

dorfs grundlegenden Differenzen und die eigenen Übereinstimmungen[257] mit dem Denken des englischen Skandalphilosophen zu übersehen. Diese polemische Abschottung scheint umso verwirrender, da Pufendorf im strittigen Punkt vielleicht eine klarere Gegenposition zu Hobbes vertritt als Leibniz. Hobbes nämlich identifiziert zwar in seinen naturrechtlichen Überlegungen die Faktizität mit ethischem und politischem Sollen, zugleich gründet er aber die Macht ›artifizieller‹ positiver Gesetze in absoluter Verbindlichkeit und postuliert dies als unerläßlich für die bürgerliche Gesellschaft.[258] Natürlich versucht Hobbes diese beiden Aspekte in Einklang miteinander zu bringen, d.h. den Normativismus aus dem Naturalismus abzuleiten. Als Grundidee erscheint dabei die Vorstellung eines Naturzustandes der Freiheit, die nach der Schließung des Gesellschaftsvertrages aufgehoben wird zugunsten einer letztlich radikalen Hörigkeit gegenüber den Interessen des Staates. Die Freiheit des Naturzustandes kommt nur noch dem Souverän zu, der über die dazu erforderliche Macht verfügt. Diese Macht fungiert in Hobbes' politischer Konzeption folglich als Element des Naturrechts und nicht des positiven Rechts, und so ist es nur folgerichtig, daß er hier sich seiner mechanisch-deduktiven Methode bedient. Wie bereits aufgeführt erscheint bei Hobbes Macht oder Freiheit als Abwesenheit physikalischer Widerstände. Es ist der grundlegende Begriff der Bewegung und die Möglichkeit der Kraftberechnung, die zusammen den Forderungen Bacons genügen und die geometrische Methode bruchlos auch auf politische Fragestellungen anzuwenden ermöglichen.

Im Gegensatz hierzu behauptet Pufendorf, daß die Freiheit auf ein *inneres* Handlungs*vermögen* zurückgehe,[259] während Leibniz versucht, *obligatio* und *potentia* ontologisch zu vernetzen, indem er die Modalitäten mit der moralischen Qualität des Menschen in eine Gleichung bringt:

Iustum, Licitum Iniustum, Illicitum Aeqvum, Debitum Indifferens	est qvicqvid	possibile impossibile necessarium contingens	est fiere à Viro Bono.

[...]

IUS est potentia Obligatio est necessitas	viri boni.[260]

---

[257] Vgl. Konrad Moll: Die erste Monadenkonzeption des jungen Leibniz und ihre Verbindung zur mechanistischen Wahrnehmungstheorie von Thomas Hobbes. In: Leibniz' Auseinandersetzung mit Vorgängern und Zeitgenossen. Hg. v. Ingrid Marchlewitz u. Albert Heinekamp. Studia Leibnitiana Supplementa. Bd. XXVII. Stuttgart 1990, S. 52–62; Pierre Naville: Thomas Hobbes. Paris 1988, S. 109–126.

[258] Zu diesem Hobbes-Problem vgl. Norbert Bobbio: Thomas Hobbes and the Natural Law Tradition. Übers. v. Daniela Gobetti. Chicago 1993, S. 114–148 sowie Ilting, *Naturrecht und Sittlichkeit*, S. 75.

[259] Pufendorf, *De iure naturae et gentium*, II, 1, 2, S. 99f.; vgl. Ilting, *Naturrecht und Sittlichkeit*, S. 84.

Die moralische und die natürliche Ordnung kommen in dieser Konstrukiton mit dem erwähnten ›metaphysischen Utilitarismus‹ zusammen und verschmelzen zu einem – gewollten oder ungewollten – Naturalismus, der Veranlagung[261] und logische Richtigkeit unterschiedslos nebeneinander stellt: *Injustum est qvod absurdum est, qvod contradictionem implicat fieri à viro bono.*[262] Damit ist aber bei Leibniz auch der Weg zur prinzipiell identischen Behandlung von Theorie und Praxis wie auch zur Quantifizierbarkeit des politischen Teilbereichs Ökonomie geebnet.

Die drei erwähnten Positionen – Hobbes, Pufendorf, Leibniz – heben, wenn auch in unterschiedlichem Maße, die Eigengesetzlichkeit des Moralischen gegenüber dem Physischen auf und ermöglichen die Anwendung neuer Methoden im Bereich der Sozialwissenschaften, die den Versuch darstellen, die *aestimatio* der *computatio* anzugleichen. Dieses Projekt der universellen Quantifizierbarkeit zeigt sich besonders klar in der Entwicklung der Mittel zur ökonomischen Analyse, wie sie vor allem in der neuen Behandlung des Preises und der Bedürfnisse hervortritt. Als berühmtestes Beispiel dieser Veränderung in der politischen Ökonomie gilt wohl die *Political Arithmetick* Pettys, deren methodische Prinzipien bereits in der Einleitung umrissen werden:

> The Method I take to do this, is not yet very usual; for instead of using only comparative and superlative Words, and intellectual Arguments, I have taken the course (as a Specimen of the Political Arithmetick I have long aimed at) to express my self in Terms of *Number, Weight,* or *Measure;* to use only Arguments of Sense, and to consider only such Causes, as have visible Foundations in Nature; leaving those that depend upon the mutable Minds, Opinions, Appetites, and Passions of particular Men, to the Consideration of others.[263]

Damit zitiert Petty nicht nur das Alte Testament,[264] sondern er wiederholt in Kürze das methodische Programm der *Royal Society,*[265] zu deren Grün-

---

260 *Elementa juris naturalis* (1671?), AA VI/1, S. 480.

261 Leibniz zitiert in diesem Zusammenhang illustrativ die dt. Wendung: »*Er kans nicht übers Herz bringen*, uti significanter Germani loqvuntur.« Ebd. S. 480. Vgl. auch *Nouveaux Essais,* I, II, passim., G V, S. 81–92.

262 Ebd. S. 480.

263 William Petty: Political Arithmetick (1676/1690). In: *Economic Writings*, I, S. 244.

264 Wsh 11,20: »Doch du hast alles nach Maß und Zahl und Gewicht geordnet.« Die Ambiguität dieser wissenschaftlichen Forderung ist also beachtlich: Einerseits versucht der Forscher, Gottes Plan adäquat darzustellen, andererseits setzt er sich so in die Lage, Gott zu ersetzen. Zum ›gespannten‹ Verhältnis zwischen Geometrie, Mathematik und Religion: Pierre Thuillier: Les passions du savoir. Essais sur les dimensions culturelles de la science. Paris 1988, S. 9–22.

265 Hutchison, *Before Adam Smith*, S. 37. Nach Birch (History of the Royal Society. IV, S. 193; zit. n.: Charles Henry Hull: Petty's Economic Writings. In: The Economic Writings of Sir William Petty, S. lxiv) soll Petty in einer Sitzung der Royal Society eine dahingehende Eingabe gemacht haben: »Sir William Petty cautioned, that no word might be used but what marks either number, weight or measure.«

dern er zählt. Das von ihm erwähnte Vorgehen nach Zahl, Gewicht und Maß setzt er in seinem Werk immer wieder um: Statistik zur Erfassung der Population, Berechnung der Fläche des Königreichs, Anwendung eines Maßstabs zur Berechnung des natürlichen Preises oder Wertes. Die aristotelische Tradition, wie wir sie bei Pufendorfs Behandlung des Preises vorfanden,[266] und ihre sich ständig wiederholenden Aussagen der Art »je weniger, desto teurer« (*comparative und superlative words*) genügen Petty nicht. Sein Interesse gilt den Dimensionen und wissenschaftlichen Gesetzen, die wirtschaftliche Mechanismen jenseits menschlicher Intervention bestimmen.[267] So versucht er den Preis der Arbeitskräfte in Relation zum Bodenertrag – Boden und Arbeit sind für Petty wie für Hobbes[268] Reichtum – zu setzen und stipuliert so etwa, daß die Arbeitszeit zur Gewinnung, Herbeischaffung und Prägung des Geldes gleich derjenigen für die Menge Getreide sein müsse, die dem Geldwert entspreche;[269] dies führt ihn sogar dazu, das menschliche Leben in Pfunden auszudrücken.[270]

Die Parität zwischen Wert und Arbeitszeit, die Petty für alle Waren einschließlich des Geldes behauptet, scheint ihn in die Nähe des *justum pretium* der aristotelisch-thomistischen Tradition zu führen, wie sie vielen Scholastikern aus der von Aristoteles beschriebenen Proportionierbarkeit der Produkte eines Architekten und eines Schuhmachers hervorzugehen schien. Die Stelle kann in der Tat so verstanden werden, als ob Aristoteles den Wert der Arbeit unter Berücksichtigung ständischer Kriterien mit der Arbeitszeit multiplizierte und das Resultat als natürlichen oder gerechten[271] Preis wie-

---

266 Insofern spielt das moderne Naturrecht eine große Rolle in der Bewahrung der aristotelischen Geldtheorie, deren Überleben es während des 17. und 18. Jh.s garantiert und auf die sich auch Marx noch beziehen wird.

267 So sieht er z. B. das Geldausfuhrverbot als »perhaps against the Laws of Nature, and also impracticable«. William Petty: Quantulumcunque Concerning Money (1682). Qu. 22. In: *Economic Writings*, II, S. 445. Es handelt sich dabei jedoch um eine Position, die nicht etwa – emphatisch – als bedeutender Schritt zum Liberalismus gewertet werden sollte, sondern im englischen Merkantilismus verbreitet war.

268 William Petty: Treatise of Taxes and Contributions (1662). In: *Econonmic Writings*, S. 68. Hobbes, *Vom Bürger*, XIII, 14, S. 213. Karl Marx (Das Kapital. Kritik der politischen Ökonomie (1867), I, ı, Berlin [11]1962, S. 58) beruft sich bei seiner Definition des *Gebrauchswertes* eben auf diese Stelle bei Petty, ohne jedoch Hobbes Einfluß zu erwähnen.

269 Petty, *Treatise of Taxes*, S. 43.

270 Er folgt dabei ebenfalls Hobbes (*Leviathan*, I, x, S. 42): »The *Value*, or *Worth* of a man, is as of all other things, his Price; that is to say, so much as would be given for the use of his Power [...]« Franz Borkenau (Der Übergang vom feudalen zum bürgerlichen Weltbild. Studien zur Geschichte der Philosophie der Manufakturperioden. Paris 1934, S. 8) sieht, meiner Meinung nach zu Recht, in der Rechenhaftigkeit und Quantifikation der Arbeit »ein immanentes Prinzip aller kapitalistischen Wirtschaft«.

271 »Natürlich« und »gerecht« erscheinen bei Aristoteles und seinen Anhängern als Synonyme. Im Zentrum der Preisbildung steht der Ausdruck *indigentia* [χρεια]. Die Kommentatoren versuchen zunehmends, die drei Faktoren der Preisbildung – Nützlichkeit,

derum als Grundlage annähme, die erst im nachhinein den Verfälschungen durch den Markt unterläge. Wie dem auch sei:[272] Wir finden bei Petty die im Wortlaut der scholastischen Aristoteles-Literatur gehaltene Unterteilung in einen *natural* und einen *artificial price*, eine Unterteilung, die nun jedoch in eine neue Richtung hin entwickelt wird. Ein natürlicher Wert sei *a thing naturally useful*, Geld (Silber) hingegen *in it self unnecessary*. Daraus wird *by the way* geschlossen, daß dies wohl mit ein Grund dafür sei, *why there are not so great changes and leaps in the prices of silver as of other Commodities*. Weiter unterscheidet Petty zwischen *natural* und *political dearness and cheapness*, wobei er unter *natural* den Arbeitsaufwand rechnet, unter *political* aber die Kosten, die durch *Supernumerary Interlopers* entstehen.[273]

Beide Unterscheidungen sind hier wichtig, da Petty so einerseits das Geld von seiner marktabhängigen Warenrolle befreit und seinen Nutzen auf Tausch und Messen reduziert,[274] andererseits als Basis für die Preisberechnung den minimalen Produktionsaufwand einführt. Er unternimmt damit den herzhaften Versuch, der Maßstabfunktion des Geldes eine exakte Grundlage zu geben; gemäß dem Vorbild der Naturwissenschaften soll dieses Maß – d. i. die Arbeitszeit – sich möglichst geringfügig verändern und in einem homogenen Verhältnis zum Gemessenen stehen. Daraus resultiert jedoch ein Widerspruch: Wenn das Geld auf die Arbeitszeit zurückgeführt werden kann, so unterliegt sein Wert erstens den Verhältnissen des Arbeitsmarktes, zweitens erscheint das Geld als Ware; ist es jedoch Ware, so untersteht es den Mechanismen der *natural dearness* oder *cheapness*, was Petty denn auch – gezwungenermaßen – in seiner Zinstheorie annimmt, wenn er

---

Angebot, Arbeitskosten – in einen definitorischen Zusammenhang zu bringen. Ein beeindruckendes Beispiel hierfür liefert Johannes Crell (Langholm, *Price and Value*, S. 161). Andere Faktoren – etwa Transportkosten und Risiko – scheinen ebenfalls berücksichtigt worden zu sein. Vgl. Grice-Hutchinson, *The School of Salamanca*, S. 28.

[272] Schumpeter (*Geschichte der ökonomischen Analyse*, I, S. 101f., 139) behauptet, daß dies zu Unrecht Aristoteles oder Thomas von Aquin zugesprochen werde, sondern vielmehr eine Errungenschaft Duns Scotus' sei; ihm, Aristoteles, hätte nicht »irgendein mysteriöser objektiver oder absoluter Wert der Dinge vor[ge]schwebt, der diesen innewohnt, unabhängig von den äußeren Umständen oder der Bewertung oder dem Verhalten der Menschen.« Er sieht in der Idee eines *objektiven oder absoluten Wertes* bei Aristoteles ein Hirngespinst der Interpreten und hält es für »durchaus berechtigt, *Aristoteles* dahin zu interpretieren, daß er normale Konkurrenzpreise als Maßstab für kommutative Gerechtigkeit ansah, oder genauer gesagt, daß er bereit war, *jede* zu solchen Preisen durchgeführte Transaktion zwischen einzelnen Parteien als ›gerecht‹ zu akzeptieren – wie es tatsächlich die scholastischen Gelehrten ihrer Zeit taten.« Auch Marx (*Kapital*, Bd. I, ı, S. 74) sieht bei Aristoteles den *Mangel des Wertbegriffs*, der dessen Eingeständnis der Inkommensurabilität der Waren begründe. Marx erklärt diesen Mangel jedoch durch »die historische Schranke der Gesellschaft, worin er lebte«.

[273] *Treatise of Taxes*, S. 90.

[274] Vgl. Petty, *The Political Anatomy of Ireland*, S. 183: »Money is understood to be the uniform Measure and Rule for the Value of all Commodities.«

den Preis des Geldes vom Pfand- und Kaufpreis des Landes abhängig macht.[275] Damit aber unterliegt das allgemeingültige Maß wieder der Willkür des Störfaktors »Mensch«, dem *popular error*.[276]

Der Mangel an Geld, der sich in den Kolonien, den ländlichen Gebieten, bei großen Märkten und beim Eintreiben der Steuern immer wieder manifestierte und den Handel lähmte, ist für Petty eine Form der *political dearness;* diese widernatürliche Erscheinung sieht er, der gelernte Arzt, als eine Krankheit, deren Ursache, wie bereits erwähnt, das Horten darstellt:

> For Money is but the Fat of the Body-politick, wherof too much doth as often hinder its Agility, as too little makes it sick. 'Tis true, that as Fat lubricates the motion of the Muscles, feeds in want of Victuals, fills up uneven Cavities, and beautifies the Body, so doth Money in the State quicken its Action, feeds from abroad in the time of Dearth at Home; even accounts by reason of its divisibilty, and beautifies the whole, altho more especially the particular persons that have it in plenty.[277]

Deshalb schlägt er bei ›Unterernährung‹ das Errichten von Banken vor, um so gleichsam die Geldmenge zu verdoppeln[278] und das Geld gegen Zinsen auszuleihen,[279] im gegenteiligen Falle jedoch das Geld einzuschmelzen, um so die Inflation zu verhindern. Mit der Behauptung, daß eine kleine Menge Geldes, insofern es zirkuliere, ausreichend sei, und mit seiner Rückführung des Preises und des Reichtums auf Land und – in letzter Instanz – Arbeit, verwirft Petty gleich doppelt die Quantitätstheorie, wonach der Warenpreis sich proportional zur Geldmenge im Land verhält, findet andererseits jedoch ein neues und wirksames Argument wider das Zinsverbot. Der Ge-

---

275 *Treatise of Taxes*, S. 48. Obwohl Petty auch hier versucht, den *intrinsick value* des Landes so weit als möglich zu fixieren. Der hier angezeigte Widerspruch soll dazu dienen, die theoretischen Probleme der Geldwerttheorie anzuzeigen. Der Widerspruch – so weit ich dies ersehen kann – besteht vor allem in der relativ frühen *Treatise of Taxes*, während Petty in späteren Texten die Arbeitskostentheorie konsequenter anwendet, so etwa, indem er für Scheidemünzen eine Feinverarbeitung fordert, die dem inneren Wert gleichkommt. (*Quantulumcunque*, Qu. 20, S. 445) Damit wird bei Petty Geld immer mehr zu einer Ware, deren Wert auf der Arbeit beruht und einen Gewinn, d. h. Zinsen abwirft. (Ebd. Qu. 32, S. 447f.).

276 *Treatise of Taxes*, S. 44. Die Stelle bezieht sich auf die fehlerhafte Proportion zwischen Gold und Silber, die Petty auf den Überfluß an Gold zurückführt.

277 William Petty: Verbum sapienti (1665?/1691). In: *Economic Writings*, S. 113. Als Vorbild für die Anwendung der medizinischen Erkenntnis auf die Politik erscheint Bacon: vgl. oben Fußnote Seite 73.

278 *Quantulumcunque*, Qu. 26, S. 446. Schon andere zeitgenössische englische Autoren hatten Zirkulation, Bankwesen und Geldausfuhr in einen ähnlichen Zusammenhang gebracht: Thomas Mun: Englands treasure by forraign trade, or the balance of our forraign trade in the role of our treasure (1628?/1664), IV, passim; William Potter: The Key of Wealth: Or, a New Way, for Improving of Trade (1650), S. 65ff.

279 *Quantulumcunque*, Qu. 28, S. 446. Auch hier steht Petty in der Tradition Bacons, der das Zinswesen generell gestattet und für den Handel als förderlich erachtet; vgl. Bacon, *The Essays*, XLI (*Of Usury*/1625), S. 183–188.

winn ›per usuram‹ ist kein widernatürlicher Ertrag mehr, sondern im Gegenteil für die natürliche Zirkulation und Vermeidung der *political dearness* unentbehrlich, da der Preis des Geldes sich dem Niveau des Bodenertrags anpassen kann und so sein natürliches Verhältnis zu Arbeit und Boden findet, mitunter den *natural price* darstellt. Die Bodinsche Formel, *c'est donc l'abondance* [des Goldes] *qui cause le mespris*,[280] gilt nun als Beschreibung eines widernatürlichen und damit wissenschaftlich nicht relevanten Zustands. Petty spielt hier – nicht ohne inneren Widerspruch – die natürlichen gegen die positiven Gesetze aus, wobei die Gesundheit darin bestehe, daß diese jenen entsprächen:

> We must consider in general, that as wiser Physicians tamper not excessively with their Patients, rather observing and complying with the motions of nature, then contradicting it with vehement Administrations of their own; so in Politicks and Oconomicks [!] the same must be used; for *Naturam expellas furcâ licet usque recurrit.*[281]

Ungeachtet der Ähnlichkeit der Definitionen des Geldes als Maßstab bei Petty und Leibniz sind es gerade die Differenzen, die uns den Problemen der Leibnizschen Position näher bringen. Leibniz äußert sich nicht zur Zirkulation des Geldes und noch weniger vertritt er die beschriebene ›sola natura‹-Religion Pettys. Der Abstand zwischen den beiden Autoren äußert sich nirgends deutlicher als bei der Verwendung der oben zitierten Bibelstelle:

> Vetus verbum est, DEUM omnia pondere, mensura, numero fecisse. Sunt autem quae ponderari non possunt, scilicet quae vim ac potentiam nullam habent; sunt etiam quae carent partibus ac proinde mensuram non recipiunt. Sed nihil est quod numerum non patiatur. Itaque numerus quasi figura metaphysica est, et Arithmetica est quaedam Statica Universi qua rerum potentiae explorantur.[282]

Leibniz' Gott ist in erster Linie nicht Mechaniker, sondern Arithmetiker. Damit ersetzt er den Atomismus des finiten und mensurablen Raumes

---

280 Jean Bodin: Responce aux Paradoxes sur le faict des Monnoy de Malestroit (1568). Paris 1578, S. fij. Es scheint, als ob die Entdeckung der Quantitätstheorie nicht – wie gemeinhin – Bodin zukommt, sondern der Schule von Salamanca; vgl. Grice-Hutchinson, *The School of Salamanca*, S. 34 u. 52–58.

281 *Treatise of Taxes*, S. 60. Eine Ansicht, die noch Henry Fielding ein paar Jahrzehnte später (1749) zum Gegenstand seiner Ironie macht: »I have heard some of these [physicians], with great gravity, deliver it as a maxim, ›That nature should be left to do her own work,‹ while the physician stands by, as it were, to clap her on the back, and encourage her when she doth well.« The History of Tom Jones (1749), II, 9. Harmondsworth 1986, S. 118.

282 ›*Characteristica realis*‹ XI (?), G VII, S. 184.

durch die Statik des Zahlensystems.[283] Die Unzulänglichkeit des Erfassens durch Messen und die radikale Ablehnung der Kommensurabilität der gesamten Realität – wie sie etwa Hobbes behauptet[284] – spiegelt sich in Leibniz' *Denkschrift betreffend Münzreform* vom Januar 1688 an den Kaiser, die das Problem der *innerlichen und äußerlichen güthe* der Münze umkreist. Leibniz fordert eine Korrektur des Münzwesens, da der Fuß ungewiß und der Unterschied zwischen den Münzsorten zu groß sei. Eine Lösung soll gefunden werden, die sowohl auf die *erhöhung* der äußerlichen Güte, die *verringerung* der innerlichen Güte, wie auch auf ein *general umbschmelzen* verzichtet. Er lehnt die Verringerung ab, weil sie dem *armen Mann Schaden* zufüge, die Erhöhung aber, weil sie

> nach Gulden und Kreüzer [...] in nudis nominibus [bestehet], weilen hier nicht die scheidemünze, so variabel, sondern ein gewisses pretium verstanden wird, so aber auch in keiner realität beruhet, weilen nicht so viel als zuvor damit außzurichten. Die bonitas extrinseca realis (differens ab imaginaria) bestehet darinn was man für wahren vors Silber erlangen könne.[285]

Die Kluft zwischen *realis* und *imaginaris*, zwischen *natura* und *impositio* bewirke, daß die Erhöhung der *bonitas extrinseca monetae* durch die Obrigkeit einen weiteren Fall der *bonitas extrinseca* beim Volk zur Folge habe – wie Leibniz dies in einer anderen Schrift dartut:

> anstatt daß die obrigkeiten meinen, sie wollen solche bonitatem steigern, in dem sie den thaler auff 105 k. oder 7 orths fl. sezen, so machen sie daß in der that bonitas extrinseca monetae nur mehr fället, und so gar mit dem guthen feinen silber bey weitem nicht soviel an wahren zu kauffen oder sonst zu thun als zu vor, weilen Kauf- handwercksleute und letzens auch nach deren exempel die bauern und andere die etwas zu verkauffen haben, ihre wahren und arbeit nicht nach proportion der verringerten Münze, sondern umb sicherheit willen weit höher und über alle maaße steigern und den schöhnen praetext so sie finden ihren gewinn zu suchen nicht versäumen.[286]

Der ungenannte Grund, wieso Leibniz eine Reform des Münzsystems als unabdingbar ansieht, liegt im Gesetz von Gresham. Es besagt, daß gutes Geld schlechtes Geld vertreibe. Schlechtes Geld besteht aus Münzen, deren

---

283 Vgl. Hans-Jürgen Engfer: Philosophie als Analyse. Studien zur Entwicklung philosophischer Analysekonzeptionen unter dem Einfluß mathematischer Methodenmodelle im 17. und frühen 18. Jahrhundert. Stuttgart 1982, S. 174.

284 So z. B. in seiner materialistischen Interpretation von Geist, Engel und Inspiration: *Leviathan*, III, 34, S. 207–216.

285 AA I/5, S. 49. Die *Denkschrift betreffend Münzreform* wurde hier stellvertretend für eine ganze Reihe ähnlicher Entwürfe gewählt, die unter dem Titel *Geldwirtschaft* in AA IV/3, S. 389–421 zu finden sind und aus den Jahre 1678–1686 stammen. Die *Denkschrift* faßt die wesentlichen Punkte auf die hauptsächliche politische Absicht hin noch einmal zusammen.

286 *Bemerkungen seiner bisherigen Reise.* An Herzog *Ernst August* (1688). AA I/5, S. 126f.

Realgehalt – auf Grund von Fälschung, Abnützung, Kippen und Wippen – unter dem Nominalgehalt liegt; dies sei einer der Gründe – Gresham nennt weiter noch durch den Krieg verursachte Schulden und die Ausfuhr der englischen Wolle durch die Hanseaten[287] – für den negativen Wechselkurs. Weitere Konsequenzen lassen sich daraus ableiten: Die Flucht des guten Geldes führt zur Abnahme des Binnenhandels, zur Inflation und erschwert – durch den Verlust des Kredits – zunehmends jedes Geldgeschäft.

Eines der möglichen Mittel, um die Flucht des Geldes zu verhindern, liegt in der Erhöhung des Nominalgehalts, die den Gewinn bei der Exportation zunichte macht. Hier setzen Leibniz' Überlegungen an: Diese Erhöhung bewirke das Gegenteil, nämlich Inflation. Den Grund dafür sieht er – und das ist hier wesentlich – in der Zerstörung des gegebenen Verhältnisses zwischen Waren und Geld, genauer in der Unausdrückbarkeit der neuen Werte durch die nicht proportionierbaren Münzen. Das führt Leibniz dazu, zwei *bonitates extrinsecae* anzunehmen: eine *reale* und eine *imaginäre*. Die erste ist das Verhältnis zwischen Nennwert und Kaufkraft, die zweite ebendieses Verhältnis, insofern es sich gemäß einer auf Satzung beruhenden Proportion zur realen *bonitas extrinseca* vormaliger Verhältnisse ergibt. Leibniz übernimmt hier seine mathematische Unterscheidung zwischen real und imaginär; die imaginären Quantitäten haben

> ceci d'admirable que, dans le calcul, elles n'enveloppent rien d'absurde ou de contradictoire et que cependant elle ne peuvent être présentées dans la nature des choses *seu in concretis*.[288]

Nicht nur sind die imaginären Quantitäten Produkt des Kalküls, sondern sie sind auch Bedingung seiner Allgemeinheit.[289] Die arithmetische Fundierung des Maßstabs in der Analysis der Lage und der Zahl[290] bei Leibniz setzt also die *mensura falsa*[291] voraus, was jedoch bei der Münze nur ganz unvollkommen durch Scheidemünzen ausgedrückt werden kann – oder eben durch Rechenpfennige. Ein halbes Jahrhundert später wird Galiani in seinem *Della Moneta* diesen Sachverhalt auf die Formel bringen:

> Per valutare è buona la moneta ideale così come la reale, e forse anche più: anzicchè ogni moneta quando apprezza alcuna cosa, è considerata come ideale: Il che vuol dire che una sola voce, un solo numero basta a valutare ogni cosa, non consistendo

---

[287] Sir Thomas Gresham: L'avis de Sir Thomas Gresham Mercier, concernant la chute du Change, à sa très excellente majesté la Reine (1558). In: *Ecrits notables*. Bd. 2, S. 7.

[288] Zit. nach Belaval, *Leibniz critique de Descartes*, S. 263.

[289] Ebd. S. 263.

[290] *Specimen Ratiocinationum Mathematicorum, sine calculo et figuris* (?), Couturat, S. 566: »*Mensura* autem extra rem sumta est, quae parti rei aliquotae aequalis est.«

[291] Ebd. S. 566f: »*Mensura falsa* est quae subtracta quoties fieri potest, aliquid relinquit quod dicitur *Residuum*.«

il prezzo che in una proporzione, la quale ottimamente co'numeri si esprime, e s'intende.[292]

Die Lösung, die Leibniz nun anbietet, um das Ein- oder Umschmelzen der eigenen Münzen im In- und Ausland zu verhindern, ist die Zugabe von etwas Gold zum Silber und zwar so,

daß die scheidungsarbeit den goldschmieden, drahtziehern, und allen andern so die Münze zerbrechen und zu ander arbeit verbrauchen wollen gleichsam zur straffe aufgebürdet [werde].[293]

Die frustrierten Goldschmiede suchten deshalb fremdes Gold für ihre Zwecke zu gewinnen. Weiter entwickelt Leibniz eine Formel, die ausgehend vom aktuellen Preisverhältnis zwischen Gold und Silber und der gegebenen Abstufung der Münzsorten den erforderlichen Goldanteil berechnet.

Die Unfähigkeit der Münze, sich wie eine Zahl zu verhalten, hängt mit ihrer Bestimmung als Maßstab zusammen. Wir erinnern uns: Nicht alles könne gemessen oder verglichen werden, weil nicht alles teilbar sei; die Zahl hingegen könne alles ausdrücken. Die Unteilbarkeit folgt aus Leibniz' Monadologie, die deshalb von einigen Zeitgenossen als Spielform des Atomismus betrachtet wurde.[294] Die Unteilbarkeit der Monade hängt aber nicht mit der Teilbarkeit der Materie zusammen, die Leibniz den Mechanisten – allen voran Descartes oder Hobbes – einräumt.[295] Es ist vielmehr das noch zu betrachtende Problem der *imagination*, des Vorstellungsvermögens der Einbildungskraft, das von den imaginären und inkommensurablen Größen aufgeworfen wird, da es zum Bruch zwischen Idee und Anschauung kommt. Ein Zeichen, dessen Idee nicht gedacht werden kann, ist bloßer Name und existiert nicht; ebenso existiert die Materie nicht, die ohne Form gedacht werden könnte.[296] Für die Münze, die Form und Materie gleichermaßen voraussetzt, heißt dies, daß die Störung zwischen Nominal- und Realgehalt der Übergang von der Realität zur Fiktion ist. Zeichen, deren Existenz also auf der reinen logischen Möglichkeit besteht, haben einen höheren Wahrheitsgehalt, da sich ihre Existenz direkt aus der göttlichen Essenz

---

292 Ferdinando Galiani: Della Moneta. Libri Cinque (1751), S. 67. Zum historischen Zusammenhang zwischen monetärem Nominalismus und der *monnaie de compte* vgl. Bloch, *Esquisse d'une histoire monétaire de l'Europe*, S. 44f.

293 *Denkschrift betreffend Münzreform*, AA I/5, S. 48.

294 Zur Beziehung Gassendis zum jungen Leibniz und den Problemen, die sich für Leibniz vor der Entwicklung seiner eigentlichen ›Bewegungsmetaphysik‹ im Zusammenhang mit der Teilbarkeitsthese ergeben, vgl. Moll, *Der junge Leibniz II*, S. 183f.

295 Vgl. Roger S. Woolhouse: Descartes, Spinoza, Leibniz. The Concept of Substance in Seventeenth Century Metaphysics. London 1993, S. 64f.

296 Siehe unten Seite 145.

ergibt und sie somit nicht fiktiv sind.[297] Die imaginären und inkommensurablen Größen illustrieren eindrücklich den wissenschaftlichen Stellenwert der Algorithmen bei Leibniz und die Opposition gegen den geometrischen Intuitionismus eines Descartes, was sich am klarsten in der Erarbeitung der Infinitesimalrechnungen Leibniz' äußert.[298] Der ›per definitionem‹ unstabile Maßstab kann nur im Verhältnis zu etwas anderm erfaßt werden und ist insofern defizient. Leibniz scheint die Frage zu beschäftigen, wie er diese Veränderungen limitieren und dadurch die Zahl auf der Münze stärker an ihren Realgehalt binden könne. Diese Bindung zwischen den ›res‹, ihren Zeichen und den Ideen dieser Zeichen faßt Leibniz in eine algebraische Formel, welche die Kontinuität der Entwicklung der Preise – der *taxordnung*, wie Leibniz sagt – durch die Verbindung zweier Maßstäbe, Gold und Silber, zu einem Maßstab garantiert.[299]

Leibniz' Vergleich des Wortes mit einem Rechenpfennig statt einer Münze steht auf diesen mathematischen – und noch näher zu beschreibenden ethischen und metaphysischen – Grundlagen und belegt zudem die zeitgenössische und Leibnizsche Emanzipation der Arithmetik oder Rechenkunst. Rechenkunst und Geldgeschäfte bildeten eine unheilige Allianz,[300] die zwar manche wichtige Neuerung – wie z.B. die negativen Zahlen[301] – mit sich brachte, die aber nichtsdestoweniger die gängige Verachtung der Arithmetik als bloßer Kunst bestärkte. So schlägt noch 1727 und mit einiger Verspätung Franz Lang in seiner *Dissertatio de actione scenica* als allegorische Darstellung für die *Rechenkunst* folgende Ausstattung vor:

---

297 Vgl. *De rerum originatione radicali* (1697), OPC, S.87.

298 Die Erfassung des Konkreten ist ein Prozeß der unendlichen Analysis, so daß die *cognitio perfecta* des real Existierenden, d.h. des Kontingenten, immer nur als Ziel gedacht werden kann, während sich die mathematische Gesetzmäßigkeiten ›endlich‹ formulieren lassen. Vgl. dazu die ausgezeichnete Darstellung bei Engfer, *Philosophie als Analyse*, S.186f.

299 Die Duplizität des Maßstabes wurde mitverantwortlich gemacht für das Schwanken des Geldwertes. Vgl. Gasparo Scaruffi: L'Alitinonfo (per fare ragione e concordanza d'oro e d'argento, che servirá in universale tanto per provedere agli infiniti abusi del tosare e guastare monete, quanto per regolare ogni sorte di pagamenti e ridurre anche tutto il mondo ad una sola moneta) (1582). In: *Economisti del cinque e seicento.* Scaruffi fordert – unter Verweis auf Gott, Natur und Plato – das fixe Verhältnis 1:12 (S.9). Die Mehrzahl der Münztheoretiker entscheidet sich jedoch seit dem 17.Jh. für das Silber als einzigen Maßstab. Was für praktische Probleme der Bimetallismus birgt, zeigt Bloch, *Esquisse d'une histoire monétaire de l'Europe*, S.39f.

300 Vgl. Georges Ifrah: Die Zahlen. Die Geschichte einer großen Erfindung. Übers. v. P. Wanner. Frankfurt a/M 1992, S.234. Dort die Verbindung zwischen Rechenpfennig und Rechenmarken (*apices*).

301 Auch Leibniz entwickelt in seinem *Dialogus de arte computandi* (1676 od. 1679, Dial S.118) die negativen Zahlen aus dem anschaulichen Beispiel der Schulden.

Arithmetica. Mensae assidens numulariae, cujus lemma: *par, impar*. Vel ferreo stylo tabellae albae *par, impar* inscribens.[302]

Die *Mathesis* hingegen bedeckt er mit

Veste alba, alas in capite, in dextra circinum, horologium solare in sinistra, in veste notas Mathematicas habet.[303]

Ähnlich ausgestattet finden wir die *Lex naturae*:

In medio horti sedens, circinum manu gerit.[304]

Leibniz kehrt das Verhältnis zwischen Geometrie und Arithmetik im Bereich der Mathematik häufig um: aus dem Geometer-Gott wird ein Rechenmeister und aus dem Geld als Maßstab in erster Linie Geld als Zahlsystem.[305] Der Vorzug der Zahl über das Maß liegt in ihrer zentralen Bedeutung im Leibnizschen Rationalismus; sie ist zugleich Ausdruck der Quantität und der Qualität und bedarf der Sinnlichkeit nur, um entdeckt zu werden.[306]

d. Tauschmittel

Die Münze, im Gegensatz zum Rechenpfennig, verdankt ihre Wirkung ihrer physisch-moralischen Doppelnatur: Einerseits begründet der Gold- und Silbergehalt ihre universale Akzeptanz und Homogenität, die das Messen voraussetzt, andererseits verhindert eben diese Substanz ihre Stabilität, da die Edelmetalle als Werte ebenso vom Markt abhängen wie die zu messenden Waren. Denn nicht nur die *exiguas partes* der zitierten *pecunia*-Definition

---

302 Franz Lang: Dissertatio de actione scenica cum figuris eandem explicantibus [...] (1727). Hg. v. A. Rudin. Bern 1975, S. 110.

303 Ebd. S. 135.

304 Ebd. S. 132.

305 Belaval (*Leibniz critique de Descartes*, S. 266) faßt den Unterschied zu Descartes' Position elegant: »Ainsi, tandis que chez Leibniz le nombre est la condition de la mesure, chez Descartes, à l'inverse, la mesure est la condition du nombre.« Zur Bedeutung Descartes' und Leibniz' bei der Algebraisierung der Geometrie vgl. Any Dahan-Dalmedico u. Jeanne Peiffer: Une histoire des mathématiques. Routes et dédales. Paris [2]1986, S. 110f.

306 Im *Dialogus de arte computandi* (Dial S. 9) bringt Leibniz diese Eigenschaft der Rechenkunst mit der Wiedererinnerung Platons in Verbindung: »Prae caeteris autem argumentum a reminiscentia sibi [Charinus; der Lehrmeister im Dialog] placuisse nam si quidem veritates in anima latent, quas ea neque a sensibus neque a praeceptore accepit, ac si non tam docente quam examinante indiget, ut abstrusissima per se inveniat, dicendum est naturam ejus minime a corpore ac sensibus pendere.« Charinus verwendet Münzen, um die Addition zu erklären; auffälligerweise bedient er sich dieser jedoch nicht als Maßstab oder als Wertausdruck, sondern er läßt den Schüler die qualitativen Merkmale (die Einheit) algebraisch umsetzen (S. 39ff).

erscheinen aufgrund ihrer inkommensurablen Preisverhältnisse als problematisch, sondern auch die *pretii noti*, sobald das Geld ins eigentliche Tauschgeschäft tritt. Die Rechenpfennige haben nun den Vorteil, daß sie ihren Wert durch Beziehung auf einen andern Wert gewinnen, den sie jedoch nicht mit sich tragen. Dies heißt natürlich auch, daß die Rechenpfennige keine Kaufkraft haben – oder nur eine beschränkte. Denn auch in bezug auf das *fiktive* Geld, auf die *quasi nummi*[307] scheiden sich die Geister der Geldtheoretiker: Würde nämlich das Geld seinen Wert durch obrigkeitliche Satzung erhalten, so könnten Rechenpfennige immerhin im Landesinnern gelten; beruhte das Geld im Gegenteil auf der natürlichen Werthaftigkeit seines Materials, so nähme niemand die Rechenpfennige als Zahlungsmittel an; und schließlich, falls das Geld ein Produkt der Konvention wäre, so könnte jedes als Zeichenträger geeignete Material – Papier, Leder, Muscheln – die Edelmetalle ersetzen. Leibniz gehört zu den Vertretern der zweiten Ansicht. Die Rechenpfennige sind für ihn keine potentiellen Zahlungsmittel; sie sind desubstantialisiertes Geld, d. h. bloßes Ausdrucksmittel ebendieses Geldes. Ihnen und den Worten ist zudem gemeinsam, daß sie bei Gebrauch nicht konsumiert werden.

Denn das ›echte‹ Geld ist für Leibniz sowohl Maßstab als auch Tauschmittel:

> *Pecunia* est res quae apta est proportione magnitudinis ad quidvis a quovis alienare parato permutatione, id est commutatione, acquierendum.[308]

Aus dieser Perspektive stellt der Rechenpfennig das letzte Glied in einer Reihe zunehmender Abstraktion dar, eine äußerste Schwundstufe der ›Eigentlichkeit‹. Er steht – im Gegensatz zu andern Derivaten wie Wertbrief und Scheidemünze – jenseits der Grenze dessen, was für Leibniz noch als Zahlungsmittel gilt.

Für Aristoteles ist – wie wir wissen – der Geldgebrauch eine Erleichterung und Vervollkommnung des Tausches. Geld vertritt also die Stelle der Waren; es ist Tauschmittel – und nicht bloß ›machtloses‹ Zeichen. Das Geld hat seine Macht, da es für Waren eingetauscht werden kann. Der Warentausch wiederum geht auf die *indigenza* zurück. Der Mensch als Mangelwesen begründet den Wert und den Preis. Die Kaufkraft des Geldes leitet sich aus seiner Fähigkeit ab, Ware zu werden – genauer: lebensnotwendige Waren, *necessaria.* Diese beruhen auf Grundbedürfnissen, demgegenüber die Luxusgüter Spielball der Moden sind.[309] So wird das Geld zum eigentlichen

---

307 Den Ausdruck *quasi nummus* entnehme ich Jacobus Bornitius: De nummis in Repub. percutiendis. Libri Duo. Hannover 1608, S. 18. Bornitz gehört zu den Vertretern von a), siehe Seite 105.

308 *Definitionum juris specimen* (1676/1678/1698?), Grua II, S. 724.

309 Luxus ruiniert somit nicht nur ein Land durch die Bevorzugung ausländischer Güter,

Zeichen dieser Waren, welche die lebensnotwendigen Bedürfnisse befriedigen; für die einen sind es also die Waren, die das Geld messen und so die historische Untersuchung der Preise und der Kaufkraft ermöglichen,[310] für die andern sind sie es, die dem Geld in letzter Instanz Wert verleihen.[311] Das Geld, das nach dem immer wieder zitierten Salomo, alle Dinge mißt, erscheint als ›Signum‹ des Brotes.

Schon Bodin hatte im Entwurf seiner Quantitätstheorie einen Maßstab für den Maßstab gefordert; er kritisiert die Auswahl der Beispiele, die Malestroit in seinen *Paradoxes*[312] verwendet, und schlägt seinerseits vor, den Boden als Wertmesser zu wählen:

> Mais pour mieux verifier ce que ie di, laissons les fruitz, & venons au pris de terres qui ne peuuent croistre ny diminuer, ny estre alterees de leur bonté naturelle, pourueu qu'on ne les moque point.[313]

Der Versuch, diesen Meta-Maßstab anthropologisch zu begründen und auf Bedürfnisse zurückzuführen, stammt – wen wundert's? – aus der aristotelischen Tradition, genauer aus der Diskussion um den Begriff der χϱεια im Wechselspiel zwischen *necessitas* und *indigentia*. Diese Übersetzungsvarianten[314] begründen den mehr oder minder objektiven Charakter der Nachfrage als Mangel. Auf die Beseitigung dieses Mangels ist das menschliche Streben gerichtet, das hier ein ›Gut‹ erkennt:

> Et hoc est signum quod indigentia est secundum veritatem mensura omnium commutabilium, quia, si non esset indigentia, non esset commutatio, et ad variationem indigentiae sequitur variatio commutationis. Et quia indigentia mensurat omnia commutabilia, propter hoc est nummisma factum.[315]

---

sondern verfälscht auch die – natürliche – Bewertung, indem sekundäre, uneigentliche Bedürfnisse bei der Preisbildung ›hypostasiert‹ werden.

310 John Locke: Some Considerations of the Lowering the Interest, and raising the Value of Money (1691). In: The Works, Bd. V, S. 47: »Wheat, therefore, in this part of the world, (and that grain, which is the constant general food of any other country) is the fittest measure to judge of the altered value of things, in any long tract of time [...]« Die Hierarchisierung der Bedürfnisse zur Erfassung der Preisentwicklung kann als Vorstufe zur zeitgenössischen Technik der Indexbildung betrachtet werden.

311 Jacob Vanderlint: Money answers all Things. London 1734, S. 53: »And since Gold and Silver are of little Use, besides procuring the Necessaires and Conveniencies of Life, which alone are real Riches, and for which Gold and Silver are now universally exchanged.«

312 Malestroit: Les Paradoxes sur le faict des Monnoyes. Paris 1578.

313 Bodin, *Responce aux Paradoxes*, S. ci.

314 Langholm (*Price and Value*, S. 43) unterscheidet bei der Auslegung und Übersetzung des griech. χϱεια, die Varianten *usus* als *utilitas*, *opus* als passive, *necessitas* und *indigentia* als aktive Nachfrage.

315 Burlaeus in seinem Kommentar zu Aristoteles' *Ethik*, V. Zit. n.: Langholm, *Price and Value*, S. 93.

Die thomistische *indigentia*-Theorie löst sich bei Burlaeus und vor allem Galluzi[316] in allgemeinen Formeln auf, denen Montanari spät, aber dezidiert Zustimmung erteilt:

> il valore delle cose che la stima che ne facciamo secondo il bisogno e disiderio nostro.[317]

Die aristotelische Tradition enthält also zwei Faktoren (*Bedürfnis* und *Wunsch*) der Preis- oder Wertbildung, die zwei Aspekten des Strebevermögens entsprechen.Thomas von Aquin etwa unterscheidet einen *appetitus sensitivus* und einen *rationalis*, deren Triebfeder die *concupiscentia* bzw. die *voluntas* ist.[318] Wert und Preis wiederum sind das Produkt dieser Vermögen, die Münze mithin Ausdruck des Begehrens und des Willens. Montanari erkennt jedoch in dieser Unterteilung die Gefahr, daß die Preisbildung der Herrschaft des Maßlosen und Unkontrollierbaren anheim falle und sich so der wissenschaftlichen Behandlung, d.h. dem Maßstabe, entzöge, dessen Aufgabe es jedoch sei, *misurare le cose finite, non le infinite.*[319] Es gilt folglich, die *disidèri* einem zweckgerichteten Willen zu unterstellen und von der blinden Triebherrschaft zu befreien:

> La moneta misura l'intenzione di quei disidèri che consequiscono il suo fine, non misura i sogni degl'imprudenti, che vaneggiano tra le stolte cupidigie loro.[320]

Die *disidèri* werden bei Montanari rationalisiert, so daß wiederum eine Erweiterung der physischen Natur durch die moralische Natur des Menschen eintritt, wie sie für Pufendorfs Naturrechtsentwurf typisch ist. Die *existimatio* steht so zwischen dem Ausdruck des Willens – vernunftbestimmtes Streben – und einem maßvollen sinnlichen Streben samt seiner Korrelate *Lust* und *Unlust.*[321]

Leibniz geht hier weiter. *Lust* und *Unlust* erscheinen ihm als die natürliche Belohnung bzw. Strafe für ein vernünftiges, der göttlichen Ordnung und Liebe gemäßes Tun. Der Leibnizsche Naturalismus – der Ausdruck scheint

---

316 Langholm, *Price and Value*, S. 103.

317 Montanari, *La Zecca in consulto di stato*, S. 257. Die Stelle richtet sich polemisch gegen die *indigenza*-Theorie im Anschluß an Aristoteles.

318 »[...] in appetitu autem sensitivo sunt duae potentiae appetitivae, scil. irascibilis et concupiscibilis, in appetitu autem rationali est unus appetitus tantum, scil. voluntas.« Thomas v. Aquin: In Aristotelis librum De anima commentarium, III, 1, 14, n. 803; zit. nach Albert Zimmermann: Das sinnliche Strebevermögen gemäß Thomas von Aquin. In: Aristotelisches Erbe im Arabisch-Lateinischen Mittelalter. Hg. v. Albert Zimmermann. Berlin 1986, S. 46.

319 Montanari, *La Zecca in consulto di stato*, S. 255.

320 Ebd. S. 268.

321 Pufendorf bleibt – in seiner Kritik an Grotius – hier auf halbem Weg zwischen subjektiver Preisbildung und natürlichem Preis stehen. *De jure naturae et gentium*, V, 1, 4, S. 458f.

berechtigt – hat seine systematische Begründung in der *Monadologie* und dem dort behandelten Strebevermögen. Die Monade ist funktionell die Verbindung von Wahrnehmungs- und Begehrungsvermögen:

> L'action du principe interne, qui fait le changement ou le passage d'une perception à une autre, peut être appellé *Appetition;* il est vray, que l'appetit ne sauroit tousjours parvenir entierement à toute la perception, où il tend, mais il en obtient tousjours quelque chose, et parvient à des perceptions nouvelles.[322]

Jede Monade stelle durch die Verbindung der Körper *dans le plein*[323] das ganze Universum perspektivisch[324] und verworren vor, während in Gott sowohl die Erkenntnis wie der Wille vollkommen sei.[325] Die *appetition* als Fähigkeit zur Veränderung setzt einerseits die ›prästabilierte Identität‹ zwischen Finalursache und Wirkursache voraus, andererseits den Begriff der Kraft. Diese garantiere den Zusammenhang zwischen *perceptio* und *appetitio,* die Kommunikation zwischen Monade und ihrer Modifikation, dem Körper. In seinen *Bemerkungen zu den kartesischen Prinzipien* definiert Leibniz den Zusammenhang zwischen Kraft und Materie:

> Nam praeter extensionem ejusque variabilitates inest materiae vis ipsa seu agendi potentia quae transitum facit a Mathematica ad naturam, a materialibus ad immaterialia.[326]

Leibniz widersetzt sich so der cartesianischen Beschränkung der Mathematik auf Größe, Gestalt und Bewegung, welche Materie und Gegenstand der Geometrie gleichsetzt. Die Geometrie erlaube es, räumt Leibniz ein, die Naturerscheinungen mechanisch zu erklären – und das soll sie auch. Jedoch ließen sich die höheren Prinzipien der Mechanik und die Naturgesetze auf die Weise nicht begründen; diese Begründung stellt den Übergang der *entia physica* zur göttlichen *entia moralia* dar:

> Habet illa vis Leges suas ex principiis non illis solis absolutae atque ut ita dicam brutae necessitatis, ut in Mathematicis, sed perfectae rationis deductas.[327]

Die *substantiellen Formen*[328] oder Monaden bezeichnen den Punkt, an dem *perceptio* und *appetitio*, oder Ausdruck und Kraft, zusammentreffen. In den

---

322 *Monadologie* (1714), § 15, G VI, S. 609.

323 Ebd. § 62, S. 617.

324 Ebd. § 57, S. 616.

325 Ebd. § 48, S. 615.

326 *Animadversiones in partem generalem Principorum Cartesianorum* (1692), G IV, S. 391. Gerhardt schreibt fälschlicherweise [Metaphysica] statt [Mathematica]. Vgl dazu die Fußnote in: H I, S. 326.

327 *Animadversiones*, G IV, S. 391.

328 Im *Systeme nouveau de la nature et de la communication des substances, aussi bien que de l'union qu'il y a entre l'ame et le corps* (1695), G IV, S. 477ff. treffen wir auf eine Reihe von Paraphrasen für die Monade, die Leibniz' Ringen um den Begriff dokumentieren und weitere Zusammenhänge näherrücken: *formes substantielles, entele-*

Frühschriften erscheint die Zahl als der Ausdruck der inneren Beschaffenheit schlechthin: Die Zahlen sind die *essentiae rerum*,[329] während die Quantität *extrinseca* ist.[330] Diese pythagoreisierende und – in *De arte combinatoria* – auch schwärmerische Zahlenphilosophie entwickelt sich später zu einem differenzierten Begriff sowohl der Mathematik als Verbindung zwischen Arithmetik und Geometrie, wobei der Arithmetik die qualitative Bestimmung zukommt, als auch der *allgemeinen Charakteristik*, deren Elementenlehre und Kombinatorik der Zahlenlehre und Arithmetik übergeordnet ist. Bis zu seinen letzten Schriften bleibt die Zahl und der Algorithmus das Modell, die privilegierte Analogie zur Erklärung der Zusammenhänge der Schöpfung. Die Opposition zwischen blinder – mathematischer – Notwendigkeit und höchster Vernunft dient dazu, aus Wirkursachen Finalursachen und aus der Kontingenz ein moralisches Optimum zu machen.[331] Die Bestimmung des (›am besten‹) Existierenden führt über die Berechnung des Möglichen. Diese leistet die Charakteristik – und auch sie ist bestimmt durch die Grundstruktur der Monade: *Perzeption* als Ausdruck der Einheit in der Mannigfaltigkeit, als Spiegel der Zusammenhänge alles Seienden, als Subjekt einer Reihe innewohnender Prädikate und schließlich als Gegenstand der *Enzyklopädie*; *Appetition* als Kraft, als Bewegung zwischen Perzeptionen, als vorgefaßtes Ziel, als Ausdruck einer (Zwischen-) Perzeption und schließlich als Gegenstand der *Dynamik* und der Infinitesimalrechnung[332] als kontinuierlichem Streben zur finiten Zahl. Psychologische, metaphysische und mathematische Bestimmung der Monade konvergieren immer wieder in der mathematischen Beschreibung, was sich aus dem Projekt einer allgemeinen Charakteristik erklären läßt. Diese Charakteristik ist aber nicht etwa willkürlicher Ausdruck der Schöpfungsordnung, sondern gerade durch die Verbindung – *proportio* und *relatio* – ihrer will-

---

chies premieres, forces primitives, Atomes de substances, points metaphysiques. Eine gute Darstellung der Kräftelehre Leibniz' und der Gründe, die ihn zur Annahme der *vis activa* brachten, liefert Eduard Dillmann: Eine neue Darstellung der leibnizschen Monadenlehre auf Grund der Quellen. Leipzip 1891. Repr. Hildesheim 1974, S. 88f.

329 *Disputatio metaphysica de principio individui* (1663), GIV, S. 26.

330 *Dissertatio de arte combinatoria* (1664), G IV, S. 35.

331 Yvon Belaval: Etudes leibniziennes. De Leibniz à Hegel. Paris 1976, S. 146: »Avant la Création, de toute éternité, l'entendement divin renferme les essences de tout ce qui peut être. Par une sorte de mathématique ou de mécanique divine, elles se combinent entre elles pour constituer une infinité d'ensembles possibles, c'est-à-dire formés, chacun, d'essences compossibles. Dès là qu'il est possible, chaque ensemble – donc, chacun de ses éléments – est existentiable. Mais comme, en vertu du principe des indiscernables, il n'y a ni deux ensembles, ni deux éléments identiques – ils diffèrent en perfection – Dieu, s'il choisit de créer, est tenu, par la nécessité morale, à ne créer que le meilleur des mondes possibles.«

332 Couturat, *La logique de Leibniz,* S. 85: »On peut donc dire que le calcul infinitésimal n'est qu'un échantillon, le plus illustre et le plus réussi, de la Caractéristique universelle.«

kürlichen Zeichen liefert sie das *fundamentum veritatis*.[333] Die Beziehung zwischen Metaphysik und Mathematik in der großen Architektonik ist die zwischen der Wissenschaft reiner Formen – Qualitäten – und der Wissenschaft phänomenaler Schemata als Verbindung von Qualität und Quantität.[334]

Ungeklärt bleibt jedoch der Übergang zwischen der ›metaphysischen Mathematik‹ der Architektonik zur ›mathematischen Metaphysik‹ der Monadologie; oder: Woher kommt der Form die Kraft zu? Leibniz lehnt wiederholt die Erklärung natürlicher Phänomene durch Wunder ab und verweist auf die Perfektion der Schöpfung, die göttliche Eingriffe überflüssig mache. Somit – können wir schließen – ist das einzige Wunder eben diese Schöpfung, die den Formen die Kraft und Richtung verlieh, die sie in die Ewigkeit hinein bestimmen. Diese Kraftübertragung findet der junge Leibniz in der Transsubstantiation wieder, an der er sein philosophisches Instrumentarium erprobt und teilweise auch weiterentwickelt. Hier kommt klar zum Ausdruck, daß die Individuation, die *identitas numerica* der Substanz, aus der substantiellen Form hervorgehe, d.h. das *principium actionis – nempe in corporibus: Motus* – und eine Idee der *mens divina* sei. Die Äußerung, daß Brot und Wein den *corpus Christi* machten, sei bloß metonymisch. Da nun die *mens potest plura simul cogitare*, so folgt daraus:

> Mens igitur Christi potest simul operationem, actionem, subsistentiamve largiri et corpori Christi glorioso et speciebus panis et vini consecrati iisque variis numero in variis terrarum locis.[335]

Der Versuch, ein minimales Credo der Transubstantiation philosophisch zu erarbeiten, hat über seine irenischen oder gar gegenreformatorischen[336] Motive hinaus den Stellenwert einer zentralen Analogie zur Veranschaulichung der Monadologie, da ein Zeichenträger hier zum Zeichen wird (*per-*

---

333 *Dialogus* (1677), G VII, S. 192.

334 André Robinet: Sens et rôle philosophique de la Spécieuse. La symbolique du calcul différentiel et intégral. In: Studia leibnitiana. Sonderheft 14 (1986), S. 54: »L'imagination a deux versants, la qualité et la quantité, ou la forme et la grandeur, selon lesquelles les choses sont dites semblables ou différentes, égales ou inégales. Les concepts fondamentaux de la mathématique universelle sont des concepts relevant de l'imaginaire, de la logique de l'imagination.
[...] Les mathématiques apparaissent à juste titre, sous la condition de cette structure architectonique, comme la science des choses imaginables, la métaphysique devenant la science des choses intellectuelles: ce qui veut bien dire que l'imaginable est de l'intellectuel, mais de l'intellectuel immédiat, aux prises avec les schèmes phénomenaux de la sensibilité, alors que l'intellectuel dégage ses propres systèmes de signes dont le référant est la forme pure.«

335 *De Transubstantione* (1668?), AA VI/1, S. 510ff.

336 Blumenberg, *Die Lesbarkeit der Welt*, S. 123: »Will man es pointiert formulieren, so hat Leibniz die Gegenreformation bis an die Grenze der Restitution antiker Metaphysik getrieben.«

ceptio), gleichzeitig mit dem Hinzutreten einer (neuen) Kraft zur Ver›-Wandlung (*appetitio*), vor unseren Augen sich zusammenfügt. daß der spätere Leibniz sich nicht mehr gern auf den Zusammenhang seiner Monadologie mit der Transubstantiationslehre einließ[337] und lieber Mysterium und Wunder der Realpräsenz betonte,[338] hinderte ihn jedoch nicht, die Eucharistie als wirksames Argument gegen die cartesianische Lehre der ausgedehnten Substanz zu gebrauchen.[339]

Die Texte zur Abendmahlslehre zeigen, daß die philosophische Auseinandersetzung mit der Transsubstantiation gerade im Moment ihres Scheiterns – dort wo diese zum *Mysterium* wird – für das Verständnis der Geld- und Zeichentheorie Leibniz' entscheidend ist. Das Problem der Transsubstantiation auf dem Hintergrund der entwickelten Monadologie ist ja nicht die gleichzeitige Präsenz zweier Ideen der *mens divina*, sondern das Eindringen einer krafterfüllten (körperlosen) Monade in einen fremden Körper, der nur noch die *vis derivativa* beibehält, während sein substantielles Prinzip durch den Leib Christi ersetzt wird.[340] Freie – d. h. außerhalb der Substanzen ›herumschwirrende‹ – substantielle Prinzipien seien jedoch absurd.[341]

Die Entwicklung der Monadologie mit und aus der Transsubstantiationslehre[342] führt Leibniz in eine Aporie, die ihn zur Preisgabe dieser Analogie führt. Die Münze ersetzt die Hostie. Die *mens divina* als Totalität der *cogitationes*, die zu Körpern werden, weicht der Vorstellung der Schöpfung

---

337 Er tut es aber trotzdem; vgl. *Brief an Des Bosses vom 8. Sept. 1709*. G II, S. 390.

338 Eine detaillierte Darstellung der Leibnizschen Auffassung der Abendmahlslehre gibt Aloys Pichler: Die Theologie des Leibniz. München 1870, Bd. 2, S. 342–360; vgl. auch Dascal, *Leibniz. Language, Signs and Thought*, S. 113–115.

339 So z. B. die auf einem – interessierten – Übersetzungsfehler Costes (IV, xx, 10: *an intelligent Romanist/un Luthérien de bon sens*) – beruhende Erwiderung in den *Nouveaux Essais* (G V, S. 495f.) oder die Beilage zur *Reponse aux reflexions que se trouvent dans le 23 Journal des Sçavans de cette année touchant les consequences de quelques endroits de la philosophie de des Cartes* (1697), G IV, S. 345. Die theologischen Probleme und die anschließende kirchliche Verfolgung erwachsen dem Cartesianismus aus der Substanzlehre im Hinblick auf das Transsubstantiationsdogma; vgl. Kurt Lasswitz: Geschichte der Atomistik. Bd. II. Hamburg 1890, S. 409.

340 *Brief an Des Bosses vom 8. Sept. 1709*, G II, S. 390.

341 »Les principes substantiels ne voltigent point hors des substances.« *Système nouveau pour expliquer la nature des substances et leur communication entre elles, aussi bien que l'union de l'ame avec le corps* (Erster Entwurf), G IV, S. 474.

342 Zur zeitlichen Situierung vgl. Guhrauer, *Gottfried Wilhelm Freiherr von Leibnitz*, Bd. I, S. 76–78. Es stellt sich darüber hinaus die Frage, inwieweit die Rehabilitierung der aristotelischen Physik bei Leibniz bereits im Hinblick auf diese religiöse Problematik hin geschehen ist, bedenkt man, daß »für das Dogma der Transsubstantiation der Materiebegriff des Aristoteles« als *metaphysischer Grundbegriff eingangen* ist. Max Scheler: Wissenschaft und soziale Struktur. In: Der Streit um die Wissenssoziologie. Bd. I. Die Entwicklung der deutschen Wissenssoziologie. Hg. v. Volker Meja u. Nico Stehr. Frankfurt a/M 1982, S. 81.

als eines »Gesamtdekrets«.[343] Neben den Mathematiker-Gott, den Ingenieur einer perfekten Maschine, tritt in der Monadologie als systematische Erweiterung der Monarch-Gott.[344] Die Wissenschaft von der Schöpfungsordnung wird durch den Standpunkt bestimmt: Die Metaphysik ist die Politik Gottes – das Gute zu wählen –, die Logik ist die grundsätzliche Annahme, daß Gott vernünftig wählt, die Mathematik ist die Abreviatur der Statik und der qualitativen Bezüge, die der Mensch jedoch nur mit Hilfe der sinnlichen Wahrnehmung als Logik der Schöpfung wahrnehmen kann, d.h. durch die Physik, welche die göttliche Maschine nach feststehenden Gesetzen lenkt;[345] das Denken Gottes erkennt sich selber und das Bewußtsein – die Grundlage der Psychologie – ist die reflexive Selbsterfassung eines göttlichen Gedankens:[346]

> Pour ce qui est de l'Ame raisonnable ou de l'*Esprit*, il y a quelque chose de plus, que dans les Monades, ou même dans les simples Ames. Il n'est pas seulement un Miroir de l'univers des Creatures, mais encore une image de la Divinité. L'Esprit n'a pas seulement une perception des ouvrages de Dieu, mais il est même capable de produire quelque chose qui leur ressemble, quoyqu'en petit. Car, pour ne rien dire des merveilles des songes, où nous inventons sans peine (mais aussi sans en avoir la volonté) des choses auxquelles il faudrait penser longtemps pour les trouver quand on veille, notre Ame est Architectonique encore dans les Actions volontaires: et decouvrant les sciences, suivant lesquelles Dieu a reglé les choses (*pondere, mensura, numero* etc.). Elle imite dans son departement, et dans son petit Monde où il luy est permis de s'exercer, ce que Dieu fait dans le grand.[347]

In der *cité de Dieu*,[348] in diesem politisch-moralischen Staat im (natürlichen) Staat, erscheinen die Monaden wie die Münzen im ›bürgerlichen‹ Staat. Ihr Wert hängt vom Gesamtdekret, ihre Kaufkraft – d.h. die Kraft, in andere Gegenstände überzugehen – vom Willen des Herrschers ab, ihre

---

343 Der Ausdruck stammt von Aron Gurwitsch: Leibniz. Philosophie des Panlogismus. Berlin 1974, S.208.

344 *Monadologie*, §87, G VI, S.622: »Comme nous avons etabli cy dessus une Harmonie parfaite entre deux Regnes Naturels, l'un des causes Efficientes, l'autre des Finales, nous devons remarquer icy encor une autre harmonie entre le regne Physique de la Nature et le regne Moral de la Grace, c'est à dire entre Dieu consideré comme Architecte de la Machine de l'univers, et Dieu consideré comme Monarque de la cité divine des Esprits.« Hinzu kommt noch die Gott-Vater-Rolle (§84, G VI, S.221), die den *caritas*-Begriff der *iustitia*-Definition nun auch ontologisch mit den Wissenschaften verbindet.

345 Die Beziehung zwischen Bewegungsgesetzen und Generaldekret ist in Malebranches *volonté générale* bereits vorgezeichnet; vgl. Gurwitsch, *Leibniz*, S.209.

346 *Principes de la Nature et de la Grace fondés en Raison* (1714), §4, G VI, S.600: »Ainsi il est bon de faire distinction entre la *Perception* qui est l'état intérieur de la Monade representant les choses externes, et l'*Apperception* qui est la *Conscience*, ou la connoissance reflexive de cet état interieur, laquelle n'est point donnée à toutes les Ames, ny tousjours à la même Ame.«

347 Ebd. §14, S.604f.

348 *Monadologie*, §86, G VI, S.621.

Zahl ist der Ausdruck ihrer Beziehung zu andern Münzen und beruht auf der Einheit als Abstraktion der quantitativen Bestimmung (Maßstab); die Geltung der Münzen beruht auf dem Kredit. Dieser besteht in diesem Fall in der Überzeugung, daß Zahl und Kraft, Name und Materie, *veritas* und *bonitas* wie der Stempel mit dem Geprägten[349] übereinstimmen, da Gott uns mit dem sinnlichen Teil der Schöpfung nicht zu betrügen versucht, sondern nach seinen Gesetzen handelt. Der Schöpfer der besten Welt wählt, und hierhin offenbart sich sein Wille. Leibniz – und das ist für ihn bezeichnend – erweitert die Eigenschaften Gottes, Allmacht und Allwissenheit, um den Allwillen.[350]

Die Monaden sind die Instrumente dieser *existimatio* Gottes, wie die Münzen diejenigen der Menschen. Durch die Verbindung von Zahl und Kraft vermag das Geld mehr als ›nur‹ kraft menschlicher Konvention zu repräsentieren. Es liefert – dem Wortlaut unseres Eingangszitats folgend – im Gegensatz zum Rechenpfennig *Vernunftgründe* und *Ursachen*. Das Geld ist die Sache selbst; es ist Monade – *perceptio* und *appetitio*, es ist Verbindung von Final- und Wirkursache und es verfügt über die sinnliche Basis, welche die Statik der Zahl um die Dynamik der Kraft erweitert. Die Kaufkraft äußert sich ja seit der Antike in der Metaphorik des Geldes als bewegender Kraft: Es ist *nervus,* und ihm wird *vis* oder *dynamis* zugesprochen. Unter diesem Gesichtspunkt gewinnt auch die Gold- und Silberlegierung, die Leibniz vorschlägt, eine zusätzliche Bedeutung.

Schon im 6. Jahrhundert hatte Philoponos im Elektron[351] den Beweis dafür gesehen, daß die Kraft des Goldes auch in der Legierung übertragen bleibt, wie die Kraft Gottes im menschlichen Leib.[352] Dieser Kraftbegriff spielt eine entscheidende Rolle bei der Entwicklung der Kapitaltheorie, die ihren Ausgang im Norditalien des 13. Jahrhunderts nimmt: In diesem Zusammenhang schreibt Petrus Johannes Olivi in seinem Traktat *De contractibus usurariis* dem Geld nebst seiner einfachen Qualität als Geld oder Sache eine *quandam seminalem rationem lucrosi* zu, *quam communiter capitale vocamus.*[353] Ein wesentlicher Unterschied zwischen dem Elektron Leibniz'

---

[349] Bacon, *Advancement of Learning*, I, *Works* III, S. 315f.

[350] *Monadologie*, § 48, G VI, S. 615: »Il y a en Dieu la *Puissance*, qui est la source de tout, puis la *Connoissance* qui contient le detail des Idées, et enfin la *Volonté,* qui fait les changemens ou productions selon le principe du Meilleur.«

[351] Elektron ist eine natürlich vorkommende Gold- und Silberlegierung und diente verschiedentlich als Münzmetall.

[352] Zur Bedeutung des Elektrons in der Impetuslehre und der *oeconomia divina* bei Philoponos vgl. Michael Wolff: Geschichte der Impetustheorie. Untersuchungen zum Ursprung der klassischen Mechanik. Frankfurt a/M. 1978, S. 126–129. Leibniz erwähnt explizit Philoponos als einen Vordenker seiner Monadenkonzeption: *Brief an Arnauld vom Sept. 1687*, G II, S. 117.

[353] Zit. n. Wolff, *Geschichte der Impetustheorie*, S. 178f. Es ist auffällig, daß bei Olivi und einigen seiner Zeitgenossen Kapitaltheorie, Untersuchung der Kräfte und die Lehre der Eucharistie zusammenfallen. Ebd. S. 192f.

und demjenigen Philoponos' liegt darin, daß in der *Denkschrift* der Wert – und damit die Kraft – beider Metalle zu einem neuen *valor intrinsecus*, zu einer neuen *vis impressa* addiert wird, während Philoponos sich fragt, ob die Kraft des Goldes im Silber erhalten bleibe. Die Frage, die sich hieraus ergibt, betrifft das Verhältnis von Geist und Körper, das in Leibniz' geistiger Entwicklung zahlreiche Peripetien kennt und immer wieder das erkenntnistheoretische Problem der Beziehung zwischen den Seinsbereichen, dem Verhältnis zwischen sinnlichen Daten und rationaler Wahrheit aufwirft.

Die Vorstellung, daß Gott kein Betrüger und zudem ein rationaler Baumeister ist, macht die metaphysische und ontologische Abwertung der Materie und der Sinne teilweise rückgängig; denn zu Gott und Welt führen zwei Wege: Vernunft und Intuition. Die sinnlich gewonnenen Daten können und müssen gemäß den Regeln der Vernunft auf ihre primitiven und unzerlegbaren Bestandteile zurückgeführt werden. In diesem Prozeß spielen artifizielle Zeichensysteme – allen voran die *charactéristique générale* – eine unabdingbare Rolle, da sie mit einer beschränkten Anzahl von Elementen, dem *Alphabetum cogitationum humanarum*,[354] die vernünftigen Verbindungen der Schöpfung nachvollziehen sollen. Die Intuition erfaßt also die ideelle Einheit der sinnlichen Mannigfaltigkeit, die *Analyse* dieser Ideen liefert die Grundbausteine der Definitionen, während es die *Synthese*[355] ist, die wiederum die Potentialität der Welten aus diesem beschränkten ›Lexikon‹ generiert. So ist die Universalschrift der Spiegel der Schöpfung, der Buchstabe der Spiegel des Alphabets, die Schöpfung der Spiegel Gottes, die Seele aber der Sitz der *cogitatio*, welche die Phänomene bewußt zu erfassen versucht und somit »Selbstrepräsentation als Spiegel des Universums«[356] ist. Die *perzeptive* Qualität der Monade verwandelt die Schöpfung in ein Spiegelkabinett, wobei jedoch unklar bleibt, ob den (sprachlichen) Zeichen der Status der Monade zukommt und sie folglich ebenfalls *perzipieren*.

So ist aber auch die Sprache Spiegel des Verstandes und der Nation.[357] Die deutsche Nation steht durch Bauer und Bergwerksmann in natürlicher Beziehung zum Boden; der Reichtum des Bodens an noch zu bergenden

---

354 ›*Sur la Caractéristique*‹ (?), Couturat S. 435: »*Alphabetum cogitationum humanarum* est catalogus *notionum primitivarum*, seu earum quas nullis definitionibus clariores reddere possumus ...«

355 Daß Leibniz mit dieser Charakteristik die Grundstruktur der Topik, der *ars iudicandi et inveniendi*, nachzeichnet, hat Wilhelm Schmidt-Biggemann (*Topica universalis*, S. 208f.) überzeugend dargelegt.

356 Gerhard Schönrich: Zeichenhandeln. Untersuchungen zum Begriff einer semiotischen Vernunft im Ausgang von Ch. S. Peirce. Frankfurt a/M. 1990, S. 41.

357 *Unvorgreifliche Gedanken* § 1, H II, S. 519: »Es ist bekannt, daß die Sprache ein Spiegel des Verstandes, und daß die Völker, wenn sie den Verstand hoch schwingen, auch zugleich die Sprache wohl ausüben, welches der Griechen, Römer und Araber Beyspiele zeigen.«

Edelmetallen, deren Glanz bereits im Verborgenen zu wirken scheint, kommt folglich auch der Sprache zu.[358] Wie wir gesehen haben, braucht der natürliche Reichtum Instrumente zu seiner Verarbeitung. Die Opposition zwischen der ›Bergung‹ des natürlich angelegten Reichtums und seiner ›technischen‹ Verarbeitung entsprechen in Leibniz' Erkenntnistheorie die zwei Vermögen der *aisthesis* und der *ratio* und – wie noch zu zeigen sein wird – die linguistische Dichotomie von *Kraft*- und *Kunst*wort. Die Unterscheidung zwischen rationaler und ästhetischer Erkenntnis[359] entwickelt Leibniz am klarsten in seinen *Meditationes de Cognitione, Veritate et Ideis* von 1684. Hier postuliert Leibniz die Existenz einer *intuitiven* und einer *symbolischen* Erkenntnis. Die Intuition ermöglicht das gleichzeitige Erfassen eines zusammengesetzten Gegenstandes oder die klare und adäquate Erkenntnis einer *notio primitiva*, während die symbolische Erkenntnis auf die *Vorstellung* verzichtet, in der Annahme, daß gemäß den Regeln der Kombinatorik der bezeichnete Gegenstand widerspruchsfrei existieren könne.[360] In der *aisthesis* kommt es also zur mehr oder minder klaren Erkenntnis der *spezifischen* Ähnlichkeit der Individuen, die in ihrer Individualität jedoch nie voll erkannt werden können, während die rationale Behandlung dieser Eindrücke eine Annäherung an die adäquate Distinktheit der Zahlen als Qualität und somit den Übergang zur Gattung (*genre*)[361] erlauben. Dieser Abstraktionsprozeß ermöglicht die Instrumentalisierung der Erkenntnis in einer wohlgeordneten Sprache, einer Universalsprache, die von zufälligen Irrtümern und historischen Verirrungen befreit wäre, gleichsam über eine *blinde*[362] Funktionsweise verfügte.

Bedingung für diese blind funktionierende Universalsprache, die als Instrument der Ordnung, der Invention und als Wahrheitskriterium gebraucht werden soll, ist ihr vollständig syntaktischer Charakter,[363] da die *computatio*

---

358 Zu Leibniz' Interesse am Bergbau vgl. Arthur Salz: Leibniz als Volkswirt, ein Bild aus dem Zeitalter des deutschen Merkantilismus. In: Jahrbuch für Gesetzgebung, Verwaltung und Volkswirtschaft im Deutschen Reich. 24 [1910] (3), S. 205f. Salz scheint selber noch in dieser Denktradition verhaftet, wenn er im »Edelmetallbergbau [...] das Milieu [sieht], in dem die edelsten deutschen Geister zur Erleuchtung kamen, die wertvollsten geistigen Schätze gehoben wurden [...]« Einen Zusammenhang zwischen Bergbau und monetären Erwägungen sieht Robinet, *G. W. Leibniz*, S. 268–270.

359 Die Verwendung von »ästhetisch« ist hier natürlich ein Anachronismus. Der Begriff als solcher taucht erst 1750 bei Baumgarten auf, jedoch – wie bekannt ist – in klarer Abhängigkeit von den hier skizzierten Überlegungen Leibniz'.

360 *Meditationes de Cognitione, Veritate et Ideis*, G IV, S. 422f.

361 *Nouveaux Essais*, III, III, 6, G V, S. 268: »[l']usage des abstractions [...] est plustot en montant des especes aux genres que des individus aux especes.« Vgl. Belaval, *Leibniz critique de Descartes*, S. 240.

362 *Meditationes de Cognitione, Veritate et Ideis*, G IV, S. 423: »... qualem cogitationem *caecam* vel etiam *symbolicam* appellare soleo, qua et in Algebra et in Arithmetica utimur, imo fere ubique.«

363 Vgl. Eco, *La recherche de la langue parfaite*, S. 322.

selbst auf jegliche Form der Referenz verzichtet, die das Fassungsvermögen sowieso nur unnötig belasten oder gar übersteigen würde. Wir finden hier einen weiteren Vorteil der *Rechenpfennige, Wechselzettel,* der Spiel-*Marken* und -*Zettel,*[364] die im Gegensatz zu Gold und Silber von geringem Gewicht sind.[365] Der ›Umtausch‹, d.h. das Hinzutreten der *explicatio* zur bloßen *significatio,*[366] die in der blinden *cogitatio* nicht erfordert wird, erfolgt nach dem ›Fazit‹ des Denkprozesses, dem Abschluß der Rechnung, und erlaubt eine weit bequemere Zirkulation.[367] Die Ökonomie des idealen Wissens beruht auf einer Konzeption des Denkens als eines Waren- und Geldtransfers, der erst nach der Bilanz zur harten Währung, zu den *ursachen und vernunfftsgründen,* kommt und diese als reellen Reichtum betrachten kann. Denn das Zusammengesetzte, das Mannigfaltige ist von kurzer Dauer, während die *notiones primitivae* und die Gesetze der Vernunft eine unverderbliche Ware darstellen, deren Ziel die Vervollkommnung und nicht der historisch bedingte Nutzen ist:

> La connoissance des raisons nous perfectionne parce qu'elle nous apprend des verités universelles et eternelles, qui expriment l'Estre parfait. Mais la connoissance des faits est comme celle des rues d'une ville, qui nous sert pendant qu'on y demeure, après quoy on ne veut plus s'en charger la memoire.[368]

Während das Strassensystem einer Stadt keinen Erkenntniszuwachs für uns darstellt und nur unser Gedächtnis belastet, wie es die Vorstellung des 887-Ecks und anderer Polygone ebenfalls tun würde, führen uns die Vernunftgründe zur Kenntnis Gottes und tragen so zu unserer Perfektionierung bei; ja, ohne Kenntnis der Gründe wären wir gar nur Tiere.[369] Die Qualität der Erkenntnis hängt also für Leibniz vom Grad der Abstraktion ab, so daß der symbolischen Repräsentation eine höhere Dignität zukommt als der Intuition. Es ist die syntaktische Ordnung der Sprache, welche in der Ökonomie der Erkenntnis diejenige der Schöpfung auszudrücken imstande ist, während die konkreten semantischen Inhalte, die Ergebnis der Intuition sind, von diesem Standpunkt aus nur dazu dienen, eine zu bearbeitende Menge an Information zur anschließenden Arbeit der Abstraktion zur Verfügung zu stellen: Erkenntnisziel aber ist die Ordnung des Weltenbaus und nicht die

---

364 *Unvorgreifliche Gedanken*, §5, H II, S. 520.

365 Ein Argument, das später Law als einen Faktor zugunsten des Papiergelds aufführen wird. Vgl. John Law: Money and Trade Considered With a Proposal for Supplying the Nation With Money (1705), S. 6, 126.

366 *Meditationes de Cognitione, Veritate et Ideis*, G IV, S. 423.

367 Das Paradebeispiel hierfür liefert das Tausendeck, dessen Idee wir ohne weiteres verstehen, dessen Gestalt wir uns jedoch nicht vor das geistige Auge führen können. Hobbes und Descartes teilen sich diese Sorge, vgl. Dascal, *Leibniz*, S. 17.13.

368 *La félicité* (1694–98?), Grua II, S. 580.

369 *Principes de la Nature*, §5, G VI, S. 600.

Individualität. Den Zusammenhang zwischen den *perceptions des faits* und den *connaissances des raisons* stellt Leibniz' Erwiderung – *nisi ipse intellectus*[370] – auf den Bannerspruch des Empirismus – *nihil est in intellectu quod non fuerit in sensu* – her. Die Entdeckung der *ideae innatae* des *intellectus* durch die historischen Fakten ist die Erkenntnis schlechthin, da die Seele das Universum spiegelt und die Geisteskräfte in homogenem Verhältnis zu den Bauplänen des Kosmos stehen. Die sinnliche Erkenntnis ist unabdingbares Mittel zu diesem Zweck, auch wenn sich Leibniz der geringen Verläßlichkeit des trügerischen Scheins bewußt ist.[371] Das Sinnliche ist für ihn nicht, was verstanden werden muß, sondern wodurch verstanden werden kann. Es ist deshalb nur konsequent, wenn Leibniz als Forschungsgegenstand und als Modell für seine Universalsprache konkrete historische Sprachen wählt. Es gilt nun, die Frage nach dem ontologischen Status der Zeichen als Vermittler zwischen sinnlicher und geistiger Sphäre zu stellen.

Die Rechenpfennige – wie bereits gezeigt – sind auf Zahlen reduziertes Geld, deren Körper in keinem Verhältnis zum repräsentierten Wert stehen. Die Worte seien nun wie diese Rechenpfennige – nicht Geld, weder Vernunftschluß noch Ursache, keine reel existierende Sache, sondern vorerst *Fiktion*.[372] Wie können dann aber die Sprachen und vornehmlich die Worte durch ihre Sinnlichkeit Zeugnis ihres Alters und längst vergessener Wahrheiten sein? Und wie können sie – wie die deutsche – geradezu durch ihre Konkretheit als Wahrheitskriterium dienen?[373] Die elegante Formel, daß die Entwicklung der Sprache gleichsam die *Geschichte unserer Entdeckun-*

---

370 *Nouveaux Essais*, II, I, 2, G V, S. 100.

371 In dieser Hinsicht zollt Leibniz sogar den Skeptikern Beifall: »Je vois maintenant [...] jusqu'où les Sceptiques avoient raison en declamant contre les sens.« *Nouveaux Essais*, I, I, 0, G V, S. 64. Ähnlichkeit und Individualität dürfen nicht verwechselt werden, wie dies Leibniz anschaulich am Beispiel der Mutter-Kind-Beziehung und des zeitgenössischen Amphytrion, Martin Guerre, zeigt: »Car pour juger qu'il n'avoit point de précise idée de l'individu, il suffit de considerer qu'une ressemblance mediocre le [das Kind] tromperoit aisement et le feroit prendre pour sa mere une autre femme, qui ne l'est point. Vous savés l'Histoire du faux Martin Guerre [...]« Ebd. III, III, 8, S. 269.

372 Erfindungen des Geistes werden für Leibniz durch ihre Vernünftigkeit zu Realität: »Il est aisé de faire des fictions, mais il est difficile de les rendre raisonnables, c'est à dire de montrer qu'il y en a, ou moins qu'il y en peut avoir une raison.« *Brief an Hartsoeker vom 30. Okt. 1710*, G III, S. 506.

373 *Unvorgreifliche Gedanken*, § 50, H II, S. 586 (im Anschluß an die Etymologie von »Welt«): »Dergleichen Exempel sind nicht wenig vorhanden, so nicht allein der Dinge Ursprung entdecken, sondern auch zu erkennen geben, daß die Wort nicht eben so willkührlich oder von ohngefehr herfürkommen, als einige vermeynen, wie dann nichts ohngefehr in der Welt, als nach unserer Unwissenheit, wenn uns die Ursachen verborgen. Und weilen die Teutsche Sprache vor vielen andern dem Ursprung sich nähern scheinet, so sind auch die Grund-Wurzeln in derselben desto besser zu erkennen ...« Dieser Bewertung des Deutschen begegnen wir schon in der Frühschrift *Marii Nizolii de veris principis et vera ratione philsophandi contra pseudophilosophos*, G IV, S. 144. Siehe oben Seite 112.

gen[374] darstelle, löst das Problem. Einerseits bejaht – und differenziert – sie das Lockesche Argument, daß die Worte anfänglich sinnliche Ideen ausgedrückt, dann aber *abstrusere Bedeutungen* angenommen hätten, weil nun die Worte als Zeugnisse der menschlichen Bedürfnisse und ihrer Deckung gelten. Daraus kann gleichzeitig geschlossen werden, daß die Deutschen sich mit ihren Bedürfnissen am wenigsten von der ursprünglich geschaffenen Natur entfernt haben und somit ihre Sprache eben noch über *Wurzelworte* einer auf Identität mit der Seinsordnung ausgerichteten Ursprache verfügt, andererseits braucht Leibniz so seine etymologischen Untersuchungen nicht auf der Ähnlichkeit der Laute mit den Dingen aufzubauen, sondern kann auf die Analogie der Bedeutung dieser Laute untereinander eingehen, wobei der Bezug der gewählten Einheit zum Bezeichneten im Ursprung arbiträr bleibt, die syntaktische Beziehung zwischen den Elementen, den *notiones primitivae*, aber aufgrund der rationalen Struktur des menschlichen Geistes motiviert ist. Ob diese beiden Aspekte koexistieren können, ist jedoch mehr als fragwürdig, wie das folgende Beispiel zeigt, in welchem Leibniz der von ihm verurteilten *buchstäblichen Deuteley* der *Cabbala*[375] sehr nahe kommt:

> Und scheinet die Wurtzel [von *Welt, Wirren, Wirbel* usw.] stecke im Buchstaben W, der eine Bewegung mit sich bringet, so ab- und zugehet, auch wohl umgehet, als bey wehen, Wind, Waage, Wogen, Wellen, *Wheel*, oder Rad.[376]

Die Nationalsprachen sind also bald unvollkommene Universalsprache im Sinne der Charakteristik, bald Relikt einer verschütteten, aber korrekten ursprünglichen und unmittelbaren Darstellung der Seinsordnung, der Natursprache eines Böhme verwandt.[377] Führt nun die Rückkehr zur Ur- oder der Fortschritt in Richtung Universalsprache[378] zur Wahrheit, oder begeg-

---

374 *Nouveaux Essais*, III, 1, 5, G V, S. 256.

375 *Unvorgreifliche Gedanken*, § 8, H II, S. 521.

376 Ebd. § 49, S. 536. Leibniz vertritt ansonsten die Meinung, daß die menschliche Sprache zur Imitation der Natur durch onomatopoetische Ausdrücke neige; vgl. *De connexione inter res et verba, seu potius de linguarum origine*, Couturat, S. 151f.

377 ›*Characteristica realis*‹, XI, G VII, S. 184: »Interea insita mansit hominibus facilitas credendi mirifica invenire posse numeris, characteribus et lingua quadam nova, quam aliqui Adamicam, Jacobus Bohemus die *Natur-sprache* vocat.« Diese *homines* widersetzen sich der Tendenz einer *Cabbala quaedam vulgaris* und der *Magie*. Zu Böhmes Natursprache und deren Verbindung zu Leibniz' Universalsprache vgl. Pombo, *Leibniz and the Problem of a Universal Language*, S. 42–52; und vor allem Allison Coudert: Some Theories of a Natural Language from the Renaissance to the Seventeenth Century. In: Studia Leibnitiana. Sonderheft 7. Hg. v. Kurt Müller, Heinrich Schepers u. Wilhelm Totok. Wiesbaden 1978, S. 88–91, 106–114; wie auch die ausführliche Monographie von Susanne Edel: Die individuelle Substanz bei Böhme und Leibniz. Studia Leibnitiana. Sonderheft 23. Stuttgart 1995, für unsern Zusammenhang vor allem S. 191–205.

378 Der Versuch, Ur- und Universalsprache zur Deckung zu bringen, liegt auch vielen Plä-

nen wir hier etwa der stoisch-christlichen Variante, daß gerade der Fortschritt der Vernunft den Naturzustand vor dem Sündenfall als transparente *Offenbarung*[379] des Schöpfers durch die Schöpfung wiederherzustellen versuche?

Leibniz hat die Frage des Sündenfalls verschiedentlich zu lösen versucht; sie lautet: Wenn Gott nicht betrügt, vernünftig ist und uns darüber hinaus auch noch liebt, wieso irren, zweifeln und sündigen wir? Dies ist auch die Frage, welche die Sprecher *A* und *B* in einem Dialog aus dem Jahre 1695 beschäftigt. Der Grund des Übels, so *B*, entspringe der notwendigen – nicht kontingenten – Beschränkung der Kreaturen; das Übel selbst sei ein Nicht-Sein (*néant*), dessen realer Einfluß auf das Sein das Beispiel der Null in der Komposition der Zahlen veranschaulicht.[380] Diese essentielle Beschränkung beruhe auf der Widerspruchsfreiheit des Weltenbaus, der in diesem Punkt nicht vom göttlichen Willen abhänge. Erklärungsbedürftig bleibe jedoch, wieso Gott Dinge und Lebewesen nicht wenigstens so perfekt geschaffen habe, daß sie nicht zu fallen bräuchten. Diesem Einwand begegnet *B* durch einen Vergleich mit der Musik und der Malerei: Die positive Wirkung des Mangels an Perfektion bei der Dissonanz und dem Schatten sei viel größer als der Verzicht darauf. Um somit den Vorzug dieses oder jenes Übels zu erklären, bräuchten wir eine genaue Kenntnis der universalen Harmonie.[381] Das Fallen gewisser Kreaturen und das Nicht-Fallen der andern begründet *B* aus der ›geometrischen Natur‹ der Dinge; genauer: anhand des – uns schon bekannten – Unterschieds zwischen Kommensurablen und Inkommensurablen. Kommensurabel seien die Linien, die in ganzzahligem oder proportionalem Verhältnis zu einer Maßeinheit stünden, während ein inkommensurables Verhältnis etwa zwischen den Längen der Diagonale und der Seite eines Quadrats bestehe, da die $\sqrt{2}$ nicht das Produkt einer Multiplikation sein könne; und dies, obwohl die Diagonale, ihrerseits als

---

nen zur Universalschrift zu Grunde; die Hieroglyphe erscheint als ›das‹ ursprüngliche und motivierte Zeichen und soll den künstlichen Zeichen Modell stehen. Vgl. Strasser, *Lingua Universalis*, S. 87; zur Gegenläufigkeit von Etymologie und künstlicher (Universal-)Sprache bei Leibniz vgl. Jürgen Trabant: Traditionen Humboldts. Frankfurt a/M 1990, S. 82f.

379 Leibniz widerspricht weder in den *Nouveaux Essais* (IV, XIX, 4, G V, S. 485; Philal) noch in seiner Locke-Rezension von 1701 dem Lockeschen Diktum *Reason is natural revelation* und *Revelation is natural reason* nicht. John Locke: An Essay concerning Human Understanding (1690/⁴1700), IV, XIX, 4. Hg. v. A.C. Fraser. Bd. II. Oxford 1894., S. 431.

380 *Dialogue effectif sur la liberté de l'homme et sur l'origine du mal. Brief an Dobrzensky vom Jan. 1695*, Grua I, S. 364.

381 Ebd. S. 365f. Zum Zusammenhang von Harmonie-Vorstellung, Sprache und Musik vgl. Leroy E. Loemker: Struggle for Synthesis. The Seventeenth Century Background of Leibniz's Synthesis of Order and Freedom. Cambridge 1972, S. 177–202.

Seite verwendet, ein flächenmäßig doppelt so großes Quadrat ergebe.[382] Auf die Frage von *A*, ob Gott denn nicht fähig sei, eine ganze Zahl zu finden, die diese Diagonale ausdrücke, antwortet *B*: *Dieu ne sçauroit trouver des choses absurdes* – und fügt als Beispiel hinzu:

> C'est comme si on prioit Dieu de nous enseigner le moyen de partager trois ecus en deux parties egales sans fraction, c'est à dire sans dire un et demy; ou quelque chose de semblable.[383]

Gott hätte diese Imperfektion der Diagonalen vermeiden können, hätte er keine Quadrate geschaffen, ebenso hätten sich die Mängel jener Seelen zugunsten der perfekteren Wesen erübrigt, wenn er sich bei der Schöpfung auf finite Zahlen beschränkt und auf Figuren und Quantitäten verzichtet hätte.

> Mais cette imperfection des incommensurables a esté récompensée par des avantages bien plus grands, de sorte qu'il a mieux valu leur donner place a fin de ne point priver l'univers de toutes les figures.[384]

Die *imagination* der Zahlen als geometrische Gegenstände bewirkt die Mängel und momentanen Gleichgewichtsstörungen innerhalb der Harmonie. Die Ein-Bildung oder Ins-Bild-Setzung ist nämlich darauf aus, sinnliche Anschauung als finite Vorstellungen dem Geist vor Augen zu führen. Als ein solcher Gegenstand der *imagination* erscheint die Münze, die aber gleichzeitig durch ihren ideell-materiellen Doppelcharakter und durch die doppelte Funktion des Kaufens und Messens auf die Gefahr der Beschränkung des Infiniten durch das Finite in der Einbildungskraft hinweist. Denn die genaue Beschränkung der Münze – materiell ein Kreis, ideell eine Zahl – birgt das Risiko einer beträchtlichen *negatio,* die für Leibniz den Prozeß der *definitio* begleitet.[385] Das Nicht-Sein lauert in der Willkür des Benennens und den daraus entstehenden bloßen Fiktionen, die zur monströsen Bildung von *nomina sine notione*[386] führen können. Diese Fiktionen stören die natürliche Ordnung, ja schlimmer, als eigentliche Lüge oder Betrug stellen sie nicht dar und sind trotzdem; es sind Zeichenträger und somit Körper ohne Seelen – ein Skandolon für die Monadologie, in der existieren und repräsen-

---

382 Das Beispiel ist einer Stelle des Platonischen Dialogs *Menon* (82a9–85b10) nachgebildet. Zur Bedeutung des *Menon* als ›klassische‹ Herleitung des ›apriorischen‹ Charakters der mathematischen Erkenntnis vgl. Oskar Becker: Grundlagen der Mathematik in geschichtlicher Entwicklung. Frankfurt a/M 1975, S. 109.

383 *Dialogue effectif,* Grua I, S. 367.

384 Ebd. S. 368.

385 Das Nichts ist für Leibniz »quod nominari potest, cogitari non potest« (*Définitions logiques* [?], Couturat, S. 255). Eine kurze und beeindruckende Rekonstruktion der Voraussetzungen und der Bedeutung des Nichts bei Leibniz liefert Wolfgang Hübener: Zum Geist der Prämoderne. Würzburg 1985, S. 84–100.

386 *Introductio ad Encyclopaediam arcanam* (?), Couturat, S. 512.

tieren gleichbedeutend sind. Gestört wird die Ordnung durch die Bildung solcher Un-Zeichen z. B. durch den Herrscher, der in seinem herrschaftlichen Nominalismus die Münzen wie imaginäre behandelt, sowie in den Schriften des Philosophen, der die Realität qua Vernünftigkeit der Ideen nicht erkennen und diese als *Fiktionen* verstehen will. Fiktiv können jedoch höchstens Worte und Zeichen sein, die Nichts entsprechen, die weder Idee noch Wert haben; und deshalb sind die Worte nicht Münzen, sondern Rechenpfennige.

Um das Gleichgewicht vor dem Sündenfall wiederherzustellen, bedarf der Mensch der Erkenntnis der Seinsordnung und um diese zu denken, der Worte, deren Definitionen vernünftigen Ideen entsprechen. Leibniz akzeptiert ein konventionelles Verhältnis zwischen Laut›/Schriftbild und Idee, lehnt aber ein solches zwischen Idee und Realität ab. Da es aber die Sinne sind, die entdecken, was unser Intellekt birgt, so können wir der falschen, magischen Auffassung der Sprache einräumen, daß ihr eine *Intuition* zugrundeliegt, eine sinnliche Erfahrung, die sich in den Lauten *w, l* und *r* äußern mag.[387] Diese Bezüge sind – im Gegensatz zur Unteilbarkeit des konkreten Geldstücks, die den Status einer Vernunftwahrheit hat – kontingent, vom Menschen erahnt, von seinem Willen und seiner Freiheit[388] abhängig; insofern können sie motiviert und dem Objekt der Nachahmung adäquat sein.[389] In der Freiheit der korrekten Wahl des Weisen liegt die Bedingung der *félicité* und der Grund der *Lust*, welche die Erkenntnis – der Einheit in der Mannigfaltigkeit[390] – begleitet. Die Behandlung des Sündenfalls und der bereits mehrfach konstatierte ›Naturalismus‹ Leibniz' machen eine Dynamik nötig, die nicht zuletzt als ästhetisches Argument ›avant la lettre‹ auftritt. Denn Mängel sind gemäß der barocken Lieblingsvorstel-

---

387 *Nouveaux Essais,* III, II, 1, G V, S. 261ff.

388 Ebd. S. 258: »elles (die *significations*) ne sont point determinées par une necessité naturelle, mais elles ne laissent pas de l'estre par des raisons tantost naturelles, où le hazard a quelque part, tantost morales, où il y entre du choix.«

389 Belaval, *Etudes leibniziennes,* S. 34: »De même qu'en mathématiques, il nous est loisible d'exprimer le même rapport par des formules différentes, de même un phénomène peut être décrit, une idée peut être énoncée avec des mots, des phrases différentes. Mais ce choix n'est pas sans raison. Arbitraire signifie libre; libre signifie motivé; motivé signifie fidèle à l'objet qu'il faut exprimer.« Vgl. auch Wilhelm Schmidt-Biggemann: Theodizee und Tatsachen. Das philosophische Profil der deutschen Aufklärung. Frankfurt a/M. 1988, S. 16f.

390 Diese Einheit ist die Harmonie; ihrer Erkenntnis steht die sinnliche Erfahrung in Musik und Symmetrie gegenüber, die den *plaisirs de l'esprit* am nächsten komme. Vgl. *La félicité,* Grua II, S. 580. In der *Confessio philosophi* (1672; Conf, S. 104–106) bezieht Leibniz auch den Roman in diese Überlegungen mit ein: »quemadmodum duae imparitates in unam paritatem colliguntur, im de essentiâ harmoniae esse, unitate quâdam velut insperata pensare mirificè distortam diversitatem. Quod non melodiarum tantum sed et historiarum illarum ad oblectationem confictarum, quas Romanos vocant, concinnatores pro lege artis habent.«

lung, daß es der Schatten ist, der das Licht verrät, ja unabdingbar, und ihre psychologische Erfahrung durch das Begehren, den *appetitus*, verspricht den Fortschritt ohne Ende. Aus diesen metaphysischen und ästhetischen Betrachtungen lassen sich natürlich auch moralische Praezepte ableiten:

> Bona et mala sunt perceptiones jucundi ac molesti ...

Dieser Perzeption entspricht auf Seiten des Begehrens der Nutzen:

> *Prodesse* est conferre ad mutationem in melius.[391]

Der Übergang zum Besseren ist die Bewegung, die Leibniz – unter dem Einfluß Hobbes' – der Lust gleichsetzt:

> Voluptas videtur venire ex plurium cogitatione, seu transitu ad perfectionem.[392]

Die praktische Philosophie Leibniz' steht in Korrelation zu seiner Monadologie, in der sich die auf Statik ausgerichtete Perzeption des Guten und die dynamische Appetition der Verbesserung gegenseitig bedingen. Der Erkenntnis des Guten und Schönen – die Theodizee ist die eigentlich barocke Verbindung der Kalokagathie mit der *felix culpa*[393] der Erbsündenlehre – verbindet Wahrnehmung (aisthesis) und Geschmack, Lust und Intuition und liefert gerade jene Verbindung von Glückseligkeit und Wissen, von Gerechtigkeit und Liebe, auf der die Leibnizsche Naturrechtslehre ruht:

> Wer die Weisheit hat, liebet alle.
> Wer weisheit hat, sucht aller nutzen.
> Wer weisheit hat, nuzet vielen.
> Wer weisheit hat, ist ein Freund Gottes.
> Ein freund Gottes ist glückseelig.
> [...]
> Wer weisheit hat, ist gerecht.
> Wer gerecht ist, ist glückselig.[394]

---

391 *Juris naturalis principia* (1695?), Grua II, S. 639f.

392 *Elementa philosophiae arcanae de summa rerum* (1676), Jago, S. 130.

393 Diese ist Voraussetzung der Heilsgeschichte und der Geschichte überhaupt: »On a fait voir que chez les Anciens la cheute d'Adam a eté appellée *felix culpa*, un peché heureux, parce qu'il avoit eté reparé avec un avantage immense, par l'incarnation du fils de Dieu, qui a donné à l'univers quelque chose de plus noble que tout ce qu'il y auroit eu sans cela parmy les creatures. Et pour plus d'intelligence, on a adjouté apres plusieurs bons auteurs, qu'il étoit de l'ordre et du bien general, que Dieu laissât à certaines creatures l'occasion d'exercer leur liberté, lors même qu'il a prevu qu'elles se tourneroient au mal, mais qu'il pouvoit si bien redresser, parce qu'il ne convenait pas que pour empêcher le peché, Dieu agit tousjours d'une maniere extraordinaire.« *Appendices* zu den *Essais de Théodicée*, G VI, S. 377.

394 Deutsche Version Leibniz' zur *Definitiones B* der *Specimena Scientiae Generalis de instauratione et augmentis scientiarum* (?), G VII, S. 77. Zur Verbindung von Lust, *aisthesis*, Werturteil und *appetitio* und deren Einfluß auf die Entwicklung der Ästhetik vgl.

Der Übergang von der Wahrnehmung zur Erkenntnis, die den Menschen auszeichnet, bedeutet – wie wir gesehen haben – den Übergang von den Quantitäten zu den Qualitäten, den Übergang von der *bonitas extrinseca* zur *bonitas intrinseca,* vom *prodesse* zur *voluptas.*[395] Es ist bezeichnend, daß gerade das Gold beliebtestes Beispiel eines intuitiv zu erfassenden Gegenstandes ist.[396] Die Monadologie verbindet über die *aestimatio* also sämtliche Faktoren der zeitgenössischen Werttheorien: Mangel, Nutzen, Lust, Schönheit, Begehren,[397] Kraft, Bewegung. Das Geld bildet somit den Punkt, an dem symbolische (Zahlen) und intuitive Erkenntnis (Gold, Einheit) zusammenfließen. Die eklektische Mittelposition Leibniz' zwischen dem nominalistischen Sensualismus eines Hobbes' und dem intellektuellen Realismus Descartes' findet zwischen Ware und Zeichen im Geld ihren prägnantesten Ausdruck, der ›monströsen‹ Formulierungen wie *veritablement nominales à demi*[398] wohl vorzuziehen wäre; denn wie der *Botschafter*[399] bedarf das Geld, um zu gelten, der fürstlichen Bestätigung. Diese symbolische Auszeichnung beruht jedoch auf der intuitiven Überprüfbarkeit des Goldgehalts, das den Kredit begründet; die intuitive Erkenntnis wiederum, und hier richtet er sich gegen Descartes, setzt Zeichen voraus.[400] Zeichen brauchen eine sinnliche Grundlage, wie die Seele den Körper[401] – und umgekehrt.

Robert Sommer: Grundzüge einer Geschichte der deutschen Psychologie und Aesthetik von Wolff-Baumgarten bis Kant-Schiller. Würzburg 1892, S. 19f.

395 Vgl. Schiedermair, *Das Phänomen der Macht,* S. 29ff.

396 Leibniz, der 1667 während wenigen Monaten Sekretär einer alchimistischen Vereinigung gewesen war, entfaltete Zeit seines Lebens in seinen Schriften einen regelrechten Gold-Fetischismus. Dies gilt vor und unabhängig von Lockes *Essay* (IV, VI, 8f.), der sich ebenfalls dieses Beispiels bedient. *Gold* als Wahrheitskriterium und als Erleuchtung finden wir schon bei Jakob Böhme und ist auch im Pietismus verbreitet. Vgl. August Langen: Der Wortschatz des deutschen Pietismus. Tübingen 1954, S. 399 u. 411. Leibniz meint hierzu ironisch, daß Jakob Böhme – *ce cordonnier extraordinaire* – wohl mehr glauben verdiente, falls er tatsächlich in der Lage wäre, Gold zu machen. *Nouveaux Essais,* IV, XIX, 15, S. 489f. Vgl. Günther Scheel: Leibniz auf den Spuren von Alchemisten in Berlin zur Zeit König Friedrichs I. In: Leibniz in Berlin. Studia Leibnitiana. Sonderheft 16. Hg. v. Hans Poser und Albert Heinekamp. Stuttgart 1990, S. 253–270; und vor allem George Macdonald Ross: Leibniz and Alchemy (wie auch die anschließende Diskussion). In: Studia Leibnitiana. Sonderheft 7. Hg. v. Kurt Müller, Heinrich Schepers u. Wilhelm Totok. Wiesbaden 1978, S. 166–180.

397 »Concupiscentia est desiderium ex opinione voluptatis.« ›*Table de définitions*‹ (?), Couturat, S. 493.

398 *Nouveaux Essais,* III, v, 9, G V, S. 281.

399 Es geht um den Zusammenhang zwischen einem Titel, bzw. seinem Alter zu seiner Geltung oder Wirksamkeit (Macht); vgl. auch Michel de Montaigne: *Essais* (1580), I, XLVI (Des noms). In: Œuvres complètes. Hg. v. A. Thibaudet u. M. Rat. Paris 1962, S. 265–270; Hobbes, *Leviathan,* I, x, S. 46f. u. Pufendorf, *De jure naturae ac gentium,* I, I, 4.

400 Vgl. Ricken, *Leibniz, Wolff,* S. 10f.

401 »Denn kraft einer bewunderungswürdigen Ökonomie der Natur können wir keinen

e. Geld und Sprache

Die Sprache, deren *Grund und Boden* die Worte[402] sind, bildet in Leibniz' Denken (so können wir abschließend bemerken) die drei Funktionen des Geldes nach. Den Grund finden wir in der Monadologie Leibniz', deren *substantialisierte Formen* das Sein bald schlechthin sind, bald repräsentieren, und zudem die ›Kraftpunkte‹ kommender und vergangener Zustände bilden. Die Sprache ist insofern der Monadologie nachgebildet, da jede Sprache die Wahrheit repräsentieren und die beste von ihnen, die *scientia generalis,* als Instrument des *iudiciums* und der *inventio* kombinatorisch alle kommenden und vergangenen Zustände erfassen und auf logische Stimmigkeit überprüfen kann.

Daß das Geld – die Münzen – hier als Vergleichspunkt herhalten muß, kann nicht durch die Herkunft des Topos erklärt werden. Vielmehr muß auf den theoretischen Begriff des Geldes rekurriert werden, da es das Zeichen ist, das sowohl sich und anderes als auch den obrigkeitlichen Willen repräsentiert. Als solches erfüllt es die Forderungen, die Leibniz an die Zeichen seiner *characteristica* stellt, nämlich *alia omnia significare.*[403] Geld ist ›natürlich‹ Geltung. Das Geld ist Spiegel einer Nation – Reichtum oder Armut – und aller Dinge, weil die Totalität der Geldmasse einerseits der Totalität des Besitzes einer Nation entspricht, andererseits die Zirkulationsgeschwindigkeit des Geldes die vitale Kraft eines Volkes zeigt. Als Verbindung zwischen Geist und Körper, Repräsentation und Kraft, ist die Münze Monade, als fiktives (Rechenpfennig) und reales Instrument der Politik ist sie *notio* der intuitiven und symbolischen Erkenntnis. Die Parallele zwischen Monadologie und Sprachphilosophie, deren strukturierendes Element die Geldtheorie ist, wird zusammengehalten durch die Möglichkeit der Intuition, deren bevorzugten Gegenstand und *einleuchtende* Idee das Gold darstellt.

---

abstrakten Gedanken haben, der nicht irgend etwas Sinnliches – und wären es auch nur sinnliche Zeichen, wie Buchstaben und Laute – bedürfte; wenngleich zwischen bestimmten willkürlichen Zeichen und bestimmten Gedanken keine notwendige Verknüpfung besteht. Wären die sinnlichen Spuren nicht erforderlich, so würde die vorherbestimmte Harmonie zwischen Seele und Körper [...] nicht stattfinden.« N. A. I, 1, § 5, S. 43. Dieser Passus fehlt in G V.

402 »Der Grund und Boden einer Sprache, so zu reden, sind die Worte ...« *Unvorgreifliche Gedanken*, § 32, H II, S. 530.

403 ›*Characteristica*‹ (Notiz). Zit. nach der Einleitung zu *Scientia generalis,* G VII, S. 41.

II. Vermischte Anmerkungen

1762 erschien bei Kanter in Königsberg eine kleine Sammlung von Schriften unter dem Titel *Kreuzzüge des Philologen*, worunter sich die *Vermischten Anmerkungen über die Wortfügung in der französischen Sprache, zusammengeworfen, mit patriotischer Freyheit, von einem Hochwohlgelahrten Deutsch-Franzosen* finden. Die Aufnahme der *Anmerkungen* in die *Kreuzzüge* macht im nachhinein den *Hochwohlgelahrten Deutsch-Franzosen* zum Philologen, der seinerseits verschiedene ›auktoriale Rollen‹ spielt.

Die Frage nach der Kohäsion der in den *Kreuzzügen* versammelten Texte stellen – und beantworten – die gemeinsamen *paratextuellen*[1] Instanzen: Titelblatt, Vorrede, Inhaltsverzeichnis und Register. Die Figur des *Philologen*, die sich in diesem Zusammenhang konstituiert, liefert uns einen gewissen Anhaltspunkt, eine intentionale Einheit, die als Summe stilistisch-rhetorischer Strategien und Schmelztiegel einer beachtlichen Anzahl disparater Philosopheme erscheint; die Einheit der Kreuzzüge beruht zunächst nicht auf Literarizität und einem daraus abgeleiteten Werkbegriff, sondern auf Paratextualität. Paratexte sind exzentrische Texte. Obwohl an privilegierter Stelle, stehen sie nicht nur an der Peripherie des Textes, sondern häufig auch des Interesses. Hamann ist ein Meister des Paratextes. Die *Kreuzzüge* lesen heißt auch ein Leser von Paratexten sein.[2]

---

[1] Der Begriff »Paratext« stammt von Gérard Genette; er bezeichnet eine der fünf *transtextuellen* Kategorien (Palimpsestes. La littérature au second degré. Paris 1982, S. 7–14). Später hat Genette dem Paratext eine eigene Untersuchung gewidmet, worin es heißt: »Le paratexte est donc pour nous ce par quoi un texte se fait livre et se propose comme tel à ses lecteurs, et plus généralement au public. Plus que d'une limite ou d'une frontière étanche, il s'agit ici d'un *seuil*, ou – mot de Borges à propos d'une préface – d'un ›vestibule‹ qui offre à tout un chacun la possibilité d'entrer, ou de rebrousser chemin.« (Seuils. Paris 1987, S. 7f.).

[2] Es ist wichtig – und wurde teilweise auch schon berücksichtigt – daß der berühmteste Text Hamanns, die *Aesthetica in Nuce* in einer ›Sammlung‹ von Texten erschien. Unter Berufung auf eine Briefstelle (*Brief an Johann Gotthelf Lindner vom 19. Dezember 1761*, ZH II, S. 125) werden die ›anliegenden‹ Schriften häufig gerade noch als ›Umschlag‹ zur Kenntnis genommen. Wie ernst solche Äußerungen zu nehmen sind (man vergleiche etwa die Aussagen Hamanns zu seiner *Metakritik*) sei dahingestellt; daß er von *cramben bis coctam alles zusammenraffen* wolle, sagt auf alle Fälle nichts darüber aus, was nun *crambe* (=Kohl; auch im Sinn von alter Kohl) sei. Siehe unten Seite 160.

1. Paratext

Das Titelblatt (Anh. 1)[3] der *Kreuzzüge* ist ein subtiler Akt in fünf Auftritten: Titel [i], Motto [ii],[4] Vignette [iii], Jahreszahl [iv] und zweites Motto [v]; für damalige Verhältnisse nicht eben viel: Es fehlen Name, Rang- oder Berufsbezeichnungen des Autors, die Angabe der Gattung oder des Inhalts und des Druckorts. Das Fehlen des Autornamens, bei Hamanns Schriften durchwegs der Fall, ist freilich keine Seltenheit im 18. Jahrhundert, das von sogenannten ›Apokryphen‹ nur so wimmelt. Im Gegensatz zur Jahresangabe[5] ist der Druckort bei allen Schriften Hamanns entweder inexistent oder fingiert: *Amsterdam*, *Bey Dodsley und Compagnie*, *Pisa* oder noch schöner *Tempore et loco praelibatis*. Diese Beispiele lassen erkennen, daß auch so ›faktische‹ paratextuelle Einheiten ›literarisiert‹ werden können – und tatsächlich literarisiert werden. So können wir *Amsterdam*[6] als Anspielung auf den Druckort der *livres philosophiques* lesen, *Dodsley*[7] als Reverenz an Sterne, *Pisa*[8] geht wohl auf die Grabstätte Algarottis, während *Tempore et loco praelibatis*[9] ein Zitat aus Rabelais' *Gargantua* ist.

Der bestimmte Artikel im Titel [i] suggeriert, daß es sich bei *dem Philologen* um eine bekannte, insofern benannte, Persönlichkeit handle. *Philolog* steht so für Autornamen sowie Berufs- und Inhaltsangabe – das ist mehr als

---

[3] Die hier besprochenen Texte finden sich im Anhang 1–4. Die kleinen römischen Zahlen in eckigen Klammern verweisen auf die jeweilige Abschnittsbezeichnung.

[4] Genette, *Seuils,* S. 134: »Je définirai grossièrement l'épigraphe comme une citation placée en exergue, généralement en tête d'œuvre ou de partie d'œuvre [...]«

[5] Die Jahresangaben sind meist korrekt. Hamann hat jedoch *Des Ritter von Rosencreuz letzte Willensmeynung über den göttlichen und menschlichen Ursprung der Sprache* (1772) auf dem Titelblatt um zwei Jahre vordatiert (N III, S. 33 u. 419), während er für seine *Beylage zun Denkwürdigkeiten des seligen Sokrates* (1773) eine *Zweite Auflage* hinzu erfindet (N III, S. 111 u. 437).

[6] *Sokratische Denkwürdigkeiten für die lange Weile des Publicums zusammengetragen von einem Liebhaber der langen Weile* (1759), N II, S. 57. Die Angabe scheint auf eine Grille des Druckers zurückzugehen. Vgl. HH II, S. 61. Zu *Amsterdam* vgl. Robert Darnton: Edition et sédition. L'univers de la littérature clandestine au XVIIIe siècle. Paris 1991, S. 21f.; zu *livres philosophiques*, ebd. S. 12: »Par ›philosophie‹ les hommes du livre sous l'Ancien Régime n'entendent pas les Lumières, mais plutôt un secteur crucial de la librairie du XVIIIe siècle, celui de l'illicite, de l'interdit, du tabou.«

[7] *Zwo Recensionen nebst einer Beylage, betreffend den Ursprung der Sprache* (1772), N III, S. 13; vgl. HH IV, S. 129.

[8] *Neu Apologie des Buchstaben h von ihm selbst* (1773), N III, S. 89; vgl. *coemeterio Pisorum* mit Fußnote *Algarotti* im *Ritter von Rosencreuz*, N III, S. 33.

[9] *Ritter von Rosencreuz*, N III, S. 25. Ältere Rabelais-Kommentatoren (wie auch Hamann) sahen hierin die Devise des Autors. Vgl. Pierre Michels Anmerkung in: François Rabelais: Gargantua. Paris 1965, S. 336 u. die Reproduktionen des handschriftlichen Nachtrags »Motto des Rabelais« in HH IV, S. 166, wie auch Elfriede Büchsel: Über den göttlichen und menschlichen Ursprung der Sprache. In: Johann Georg Hamann. Insel Almanach auf das Jahr 1988. Hg. v. O. Bayer, B. Gajek u. J. Simon. Frankfurt a/M 1987, S. 62.

ein Pseudonym, es ist eine Rolle. Auch der erste Teil des Titels macht ein Fehlen wett: Die *Kreuzzüge* ersetzen die Gattungsbezeichnung.[10] Darüber hinaus spielen sie auf eine Passage in Shaftesburys *Characteristicks* an:

> Die Kreuzzüge, die Wiedereroberung der heiligen Länder, und dergleichen andächtige Galanterien, sind in schlechteren Ansehn als ehemals: wenn aber etwas von dieser kriegerischen Religion, etwas von diesem Seelenerobernden Geist und heiligen irrenden Ritterschaft noch die Oberhand hat, so dürfen wir uns nicht wundern, wenn wir erwägen, auf was für eine feyerliche Art wir dieser Unordnung begegnen und wie verkehrt wir zu Werk gehn, diese Schwärmerey zu heilen.[11]

Shaftesbury schlägt gegen das Übel der Schwärmerei eine ›liberale‹ Therapie vor, eine *Remedy*,[12] die in der berühmten *Probe des Lächerlichen*[13] besteht. Dogmatische Querelen seien nicht Angelegenheit des Staates; im Gegenteil breite sich gerade durch Zensur die *Schwärmerey* weiter aus, anstatt durch ›natürliche‹ Freiheit und Preisgabe an die Lächerlichkeit zu verschwinden. Demgegenüber stellen sich die *Kreuzzüge* unseres Titelblattes ausdrücklich in den Dienst eben dieser Schwärmerei.

Auch im Motto [ii] schwingt eine kriegerische – ›polemische‹ – Note mit. Mottos – vom Autor, vom Herausgeber, vom Verleger, mit oder ohne Erwähnung des Ursprungs – sind im 18. Jahrhundert auf Titelblättern keine Seltenheit, sondern fast die Regel.[14] Die hier zitierten Verse

---

[10] Die verbreitete Lesart, die *Kreuzzüge des Philologen* als eine *Philologia crucis* in Anlehnung an die lutherische *Theologia crucis* zu sehen, ist zu einseitig. Den Unterschied zwischen einem *Philologus crucis* (N II, S. 249), einem Philologen des Kreuzes, und einem philologischen ›Kreuzzieher‹ übersehen heißt, die kriegerische, apologetische und polemische Seite des Wortspieles ignorieren. Auch die gelehrte Erklärung, die Hamann zum Titel liefert, betont ironisch die fiktive Kriegsbereitschaft: »Der Titel dieser ungezogenen Sammlung ist ein *Provinzialscherz* und bezieht sich auf die hin und her in diesem Königreich befindliche *Labyrinthe* und *ihre Bedeutung*, welche nach dem ersten Teil des erläuterten Preußens p. 723 der *Arglistigkeit* der ehemaligen Ordensbrüder und Kreuzherren ihren Ursprung zu verdanken haben. [...] Hanc [das Labyrinth] ipsi vel servi ipsorum coram eis hilaritatis ergo post pocula et crapulas percurrebant et hoc pacto religione se solutos putabant, si pro defensione vera Hierusalem à Saracenis oppressae *fictam* ludibundi percurrerent.« *Brief an Friedrich Nicolai vom 4. März 1763*, ZH II, S. 194.

[11] Vgl. Anthony Earl of Shaftesbury: A Letter concerning Enthusiasm. In: Characteristicks of Men, Manners, Opinions, Times (1711). Bd. I. London 1714, S. 20. Die Übersetzung stammt von Hamann selber: *Sendschreiben von der Begeisterung an den Mylord* (1755?), N IV, S. 140. Ein Echo dieser Stelle finden wir im *Brief an Johann Gotthelf Lindner vom 2. Jul. 1760*, ZH II, S. 32: »... daß man Lustreisen wohlfeiler haben kann, Kreutzzüge aber mehr kosten.« Es handelt sich um Reisen von Königsberg nach Riga.

[12] Shaftesbury, *A Letter concerning Enthusiasm*, S. 20. Hamann übersetzt *Hülfs Mittel*; N IV, S. 139.

[13] N IV, S. 136; im Original S. 11: *test of Ridicule*.

[14] Weit häufiger als dies Genettes (*Seuils*, S. 138) Anmerkung vermuten läßt: »la pratique ancienne admettait toutefois encore un épigraphe en page de titre.«

– – – erunt etiam altera bella,
atque iterum ad Troiam magnus mittetur Achilles[15]

aus Vergils *Vierter Ekloge* folgen der berühmten Verheißung, daß künftig ein Knabe – *nascentis puer* – aus himmlischen Höhen – *caelum altum*[16] herabgesandt werde; denn trotz des neuen Zeitalters überdauerten noch Spuren – *vestigia* – des alten Frevels und so *erunt etiam altera bella, /atque iterum ad Troiam magnus mittetur Achilles.* Eine typologische Identifikation dieser Stelle mit der Heilsgeschichte, des Knaben mit dem Messias, kann da nicht ausbleiben. Die allgemeine ›Leitfunktion‹ des Mottos und seine Nähe zum Titel machen zudem aus *Achilles* in seinem Zug gegen Troja einen ›Typos‹ des Kreuzritters und damit unseres *Philologen.*

Im Zentrum der Titelseite steht die Vignette [iii]:[17] ein gehörnter Kopf mit der Unterschrift *ΠΑΝ.* Der närrische Panskopf steht in augenfälligem Kontrast zum Überhelden Achilles und parodiert zudem den Homer-Kopf auf den Titelseiten der *Briefe die neueste Literatur betreffend.* Pan, dessen Abstammung im Mythos – je nach Überlieferung – entweder auf Hybris und Zeus oder auf Penelope und Hermes zurückgeht,[18] spielt in der Tradition der antiken Götterwelt eine doppelte Rolle: Einerseits gilt er als der eher geringe und frivole Gott der arkadischen Wälder, wo er in Verbindung zu Bacchus und Demeter steht, ja gar den trunkenen Gott Silen zum Bruder hat und sich durch eine Reihe von schlechten Eigenschaften wie Faulheit, Dummheit und auch Geilheit auszeichnet; andererseits machen spätere Zeiten, wie auch die einladende Etymologie seines Namens, aus dem bescheidenen Erdengott den Gott des Universums.[19] Diese verschiedenen Traditionsstränge greift Bacon in seinem *De sapientia veterum* auf und verbindet sie unter dem Begriff der *Natur.* Pans Umgang mit Silen und den Satyren sieht er als eine Allegorie auf Jugend und Alter, *omnium enim rerum est aetas quaedam hilaris et saltatrix; atque rursus aetas tarda et bibula* und bringt die bizarre Gestalt dieser Götter in Zusammenhang mit der Heterogenität dieser Lebensalter,[20] während Pans Abstammung zwei eigentliche Paradig-

---

15 Vergil: 4. Ekloge, v. 35f.

16 Ebd. v. 7f.

17 Im Gegensatz zum Motto verwendet Hamann Vignetten selten. Ansonsten erfreut sich die Vignette bei den Zeitgenosse großer Beliebtheit und eines auffallenden Formenreichtums, der von der gängigen Weinranke bis zu großangelegten und komplizierten Allegorien reicht. Dem Panskopf begegnen wir jedoch auf dem Titelblatt der *Essais à la Mosaïque* (N II, S. 277) wieder.

18 Vgl. Apollodoros: Bibliotheke/The Library. Bd. I. Harvard 1976, S. 27 u. II, S. 305.

19 So etwa die vielgelesene *Orphische Hymne an Pan*, wo Pan nicht nur die vier Elemente in sich vereinigt, sondern auch Ursprung aller Bewegung, der menschlichen Visionen und der göttlichen Begeisterung ist. Vgl. die englische Übersetzung von Thomas Blackwell: Letters Concerning Mythology. London 1748, S. 65–67.

20 Francis Bacon: De sapientia veterum (1609). In: *Works* VI, S. 639.

men der Naturinterpretation liefert: Urzeugung durch das Wort – also Merkur/Hermes oder das Wort Gottes – oder durch eine Vielzahl von Samen,[21] die der allegorische Deuter in den Freiern der Penelope zu finden glaubt:

> Fabula nobilis, si quae alia, atque naturae arcanis et mysteriis gravida, et quasi distenta.
> Pan (ut et nomen ipsum etiam sonat) Universitatem Rerum, sive Naturam, repraesentat et proponit. De hujus origine duplex omnino sententia est; atque adeo esse potest: aut enim a Mercurio est, verbo scilicet divino (quod et sacrae literae extra controversiam ponunt, et philosophiis iis qui magis divini habiti sunt visum est), aut ex confusis rerum seminibus. Qui enim unum rerum principium posuerunt, aut ad Deum illud retulerunt; aut si materiam principum volunt, illud tamen potentia varium asseruerunt: adeo ut omnis hujusmodi controversia ad illam distributionem reducatur, ut mundus sit vel a Mercurio vel a procis omnibus.[22]

Die Verbindung von Natur und Wort betont die Analogie zwischen göttlicher Offenbarung und Natur:

> Quod alter a Mercurio deorum nuncius sit Pan, ea allegoria plane divina est, cum proxime post verbum Dei, ipsa mundi imago divinae potentiae et sapientiae praeconium sit. Quod et poëta divinus cecinit: *Coeli enarrant gloriam Dei, atque opera manuum ejus indicat firmamentum.*[23]

Die emanzipatorische Aufwertung der *theologia naturalis* bringt Bacon in ein gefährliches Verhältnis zur *theologia inspirata*, da ja nun die wissenschaftliche Vernunft über Glaubenswahrheiten entscheiden könnte. Bacon rettet sich dadurch, daß er der *theologia inspirata* die Entscheidung in Fragen der Vernunft und Moral einräumt, jedoch nur in religiösen Angelegenheiten; denn auch wenn er der Offenbarung höhere Wahrheiten im Bereich der Moral zuerkennt, da die antiken Naturphilosophen hier weit hinter dem Christentum blieben, so gesteht er ihr nirgends das Recht zu, über Fragen der Naturordnung wider die Vernunft und die Sinne zu richten.[24] Subtil bedient er sich derselben Bibelstelle in dieser heiklen Frage:

> Scriptum est enim, *Coeli enarrant gloriam Dei*; at nusquam scriptum invenitur, *Coeli enarrant voluntatem Dei.*[25]

---

[21] Bacon zitiert hierzu vier Verse aus Vergils *Sechster Ekloge* (v.31–34): »Namque canebat uti magnum per inane coacta/Semina terrarumque animaeque marisque fuissent;/ Et liquidi simul ignis; ut his exordia primis/Omnia, et ipse tener mundi concreverit orbis.«

[22] Bacon, *De sapientia veterum*, S.636. Die Ausführungen zu Pan finden sich auch als Beispiel für Naturphilosophie in den Fabeln der Alten in seinem *De dignitate et augmentis scientiarum* II, XIII. In: *Works* I, S.521–530.

[23] Bacon, *De sapientia veterum*, S.639.

[24] Bacon, *De dignitate et augmentis scientiarum*, IX, I, S.832: »In rebus quidem naturalibus hoc [die Perseität der offenbarten Wahrheiten] non tenet.«

[25] Ebd. S.830.

Gerade in seiner allegorischen Auslegung des Pan-Mythos tritt die Brisanz des Themas deutlich hervor, da ja den Heiden die Offenbarung nicht zuteil geworden war, sie aber trotzdem über Wahrheiten verfügen, aus denen sogar Aussagen über den Einklang – *Harmonia* – zwischen dem Buch der Natur und dem Buch der Offenbarung gezogen werden können. Dazu kommt ja auch die ›Historizität‹ des geschichtlichen Sinnbilds, die die Figur »Pan« vollends zu einer Allegorie der dreifachen Offenbarung macht; sie liegt jedoch nicht nur in der erwähnten mythologischen, vorchristlichen Entstehungszeit, sondern vielmehr im Gegenstand selbst. Denn Pan ist der einzige Gott, der je gestorben ist,[26] was ihm den halsbrecherischen Sprung auf die Bühne hebräischer Mysterien zumindest erleichtert, und Bacon zu einer monistischen Interpretation des Zusammenhangs zwischen (Heils-)Geschichte und Natur verleitet:

> Naturae rerum, Fata rerum sorores vere perhibentur et ponuntur; naturalium siquidem causarum catenae ortus rerum, et durationes, et interitus, et depressiones, et eminentias, et labores, et felicitates, et fata denique omnia quae rebus accidere possunt, trahunt.[27]

Auch der heute noch sprichwörtliche panische Schrecken entzieht sich Bacons umfassender Allegorie nicht; er erhält eine Deutung, die gemäß dem stoischen *secundum naturam vivere* des zeitgenössischen Prudentismus die natürlichen menschlichen Anlagen als Verhaltensnorm empfiehlt:

> De Panicis autem terroribus prudentissima doctrina proponitur: natura enim rerum omnibus viventibus indidit metum ac formidinem, vitae atque essentiae suae conservatricem, ac mala ingruentia vitantem et depellentem: veruntamen eadem natura motum tenere nescia est; sed timoribus salutaribus semper vanos et inanes admiscet, adeo ut omnia (si intus conspici darentur) Panicis terroribus plenissima sint; presertim humana, quae superstitione (quae vere nihil aliud quam Panicus terror est) in immensum laborant; maxime temporibus duris et trepidis et adversis.[28]

Ähnlich wie Bacon deutet noch Blackwell mehr als ein Jahrhundert später in seinen *Letters concerning Mythology* die Figur Pans. Auch er unterscheidet zwischen der absurden Form der Mythen und dem verborgenen Gehalt, unterstreicht jedoch konsequenter die Kluft, die den Naturphilosophen vom kommunen (Aber-)Gläubigen trennt:

> The Gods of the Ancients [...] appear in a double Light; as the Parts and Powers of Nature to the Philosopher, as real Persons to the Vulgar; the former understood and admired them with a decent Veneration; the latter dreaded and adored them with blind Devotion. Has not the same thing happened in modern religious Matter? Are there not many Parables and Prophecies well understood and justly explained by the wise

---

[26] Vgl. Plutarch: De Defectu oraculorum, 419 C/D.
[27] Bacon, *De sapientia veterum*, S. 637.
[28] Ebd. S. 639.

> and knowing, that are grossly shocking, in their literal Signification, and yet greedily so swallowed by the unthinking Vulgar?[29]

Blackwell verbindet hier die naturphilosophische Allegorie mit der Kritik am Aberglauben, wie sie ansatzweise schon bei Bacon vorlag, stößt jedoch mit seiner Kritik am *sensus literalis* klar ins Feld der geoffenbarten Religion vor, wobei er sich sowohl Argumente der moralischen als auch ästhetischen »bien-séance« bedient. Den Weg hierzu hatte ihm Shaftesbury vorgezeichnet. Dieser behält im bereits genannten *Sendschreiben* bei der Behandlung des panischen Schreckens einzig die Verbindung zwischen Panik und Aberglauben bei, wobei er sich aber zur Erklärung des Entstehens und Wirkens von Aberglauben des Begriffs der *Sympathie* bedient, der in den folgenden Jahren ins Zentrum der Gesellschafts- und Kommunikationstheorie dringen wird. Diesem Mechanismus bei der Übertragung von Leidenschaften kommt – das sei vorweggenommen – auch in Hamanns Psychologie wesentliche Bedeutung zu:

> Wir lesen in der Geschichte, daß Pan, da er den Bacchus in einen Feldzug nach Indien begleitete, Mittel fand, ein Schrecken dem feindlichen Heere einzujagen [...] Dies hat man in den nachfolgenden Zeiten ein panisches Schrecken genannt. Die Geschichte giebt uns in der That eine gute Nachricht von der Natur dieser Leidenschaften, die schwerlich ohne einige Mischung von Schwärmerey und einem abergläubischen Schrecken seyn kann.
> Man kann mit gutem Grunde jede Leidenschaft panisch nennen, die in einer Menge Volks entsteht und durch ein Gesicht, wenn es auch eine *sympathetis*che Berührung ist, ausgebreitet wird. [...] Also ist die Andacht panisch; wenn eine gewisse Schwärmerey sich erhebt, als oft bey schwermüthigen Gelegenheiten geschieht.[30]

Acht Jahr nach Erscheinen der *Kreuzzüge* verbindet Hamann in einer Rezension von *Ferdinando Warner's vollständige und deutliche Beschreibung der Gicht*[31] diesen Schrecken mit einer sprachlichen Ausdrucksweise, die er als *panischen Stil* bezeichnet. Er spricht den Ausdruck zwar Samuel Johnson zu, der ihn jedoch nicht verwendet und stattdessen *terrifick* oder *bugbear style* gebraucht:[32]

---

[29] Blackwell, *Letters concerning Mythology*, S. 62f.

[30] Shaftesbury, *Sendschreiben von der Begeisterung*, N IV, S. 137f.

[31] *Königsbergsche Gelehrte und politische Zeitungen. 64. Stücke* (1770), N IV, S. 361f.

[32] Nadler (N VI, S. 282f.) geht fehl, wenn er hierin Hamann folgt. Der *bugbear style* wird von Hamann auch mit *Popanzstyl* (ebd.) übersetzt. Sven-Age Jørgensen (Zu Hamanns Stil. In: Johann Georg Hamann. Darmstadt 1978, S. 376) macht auf die Verfremdung durch paradoxe Mittel aufmerksam und ordnet dies dem *acutum dicendi genus* zu. In seiner Schrift *Entkleidung und Verklärung* (1786; N III, S. 350) kommt Hamann ein letztes Mal auf seine *Panische Schreibart* zu sprechen und stellt dabei eine Reihe von – in seinem Werk immer wiederkehrenden – Grundmotiven zusammen: »Die weisesten Kunstrichter haben, ohne es zu wissen, ihre eigene *Pudenda* in meinen *Schediis Luicilianae humilitatis* angespuckt; weil die Panische Schreibart (*Sam. John-*

> There is a mode of style for which I know not that the masters of oratory have yet found a name, a style by which the most evident truths are so obscured that they can no longer be perceived, and the most familiar propositions so disguised that they cannot be known. [...]
> This style may be called the »terrifick«, for its chief intention is to terrify and amaze; it may be termed the »repulsive«, for its natural effect is to drive away the reader; or it may be distinguished, in plain English, by the denomination of the »bugbear style«, for it has more terror than danger, and will appear less formidable, as it is more nearly approached.[33]

Die Beschreibung dieses *bugbear style*, den der spätere Hamann mit *Panischer Schreibart* gleichsetzt, illustriert ausgezeichnet den provokativen und selbstironischen Charakter der Vignette. Die Heterogenität des Materials ermöglicht eine Unzahl von Bezügen, die den Weg zur Beschreibung und Erklärung religiöser, naturwissenschaftlicher und ästhetischer Probleme der übrigen *Kreuzzugs*-Texte weisen: Die Figur des Pan fokussiert den – häufig grobschlächtigen – *Affektualismus*,[34] die provokative Berufung auf den Enthusiasmus und die klare Distanzierung vom klassizistischen Programm. In der anschließenden Vorrede findet sich ein Passus, der die Wahl des Pankopfs dahingehend erläutert:

> --Doch falls der Holzschnitt des Titelblatts den Philologen in effigie oder seine schöne Natur etwa vorstellen soll; – dann muß er sich bey den Antipoden seine Maintenon aussuchen, die mit gleicher Innbrunst eine komische Misgeburt und den allerchristlichsten Eulenspiegel zu lieben imstande ist ----[35]

Mit dem Verweis auf die *schöne Natur* fällt ein Stichwort, das den Zusammenhang zur zeitgenössischen ästhetischen und poetologischen Ablösung des Klassizismus herstellt. Als dessen prominenter Vertreter definiert Gottsched – ohne hierhin originell zu sein – in seiner Teil-Übersetzung Batteux' die *wesentlichen Züge* der *schönen Natur* als den *Grund aller Künste* und versteht darunter: *die Einheit, und Mannigfaltigkeit, das Verhältnis und Ebenmaaß*.[36] Einheit, Ebenmaß und schöne Natur finden einen privilegierten Ausdruck im menschlichen Körper:

---

son's Idler Nro. 36.) und der magische Styl, [...] mit rechtem Fleiß ein Popans oder Carricatur ihrer dithyrambischen Denkungsform und Urtheilskraft seyn sollte.«

33 Samuel Johnson: The Idler. No. 36 (1758). In: Works. Hg. v. W. J. Bate. Bd. II. New Haven 1970, S. 113.

34 Vgl. Rudolf Unger: Hamann und die Aufklärung. Studien zur Vorgeschichte des romantischen Geistes im 18. Jahrhundert. Jena 1911, S. 142 und vor allem 145ff.

35 *Dem Leser unter der Rose!* Anh. 2, [ix]. Zur *schönen Natur* vgl. *Leser und Kunstrichter nach perspectivischem Unebenmaaße* (1762), N II, S. 339–349; *Brief an Johann Gotthelf Lindner vom 29. Mai 1762*, ZH II, S. 156: »Der Grundsatz der schönen Künste ist in ihrer Blöße darinn [*Leser und K.*] aufgedeckt. Weil die Ästhetik schöne Natur nennt, was Rost die Seele der Mädchen [...]«

36 Johann Christoph Gottsched: Auszug aus Batteux (1754), S. 36. Zit. nach: Ulrich Hohner: Zur Problematik der Naturnachahmung in der Ästhetik des 18. Jh. Erlangen 1976, S. 56.

> Was that Zeuxis, da er eine vollkommne Schönheit malen wollte? Entwarf er etwan das Bildniß einer besondern Schönheit, so daß sein Gemälde ihre Geschichte war? Nein; sondern er sammelte die absonderlichen Züge verschiedner wirklich vorhandner Schönheiten; er entwarf sich im Geiste daraus eine kunstmäßige Vorstellung, welche aus allen diesen vereinigten Zügen entsprang; und diese Vorstellung war das Vorbild oder das Muster seiner Schilderey, welches in Absicht auf das Ganze wahrscheinlich und poetisch, und nur in Ansehung seiner absonderlich genommnen Theile wahr und historisch war.[37]

Die *schöne Natur* gleicht einem Puzzlespiel idealer Teile, das eine wahrscheinliche und verstandesmäßige Figur konstruiert, die nicht mehr an den Beschränkungen und Mängeln des Individuellen leidet. Die Parodie dieses Konzepts besteht nicht etwa in der Häßlichkeit des Pan-Kopfes, da auch die Häßlichkeit und das Laster diesem Verfahren nach dargestellt werden müssen;[38] die Provokation liegt vielmehr im völligen Mangel an Wahrscheinlichkeit dieser Figur, die Heterogenes – Mensch und Tier – vereint. So wählt unser *Philologe* die Partei einer absurden Wahrheit gegen die poetische Wahrscheinlichkeit und das klassizistische Dogma, dessen wohl berühmteste Formulierung wir Boileau verdanken:

> Jamais au spectateur n'offrez rien d'incroyable:
> Le vrai peut quelquefois n'être pas vraisemblable.
> Un merveille absurde est pour moi sans appas:
> L'esprit n'est point ému de ce qu'il ne croit pas.[39]

In der Ablehnung des Absurden ist die *vraisemblance* untrennbar mit der *bienséance* verknüpft. Gegen diese verstößt dann auch der Satz der Vorrede, der die *Antipoden* und die *Maintenon* betrifft. Pan wird hier mit einer *Misgeburt* und dem *allerchristlichsten Eulenspiegel* verglichen – den beiden Ehemännern der Maintenon.[40]

Auf der Rückseite des Titelblatts steht ein weiteres Motto [v], hebräisch und mit Quellenangabe: *Pred. Salom. XII, 11.* [*und von einem Hirten gegeben*]. Gegeben werden hier *Nägel* und *Stachel* und diese wiederum sind

---

[37] Charles Batteux: Les Beaux-Arts réduits à un même principe (1746)/Einschränkung der schönen Künste auf einen einzigen Grundsatz. Übers. v. J. A. Schlegel. Leipzig ³1770, S. 39f. Zu Batteux' Bedeutung als Übergangsfigur zwischen Klassizismus und Sensualismus, siehe unten Seite 199f., als auch: Annie Becq: Genèse de l'esthétique française moderne 1680–1814. Paris ²1994, S. 425–435.

[38] Batteux, *Einschränkung der schönen Künste auf einen einzigen Grundsatz*, S. 40f. Die beiden Beispiele, die Batteux für die *schöne Natur* liefert, sind die Imitation der vollkommenen Schönheit durch Zeuxis und die Schilderung des Menschenfeindes durch Molière.

[39] Nicolas Boileau: L'art poétique, III, v. 47–50.

[40] Gemeint sind Scarron (der in Wirklichkeit keine *Mißgeburt* war, sondern sich seine Krankheit bei einem Karnevalsjux geholt haben soll. Vgl. Yves Giraud: Chronologie zu Scarrons Leben. In: Paul Scarron: Le roman comique. Paris 1981, S. 8.) und Louis XIV.

Worte der Weisen.[41] Eine typologische Lesart dieser alttestamentarischen Stelle verbindet damit Wort und Passion, Wort und Kreuz. Die Worte, Gegenstand und Medium des Philologen, sind Teil des *Kreuzzugs* und werden vom *Hirten* (*Pan*) überbracht. Das ›Philologische‹ wird indessen durch ebendieses Bibelzitat gleich zweimal betont: Dieses diente nämlich bereits Bacon zur Charakterisierung des Redestils Caesars und nimmt so ein Motiv vorweg, auf das noch einzugehen ist;[42] zum andern figurieren hiermit vier verschiedene Sprachen bzw. Typographien auf den ersten zwei Seiten der *Kreuzzüge* – eine Zahl, die sich zusammensetzt aus den drei Sprachen des Kreuzes, den *linguae sacrae* Hebräisch, Griechisch und Latein, plus dem Deutsch der Luther-Bibel als Sprache der Reformation.

Hamann verbindet mitunter schon in diesen wenigen Angaben seines Titelblattes die Problemkreise der Natur und des Wortes auf heilsgeschichtlichem Hintergrund, was zu einer neuen Vorstellung von ›Authentizität‹ führt. Im klaren Kontrast zum klassizistischen Programm provoziert er eine Reinterpretation des augusteischen Meisterdichters Vergil, indem er diesen in Verbindung zur heidnischen Naturmythologie und zum Alten Testament bringt. Die *Querelle des Anciens et des Modernes* wird hier zu Ungunsten beider Parteien entschieden, indem die Frage nach dem Primat der Antike über die Moderne – der Mythologie über das Christentum – ihrer kritischen Dimension beraubt und durch ›unvermittelte‹ Wahrheit ersetzt wird. Es ist aber nicht die Vernunft einer *theologia naturalis*, welche die göttliche Weisheit aufgrund der Gottesebenbildlichkeit zu druchdringen vermag, sondern der Enthusiasmus, der als psychologisches Moment die Gegenwärtigkeit der Offenbarung sichert. Zwar bleibt die entscheidende Figur dieser ›Methode‹ die Typologie [43] im Zeichen der dreifachen Mitteilung Gottes in Bi-

---

[41] »Die Worte der Weisen sind Stacheln und Nägel; sie sind geschrieben durch die Meister der Versammlung und von einem Hirten gegeben.«; vgl. dazu Luther: »Die Worte der Weisen sind wie Stacheln und eingeschlagene Pflöcke; zum Wohle der Herde werden sie von einem Hirten verwendet.«

[42] Bacon, *Advancement of Learning*, I. In: *Works* III, S. 311f.; zu Caesar vgl. unten Seite 180.

[43] Typologisches Lesen ist eigentlich der Versuch, aus Geschichte ein Buch zu machen. Eine Person, Sache oder Handlung wird aufgrund einer Ähnlichkeit zu einer historisch späteren Person, Sache oder Handlung (Antitypos) zum Zeichen (Typos), das den Sinn der geschichtlichen Begebenheit freilegt. Sie steht in Analogie zur Finalursache, da sie einen globalen Sinnzusammenhang zwischen den Phänomenen und einer höher gearteten *oeconomia* sieht. Unter Hamanns Zeitgenossen ließe sich ihre wissenschaftliche Entsprechung auf Seiten der *phisico-theology* suchen. Im Gegensatz zu Northrop Frye (Typologie als Denkweise und rhetorische Figur. In: Typologie. Hg. v. Volker Bohn. Frankfurt a/M 1988, S. 68) sehe ich keine Analogie zwischen der Typologie und der Kausalität, da diese ostentativ versucht, eine tatsächliche und nicht zeichenhafte Verbindung zwischen den Phänomenen darzustellen. Die Typologie hingegen kennt ein Sinnzentrum, das von den Erscheinungen zitiert, illustriert und bestätigt

bel, Schöpfung und Geschichte, die durch ihre Nähe zur finalursächlichen Argumentation auf innere Verwandtschaft mit der *Physico-Theology* und des Theodizee-Gedankens schließen ließe; sie steht aber nun im Dienste einer bizarren, monströsen und fremden Schöpfung, in der Kommunikation nur anhand eines neuen, ›psycho-sozialen‹ Kraftbegriffes möglich ist, wie dies Hamanns spätere Behandlung der Panik zeigt. Einzig dieser Begriff der Kraft als Handlung erlaubt es, die Einheit zu rekonstruieren, die das (pseudo-)emblematische Titelblatt suggeriert.

An die Titelseite schließt sich die Vorrede (Anh. 2) an, deren Überschrift [i] *Dem Leser unter der Rose!*[44] sie eigentlich zur Widmung macht.[45] Der Verfasser der Vorrede zeichnet mit *Herausgeber* und führt so eine weitere literarische Figur ins Feld, die sich nicht mit der des *Philologen* deckt. Dieses Verdoppeln der Rollen in *Philologe* und *Herausgeber* hat eine neue Mystifikation zur Folge, die im Übergang von der Selbstdarstellung des *Philologen* zur Fremddarstellung besteht. So kann der *Herausgeber* nur über Gründe, Umstände und Absichten des Autors der einzelnen Beiträge spekulieren:

> Diesem trübsinnigen Verfasser eines Nach- oder vielmehr Vorspiels *soll* eine fremde unbekannte Hand... [iv][46]

---

wird. Hamanns wiederholte Berufung auf die drei Bücher der Offenbarung bezeugt die zunehmende Erweiterung und ›Säkularisierung‹ des typologischen Verfahrens (vgl. Paul J. Korshin: Typologie als System. In: Ebd., S. 289–292).

44 Dazu handschriftlicher Nachtrag Hamanns (Wiener, S. 83): »Das alte luthersche Wappen war eine Rose.« Vgl. Wilhelm Koepp: Der Magier unter Masken. Göttingen 1964, S. 74f. Die erste Bedeutung ist jedoch eine andere: »In den Sitzungssälen [des Reichskammergerichts] war an der Decke eine Rose, das Sinnbild der Verschwiegenheit, angebracht. Der Ausdruck *sub rosa*, unter dem Siegel der Verschwiegenheit, ist bekannt.« (Karl Müller in einer Fußnote zu: Hans Michael Moscherosch: Philanders von Sittewald wunderlich und wahrhaftige Geschichte [1640/43]. Leipzig o. J., S. 33) Hamann gebraucht den Ausdruck in dieser Bedeutung wiederholt (z. B. *Brief an Moses Mendelssohn vom 11. Februar 1762*, ZH II, S. 130) und auch der Rezensent der *Kreuzzüge* versteht ihn so; *Hamburgische Nachricht aus dem Reiche der Gelehrsamkeit* (1762), mit Anmerkungen Hamanns (1763), N II, S. 246. Vgl. auch Hans-Martin Lumpp: Philologia crucis. Zu Johann Georg Hamanns Auffassung von der Dichtkunst. Mit einem Kommentar zur ›Aesthetica in nuce‹. Tübingen 1970, S. 22. Hamann ordnet auch im nachhinein seinen eigenen Äußerungen Lesespuren etc. zu und eröffnet so auch ganz neue Bezüge. Lesen wir *Rose* tatsächlich als Wappen Luthers, so verstärkten Wappen und ›Ritterschaft‹ einerseits die Kreuzzugsthematik, andererseits gäbe dies der Sammlung einen explizit konfessionellen Charakter.

45 Vgl. Genette, *Seuils*, S. 124: »On peut aussi dédier, tout simplement (trop simplement peut-être), au lecteur, et sans doute certains avis ›au lecteur‹ devraient-ils être lus comme des épîtres dédicatoires autant que comme des préfaces.«

46 N II, S. 115. (Hervorh. E. A.). Mit *Nach- oder Vorspiel* bezieht sich der Herausgeber auf *Bekanntmachung des Projects* im vorausgehenden Abschnitt, womit der fünfte Text in der Sammlung – *Französisches Project einer nützlichen, bewährten und neuen Einpfropfung* – gemeint ist. Zu den Umständen vgl. Josef Nadler: Johann Georg Hamann. Der Zeuge des Corpus mysticum. Salzburg 1949, S. 139. Die Fiktion des Her-

Die Einheit der Sammlung, die durch die paratextuellen Instanzen des Titelblatts, der Vorrede etc. konstituiert wird, verliert folglich ihr intentionales Zentrum: Titel,[47] Anordnung und Auswahl der Texte erscheinen nun bezüglich ihres ›eigentlichen‹ Verfassers oder ihrer ›eigentlichen‹ Verfasser als äußerlich und willkürlich.

Die *Vorrede* geht der Reihe nach auf die verschiedenen Texte ein, die in der Sammlung enthalten sind. Dabei [ii] erläutert der *Herausgeber* das Pseudonym *Aristobulus*, der als Verfasser der ersten Abhandlung auftritt; er finde sich im Buch der Makkabäer, wo er *des Königs Philometors Schulmeister* sei. Mehr könne uns der Herausgeber jedoch nicht sagen, da er selbst *kein Theologe* sei, *sondern ein Kühhirte der wilde Feigen ablieset* im Gegensatz zu den *meisten Kindern unseres schriftstellerischen, gleisnerischen, unzüchtigen Geschlechts.*[48] Dieser *Kühhirte*, so belehrt uns eine Fußnote [*ii*], stammt aus dem Buch Amos.[49] Den Quellenverweis begleitet die ironische Anmerkung, daß diese Stelle zum besseren Verständnis mit *Auslegern und Zeichendeutern*, vornehmlich den *botanischen*, gelesen werden müsse. Die Anspielung geht wohl auf Kosten der zu diesem Zeitpunkt sehr regen Bibelphilologie, die seit den bahnbrechenden Arbeiten von Lowth und Michaelis die figurale Sprache der Bibel durch Verweis auf die Lebensumstände der Israeliten zu erklären versuchte.[50] Die Betitelung dieser *Theologen* als *Aus-*

---

ausgebers behält Hamann auch im *Brief an Moses Mendelssohn vom 11. Feb. 1762* bei: »Ich besorge nämlich jetzt (vermuthlich für den Verf. der Sokr. Denkw.) eine kleine Sammlung *aufgewärmten Kohl* [...]«, ZH II, S. 128; vgl. auch Titelseite und letzte Fußnote zum *Klaggedicht in Gestalt eines Sendschreibens über die Kirchenmusick; an ein geistreiches Frauenzimmer ausser Landes*, N II, S. 143 bzw. 148.

47 Daß der *Herausgeber* der Verfasser des Titels ist, wird sich im folgenden zeigen.

48 Nicht daß es zu Aristobulus nichts zu sagen gäbe, und Hamann kannte diese Stellen (vgl. Wiener, S. 83f.). Die philologische Akribie, mit der Hamann diesen Fährten nachging, steht zur Rolle des Herausgebers als eines Ignoranten in klarem Gegensatz, die am Ende der Vorrede sich als christliche Demutshaltung zu erkennen gibt. Darüber hinaus parodiert er so die Rolle des Pseudonyms und des Kommentars, da er die Bedeutung in die ›Bedeutungsleere‹ und Traditionslosigkeit der Erklärung verweist. Zur Aristobulus-Rolle vgl. auch Detlef Otto: Vom Ursprung lesen. Johann Georg Hamann. In: Theorien vom Ursprung der Sprache. Hg. v. J. Gessinger u. W. v. Rahden. Bd. I. Berlin 1989, S. 396–399.

49 Am 7,14. Lumpp, *Philologia crucis*, S. 28f., sieht darin, wie auch im Zitat der Rückseite, eine Anspielung auf Michaelis' *Poetischer Entwurf der Gedanken des Prediger-Buchs Salomons.*

50 Vgl. Robert Lowth: Praelectiones. 7. Lektion. Zit. n. der franz. Übers. von E.-J. Sicard: Leçons sur la poésie sacrée des Hébreux. II, VII. Avignon 1839, S. 107–127. Johann David Michaelis (De l'influence des opinions sur le langage et du langage sur les opinions. Bremen 1762, S. 55f.) geht zudem auf die Wechselwirkungen zwischen Sprache und ›botanischer‹ Kenntnis ein. Quellenforschung als solche ist natürlich älter; vgl. Hans-Joachim Kraus: Geschichte der historisch-kritischen Erforschung des Alten Testaments. Neukirchen [3]1982, S. 24. Wiener (S. 84) führt die Anmerkungen: »Corn. Hegards 1744 unter Linnaues zu Upsal gehaltene Disputation: de Ficu. φυλοσυκος ηv Πλατων ο φιλοσοφος, ως ιστορει Φανοκριτος εν τω περι Ευδοξον. Athenaeus pag.

leger und Zeichendeuter beruht ihrerseits auf einer Bibelstelle und macht durch ihre sarkastische Ironie die Ambiguität der Empfehlung deutlich,

> daß nicht jemand unter dir gesunden werde, der seinen Sohn oder Tochter durchs Feuer gehen lasse, oder ein Weissager oder ein Tagewähler oder der auf Vogelgeschrei achte oder ein Zauberer oder Beschwörer oder Wahrsager oder Zeichendeuter oder der die Toten frage. Denn wer solches tut, der ist dem Herrn ein Greuel …[51]

Die Stelle hatte zudem Bedeutung in der Polemik um das Verhältnis von christlicher und heidnischer Religion erhalten, da – wie Fontenelle berichtet – ein gewisser Moebius sie gegen Van Dales Untersuchung[52] der heidnischen Orakel verwendet hatte, und zwar als Beweis dafür, daß die Dämonen als Quelle der Orakel zu gelten hätten. Fontenelle insistiert dagegen auf einer klaren Trennung zwischen Orakel und Magie.[53] Einer der folgenden Abschnitte [v] liefert dann auch explizit eine Verbindung zwischen Wahrsagen, Magie und Dämonie unter der wohl bekanntesten aller von Hamann gewählten Masken: der Sokratischen. Von einer Stelle der *Eloge de M. l'Abbé Terrasson* d'Alemberts[54] aus, daß *unsere Erde von dem Planeten Saturn hinunter nur ein Punct* sei; *allein es setzt sich nicht jeder da hin, wer da will*, schlägt der Herausgeber einen Bogen zu Marsilius Ficinus, der in Saturn den Dämon Sokrates' sieht:

> Si quaeras: qualis Socratis *Daemon* fuerit? respondebitur – *Saturnius*, quoniam intentionem mentis quotidie mirum in modum abstrahebat a corpore – Non provocabat unquam, quia non *Martius*; sed saepe ab actionibus revocabat, quia *Saturnius*. [*v*][55]

Der Herausgeber setzt den Gedanken fort, indem er der *neuern sokratischen Muse die Nativität* zu stellen beabsichtigt:

---

276. Adamsfeigen Bananas. S. Voyage d'Egypte et Nubie par Mr. J. L. Norden.« Platons Hang zu Feigen dürfte wohl wegen des späteren Lieblingsschimpfwortes *Sykophant* hierstehen, das Hamann – er selbst *Hierophant* – seinen *philosophischen* Zeitgenossen gern an den Kopf wirft. Zu *Adam* siehe unten Seite 197.

[51] 5Mo 18, 10–12.

[52] Anton Van Dales *De Oraculis Ethnicorum, dissertationes duae* (1673) scheinen mit Fontenelles *Histoire des Oracles* im Inhalt identisch zu sein; vgl. die Rezension von Pierre Bayle in den *Nouvelles de la Republique des Lettres* vom März 1684. In: Œuvres diverses. Bd. I. Den Hague 1727, S. 4–7.

[53] Bernard le Bouvier de Fontenelle: Histoire des Oracles (1686). In: Œuvres. Bd. II. Paris 1752, S. 387f.

[54] D'Alembert: Eloge de M. l'Abbé Terrasson. In: Mélanges de Littérature, d'Histoire et de Philosophie. Bd. II. Amsterdam 1770, S. 73. Hamann übersetzt *les hommes* mit *unsere Erde*. Terrasson gehört zu den Literaten, die sich sowohl für die Partei der *Modernes* als auch für John Laws System stark gemacht haben. Siehe hierzu unten Seite 192, wie auch Sabatier de Castres: Les trois siècles de notre littérature. Bd. III. Amsterdam 1773, S. 252–254.

[55] Es handelt sich nach der Angabe im Apparat um: »Platonis Opera M. Ficino interprete. Lugd. 1590. p. 797.« [Eigentlich *abstraheret*.] Nach einigen Überlieferungen war Sokrates – aufgrund des Enthusiasmus (Daimon) – Melancholiker, folglich unter dem Einfluß Saturns. Die Melancholiker litten an *Beängstigungen*. Vgl. Raymond Klibansky, Erwin Panofsky, Fritz Saxl: Saturne et la Mélancolie (1964). Paris 1989, S. 45, 54f., 88f.

> so könnte man dichten, daß selbige in den Sternbildern des Scorpions oder Widders zur Miethe gewohnt, und daselbst vielleicht von den Einflüssen des glühenden Mars beschwängert worden, wie ehemals die vestalische Mutter des kanonisierten Brudermörders, Quirini! [v]

Die Sternzeichen der *neueren* (anti-)*sokratischen Muse* geben Anlaß zu einer mythologischen Fabel, die mir in ihrer Art der Astronomie Hygins nachgebildet scheint:[56] *Mars*, der Herrscher in den Häusern des Widders und des Scorpions, vereine sein kriegerisches und erdennahes Wesen mit der Passivität *Saturns* und dessen Vorrangstellung am Himmel als *altissimus orbis*[57] [*v*]. Die *Nativität* der sokratischen Muse nun ist vergleichbar mit der Zeugung Romulus', der im Verlauf der römischen Geschichte mit dem Kriegsgott *Quirinus* gleichgesetzt wurde, durch die Vestalin Rhea-Silva und Mars.[58] Zwei Gedankenstriche weiter kommt er dann explizit auf die Kreuzzugsthematik zurück:

> Endlich hab ich noch vermittelst geomantischer Spiegel (mit syllogistischen Mittelbegriffen von gleichem Stoffe!) gefunden, daß dieses Bändchen [...] nicht Beängstigungen, sondern Kreuzzüge des Philologen heißen sollte. [v]

In den *geomantischen Spiegeln* und den *syllogistischen Mittelbegriffen* liegt eine Attacke gegen das Herzstück logischer Deduktion, den Syllogismus; Syllogismus und Geomantie – rationale Demonstration und obskure, auf Aberglauben beruhende Auslegekunst – seien *von gleichem Stoffe*. Die Gleichstellung von Aberglaube und Logik liegt nicht nur in der Tradition von Bacons Kritik an den *pravae demonstrationes* vor, den *munitiones et praesidia*, vor allem der *idola theatri*;[59] vielmehr beschreibt die Passage gleichzeitig das eigene ›witzige‹ Verfahren, das den Leser von *d'Alembert* über *Mars* zurück zu den *Kreuzzügen* führt, indem es tatsächlich ein syllogistisches Verfahren parodiert: Vom Saturn aus ist die Erde ein kleiner Punkt (Obersatz), ›saturnisch‹ ist der Dämon Sokrates' (Untersatz), die Quelle der inneren Stimme Sokrates' steht über den Dingen dieser Erde (Schluß). Noch frappierender jedoch erscheint die strukturelle Gleichheit, die zwischen Syllogismus und Zeugungsakt behauptet wird. So steht zwischen Himmel und Erde der Dämon, zwischen Astronomie und Geomantie ein Spiegel, zwischen Mars

---

56 Hygin: De Astronomia. II (passim.).

57 Tacitus: Historiae. V, 4. Harvard 1979, S. 80. Es handelt sich um einen handschriftlichen Nachtrag, der Saturn in Zusammenhang mit der Zahl Sieben und dem frommen Nichtstun der Juden bringt.

58 Vgl. die für Hamanns Ästhetik bezeichnende Stelle in *Leser und Kunstrichter*, N II, S. 345: »Denn wer keine Ausnahme macht, kann kein Meisterstück liefern; weil Regeln vestalische Jungfrauen sind, durch die Rom vermittelst Ausnahmen bevölkert werden mußte [...]«

59 Francis Bacon: Novum Organum, sive Indicia vera de interpretatione naturae (1620). I, LXIX u. LXIIf. In: *Works* I, S. 179ff. Zur Identifikation der Logik mit dem Syllogismus vgl. I, XII-XIV; ebd. S. 158f.

und Sokrates unser *Philologe* als ›vestalische Ausnahme‹. Diese verschiedenen Bezüge erklären dann auch die Wahl des Titels: martialische *Kreuzzüge* und nicht saturnische *Beängstigungen des Philologen.*[60]

Die Bemerkungen der Vorrede zu den einzelnen Schriften folgen im großen und ganzen etwa deren Anordnung im Inhaltsverzeichnis.[61] Die eben erwähnte Herleitung des Titels der Sammlung macht eine Ausnahme: Hier sollte der Herausgeber auf die *Chimärischen Einfälle* zu sprechen kommen, bei denen es sich um eine Streitschrift gegen Mendelssohn handelt. Ihr polemisch-kriegerischer Charakter bindet jedoch die *Einfälle* so eng an die *Kreuzzüge*, daß sie die Stelle jener in der Vorrede einnehmen könnten.[62] Ohne die *Chimärischen Einfälle* explizit zu erwähnen, fährt der Herausgeber fort:

> »Die hellenistischen Briefe«, (werden sie sagen, die nichts verstehen, weil sie sich bey sich selbst messen und allein von sich selbst halten) »sind schwer und stark, aber die Gegenwärtigkeit der Person ist schwach und die Rede verächtlich.« [vi]

Diese abgewandelte Stelle aus dem *Zweiten Korintherbrief*[63] wird sowohl auf die literarische Produktion des *Philologen* bezogen als auch in eine rhetorische Überlegung eingefügt:

> Handlung, sagte Demosthenes, ist die Seele der Beredsamkeit, und auch der Schreibart. [vi][64]

Den ›selbstvermessenen‹ Lesern und Kritikern setzt der Herausgeber den rhetorischen Begriff der *actio* entgegen; ein Gedanke, der sowohl für die *hellenistischen Briefe* wie auch für die *Vermischten Anmerkungen* von entscheidender Bedeutung ist. Zu *Handlung* vermerkt eine Fußnote[65] den griechischen ›terminus technicus‹ *Hypokrisis*, der sowohl »Antwort«, »Rolle« (Vortrag) als auch »Heuchelei« bedeuten kann. Die Rücküberset-

---

[60] Das Gegensatzpaar Streit/Furcht muß wohl als Anspielung auf Paulus gelesen werden. Vgl. *Brief an Gottlob Immanuel Lindner vom Nov. 1758*, ZH I, S. 281: »Man fühlt als ein Christ tägl. was Paulus sagt: auswendig Streit, inwendig Furcht.« Vgl. auch *Kleeblatt Hellenistischer Briefe*, N II, S. 180: »Ein Leser, der die Wahrheit sucht, möchte vor Angst hypochondrisch werden.«

[61] Vgl. Anh. 3. Nebst der Erwähnung der *Chimärischen Einfälle* fehlt auch diejenige des *Klaggedichts*, es sei denn der *Herausgeber* spiele mit *Thespis* darauf an [iii].

[62] Hinzu kommt – Mendelssohn hatte die *Nouvelle Héloise* gerügt – noch der ironische Kontrast zwischen der Zeugung der *sokratischen Muse* und der Entmannung *Abélards*, mit der die *Chimärischen Einfälle* spielen.

[63] 2Ko 10,10: »Denn seine Briefe, sprechen sie, sind stark und wiegen schwer; aber wenn er selbst anwesend ist, ist er schwach und seine Rede ohne Gewicht.«

[64] Es dürfte sich hier um eine freie Übersetzung des berühmten Ausspruchs Demosthenes' handeln, daß der Vortrag den ersten, den zweiten und den dritten Rang beim Redner einnehmen soll, wie es u. a. von Cicero, *De Oratore*, III, 213 und von Quintilian, *Institutio Oratoria*, XI, 3 überliefert wird.

[65] Wiener, S. 111: »Handlung – die Demosthenes υποκρισιν nennt.« Handschriftlicher Nachtrag.

zung von *Handlung* in *Hypokrisis* in der Vorrede führt zur Charakterisierung der *Schreibart*, die auf eine Vorlage sowohl ›mim(et)isch‹ als auch ›ironisch‹ antwortet. Mit *Hypokrisis* greift der Text auch auf Verse zurück, die der Herausgeber unmittelbar an die Herleitung des Titels angefügt hatte:

> denn, wie Eugen,
> – – schlägt er die heuchelnden Trommeln
> Hier und dort bricht er ein – – – Siechbett. [v][66]

Heuchelei und Verstellung gehören mit zu den Strategien des ›Kreuzritters‹. Die dreifache Bedeutung der *Hypokrisis* nimmt der Herausgeber dann auch explizit auf, wenn er dem *Autoren*, der *ungestört bleiben will*, empfiehlt, auf Polemik (*Kunstrichter ins Wort fallen*) und auf Mimik (*Spielleute irren*) zu verzichten. *Doch*, so schließt er, *einem Schriftsteller der ins Gras beissen muß, ist der Mund gestopft genug.*[67]

Gras – als ›Nahrung‹ des sterbenden Kriegers – leitet zum *Commisbrodt*[68] des nächsten Abschnitts [vii] über; und eben dieser Oberbegriff »Nahrung« stellt auch den Zusammenhang zum nächsten Text der Sammlung her: zu den *Näschereyen*. Und weiter dient das *harte Brot* den Gibeonitern als Mittel zur Täuschung Josuas.[69] Diese Verstellung ist wiederum *Hypokrisis*. *Hart und schimmlicht*[70] wie die *Kabbala* sei dieses Brot gewesen. Es folgen – wiederum hebräisch – die Worte Hiobs:

> Was meine Seele widerte anzurühren, das ist meine Speise, mir zum Ekel. [vii]

Der Bezug zur *Aesthetica in nuce*[71] ist gleich doppelt: Mit *Kabbala* verweist der Herausgeber auf den Untertitel *Eine Rhapsodie in Kabbalistischer Prose*, während die *ekle Speise* den ›Purismus‹ aufs Korn nimmt. Im krassen Gegensatz zur ästhetischen Bedeutung des Purismus, die dem klassizisti-

---

66 Anscheinend (N VI, S. 273) stammen die Verse aus *Der Traum. Des Siechbetts zweiter Gesang* (1752) von Joh. Heinrich Oest. Es war mir nicht möglich, den Text einzusehen.

67 Handschriftlicher Nachtrag: »Gras dem Mars heilig, weil es nach Plinius in seiner Geschichte vom Menschenblut zu wachsen pflegt. Ille mihi ante alios fortunatusque laborum/Egregiusque animi, qui ne quid tale videret/Procubuit moriens et humum semel ore momordit. Turnus in Aeneid. XI, 416–418.« Wiener, S. 85.

68 Commiszbrodt: panis militaris, von schlechter Qualität. (Grimm)

69 Jos 9, 5.

70 Vgl. *Brief an Johann Gotthelf Lindner vom 12. Feb. 1762*, ZH II, S. 131: »warum eine Schreibart, deren Schönheiten nur mikroskopische Augen ergötzen. Hat die Natur keine Gegenstände, die der Nachahmung würdiger sind, als der Schimmel?« wie auch *Sokratische Denkwürdigkeiten*, N II, S. 61: »Wo ein gemeiner Leser nichts als *Schimmel* sehen möchte, wird der Affect der Freundschaft Ihnen [...] in diesen Blättern vielleicht ein mikroskopisch Wäldchen entdecken.«

71 Eigentlich *Aesthaetica*. Die von Nadler gewählte Form hat sich jedoch schon so weit durchgesetzt, daß ich sie hier beibehalte.

schen Kunstideal der Einheit und Stimmigkeit entspricht, steht das Kompositionsprinzip der *Rhapsodie.*[72] Sie erscheint gleich anschließend [viii] in bezug auf das *Lateinische Exercitium* über die akademische Streitschrift *De Somno & de Somniis* in ihrer etymologischen Bedeutung als »Flickwerk« oder »Zusammengenähtes«. Der Herausgeber äußert sich abschätzig über diese Arbeit. Dabei bezeichnet er den Verfasser als einen *Träumer im bunten Rock*. Der *bunte Rock* wird durch eine Quellenangabe auf Joseph bezogen, der ihn von seinem Vater erhielt und den seine Brüder einen *Träumer* nannten.[73]

Das *Denkmal*, das den *Nachtrab abschließt* [ix] und eine Trauerrede zum Tode der Mutter des *Philologen* ist, nennt der Herausgeber *kindlich. Zärtlich gestimmte Gemüther*, so meint er weiter, *werden dem Verfasser* wünschen, daß er den gleichen mütterlichen Trost *wie jener Erzvater*[74] erhalte. Der gleichzeitige Verweis auf *Furcht* und *Lachen* in der anschließenden Klammer nimmt die Antinomie zwischen *Kreuzzügen* und *Beängstigungen* wieder auf. Diesem Gegensatzpaar folgt die uns schon bekannte Stelle zu *Maintenon* und *Pan*, der – ebenfalls Furcht und Lachen – als mythologisches

---

[72] Hamann sieht sich als einen Imitator Homers: »Und nachahmen heißt in schönen *Künsten übertreffen*. Muß man sich nicht über den Geschmack des Alterthums ein wenig wundern, das seine Gedichte *Rhapsodien* genannt und drey *Unmöglichkeiten* gedichtet, [die dritte] *Homer einen Vers* zu rauben.« Die Stelle richtet sich gegen Voltaires Homer-Kritik. Hamann verteidigt die Ökonomie der homerischen Epen, die als *Grundlage* zur Imitation seiner Details verstanden werden muß (*Brief an Gottlob Immanuel Lindner vom 28. Aug. 1761*, ZH II, S. 115). Das Kompositionsprinzip der *Rhapsodie* standen bereits in der ersten *Querelle* zwischen Boileau und Perrault zur Diskussion, wobei Boileau die Bedeutung »Flickwerk« bestreitet, um die epische Einheit in ihrer kanonischen Formulierung bei Le Bossu zu retten; vgl. Nicolas Boileau: Réflexions critiques (1694), III. Réflexion. In: Œuvres complètes. Hg. v. Napoléon Chaix. Bd. II. Paris 1865, S. 12–17. Eine besonders wichtige und nachhaltige Quelle dürfte der bewußt anti-systematisch gehaltene Rhapsodie-Begriff Shaftesburys sein, dessen ›virtuose‹ Intentionalität hier jedoch parodiert wird (*Characteristics: The Moralistss, A Rhapsody*, Bd. II, S. 181–443). Zum Bedeutungswandel von *Rhapsodie* vgl. Ludwig Rohner: Der deutsche Essay. Materialien zur Geschichte und Ästhetik einer literarischen Gattung. Neuwied 1966, S. 67f. Als ironischer Seitenhieb gegen Michaelis, vgl. Lumpp, *Philologia crucis,* S. 28f.

[73] 1Mo 37,3 u. 19. Zu Flickwerk, Tüchern und buntem Rock: *Über die Auslegung der Heiligen Schrift* (1758?), N I, S. 5; *Brief an Johann Gotthelf Lindner vom 5. Jun. 1759*, ZH I, S. 341. Das »Flickkleid« erscheint ebenfalls als ein Attribut des Narren und Harlekins, der ja seit Mösers satirischen Gegenschrift zu Gottscheds Anathema gegen den Hanswurst von brisanter Aktualität bei der Wiederaufwertung der Unnatur oder *Caricatur* war; vgl. Justus Möser: Harlequin, oder Vertheidigung des Groteske-Komischen (1761). In: Sämtliche Werke. Bd. IX. Berlin ^{2}1858, S. 81. Hamann kannte und schätzte diese Schrift Mösers; vgl. *Brief an Johann Gotthelf Lindner vom 20. Juni 1761*, ZH II, S. 94.

[74] Rebbekas tröstet Isaak (1Mo 24,67), der seinen Namen vom Lachen *empfing* (1Mo 21,6), dessen *herrschende Leidenschaft aber die Furcht* (1Mo 31,42) gewesen zu sein scheint.

Pendant zu *Isaak* erscheint. Es mag dies doppelte Schicksal des Spotts und der Verkennung sein, das bei der Wahl von *Pan*, *Isaak*, *Scarron* und *Eulenspiegel* als Richtlinie diente; für den Verfasser jedoch gilt, daß man das *doppelte Herzeleid*, von seinen Zeitgenossen nicht verstanden und dafür *gemishandelt* zu werden, mit dem Gedanken an eine *bessere Nachwelt leicht überwindet* [x]. Das eigentliche Glück des Autors aber sieht der Herausgeber im Glauben, genauer im neutestamentarischen Vertrauen auf die *Stärke* in der *Schwäche*. Damit greift er auf die Ermahnung Paulus' im *Zweiten Brief an die Korinther* zurück und verbindet zum zweiten Mal Religion und Rhetorik. Das anschließende Bibelcento betont das Martyrium der Autorschaft noch zusätzlich:

> aber noch seeliger ist der Mensch, dessen Ziel und Laufbahn sich in die Wolke jener Zeugen verlieret, – der die Welt nicht werth war. [x][75]

Eine ironische Abschiedsformel [xi] schließt die *Zueignungsschrift oder Vorrede*: Der *Herausgeber* sieht zwei mögliche Lesertypen: solche, *die an solcher Denkungsart einigen Theil nehmen* und solche, die an *der Zueignungsschrift oder Vorrede schon genug gelesen haben*.

Das dunkle und häufig konfuse Porträt, das der Herausgeber vom *Philologen* zeichnet, wird durch die verschiedenen Pseudonyme auf den Titelseiten der einzelnen Beiträge (vgl. Anh. 3) noch enigmatischer: *Aristobulus, der Hochwohlgelahrte Deutsch-Franzose, Homme de Lettres, Abaelardus Virbius* und der *verlorene Sohn U. L. F. Albertine.*[76] Inhaltsverzeichnis, Pseudonyme und Titel hinterlassen den Eindruck, als ob es sich bei den *Kreuzzügen* um eine Sammlung wahllos zusammengeworfener Schriften handle, wie dies bei den ›œuvres mêlées‹ zu geschehen pflegte, wo aus ökonomischen Gründen die verschiedensten Werke unter die gleichen Buchdeckel gerieten. Ein kurzer Blick auf die Themen der einzelnen Texte bestätigt deren Heterogenität: eine Arbeit zur Sprachphilosophie, eine grammatikalische Abhandlung, biblische Betrachtungen, eine musikologische Kontroverse, eine Übersetzung, eine literaturkritische Erwiderung, Gedanken zur Bibelphilologie, eine Ästhetik, eine lateinische Übung, Gelegenheitsgedichte und schließlich noch eine Trauerrede. Die verschiedenen Themen, Gattungen und Namen unterscheiden sich so stark, daß eben nur Titelblatt, Vorrede und Inhaltsverzeichnis den Zusammenhang garantieren. Diese chaoti-

---

[75] Heb 12,1; Heb 11,38.

[76] *Abaelardus*: Anspielung auf die *Nouvelle Héloïse*. *Virbius*: Reinkarnation des von seinen Rossen zerfetzten Hyppolitus in Latium (Nadler VI, S. 2). Der Witz besteht m. E. darin, daß der entmannte Abélard als Virbius wieder zur Totalität seiner Glieder kommt. *Unsere liebe Frau Albertine*, d. h. die Albertusuniversität in Königsberg (Nadler VI, S. 386).

sche Vielfalt scheint die *schöne Natur* des *Philologen* zu sein, den wir *in effigie* kennen gelernt haben.[77]

Die sprachliche Einheit der *Kreuzzüge* liegt in der – im ursprünglichen Sinne – parodistischen Schreibart: Alle Texte antworten auf andere Texte oder konventionelle Textsorten. Es sind ›hypokritische‹ Texte. Die Philologie, die gerade als Wissenschaft ein bestimmtes Maß an Klarheit fordert, bietet ihr kritisches Instrumentarium auf, um die gelehrten Wortspiele und witzigen Verbindungen überhaupt zu ermöglichen. Als wohl klarstes Beispiel hierfür mag das Register (Anh. 4) stehen, die letzte Paratext-Einheit.[78] Es handelt sich dabei um einen kurzen Text mit einem langen Titel: *Kleiner Versuch eines Registers über den einzigen Buchstaben P.*[79] Die Verwendung des Modewortes *Versuch* gibt dem *Register* eine essayistische Note, die jedoch gerade hier völlig deplaziert ist.[80] *Versuch* erbittet ja vom Leser Nachsicht ›puncto‹ Genauigkeit und Vollständigkeit – genauso wie das *Cetera desunt* am Schluß des *Registers*. Beide Einschränkungen sind natürlich mit der Idee eines Registers unvereinbar, das Genauigkeit voraussetzt, nicht aber Vollständigkeit – im Gegensatz zur Konkordanz. Register bezeichnet vielmehr einen Text, dessen Kriterien (Funktion, Reihenfolge, Forderung nach Relevanz etc.) man zu kennen glaubt und dessen oberstes Prinzip die Nützlichkeit ist. Das Register am Schluß der *Kreuzzüge* nun beschränkt sich auf den Buchstaben *P*; es hat 39 Einträge, wovon 27 unter dem Stichwort *Philolog(en)* stehen, was sicherlich die Wahl des Buchstabens *P* erklärt.[81] Alle Einträge sind durch einen Nachsatz genauer bestimmt und verweisen durch die nachgestellte Zahl auf eine Seite in den *Kreuzzügen*. Durch das Erfassen

---

[77] An Versuchen, hier einmal gründlich aufzuräumen, hat es bis heute nicht gefehlt. Die bei Hamann-Interpreten beliebte ›Treibhausmetaphorik‹ leistet dann auch immer die gewünschten Dienste, bis wir alle überzeugt sind, daß hier – und auch dort – schon immer alles im ›Keime da gewesen‹ sei: »Die Sammlung wächst aus einem Kern heraus, so daß im Ganzen wiederzufinden ist, was der Kern enthält.« Georg Baudler: ›Im Worte sehen‹. Das Sprachdenken Johann Georg Hamanns. Bonn 1970, S. 112. Vgl. auch Koepp, *Der Magier unter Masken*, S. 77f: *Kernaufsatz* vs. *Beiwerk*. Aus einem der uneinheitlichsten Werke wird so zu guter letzt eine sich ständig komplettierende Einheit, die mit dem *Letzten Blatt* in schönster Harmonie seinen Abschluß findet. Diese Ausführungen wären hier unnötig, wenn dieses Vorgehen nicht auch die Beurteilung der *Kreuzzüge* beträfe. Wenn es zum Beispiel heißt, daß die *Aesthetica* im Zentrum der *Kreuzzüge* stehe, dann ist das nicht nur ein arithmetisches Problem – Neun ist bekanntlich nicht die Mitte von Zwölf – sondern auch dessen, was denn hier noch ›Zentrum‹ heissen soll.

[78] *Inhaltsverzeichnis* und *Register* finden sich bei Genette nirgends.

[79] N II, S. 239f.

[80] Die Bezeichnung der *Kreuzzüge* als Essays – sei die Bedeutung von »Essay« noch so vage – wird der Eigenart der *Kreuzzüge* nicht gerecht, da sie nicht in diesen ›Freiraum‹ zwischen wissenschaftlichen und literarischen Diskurs passen, sondern gerade diese Trennung voraussetzen und sich ihrer bedienen.

[81] Nicht zu vergessen das französische »*p* ...«, das durch die Doppeldeutigkeit von *Prostituieren* im zweiten Eintrag und *Margot La Ravaudeuse* (siehe unten Seite 218) für eine zotenhafte Interpretation wirbt.

der Mehrheit[82] der Texte und die Konzentration auf den Eintrag *Philolog* wird im nachhinein ein Zusammenhang zwischen den Texten hergestellt, der den Mangel an innerer Logik durch die Ordnung eines rudimentären Alphabets ersetzt. Das *Register* behält weiterhin die Trennung zwischen Verfasser und Herausgeber bei;[83] somit ergänzen die Anmerkungen im Register die Darstellung des *Philologen*, der wir in der Vorrede begegnet sind. Der erste Eintrag unter dem Stichwort »Philolog« heißt:

> Philolog schämt sich seiner Ahnen nicht;

der letzte:

> – nimmt von seinen Lesern mit gerührtem Herzen Abschied.

Beide Einträge verweisen auf dieselbe Stelle, genauer: auf dieselbe Fußnote zu *Glückwunsch eines Sohns am Geburtstag seines Vaters.* Beide scheinen die reale Existenz des *Philologen* trotz aller Versteckspiele behaupten zu wollen. Der Ort ist zum mindesten ungewöhnlich: Der Verweis auf eine Fußnote in einem unbeachteten *Jugendlichen Gelegenheitsgedicht* versucht, der Figur des *Philologen* eine historische Konsistenz zu verleihen zu einem Zeitpunkt, an dem seine Un-Natur bereits erwiesen scheint. Der *Herausgeber* verwirrt uns schließlich vollends, indem er auf solchen Widerspruch im folgenden Eintrag zu sprechen kommt:

> – affectiert eine kauderwelsche Schreibart, und redt gleich-wohl von klassischer Vollkommenheit.

Die *kauderwelsche Schreibart* gehört also mit zum ›hypokritischen‹ Stil; die Rollen, die der *Philolog* hier *affectiert* und von denen er scheinbar auch *affectiert* wird, drücken sich in einer Reihe vollkommen ›unklassischer‹ Vergleiche aus, die das Register zusammenstellt:

> – vergleicht sich selbst mit Alexander des Großen Leibpferde
> – " " " " dem holländischen Wapen
> – " " " " einer *Margot la Ravaudeuse*
> – " " " " einem Vogel.

Wie der Ursprung des *Philologen* bei seinen Ahnen liegt und sein Ende bei seiner Verabschiedung vom Leser, so beginnen auch die *Kreuzzüge des Philologen* mit der ›Erfindung‹ dieser Figur und enden in der weiten Zusammenfassung des Registers. Die heuristische Funktion der Paratexte wird hier pervertiert, da der Umgang mit dem Text durch sie nicht erleichtert

---

82 Nur drei Texte finden keine Erwähnung in diesem Register: *Die Magi aus Morgenlande zu Bethlehem,* das *Französische Project* und das *Lateinische Exercitium.*

83 Etwa durch ›vorsichtige‹ Äußerungen wie: »(Philolog) meynt vielleicht [...]«

wird; im Gegenteil verwischen sie die Grenze zum Text ständig, antizipieren so die spezifischen Verständnisprobleme des Texts und bieten statt der Selbstdarstellung des Autors seine Teilung in zwei Verfasser-Rollen. Die Selbstdarstellung wird zu einer Fremddarstellung; die ›Autorität der *Autorschaft*‹ – die *Gegenwärtigkeit der Person* – bleibt *schwach*.

Unter allen Registereinträgen findet sich nur einer, der dem Plural »Philologen« gilt: *Philologen sind Banquiers.*[84] Wenden wir uns also erneut den Finanzen zu!

2. Text

> Das Geld und die Sprache sind zween Gegenstände, deren Untersuchung so tiefsinnig und abstract, als ihr Gebrauch allgemein ist. Beyde stehen in einer näheren Verwandschaft, als man muthmaßen sollte. Die Theorie des einen erklärt die Theorie des andern; sie scheinen daher aus gemeinschaftlichen Gründen zu fließen. [iii]

So beginnt der *Hochwohlgelahrte Deutsch-Franzose* seine *Vermischten Anmerkungen über die Wortfügung in der französischen Sprache* (Anh. 5), dem zweiten Beitrag der *Kreuzzüge.* Doch schon zwei Jahre zuvor – 1760 – war die kurze Schrift in den *Wochentlichen Königsbergischen Frag- und Anzeigungsnachrichten* erschienen, bevor sie dann ein Jahr später einen Sonderdruck bei Kanter erhielt.[85] Nicht dieses Insistieren aber machen die *Vermischten Anmerkungen* zu einer wichtigen Frühschrift Hamanns, sondern ihr enger Bezug zu europaweit debattierten Problemen der Sprachphilosophie.

Der Vergleich zwischen *Geld* und *Sprache* beruht auf einer Ähnlichkeit besonderer Art: Ihre *Verwandtschaft* sei so eng, daß man auf *gemeinschaftliche Gründe* schließen könne. Die generische Bestimmung geht hier unvermerkt in eine genetische über; die theoretische Ähnlichkeit setzt dem Scheine nach eine historische voraus. Um seinem Vergleich Gehalt zu geben, bietet der *Philologe* eine beeindruckende Sammlung von Zitaten auf, die seine *Anmerkungen* durchziehen oder als Fußnoten unten anstehen. Ein Nachtrag gilt dabei den *Unvorgreiflichen Gedanken.*[86] Im Gegensatz zu Leibniz,

---

[84] Diesem Eintrag folgt eine weitere Definition: »Philosophen sind freche Buler«.

[85] Vgl. Josef Nadler: Die Hamannausgabe. Vermächtnis – Bemühungen – Vollzug. Tübingen 1930, S. 38f.

[86] Es handelt sich um die erste Fußnote in der Ausgabe Nadler. Bei Roth (II, S. 134) findet sich diese Fußnote nicht. Wiener (S. 94f.) zeigt, daß die Anmerkung wesentlich präziser war, als Nadler erkennen läßt: Nebst Autor und Titel liefert sie auch eine genaue Stellenangabe sowie den Text der §§ 5 u. 7. Der Apparat läßt uns – wie so häufig bei der Nadlerschen Ausgabe – im Stich. Zu den editorischen Problemen: Sven-Aage Jørgensen: Johann Georg Hamann. Stuttgart 1976, S. 2–5; Hansjörg Alfred Salmony:

dessen linguistischen Bemühungen sich im wesentlichen auf semantische Probleme konzentrieren und den Versuch darstellen, pragmatische Faktoren aus der Definition so weit als möglich zu eliminieren, betonen die *Vermischten Anmerkungen* die Funktion der Sprache als Rede, *Wortwechsel*:

> Der Reichthum aller menschlichen Erkenntnis beruhet auf dem Wortwechsel und es war ein Gottesgelehrter von durchdringendem Witz, der die Theologie, – diese älteste Schwester der höheren Wissenschaften, – für eine Grammatick zur Sprache der heiligen Schrift erklärte. Alle Güter hingegen des bürgerlichen oder gesellschaftlichen Lebens beziehen sich auf das Geld als ihren allgemeinen Maasstab, dafür es auch Salomo schon nach einigen Übersetzungen erkannt haben soll. [iii]

Der Reichtum ist im Gegensatz zu Leibniz weder die positive Bilanz im internationalen Gedankentausch noch die Erkenntnis unter dem Schlußstrich der Rechnung; unser *Philologe* kombiniert vielmehr den pragmatischen Aspekt – *Wortwechsel* – mit dem syntaktischen und normativen – *Grammatick*[87] – und einem im weiteren Sinne semantischen – *Maasstab*. Der Syntax zollt Leibniz bei der Untersuchung natürlicher Sprachen nur wenig Interesse; seine dahingehenden Äußerungen sind verstreute und unsystematische Bemerkungen etymologischer und sprachkomparatistischer Art[88] oder Versuche, die bestehenden Grammatiken und defizienten Syntagmen in eine rationale Grammatik bzw. logische Einheiten[89] zu läutern: Die *lingua rationalis* sollte auf einer *Grammatica linguarum generalis* aufbauen, welche die Regeln zur syntaktischen Verbindung der *voces primae* liefern; Lexikon und Grammatik stehen in der *lingua rationalis* in Analogie zu den logischen Funktionen der *analysis* und *synthesis*. Die ›Grundfigur‹ der wohldefinierten Sprache ist die *aequipollentia* zwischen Subjekt und Prädikat,[90] wobei die Totalität des Prädikats das Subjekt ausdrückt. Alle Syntagmen sind die Summen ihrer um eine Stufe tiefer liegenden analytischen Bestandteile, so daß in der wohldefinierten Sprache die Stufenfolge *voces primae, voces derivativae, constructiones, enunciationes, periodi* diejenige der ›konfusen‹ Syntagmen *voces, phrases, proverbia, formulae* ersetzt, die sich der Auflösung

---

Johann Georg Hamanns metakritische Philosophie. Zollikon 1958, S. 23ff. und vor allem Walter Boehlich: Die historisch-kritische Hamann-Ausgabe (Forschungsbericht). In: Euphorion 50/3. (1956), S. 341–356.

87 Der Umfang von »Grammatik« ist unklar: Elementarlehre, Wissenschaft der versch. Spracheigentümlichkeiten und Literarkritik bei Natalis Anton (Noël-Antoine) Pluche: Linguarum aritficium. Paris 1751, S. 45f.; Universal- und Partikulargrammatik, wobei die erste als *Wissenschaft*, die zweite aber als *Kunst* erscheint, in der Encyclopédie [Beauzée/Douchet]: Art. *Grammaire*. Bd. VII (1757), S. 842.

88 Vgl. Sigrid von der Schulenburg: Leibniz als Sprachforscher. Frankfurt a/M 1973, S. 290–293.

89 Vgl. Pombo, *Leibniz and the Problem of a Universal Language*, S. 152ff.

90 Leibniz, *Analysis linguarum* (1678), Couturat S. 351.

widersetzen.[91] Dies kann als Konsequenz oder als Bedingung des Geld/Rechenpfennig-Vergleichs gelten, da dem Geld in seiner Beschreibung als semiotischem System eine minimale syntaktische Ausrichtung zukommt. Leibniz' ideale Syntax ist die der Hobbesschen *computatio*: kumulativ als Instrument des Hortens, multiplikativ als Maßstab und äquivalent im Tausch. Ebenso spielt der pragmatische oder kommunikative Aspekt der Sprache eine beschränkte Rolle: Die didaktische Funktion der Sprache folgt in seiner *scientia generalis* den topischen Funktionen des *judiciums* und der *inventio*, liefert aber keineswegs deren Grundlage.

Eine wesentliche Akzentverschiebung liegt zwischen einem Reichtum, der auf *Ideenhandel* gründet und einem anderen, der auf dem *Wortwechsel* beruht. Dem *Wortwechsel* ist in einer Fußnote ein Zitat aus Youngs *Night Thoughts* beigefügt:

> Speech, thought's canal! speech, thought's criterion too! [*iii*][92]

Young folgt hier Locke, der die Rede ins Zentrum seiner Sprachtheorie stellt, indem er das Primat der kommunikativen Funktion aus dem bekannten naturrechtlichen Gemeinplatz ableitet:

> The comfort and advantage of society not being to be had without communication of thoughts, it was necessary that man should find out some external sensible signs, whereof those invisible ideas, which his thoughts are made up of, might be made known to others. [...] When a man speaks to another, it is that he may be understood: and the end of speech is, that those sounds, as marks, may make known his ideas to the hearer.[93]

Young radikalisiert aber die Lockesche Position. *Speech* erscheint hier als doppeltes Organ des Denkens: Einerseits ist es Medium der Gedanken, andererseits ist es deren Maßstab.[94] Das Verhältnis zwischen *Wortwechsel* und *Maasstab* ist also das der Simultaneität; der (Wort)Wechsel setzt den Maßstab voraus, wie der Maßstab den Vergleich durch den Wechsel (oder Han-

---

[91] Ebd. S. 353: »quaecunque scilicet resolutionem suam non accipiunt ex partibus ex quibus componuntur.«

[92] Edward Young: The Complaint, or Night-Thoughts on Life, Death and Immortality (1742›54). Night the Second. On Time, Death, Friendship. In: The Works of the Author of the Night-Thoughts. Bd. III. London 1762, S. 37.

[93] Locke, *An Essay concerning Human Understanding*, III, II, 1f., S. 9f. Zur Betonung des kommunikativen Aspekts der Sprache bei Locke im Gegensatz zum mnemonischen bei Leibniz vgl. Dascal, *Leibniz. Language, Signs and Thought*, S. 39.

[94] Damit greift er – ironischerweise – die verkürzte Definition auf, die Locke dem Geld (*silver*) zumißt: »it not only measures the value of the commodity it is applied to, but is given in exchange for it, as of equal value.« John Locke: Further Considerations concerning raising the Value of Money (1698). In: Works. Bd. V. London 1823, S. 141.

del). Wir begegnen hier also demselben Problem wieder, das schon bei Leibniz als das Paradox des Maßstabs erschien; Young jedoch wendet es auf die Sprache an: Wenn wir in *commerce* treten, vegleichen wir. Im Gegensatz zu Leibniz liegt nicht in der Analysis der Idee des Wortes, sondern im Wortwechsel die Quelle der Erkenntnis. Hinter dem sprachlichen Zeichen findet sich außer der sozialen – oder besser: dialogischen – Akzeptanz keine weitere Realität als Garant für den Wert des Zeichens. Die Sprachlichkeit der Gesellschaft nun begründet die Reflexivität der Rede und somit die Dialogizität des Denkens. Das Formen, Ausdrücken und Mitteilen von Gedanken wird zunehmends zu einem sprachlichen Akt.

Die problematische Entsprechung des *valor intrinsecus* als ideellem Wert mit dem *valor extrinsecus* als Zeichenmaterie erhält durch das Young-Zitat eine Radikaltiät, die durch dessen – von Hamann nicht zitierten – Kontext noch weiter betont wird. Dieser stellt den Zusammenhang zwischen Wort und Münze gleich selber her:

> Thought in the mine may come forth gold, or dross;
> When coin'd in word, we know its *real* worth.
> If sterling, store it for thy future use;
> 'Twill buy thee benefit; perhaps, renown.
> Thought, too, deliver'd, is the more possest;
> Teaching, we learn; and, giving, we retain
> The births of intellect; [...]
> 'Tis thought's exchange, which, like th' alternate push
> Of waves conflicting, breaks the learned scum,
> And defecates the students standing pool.[95]

Das *Prägen* als ein kommunikativer Akt – *deliver* – entscheidet, ob es sich um Gold oder Schlacke handle. Der kommunikative Aspekt der Sprache steht hier klar über dem analytischen und mnemonischen. Der Wortwechsel bildet das Zentrum des Youngschen Freundschaftskultes, dem das zweite Buch der *Night Thoughts'* gewidmet ist. Die Rede erscheint hier als jenes Geben und Nehmen, das der exquisitesten aller menschlichen Beziehungen zugrundeliege – der Freundschaft als Quelle von *Wisdom and Delight.* Der freie Austausch der Gedanken erhalte diese am Leben, sonst verrotteten sie. Die Beziehung zwischen Freundschaft und liberalem Wirtschaftsdenken äußert sich anschließend in der Opposition zwischen *contemplation* und *conversation.* Jene gilt – in der paradoxen Ausdrucksweise Youngs – als eine reiche Mine an Weisheit, die jedoch erst durch das Gespräch an den Tag komme (und wirklich weise werde), zur Glückseligkeit beitrage und Melancholie banne:

---

[95] Young, *Night-Thoughts,* S.37.

Joy is an import; joy is an exchange;
Joy flies monopolists: It calls for *Two*;
Rich fruit! heav'n-planted! never pluckt by *One*.[96]

Wie nachhaltig die Youngschen Gedanken gewirkt haben, zeigt ein Beitrag Herders zur *Neuen Deutschen Monatsschrift* aus dem Jahre 1795, in welchem der Verfasser auf wenigen Seiten alle hier zitierten Stellen der *Night Thoughts* im Original aufführt und sie bezeichnenderweise im Zusammenhang mit der Interdependenz von Sprache, Denken und Erziehung erläutert:

denn sie [die Menschen] denken ja nur *in* und *mit der Sprache.*
Wenn also Erziehung unsern Geist bilden soll, so lerne der Zögling *sprechend denken.* Seinen Lippen werde das Schloß entnommen, das ihm die Seele verschließt; sonst wird es ein Behältniß verworrener, roher, modernder Gedanken.[97]

Diese Erziehung nun ist es, die dem Volk *grossen Reichthum* beschert, da es den *behenden Gebrauch seiner Gedanken* ermöglicht.[98] Für Herder – und Hamann – setzt Reichtum Tausch voraus, dieser wiederum Freiheit:[99]

Hagedorn sagt: *wer frei darf denken, denket wohl*; sollte man nicht mit gleichem Recht sagen: »wer richtig, rein, angemessen, Kraftvoll, herzlich sprechen *kann* und *darf*, der kann nicht anders als wohl denken.«[100]

Der *Philologe* geht aber noch weiter: Der Tausch gewinnt in den *Vermischten Anmerkungen* durch die Verbindung zwischen der Konstitution von Werten durch die Gesellschaft und dem Prozeß der göttlichen Offenbarung zusätzlich an Bedeutung. Die Behauptung, daß die *Grammatick zur Sprache der heiligen Schrift* die *Theologie* sei, zieht die Konsequenz aus dem *Night Thoughts*-Zitat, in welchem die sprachliche Untersuchung eines mitgeteilten Textes zum Mitgeteilten schlechthin wird. Der Übergang von menschlicher Erkenntnis zu göttlicher Offenbarung geschieht ganz unvermittelt und stellt die heilige Schrift quasi selbstverständlich als Wortwechsel oder Rede dar. Der zitierte *Gottesgelehrte von durchdringendem Witz*[101] verfaßt so im

---

96 Ebd. S. 38.
97 Joh. Gottfried Herder: Über die Fähigkeit zu sprechen und zu hören (1795). In: Sämtliche Werke. Hg. v. Bernhard Suphan. Bd. XVIII. Berlin 1883, S. 385.
98 Ebd. S. 386.
99 Hierzu ausführlich siehe unten Seite 255.
100 Herder, *Über die Fähigkeit zu sprechen und zu hören*, S. 385.
101 Vgl. *Brief an den Bruder vom 12. Februar 1760*, ZH II, S. 10: »Der Titul von diesem Werk verdient, daß ich ihn hersetzt; weil der Autor den Inhalt seines Werks sehr genau beschrieben hat. *Gnomon Novi Testamenti in quo ex nativa verborum vi Simplicitas, Profunditas, Concinnitas, Salubritas Sensuum coelestium indicatur operâ Joh. Alb: Bengelii. Tubing. 742. 4.* In der Vorrede führt der Autor einen sehr merkwürdigen Ausspruch unsers Luthers an, der von dem philosophischen Geiste dieses Mannes ein Zeug-

Verein mit Young eine exegetische Kurzformel: Die heilige Schrift liefert den Gegenstand und die Kriterien zum Verständnis des richtigen Glaubens. Unter den höheren Wissenschaften fungiert die Theologie ›prima inter pares‹ als *älteste Schwester.* Dieser ›geistigen Familie‹ entspricht eine materielle, die alle Güter des bürgerlichen oder gesellschaftlichen Lebens umfaßt. Hier ist nicht mehr die Sprache Maßstab, sondern das Geld. Der Sprach-Geld-Vergleich entwickelt sich zu einer ›Zwei-Reiche-Lehre‹: Reichtum der Erkenntnis und Sprache, Güter des gesellschaftlichen Lebens und Geld. Interessanterweise ist es die Bibel, welche die Rolle des Geldes als Maßstab aller Dinge belegt; die Autorität wird jedoch eingeschränkt: Salomo *soll* das Geld als Maßstab nur *nach einigen Übersetzungen erkannt* haben. Eine solche Übersetzung liefert etwa John Locke in seiner Abhandlung *Further Considerations concerning raising the Value of Money*:

> The intrinsic value of silver, considered as money, is that estimate which common consent has placed on it, whereby it is made equivalent to all other things, and consequently is the universal barter, or exchange, which men give and receive for other things they would purchase or part with for a valuable consideration: and thus, as the wise man tells us, money answers all things.[102]

Money answers all things – oder in der Luther-Übersetzung: *Das Geld muß ihnen alles zuwege bringen.*[103] Die englische Version ist gegenüber der deutschen hier ›signifikativ doppeldeutig‹, da *answer* sowohl »to correspond« oder »to solve, to satisfy« heißen kann. Beide Bedeutungen setzt Locke voraus. Die Reflexivität zwischen Kanal und Kriterium, die vorerst nur im Zitat der *Night-Thoughts* als verbindendes Element von Geld und Wort erschien, ist nun von der Seite des Geldes her veranschaulicht, dessen doppelte Funktion als Instrument des Handels und der Preisbildung die Ambiguität und Kontextualität bis in die göttliche Offenbarung trägt.

Betrachten wir die Locke-Stelle jedoch etwas genauer, so erscheint nicht der Verweis auf den Salomonischen Gemeinplatz als wesentlich, sondern die Abweichung: Nicht das Geld entspreche allen Dingen, sondern der innere Wert des Silbers. Das Silber aber beruht auf der Wertschätzung, *which common consent has placed in it.* Locke geht es in allen seinen Schriften zum

---

nis giebt: *Nil aliud esse Theologiam, nisi Grammaticam in Spiritus Sancti verbis occupatam.*« Hamann hat recht, wenn er diesen Ausspruch als sehr merkwürdig bezeichnet, da Luther andernorts *Grammatik* meist in einem pejorativen Sinn verwendet.

102 Locke, *Further Considerations*, S. 139. Vgl. auch Vanderlint, *Money Answers All Things* und die Verweise auf Bibelstellen auf dem Titelblatt von Potters *The Key of Wealth*. Locke und Vanderlint standen in Hamanns Bibliothek. Vgl. Biga [113:258, 117:280].

103 Pr 10,19. Es sei hier noch eine neuere Version angeführt, da die Stelle ja hebräisch zitiert ist: »und all dies ermöglicht das Geld«.

Geldwesen darum zu zeigen, daß eine Münze nicht einen geringeren Silbergehalt haben dürfe als der Stempel ihr attestiert.[104] Silber (selten auch Gold) betrachtet er als quasi fixen Wert, *because it decays not in keeping, and never sinks much in value*;[105] das *much* zeigt jedoch an, daß die Stabilität relativ ist. Wie aber kann Locke diese progressiven Veränderungen wahrnehmen? Er macht das Silber vom Weizen abhängig, da dieser das weitverbreitetste Nahrungsmittel in Europa sei und Angebot und Nachfrage mit geringen Ausnahmen sich hier gegenseitig anpaßten.[106] Wir sehen, daß Locke die Konventionalität des Geldes – die er selber stipuliert – Schritt für Schritt substantialisiert. Das Geld beruht auf dem Silber und somit auf dem Weizen, dessen Wert ganz ›natürlich‹ auf den menschlichen Bedürfnissen gründet. Gerade solch einer ›monetären Etymologie‹ entzieht sich Hamann, da er einerseits den *common consent* mit Young im *Wortwechsel* begründet sieht und andererseits ›via‹ Leibniz unverhohlen *Rechenpfennige* mit Geld gleichsetzt. Er leitet den Wert aus dem aktuellen Tausch ab und nicht etwa aus einer vorausgehenden *conventio,* respektive *impositio*, oder gar aus ursprünglichen Bedürfnissen.

Der hebräischen Anmerkung zu Salomo folgen zwei griechische Aristoteles-Zitate, die uns bereits bekannt sind:

> Ἐν δη τι ειναι· τουτο δε εξ υποθεσεωσ· διο νομισμα καλειται· τουτο γαϱ παντα ποιει συμμετϱα· μετϱειται γαϱ παντα νομισματι. [*iii*][107]

Die berühmte Etymologie der νομισμα aus νομο schließt sich in der Fußnote direkt an die hebräisch zitierte Salomo-Stelle an und scheint auf den ersten Blick nicht viel Neues zu bringen. Sie entspricht fast wörtlich der zitierten Lockeschen Auffassung der Konventionalität des Geldes.[108] Die

---

[104] John Locke: Short Observations on a printed Paper entitled ›for encouraging the coining Silver Money in England, and, after, for keeping it here‹ (?). In: *The Works* V, S. 117–130. Locke bekämpft in seinen Schriften einen gewissen Lowndes, der dem König empfohlen hatte, die Münzaufschriften zu ändern, um so die Staatsfinanzen zu sanieren. Hamann besaß sowohl die Schrift von Lowndes (*Report containing an Esay for the Amendment of the Silver Coins* [1695]) [Biga 117:279] als auch die Antworten Lockes [Biga 117:280]. Zur Debatte Lowndes-Locke vgl. Vilar, *Gold und Geld in der Geschichte*, S. 198–200.

[105] Locke, *Further Considerations*, S. 135.

[106] Locke, *Some Considerations of the Consequences of lowering the Interest and raising the Value of Money*, S. 46f. Gegen diese Ansicht richtet sich später Adam Smith (*An Inquiry into the Nature and Causes of the Wealth of Nations*, I, v u. I, xi, Digr./1: In: *Works* II, 1, S. 53f. bzw. S. 205) indem er zwar die relative Stabilität des Korns anerkennt, die Arbeit jedoch als einzigen Maßstab über die primären Bedürfnisse stellt.

[107] Aristoteles, *Nikomachische Ethik*, 1133^{b}20. »Es braucht deshalb eine Einheit, die auf Übereinkunft beruht, wieso denn Geld auch *nomisma* heißt; denn es macht alle Dinge vergleichbar, da alle Dinge durch Geld gemessen werden.«

[108] Galiani – *Della Moneta*, S. 26 – behauptet etwa, daß »Locke, il Davanzatti, il Broggia,

Konsequenz, die Aristoteles daraus zieht, scheint aber gerade der Stein des Anstoßes für Locke zu sein:

> Geld aber ist durch Konvention ein Stellvertreter der Nachfrage geworden; und das ist der Grund wieso es den Namen *nomisma* führt – weil es nicht von Natur aus sondern durch das Gesetz (*nomos*) ist und es steht in unserm Befinden es zu verändern und wertlos zu machen.[109]

An diesem Punkt setzt die Kritik Lockes an: Geld könne zwar, dürfe aber auf keinen Fall abgewertet werden, da dies einem Raub gleichkäme und so das (Natur-)Recht auf ein gesichertes Eigentum von der Seite des Staates her bedroht würde. Denn Geld sei nicht eine Bezeichnung (*denomination*), sondern Silbergehalt, d.h. Reichtum:

> Men in their bargains contract not for denominations or sounds, but for the intrinsic value, which is the quantity of silver, by public authority, warranted to be in pieces of such denominations; and it is by having a greater quantity of silver, that men thrive and grow richer, and not by having a greater number of denominations; which, when they come to have need of their money, will prove but empty sounds, if they do not carry with them the real quantity of silver expected.[110]

Hamanns Nominalismus ist – zunächst in monetärer Hinsicht – weit grundlegender als derjenige von Locke und auch von Leibniz, die beide dem Metallismus verpflichtet sind:[111] Nicht nur setzt er, wie erwähnt, in seiner nachträglichen Fußnote *Geld* und *Rechenpfennige* gleich, sondern er sieht darüber hinaus gerade im Tauschgeschäft und in der Maßstab-Funktion[112] der Worte den Reichtum begründet.

Die zweite Aristoteles-Stelle, die der *Philologe* angibt, stammt aus dem ersten Buch der *Politik* und geht in eben diese Richtung. Sie definiert das Geld als

> στοιχειον και περας της αλλαγης[113] [*iii*],

---

l'autore del'opera sull Commercio, e l'altro di quella dello Spirito delle leggi« in diesem Punkte Aristoteles folgten, wobei sie ihre Betrachtungen »sopra un falso fondamento senza sentire nè la debolezza di questo, nè il vacillamento di quello« aufbauten.

109 Aristoteles, *Nikomachische Ethik*, 1133^{a}21.

110 Locke, *Further Considerations*, S. 144.

111 Zum Problem des Konventionalismus bei gleichzeitigem Metallismus in den Geldschriften Lockes vgl. Schumpeter, *Geschichte der ökonomischen Analyse*, Bd. I, S. 370f.

112 Locke sieht, nebst dem oben zitierten Unterschied zwischen *denomination* und *intrinsic value* einen ähnlichen Unterschied zwischen Geld als *measure* und als Ware: »The yard or quart men measure by, may rest indifferent in the buyers' or sellers', or a third person's hands, it matters not whose it is. But it is not so in silver: it is the thing bargained for, as well as the measure of the bargain; [...]« Ebd. S. 141.

113 Aristoteles, *Politik* 1257^{b}24.

als *Element und Ziel allen Tausches*. Der Satz findet sich in einem Abschnitt, der die ›Fiktionalität‹ des Geldes betont und hierzu auch Midas anführt. Der Zusammenhang zwischen Tausch und Geld, und dies stellt Aristoteles im Vorausgehenden klar, kann genealogisch erfaßt werden – Geld erwächst aus dem Tausch –,[114] instrumental – Geld dient dem Tausch – und final – das Geld ist das Ziel des Tausches. Die *gemeinschaftlichen Gründe*, aus denen, gemäß den Worten des *Philologen*, Geld und Sprache *fließen*, sind eben dieser Tausch und die Struktur der Rede eben diese Reziprozität zwischen Mittel und Zweck. Die Ähnlichkeit zwischen Geldtheorie und Rhetorik/Topik, die sich sowohl in der Struktur wie auch in der Wortwahl der Aristotelischen Philosophie äußert, begünstigt die Verbindung von Geld und Sprache. Die Gesellschaftsbildung, wie sie das Naturrecht vorsieht, wird in den *Vermischten Anmerkungen* jedoch gemäß den Forderungen des Freundschaftskultes subjektiviert und partikularisiert, so daß es letztlich der Glaube als ›emotionale Investition‹ ist, der Sprache und Geld in ihrer ›Selbstvermessenheit‹ als letzter Bezugspunkt dient. Dieses kommunikative Element des Glaubens ist jedoch wiederum sprachlicher Art.

Die absolut zentrale und unableitbare Position beider Systeme führt den *Philologen* dazu, ganze Epochen der Entwicklung der Menschheitsgeschichte nach dem Primat von Sprache beziehungsweise Geld zu unterscheiden:

> Man darf sich also nicht wundern, daß die Beredsamkeit in den Staatsunternehmungen der ältesten Zeiten ein eben so stark Gewicht gehabt, als das Finanzwesen in der Klugheit und im Glück der unsrigen. Im gegenwärtigen Jahrhundert würde es dem Julius Cäsar vielleicht so nützlich geschienen haben, ein außerordentlicher Münzmeister zu werden, als es ihm damals rühmlich dauchte ein feiner Grammaticker zu seyn. Seine Bücher *de analogia* sind verloren gegangen, und waren vermuthlich nicht von so gutem Gehalt als die Geschichte seiner Heldenthaten, wie jeder kritische Leser leicht erachten kann. [iv]

Den ›Zwei Reichen‹ entsprechen Antike und Moderne. Das Finanzwesen löst die Beredsamkeit ab, die geistigen Werte weichen den materiellen. Doch tritt an die Stelle jener Theologie, die das Reich des Geistes als dasje-

---

114 Dieser Ansicht begegnen wir auch in der *Aesthetica in nuce* (N II, S. 197). Heute herrscht die Ansicht, daß dem Geld ein älterer Ritual- oder Schmuckwert zukomme. Vgl. Heinz Pentzlin: Das Geld. Berlin 1982, 18ff.; Sédillot, *Histoire morale & immorale de la monnaie*, S. 12–15. Die ethnologisch-soziologische Begründung der Entstehung des Geldes aus dem Schmuck geht meines Wissens auf Heinrich Schurtz' *Urgeschichte der Kultur* (Leipzig 1900, S. 292–297) zurück, während Marcel Mauss schon früh an dessen Stelle die magischen und mythischen Funktion betonte: Les origines de la notion de monnaie (1914). In: Œuvres. Hg. v. Victor Karady. Bd. II. Paris 1968, S. 106–112; diese Ansicht findet einen gewichtigen Vertreter in Simiand, *La monnaie réalité sociale*, vor allem S. 21–25.

nige Gottes sieht, die Rhetorik der Antike. Die Gegenüberstellung Beredsamkeit/Antike vs. Finanzwesen/Moderne ist wiederum Gegenstand einer Fußnote, die aus zwei Plutarch-Zitaten besteht. Das erste stammt aus der Gruppe der *Pythischen Dialoge*, genauer aus *De Pythiae oraculis*:

> Αμοιβη γαρ εοικε νομισματος η του λογου χρεια.[115] [*iv*]

Kommunikation und Zirkulation (Tausch) stehen für Plutarch in einem Verhältnis der Ähnlichkeit. Die Stelle steht am Schluß einer Schrift, die vorerst theoretisch die prophetische Inspiration darlegt und schließlich auf die Gründe zu sprechen kommt, wieso denn die Orakel nicht mehr in Versen gegeben würden. Unser Satz leitet die Beantwortung dieser Frage ein, wobei sich Plutarch der Argumente »Gewohnheit« und »Konvention« bedient. Auch hier finden wir einen wichtigen Zusatz: Der Wert des Geldes wie auch die Wirkung der Worte sei an die Epoche gebunden. So gab es eine Zeit, da seien Verse, Musik und Lieder geläufige Münze gewesen, während heute die Prosa herrsche. Prosa und Poesie haben folglich als Epochenkennzeichen auch eine moralische Bedeutung: Die Prosa stehe für den neuen und gesunden Lebensstil, während die Poesie Hand in Hand gehe mit dem Luxusbedürfnis vergangener Zeiten. Dunkelheit und Zweideutigkeit der Poesie dürften – so lautet der Schluß[116] des Dialogs – nicht als der Prosa überlegen betrachtet werden. Nur kindliche Gemüter, die sich an Enigmen, Allegorien und Metaphern erfreuten, die Kometen, Regenbogen und Sternschnuppen höher schätzten als den Anblick von Sonne und Mond, bereuten das Verschwinden jener Zeiten. Plutarchs Dialog spiegelt so den Zusammenhang, in dem die Fußnote in unserm Hamann-Text erscheint. Die Ablösung der poetischen Epoche durch die prosaische erscheint als eine Antizipation des Übergangs der prosaischen (rhetorischen) Epoche zur finanziellen.[117]

Die zweite Stelle stammt aus Plutarchs Darstellung des Lebens des Phocion:

> ως η του νομισματος αξια πλειστην εν ογκω βραχυτατω δυναμιν εχει, ουτω λογου δεινοτης πολλα σημαινων απ' ολιγων.[118] [*vi*]

---

[115] Plutarch, *De Pythiae oraculis*, 406 B, 24: »Der Umlauf der Münze gleicht dem Gebrauch des Wortes.«

[116] Ebd. 409 B.

[117] Damit soll jedoch nicht gesagt sein, daß dieser Übergang zu Bewertungen führe, wie bei Plutarch.

[118] Plutarch, Vitae, (Phocion) § 6: »... wie aber der Wert der Münze in einer sehr kleinen Masse eine sehr große Macht hat, so ist es die Fähigkeit des Wortes, mit wenig viel zu bedeuten.« (Nadler schreibt irrtümlich χογου statt λογου.) Es scheint mir in diesem Zusammenhang interessant, daß John und William Langhorne noch 1823 diese Stelle folgendermaßen – und lakonisch – übertragen: »His speeches were to be estimated

So urteilt Plutarch über die Vorzüge des Redners Phocion. Im Gegensatz zu Locke, für den die Masse (an Silber oder Gold) den Wert der Münze bestimmt, löst Plutarch die quantitative Beziehung zwischen Gehalt und Wirkung zugunsten einer qualitativen – oder genauer rhetorischen – Beziehung auf: Die Wirkung entscheidet über die Güte der Zeichen. Wie schon am Ende der Abhandlung über die Form der pythischen Orakel spricht sich Plutarch im Leben Phocions für ein ›prosaisches Prinzip‹ aus. Weder Gewicht, noch Echtheit, noch Masse stehen im Zentrum der positiven Eigenschaften einer Rede, sondern ihre δυναμις – ihre Kraft, Wirkung, Bedeutung oder Macht. Macht, Rhetorik und Finanzen erhalten ein schillerndes Exempel in *Julius Cäsar,*[119] dessen Ehrgeiz im *gegenwärtigen Jahrhundert* nicht der Grammatik, sondern dem Münzwesen gegolten hätte. So stehen sich neu *Grammaticker* und *Münzmeister* gegenüber. Der Grammatiker wägt die Worte, wie der Münzmeister den Silbergehalt.

Der ganze Abschnitt kombiniert zwei Fragen, welche die *Querelle des Anciens et des Modernes* grundlegend bestimmt haben: die Frage nach dem Primat der Moderne über die Antike einerseits und der Prosa über die Poesie andererseits. In seiner *Digression sur les Anciens et les Modernes* liefert Fontenelle nicht nur seine ›modernistische‹ Stellungnahme zu beiden Problemen, sondern geradezu die Vorlage zu den Ausführungen unseres *Philologen*:

> L'Eloquence menoit à tout dans les Républiques des Grecs, & dans celle des Romains; & il étoit aussi avantageux d'être né avec le talent de bien parler, qu'il le seroit aujourd'hui d'être né avec un million de rente. La Poësie au contraire n'étoit bonne à rien, & ç'a été toujours la même chose dans toutes sortes de Gouvernemens; ce vice-là lui est bien essentiel.[120]

Der von Fontenelle geforderte Sieg der *choses* über die *mots* äußert sich vorzugsweise in der Betonung der ökonomisch-praktischen Seite der Wissenschaft und Philosophie der Moderne, deren adäquaterer Ausdruck die

---

like coins, not for the size, but for the intrinsic value.« (Plutarch: Lives. Bd. V. London 1823, S. 84)

[119] Unser *Hochwohlgelahrter Deutsch-Franzose* bezieht sich hier auf: Sueton: Leben der Caesaren, (Gaius Julius Caesar) § 56. Die später hinzugesetzte Fußnote verweist auf: Henri Ophellot de la Pause: Histoires des douze Césars de Suéton; avec des Mêlanges Philosophiques & des Notes. Bd. I. Paris 1771, S. XXXIVf. Die Stelle ist interessant, da De la Pause Caesars verschollener Grammatik den Rang Leibnizscher Einsichten zuspricht und sich darüber beklagt, daß die Grammatik, die *des mémoires très-curieux* der Geschichte des menschlichen Geistes gebe, von den Zeitgenossen zu stark verachtet werde.

[120] Bernard le Bovier de Fontenelle: Digression sur les Anciens et les Modernes (1688). In: *Œuvres* IV, S. 185.

Prosa ist. Die Prosa ist der natürliche Ausdruck des Sprachhandels, während die Poesie in dem ›per se‹ unnützen Wort befangen bleibt und nicht zur Bereicherung beitragen kann.[121] Wie weit die Positionen zweier so verschiedener Autoren wie Fontenelle und Young auch auseinanderliegen mögen, in einem Punkt stimmen sie fast wörtlich überein:

> toutes les richesses, & même celles de l'esprit, dépendent du Commerce.[122]

Es ist dies das Credo des Neo-Merkantilismus: Reichtum ist nicht die Fruchtbarkeit und der Ertrag des heimatlichen Bodens, wie bei Becher und andern deutschen Kameralisten, oder der Besitz des Goldes, noch wird der Reichtum durch Ein- und Ausfuhrsperren vermehrt; nein, der Reichtum der *Modernes* liegt, im Gegensatz zum *Ancien système des finances*, im weit gespannten Netz der Konversation, des *commerce*, der nicht auf konstitutiven und universalen Kriterien beruht, sondern Produkt der *opinion éclairée* und der – nur in dieser Öffentlichkeit möglichen – kritischen Korrektur eines ängstlichen, auf Vorurteilen beruhenden Systems von Aberglauben sei. Die neue Doktrin vertritt im Gegensatz zu den Ertragstheoremen der vorausgehenden volkswirtschaftlichen Perioden, die entweder auf dem *iustum pretium* als Gleichheit oder der *balance* als Übervorteilung und Verlust beruhten, die Ansicht, daß bei jedem Tausch zwei Gewinner entstünden.[123] Gerade im Anschluß an seine Definition des Reichtums läßt Fontenelle klar erkennen, daß die Partei der *Alten* als Vertreter der Tradition gleich denken wie die Reaktionäre am Hof Peters des Großen, da sie einen *standing pool of learned scum* um seiner selbst willen unbesehen weiter tradieren:

---

[121] Vgl. Adam Smith (Lectures on Rhetoric and Belles Lettres [1762–1763]. In: The Works and Correspondence. Bd. IV. Oxford 1980, S. 137) bestimmt analog zu Fontenelle den Ursprung der Poesie in ihrem sakralen Gebrauch und ihrer natürlichen Musikalität. Für die Zeitgenossen gelte: »Prose is naturally the Language of Business; as Poetry is of pleasure and amusement.« Zur ›Selbstfeier‹ des *age of commerce* vgl. Horst Dippel: Individuum und Gesellschaft. Soziales Denken zwischen Tradition und Revolution: Smith – Condorcet – Franklin. Göttingen 1981, S. 48.

[122] Bernard le Bovier de Fontenelle: Eloge du Czar Pierre I. In: *Œuvres* VI, S. 216.

[123] Am klarsten formuliert dies wohl Condillac, wenn auch erst in den 70er Jahren und in klarer Opposition zur physiokratischen These der Unfruchtbarkeit des Handelsstandes: »Mais il est faux que, dans les échanges, on donne valeur égale pour valeur égale. Au contraire, chacun des contractans en donne toujours une moindre pour une plus grande.« (Etienne Bonnot de Condillac: Le Commerce et le gouvernement considérés rélativement l'un à l'autre [1776]. Paris 1795, S. 33). Diese These hat zur Konsequenz, daß *le commerçant fait donc, en quelque sorte, de rien quelque chose* (Ebd. S. 35); sie setzt den *prix relatif* im Ggs. zum *prix absolu* voraus, der wiederum auf der vollständigen Synonymie von *prix* und *estime* beruht (Ebd. S. 16).

> Toutes ces nouveautés cependant, aisées à décrier par le seul nom de nouveautés, faisoient beaucoup de mécontents.[124]

Im antiken Rom sei die energische Betonung des Prosaischen gegenüber dem Poetischen, der philosophischen Rednerkunst gegenüber der mythologischen Poesie ein solches ›Novum‹ gewesen. Doch weder Prosa noch Rhetorik komme an die wissenschaftliche Philosophie der Moderne heran. Daß die Alten es hierin weit gebracht hätten, sei nur daraus zu erklären, daß man dazu wenig Zeit benötige:

> Les Latins étoient des Modernes à l'égard des Grecs; mais comme l'Eloquence & la Poësie sont assés bornées, il faut qu'il ait un temps où elles soient portées à leur derniere perfection; & je tiens que pour l'Eloquence & pour l'Histoire, ce temps-là a été le siécle d'Auguste.[125]

Die *Vermischten Anmerkungen* spinnen ihren ironisch distanzierten Vergleich zwischen Moderne und Antike anhand des akademischen Ruhms eines Varro[126] – *durch seine Werke in Landwirthschaft und Etymologie*[127] – und den *jüngsten Scribenten* weiter, denen

> eine astronomische Reisebeschreibung von der Milchstraße, die Schutzschrift eines metaphysischen Losungswortes, die Empfehlung neuer *concinnitatum et ingeniosarum ineptiarum* (wie Bacon sich irgendwo ausdrückt) in der Natur- und Sittenlehre [...] oft Flügel, wenigstens wächserne, geben. [v]

Das Argument der *Modernes*, daß eine jede Zeit Kriterien zur Beurteilung der eigenen, historischen Leistungen liefere, wird hier aufgegriffen und an einem ›modernen‹ Zeitgenossen exemplifiziert. Wie Dädalus stiegen sie hoch, um dann umso tiefer zu fallen. Das Maß der Modernen muß an ihnen selbst gemessen werden: Zeitgenossen seien zu keiner adäquaten Beurtei-

---

124 Ebd. S. 217.

125 Fontenelle, *Digression sur les Anciens et les Modernes*, *Œuvres* IV, S. 185f.

126 Perrault, Wortführer der *Modernes*, hatte bereits auf die Rückständigkeit Varros hingewiesen, der den *Alten* als *un prodige de Science* (S. 62) galt: »de leur temps il pouvoit être vray que Varron fust le plus Sçavant Homme qui eust jamais été, mais ceux d'entre les Modernes qui ont tenu le mesme langage ont eu tort, cette proposition ayant cessé d'estre vraye avec le temps. Voila peut-estre la principale cause & la plus excusable en mesme temps de la prévention trop favorable où l'on est non seulement pour ce qui est antique, mais pour tout ce qui commence à devenir ancien [...]« Charles Perrault: Parallèles des Anciens et des Modernes. Bd. I. Paris 1688, S. 69f.

127 Zum richtigen Verständnis dieser Stelle muß erwähnt sein, daß die Etymologie vor Erscheinen von De Brosses' *Traité de la formation mechanique des langues, et des principes physiques de l'Etymologie* (1765) einen denkbar schlechten Ruf hatte. Vgl. auch Hyppolyte Santebin: Un linguiste français du XVIIIe siècle. Le président de Brosses. Diss. Bern 1899, S. 20ff. Dort eine Liste von zeitgenössischen Verurteilungen der Etymologie als pure Spielerei.

lung fähig, weil sie gerade in ihrer Modernität keine Beurteilungskriterien für den Wert fänden, der nur aus einer künftigen Beurteilung der eigenen Entwicklungsstufe erwachsen könne. Daß hier Bacon gleichsam gegen den jungen Kant[128] ins Feld geführt wird, wirft ein Licht auf den Ort dieser Modernität, deren vermittelnde Position zwischen Antike und Moderne die neuen anthropologischen Kriterien in Analogie zur Typologie setzen kann. Bereits in den *Sokratischen Denkwürdigkeiten* konnte man eine entsprechende Beurteilung neuerer wissenschaftlicher Leistungen lesen:

> Der erste[129] arbeitet am Stein der Weisen, wie ein Menschenfreund, der ihn für ein Mittel ansieht, den Fleiß, die bürgerliche Tugenden und das Wohl des gemeinen Wesens zu befördern. Ich habe für ihn in der mystischen Sprache eines Sophisten geschrieben; weil Weisheit immer das verborgenste Geheimnis der Politick bleiben wird, wenn gleich die Alchymie zu ihren Zweck kommt, alle Menschen reich zu machen, welche durch des Marquis von Mirabeau[130] fruchtbare Maximen bald! Frankreich be-

---

128 Trotz des Plurals *Scribenten* scheint die Anspielung auf Kant zu gehen, insbesondere dessen Schriften: *Allgemeine Naturgeschichte und Theorie des Himmels* (1755), *Principiorum primorum cognitionis metaphysicae nova dilucidatio* (1755), *Metaphysicae cum geometria iunctae usus in philosophia naturali* (1756), *Versuch einiger Betrachtungen über den Optimismus* (1759).

129 Es handle sich bei den *Zween* um Berens – Kaufmann aus Riga, Studienfreund und zeitweiliger Brotgeber Hamanns – und Kant. Vgl. Nadler, *Der Zeuge des Corpum Mysticum*, S. 95ff.; N II, S. 383; HH II, S. 11ff. u. 72ff.

130 Gemeint ist Victor Riqueti de Mirabeaus *L'Ami des hommes ou Traité sur la population* (Erster Teil 1756), das auf die populationistischen Grundideen Cantillons zurückgeht. Diese ›Ideologie‹ sieht in China das Ideal der staatlichen Wohlfahrt, da hier ein Maximum von Menschen auf einem Minimum von Boden lebt und arbeitet. »Les hommes se multiplient comme des souris dans une grange, s'ils ont le moyen de subsister sans limitation«, was den nationalen Reichtum durch gesteigerte Arbeitskraft vergrößere, »si l'on emploie ces habitants à tirer, du sein de la terre, de l'or et de l'argent, qui sont des métaux non seulement durables, mais pour ainsi dire, permanents, que le feux même ne saurait consumer, qui sont généralement reçus, comme la mesure des valeurs, et qu'on peut éternellement échanger pour tout ce qui est nécessaire dans la vie: et si ces habitants travaillent à attirer l'or et l'argent dans l'Etat, en échange des manufactures et des ouvrages qu'ils font et qui sont envoyés dans les pays étrangers, leur travail sera également utile, et améliorera réellement l'Etat.« (Richard Cantillon: Essai sur la nature du commerce en général (1755). Hg. v. A. Sauvy u.a. Paris 1952, S. 47, 50) Cantillons Werk dürfte in den 20er Jahren entstanden sein; der Text war vor seinem Erscheinen sowohl Postlethwayts (A dissertation on the Plan, 1749) als auch Mirabeau bekannt, die davon auch wiederholt Gebrauch für ihre eigenen Werke machten. Vgl. die Einführung zum *Essai*, als auch Georges Weulersse: Les Physiocrates. Paris 1931, S. 3; ders.: Le mouvement physiocratique en France (de 1756 à 1770). Paris 1910, S. 53ff. – Nadler (VI, S. 253) irrt, wenn er »*L'ami des hommes*« als »Ehrenname Mirabeaus« liest, diesen als Förderer des Kleinbesitzes und Bauernstandes sieht und an dieser Stelle gar Hamanns Opposition zum *Kapitalismus* zu erkennen glaubt. Denn hier ließe sich höchstens Hamanns ironische Gegenposition zum Populationismus behaupten wie auch zur These, daß Arbeit und Erde der Ursprung allen Reichtums seien. Eine hervorragende Darstellung des Einflusses von Mirabeau auf die Physiokraten sowie eine neue Beurteilung des Verhältnisses Quesnay-Mirabeau liefert Elizabeth Fox-Genovese: The Origins of Physiocracy. Economic Revolution and Social Order in Eighteenth-Century France. London 1976, S. 134ff.; zum Popula-

völkern müssen. Nach dem heutigen Plan der Welt bleibt die Kunst Gold zu machen also mit Recht das höchste Project und höchste Gut unserer Staatsklugen.
Der andere möchte einen so allgemeinen Weltweisen und guten Münzwaradein abgeben, als Newton war. Kein Theil der Kritik ist sicherer, als die man für Gold und Silber erfunden hat. Daher kann die Verwirrung in dem Münzwesen Deutschlands so groß nicht seyn, als die in die Lehrbücher eingeschlichen, so unter uns gäng und gebe sind. Es fehlt uns an richtigen Verhältnis-Tabellen, die uns bestimmen, wie viellöthig an Korn und Schrot ein Einfall seyn müsse, wenn er eine Wahrheit gelten soll u. s. w.[131]

Wir begegnen hier nicht nur unserm Vergleich wieder, sondern auch den Finanzen als *höchstes Project* der Moderne, dem Münzmeister und dem Wohl des gemeinen Wesens. Der Verfasser der *Denkwürdigkeiten* verbindet hier einerseits die ›Scheidekunst‹ des Münzwaradeien Newton[132] mit der Kritik als philosophischer Disziplin, andererseits die *Alchymie* mit dem Finanzwesen.[133]

Die zumindest hypothetische Gemeinsamkeit zwischen dem Philosophen und Julius Caesar zeigt die Machtverschiebung, die der Epochenwechsel mit sich gebracht hat. Nicht die Liebe zur Grammatik war es, die Julius Caesar zur Verfassung seiner Bücher *de analogia*[134] bewogen habe, sondern Machtwille. So birgt denn auch der wissenschaftliche und philosophische Fortschritt Gefahren in sich. Daß Wissen nicht jedermanns Sache sei und zum allgemeinen Besten auch nicht jedermanns Sache werden solle, das wußte schon mancher vor unserem *Philologen* und blieb ein beliebtes Argument für die Geheimhaltung oder beschränkte Mitteilung der eigenen Einsichten.[135] Unser Verfasser verbindet diese Einsicht mit anderen neueren Datums:

Die Gleichgültigkeit der meisten Kaufleute, besonders der glücklichen, ist eine Wohlthat für das gemeine Wesen, das in Ermangelung patriotischer Tugenden bey kläreren

---

tionismus vor Malthus vgl. Jacqueline Hecht: Malthus avant Malthus. In: Économie et politique. Dix-huitième siècle (26) 1994, S. 69–78.

131 *Sokratische Denkwürdigkeiten für die lange Weile des Publicums zusammengetragen von einem Liebhaber der langen Weile* (1759), N II, S. 59f.

132 *Münzwaradeien* aus »Warden of the Mint«. Als Vorsteher des Towers war Newton für den Feingehalt der Münzen verantwortlich. Ausführlicher: HH II, S. 69.

133 Ein verbreiteter Vergleich, der die neuen Wirtschaftssysteme der *Projektenmacher* gerne zum Stein der Weisen machte.

134 »Ein grammatikalisches Werk, in dem Caesar den Standpunkt der Analogisten verficht, d. h. derjenigen Stilrichtung, die eine möglichst reine Sprache anstrebte und jede Freiheit, sowohl in der Syntax als auch in der Formenlehre und Wortwahl, ablehnt. Der Gegensatz zur Analogie ist die Anomalie. Aus Caesars Werk ist uns ein typischer Satz erhalten geblieben: ›Wie ein Riff sollst Du jedes selten gehörte und ungewohnte Wort fliehen‹ (Aulus Gellius, I 10).« André Lambert: Kommentar zu Suetons Leben der Caesaren, In: Sueton: Leben der Caesaren. Zürich 1960, S. 36.

135 Vgl. Reinhart Koselleck: Kritik und Krise. Eine Studie zur Pathogenese der bürgerlichen Welt. Frankfurt a/M [2]1959.

Einsichten weit mehr Gefahr laufen würde, als es jetzt durch den Unterschleif ihrer Feigenblätter Schaden leiden mag. Law, der berühmte Actienhändler, hatte über das Geld als ein Weltweiser und Staatsmann studiert; er kannte den Handel besser als das Wagspiel, dem er zu Gefallen ein irrender Ritter wurde. Sein Herz aber war seinem Verstande nicht gewachsen; dies brach seinen Entwürfen den Hals und hat sein Andenken verhaßt gemacht, dessen Ehrenrettung ich blos auf seine hinterlassene Schriften einschränke. [vi]
Die Unwissenheit des Gelehrten in den Tiefen der Sprache biethet gleichfalls unendlichen Misbräuchen die Hand, kommt aber vielleicht noch grösseren zuvor, die dem menschlichen Geschlecht desto nachtheiliger fallen würden, je weniger die Wissenschaften ihr Versprechen den Geist zu bessern, heutiges Tages erfüllen. Dieser Vorwurf beschämt die Sprachkünstler und Philologen am stärksten, so man als die Banquiers der gelehrten Republick ansehen kann. *Pace* Vestra *liceat dixisse,* primi omnium – *Petron.* [vii]

Der Gegensatz zwischen *Herz* und *Verstand* vermöge nur dann gelöst zu werden, wenn die *Einsichten* in *Tugenden* fußten, wobei diese Tugenden für den Bankier der ›Patriotismus‹, für den Gelehrten aber die Verbesserung des Geistes seien.[136] Der Finanzwelt wie der Gelehrtenrepublik gingen jedoch diese Tugenden ab. Überraschenderweise finden sich diese Gedanken zu Beginn einer Arbeit, die – dem Titel entsprechend – linguistische Einsichten vermitteln soll. Die *kläreren Einsichten* stehen dem *Unterschleif ihrer Feigenblätter* gegenüber, die ihrerseits auf witzig erotische Art auf den Sündenfall verweisen. Die im ›Baum der Erkenntnis‹ symbolisierte ›theoretische Neugier‹ führte ja dazu, daß der Mensch Unterschlupf[137] suchte unter

---

136 Zu *Patriotismus* siehe Seite 236. In der *Beylage zu Dangeuil,* die Hamann während seiner Hofmeisterzeit in Mitau 1756 fertiggestellt hat, finden wir die Begriffe ebenfalls vereint: »Von diesen Vortheilen mag derjenige zeugen, welcher im Stande ist, seiner Vaterstadt ein *Gemälde* ihrer Handlung zu entwerfen über die *wahren Grundsätze der allgemeinen und die Mängel und Mißbräuche der einheimischen,* über den *Leitfaden, die letztern einzusehen und zu entdecken,* über die *Schätzung nützlicher Einrichtungen und Verbesserungen;* der, sage ich im Stande ist, hierüber seinen Mitbürgern sowohl mit einer *scharfsinnigen Deutlichkeit* die Augen zu öffnen, als selbige durch die *Aufwallungen eines patriotischen Herzens* und das *Beyspiel einer edlen Selbstverleugnung aufzuwecken.*« (N IV, S. 240. Die Stelle findet sich mit Abweichungen in einem Schreiben Hamanns gleich doppelt, der den Bruder bittet, den Druck hier noch zu korrigieren. *Brief an den Bruder vom 10. April 1756,* ZH I, S. 174–176). Es handelt sich bei *Dangeuil* um René-Joseph Plumard de Dangeul: Remarques sur les Avantages et les Desavantages de la France et de la Gr. Bretagne par rapport au Commerce, & aux Sources de la Puissance des Etats (Paris ^{3}1754). Dieses erfolgreiche Buch gehört in die Gruppe einer großen Zahl von zeitgenössischen Texten, die durch den Vergleich zweier Länder ihre Mitbürger zur Nachahmung der Vorteile des anderen Landes einladen. Wieso Nadler (N VI, S. 88) den Verfasser einen *angeblichen* nennt und behauptet, der Name fehle in »allen großen Handbüchern des 18. Jahrhunderts«, ist mir schleierhaft. Vgl.: Biographie universelle ou dictionnaire historique. Sous la direction de M. Weiss. Paris 1841.

137 Ich lese *Unterschleif* als »Unterschlupf«. Die anderen Bedeutungen – »Gesellschaft«, »Förderung«, »Unterschlagung« und »Veruntreuung« (Grimm) – können jedoch wortspielerisch mitberücksichtigt werden.

der Bekleidung, die als Zeichen der Vertreibung aus dem Paradiese fortbesteht.[138] Adam, dessen Herz bekanntlich den Verleitungen ebenfalls nicht gewachsen war, erscheint hier als Antitypos zum *Actienhändler Law.*

John Law, berüchtigter Gründer der Mississippi-Gesellschaft, steht hier nicht nur negativ als herzloser Spekulant und Spieler, sondern auch als *Weltweiser und Staatsmann*, dessen *hinterlassene Schriften* eine *Ehrenrettung* verdienten. Nebst dem ungeheuerlichen Bankkrach, der ganz Frankreich in ein wirtschaftliches Debakel riß, ist es vor allem die Forderung, die Silberwährung durch Papier zu ersetzen, die Law einen Platz in der Geschichte des ökonomischen Denkens sichert. Sein spektakuläres Programm war zwar weder theoretisch[139] noch praktisch eine absolute Neuheit; die Kombination bekannter Theoreme in seiner geldtheoretischen Argumentation ergibt jedoch ein explosives Gemisch. Am klarsten kommt dies wohl in seiner Frühschrift *Money and Trade*[140] zum Ausdruck. Law distanziert sich hier ex-

---

[138] In der *Aesthetica in Nuce* (N II, S. 198) erklärt der Philologe die Kleidung aus der *Verstandheit thierischer Charaktere.*

[139] So hatte schon Pierre Le Pesant, sieur de Boisguillebert in seiner *Dissertation sur la nature des richesses, de l'argent et des tributs, ou l'on découvre la fausse idée qui règne dans le monde à l'égard de ces trois articles* um 1700 die Forderung erhoben, Gold durch Papier zu ersetzen: »Nous avons dans l'Europe, et on le pratique même tous les jours, un moyen bien plus facile et à bien meilleur marché pour mettre ces métaux à la raison, et, détruisant leur usurpation, les renfermer dans leurs véritables bornes, qui sont d'être valets et esclaves du commerce uniquement, et non ses tyrans, et cela en leur donnant pour concurrents non du cuivre, non des coquilles, non du tabac, comme dans les lieux mentionnés, qui coûtent de la peine et du travail à recouvrer, mais un simple morceau de papier qui ne coûte rien, et remplace néanmoins toutes les fonctions de l'argent pour des quantités de millions, une infinité de fois, c'est-à-dire par autant de mains qu'il passe, tant que ces métaux ne sortent point de leur état naturel, et des principes qui les ont fait appeler dans le monde.« (In: Économistes-financiers du XVIIIe siècles. Hg. v. Eugène Daire. Paris 1843, S. 397). Diese Stelle ist deswegen interessant, weil die moralische (jansenistische) Abwertung des Geldes – und eine gleichzeitige Aufwertung des Bodens – bei Boisguillebert auf die radikale Hypostasierung des Geldes bei Law einerseits, auf diejenige des Bodens bei Quesnay andererseits wirkte. Bedenken wir zudem den Einfluß Hobbes' (Arbeit und Boden sind die Quellen des Reichtums) oder Pettys auf Cantillon (*Essai sur la nature du commerce en général*, S. 171: »L'argent seul est le vrai nerf de la circulation«), so sehen wir, daß die Grundlagen des Neomerkantilismus und der Physiokratie auf uns schon bekannte Paradigmen zurückgeführt werden können. Der Mechanismus, der hier zum Neuen führt, ist die Isolierung eines Teilbereichs (Geld, Boden), seine Beförderung zur Grundlage der Wohlfahrt und Redefinition der anderen Bereiche aus dieser Position heraus. Die ›laissez-faire‹-Maxime – angeblich eine Erfindung Boisguilleberts – spielt dabei die Rolle des Garanten, daß es sich beim Boden, resp. Handel tatsächlich um ›Natur‹ handle.

[140] Hamann besaß dieses Werk in der Ausgabe Glasgow 1750. Darüber hinaus findet sich auch *Proposals and Reasons for constituting a Council of Trade in Scotland* (Glasgow 1751) in seiner Bibliothek [Biga 128:429 u. 430]; dabei handelt es sich jedoch um eine anonyme schottische Schrift von 1701, welcher der Verleger fälschlicherweise den Na-

plizit von den monetären Thesen Lockes, um die Substituierbarkeit von Silber und Gold durch Papier zu begründen. Die Menschen hätten dem Silber nicht Wert verliehen, weil es sich als Material für die Funktionen des Geldes besonders eigne: Nicht auf Konvention, sondern auf Nutzen als Ware beruhe der ›eigentliche‹ Wert des Silbers. Dieser Nutzen sei etwa sein Gebrauch als Schmuck oder Geschirr und nebenbei auch als Geld.[141] Da jedoch der Zweck des Geldes der Tausch sei, könne dieser ebenso gut durch ein anderes Mittel getätigt werden, das die erforderlichen Eigenschaften erfülle, ohne daß dabei die an sich nützlichen Edelmetalle ihrer eigentlichen Bestimmung entzogen werden müßten und die Versuchung entstünde, die Edelmetalle zugunsten des Geldverkehrs ihrem eigentlichen Gebrauch zu entreißen. Die wesentliche Eigenschaft des Geldes als Maßstab erfülle das Silber nur annähernd, da Quantität und Bedarf einer Ware veränderlich seien. Law sieht den Preis, der den Maßstab begründet, als Proportion zwischen Quantität und Nachfrage und nicht – wie Locke – als Proportion zwischen Quantität und Angebot. Papiergeld könne nun durch eine gesteuerte Emission das Verhältnis zwischen Quantität und Angebot stabilisieren.[142] Damit subjektiviert Law die Quantitätsformel, indem er anstelle des ›objektiven‹ Marktangebots, der Totalität der Waren im Handel, das Bedürfnis einsetzt, ein Bedürfnis, das nicht nur der Motor des Handels und des Handelns sei, sondern auch – folgen wir Aristoteles – in Geldsachen keine Grenzen kennt. Einen zweiten Schritt zur Subjektivierung macht Law, indem er die Zeichenfunktion von der Pfandfunktion des Geldes abkoppelt: *Money is not a pledge.*[143] Der Bezugspunkt des Papiergelds wäre von nun an der Boden, da dieser quantitativ beschränkt und darüber hinaus durch seine Fertilität Grundlage des Reichtums sei. Die komplizierte semiotische Funktion des Geldes – Horten, Tauschen und Messen – verengt sich auf den einzigen Aspekt des Maßstabs als Tauschmittel:

---

men Laws vorsetzte. Vgl. Edgar Faure: La Banqueroute de Law. 17 Juillet 1720. Paris 1977, S. 29.

141 John Law: Money and Trade Considered With a Proposal for Supplying the Nation with Money (1705). In: *Œuvres* complètes. Hg. v. P. Harsin. Bd. I. Vaduz 1980, S. 10: »It is reasonable to think Silver was Barter'd as it was valued for its Uses as a Mettal, and was given as Money according to its Value in Barter. The additional Use of Money Silver was apply'd to would add to its Value [...].«

142 »This Paper-money will not fall in value as Silver-money has fallen, or may fall: Goods or Money fall in value, if they increase in Quantity, or if the Demand lessens. But the commission giving out what Sums are demanded, and taking back what Sums are offer'd to be return'd; This Paper-money will keep its value, and there will always be as much Money as there is occasion, or imployment for, and no more.« Ebd. S. 120.

143 Ebd. S. 82.

> Money is not the value for which Goods are exchanged, but the Value by which they are Exchanged: The use of Money is to buy Goods, and Silver while Money is of no other use.[144]

Der Boden sei wertvoll, weil er nütze, d.h. einen Ertrag produziere.[145] Laws Geldideal funktioniert durch direkten Rekurs auf einen ›eigentlichen‹ Wert (Boden), der aber außerhalb der Transaktion steht. Damit werde auch der Wert des Bodens zunehmen und die Wirtschaft angekurbelt. Law glaubt, den Mangel an Edelmetallen Schottlands beheben zu können, indem er diese aus dem Zahlungsverkehr verbannt.

In seinen späteren Projekten verschärft er seine Position noch: Der Kredit hat seinen Kern nicht mehr im *intrinsick value* des Geldes, sondern im eigentlichen Zahlungsverkehr. Als Law ein gutes Jahrzehnt später die Möglichkeit erhält, seine theoretischen Überlegungen in die Praxis umzusetzen, betont er immer wieder die Notwendigkeit, das Papiergeld in der Zirkulation zu behalten und den Umtausch zu verhindern. Einerseits koppelt Law so die Noten von den realen Goldstücken zugunsten von Rechnungseinheiten ab, andererseits ersetzen die Aktien der Mississippi-Gesellschaft den Boden als Pfand und liefern einen Ertrag, der den Glauben an die Papierscheine ermöglichen soll.[146]

Die geforderte *Ehrenrettung* ist kein Einzelfall: Schon 1738 erschienen die zwei Bände der *Réflexions politique sur les finances et le commerce* von Dutot,[147] einem ehemaligen Kassier der Mississippi-Gesellschaft, die sich gegen eine Reihe von Ansichten Melons, einem engen Mitarbeiter Laws, wenden. Beide Autoren sehen, wenn auch in unterschiedlichem Maße, in Law einen begabten Financier, dessen Versagen nicht zuletzt auf die Kaba-

---

144 Ebd. S.136. Die nachhaltige Wirkung dieser Geldtheorie belegt Joseph Harris (An Essay Upon Money and Coins [1757], S.37), der die beiden Lawschen Kernsätze in einer Aussage kombiniert: »Thus, Money is a Standard Measure, by which the values of all things, are regulated and ascertained; and is it self, at the same time, the Value or Equivalent, by which, goods are exchanged, and in which, contracts are made payable. So that money, is not a pledge, to be afterwards redeemed, but is both an equivalent and a measure.« Auch Harris vermeidet es jedoch nicht, Law in die Schranken zu weisen und das Papiergeld-Experiment in dieser Form abzulehnen (S.36, 101).

145 »Land is what produces every thing, Silver is only the product.« (Law, *Money and Trade Considered*, S.136). Law berücksichtigt dabei nicht, daß dieser Ertrag seinerseits nicht stabil ist und daß zweitens der Boden durch seine Immobilität als ausgesprochen ungeeignet erscheint, die *super-mobile* Silberwährung zu ersetzen. Vgl. Faure, *La banqueroute de Law,* S.44f.

146 Vgl. zu dieser Entwicklung: Charles Rist: Geschichte der Geld- und Kredittheorien. Von John Law bis heute. Bern 1947, S.34f. und Faure, *La banqueroute de Law*, S.173–178, 186–188.

147 Hamann besaß die Ausgabe Den Haag 1760. [Biga 120:322]. Die Argumente erscheinen jedoch auch in François Véron Forbonnais: Elemens de Commerce. Amsterdam 1754, S.191ff. Hamanns Ausgabe 1755 [Biga 120:323].

len eifersüchtiger Ränkeschmiede zurückgehe.[148] Ihre hauptsächliche Differenz kreist dabei um die Frage, ob die Auf- oder Abwertung des Geldes zum Vorteil des Staates gereichen könne (Melon) oder eben nicht (Dutot). Verwirrend mag hier erscheinen, daß die theoretischen Grundentscheidungen hinsichtlich der Natur des Geldes und des Kredits bei beiden Autoren mehr oder weniger die gleichen sind: Beide lehnen sie den Metallismus Lockescher Prägung ab, indem sie auf die Eignung anderer Materialien verweisen, den Kredit als wesentlichen Schöpfer neuer Geldmassen ansehen und in der Geschwindigkeit der Zirkulation die Gesundheit der Wirtschaft und den Reichtum der Nation erblicken. Melon geht soweit, daß er die Schulden im Innern des Landes als Triebrad der Wirtschaft betrachtet,

> Les dettes d'un Etat sont des dettes de la main droite à la main gauche, dont le corps ne se trouvera point affaibli, s'il a la quantité d'alimens nécessaire, et s'il sait les distribuer.
> Il parut, en 1731, un Mémoire anglais pour prouver qu'un Etat devenoit plus florissant par ses dettes.[149]

während Dutot die aristotelische Formel des Geldes als Bestandteil und Ziel des Tausches mit der neuen Terminologie verbindet:

> la *circulation* [est] *donc l'essence du commerce, la consommation en est la fin.*[150]

Der springende Punkt – und hier sind sich beide Autoren einig – liegt nun darin, daß es eine genügend große Menge an Geld geben muß, damit die Zirkulation aller Boden- und Handwerksprodukte möglich wird. Dazu brauche es den Kredit:

> Le crédit est donc la plus grande richesse de tout homme qui exerce le commerce. D'où je conclus qu'il doit faire la plus grande force d'un Etat [...]
> Parmi les hommes, il n'y a que deux sortes de richesses: les réelles, et celles de confiance ou d'opinion. Les réelles sont ou les denrées, ou les marchandises, ou les fonds de terre, les bâtiments et les meubles, etc., et il n'y a de commerce réel qui réponde exactement à la réalité de ces choses, que l'échange de ces mêmes choses entre elles.
> Les richesses de confiance ou d'opinion ne sont que représentatives, comme l'or, l'argent, le bronze, le cuivre, le cuir, les billets, les coquilles, etc., dont on se sert à évaluer ou à mesurer les richesses réelles. Ces richesses représentatives forment le crédit. Elles sont relatives aux premières et sont très-nécessaires, car elles en augmentent la valeur. Mais, pour acquérir la confiance, elles doivent être proportionnées aux richesses ré-

---

148 Vgl. Jean François Melon: Essais politiques sur le commerce (1734). Augmentée de sept Chapitre, & où les lacunes des Editions précédentes sont remplies. o.O. 1761, S.309ff.

149 Melon, *Essais politiques sur le commerce*, S.310.

150 Dutot: Réflexions politiques sur les finances et le commerce (1738). Hg. v. Paul Harsin. Bd.I. Liège 1935, S.238.

> elles, sans quoi elles ne peuvent être utiles. Il s'agit donc de les unir ensemble, et de les fortifier les unes par les autres.
> Un louis d'or, un écu, etc. sont des billets dont l'effigie du prince est la signature, et comme les choses ne reçoivent leur valeur que des usages auxquels on les emploie, il est indifférent de se servir d'un louis, d'un écu, d'un billet de pareille somme, ou même de coquilles, comme sur certaines côtes d'Afrique, pour représenter toutes sortes d'effets et servir de mesure commune de leur valeur, laquelle valeur dépend toujours de la proportion entre la quantité et la demande.[151]

Der Einfluß Pettys auf diese Unterscheidung ist unverkennbar; ihre Weiterentwicklung steht jedoch deutlich in der Nachfolge Laws. Die Opposition, welche die Kredittheorie prägt, ist diejenige zwischen absolutistischer Staatlichkeit und naturrechtlicher Freiheit, zwischen *impositio* und *conventio*: Entweder beruht der Kredit auf der Kraft gesellschaftlicher Evidenz, die – gemäß der Meinung Dutots – nur die Freiheit[152] bilden kann, oder aber der Kredit paßt sich den Entscheidungen des Souveräns an, wie dies Melon in seiner Befürwortung der Veränderung des Münzfußes propagiert. Beide Meinungen koexistieren bei Law. Der Unterschied zwischen Melon und Dutot wird klar, wenn wir die argumentative Funktion der *Natur* genauer betrachten: Dutot postuliert, daß das Geld von dem Zeitpunkt weg, an dem der Ausgleich zwischen Geldmenge, Geldbedürfnis und Warenangebot erreicht ist, als unveränderlicher Maßstab gelten soll, während Melon die Auf- und Abwertungen als ein therapeutisches Korrektiv schwerwiegender Mißstände im Geldwesen betrachtet, die jederzeit eintreten können. Diese Störungen träten auf, gerade weil das Geld ein Pfand und Derivat des Handels sei:

> Si le gage manquait, les crédits publics pourroient le remplacer: mais si l'argent devenoit commun comme les pierres, ou même comme le Fer, il ne pourroit plus être commune mesure des denrées parce qu'il seroit donné sans mesure; il faudroit revenir à un autre gage moins commun; & en attendant les conventions générales là-dessus, que la nécessité rendroit promptes, le Commerce recommenceroit, par l'échange de marchandises, comme dans les premiers siècles, ou comme chez les Sauvages.[153]

Paradoxerweise argumentiert Dutot mit der von Law her bekannten These, daß der Gebrauch des Geldes als Geld ihm seinen Wert verleihe, im Sinne des Lockeschen Metallismus, während Melon den Lockeschen Konventionalismus zugunsten eines willkürlich festsetzbaren Verhältnisses zwischen Denomination und Edelmetallgehalt zu verwenden trachtet. Beide haben jedoch das gemeinsame Ziel, den Kredit soweit im Volk zu verwurzeln, daß er nicht mehr auf die Edelmetallwährung angewiesen wäre, sondern im

---

[151] Ebd. S. 72f.

[152] Ebd. S. 74: »Le crédit demande une très grande liberté et beaucoup de prudence pour le conduire: il est ennemi de toute contrainte [...]«

[153] Melon, *Essais politiques sur le commerce*, S. 354.

wachsenden Ertrag der Boden- und Handwerksarbeit einen Garanten fände, der sich letztlich durch die ihm eigene Dynamik selber erhielte.[154]

Die *Ehrenrettung* Laws ist also Teil einer Debatte, bei der vor allem sein Ansehen als Wirtschaftstheoretiker auf dem Spiel steht; dabei messen Melon, Dutot und auch Forbonnais dem Material, aus welchem das Geld besteht, keinen Wert bei, während die Kritiker, allen voran Pâris-Duverney,[155] gerade hier das subversive Moment erblicken. Der Neo-Merkantilismus kennt demnach drei mögliche Formen des öffentlichen Kredits: Den Glauben an den Edelmetallgehalt des Geldes, an ein äußeres Pfand und schließlich noch den ›blinden‹ Glauben, der dazu führt, daß die zirkulierende Geldmasse als ein reflexives System[156] von sich gegenseitig stützenden Werten betrachtet wird, das – gerade wenn die Bank nicht zahlt[157] – funktioniert und Gewinn abwirft:

> L'argent produit de l'argent; cette manière est un flux et reflux perpétuel destiné au commerce; il sert de valeur et de compensation à toute chose.[158]

---

154 Foucault (*Les mots et les choses*, S. 194) geht fehl, wenn er behauptet, daß das *Zeichen-Geld* und das *Waren-Geld* Modifikationen des *Pfand-Geldes* seien. Das Wort »Pfand« kann in diesem Zusammenhang nur dann sinnvoll gebraucht werden, wenn es nicht ›per definitionem‹ gleichbedeutend mit »Repräsentation« ist. Es ist natürlich richtig, daß das Verhältnis zwischen Geld und Ware durch die Theoreme der Quantität und der Zirkulation bestimmt wird, daraus folgt aber nicht, daß jedem Geldstück ein eintauschbarer Gegenwert entspricht. Darüber hinaus setzt der Kredit-Begriff auch im 20. Jh. die Eintauschbarkeit voraus. Vgl. Adolf Weber: Die Geldqualität der Banknote. Eine juristisch-socialökonomische Untersuchung. Leipzig 1900, S. 14–19.

155 [Joseph Pâris-Duverney, François Deschamps:] Examen du livre intitulé Réflexions politiques sur les finances et le commerce. La Haye 1740, Bd. I, S. 186: »En effet, l'or, l'argent & les autres Monnoyes de métail ne forment point le crédit; ils font la mesure des payements réels; ils représentent les marchandises & denrées qui sont livrées en échange. Ils en tiennent lieu, ils en sont la valeur effective. [...] Distinguez [...] la matiére & la valeur. La matiére ou le poids du métail a un prix certain dans chaque pays du monde, elle est reçûë par tout comme une marchandise; [...]« Hamann besaß auch dieses Werk [Biga 127:419].

156 Nach Law: »Une suite d'idées qui se soutiennent les unes les autres, et qui font apercevoir de plus en plus le principe d'où elles partent.« Zit. nach: Faure, *La banqueroute de Law*, S. 173. Law erkennt sowohl den Mechanismus als auch die Gefährdung seines Systems sehr wohl (Lettre ou l'on traite encore des constitutions et du crédit, et ou l'on explique l'usage des monnaies en général, et les avantages de la monnaie de banque en particulier [1720]. In: *Économistes-financiers du XVIII*^{e} *siècle*, S. 673): »Le commun des hommes ne manquera point de dire là-dessus que le crédit d'un billet particulier se soutient et se conserve par la liberté de l'acceptation; et moi je soutiens, au contraire, que le crédit de ce billet n'est douteux, et sa circulation bornée, que parce que l'acceptation en est libre. [...] si tout le monde était obligé de le prendre, il se pourrait faire qu'il n'y [zur Quelle, d. h. Gold oder Silber] revînt jamais, et qu'ainsi son auteur ne fût jamais obligé de le payer.«

157 Melon, *Essai politique sur le commerce*, S. 312: »Dans le temps que la banque cessa de payer, il paraissait différents écrits imprimés, dans l'un desquels il était dit: *que la bonne Banque est celle qui ne paye point*.«

158 Dutot, *Réflexions politiques sur les finances et le commerce*, S. 69.

Die Geltung des Kredits gründet in der Überzeugung der *opinion publique*,[159] daß der Wertträger Zinsen abwirft, produzierend fortlebt und somit nicht der *Sterilität* des Geldes als reinem Instrument anheimfällt.[160] Das Lawsche System kann als eine Verabsolutierung des Prinzips des *commerce* gesehen werden, das den Metallismus als den Grund der Geldknappheit erkennt und für die wirtschaftliche Stagnation verantwortlich macht.

Die Betonung solcher Begriffe wie *commerce* und *crédit* verlaufen nun parallel zur ›Kulturpolitik‹ und der Neudefinition von Poesie und Wissenschaft, wie wir sie bei Fontenelle und Young antrafen. Daß das Finanzexperiment rund um die *banque générale* mit der Antagonie zwischen *Anciens* und *Modernes* tatsächlich in Verbindung gebracht wurde, bezeugen etwa die folgenden Verse Houdar de la Mottes an den *Régent*:

Je chante une France nouvelle
Que l'Intelligence & le Zéle
Viennent à l'envi de créer. [...]
Dans le sein même de la France,
Il [der *Régent*] ouvre un nouveau Potosi:
Son sistème plus efficace
Semble par sa sublime audace,
Plutôt révélé que choisi.

Ce sistème tu sais l'entendre,
PHILIPPE, tu sais le goûter;
Mais le goûter & le comprendre,
En esprit né pour l'inventer:
Ses suites à tes yeux tracées,
Te montrent tes propres pensées
Distraites par mille autres soins;
Et tu découvres dans sa cause
Cette heureuse métamorphose,
Dont nous ne sommes que témoins.

Loin de nous, Préjugé timide,
Qui crains tout ce qui te surprend [...][161]

---

159 Die konstitutive Bedeutung der *opinion* für die Geldgeschäfte Laws erkannten schon seine Zeitgenossen; so schreibt Amelot an de Noailles in Bezug auf dessen Kritik an Laws Geldprojekt: »Il est vrai que presque toutes ces raisons ne sont fondées que sur une malheureuse opinion du public, mais enfin cette opinion existe et nous ne voyons que trop qu'elle décide du sort des affaires: dès qu'elles peuvent avoir deux faces, il ne saisit que celle qui menace sa sûreté.« (Zit. nach Paul Harsin: Einführung zu John Laws *Œuvres complètes* I, S. XLVI).

160 Melon, *Essai politique sur le commerce, S.* 317 (in kritischer Rückbesinnung auf die Finanzkrise): »Mais on était enivré des valeurs idéals, et on se flatta que l'action portant un grand intérêt, serait préférée à la stérilité du billet de banque.«

161 Antoine Houdar de la Motte: Au Régent (?). In: Œuvres. Bd. I/2. Paris 1753, S. 520–524. Die Gruppe der *Modernes* um Fontenelle – zu der La Motte gehörte – erlebte während der *Régence* ihre Blütezeit; unter anderem verstand Fontenelle zwei seiner Bundesgenossen – den Abbé Terrasson und Du Marsais – in die Umgebung Laws zu bringen. Vgl. Werner Krauss: Cartaud de la Villate. Ein Beitrag zur Entstehung des ge-

Dieser Risikofreude hält der *Philologe* den Mahnfinger vor: Die *Banquiers der gelehrten Republick, die Sprachkünstler und Philologen,* unterließen es, den Reichtum zu mehren. Das anschließende Petronius-Zitat zeigt, daß sie ganz im Gegenteil zum Ruin der geistigen Welt beitragen. Die brisante Bedeutung dieser Stelle liegt in den Gedankenstrichen, die als Kürzel für die Quintessenz von *Encolpius'* Schimpfrede gegen den Rhetorikunterricht, den Rhetoriklehrer *Agamemnon* und den Schwulst der asiatischen Rhetorik stehen:

> [Mit Verlaub gesagt] ihr wart die Hauptverantwortlichen des Untergangs der Beredsamkeit.[162]

Der ›Gang‹ durch Text und Fußnoten hat uns von den Oberbegriffen Geld und Sprache zu einer Reihe von Unterbegriffen geführt, deren Wahl und Hierarchisierung aus dem konfligierenden Zusammenspiel zwischen Anmerkung, Paratext und Text erwachsen. Mit fast unüberbietbarem Eklektizismus wirft der *Philologe* Zitate und Quellenangaben mit seinen eigenen Ausführungen zusammen, wobei der Leser den vormaligen Kontext der fremden Elemente mitberücksichtigen muß, um deren Auswahl nachzuvollziehen. Aus dem ›Initialvergleich‹ treten durch die ständige Parallelisierung von Sprache und Geld zwei noch genauer zu erfassende Paradigmen hervor, in denen so verschiedene Begriffe wie Münzen, Zeichen, Algebra, Bibel, Grammatik, Beredsamkeit, Finanzwesen etc. in Verbindung zueinander gesetzt werden. Diese Zuordnungen hängen weitgehend vom »Spiel«[163] der Fußnoten ab, die ihre heuristische Funktion aufgrund ihres enigmatischen Bezugs zum Text verlieren und sich in den Dienst der typologischen Technik des *Philologen* stellen. Die ganze bisherige Problematik, welche die Einleitung zu den *Vermischten Anmerkungen* bildet, taucht – gemäß dem skizzierten Prinzip – nochmals und hochgradig konzentriert in einer handschriftlichen Notiz auf; Hamann bezieht sich hier auf *die Tiefen der Sprache* und schließt den Vergleich zwischen Geld und Sprache mit einem Fontenelle-Zitat ab:

---

schichtlichen Weltbildes in der französischen Aufklärung. Bd. II. Berlin 1960, S. 111. Die ›Finanzneuerer‹ brauchten den Begriff der *Ancienne Finance* für die Wirtschaftspolitik vor Law. Vgl. die pikierte Reaktion darauf im *Examen du livre intitulé réflexions politiques*, S. 110.

[162] Petronius: Satiricon, 2. Harvard 1975, S. 2f. An anderer Stelle spricht Hamann von der »sündliche[n] Lüsternheit [der Kirchenväter] an den asiatischen Schüsseln *ciceronianischer Beredsamkeit*«. *Beylage zun Denkwürdigkeiten*, N III, S. 117.

[163] Volker Hoffmann (Johann Georg Hamanns Philologie. Hamanns Philologie zwischen enzyklopädischer Mikrologie und Hermeneutik. Stuttgart 1972, S. 110) spricht in diesem Zusammenhang treffend von der »Zerstückelung der Zitate und [der] Entbindung von kombinatorischer Spielenergie«.

> L'etablissement des langues n'a pas eté fait par des raisonnemens et des discussions academiques, mais par l'assemblage bizarre en apparence d'un infinité de hazards compliqués; et cependent il y regne aufond une espece de *Metaphysique* fort subtile, qui a tout conduit. – Un des plus pénibles soins – est de developper – cette Metaphysique, qui se cache et ne peut etre apperçüe que par des yeux assez perçans: L'esprit d'ordre, de clarté, de precision necessaire dans ces recherches delicates est celui qui sera *la clef de plus hautes sciences*, pourvû qu'on l'applique de la manière qui leur convient.[164] [*vii*]

Fontenelle erkennt in der Evolution der Sprache ein merkwürdiges Zusammenspiel zwischen einer unendlichen Reihe von Zufällen und einer regelhaften Metaphysik, worunter er *les principes les plus élevés & les plus généraux*[165] versteht. Um dieses System zu erforschen, ist jedoch wissenschaftliches Arbeiten Voraussetzung und dieses wiederum untersteht cartesianischen Forderungen. Die zweifache Hervorhebung durch Hamann suggeriert dabei eine andere Lesart, welche die *Métaphysique subtile* und nicht den *esprit* zum Schlüssel der höchsten Wissenschaften macht.[166] Das ist jedoch nicht die einzige Änderung, die Hamann an dieser Stelle vornimmt; die lakonischen Gedankenstriche ersetzen drei weitere Passagen, welche die ursprüngliche Absicht Fontenelles verraten:

- Rien n'était adopté, que ce qui se trouvoit conforme aux idées naturelles de la plus grande partie des Esprits; & c'étoit là l'équivalent de nos Assemblées & de nos Déliberations.
- de l'Académie
- dans notre langue.[167]

---

164 Bernard le Bouvier de Fontenelle: Discours à l'Académie Françoise (1741). In: *Œuvres* III, S. 382f. Die Akzente und Kommas finden sich bei Fontenelle, so wie es sich gehört. Die Hervorhebungen sind von Hamann. Diese Fußnote ist ein handschriftlicher Nachtrag. Ich folge dem Faksimile dieser Seite in: Klaus Hammacher: Shandyismus. Hamanns kritisches Verhör von Jacobis Spinozabüchlein. In: Insel-Almanach, S. 122f.; Wiener (S. 97) und Nadler liefern verschiedene Versionen, gehen wahrscheinlich auf verschiedene Vorlagen zurück. Nadler bringt hier das Kunststück fertig, weder der Handschrift, noch Wiener, noch Fontenelle zu folgen, sondern eine eigene Version – gespickt mit Rechtschreibe- und sonstigen Fehlern zu liefern. Von den 23 bei Nadler abgedruckten handschriftlichen Nachträgen sind sechs von Fontenelle, der in der gedruckten Ausgabe nirgends erscheint. Es ist darüber hinaus unklar, woher Nadler (N VI, S. 134) weiß, daß Fontenelle »der Schriftsteller des jüngeren H.« war – oder was heißt hier »jünger«?

165 Bernard le Bouvier de Fontenelle: Eloge de M. Leibnitz. In: *Œuvres* V, S. 533.

166 Bester Beweis dafür sind die Ausführungen von Klaus Hammacher, der erstens behauptet, daß Hamann diese Metaphysik fordere, und sie zweitens mit dem Schlüssel gleichsetzt. Hammacher, *Hamanns kritisches Verhör von Jacobis Spinozabüchlein*, S. 124.

167 Fontenelle, *Discours*, S. 382f. Die drei angeführten Stellen müssen der Reihe nach anstelle der jeweiligen Gedankenstriche in Hamanns Nachtrag gelesen werden.

Fontenelle glaubt, daß in der Kindsphase der menschlichen Sprache die erwähnte Metaphysik die Übereinstimmung zwischen den Worten und den natürlichen Ideen regelte, jetzt hingegen, im reifen Alter, die Akademien die Rolle des natürlichen Zufalls übernehmen müßten. Genauso verleihe die Natur den Kindern die Mittel zum Erlernen einer Sprache, während die Erwachsenen auf künstliche Mittel angewiesen seien. Wir erkennen in diesem Gedanken die gleiche Überlegung, die das Verhältnis von *Natur-* und *Kunstsprache* bei Leibniz beherrscht: den Grundsatz, daß die Geschichte der Sprache die Geschichte der menschlichen Erfindung sei, und einen Ordnungsgedanken, der sich dem Theodizeemodell zumindest nähert. Beide Punkte hebt Fontenelle in seiner *Eloge de M. Leibnitz* anerkennend hervor:

> Un Homme de la trempe de M. Leibnitz, qui est dans l'étude de l'Histoire, en sait tirer de certaines réfléxions générales, élevées au-dessus de l'Histoire même; & dans cet amas confus & immense de faits, il démêle un ordre & des liaisons délicates qui n'y sont que pour lui. Ce qui l'intéresse le plus, ce sont les Origines des Nations, de leurs Langues, de leurs Mœurs, de leurs Opinions, sur-tout l'Histoire de l'Esprit humain, & une succession de pensées qui naissent dans les Peuples les unes après les autres, ou plutôt les unes des autres, & dont l'enchainement bien observé pourroit donner lieu à des espéces de Prophéties.[168]

Das Geschichtsdenken Fontenelles befindet sich in einer Aporie zwischen Fortschritts- und Katastrophentheorie. Diese Aporie teilt er mit den ›Modernes‹: Der Gedanke der Modernität nämlich impliziert sowohl Fortschritt gegenüber der Antike als auch Kontinuität, da ohne eine gemeinsame Grundlage Moderne und Antike gar nicht verglichen werden könnten. Wenn Rhetorik und Poesie in der Antike zu ihrer Vollkommenheit gelangt sind, dann bedeutet dies, daß ihr Untergang – wie ihn Petronius schildert – eingetreten sein muß: Hätten sie sich nämlich im Mittelalter fortentwickelt, so wären sie in der Antike nicht vollkommen gewesen. Bei den ›Modernes‹ finden sich nun statt des kontinuierlichen Fortschritts zwei erratische Blöcke, in denen sich die gleichbleibende[169] menschliche Natur unerklärlicherweise ganz verschieden äußert: dort in der ›schnellen‹ Wortkunst, hier in der mühsamen Kleinarbeit der ›richtigen‹ Philosophie als methodischer Wissenschaft. Besonders deutlich wird dies bei der Behandlung der kulturellen Leistungen des Mittelalters[170] wie auch in der Auseinandersetzung

---

[168] Fontenelle, *Eloge de M. Leibnitz*, S. 505.

[169] Zu aporetischen Implikationen der *gleichbleibenden Natur* vgl. Kondylis, *Die Aufklärung im Rahmen des neuzeitlichen Rationalismus*, S. 459–468.

[170] Zu Fontenelles Interesse am Mittelalter vgl. Werner Krauss: Das Mittelalter in der Aufklärung. In: Medium Aevum Romanicum. Festschrift für Hans Rheinfelder. Hg. v. Heinrich Bihler und Alfred Noyer-Weidner. München 1963, S. 224ff. Aus Krauss' Darstellung werden jedoch die Kohärenz-Probleme des Fontenelleschen Geschichtsansatzes in diesem Punkte nicht klar.

mit dem Verhältnis von Prosa und Poesie. Diese Thematik, der wir bereits bei der Plutarch-Fußnote begegnet sind, wird von Fontenelle in seiner *Histoire des oracles* explizit und ausführlich einer kritischen Untersuchung unterzogen. Dabei kommt er zu dem Ergebnis, daß der Vers ein Mittel sei, Gesetz und Moral zu memorieren:

> Sur ce pied-là, l'origine de la Poësie est bien plus sérieuse que l'on ne croit d'ordinaire, & les Muses sont bien sorties de leur premiere gravité. Qui croiroit que naturellement le Code dût être en Vers, & les Contes de la Fontaine en Prose? [...]
> Mais les Vers furent chassés de l'Histoire & de la Philosophie qu'ils embarrassoient sans nécessité.[171]

Die Überlegenheit der Moderne ergibt sich aus der Kumulation des Wissens, für dessen Erhalt der Vers seine Rolle ausgespielt habe. Die Akkumulation menschlicher Leistungen als Konstruktionsprinzip fortschreitender Geschichte vermag insofern dem Mittelalter und seinen bekannten Erfindungen[172] einen Ehrenplatz innerhalb der Entwicklung zuzuweisen. Die gleichbleibende Natur indessen äußert sich bei Fontenelle vorzugsweise in den schönen Künsten, von denen er annimmt, daß die Kenntnis ihrer Regeln nur wenig Zeit in Anspruch nehme. Das heißt, daß gerade das ›regellose‹ poetische Genie sich überall und jederzeit äußern kann, dort aber konstante Leistungen erbringt, wo die Regeln des guten Geschmacks bekannt sind. In Dekadenzzeiten garantiert also die gleichbleibende Natur des Menschen zufällige Einzelleistungen, die Teil und Produkt dieser Natur sind, die jedoch nur im gesellschaftlichen Austausch und der daraus resultierenden Institutionalisierung eines verfeinerten Geschmacks und erprobten Wissens zu einem eigentlichen Fortschritt führen. So heißt es von der Literatur des Mittelalters:

> Les origines de toutes choses nous sont presque toujours cachées, & c'est un assés agréable spectacle perdu pour notre curiosité; mais heureusement nous retrouvons ici une origine de la Poësie à peu près telle qu'elle a dû être chés les plus anciens Grecs. La Nature seule faisoit ces Poëtes dont nous parlons, & l'art ni l'étude ne lui en pouvoient disputer l'honneur. A l'égard des Trouveres, les Grecs ni les Latins n'avoient jamais été; [...] Aussi leurs Ouvrages étoient-ils sans régles, sans élévation, sans justesse; en récompense on y trouvoit une simplicité qui se rend son Lecteur favorable, une naïveté qui fait rire sans paroître trop ridicule, & quelquefois des traits de génie imprévûs & assés agréables.[173]

---

[171] Fontenelle, *Histoire des Oracles*. In: *Œuvres* II, S. 387f.

[172] Vgl. Turgot, der die Erhaltung und Erweiterungen der technischen Errungenschaften seit dem 5. bis ins 17. Jh. gerade durch den Handel garantiert sieht, während der Geschmack durch eine Reihe von gesellschaftlichen und politischen Mißständen verloren gehen könne. Anne Robert Jacques Turgot: *Recherches sur les causes des progrès et de la décadence des sciences et des arts* (1749). In: Ders.: Über die Fortschritte des menschlichen Geistes. Hg. v. J. Rohbeck u. L. Steinbrügge. Frankfurt a/M. 1990, S. 92f.

[173] Bernard le Bouvier de Fontenelle: Histoire du Théatre François (1742). In: *Œuvres* III, S. 4f.

Die Fontenelle-Anmerkung Hamanns rückt explizit – wenn auch im nachhinein – den gesamten Passus, der die moralischen Konsequenzen von Wissen und Unwissenheit in sprachlichen Angelegenheiten abwägt, in den Bereich des Fortschrittsdenkens und der *Verbesserung* des menschlichen *Geists.*[174] Die skizzierte *subtile Metaphysik* weist dem regellosen Genie der Sprachentwicklung einen Ort und eine Funktion bei der Erforschung des menschlichen Geistes zu. Wir werden sehen, daß dieser Hintergrund von wesentlicher Bedeutung für die unvermittelt an die ›Einleitung‹ zu Sprache und Geld anschließende *Streitfrage über die Wortfügung* sein wird.

Bereits in den *Sokratischen Denkwürdigkeiten* findet sich eine Stelle, die als theoretischer Angelpunkt den Zusammenhang zwischen Geld und Inversion veranschaulicht:

> Ein sorgfältiger Ausleger muß die Naturforscher nachahmen. Wie diese einen Körper in allerhand willkührliche Verbindungen mit andern Körpern versetzen und künstliche Erfahrungen erfinden, seine Eigenschaften auszuholen; so macht es jener mit seinem Texte. [...]
> Die Wörter haben ihren Werth, wie die Zahlen von der Stelle, wo sie stehen und ihre Begriffe sind in ihren Bestimmungen und Verhältnissen, gleich den Münzen nach Ort und Zeit wandelbar. Wenn die Schlange der Eva beweiset: *Ihr werdet seyn wie Gott,* und Jehova weissagt: *Siehe! Adam ist worden als Unser einer*; wenn Salomo ausruft: *Alles ist eitel!* und ein alter Geck es ihm nachpfeift: so sieht man, daß einerley Wahrheiten mit einem sehr entgegen gesetzten Geist ausgesprochen werden können.[175]

Während bei Leibniz der Vergleich der Wörter und Zahlen einem Ideal semantischer Wohldefiniertheit diente, wird hier die Abhängigkeit der Semantik von syntaktischen und pragmatischen Faktoren illustriert. Schon im Plutarch-Zitat war die historische Dimension des Wertes hervorgetreten. Die Inversionsproblematik, die der *Hochwohlgelahrte Deutsch-Franzose* im Anschluß an den Geld-Sprach-Vergleich aufnimmt, setzt – wie wir sehen werden – sowohl die geographische, die historische, wie auch die rein syntaktische Bestimmung eines semantischen Elements in den weiteren Rahmen der zeitgenössischen kulturanthropologischen Diskussion, die durch die *Querelle des Anciens et des Modernes* vorstrukturiert wurde.

Der Hintergrund der Debatte um die Inversion, welche die französische Gelehrtenrepublik in der zweiten Hälfte des 18. Jahrhunderts beschäftigte

---

[174] Aus den Aporien des Fortschrittgedankens, der sich in naher Zukunft ja auch schon wieder auf die *Modernes* als den künftigen *Anciens* beziehen könnte, resultieren erste Einsichten zu einer relativistischen Beurteilung kultureller Leistungen. Vgl. Hans Ulrich Gumbrecht: Modern. In: Geschichtliche Grundbegriffe. Historisches Lexikon zur politisch-sozialen Sprache in Deutschland. Hg. v. O. Brunner, W. Conze u. R. Koselleck. Bd. IV, S. 100f.

[175] *Sokratische Denkwürdigkeiten,* N II, S. 71f.

und in zwei Lager teilte, ergibt sich – wenn auch indirekt – aus der Beurteilung kultureller Leistungen, wie sie die *Querelle* in akuter Form vergegenwärtigt hatte; in der Diskussion zum *ordre naturelle* und der *liaison des idées* steht nämlich nebst der Wahl zwischen Rationalismus und Sensualismus – und somit (auch) religiösen Grundproblemen – erneut auch das Ansehen der Antike auf dem Spiel.[176] Dabei ist es gerade das konsequente Fortdenken kulturanthropologischer und sensualistischer Ansätze, das zur Voraussetzung für das entstehende Fortschrittsdenken wird.[177] Die Vertreter des *ordre naturel* setzen voraus, daß dem Denken eine natürliche und logische Abfolge eigen sei, und folgern daraus, daß der Sprache, deren Syntax dieser Ordnung entspricht, der Vorzug gelte. Diese ›logizistische‹ Position schließt konsequent historische Faktoren aus: Das Denken kenne eine natürliche Abfolge und diese bleibe auch dort noch gültig, wo die *grammaire particulière* die *grammaire universelle* mißachten sollte. Das heißt nun aber auch, daß die französische Sprache der lateinischen – mit ihren häufigen Inversionen – in Sachen *clarté* überlegen ist. Das Primat der Moderne über die Antike setzt nämlich ein Argument über den konstitutiven Wert kultureller Leistungen voraus, den aber gerade der Ikonoklasmus der *Modernes* – wenigstens ansatzweise – ausgehöhlt hatte, insofern diese wiederholt Wissens- und Glaubenssysteme der Antike in ihrer Bedeutung auf historisch und sozial begrenzte Phänomene einschränkten. Sie relativierten also einerseits die historischen Leistungen der Antike, suspendierten andererseits die Geschichte von dem Zeitpunkt weg, wo der Graben zwischen Kultur und Vernunft als überschritten galt. Die Parteigänger des *ordre naturel* konnten für sich in Anspruch nehmen, daß sie mit der – in der Frühaufklärung mit Vehemenz vertretenen – Forderung nach Vernunft als Evidenz Ernst machten. Dem hielt nun die sensualistische Gegenpartei entgegen, daß der *ordre naturel* keine adäquate Darstellung der Denkvorgänge bilde, da die natürliche Folge der Gedanken ganz anderen Kriterien gehorche.

Ausgangspunkt der Debatte waren Du Marsais' *Exposition d'une méthode raisonnée pour apprendre la langue latine* sowie *Méthode raisonnée pour apprendre le latin,* zwei kurze Abhandlungen,[178] welche die theoreti-

---

176 Vgl. Perrault, *Parallèles des Anciens et des Modernes*, Bd. II (1690), S. 70–80; zum Verhältnis von Ordnung und Logik, S. 80–85. Den Zusammenhang zwischen dem Inversionsproblem und der Querelle behandelt auch schon Ulrich Ricken: Rationalismus und Sensualismus in der Diskussion über die Wortstellung. In: Literaturgeschichte als geschichtlicher Auftrag. Festschrift für W. Krauss. Hg. v. Werner Bahner. Berlin 1961, S. 103f.

177 Über den Zusammenhang zwischen den *liaision* bei Condillac und den ersten Fortschrittsprogrammen bei Turgot vgl. Johannes Rohbeck: Turgot als Geschichtsphilosoph. In: Turgot, *Über die Fortschritte des menschlichen Geistes*, S. 62–65.

178 Es handelt sich bei den erwähnten Texten um Einleitungen zu einem geplanten Hauptwerk *Les Véritables Principes de la Grammaire*; unter diesem Titel werden sie hier auch zitiert.

sche Grundlage zu einem effizienteren Lateinunterricht liefern sollten. Du Marsais' Programm stützt sich auf zwei Grundannahmen: Erstens erlerne der Schüler allgemeine Prinzipien allein aus Einzelbeobachtungen,[179] zweitens ordne er diese Beobachtungen relativ zu einem syntaktischen Normalfall – der *syntaxe simple, primitive,* oder *nécessaire* – von dem alle andern Anordnungen nur Derivate seien.[180] Aus diesem Grund empfiehlt er, die Satzteile des lateinischen Textes gemäß des *ordre naturel* anzuordnen und in dieser Form dem Anfänger vorzulegen. Der hier zugrundeliegende linguistische Empirismus spiegelt den Lockeschen Dualismus von *sensation* und *reflection*[181] wider und stellt auch die Hauptschwierigkeiten dar, die Inversionsdebatte nach gängigen philosophiegeschichtlichen Begriffen in zwei Lager zu teilen. Die bekanntesten Vertreter beider Parteien berufen sich auf den Lockeschen Empirismus, wobei Condillac und Diderot den Dualismus zugunsten eines sensualistischen Monismus aufzulösen versuchen.[182] Condillacs Replik auf Du Marsais ist bezeichnend: Zwar sei nicht jede beliebige Aneinanderreihung von Wörtern *natürlich*, das *régime* Subjekt-Prädikat-Objekt indes lediglich ein Produkt der Gewohnheit. Die natürliche Wortstellung folge der Verknüpfung – *liaison* – der Ideen. Die Abweichung, d.h. das ›Zerreißen‹ natürlicher Verbindungen innerhalb des Satzes, erhöhe die Wirkung der getrennten Ausdrücke, da die nun erforderte *imagination* deren Zusammenhang verstärke. Er schließt sein Kapitel *Des inversions* damit, daß es ihm eigentlich gleichgültig sei, ob man den Variationsreichtum und die Energie des Lateinischen der Ordnung und Klarheit des Französischen vorziehe.[183] Die Differenz zwischen Du Marsais und Condillac liegt nicht in der Beurteilung des Vorzugs der französischen vor der lateinischen Sprache – in diesem Punkt argumentieren die Autoren letztlich sehr ähnlich – sondern in der jeweiligen Beurteilung der Logik im Hinblick auf die Natur. Nicht so Batteux: Er verwendet das Condillacsche Argument, indem

---

[179] »Pour entrer dans ma pensée, il faut d'abord suposer un grand principe, dont on doit tâcher de bien comprendre toute l'étenduë. C'est que nous ne parvenons aux idées générales qu'après avoir passé, pour ainsi dire, par les idées particuliéres.« César Chesneau Du Marsais: Les Véritables Principes de la Grammaire (1729). Préface, § 2. Paris 1987, S. 12.

[180] César Chesneau Du Marsais: Les Véritables Principes de la Grammaire (1729). Préface, § 4, S. 23f.

[181] Vgl. ebd., § 2, S. 12; Zur Abhängigkeit Du Marsais von Locke vgl. Ulrich Ricken: Die Kontroverse Du Marsais und Beauzée gegen Batteux, Condillac und Diderot. Ein Kapitel der Auseinandersetzung zwischen Sensualismus und Rationalismus in der Sprachdiskussion der Aufklärung. In: History of Linguistic thought and Contemporary Linguistics. Hg. v. Herman Parret. Berlin 1976, S. 464.

[182] Zur Bedeutung des Monismus bei der Herausbildung des modernen Materialismus vgl. Kondylis, *Die Aufklärung im Rahmen des neuzeitlichen Rationalismus*, S. 258.

[183] Etienne Bonnot de Condillac: Essai sur l'origine des connaissances humaines (1746), II, I 12. In: Œuvres philosophiques. Bd. I. Parma ²1792, S. 346–356.

er den Spieß umkehrt, die von Leidenschaften und Interesse geleitete Anordnung als *ordre naturel* bezeichnet, diesen in Opposition zum *ordre métaphysique* setzt und schließlich die Beseitigung dieser wissenschaftlichen Konvention durch die volksnahe Freiheit des *ordre pratique* als natürliche Wiedergabe der *liaisons* fordert. Diese neu definierte Natürlichkeit ist diejenige der *Anciens*; und diese Natur ist Garant der Wahrheit und Schönheit.[184]

Der weitere Verlauf der Debatte führt uns über Diderot zu unserem Text zurück. Diderot adressiert seinen berühmten Brief *Sur les sourds et muets* an Batteux. Er wirft beiden Parteien der Debatte[185] implizit vor, daß bei der Beurteilung der französischen oder lateinischen Sprache der historische Entwicklungsstand nicht mitberücksichtigt worden sei. Dieser Entwicklungsstand sei die progressive Ausbildung der Verstandestätigkeiten und der Abstraktionen aus den Sinneswahrnehmungen, so daß es zu einem idealen Ausgleich zwischen der syntaktischen Ordnung und der Ordnung des *esprit* komme.[186] Diderot schließt mit einem Sprachvergleich, der mehrere Motive aus der *Querelle* wieder aufnimmt:

> la communication de la pensée étant l'objet principal du langage, notre langue est de toutes les langues la plus châtiée, la plus exacte et la plus estimable; celle, en un mot, qui a retenu le moins de ces négligences que j'appellerais volontiers des restes de la *balbutie* des premiers âges; où, pour continuer le parallèle sans partialité, je dirais que nous avons gagné, à n'avoir point d'inversions, de la netteté, de la clarté, de la précision, qualités essentielles au discours; et que nous y avons perdu de la chaleur, de l'éloquence et de l'énergie. J'ajouterais volontiers que la marche didactique et réglée à laquelle notre langue est assujettie, la rend plus propre aux sciences; et que, par les tours et les inversions que le grec, le latin, l'italien, l'anglais se permettent, ces langues sont plus avantageuses pour les lettres. Que nous pouvons mieux qu'aucun autre peuple faire parler l'esprit, et que le bon sens choisirait la langue française; mais que l'imagination et les passions donneront la préférence aux langues anciennes et à celles de nos voisins [...] que notre langue sera celle de la vérité, si jamais elle revient sur la terre; et

---

184 Charles Batteux: Principes de la littérature. Bd. V. Paris 1764 (es handelt sich um eine Zusammenstellung der Haupttexte Batteux', wobei der fünfte Band der *Construction oratoire* von 1763 entspricht), I, I-IV, S. 4–64. Die *Principes* nehmen hier jedoch in leicht abgeänderter Form die Ideen der zwei ersten *Lettres à M. l'Abbé d'Olivet* wieder auf. In: Cours de belles lettres. Bd. II. Paris 1748, S. 8–62. Batteux verwendet *métaphysique* im Sinne rationaler und abstrakter Philosophie im Ggs. zu sinnlicher und konkreter Praxis; die Terminologie unterscheidet sich von den Ansichten Fontenelles, der Inhalt aber nur gering.

185 Diderot (Lettre sur les sourds et muets à l'usage de ceux qui entendent et qui parlent [1751]. In: Œuvres complètes. Hg. v. J. Assézat. Bd. I. Paris 1875, S. 347) adressiert den Brief an den *auteur des Beaux-arts réduits à un même principe.* Der Brief hätte jedoch auch an Condillac oder Du Marsais adressiert sein können (Ebd., S. 349).

186 Mit klarem Bezug auf Batteux polemisiert Diderot (*Lettre sur les sourds et muets,* S. 371): »il paraît que nous renversons, et que de tous les peuples de la terre, il n'y en a point qui ait autant d'inversions que nous. Mais [...] si l'on compare notre construction à celle des vues de l'esprit assujetti par la syntaxe grecque ou latine, comme il est naturel de faire, il n'est guère possible d'avoir moins d'inversions que nous n'en avons.«

que la grecque, la latine et les autres seront les langues de la fable et du mensonge. Le français est fait pour instruire, éclairer et convaincre; le grec, le latin, l'italien, l'anglais, pour persuader, émouvoir et tromper: parlez grec, latin, italien au peuple; mais parlez français au sage.[187]

Die Inversionsdebatte ist von höchster Bedeutung für das Sprachdenken der französischen Aufklärung, weil hier – am Schnittpunkt linguistischer und logischer Probleme – die Möglichkeit einer Begründung des Fortschritts auf der Basis der sensualistischen Philosophie zur Diskussion steht. Die immer wieder geäußerte Ansicht, daß die Sprache Maßstab und Mittel des Fortschritts sei, erscheint hier nicht mehr unter dem Vorzeichen einer auf das Horten eines möglichst großen Schatzes an wohldefinierten Vokabeln ausgerichteten Sprachökonomie, sondern als sprachpolitische Forderung, das ›laissez-faire‹-Prinzip bei der Entwicklung produktiver Mechanismen der Wahrheitsfindung und -darstellung anzuwenden. Leibniz hatte seine ästhetisch-moralische Archititektonik auf der rationalistischen Überzeugung aufgebaut, daß eine von der Vernunft geleitete zivilisatorische Entwicklung zu der Wahrheit zurückführen könnte, die dem Menschen vor dem Sündenfall offenbart war. Die Analogie zwischen Vernünftigkeit der Erkenntnis und Wahrheit zerfällt in der Ursprungs- und Fortschrittstheorie jedoch zunehmend: Die sensualistische Forderung, die Entstehung und Entwicklung der menschlichen Fähigkeiten quasi experimentell zu erforschen, impliziert, daß kulturell bedingte Äußerungsformen der Vernunft und natürliche Offenbarung nicht identisch seien. Die jeweiligen historisch bedingten Leistungen aus den Gesetzmäßigkeiten der Naturgeschichte des menschlichen Geistes zu ergründen und abzuleiten, ist die neue und eigentliche Aufgabe der *métaphysique.*

Unser *Philologe* greift die Argumente der Debatte auf. Zuerst den Sprachvergleich aus und in der Tradition der *Querelle*:

In der Vergleichung, welche man bey Gelegenheit einer Streitfrage zwischen der lateinischen und französischen Sprache angestellt, gerieth man auch auf eine Untersuchung der Lehre von den Inversionen; [viii]

anschließend die didaktische Methode Du Marsais':

Es ist bekannt, wie weit die Freyheit in der römischen Sprache geht die Wörter zu versetzen, und daß man in Schulen die Gewohnheit hat, diese Schönheit der alten Schriftsteller, durch das sogenannte *construiren*, zu vernichten; [viii]

und zu guter Letzt das Argument Condillacs, daß die Inversion durch die *imagination* die Spannung und Aufmerksamkeit zu verstärken verstehe:

---

[187] Ebd., S. 371f.

> weil durch diesen methodischen Unfug dem Ohr der Jugend die Übung des Wohlklangs, der zu einem lateinischen Perioden gehört, entzogen wird, und zugleich der Nachdruck des Sinns vielmals verloren geht, wo durch die Stellung der Wörter die Aufmerksamkeit des Lesers oder Zuhörers erweckt und stuffenweise unterhalten werden soll.[188] [viii]

An die Stelle des Griechischen und Lateinischen tritt nun die *deutsche Sprache*, die sich im Vergleich mit der Französischen *ihrer Natur nach vor andern dieser Inversionen fähig* erweist.[189] Dies illustrieren gleich anschließend drei korrekte Umstellungen des Aussagesatzes »Er hat mir das Buch gegeben«. Diese Varianten lassen sich *ohne Abbruch der Reinigkeit und Deutlichkeit sagen*, wobei die Betonung immer auf dem ersten Wort des Satzes liege, unser Beispielsatz jedoch die *geradeste Wortfügung* sei. Der *Philologe* nimmt also die ›Geradheit‹ als einen Ausgangspunkt an, von wo aus er die Wirkung der Inversionen bestimmen kann; dabei sind zwei Faktoren ausschlaggebend:

> Man sieht [...], daß die Inversion nicht schlechterdings willkührlich oder zufällig, sondern dem Urtheil des Verstandes und des Gehörs unterworfen ist. [ix]

Die Prinzipien der Inversion sind also dieselben wie in der lateinischen Sprache: *Wohlklang* und *Sinn*. Beide Argumente sind Bestandteil der Inversionsdiskussion seit Bernard Lamys 1672 erschienenen *L'Art de parler*,[190]

---

188 Dieser Einwand findet sich auch bei Pluche: »Si, pro more scholarum, gallicè *construitur*, uti aiunt, ista periodus; eam verè destrui fateberis«; und schon vorher: »vim, quoque significandi aut pingendi extenuas; & ipse tibi audiendi organum, non volens, corrumpis.« (Pluche, *Linguarum aritficium*, S. 104). Pluche dürfte Hamann als Vorlage gedient haben, da er Condillac – nach eigener Aussage (vgl. *Brief an Friedrich Heinrich Jacobi vom 10. Mai 1788*, ZH VII, S. 467; *Brief an dens. vom 23. Mai 1788*, ebd. S. 487) – erst viel später kennengelernt hat. Die Kritik am *konstruieren*, wie auch die Steigerung der Aufmerksamkeit durch die Inversion (oder Hyperbaton), reichen in der rhetorischen Tradition ins Mittelalter und in die Antike zurück. Vgl. Aldo Scaglione: Komponierte Prosa von der Antike bis zur Gegenwart. Bd. I. Die Theorie der Textkomposition in den klassischen und den westeuropäischen Sprachen. Stuttgart 1981, S. 115–131.

189 Schon Johann Adolf Schlegel, der 1751 Batteux übersetzte, hatte in seinen beigefügten *Abhandlungen über verschiedene Materien aus den schönen Künsten die durch den Herrn Batteux Werk veranlasset worden* den Vergleich explizit aufs Deutsche übertragen: »Unsrer Wortfügung ist nicht dieselbe Freyheit vergönnt, die die lateinische hat.« In: Batteux, *Einschränkungen der schönen Künst auf einen einzigen Grundsatz*, S. 482.

190 Vgl. Bernard Lamy: La Rhétorique ou l'Art de parler. Amsterdam [4]1699, S. 50f.: »ce renversement, comme on l'a fait voir, quand il est reglé ne cause point d'obscurité, [...] le discours en est même plus clair & plus fort [...] Disons encore en faveur de la langue Latine, que cette liberté qu'elle a, lui donne moyen de rendre le discours plus coulant & plus harmonieux.« Im gleichen Jahr erscheint Boileaus *L'Art poétique* (I, v. 143f.), der *Spannung* und Verständlichkeit (*clarté*) in Beziehung zueinander setzt: »Si le sens de vos vers tarde à se faire entendre,/Mon esprit aussitôt commence à se détendre [...]« Zur Bedeutung von Lamys Lehre von der *imagination* vgl. Scaglione, *Komponierte Prosa*, S. 239. Die Nähe Lamys zu den hier besprochenen sprachphiloso-

wo wir auch den Ausgangspunkt für die Unterscheidung von *poetischen* und *didaktisch-wissenschaftlichen* Sprachen finden:

> c'est pourquoi nôtre langue est plus propre qu'aucune autre pour traiter les sciences, parce qu'elle le fait avec une admirable clarté. Il ne s'agit en enseignant que d'être clair. Nôtre langue ne cede à aucune pour la clarté.[191]

Die Begründung, die unser Autor für die Inversion gibt, zeigt, daß er auch über beachtliche Kenntnisse des grammatikalischen Wissens seiner Zeit verfügt:

> Die Ursache nun, warum der Syntax einiger Sprachen diese Versetzung der Wörter mehr oder weniger erlaubt, hängt gröstentheils von der Beschaffenheit ihrer grammatischen Etymologie[192] ab. Je characteristischer selbige ist, desto mehr Inversionen finden in der Wortfügung statt. Je mannigfaltiger und je sinnlicher die Veränderungen der beweglichen Redetheile, nämlich, die Nenn- und Zeitwörter, durch die Etymologie der Sprachkunst bezeichnet werden: desto ungebundener kann ihre syntactische Zusammensetzung seyn. Die Etymologie der französischen Sprachkunst hat aber theils nicht so viele theils nicht so kenntliche Merkmale; daher verbietet sich der Gebrauch der Inversionen in ihrer Wortfügungen von selbst. [x]

Die deutsche Sprache hat *Fallendungen und folglich Deklinationen* [xi],[193] wo die französische Sprache auf *Vorwörter* (Präpositionen) angewiesen ist. Diese *Vorwörter* sind jedoch in der Entwicklung der Sprachen die letzte Sprachgruppe, die sich ausgebildet habe, mithin also die analytischsten Bestandteile[194] einer ›philosophischen‹ Sprache, die sich von ihrem sinnlichen

---

phischen Positionen zeigt Wolfgang Proß: J.G. Herder »Über den Ursprung der Sprache«. Text, Materialien, Kommentar. München 1978, S.141, 144, 168, wie auch der Auszug aus Lamy, ebd. S.191–198.

191 Lamy, *La Rhétorique ou l'Art de parler*, S.49.

192 Unter *grammatische Etymologie* dürfte hier generell das Vorgehen der ›grammatischen Derivation‹ gemeint sein; vgl. Anne Robert Jacques Turgots: Article *Etymologie* in der *Encyclopédie* (1756). In: Œuvres. Hg. v. E. Daire u. H. Dussard. Paris 1844, Bd.II, S.724.

193 Diese Ausdrücke begleitet eine witzige Anmerkung: »– – Φρυγες σμιϰρον τι παραϰλινοντες. [Die Phrygier ändern nur ein wenig.] Sokrates in Platons Kratylus.« Die ›Phranzosen‹ sind den Barbaren gleich. Bei Platon (Kratylos 410 a) bedeutet der Satz natürlich etwas ganz anderes, nämlich daß die Phrygier in der Lautgestalt nur wenig von den Hellenen abweichen. Andernorts zeichnet der Philologe das Phrygische als eine Art Ursprache und *irdisches* Gegenstück zur *Göttersprache* aus, wobei die königliche Zeugung im ersten Falle wie auch die logische Lauterkeit im zweiten auf eine negative Verwendung deuten. Vgl. *Klaggedicht in Gestalt eines Sendschreibens über die Kirchenmusick*, N II, S.148; *Näschereyen in die Dreßkammer eines Geistlichen in Oberland*, N II, S.189; wie auch der entsprechende Eintrag im Register (Anh.5).

194 So etwa Condillacs These von den *particules* (*Essai sur l'origine des connaissances humaines*, II,I,10, §105, *Œuvres philo.* I, S.331); vgl. auch die bündige Formulierung bei Adam Smith: »those prepositions, which in modern languages hold the place of the ancient cases, are, of all others, the most general, and abstract, and metaphysical; and of consequence, would probably be the last invented.« (Considerations Concerning the

Ursprung fortentwickelt hat und zu festen (präpositionalen) Wortgruppen erstarrt sind. So kann der *Philologe* Poetizität und Sinnlichkeit in direkten Zusammenhang zur Inversionsbildung setzen: *die Kühnheit* der Inversionen *trägt zum Ansehen der poetischen Schreibart bey.* Der *Philologe* folgt hier bis in den Wortlaut Klopstocks Aufsatz *Von der Sprache der Poesie*:

> Nur selten sind die Leidenschaften, welche die Prosa ausdrückt, so lebhaft, daß sie eine notwendige Veränderung der eingeführten Wortfügung erfordern. Die Poesie erfordert dieselbe oft. [...] Die Regel der zu verändernden Wortfügung ist die: Wir müssen die Gegenstände, die in einer Vorstellung am meisten rühren, zuerst zeigen. Die Stellen, wo in dem Gedichte die Einbildungskraft herrscht, sollen ein gewisses Feuer haben, daß sich der Leidenschaft nähert; eine neue Ursache die Wörter anders, als nach der gewöhnlichen Ordnung der Prosa, zusammenzusetzen. Doch durften wirs hier nicht mit gleicher Kühnheit tun.[195]

Es ist die Kombination von Inversion, Kühnheit und Poetizität, die dem *Philologen* als Vorlage dient,[196] und nicht etwa die Wertung, die Klopstock zwischen Prosa und Poesie vornimmt. An einem kurzen Beispiel, das der *Philologe* Pluches Grammatik entnimmt, zeigt unser Text, daß das *Nennwort,* das *unmittelbar von dem Zeitwort regiert wird*, direkt hinter dem Verb stehen

---

First Formation of Languages and the Different Genius of Original and Compounded Languages [1761]. In: The Works and Correspondence. Bd. IV. Oxford 1980, S. 212). Desgleichen Charles de Brosses, der die Partikeln zählt und *ihre Bildung für völlig willkürlich* hält. Charles de Brosses: Traité de la formation méchanique des langues et des principes physiques de l'étymologie (1765). Zit. nach der dt. Übers. v. M. Hißmann (1777), § 198, Bd. II, S. 158.

195 Friedrich Gottlieb Klopstock: Von der Sprache der Poesie (1759). In: Ausgewählte Werke. Hg. v. Karl August Schleiden. Bd. II. München ⁴1981, S. 1021f. Vgl. dazu: *Brief an Gottlob Immanuel Lindner vom 9. Aug. 1759*, ZH I, S. 394: »Im Nordischen Aufseher habe einige schöne Stücke von Klopstock gelesen. Critische Abhandlungen, desgl. wir wenige haben über den poetischen Ausdruck und Period.«

196 Die Verbindung zwischen Inversion und Poetizität hatte bereits Vaugelas in seinen vielbenutzten *Remarques sur la langue françoise* ([1647] Hg. v. A. Chassang. Bd. II. Paris o. J., S. 411) und vor allem J.-A. Du Cerceau gesehen, der jedoch in der Spannung (also wie Boileau) und nicht in der Leidenschaft die poetische Notwendigkeit der Inversion gegründet fand: »Je regarde la suspension comme l'âme du Vers«. (*Reflexions sur la poésie françoise* [1717], Amsterdam 1730, S. 18f. Zit. nach: Scaglione, *Komponierte Prosa*, S. 243.) Bodo Hesse setzt die Verbindung von *nicht mehr kontrollierbaren Leidenschaften*, Poetik und Inversion spätestens *seit der Diskussion um den ›désordre‹ im letzten Drittel des 17. Jahrhunderts und sicherlich seit der ›Lettre à l'Académie‹ Fénélons* an (›Ordre naturel‹ und ›inversion‹. Studien zur Sprach- und Dichtungstheorie des französischen 17. und 18. Jahrhunderts. Diss. masch. Bochum 1974, S. 149). Diese Behauptung wird jedoch etwas getrübt durch die vollständige Fehldatierung Du Cerceaus – 1742! (S. 116) – wie auch durch das konsequente Ausblenden der rhetorischen Tradition der *passions*, die sich schon bei Lamy und vor allem in der französischen Rezeption der ›sublimen Rhetorik‹ seit Boileaus Übersetzung von Longin äußert und gerade von Fénelon emphatisch vertreten wird. Vgl. François de Salignac de la Mothe Fénelon: Dialogues sur l'éloquence en général et sur celle de la chaire en pariculier (1718). In: Œuvres. Bd. I. Hg. v. Jacques Le Brun. Paris 1983, S. 9.

muß, damit die *Abhängigkeit* klar hervortritt [xii]. Die Umstellung zwischen Subjekt und Objekt führt im Französischen zu einer Umkehrung der Abhängigkeiten; oder mit Pluche: *Memes articles: memes mots: & deux sens contradictoires* [xii].[197] Im Deutschen ist es die Deklination der Substantive und Artikel, welche die Abhängigkeiten ausdrückt, *und die Stellung der Wörter hebt diesen Unterschied nicht auf* [xii].

Eine ganz besondere Bedeutung mißt der *Philologe* dem Problem des *Artickels* bei. Er kritisiert die Übernahme der lateinischen Kasuslehre in die *französische Sprachkunst,*[198] wie auch die Verworrenheit in der Behandlung des Artikels. Der *Kürze wegen* verweist er auf die Grammatik Restauts [xiii], wobei nicht klar wird, ob er den Ansichten Restauts zustimmt oder nicht. Schon der Artikel *Article* der *Encyclopédie* behandelt – und kritisiert – Restauts Ausführungen zum Artikel.[199] Auch Diderot kommt in seiner *Lettre* auf den Artikel zu sprechen und erkennt in ihm eine Rückkehr auf den konkreten Gegenstand der Aufmerksamkeit:

---

[197] Der Satz und das Beispiel finden sich, wie der *Philologe* anzeigt, in Pluches *La Méchanique des langues ou l'art de enseigner* (1751). Ich zitiere nach der lateinischen Ausgabe – *De linguarum artificio et doctrina* –, die im selben Jahr erschien wie die französische, die mir leider nicht zur Verfügung stand. Es handelt sich bei Pluche um einen Parteigänger Batteux' (S. 105), der die französische – aber auch englische und italienische – Wortstellung der *imbecilitas* bezichtigt; seine Ansichten lassen sich mit seinen eigenen Worten am leichtesten zusammenfassen: »Grammaticae nostrae hic ordo, non naturae. Quam verior simul & placentior apud Ciceronem.« (S. 113). Sein Kampf für die lateinische Wortstellung erscheint als ein Kampf gegen die Tyrannei der Grammatik: »Quam rerum naturalem seriem subvertit nostrae grammaticae tyrannis, eam Ciceronianus ordo libertasque latina restituit. Nec tam Ciceronis ea laus quam linguae.« (S. 114). Weshalb Pluche wiederholt als Anhänger der Sprachdidaktik Du Marsais' bezeichnet wird, ist mir schleierhaft. Pluches Absicht ist zwar ebenfalls didaktischer Art, widerspricht aber in den zwei programmatischen Punkten (der Erklärung aus der Empirie gemäß dem Vorbild Lockes und der Normalisierung der Wortstellung zum leichteren Erlernen des Lateinischen) Du Marsais. Dem zweiten Punkt widmet er mehr oder weniger die erste Hälfte des Buches.

[198] Dieser Kritikpunkt findet sich auch bei Batteux und in der Grammatik von Girard. Die *Grammaires des Grammaires* von Girault-Duvivier. ([1811]. Bruxelles [13]1851, S. 117) zählt hier, in der Bekämpfung dieses *préjugé*, praktisch alle wesentlichen Verfasser von Grammatiken und die *Académie* auf. – Hamann gebraucht hier »Sprachkunst« für »Grammatik«. Dies tut auch Gottsched, was Lessing kritisiert und durch *Sprachlehre* ersetzt sehen will. Vgl. Gotthold Ephraim Lessing: Rezension von Gottscheds Grundlegung einer deutschen Sprachkunst in *Berlinische privilegierte Zeitung* (1748). In: Sämtliche Schriften. Hg. v. K. Lachmann. Bd. 4. Stuttgart [4]1889, S. 7.

[199] Article (1751). In: Du Marsais, *Les véritables principes,* S. 255. Du Marsais lehnt die Ansicht ab, daß der Artikel das *Geschlecht* anzeige, da das Adjektiv dies auch tue. Restauts Ruf als Grammatiker scheint generell nicht der beste gewesen zu sein. Vgl. Sabatier de Castres, *Les trois siècles de notre littérature,* Bd. III, S. 141. Es ist anzunehmen, daß Restaut für die *Verwirrungen* steht, die durch die Übertragungen der Kasuslehre entstehen.

> L'article [...] n'est [...] qu'un signe employé pour désigner le retour de l'âme sur un objet qui l'avait antérieurement occupée; et l'invention de ce signe est, ce me semble, une preuve de la marche didactique de l'esprit.[200]

Die Stelle muß wiederum im Zusammenhang mit Condillacs *Essai* und dessen Theorie der *attention/imagination/mémoire* und *réminiscence/contemplation* gelesen werden, damit die Bedeutung der *marche didactique de l'esprit* verstanden werden kann:

> Il y a entre l'imagination, la mémoire et la réminiscence un progrès qui est la seule chose qui les distingue. La première réveille les perceptions mêmes; la seconde n'en rappelle que les signes ou les circonstances, et la dernière fait reconnoître celles qu'on a déjà eues.[201]

Diderot verbindet an dieser Stelle, wie wir sehen werden, die Ansichten der *mécaniciens* und der *métaphysiciens*, der Sensualisten und der Logiker.[202] Der Artikel ist ein logisches Instrument und insofern Ausdruck einer in Richtung Wissenschaftlichkeit entwickelten Kulturepoche. Die *Vermischten Anmerkungen* können jedoch über den Ursprung des Artikels bei den *Saracenen* nur Vermutungen anstellen;[203] und weil er schon beim Vermuten ist, fragt der *Philologe* gleich anschließend, ob der Reim[204] nicht etwa auch von den *Arabern* stamme [xiv]. Damit weicht er von Pluche und Condillac ab, die den Reim im Norden ansiedeln.[205] Beide – Artikel und Reim – stehen in Opposition zur klassischen ›latinitas‹. Diese ›orientalitas‹ ähnelt aber gewissen linguistischen Eigenarten nordischer Nationen: Der Artikel werde bei den Dänen und in gewissem Sinne auch in den morgenländischen Mundarten angehängt [xv]. Um den Zusammenhang zwischen Deklination, Reim und Artikel, wie auch denjenigen zwischen Artikel und Inversion zu verste-

---

200 Diderot, *Lettre sur les sourds et muets*, S. 366.

201 Condillac, *Essai sur l'origine des connoissances humaines*, I, II, 2, § 25, *Œuvres philo.* I, S. 43.

202 Vgl. Scaglione, *Komponierte Prosa*, S. 259.

203 Die Vermutungen übernimmt er Pluches *Méchanique* bzw. *De linguarum artificio*, die uns an der schon erwähnten Stelle lehren: »Pulsis totâ Europâ Ismaelitis mansit articulus Arabs, nominibus rerum commodè praefigi solitus, & sonos finales quorum summa fuit illis temporibus incuria, in casibus aliquot, non in omnibus tamen, supplevit.« Die Folge ist – für Pluches Haltung – bezeichnend: »Eo in negotio quàm supinè actum, quàm graviter peccatum sit, inquiretur aliàs, ubi veterum linguarum industria & brevitas, cum nostrarum loquacitate conferetur.« (S. 35).

204 Die Zusätze *Glockenspiel oder Geläute* zu *Reim* sind geläufig; vgl. etwa Joh. Christoph Gottsched: Versuch einer Critischen Dichtkunst (1730), I, XII, 34. Leipzig ^{4}1751, S. 410: *kindischer Schällenklang*.

205 Condillac, *Essai sur l'origine des connoissances humaines*, II, I, 8, § 68, *Œuvres philo.* I, S. 298. Quelle für diese Aussage ist Pluches *Mécanique*; vgl. Rudolf Unger: Hamanns Sprachtheorie in Zusammenhang seines Denkens. Grundlegung zu einer Würdigung der geistesgeschichtlichen Stellung des Magus im Norden. München 1905, S. 194.

hen, müssen wir auf die zwei Grundprinzipien der *identité* und der *détermination*, wie sie die Grammatik der *Encyclopédie* vorsieht, eingehen.

In einem zwei Jahr zuvor entstandenen Fragment einer Deutsch-Französischen Grammatik behauptete Hamann kurz und kernig:

> Tous les rapports des mots entre eux peuvent se reduire à deux espèces generales, savoir le rapport de *determination* et le rapport *d'identité*.[206]

Damit griff er die zwei grundlegenden Ausdrücke der *syntaxe* Du Marsais' auf. Dieser hatte nicht nur die traditionellen Begriffe *convenance* und *régime* der französischen Grammatik neu benannt, sondern auch von der Wortstellung – *construction* – definitorisch abgetrennt. Beide Unterscheidungen wurden zur Quelle anhaltender Verwirrung, da behauptet werde kann, daß die Identität der Endungen zweier Begriffe jeweils einen der zwei Begriffe determiniere, während umgekehrt die Determination eines Begriff zur Identität der Endung des determinierten Begriffs mit dem determinierenden Begriff führe.[207] Du Marsais' Vorstellung scheint aber die zu sein, daß eine Beziehung der Identität zwischen Adjektiv und Substantiv, Substantiv und Verb besteht, während die Determination die Objekte nach dem Verb und/oder der Präposition bestimmt.[208] Aus der Trennung von *syntaxe* und *construction* ergibt sich das Problem, daß gerade die *détermination* und die *identité* nach Du Marsais' eigener Aussage die Grenzen der Inversion bemesse, und umgekehrt die Wortstellung die grammatikalische Funktion definiere.[209] Gerade diese begrifflichen Unterscheidungen und die daraus resultierenden Aporien strukturieren die Argumentation unserer Untersuchung zur Wortstellung. Das Verbindende zwischen Artikel, Deklination und Reim ist nämlich die Tatsache, daß alle drei auf einem *rapport d'identité* beruhen, d.h. auf der phonologisch-syntaktischen Identität – Wiederholung – der Endung.

Du Marsais behandelt den Artikel in konsequenter Anwendung seines Identitätsprinzips als ein Adjektiv, genauer noch als ein *metaphysisches* Adjektiv:

---

206 *Deutsch-französische Sprachlehre* (1758), N IV, S. 247.

207 Die verschiedenen Artikel zur Grammatik der *Encyclopédie*, die nach dem Tod Du Marsais' verfaßt wurden, widersprechen sich in diesem Punkt durchwegs. Ich verweise der Kürze halber auf: Sylvain Auroux: L'encyclopédie »grammaire« et »langue« au XVIIIe siècle. (=Mame) 1973, S. 35–38. Beauzée führt vom Artikel *Gouverner* an den Begriff *complément* anstelle von *régime* ein. Vgl. Jean-Claude Chevalier: Histoire de la syntaxe. Naissance de la notion de complément dans la grammaire française (1530–1750). Genève 1968, S. 10, 695, 719.

208 Du Marsais, Article *Construction* (1754), S. 456.

209 Vgl. die Ausführungen zur Präposition im Artikel *Article*, S. 247. Zum Problem der Trennung von Syntax und Konstruktion vgl. Gunvor Sahlin: César Chesneau du Marsais et son rôle dans l'évolution de la grammaire générale. Paris 1928, S. 57f.

Ainsi je mets *le, la, les,* au rang de ces [...] adjectifs métaphysiques. [...]
Ils sont adjectifs puisqu'ils modifient leur substantif, et qu'ils le font prendre dans une acception particulière, individuelle et personnelle. Ce sont des adjectifs métaphysiques, puisqu'ils marquent, non des qualités physiques, mais une simple vue particulière de l'esprit.[210]

Der *Philologe* stimmt dem zu: Der *wahre Gebrauch* des Artikels sei *vornehmlich logisch* [xvi]. Dieser Ausdruck muß hier gleichbedeutend mit *metaphysisch* gelesen werden. Es mag denn auch nicht verwundern, daß der *Hochwohlgelahrte Deutsch-Franzose* Wallis' *Grammatica Linguae Anglicanae* als Autorität herbeizieht.[211] Die Fußnote [*xvi*] unterscheidet unbestimmten und bestimmten Artikel als *articulus numeralis*, der die Anwendung einer allgemeinen partikulären Bedeutung auf eine individuelle oder Gattungsbezeichnung anzeige, und *articulus demonstrativus*, der die Partikularität eines oder mehrerer Dinge determiniere. Beide stünden jedoch weder vor einer allgemeinen Bedeutung,[212] noch vor einem Eigennamen, noch vor einem Adjektiv, das – und hier liegt der Punkt – den Artikel *virtualiter contineat.*[213] Das ganze Problem, so der *Philologe*, liege in der *mangelhaften Erklärung von dem rechten Begrif eines selbstständigen Nennwortes und eines Beywortes (nominis Substantivi & Adiectiui).* Dieses Problem verdiene *eine Oberstelle unter den ontologischen Aufgaben.* Logik, Grammatik und Ontologie bilden, versteht man sie richtig, eine sich bedingende Einheit, die uns zum Anfang der *Anmerkungen* zurückführt – zum *Speech, thought's canal! speech, thought's criterion too!* Das Leibnizsche Argument, das den Nominalismus durch die prinzipielle Homogenität zwischen Realität und logischer Möglichkeit zu beseitigen versuchte, erfährt hier eine gewichtige Akzentverschiebung: Die Qualität der sprachlichen Zeichen, d.h. ihre grammatikalische Zuordnung, ist die Grundlage, aus der Logik und Ontologie abgeleitet werden. Diese Gegenüberstellung erscheint umso brisanter, wenn wir uns die Definition der *Identität* bei Leibniz ins Gedächtnis

---

210 Du Marsais, *Article,* S. 255.

211 Die *métaphysiciens* sahen in John Wallis einen Vorläufer ihrer eigenen Position. Nicolas Beauzée (Grammaire générale ou exposition raisonnée des éléments nécessaires du langage, pour servir de fondement à l'étude de toutes les langues [1767]. Paris 1819, S. X) nennt ihn zusammen mit Arnauld und Du Marsais.

212 Dieser Fall trifft auf das Englische, nicht aber auf das Französische und Deutsche zu; der Philologe kommt in seiner Argumentation nicht darauf zurück.

213 Diese Adjektive sind Demonstrativ- (*hic*) und Indefinitpronomen (*quilibet, aliquis*). Du Marsais zählt – an der erwähnten Stelle – diese Pronomen ebenfalls zu den *adjectives métaphysiques,* folgt also in diesem Punkt in etwa Wallis. Vgl. John Wallis: Grammatica Linguae Anglicanae. Oxford 1653, Cap. 3, S. 71f. Die Fußnote in unserem Text paßt die Ausführungen zum englischen Artikel an die Deutsche Sprache an, läßt zudem alle Beispiele, die Behandlung des *articulus numeralis* im Plural wie auch die Erklärung des Unterschieds zu lateinisch *unus* und *illud* weg.

rufen: Jedes Prädikat ist im Subjekt enthalten.[214] Ist es nun aber der auf der *Identität* beruhende Artikel, der das Subjekt und seine ontologische Qualität bestimmt, so befinden wir uns in einem krassen Nominalismus, der besagt, daß das Prädikat durch seine Zuordnung das Substantiv – und seine Substanz – macht. Die *Identität* als eine Prädikation mit dem Verb »sein« führt hier zur Tautologie und folglich – aus realistischer Sicht – zur Abwertung der Logik.

Die doppelte Kritik an Wallis und der *Grammaire de Port-Royale*[215] [xvii], die beide *die Arten der Bestimmung noch nicht deutlich genug auseinander gesetzt* hätten, beruht auf der angeblich mangelhaften Definition von Adjektiv und Substantiv. Der Übergang vom Adjektiv zum Substantiv ist analog dem Übergang der *nomina Propria* zu den *Appellativa* und geschieht *durch den Zuwachs* des Artikels. Die Sache wird nun erst recht unübersichtlich durch eine weitere Fußnote [*xvii*], welche die wohl bekannteste etymologische Formel Leibniz' wiedergibt: *Omnia nomina propria aliquando fuisse appellativa.*[216] Falls wir die Gleichschaltung von Eigennamen und Adjektiven akzeptieren, impliziert die Formel, daß die Adjektive nach den Substantiven entstanden sind und folglich der Artikel – falls dieser den Übergang vom Adjektiv zum Substantiv anzeigt – dem Substantiv vorausgeht. Das Leibniz-Zitat illustriert erneut die Fußnotentechnik des *Hochwohlgelahrten Deutsch-Franzosen*, der seine Zitate nicht nur ›rekontextualisiert‹, sondern auch ironisch umdeutet. Der Bezug zwischen Leibniz und seinen eigenen Ausführungen [xvii], also zwischen den Sätzen – *Alle nomina Propria sind bloße Beywörter* und *Omnia nomina propria aliquando fuisse appellativa* – könnte logisch nur dann hergestellt werden, wenn die *Appellativa* zu *Beywörtern* erklärt würden.[217] Das sind sie nun aber gerade nicht. Die Verwechslung zwischen Adjektiv und Appellativ hat jedoch System

---

214 Vgl. *Brief an Arnauld* (1686): »semper enim notio praedicati inest subjecto in propositione vera.« G II, S. 52.

215 Die Autoren von Port-Royal weichen übrigens von Wallis bei der Beurteilung der logischen Funktion des Artikels ab. Vgl. Grammaire générale et raisonnée ou La Grammaire de Port-Royal (1660). Paris ^{2}1676, S. 52.

216 Leibniz, *Brevis designatio Meditationum de Originibus gentium ductis potissimumex indicio linguarum*, Dutens IV, 2. Teil, S. 186.

217 Wir verstehen die Reaktion Lindners, der gegenüber Hamann meint: »Noch ist in dem Satz: alle *nomina propria* sind Beywörter etwas dunkeles«. Hamanns Antwort räumt diese Schwierigkeiten nur bedingt aus: »Was Recht ist, von Rechts Wegen. Soll und kann nicht anders als dunkel seyn. Ist dies deutl. Alle *N. P.* können als *adiectiva* betrachtet werden, deren *genus* durch ein *vulgo subintellectum* bestimmt wird. Wenn Sie einmal Philosphen zu Schulknaben bekommen die Sie fragen: warum alle Manns-Fluß pp Namen *mascul.* sind, so antworten sie *pro ratione sufficente*, weil Sie nichts bessers wissen: Meine HE. müssen diese Worte als *adiectiva* ansehen die sich nach ihrem *Substantivo* richten, welches *vir, amnis* heißt pp. *Individua* und *Species* verhalten sich zu ihrem *genere* als *praedicata* zu ihren *Subjecto* pp.« *Brief an Johann Gotthelf Lindner vom 7. März 1761*, ZH II, S. 65f.

und findet sich schon bei Du Marsais, der aus dem Prinzip der Individuation die Definition des Adjektivs ableitet und den Akt der Benennung als Zuordnung gemäß seinem Prinzip der Identität als Adjektiv definiert:

> Ainsi le nom d'*arbre* est un nom *appellatif*, parce qu'il convient à chaque individu particulier d'arbre; je puis dire de chacun qu'il est *arbre*.
> Par conséquent le nom *appellatif* est une sorte de nom adjectif, puisqu'il sert à qualifier un être particulier.[218]

Gerade diese fließenden Übergänge zwischen den Wortarten erlauben dem *Philologen*, seine Argumentation zu bekräftigen: Erstens erhalten die Worte ihren Wert durch ihr Umfeld, zweitens bedingen die Möglichkeiten einer Sprache Logik und Ontologie, drittens belegt der adjektivische Charakter der Appellativa – durch das mißbräuchliche Leibniz-Zitat – den Primat der Sinneseindrücke in der Entstehung der Sprachen. Nicht das Subjekt als Substanz steht im Zentrum der Wortgruppen wie bei Leibniz,[219] sondern das Prädikat. Hier findet unser *Philologe* auch den Grund für das *Geschlecht der Wörter im Lateinischen und andern Sprachen.*[220]

Der gemeinsame Ursprung des Substantivs und des Adjektivs und die Kontextabhängigkeit ihrer Zugehörigkeit zu einer Wortgruppe veranlassen eine dunkle Kritik an Maupertuis,[221] der *diese Zweydeutigkeit in der gram-*

---

218 Du Marsais, Artikel *Appellatif*, S. 236f. Zu Du Marsais' und seiner Vorgänger Schwierigkeiten, Substantiv und Adjektiv zu definieren, vgl. Sahlin, *César Chesneau du Marsais*, S. 154ff. u. vor allem S. 177.

219 Leibniz, *Brief an des Bosses* (1712), G II, S. 457f: »et ultimum subjectum semper est substantia. Et omne accidens est abstractum quoddam, sola vero substantia est concretum.«

220 *Geschlecht* ist hier ebenfalls zweideutig. Es könnte sich sowohl um die Wortgruppen als auch um die Genera (im engeren Sinne) handeln. Die zweite Lesart scheint mir hier angebracht (vgl. die zit. Briefstelle). Ich führe hier noch ein Stelle aus Michaelis (*De l'influence des opinions sur le langage et du langage sur les opinions*, S. 19) an, die den Bezug zum ›Orientalismus‹ der Artikel-Behandlung wieder herstellt, zugleich aber eine ganz andere Wertung des Analogie-Phänomens vornimmt: »Mais l'esprit humain qui aime les analogies, & qui voudroit mouler la Nature entiere dans le même moule, renchérit sur tout, & gâte les vérités, à force de les étendre. Les Orientaux crurent que tout étoit double. Dieu n'a rien créé, dit Mahomet, qui ne soit mâle & femelle: cela est vrai de toutes les productions de la terre: cela est vrai des ames & des choses mêmes dont vous ne le soupçonnés pas. [...] Cette opinion se trouve en effet dans les langues Arabe, Syriaque & Hébraïque: on peut dire que les langues favorisent également les deux sexes.« Zu Michaelis' Sensualismus und des Verhältnisses von dessen Sprachauffassung zu derjenigen Hamanns vgl. José Miranda-Justo: Michaelis' Preisschrift und Hamanns Sprachauffassung bis 1760. Versuch einer Gegenüberstellung. In: Johann Georg Hamann und die Krise der Aufklärung. Frankfurt a/M 1990, S. 239–254.

221 Zudem unterbrochen durch die Verse Horaz' »Quis desiderio sit pudor aut modus tam cari capitis?« Die Übersetzungen, wie sie Nadler (VI, S. 318) und Stefan Majetschak (im Kommentarteil zu: Brev, S. 268) liefern, erlauben es nicht, die Doppeldeutigkeit dieser konventionellen Klage in unserem Zusammenhang zu sehen. Wir können den Satz zwar etwa mit »Welche Scham, ja welches Maß ziemte der Klage um den Verlust

matischen Qualität der Nennwörter nicht gehoben habe [xvii]. Es dürfte sich hier um Maupertuis' These handeln, die bei der Genealogie der Sprache aus der Wahrnehmung als ersten Abstraktionsschritt die Trennung zwischen *Substanz* und *Modus* postuliert. Gleichzeitig behauptet er, daß zwar die Wahrnehmungen als solche bei allen Menschen gleich seien, die anschließenden sprachlichen Unterscheidungen jedoch arbiträr, weil sie von den Gewohnheiten einer Nation und nicht von der Beschaffenheit der zu benennenden Gegenstände abhingen.[222] Damit entfalle letztlich auch die Möglichkeit, zwischen äußerer und innerer Existenz der Körper zu unterscheiden.[223] Im Gegensatz zu Leibniz ist es hier nicht die Lautgestalt, die arbiträr ist, sondern der Vorgang der Abstraktion oder das, was wir als wesentlich setzen. Für Maupertuis ist die Etymologie nicht mehr die Geschichte der Entdeckungen – der Erkenntnis der Welt und seiner Gesetze – sondern die Entwicklung des Denkens und der Sprache, die eine Welt schafft: *on peut retrouver dans la construction des langues des vestiges des premiers pas qu'a fait l'esprit humain.*[224] Die Kluft zwischen *Métaphysiciens* und *Méchaniciens* löst sich hier auf.

Damit tritt das Problem der unabhängigen, äußerlichen Existenz der Substanz wieder auf, wie wir ihm schon in der geldtheoretischen Debatte um Law begegnet waren. Maupertuis bestreitet die Möglichkeit eines sprachlich unabhängigen Seins, das unserer Erkenntnis als solches zugänglich wäre.[225] Die Beziehung zwischen diesen sprachphilosophischen Erörterungen und der Geldtheorie finden wir in der Anwendung der Prinzipien Maupertuis' durch Herbert und in der Kritik an Maupertuis durch Turgot. In seinem 1757 erschienen Buch *Essai sur la police générale des Grains* spricht Herbert dem Boden bzw. dessen Ertrag den eigentlichen Wert zu,

---

eines so teuren Hauptes?« übersetzen, aber auch mit »Welche Scham oder welche Maßhaftigkeit könnte das Bedauern eines so teuren Hauptes haben?« Die zweite Bedeutung bezöge sich auf die ›Plagiat-Affäre‹ zwischen Maupertuis und Joh. Samuel König im Zusammenhang mit dem *Prinzip der kleinsten Wirkung*, das tatsächlich von Leibniz stammen soll. Vgl. Martial Gueroult: Note sur le principe de la moindre action chez Mauptertuis. In: Leibniz. Dynamique et métaphysique. Paris 1967, S.214–235; Helmut Pulte: Das Prinzip der kleinsten Wirkung und die Kraftkonzeption der rationalen Mechanik. Eine Untersuchung zur Grundlegungsproblematik bei Leonhard Euler, Pierre Louis Moreau de Maupertuis und Joseph Louis Lagrange. Studia leibnitiana. Sonderheft 19 (1989), S.216–225; Winfried Franzen: Einleitung. In: Pierre Louis Moreau de Maupertuis: Sprachphilosophische Schriften. Hg. v. W. Franzen. Hamburg 1988, S.XII–XVI.

[222] Pierre Louis Moreau de Maupertuis: Réflexions philosophiques sur l'origine des langues, et la signification des mots (1748). In: Œuvres. Lyon 1756, Bd.I, § 14–19, S.273ff.

[223] Pierre Louis Moreau de Maupertuis: Réponse à Boindin (1756). In: Œuvres, Bd.I., 301ff.

[224] Maupertuis, *Réflexions philosophiques sur l'origine des langues*, § 3, S.260.

[225] Zur Analogie zwischen Maupertuis' und Berkeleys Ansichten vgl. Maupertuis, *Réponse à Boindin*, § 6, S.307.

während er dem Geld den Wert abspricht. Geld sei ein *instrument convenable*, das auf *opinion*[226] gründet, aber kein ontologisch gegründetes Pfand:

> L'argent frappe nos sens & notre imagination plus souvent qu'aucun autre objet [...] Trompés par les apparences, nous attribuons volontiers aux métaux précieux, plus d'effet qu'ils n'en ont réellement dans l'évaluation de nos échanges.[227]

Die Banalisierung des Edelmetallanteils an der Münze durch Law wird hier mit dem erkenntnistheoretischen Skeptizismus Maupertuis' verbunden und in den Dienst physiokratischer Anliegen gestellt.[228] Wie parallel die Entwicklung zwischen linguistischen und ökonomischen Überlegungen verläuft, zeigt die Polemik Turgots gegen den sowohl linguistischen als auch monetären Idealismus. In seinem Brief über das Papiergeld äußert der junge Turgot seine Überzeugung gegen Law, daß Papiergeld nicht einzig auf dem Kredit des Fürsten beruhen könne, sondern im Gegenteil beim Volk nur aufgrund seiner Reversibilität in Metallgeld Annahme fände, das wiederum seinen Wert aus der Quantitätstheorie – wie sie Locke formuliert hatte – ziehe und somit aus der prinzipiellen Homogenität zwischen Geldmittel und Ware aufgrund des Warenwerts einerseits und der Häufigkeit andererseits.[229] Gegen Maupertuis äußert Turgot ein Jahr später dezidiert die Meinung, daß die Substanz nicht subjektiv aus der Wahrnehmung zu erklären sei, sondern aus der Existenz der Objekte:

> C'est l'idée d'être en générale, et non celle de substance, qui répond à ce qu'il y a d'uniforme, non dans les perceptions, mais dans les objets; c'est l'idée de moi qui est la seule chose uniforme dans les perceptions. Si les hommes s'étaient formé l'idée de substance, comme le dit Maupertuis, s'ils entendaient par substance la partie uniforme des perceptions, ils seraient tous spinosistes.

---

226 Claude Jacques Herbert: Essai sur la police générale des Grains, sur leur prix et sur les Effets de l'Agriculture (1753). Berlin 1757, S. 31: »L'opinion est la reine du monde, & la Loi est la mere de l'opinion«. Die *loi* muß jedoch eingeschränkt werden: »Nous convenons d'un grand principe, c'est que la liberté est l'ame du commerce.« (S. 39).

227 Ebd. S. 210.

228 Das Werk ist Maupertuis gewidmet, den Herbert einen Freund *dès ma plus tendre jeunesse* nennt (Widmung); *Melon* wird mit *notre ami commun* apostrophiert (S. VII). Zur Nähe von Herberts Position zu den späteren Physiokraten vgl. S. 1f., 186, 225, 339. Nach Weulersse (*Le mouvement physiocratique en France*, S. 28f.; *Les Physiocrates*, S. XV) steht Herbert in mehr oder weniger direkter Nachfolge von Cantillon und gilt lange als Autorität. Der große Erfolg von Herberts *Essai* beruht jedoch mehr auf seiner Forderung nach Liberalisierung des Kornhandels, denn auf seiner Position in Sachen Geld. So ist erklärlich, wieso Turgot Herbert loben kann, während er Law und Maupertuis kritisiert (ebd. S. 31).

229 Anne Robert Jacques Turgot: Lettre à M. l'Abbé de Cicé sur le papier suppléé à la monnaie (1749). In: *Œuvres* I, S. 99: »C'est donc un point également de théorie et d'expérience que jamais le peuple ne peut recevoir le papier que comme représentatif de l'argent, et par conséquent conversible en argent.«

Die Berufung Maupertuis' auf die Meinung der Menschen als Maßstab der realen Existenz sei falsch und mit einem Irrtum in geldtheoretischer Hinsicht vergleichbar:

> [Maupertuis:] Qu'on interroge ceux qui n'ont point fréquenté les écoles, et l'on verra, par l'embarras où ils seront pour distinguer ce qui est mode et ce qui est substance, si cette distinction paraît être fondée sur la nature des choses.
> [Turgot:] L'embarras des gens du monde ne me surprendrait pas, et ne prouverait rien. Demandez-leur ce que c'est que monnaie, ils seront aussi embarrassés; et je suis sûr qu'en les aidant à s'exprimer, on trouvera chez eux l'idée de substance que j'ai donné plus haut.[230]

Damit glaubt Turgot eine sichere Basis für die Verständigung zwischen verschiedenen Nationen und Schulen zu schaffen, die auf einer empirischen Überzeugung beruhen, deren Argumente sowohl in geldtheoretischer Hinsicht wie auch in Fragen der Erkenntnis aus dem Substanzbegriff Lockes[231] hergeleitet werden:

> La monnaie a cela de commun avec toutes les espèces de mesures, qu'elle est une sorte de langage qui diffère, chez les différents peuples, en tout ce qui est arbitraire et de convention, mais qui rapproche et s'identifie, à quelques égards, par ses rapports à un terme ou étalon commun.
> Ce terme commun qui rapproche tous les langages, et qui donne à toutes les langues un fond de ressemblance inaltérable malgré la diversité des sons qu'elles emploient, n'est autre que les idées mêmes que les mots expriment, c'est-à-dire les objets de la nature représentés par les sens à l'esprit humain, et les notions que les hommes se sont formées en distinguant les différentes faces de ces objets et en les combinant en mille manières.
> C'est ce fond commun, essentiel à toutes les langues indépendamment de toutes conventions, qui fait qu'on peut prendre chaque langue, chaque système de convention adopté comme les signes des idées, pour y comparer tous les autres systèmes de convention, comme on comparerait au système même des idées qu'on peut interpréter dans chaque langue ce qui a été originairement exprimé dans toute autre, ce qu'on peut traduire.
> On traduit les langues les unes par les autres; on réduit les mesures les unes aux autres.
> [...]
> Le terme commun auquel se rapportent les monnaies de toutes les nations est la valeur même de tous les objets de commerce qu'elles servent à mesurer. Mais cette valeur ne pouvant être désignée que par la quantité des monnaies auxquelles elle correspond, il

---

230 Anne Robert Jacques Turgot: Remarques critiques sur les réflexions philosophiques de M. de Maupertuis sur l'origine des langues et la signification des mots (1750). In: *Œuvres* II, S. 716f. Zu Maupertuis und Turgot vgl. André Robinet: Le langage à l'âge classique. Paris 1978, S. 239–242.

231 Locke, *An Essay Concerning Human Understanding*, I, XXIII, 29, Bd. I, S. 414: »Sensation convinces us that there are solid extended substances; and reflection, that there are thinking ones: experience assures us of the existence of such beings, and that the one hath a power to move by impulse, the other by thought; this we cannot doubt of.« Vgl. Turgots Artikel, *Existence* in der *Encyclopédie* (1756); In: *Œuvres* II, S. 757ff. Auch Maupertuis und Berkeley scheinen ihren Idealismus aus der Substanzkritik Lockes zu ziehen. Turgots Lesart dürfte wohl als die adäquatere bezeichnet werden.

> s'ensuit qu'on ne peut évaluer une monnaie qu'en une autre monnaie: de même qu'on ne peut interpréter les sons d'une langue que par d'autres sons.[232]

Das ›tertium comparationis‹ zwischen Sprache und Geld bei Turgot ist die Kommensurabilität zwischen den ausgedrückten Ideen und den Dingen. Turgot sieht in der Beziehung – *rapport* – die eigentliche Grundlage der Existenz, der Sprache und des Handels und löst so das Maßstab-Problem:

> Il n'y a d'arbitraire et de variable que le choix de la quantité d'étendue qu'on est convenu de prendre pour l'unité, et les divisions adoptées pour faire connaître les différentes mesures. Il n'y a donc point de substitutions à faire d'une chose à une autre; il n'y a que des quantités à comparer, et des rapports à substituer à d'autres rapports.[233]

Turgot greift so das Prinzip der *liaison* bei Condillac auf[234] und sieht in der Analogie der Wahrnehmungen durch die verschiedenen Sinne die Existenz äußerlicher Gegenstände garantiert. Damit wendet er sich gegen den ›Pyrrhonismus‹ eines Berkeley, der in seiner *New Theory of Vision*[235] die Wahrnehmungen verschiedener Sinnesorgane dissoziiert und auf untereinander heterogene Aspekte eingeschränkt hatte. Die Analogie in der Frage nach der Existenz von realen Gegenständen und Werten jenseits von Sprache oder Geld äußert sich auch bei Berkeley, der in seinem *Querist* – unbeeindruckt vom Ruin Laws – durch insistierendes Fragen eine Antwort zumindest suggeriert:

> Whether money can be considered as having an intrinsic value, or as being a commodity, a standard, a measure, or a pledge, as is variously suggested by writers? And whether the true idea of money, as such, be not altogether that of a ticket or a counter?
> [...]
> Whether paper doth not by its stamp and signature acquire a local value, and become as precious and as scarce as gold? And whether it be not much fitter to circulate large sums, and therefore preferable to gold?[236]

---

232 Anne Robert Jacques Turgot: Valeurs et monnaies (posth.). In: *Œuvres* I, 75f.

233 Ebd. S. 76.

234 Condillac, *Essai sur l'origine des connoissances humaines*, I,I,1, § 15, *Œuvres philo.* I, S. 34: »je regarde cette liaison comme une première expérience qui doit suffire pour expliquer toutes les autres.« Hans Aarsleff (The History of Linguistics and Professor Chomsky. In: From Locke to Saussure. Essays on the Study of Language and Intellectual History. London 1982, S. 108) sieht in der *liaision* ein Prinzip, das *innate and beyond explanation* ist.

235 George Berkeley: Dioptrics (1692). In: The Works. Hg. v. A. C. Fraser. Bd. I. Oxford 1901, S. 171f. Für den weiteren Zusammenhang dieser Schrift mit denen Maupertuis', Diderots und auch Herders vgl. Wolfgang Proß: Kommentar zu Herders *Über den Ursprung der Sprache.* In: Herder II, S. 896.

236 George Berkeley: The Querist (1735/36), Queries 23 u. 440. In: *The Works* IV, S. 423f. u. 461.

Wie steht nun unser Text zu diesen Erkenntnisfragen? Wir haben gesehen, daß die ontologischen Probleme auf linguistische Untersuchungen zurückgeführt werden. Im Gegensatz zu Berkeley und Maupertuis erscheint die linguistische Komponente nicht in der Erkenntnis, sondern im Gedankentausch. Die Relativität der sprachlichen Zeichen findet einen Halt in der Rede und nicht wie bei Turgot in ihrer Beziehung zum Wahrnehmungssystem. Das Mittelglied, das Sprache und Geld hier verbindet, ist die Handlung, und zwar in doppelter Bedeutung: als ›kommunikative‹, auf den Hörer gewandte rhetorische Geste und als ›kommerzieller' Gedankentausch, der die gesellschaftliche Sanktion der Werthaftigkeit impliziert.

Der erste Punkt ermöglicht es, die sensualistische Sprachursprungskonzeption nun auch rhetorisch zu verorten, indem Leidenschaft als Aktion in einen konstitutiven Zusammenhang mit der Sprache gebracht wird. Die ›actio‹ vermag nun qua Ursprünglichkeit der Leidenschaften Echtheit anzuzeigen. Diese Verbindung zwischen Natürlichkeit und Ursprünglichkeit findet sich in einem nachträglichen Verweis, den Hamann auf einen Brief Algarottis anbringt:

> J'ai trouvé, en lisant ces Lettres, une autre chose, qui mérite réflexion: c'est le langage d'une des populations du Paraguai. Il est si fort rempli d'inversions, et, pour ainsi dire, si disloqué, que les constructions Grecques, ou Latines, sont simples et unies en comparaison. Ce Missionnaire en rapportoit plusieurs exemples tirés, non de leurs orateurs, ou de leurs poëtes, mais des discours les plus ordinaires, où il y avoit plus d'irrégularités et de désordre que dans
>
> Quisquis erit vitae, scribam, color.
>
> ou bien dans
>
> -- Me tabula sacer
Votiva paries etc.
>
> Qui chercheroit les articles à leur place naturelle, se trouveroit bien éloigné de son compte; il faut les prendre à la fin de la période, comme il arrive quelquefois dans la langue Angloise, et en cas de besoin, les François pourroient de l'idiome du Paraguai tirer une preuve que les inversions dans les langues sont une marque de barbarie.[237]

Der Verweis auf *Paraguaianer*[238] erweitert explizit den Diskussionsrahmen und führt uns zu der ethnologischen Bestimmung der ›Wilden‹ und ihrer Sprachen in Parallele zu den Griechen und damit zur Vorgeschichte der europäischen Kulturen. Diese Gegenüberstellung hatte bei Lafitau gar soweit geführt, daß er die *amerikanischen Wilden* von den *barbarischen Völkern,*

---

[237] Es handelt sich um *Lettre à M. l'Abbé Grégoire Bressani* (1752). In: Œuvres VIII, S. 299. Die französische Ausgabe der Werke Algarottis, die Hamann hier zitiert, erschien erst 1772 in Berlin. Nach Wiener bezieht sich die Anmerkung auf *Inversionen*, nicht auf den Schluß des entsprechenden Abschnitts (Nadler). Wiener, S. 98.

[238] Zur Geschichte der paraguanischen Missionen und der Rezeption ihrer *mémoires* vgl. Michèle Duchet: Anthropologie et histoire au siècle des lumières. Buffon, Voltaire, Rousseau, Helvétius, Diderot. Paris [2]1977, S. 43f., 74.

die Griechenland zuerst eingenommen, abstammen ließ.[239] Verbinden wir alle diese Argumente aus der *Querelle* und der Inversionsdebatte mit der Entdeckung der Kultur der Wilden, so können wir nun deren Zuordnungen zu den genannten,[240] zwei Paradigmen vornehmen: Naturzustand vs. Zivilisation, Antike vs. Moderne, Aberglaube vs. Philosophie, Poesie vs. Wissenschaft, Rhetorik vs. Finanzwesen.

Bereits bei Batteux begegnen wir einer Konstruktion, die Ursprünglichkeit und Natürlichkeit, Freiheit der Inversion und Forderung nach *imitatio naturae* in der poetischen Sprache grundsätzlich verbindet[241] und die poetische Eignung einer Sprache als Maßstab zu ihrer Beurteilung wählt. Den primitiveren Sprachen wird gerade aufgrund ihrer Fähigkeit zur Inversionsbildung Stärke zugesprochen, die mit der Homogenität zwischen menschlicher Natur und ›eigentlicher‹ Natur erklärt wird, wobei die Sinnlichkeit als Brückenschlag zwischen beiden Naturen gleichsam die *Rührung der Lebensgeister* bewirkt.[242] Die zunehmende Bevorzugung von *usus* bei der Erklärung des Funktionierens von Sprache, wie sie schon im Ausdruck des *Bürgerrechts der Worte* angezeigt ist, unterstützt diese Bewertung innerhalb der Sprachtheorien des 18. Jahrhunderts noch. Pluche – wir erinnern uns – hatte gerade mit explizitem Verweis auf Batteux den Vertretern des *ordre naturelle* vorgeworfen, daß sie sich der *tyrannis grammaticae* unterwärfen und nicht der Natur folgten. Der Topos von der *tyrannis usus* erfährt hier eine deutliche Verlagerung, denn der *usus* ist nun natürlich – oder kann es zumindest sein – und die Natur keine Tyrannin. Die *Kühnheit* und *Freyheit* der Sprachen in Anbetracht der Inversionen sind keineswegs nur im übertragenen Sinn zu verstehen.

Dies mag ein Rückgriff auf die oben angeführte Stelle aus Klopstock belegen. Klopstock sagt ausdrücklich, daß die Inversion in der Prosa im Gegensatz zur Poesie nur beschränkt gebraucht werden dürfe. Der *Philologe* hingegen spricht von der Fähigkeit der deutschen Sprache zur *poetischen Schreibart* und bezieht dies – berücksichtigen wir die angeführten Beispiele – auch auf die Prosa. In einer Fußnote der *Aesthetica in Nuce* kommt er dann auch auf Klopstock, Prosa und Poesie zu sprechen:

> würde es nicht poßierlich seyn, wenn Herr Klopstock seinem Setzer, oder einer *Margot La Ravaudeuse*, wie die Muse des Philologen ist, die Ursachen angeben wollte,

---

[239] Joseph-François Lafitau: Mœurs des Sauvages Americains comparées aux mœurs des premiers tems (1723f.); zit. nach der dt. Übersetzung von Siegmund Jacob Baumgarten. Halle 1752, S. 492.

[240] Siehe weiter unten Seite 193.

[241] Batteux, *Einschränkung der schönen Künste auf einen einzigen Grundsatz*, III, 1, 4, worin die kurze Behandlung der Inversion (Punkt 3, S. 190).

[242] Johann Jacob Breitinger: Critische Dichtkunst/Worinnen die Poetische Mahlerey/In Absicht auf den Ausdruck und die Farben abgehandelt wird, mit einer Vorrede von Johann Jacob Bodmer. Bd. II. Zürich 1740, S. 444.

warum er seine dichterische Empfindungen, die *qualitates occultas* für den Pöbel zum Gegenstande haben und in galanter Sprache Empfindungen *par excellence* heissen, mit abgesetzten Zeilen drucken läßt. Ohngeachtet meiner kauderwelschen Mundart würde ich sehr willig seyn, des Herrn Klopstocks prosaische Schreibart für ein Muster von klassischer Vollkommenheit zu erkennen. Aus kleinen Proben davon trau ich diesem Autor eine so tiefe Kenntnis seiner Muttersprache, und besonders ihrer Prosodie zu, daß sein musikalisches Sylbenmaaß einem Sänger, der nicht gemein seyn will, zum Feyerkleide der lyrischen Dichtkunst am angemessensten zu seyn scheint. – Ich unterscheide die Originalstücke unsers Assaphs von seinen Verwandlungen der alten Kirchenlieder, ja selbst von seiner Epopee, deren Geschichte bekannt, und mit Miltons seiner, wo nicht ganz, doch im Profil, ähnlich ist.[243]

Diese Ausführungen schließen an den Satz an, daß *Homers monotonisches Metrum uns wenigstens eben so paradox vorkommen* sollte, *als die Ungebundeneheit des deutschen Pindars.* Der *Philologe* gibt zu verstehen, daß die Natur der lyrischen Poesie in freien Rhythmen ebensogut, wenn nicht besser erfaßt werde, denn in ›sklavischer‹ Abhängigkeit. So fänden sich freie Rhythmen in der *heiligen Poesie bey den Hebräern*, während der epische Hexameter mit den kurzen *Cadenzen* der Arbeitsgesänge lettischer Bauern verglichen werden könne, *die mit einem Metro viel Ähnlichkeit* haben.[244] Das verbindende Moment liegt hier in der Formel *vox populi, vox Dei*[245] – und das Volk Gottes sind die Hebräer. Gemäß der Lehre von der dreifachen Offenbarung können wir die Formel durch die *vox naturae* erweitern. Der *usus* ist nicht *tyrannis*, sondern spiegelt die Freiheit oder Unfreiheit, den kulturellen Entwicklungsstand und die politische Situation wieder. *Gemein* ist die Sprache erst dann, wenn sie auf ausgetretenen Pfaden wandelt oder statt *Originalstücken* bloß *Verwandlungen* liefert.

Das poetische Prinzip aber ist die Freiheit,[246] d.h. die unbeschränkte

---

[243] *Aesthetica in Nuce*, N II, S. 215.

[244] Unger (*Hamanns Sprachtheorie*, S. 241f.) geht m. E. fehl, wenn er Poesie, Metrum und den Landdienst der lettischen Bauern gleichsetzt; »Poesie« und »Metrum« sind für Hamann nicht sinnverwandt.

[245] »*DEI Dialectus, Soloecismus*; sagt ein bekannter Ausleger. – Es gilt auch hier: *Vox populi, vox DEI.* – Der Kayser spricht *Schismam* und die Götter der Erde bekümmern sich selten darum, Sprachmeister zu seyn. – Das Erhabene in Cäsars Schreibart ist ihre Nachlässigkeit.« Beim *bekannten Ausleger* handelt es sich um den englischen Prediger und Bibelforscher John Lightfoot, der Hamann aus Bengels Gnomon bekannt war. Vgl. Frank Simon: Dialekt und Hellenismus *Kleeblatt hellenistischer Briefe.* In: *Johann Georg Hamann. Insel Almanach*, S. 58.

[246] Eine Ansicht, der in republikanischen Tagen als »emotionale Prosa« eine weite Verbreitung beschieden war. Vgl. Jens Baggesens Ausführungen zum Stadtbild Mannheims und der Verskunst in: Das Labyrinth oder Reise durch Deutschland in die Schweiz 1789 (1792). Leipzig 1985, S. 313–323; Louis-Sébastien Mercier: Néologie, ou Vocabulaire de mots nouveaux, à renouveler, ou pris dans des acceptions nouvelles. Paris 1801. Préface. Den Ausdruck »emotionale Prosa« übernehme ich von Ricken, *Sprache, Anthropologie, Philosophie in der französischen Aufklärung*, S. 248. Dort auch zu Mercier.

Äußerung der Empfindungen und Leidenschaften. Besonders drastisch belegt dies die Nennung von *Margot la Ravaudeuse*, der Heldin des gleichnamigen Romans von Fougeret de Monbron. Es handelt sich bei diesen (fiktiven) Memoiren eines Freudenmädchens um eines der gelungensten Werke einer Gattung, die wir als ›philosophische Pornographie‹ bezeichnen könnten. Der *Philologe* macht eine Hure zu seiner Muse und zur Referenzperson[247] in Sachen Klopstock. Wie nun Freiheit, göttliche Offenbarung und Leidenschaften[248] zusammenhängen, soll der folgende Exkurs zur Sprachphilosophie des jungen Hamann darlegen.

Im Zentrum der Hamannschen Sprachphilosophie steht die rhetorische Figur der *Kondeszendenz*.[249] Dieser Begriff bezeichnet die *Erniedrigung* des Redners zu seinem Publikum und gehört so zu den Ausdrucksmöglichkeiten der *Hypokrisis*. Für Hamann ist diese Figur jedoch primär von theologisch-didaktischem Interesse; die Offenbarung Gottes durch die drei Bücher – Natur, Geschichte, Bibel – entspricht einer dreifachen Herablassung Gottes zur menschlichen Beschränktheit gemäß seiner dreifaltigen Natur: der Vater als Schöpfer der Natur, der Sohn als Zentrum der Heilsgeschichte und der heilige Geist als Quelle der Inspiration der Bibel.[250] Durch die An-

---

247 Vielleicht eine Anspielung auf einen literarischen Exkurs, in dem Fougeret mit einer Reihe seiner Zeitgenossen abrechnet. Dieser Angriff gegen die Skribenten und *Petits-Maîtres*, nebst dem schlüpfrigen Inhalt, dürften Hamanns Aufmerksamkeit geweckt haben. Als Muse dürfte sie der Philologe wohl aufgrund der folgenden Stelle bezeichnen: »Vraiment, Monsieur Platon était un plaisant original avec sa façon d'aimer. Où en serait aujourd'hui le genre humain si l'on eut suivi les idées creuses de ce gâte-métier? [Es ist Margot, die spricht.] Il y a grand apparence que la nature ne l'avait pas mieux partagé qu'Origène, ou qu'on lui avait fait quelque soustraction à l'instar de celle que l'on fit au doucereux amant d'Héloïse. Au moins, ce qu'il y a de bien sûr, c'est que son maître Socrate, qui avait les pièces sans lesquelles on ne saurait être pape, ne lui a pas prêché cette métaphysique.« (Jean Fougeret de Monbron: Margot la Ravaudeuse. In: Romans libertins du XVIIIe siècle. Paris 1993, S. 727f. u. 731f.) Margot als Diotima Hamanns … (der so nebenbei eine beachtliche Sammlung von Erotika besaß.)

248 Den Zusammenhang zwischen *Selbstliebe*, Offenbarung und Freiheit in den *Brocken* hat bereits Metzke sehr schön gezeigt; Erwin Metzke: J. G. Hamanns Stellung in der Philosophie des 18. Jahrhunderts. Eine Preisarbeit. Halle a/S 1934, S. 147f.

249 Gr. συγκαταβασισ, lat. *condescensio*. Vgl. Karlfried Gründer: Figur und Geschichte, Johann Georg Hamanns *Biblische Betrachtungen* als Ansatz einer Geschichtsphilosophie. Freiburg 1958, S. 28. Dort auch zum *aporetischen Ansatz* des Kondeszendenz-Gedankens und zu seiner Bedeutung bei Luther (S. 33); vgl. auch Bernhard Gajek: Sprache beim jungen Hamann. Bern 1967, S. 58ff.; Fritz Blankes Aufsatz *Gottessprache und Menschensprache bei J. G. Hamann*. In: Ders.: Hamann-Studien. Zürich 1956, S. 83–97.

250 Am deutlichsten und knappsten formuliert dies Hamann in seiner Frühschrift *Über die Auslegung der Heiligen Schrift* (1758), N I, S. 5: »Gott ein Schriftsteller! – – Die Eingebung dieses Buchs ist eine eben so große Erniedrigung und Herunterlassung Gottes als die Schöpfung des Vaters und Menschwerdung des Sohnes.«

wendung auf die *Profanscribenten* erlaubt dieser Gedanke, eine Ästhetik unter Mitberücksichtigung des Häßlichen zu schreiben:

> Wenn also die göttliche Schreibart auch das alberne – das seichte – das unedle – erwählt, um die Stärke und Ingenuität aller Profanscribenten zu beschämen: so gehören freylich erleuchtete, begeisterte, mit Eyfersucht gewaffnete Augen eines Freundes, eines Vertrauten, eines Liebhabers dazu, in solcher Verkleidung die Strahlen himmlischer Herrlichkeit zu erkennen.[251]

Die Akkomodations-Lehre spielt eine wesentliche Rolle in der Theologie des 18. Jahrhunderts. Semler beruft sich eben auf dieses Theorem, um die ›Säuberung‹ der Bibel von menschlich beschränkten und historisch kontingenten Stoffen von der eigentlich göttlichen, vorzüglich moralischen Botschaft zu trennen.[252] Dagegen vertritt der *Philologe* die Meinung, daß Gott sich zwar den menschlichen Verhältnissen anpasse, daß dies jedoch nicht genüge; damit dessen Botschaft verstanden werden könne, müsse dem Betrachter noch die Gnade, das Göttliche im Menschlichen zu erkennen, zukommen. Der menschlich-göttliche Charakter der Offenbarung führt zwar dazu, daß ihre Form beschränkt und kontingent sei, diese Beschränkung jedoch ein der Offenbarung und der Gottheit wesentliches, ja notwendiges Merkmal sei. Damit versucht Hamann der Bibelkritik den Wind aus den Segeln zu nehmen und in der Menschlichkeit der göttlichen Sendung den

---

[251] *Kleeblatt Hellenistischer Briefe*, N II, S. 171. Hamann greift hier, wenn wir einer späteren Fußnote Bedeutung schenken wollen, mit Verweis auf Guez de Balzacs *Socrate Chretien* wiederum Michaelis an. Ein Vergleich dieses Textes mit Aussagen der *Hellenistischen Briefe* und der *Biblischen Betrachtungen* lassen in der Tat auf eine genaue Kenntnis von Balzacs Schrift schließen. Was jedoch noch wichtiger erscheint, ist die ausdrückliche Verbindung zwischen *éloquence du cœur* und *Barbarismes* (S. 48), zwischen *ressembler* und religiöser Sprache einerseits und *représenter* und der Sprache des Hofes und der Akademie andererseits (S. 59). Diese zweite Gegenüberstellung kann gleichsam als Motto des *Hôtel de Rambouillet* betrachtet werden und weist so auch schon auf die Differenz zwischen der Position Balzacs und Hamanns bei aller Ähnlichkeit hin. Balzac vertritt ein Konzept der *Majesté* in der *Simplicité* (S. 62), das dem Sprachpurismus und der Klassizität des Präziösentums und der *bien-séance* verpflichtet ist. (Jean Louis Guez de Balzac: Le Socrate chretien [1652], Amsterdam 1662). Fénelon setzt diese Poetisierung der Heiligen Schrift im dritten seiner *Dialogues sur l'éloquence* (S. 66–69) fort und bringt diese auch in Verbindung zum *ordre*. Zum *Hôtel de Rambouillet*, der Konversationskultur und Balzac vgl. den meisterhaften Essai Marc Fumarolis: L'empire des femmes, ou l'esprit de joie. In: La diplomatie de l'esprit. De Montaige à La Fontaine. Paris 1994, S. 321–339, vor allem 324–330; wie auch ders.: L'âge de l'éloquence. Rhétorique et ›res literaria‹ de la Renaissance au seuil de l'époque classique. Paris ^{2}1994, S. 631f., 695–706.

[252] Joh. Jakob Salomo Semler: Abhandlung von freier Untersuchung des Canons. Halle ^{2}1772. Die Kritik Semlers am Canon konzentriert sich um die Aussagen, daß weder die historischen Realien (Bd. I, S. 151) noch die Form (S. 153) inspiriert seien. Die Kritik an der Inspirationslehre führt ihn ebenfalls zur Ablehnung des *genus sermonis*-Prinzips, da dieser mit der *maiestates styli* nicht vereinbar sei (Bd. II, S. 99).

Grund für die historische Beschränktheit der Form und des Inhalts der heiligen Schrift zu geben. Wieder ist es die Rede, die Kriterion und Kanal zugleich ist, und wieder ist es der Akt des direkten Tausches, der den *standing pool* entschlammt.[253] Hamanns Hermeneutik ist zirkulär: Sie setzt Offenbarung voraus, um Offenbarung zu erkennen. Für die *Herablassung* bedeutet dies jedoch, daß die *Hypokrisis* sich selbst entdeckt, und zwar sowohl als rhetorischen Trick als auch als Zeichen der Göttlichkeit. Dies gilt jedoch nur für den *modernen*[254] Menschen, der sich von der ursprünglichen Gesprächssituation wegentwickelt hat und dadurch eine Diskrepanz zwischen göttlicher Offenbarung und *klassischer Vollkommenheit* wahrzunehmen glaubt. Denn wenn Gott seine Botschaft dem Menschen angepaßt hat und falls der Mensch durch Klima, Handel, Staat, Geschichte usw. bedingt ist, dann muß ihm die Botschaft gleich doppelt unverständlich erscheinen: Die Botschaft geht über ihn hinaus, ihre Darstellungsform aber reicht nicht an ihn heran. Die einzige Instanz, auf die er hierbei rekurrieren kann, ist die gleichbleibende menschliche Natur, die Ursprünglichkeit der sinnlichen Wahrnehmung im Ausdruck der Empfindungen und Leidenschaften. Sensationen und Affekte sind die Grundlage der *histoire de l'esprit humain*. Die *métaphysique* der geschichtlichen Entwicklung vermag ihre Spuren nicht durch Regelmäßigkeit und Logik zu verwischen, sondern führt zu den irrationalen, ästhetischen Grundlagen der ursprünglichen Erfahrung zurück. Hier hat der Sensualismus seine zentrale Bedeutung in der anti-intellektualistischen Philosophie der Aufklärung.[255] Die Verbindung von Genie-, Freundschafts- und Gefühlskult geschieht ganz stringent auf der Grundlage eines sensualistisch orientierten Sprachdenkens, das Inspiration, Gespräch und

---

[253] Vgl. Sven-Aage Jørgensen: Hamanns hermeneutische Grundsätze. In: Aufklärung und Humanismus. Hg. v. R. Toellner. Heidelberg 1980, S. 221: »Die Dunkelheit des biblischen Wortes hellt sich für denjenigen auf, an den das Wort gerichtet ist.« Vgl. hierzu und zum folgenden Heinzpeter Hempelmann: Gott ein Schriftsteller. Johann Georg Hamann über die End-Äußerung Gottes ins Wort der Heiligen Schrift und ihre hermeneutischen Konsequenzen. Wuppertal 1988, S. 14–20 u. 28–37.

[254] Wie auch für die Römer, die gegenüber den Juden in der Antike quasi die Moderne vertreten. Vgl. *Kleeblatt hellenistischer Briefe*, N II, S. 170.

[255] Im Sensualismus besteht auch die Einheit der vernunftkritischen Position Hamanns vor und nach der Londoner Affäre. Daß die *skeptische Einstellung gegenüber der ›Vernunft‹* der *vorlondoner Zeit* in Zusammenhang zur späteren Empfindungslehre steht, hat bereits Thomas Kracht (Erkenntnisfragen beim jungen Hamann. Frankfurt a/M 1981, S. 231) erkannt, ohne jedoch der Rationalität dieser Konstruktion genügend Beachtung zu schenken. Der Sensualismus, das soll hier nochmals klar betont sein, ist anti-intellektualistisch und gleichzeitig typisch für die Aufklärung; damit sind auch die ›unscharfen‹ Gedankengänge für und wider die Vernünftigkeit und die *Absolutsetzung der Vernunft*, die zur vollkommenen Verwirrung in der Hamann-Forschung und weiterhin auch in der Beurteilung der Aufklärung führen, beantwortet; man vgl. etwa Irmgard Piske: Offenbarung, Sprache, Vernunft. Zur Auseinandersetzung Hamanns mit Kant. Frankfurt a/M 1989, S. 133f.

ästhetische Wahrnehmung nun zur Basis einer Religionsphilosophie macht, die gerade durch ihren Irrationalismus auch zu einer agnostischen Haltung in Sachen Moral führt. Es ist insofern auch kein Zufall, daß sich Hamann zur Beschreibung seines Glaubens gern der Sprache eines Hume oder der Kategorien der französischen Literaturtheorie bedient; und es ist ebenfalls kein Zufall, daß die hermeneutischen und theologischen Grundsätze Hamanns sich um rhetorische Figuren herum kristallisieren, da hier nicht nur gelungene Kommunikation, sondern auch die – nun idealistisch gefärbte – *opinio* (*belief*) über die *persuasio* Auskunft gibt. Das Gelingen des persuasiven Akts setzt wiederum die Kenntnis der Affekte und der sprachlichen Mittel voraus, welche Abbild oder Erreger der Leidenschaften und Empfindungen sind. Die Affekte und Leidenschaften sind also der Ort, an dem (die sich gleichbleibende) menschliche Natur die Übersetzbarkeit der Sprache garantiert, an dem die Münze ihren wertstiftenden Ort in der Psyche findet – wie dies Dubos in seinen berühmten *Reflexions critiques sur la poésie et sur la peinture* mit Blick auf das ästhetische Problem der Onomatopöien unmißverständlich formuliert:

> Or les sons que ces mots imitent se trouvent être des signes institués par la nature même, pour signifier les passions & les autres choses dont ils sont les signes. Ils sont à peu près les mêmes par tout, & ils sont ainsi une monnoye ayant cours parmi tout le genre humain.[256]

Kehren wir zu den *Vermischten Anmerkungen* zurück, und zwar dorthin, wo wir sie verlassen haben! Die folgenden Zeilen unterbrechen die vorausgehenden Überlegungen abrupt und liefern eine implizite Darstellung der beschriebenen Kondeszendenz:

> Leser, die nicht nur dasjenige einsehen, worüber man schreibt, sondern auch was man zu verstehen geben will,[257] werden gegenwärtige Anmerkungen leicht und gern ohne fernere Handleitung über die etymologische Signatur der Zeitwörter, die im Französischen mehr in das Aug als Ohr fällt, fortsetzen können. Für Kinder, denen man den Brey fertiger Bissen in den Mund schieben muß, gehören Schriftsteller, die gründlichere Lehrmeister sind, als ein Notenschreiber seyn darf. Kennern und Liebhabern, die selbst Anmerkungen zu machen wissen, fehlt es nicht an der Gabe anderer ihre anzuwenden, und an der Behändigkeit die Ellipses einer Abhandlung ohne einen Lambertus Bos[258] aufzulösen. [xviii]

---

256 Charles Dubos: Reflexions critiques sur la poésie et sur la peinture (1719). Bd. I. Utrecht ^{2}1732, S. 169.

257 Dazu Fußnote: »*In unius eius operibus intelligitur plus semper quam pingitur*, sagt Plinius vom Pinsel des Timanths Hist. Nat. Lib. XXXV, Cap.74.«

258 Dazu Fußnote: »Ein holländischer Gelehrter, dessen Glossarium über die elliptische Redensarten der griechischen Sprache auf Schulen bekannt ist.«

Genau an dem Punkt, wo der *Philologe* zu den *Tiefen der Sprache,* zum Sprachursprung vorstoßen sollte, wendet er sich vom Thema ab und dem essayistisch fragmentarischen Charakter seiner Schrift zu. Der paradoxe Gebrauch[259] des Gegensatzpaares Kinder/Erwachsene illustriert nicht nur die Beziehung zwischen dem Unterricht und der Kondeszendenz,[260] sondern führt auch den *ordre naturel* ad absurdum. Ordnung und Klarheit seien für Kinder, *Ellipses* und *Anmerkungen* für *Kenner und Liebhaber.* Indem der *Philologe* die viel gepriesene Natürlichkeit des wissenschaftlichen Diskurses mit der Natürlichkeit der didaktischen Methode des *Konstruierens* gleichsetzt, zieht er seine Konsequenz aus der These des Primats des Französischen: Nur Kinder brauchen solche Klarheit. Der *ordre naturel* erscheint als plumpes stilistisches Mittel verglichen mit der Ellipse, die den *Liebhabern* vorenthalten ist.

In Eile und übergangslos wird noch der *persönlichen Fürwörter* Erwähnung getan [xix], dem Verneinungszeichen *ne* und den Beziehungswörtchen *y* und *en*, die er allesamt in wenigen Sätzen abhandelt [xx]. Das Fürwort im Französischen kompensiere die Schwäche der lautlichen Differenzierung der Deklination der *Nenn-* und *Bestimmungswörter.* Interessanter erscheint die kurze Erklärung zu *ne, y* und *en*; diese *Verneinungszeichen* und *Beziehungswörterchen* wählten sich ihren Platz vor dem Verb wohl selbst und zwar zu ihrem Schutz, da sie sonst untergehen könnten. *Dem Verstande eines Satzes* sei *an ihrem Monadenkörper* aber *unendlich gelegen* [xx]. Was kann aber mit *Monadenkörper* der *Verneinungszeichen* und *Beziehungswörter* gemeint sein? Der Ausdruck scheint insofern verfänglich, da für Leibniz die Monade selbst körperlos ist.[261] Wir finden die Idee des *Monadenköpers* jedoch im Ausdruck der *substance vivante* oder auch *substantia corporea,* welche die notwendige Verbindung der Monade mit einem organischen Körper anzeigt.[262] Dieses Konzept ist in Hamanns Sprachdenken wichtig, das von Analogien zu biologischen Thesen der *conceptio* und *generatio* strotzt. Die Monade ist – nach Leibniz – präformiert und liegt in *seminibus*

---

259 Der Gebrauch ist insofern paradox, da es sich nicht mit der sensualistischen Identifikation von unverfälschter menschlicher Natur und Kindheit in Analogie mit dem ›guten Wilden‹ und damit der Hamann eigenen Argumentation verträgt. Zur Verwendung des Arguments des ›Primitivismus‹ im Zeitalter der Aufklärung vgl. Christian Marouby: Utopie et primitivisme. Essai sur l'imaginaire anthropologique à l'âge classique. Paris 1990, S. 103–191.

260 Eine Idee, die Hamanns auch in seiner Korrespondenz immer wieder äußert.

261 Leibniz, *Fünftes Schreiben an Clarke* (1716), G VII, S. 394: »Il n'y a rien de simple selon moy, que les Veritables Monades, qui n'ont point de partie ny d'etendue.«

262 Leibniz, *Brief an Bierling* (1712), G VII, S. 501: »*Substantiam corpoream* voco, quae in substantia simplice seu monade (id est anima vel Animae analogo) et unito ei corpore consistit.« Zur notwendigen Verbindung von Seele und Körper in der Substanz – außer in Gott – vgl. Alexis Philonenko: Le transcendantal et la pensée moderne. Etudes d'histoire de la philosophie. Paris 1989, S. 55.

sub forma animalculorum insensibilium; die Zeugung sei – so die Konsequenz – *nihil aliud, quam ejus [animalis] evolutio et augmentatio.*[263] Dieses Theorem greift Hamanns engster Freund, Johann Gotthelf Lindner, in einer 1752 in Berlin anonym erschienenen Schrift *Vénus métaphysique* wieder auf[264] und verwendet sie polemisch gegen Maupertuis' *Vénus physique.*[265] Lindner verteidigt in dieser Schrift Leibniz' System in groben Zügen, wobei er sich jedoch auch das Recht herausnimmt, dessen *Romans de Metaphysique* etwas zu korrigieren[266] und zwar indem er verschiedene Gedanken Maupertuis' wieder aufnimmt. Er nennt Leibniz' System *tradux* und sieht in ihm eine Möglichkeit – die Leibniz tatsächlich auch sah –, die Einheit der Seele zu retten, die weder aus Teilen zusammengesetzt noch in Teile zerfallen könne, d. h. also: nicht materiell sei. Die Seele kommuniziere im Akt des Koitus – *par le moyen de ces sensations fortes et ravissantes* – nicht nur dem Samen – *cette liqueur la plus spirituelle de la nature* – die Bewegung mit, sondern auch die *force sensitive.*[267] Vater und Mutter *inspirieren*[268] durch Kraftübertragung, was einer *propagation des ames par le coit* gleichkomme.[269] Lindner findet so eine neue Erklärung sowohl für einen der

---

263 Leibniz, *De modo distinguendi phaenomena realia ab imaginariis* (?), G VII, S. 330. Zum Präformatismus bei Leibniz vgl. Jacques Roger: Leibniz et les Sciences de la Vie. In: Studia Leibnitiana Supplementa. Bd. II. Hg. v. Kurt Müller u. Wilhelm Totok. Wiesbaden 1969, S. 212–214; Anna-Teresa Tymieniecka: Individualität, Zeugung und Biologie in Leibniz' Metaphysik. In: Ebd. S. 220–230; Dumas, *La pensée de la vie*, S. 100–102.

264 Die Schrift wurde fälschlicherweise La Mettrie zugesprochen und findet sich auch noch in dessen *Œuvres philosophiques* (Corpus des œuvres de philosophie en langue française. Paris 1987, Bd. II, S. 337–352), wonach hier zit. wird; sowohl Biga [128:445] als auch *Brief an Johann Gotthelf Lindner vom 11. Jan. 1754* beweisen jedoch Lindners Verfasserschaft: »Wir [H. und ein gewisser Hase] haben uns über Ihre *Venus Metaphysique* einen Abend ziemlich gestritten; er hat Lust sie zu einem heiml. Materialisten darüber zu machen. Ich habe Ihre Parthey so gut als mögl. gehalten.« (ZH I, S. 62). Wieso Elfriede Büchsel (HH IV, S. 177) ohne Beleg behauptet, daß »auch die ›Venus metaphysique‹ von Lamettrie [...] Hamann wichtig« war, bleibt rätselhaft.

265 Maupertuis legt in dieser 1745 eine Gegenthese gegen die Präformatisten vor, da diese weder die Phänomene der Vererbung noch die Bildung von Monstren erklären könnten (Pierre-Louis Moreau de Maupertuis: Vénus physique. Berlin 1745, S. 66). Damit versucht er auch, die Zeugungslehre von ihrer theologischen Belastung zu befreien (S. 67) und aus dem Bereich der Metaphysik in denjenigen der Physik überzuführen. Vgl. Jacques Roger: Les sciences de la vie dans la pensée française du XVIIIe siècle. La génération des animaux de Descartes à l'Encyclopédie. Paris 1963, S. 477: »Le vrai mérite de Maupertuis en cette affaire, c'était [...] de rendre à la science une question qui avait été abandonnée à la métaphysique.« Zu Maupertuis' Bedeutung für die Herausbildung des Transformismus vgl. Émile Guyénot: Les Sciences de la vie aux XVIIe et XVIIIe siècles. L'idée de l'évolution. Paris 1941, S. 306f., 389–394.

266 Joh. Gotthelf Lindner, *Vénus métaphysique*, S. 337.

267 Ebd. S. 344.

268 Ebd. S. 348.

269 Ebd. S. 344.

Schwachpunkte der Leibnizschen Philosophie, der Kraftübertragung zwischen Monade und Körper, als auch für die widersprüchliche Instinkt-Theorie Maupertuis', der im Instinkt den körperlich-psychischen Motor in den verschiedenen Teilen des Samens bei der Vereinigung sieht. Lindner überträgt ausgesprochen direkt seine Kraftübertragung durch sexuelle Leidenschaft auf die göttliche Kommunikation:

> Notre sainte Religion offre à la foi un mystere en nous apprenant, que par la communication éternelle de l'essence divine le Pere engendre le fils. Je ne veux pas mêler les choses saintes aux profanes; cependant il y a là quelque analogie qui donne du poids à la possibilité du Systeme. Les esprits peuvent communiquer leurs forces et les transporter, en se propageant dans un autre sujet.[270]

Die *Monadenkörper*, die der *Philologe* im Satz-Innern als wesentliche Elemente des Text-Verständnisses beurteilt, sind solche *Keime* an Sinn, die erst in ihrem Kontext, in der Kommunikation aufgehen. Die Analogie zwischen Sinn und Buchstabe, Geist und Körper steht natürlich auch in der paulinischen Tradition des toten Buchstabens des Gesetzes, das des Geistes zum Leben bedarf.[271] Innerhalb der Debatte der verschiedenen Zeugungstheorien erhält dieser Topos aber eine neue Bedeutung, da »Kraftübertragung« und »Mitteilung« nun von der modernen Naturwissenschaft ›belastete‹ Termini sind. Gerade Lindners Text zeigt, wie nahe sich im Endeffekt materialistische – etwa Lamettriesche – Thesen und Weiterentwicklungen Leibnizscher Thesen kommen. Die Rede von der *Seele* und dem *Körper* des Wortes ist – wie schon erwähnt – nicht etwa alleiniger Besitz der Cartesianer, sondern kann überall dort verwendet werden, wo zwischen Idee und Lautgestalt eines Zeichens oder zwischen Gedanken und sprachlicher Mitteilung unterschieden wird, d. h. so ziemlich überall.[272] Denn auch ein überzeugter

---

270 Ebd. S. 344f.

271 Paulinische Bildwelt und Inspirationslehre führen zu einer Aufwertung der sinnlichen Welt durch die Ebenbildlichkeit des Menschen: »Jede Geschichte trägt das Ebenbild des Menschen, einen Leib, der Erde und Asche und nichtig ist, den sinnlichen Buchstaben; aber auch eine Seele, die den Hauch Gottes und der Athem seines Mundes, das Licht und das Leben, das im Dunkeln scheint und von der Dunkelheit nicht begriffen werden kann. Der Geist Gottes in seinem Wort offenbart sich wie das Selbständige – – in Knechts Gestalt – ist Fleisch – und wohnt unter uns voller Gnade und Wahrheit.« *Betrachtungen über Newtons Abhandlung von den Weissagungen* (1758), N I, S. 315.

272 So definiert Christian Wolff (Vernünftige Gedanken von den Kräften des menschlichen Verstandes und ihrem richtigen Gebrauche in Erkenntnis der Wahrheit [1713]. II, § 1. Hg. v. H. W. Arndt. Hildesheim 1978, S. 151) Zeichen und Kommunikation wie folgt: »Durch die Wörter pflegen wir andern unsere Gedancken zu erkennen zu geben. Und also sind sie nichts anders, als Zeichen unserer Gedancken, daraus nemlich ein anderer dieselbe erkennen kan.« Diese Definition ist sowohl mit Leibniz als auch mit Descartes kompatibel. Über das Fortleben wichtiger Teil der cartesianischen Philosophie im Wolffschen Leibnizianismus; vgl. Robert Sommer: Grundzüge einer Ge-

Materialist wie La Mettrie bedarf solcher Ausdrücke wie Leib und Seele, um zu beweisen, daß der Leib die Seele ausgesprochen beeinflusse.[273] Wenn nun also unser *Philologe* in seinem *Versuch über eine akademische Frage* die Frage nach dieser Beziehung stellt, so können wir daraus nicht auf eine cartesianische Argumentation schließen:[274]

> Eine Verhältnis und Beziehung zwischen dem Erkenntnisvermögen unserer Seele, und Bezeichnungsvermögen ihres Leibes ist eine ziemlich geläufige Wahrnehmung, über deren Beschaffenheit und Gränzen aber noch wenig versucht worden. Es muß daher Ähnlichkeit unter allen menschlichen Sprachen geben, die sich auf die Gleichförmigkeit unserer Natur gründen, und Ähnlichkeiten, die in kleinen Sphären der Gesellschaft nothwendig sind.[275]

---

schichte der deutschen Psychologie und Ästhetik. Würzburg 1892, S. 22f., 52; Kondylis, *Die Aufklärung im Rahmen des neuzeitlichen Rationalismus*, S. 546–549. Zu Wolffs früher cartesianischen Abhandlung *Disquisitio philosophica de loquela* und seiner sprachtheoretischen Entwicklung vgl. Ulrich Ricken: Sprachtheoretische Positionen und Entwicklungen in der deutschen Aufklärung. In: *Sprachtheorie und Weltanschauung*, S. 216ff. So erscheinen auch die *Unvorgreiflichen Gedanken* – programmatisch – im I. Band der *Critischen Beyträge* (1732), dem Organ der Gottschedianer, ungekürzt und mit dem Vermerk, daß diese Gedanken »unserer Gesellschaft längst zur Regel dienen«. Zit. n.: Anneliese Senger: Deutsche Übersetzungstheorie im 18. Jahrhundert (1734–1746). Bonn 1971, S. 35; zur Rezeption der *Unvorgreiflichen Gedanken* in Gottscheds *Deutscher Gesellschaft* vgl. Ute Burmester: Schlagworte der frühen deutschen Aufklärung. Exemplarische Textanalyse zu Gottfried Wilhelm Leibniz. Frankfurt a/M 1992, S. 171–174

273 Die Probleme der Vermittlung zwischen Seele und Körper sind bei Descartes bekanntlich weder gelöst noch widerspruchsfrei behandelt, was zu einer uneinheitlichen Descartes-Rezeption in diesem Punkt geführt hat. Dies zeigt etwa der Versuch Laforges, die Beziehung zwischen Köprer und Geist okkasionalistisch statt durch ein immanentes Kraftprinzip zu erklären und so den materialistischen Beigeschmack aus Descartes' *Sechster Meditation* und seinem *Passions de l'âme* zu vertreiben. Vgl. hierzu Woolhouse, *Descartes, Spinoza, Leibniz*, S. 139–141, 165f.

274 Helmut Weiß (Johann Georg Hamanns Ansichten zur Sprache. Versuch einer Rekonstruktion aus dem Frühwerk. Münster 1990, S. 49–51) geht m. E. fehl, wenn er die Verwendung von *Leib* und *Seele* und die Frage nach deren Einfluß als cartesianisch wertet und darüber hinaus in Hamanns Sprachphilosophie eine *Integration* dieses *rationalistischen Topos in seine primär religiöse Auffassung* sieht. Weiß führt als Beleg eine korrekte Aussage Gerda Hasslers (Sprachtheorien der Aufklärung zur Rolle der Sprache im Erkenntnisprozeß. Berlin 1984. S. 10) an. Es ist aber ein wesentlicher Unterschied, ob man die Geistigkeit der Sprache aus Descartes' Dualismus konstatiert, oder aber aus der Verwendung von Ausdrücken allgemeinster Art auf cartesianischen Dualismus schließt. Weiß' zweites Argument, daß Hamann hier nicht *Körper* und *Geist*, sondern die Ausdrücke *Leib* und *Seele* verwende und somit den Dualismus der *christlichen Vorstellungswelt* annähere, ist gleich aus drei Gründen nicht stichhaltig: erstens dürfte es schwerfallen, diesen Unterschied in der französischen (oder lateinischen) Sprache nachzubilden, da sich »âme« auf frz. bekanntlich anders verhält als »Seele« und zudem hier als ›terminus technicus‹ fungiert (vgl. Descartes, *Les passions de l'âme*); zweitens will sich Descartes' Dualismus ja gerade und explizit orthodox; und drittens gehören die theologischen Implikationen dieser ›Annäherung‹ zu den heftigst diskutierten Problemen der Aufklärung.

275 *Versuch über eine akademische Frage* (1760), N II, S. 121f.

Die zwei Grundlagen, die hier explizit für die *Ähnlichkeiten* innerhalb der menschlichen Sprachen angenommen werden, sind die *Gleichförmigkeit* der menschlichen *Natur* und die Gesellschaftsgruppen, welche die naturrechtliche Frage nach der gesellschaftsbildenden Funktion der Sprache wieder aufnehmen. Unter der *Gleichförmigkeit* versteht der *Philologe* die *natürliche Denkungsart* und entwickelt gleich anschließend den empirisch-sensualistischen Grundgedanken der *histoire de l'esprit*, die er durch die Untersuchung der *allgemeine[n] Geschichte als die Historie einzelner Völker, Gesellschaften, Secten und Menschen* und einer *Vergleichung mehrerer Sprachen und einer einzigen* auf einen Grundsatz reduzieren will. Dieses Programm wird entscheidend durch das Konzept der biophysischen Bedingtheit der Seele *durch die Lage des Körpers* bestimmt, das die Körpermetaphorik nun auf das *Volk* überträgt.

Der *Hochwohlgelahrte Deutsch-Franzose* schließt seine Ausführungen zur Inversion mit ironischer Geste, indem er vier Zeilen aus der *Ars Poetica* seinen fragmentarischen Schlußüberlegungen zur Illustration des eben Gesagten nachschickt:

> Die Ordnung aller dieser Redetheilchen, wohin noch einige Fürwörter gehören, scheinet hiernächst auch nach der Flüssigkeit der Aussprache und einigen Zufälligkeiten ihrer Vereinigung eingefädelt zu seyn.
> *Ordinis haec virtus erit & Venus (aut ego fallor)*
> *Ut iam nunc dicat, iam nunc debentia dici*
> *Pleraque differat & praesens in tempus omittat;*
> *Hoc amet, hac spernat promissi carminis auctor.*[276] [xx]

Die Horazische Aufforderung, das sogleich zu sagen, was sowieso gesagt werden muß, und es wenn möglich elegant zu sagen, relativiert die Aussagen des vorangehenden Vergleichs zwischen der deutschen und der französischen Sprache. Entgegen der Meinung Pluches ist es nicht die Sprache, die für die Qualität der Äußerungen verantwortlich ist, sondern der Autor. Horaz und Petronius bilden so den Rahmen um die eigentliche Untersuchung der Wortfügung, die beide die Verantwortung der ›Sprecher und Schreiber‹ innerhalb der Sprachgemeinschaft betonen.

Die Überleitung zum dritten Thema der *Vermischten Anmerkungen* verstärkt den Eindruck des Zufälligen und Partikulären noch. Den Finanzen und der Grammatik soll jetzt auch noch ein Thema aus dem Bereich der Ästhetik folgen:

---

[276] Horaz: Epistularum, II, 3, v. 42–45 (die meisten heutigen Ausgaben bringen Vers 46 vor 45).

> Ich schüttle jetzt den Staub der Werkstäte von meiner Feder ab, die zur Abwechselung noch einen Ausfall in das freyere Feld der Betrachtung und des Geschmacks wagen soll. [xxi]

So frei ist dieses Feld jedoch nicht, und der erste Ausfall richtet sich gegen Rousseaus *Sendschreiben über die französische Musick* [xxii]. Auch hier geht es dem *Philologen* um die Vorzüge oder Nachteile der Sprachen untereinander; der Bezug zur Wortfügung ist dabei von Rousseau vorgegeben:

> La mesure est à peu près à la mélodie ce que la syntaxe est au discours; c'est elle qui fait l'enchaînement des mots, qui distingue les phrases, et qui donne un sens, une liaison au tout.[277]

Rousseau folgt bei seiner Kritik der französischen Musik also dem Argumentationsmuster der Inversions-Debatte, indem er verschiedene Argumente zu einem fragwürdigen Analogieschluß verbindet:

> Si l'on demandoit laquelle de toutes les langues doit avoir une meilleure grammaire, je répondrois que c'est celle du peuple qui raisonne le mieux; et si l'on demandoit lequel de tous les peuples doit avoir une meilleure musique, je dirois que c'est celui dont la langue y est la plus propre.[278]

Die Ausbildung der syntaktischen Charakteristiken einer Sprache hängen also von der Vernünftigkeit der Menschen ab, die sie sprechen, die musikalischen Fähigkeiten hingegen von der Sprache selber. Wieso sollte es aber denselben Menschen nicht möglich sein, ein musikalisches System zu entwerfen, das ein Spiegel ihrer musikalischen Fähigkeiten wäre, wie die Sprache ein Spiegel ihrer geistigen Fähigkeit ist? Rousseau geht davon aus, daß zwischen Sprache und Musik ein natürliches Verhältnis bestehe. Die Musik entziehe sich folglich sekundären Kunstgriffen, welche Sprache und Musik aneinander anzupassen versuchten. Aus dem Vergleich der Prosodien könne daher auch auf den Charakter – und die Qualität – der Musik einer *Nation* gefolgert werden:

> toute musique nationale tire son principal caractère de la langue qui lui est propre, et je dois ajouter que c'est principalement la prosodie de la langue qui constitue ce caractère.[279]

Dementgegen argumentiert der *Philologe* durch Bilanzierung der sprachlichen Vor- und Nachteile zweier Nationen. So finde die *Monotonie* des Französischen – der *style languissant*, wie sie die Partei der Latinisten gerne

---

[277] Jean-Jacques Rousseau: Lettre sur la musique françoise (1753). In: Œuvres, Bd. IV. Paris 1863, S. 414.

[278] Ebd. S. 417.

[279] Ebd. S. 414.

nennt – eine *ebenmäßige* Entsprechung in der Identität der *Endungen im Lateinischen.* Denn *die Fehler, welche man den Sprachen aufbürdet, rühren immer von der Untüchtigkeit eines Autors oder Componisten her, in der Wahl seiner Materie und in der Art selbige zu behandeln* [xxii].[280] Beispiele dafür lieferten *einige Vaudevillen*, welche die Eignung *der französischen Sprache zur epischen Dichtkunst* besser belegten als die *Henriade* [xxiii]. Der Angriff gegen Voltaire ist gleich doppelt, da er sich nicht nur gegen die literarische Qualität der *Henriade* richtet, sondern sich auch noch die Argumente hierzu bei Voltaire selbst holt. Die Anspielung auf den berühmten Ausspruch *Les Français n'ont pas la tête épique* ist unüberhörbar.[281] Die zweite Anspielung geht ebenfalls auf Kosten des *Essai sur la poésie épique*:

> Der Schluß von einem Gassenliedchen auf die künftige Würklichkeit eines Heldengedichts wird niemanden ebentheuerlich vorkommen, seit der Entdeckung einer Meisterhand von dem Ursprung eines wichtigern Werkes, als eine Epopee ist, und das, in Frankreich nämlich, von einem nichtigen Vaudeville herzuleiten. [xxiii]

Die *Meisterhand* gehört Milton; diejenige aber, die das *Paradise Lost* von einem *nichtigen Vaudeville* herleitet, Voltaire[282] – ein Beleg für den Geschmack der Franzosen an Bagatellen:

> Les Bourbons [...] sont gens fort appliqués aux bagatelles – – peut-être moi même aussi bien que les autres –. [xxiii]

Dieses Zitat aus den *Mémoires* der Mme de Montpensier[283] gibt Anlaß zu einer langen Fußnote, die sich gegen Friedrich Carl von Mosers *Der Herr und Diener geschildert mit patriotischer Freyheit* richtet. Dieser Fußnote kommt eine besondere Bedeutung zu, insofern der Titel der *Vermischten*

---

280 Darin war ihm Klopstock vorausgegangen; vgl. Von der Sprache der Poesie (1758). In: *Ausgewählte Werke*, Bd. II, S. 1024.

281 Voltaire: Essai sur la poésie épique: Conclusion (1726), In: La Henriade. Paris 1801, S. 329. Diese Ansicht war in Deutschland verbreitet, wie etwa Neukirch belegt. Benjamin Neukirch: Vorrede von der deutschen Poesie. In: Herrn von Hoffmannswaldau und andrer Deutschen auserlesener und bißher ungedruckter Gedichte (1697). Bd. I. Hg. v. Angelo George de Capua u. Ernst Alfred Philippson. Tübingen 1961, S. 9

282 Voltaire, *Essai sur la poésie épique* (Milton), S. 314f: »Milton, voyageant en Italie dans sa jeunesse, vit représenter à Milan une comédie intitulée, *Adam*, ou *le Péché originel*, écrite par un certain Andreino [...] Ce sujet, digne du génie absurde du théâtre de ce temps-là, était écrit d'une maniere qui répondait au dessein. [...] Toute la piece est dans ce goût. J'avertis seulement les Français, qui en riront, que notre théâtre ne valait guere mieux alors; que la mort de saint Jean-Baptiste, et cent autres pieces sont écrites dans ce style; [...]«

283 Mlle de Montpensier (1627–1693) war eine Kusine 1. Grades Ludwigs XIV, woraus sich wohl der Zusatz »eine glaubwürdige Geschichtsschreiberin ihres Geschlechts« erklärt. Der Verweis auf diesen Text findet sich – wie in der Fußnote vom Philologen vermerkt – bei: Friedrich Carl von Moser: Der Herr und der Diener geschildert mit patriotischer Freyheit. Frankfurt 1761, S. 147.

Anmerkungen zur Hälfte mit dem Titel von Mosers Werk übereinstimmt. Diesen Umstand hebt der *Philologe* besonders hervor:

> Um der Aufschrift meiner vermischten Anmerkungen ein Genüge zu leisten, bediene mich dieser zufälligen Anführung, meinen hochwohlgelahrten Patriotismus über die Schilderey des Herrn und des Dieners auszulassen. [*xxiii*]

Die Erklärung des Titels steht bezeichnenderweise in einer Fußnote, in einer *zufälligen Anführung*. Der Witz des Untertitels beruht auf dem Widerspruch zwischen *Patriotismus* und *Deutsch-Franzose*.[284] Den Kern der Moser-Kritik bildet ein – uns bereits bekannter – ökonomischer Grundsatz:

> Diese Rhapsodie ist zum Theil aus französischer Seyde gesponnen; daher man so gewissenhaft gewesen, Frankreich mit Wucher für den Gebrauch ihrer Materialien Erstattung zu thun. Ein abermaliger Beweis deutscher Ehrlichkeit, die aber dem Wachsthum der Klugheit oft Eintrag thut. [*xxiii*]

Damit greift der *Philologe* den Mangel der patriotischen Tugenden der Kaufleute wieder auf und bringt sie in Zusammenhang mit der merkantilistischen Handelstheorie, die den Import eines Luxusprodukts wie Seide[285] aufs strengste verurteilt. Der Zusammenhang zwischen Bilanzpolitik und Sprachvergleich wird über die von Moser gewählte Sprache und der Kritik an ihr vollends deutlich. Im Gegensatz zu Leibniz, welcher der deutschen Sprache von alters her spezifische Vorzüge vor andern Sprachen einräumt, betont unser Text, daß jede Sprache – sofern die Sprecher dies wollen und können – fähig sei, Reichtümer zu bilden, ohne auf naturgegebene Vorzüge zu rekurrieren.

Der Verbindung zwischen Gelehrten und Banquiers, zwischen geistigem und materiellem Besitz ist der letzte Abschnitt gewidmet, der so noch einmal den Bogen zum Anfang der Abhandlung schlägt:

> Die Reinigkeit einer Sprache entzieht ihrem Reichtum; eine gar zu gefesselte Richtigkeit, ihrer Stärke und Mannheit. – In einer so grossen Stadt, als Paris ist, liessen sich jährlich, ohne Aufwand, vierzig gelehrte Männer aufbringen, die unfehlbar verstehen,

---

284 Wie auch zwischen *hochwohlgelahrt* und *zusammengeworfen*. Die widersprüchliche Freiheit findet sich in der Vignette zu den *Vermischten Anmerkungen* [ii] illustriert, wo ein ›gallischer‹ Hahn Hühner und eselhafte Menschen im ›Nachsingen‹ unterrichtet. Hamann (*Brief an Johann Gotthelf Lindner vom 7. März 1761*, ZH II, S. 64) nennt dies die *herrschende Mosersche Denkungsart*.

285 Die Einführung des *Seidenbaus* in Deutschland ist auch ein halbes Jahrhundert nach Leibniz nach wie vor aktuell. Vgl. etwa Joh. Friedrich von Pfeifer: Der Teutsche Seidenbau. Berlin 1748; Joh. Heinrich Gottlob von Justi: Staatswirthschaft oder Systematische Abhandlung aller Oeconomischen und Cameralwissenschaften, die zur Regierung eines Landes erfordert. Bd. I. Leipzig 1755, S. 256ff. *Seyde* ist vielleicht auch eine Anspielung auf: »Man muß mit Königen und Fürsten in seidenen Worten reden; es ist eine Pflicht und es soll eine angenehme Pflicht seyn, wenn man einen Herrn vor sich hat, der kein Tyrann ist [...]« Moser, *Der Herr und der Diener*, S. 295.

was in ihrer Muttersprache lauter und artig, und zum Monopol dieses Trödelkrams nöthig ist. – Einmal aber in Jahrhunderten geschieht es, daß ein Geschenk der Pallas, – ein Menschenbild, – vom Himmel fällt, bevollmächtigt, den öffentlichen Schatz einer Sprache mit Weisheit, – wie ein Sülly, zu verwalten, oder mit Klugheit, – wie ein Colbert, zu vermehren. [xxiv]

Der erste Satz dieses Abschnitts liest sich wie eine bewußte Umkehrung der Leibnizschen Forderung nach *Reichtum, Reinigkeit und Glanz* einer Nationalsprache. Der erläuterte Vorbehalt Leibniz', daß eine Sprache ohne *Kraft und Saft* nichts tauge, wird hier jedoch geradezu zum Grundsatz erhoben und – in für Hamann typischer Manier – in Verbindung zum Geschlechtsleben gesetzt. Es ist nicht die *Richtigkeit*, die in Frage gestellt ist, sondern die *Fesseln*; gerade solche Fesseln entdeckt schon der Merkantilismus – und erst recht der Neomerkantilismus – in der Monopolbildung.[286] Die ›Zunft‹, die hier heimlich monopolisiert, ist die *Académie française*, die in krassem Gegensatz zur *Pallas* und deren *Geschenk* steht.[287] Das himmlische Menschenbild spielt einerseits – wenn auch nicht konsequent – auf die Gottesebenbildlichkeit an, andererseits auf die Geistesblitze, wie man sie etwa von Pallas Athene erwarten darf. Sei es das Göttliche, sei es das Genialische, für das man sich entscheidet, so bleibt die Frage, wie wir es in Zusammenhang zu Colbert und Sully bringen. *Weisheit* und *Klugheit*, ›sapientia‹ und ›prudentia‹, sind bestimmt keine genialischen Tugenden, sondern wohl eher in Zusammenhang zu einer ökonomischen Sprachpflege zu bringen. Die Entgegenstellung von Sully und Colbert ist dabei konventionell. Die Physiokraten und ihre Vorgänger sahen in Sully aufgrund seiner Förderung der Landwirtschaft ein illustres Vorzeigestück, während Colbert durch seine Bevorteilung des Handels als Feindbild Verwendung fand.[288] In *Weisheit* und *Klugheit* stehen sich konservative, auf dem Boden aufbauende Ständeordnung und der pragmatische Begriff des Handels gegenüber. Dem *Philologen* gelten nun die beiden Minister als Vergleichspunkte zu dem *Menschenbild vom Himmel*, das sich strukturell als äquivalent zur witzigen Konstruktion des

---

[286] Vgl. etwa Becher, *Politische Discurs*, S. 111ff.

[287] Ich vermute, daß der Philologe hier auf das hölzerne Bild der Pallas (das Palladium) anspielt, das von Athene hergestellt und von Zeus dem Ilus als Zeichen vom Himmel zugeworfen wird. Vgl. Apollodoros, *Bibliotheke*, III, XII, 3; zur Bedeutung des Bildes für die Römer: Ovid, *Fasti*, VI, 420ff. Unger (Hamann und die Aufklärung, S. 291) sieht an dieser Stelle ein *grandioses Bild*, das »in die transzendenten Regionen überrationaler und antirationaler, ahnungsvoll emporgesteigert« wird. Dazu passen weder Sully, noch Colbert, die man sich als Verwalter *überrationaler* Ahnungen wohl schwerlich vorstellen kann, noch Athene als Quelle der ›Antirationalität‹.

[288] Vgl. Quesnays Artikel *Grains* in der *Encyclopédie* (1757). In: François Quesnay: Œuvres économiques et philosophiques. Hg. v. A. Oncken. Paris 1888, S. 208, 216.

sokratischen Daimons der *Vorrede*[289] erweist – als ein *Mittelding zwischen einem Sterblichen und einem Unsterblichen:*[290]

> Ich glaube, daß der Dämon, so wie Homer Athene bei allen Taten dem Odysseus zur Seite stellt, dem Sokrates ebenso von seiner Geburt an eine solche Erscheinung zur Wegweiserin durch dieses Leben gegeben habe, die immer vor ihm hergehen und in allen dunklen, dem menschlichen Verstande unbegreiflichen Vorfällen ihm ›den Weg beleuchten‹ solle, ja, daß dieser Dämon oft mit ihm gesprochen und seine Entschlüsse göttlich gefärbt habe.[291]

3. Epitext

Diese Eingebungen, diese Freiheiten gegenüber der Sprache, die diese *vermehren*, finden wir im Prinzip des ›Witzes‹ oder der *Analogie* vereint,[292] die der Verfasser der *Sokratischen Denkwürdigkeiten* als *die Seele der Schlüsse, deren Leib die Ironie ist,*[293] bezeichnet. Die *sokratische Denkart* im Gegensatz zur *moserschen* ist ein *kluges* Werk der Verstellung und die *weise* Erkenntnis größerer Zusammenhänge, die zur Bildung neuer Reichtümer führt. Sie steht darüber hinaus in einer Reihe von grundlegenden Überlegungen, die Hamann dem Problem des Stils widmet. So publiziert er in einem Beitrag für die *Königsbergsche Gelehrte und Politische Zeitungen* im Jahre 1776 eine Übersetzung von Buffons *Discours prononcé dans l'Académie françoise* unter dem Titel *Über den Styl.* In der Einleitung hierzu be-

---

289 Siehe oben Seite 162.

290 Platon: Symposium. 202 d.

291 Plutarch: De genio Socratis/Der Daimon des Sokrates. 580 c. Übers. n. Moralia. Bd. VII. Harvard 1984, S. 404f.

292 Eric A. Blackall (Die Entwicklung des Deutschen zur Literatursprache. Stuttgart 1966, S. 323) läßt im Kapitel *Der mystische Zugang* durchtönen, daß mit Hamann der ›Witz‹ ausgespielt habe. Im Gegenteil muß bemerkt werden, daß bei Hamann eine Radikalisierung des Analogie-Prinzips eintritt, da diese mit der Ironie kombiniert nicht mehr – wie etwa bei Gottsched (*Versuch einer Critischen Dichtkunst*, I. II, 11, S. 102f.) – im Dienste der *gesunden Vernunft* (ebd. § 17, S. 108) steht, sondern durch zufällige Faktoren wie Unkraut wild wächst. Vgl. etwa *Brief an Moses Mendelssohn vom 11. Februar 1762*, ZH II, S. 129: »Zeilen zu *pflanzen*, deren Wachsthum von *Sonne, Boden* und *Wetter* abhängt.« Gottsched (*Versuch einer Critischen Dichtkunst*, I, II, 12, S. 103) verurteilt mit einem ähnlichen Bild das wilde Wachsen als Entgleisungen der Phantasie, die bei Menschen ohne gehörigen Unterricht das Schaffen von Kunstwerken vereitelt: »so ist doch alle ihr Witz gleichsam ein ungebautes Feld, das nur wilde Pflanzen hervortreibt; ein selbst wachsender Baum, der nur ungestalte Aeste und Reiser hervorsprosset.« Hamann greift dabei auf einen Poesie-Begriff zurück, der bei Bacon ähnlich formuliert wird. »But for poesy (whether we speak of stories or metre) it is (as I said before) like a luxuriant plant, that comes of the lust of the earth, without any formal seed. Wherefore it spreads everywhere and is scattered far and wide, – so that it would be vain to take thought about the defects of it.« *The Advancement of Learning*, VI, I. In: *Works* IV, S. 443f.

293 *Sokratische Denkwürdigkeiten*, N II, S. 61.

zeichnet er die darin enthaltenen *Ideen*, die das *Heiligtum der wahren Schreibart und den Styl im höheren Verstande betreffen.*[294] In einer der zahlreichen Fußnoten, die den Buffonschen *Discours* begleiten und sich als *Ergänzung* zum *Anti-Styl* verstehen,[295] kommentiert der Übersetzer – mit welchem Recht auch immer – einen Gedanken Buffons, der den Gegensatz zwischen den *Funken des Kützels* und der *Wärme des gleichmäßigen Lichtes* betrifft:

> Man *streichelt* auch, wie aus dem Fell der schwarzen Katzen im Finstern, eine angenehme *Erleuchtung* aus der Oberfläche der dunkelsten und schwersten Materien, weil selbige mehrentheils auf haarkleine *Zufälligkeiten* ankommen, und sich in ein *zweydeutiges Interesse* verlieren, wie der *Geist* des *Helvetius* in seinem neuen *Testament* zur *Erziehung* des *Menschen* und der *Völker* mit vieler Salbung gepredigt, und eben so sinnlicher Empfindbarkeit bewiesen. Je wortreicher und widersinniger dergleichen Aufgaben behandelt werden, desto mehr Phosphorus und *Magnificum, quod pueris et patruis placet* (nach dem Petron) kann aus den Extremitäten und Excrementen der Begriffe, dem Magen und Willen der Dinge zuwider, herausgestriegelt werden, vermittelst einer populair, philosophirenden Sprache, deren Kunstzeichen weit abstracter, biegsamer und schlüpfriger sind, als der *Laconismus* und *stylus atrox* poetischer Bilderschrift.[296]

Diese von Buffon entwickelte Opposition zwischen *Wärme* und *Funken* (mit klarer Entscheidung für die erstere[297]) wird von Hamann wiederum differenziert in *angenehme Erleuchtung* durch *Streicheln* und *Phosphorus* durch *Striegeln*, wobei die erste Form zum eigenen *stylus atrox* gezogen wird, während das Striegeln der eigentlichen Natur der Dinge *zuwider* ist. Trotz der ›alchemistischen‹ Sprechweise vertritt Hamann hier die Ideale des neuen Stils, des als dunkel verschrieenen Lakonismus eines Tacitus. Die Forderung der *Modernes* nach einem Stil der Sachen erscheint in der Anmerkung genauso wie bei Buffon, wobei jedoch Hamanns Vorstellung von dem *Ganzen*, das die *Ordnung* der *Gedanken* bestimmen soll, wesentlich von derjenigen Buffons abweicht.

Es ist wiederum seine kinetische Kommunikationstheorie, die zwischen der *Wärme* auf Seiten der ›sapientia‹ und den *Funken* der ›prudentia‹ vermittelt. Sie bestimmt auch die theoretische Erfassung der Sprachentwicklung im *Versuch über eine akademische Frage* anhand zweier Hauptkräfte: der *unbeweglichen* und der *beweglichen Denkungsart.* Daraus lassen sich *Modewahrheiten* und *Vorurtheilen* ableiten, die in einem Land *circulieren* und deren Verhältnis zueinander *Reichthum* und *Armuth* innerhalb einer Sprache und ihrer Wortgruppen bestimmen. Sie gehen auf die *Demonstrir-*

---

294 *Über den Styl* (1776), N IV, S. 419.
295 Ebd. S. 425.
296 Ebd. S. 421.
297 Buffon spricht den *Funken* jeglichen Erkenntniswert ab, schlimmer noch: sie *blenden* (Ebd. S. 422).

und die *Übersetzungssucht* zurück, d.h. auf die *mathematische Lehrart* und auf *die französischen und englischen Schriftsteller.* So trägt die Sprache zwei Quellen der Gefahr in sich, daß sie nämlich entweder *zu einem Rosenkranz von Kunstwörter* oder *zu einem Netz, das gute und faule Fische allerley Gattung fängt und aufnimmt* verkommt.[298] Das Begriffspaar von Kunst- und Lehnwort der Sprachverbesserer wird hier wieder aufgenommen und in Verbindung zu zwei Kräften gesetzt, welche die Evolution der Sprache bestimmen. Die Ermahnungen sind uns bekannt: Schon Leibniz sah in den Kunstwörtern, den ›termini technici‹, eine nötige Erweiterung und Verbesserung der deutschen Sprache als Instrument von Wissenschaft und Philosophie, gleichzeitig aber auch einen Verlust an Konkretheit; und er bedachte die Aufnahme fremder Wörter mit einem ähnlichen Verdikt: nicht zu viele und nur die tauglichsten.[299] Im Gegensatz zu den Sprachverbesserern dienen diese Argumente dem *Philologen* aber nur zur Beschreibung der Sprachentwicklung und nicht als Anleitung zu ihrer Verbesserung. Die Veränderungen, deren Wert nicht im voraus bestimmt werden kann, sollen aus einer selbstbewußten und freiheitlichen Haltung der Autoren gegenüber der Sprache fließen:

> Der Unfug Sprachen zu verwirren, und der Köhlerglaube an gewisse Zeichen und Formeln sind bisweilen Staatsstreiche, die im Reiche der Wahrheit mehr auf sich haben als die kräftigste frischgegrabene Wurzel eines Wortes oder die unendliche Genealogie eines Begrifs; Staatsstreiche, die einem gelehrten Kannengießer und redseeligen Handwerksburschen nicht in seinen besten Träumen einfallen.
> Ich will mit ein Paar Beyspielen schlüssen, wo die Sprache in Meynungen und Meynungen in die Sprache einen Einfluß zu haben scheinen. Wer in einer fremden Sprache schreibt, der muß seine Denkungsart, wie ein Liebhaber, zu bequemen wissen. -- Wer in seiner Muttersprache schreibt, hat das Hausrecht eines Ehmanns, falls er dessen mächtig ist. Ein Kopf, der auf seine eigene Kosten denkt, wird immer Eingriffe in die Sprache thun; ein Autor hingegen auf Rechnung einer Gesellschaft, läßt sich die ihm vorgeschriebene Worthe wie ein Miethsdichter die Endreime (*bouts-rimés*) gefallen, die ihn auf die Gleise derjenigen Gedanken und Meynungen bringen, so sich am besten schicken.[300]

In der Opposition zwischen *Demonstrir-* und *Übersetzungssucht* finden wir die Gesetze, welche die Richtung der menschlichen Entwicklung bestimmen; zwischen diesen beiden Polen scheint die Sprache träge dazuliegen –

---

[298] *Versuch über eine akademische Frage*, N II, S. 124. Nach Proß geht diese Vorstellung auf Überlegungen Breitingers zurück, der in seiner *Fortsetzung der Critischen Dichtkunst* (Zürich 1740, S. 144) sich mit dem Problem von Idiotismus und Übersetzung auseinandersetzt. Wolfgang Proß: Anmerkungen zu Herders Fragmenten. In: Joh. Gottfried Herder: *Werke* I, S. 734.

[299] Hamann kennt auch den Begriff des *Bürgerrechts in einer Sprache*, wenn auch in abgeänderter Bedeutung; vgl. *Kleeblatt Hellenistischer Briefe*, N II, S. 170. Siehe unten Seite 238.

[300] *Versuch über eine akademische Frage*, N II, S. 126.

und allenfalls auf Zeugung durch einen ›energischen‹ Akt zu warten. Die Demonstriersucht versucht das bereits vorhandene durch Definitionen und Abstraktionen zu erfassen und kann so die Sprache von der Rede und dem Leben ›entfremden‹. Demgegenüber importiert die Übersetzungssucht zwar neue (Sprach-)Ware und illustriert durch den internationalen Handel ihre Beweglichkeit, gefährde aber im Übermaß ebenfalls die Gesundheit. Leben scheint auf Identität und Verwandlung angewiesen zu sein:

> Zum Gleichnis mag die Geschichte des Hutes in Gellerts Fabeln[301] oder die Lehr der Ärzte von unserm Leibe dienen, der in einem kurzen Kreyslauf von Jahren immerverwandelt wird und doch der selbe bleibt, die ganze Haushaltung des natürlichen Lebens hindurch, von der Empfängnis an bis zur Verwesung.[302]

Weder die Erfindung von Kunstwörtern, noch der Import von Fremdwörtern, noch die etymologische Erforschung eigener Schätze dienen als Rezepte, sondern nur die dialektische Vermittlung zwischen *Liebhaber* und *Ehmann*, zwischen dem *Kopf auf eigene Kosten* in Recht und Freiheit und dem *Miethsdichter auf Rechnung einer Gesellschaft*. Der Raum zwischen Freiheit und Tradition, zwischen dem privaten und dem *gesellschaftlichen* Interesse, zwischen *Egoismus und Gemeinwohl*[303] ist also nicht nur der Schauplatz der Gefährdungen, sondern auch der Bedingungen des Erhalts. Damit greift der *Philologe* eine Unterscheidung auf, der wir in Adam Smiths Diskussion des *mercantile systems* – wenn auch in anderer Bewertung – schon begegnet sind. Unserem Autor näher kommt die Einschätzung Josiah Tuckers, der im Vorwort zu seinem Hauptwerk *The Advantages and Disadvantages* ebenfalls das Auseinanderklaffen des eigenen Interesses und der Bilanz der Nation konstatiert. Tucker urteilt jedoch, daß sowohl der desinteressierte Gelehrte als auch der Kaufmann zum Wohl des Ganzen beitrage, da Privat- und Staatsinteressen nicht im Widerspruch zueinander

---

301 Vgl. Christian Fürchtegott Gellert: Die Geschichte von dem Hute (1746). In: Fabeln und Erzählungen. Berlin o. J., Erstes Buch, S. 9–11. Es geht in dieser Fabel um die Veränderung eines Hutes, der von Generation zu Generation der Mode angepaßt wird. Gellert zieht den Vergleich zur Philosophie und nicht zur Sprache; er schließt: »Der Erbe ließ ihm [dem Hute] nie die vorige Gestalt:/Das Außenwerk ward neu, er selbst, der Hut, blieb alt;/Und, daß ich's kurz zusammen zieh',/Es ging dem Hute fast wie der Philosophie.«

302 *Versuch über ein akademische Frage,* N II, S. 124.

303 Um hier den gleichnamigen Titel Walter Euchners als Formel zu gebrauchen; vgl. für unseren Zusammenhang, ebd. S. 28f. Johannes Rohbeck (Egoismus und Sympathie. David Humes Gesellschafts- und Erkenntnistheorie. Frankfurt 1978, S. 26–69) analysiert die Bedeutung dieser *Harmonie der Interessen* bei der Entstehung des Liberalismus sehr schön; eine systematische Analyse der Bedeutung dieser ›Figur‹ für die Smithsche Philosophie liefert Jean Mathiot: Adam Smith. Philosophie et économie. De la sympathie à l'échange. Paris 1990, S. 21–47.

stünden, sondern recht verstanden sich gegenseitig förderten.[304] Die Bedeutung des Kaufmannsstandes als Motor politischer Umwälzungen gehören mit zu den Hauptinteressen des jungen Hamann.[305] In seiner *Beylage* zu seiner Übersetzung von Dangeuils *Anmerkungen über die Vortheile von Frankreich und Großbritannien* stellt er die freie Gesellschaft gegen die Despotien der *Hobbes, Macchiavells, Vespasians* und *Pfaffendiener*, den *Bürger* gegen den *Lehensträger*. Die *Ungleichheit* sei jedoch nicht ein *Projecte unseres Witzes*, sondern gehöre zu den *Entwürfen der Vorsehung*, die der Mensch *theils mißverstanden, theils gemißbraucht* habe. Zeichen für die Natürlichkeit der Gesellschaft ist die Sexualität, jener *feurige und sanfte Zug der Geschlechter*; Zeichen für die *Vortheile* aber, die diese Vereinigung mit sich bringen, sind die *Wohltaten, welche durch den Handel der menschlichen Gesellschaft zufließen*.[306] Dieser Handel erscheint als geeignetes Instrument, die *bürgerliche Gesellschaft*, den *Geist* der *Familien ältester Völker* wiederherzustellen, der *Götterdienst* und *Spiele, Tanzkunst* und *Musik*[307] durchdrang:

> Die Freyheit, auf welcher der Handel beruht, scheint ihre [der Geist des gemeinen Besten und die bürgerlichen Tugenden] glückliche Zurückkunft für die Menschen zu beschleunigen. Der ungebundene Wille, die ungestörte Fertigkeit, alles dasjenige thun zu dürfen, was dem gemeinen Besten nicht entgegen ist, wird jene unbändige Frechheit allmählich verbannen, mit der ein jeder zu unsern Zeiten sich alles erlaubt und möglich zu machen sucht, was ihm allein nützlich deucht.
> Unschätzbares Gut! ohne welches der Mensch weder denken noch handeln kann, dessen Verlust ihn aller seiner Vorzüge beraubt; durch dich blühe der Handel, und werde durch ihn über alle Stände ausgebreitet! Jeder trete in seine alten und natürlichen Rechte, die wir um sclavischer Leidenschaften und Vorurtheile willen verläugnet haben!
> [...]
> Der Handelsgeist wird vielleicht die Ungleichheit der Stände mit der Zeit aufheben, und jene Höhen, jene Hügel abtragen, welche die Eitelkeit und der Geiz aufgeworfen

---

304 Josiah Tucker: A Brief Essay on the Advantages and Disadvantages with respectively attend France and Great Britain, with Regard to Trade (1748/^{3}1753) S. Vf. Tuckers Imitator, Dangeul [unter dem Pseud. John Nickolls], stellt die Frage aus französischer Sicht: »Depuis un siécle, les particuliers ont sacrifié avec profusion leurs biens & leurs vies pour rendre l'Etat plus riche & plus puissant; en sont-ils eux-mêmes plus riches & plus heureux? [...] L'intérêt de l'Etat seroit-il donc opposé à l'intérêt des Particuliers: ou ne seroit-ce pas qu'on appelle souvent intérêt de l'Etat, l'intérêt des Ministres de l'Etat?« Dangeul, *Remarques sur les Avantages et les Desavantages de la France*, S. 342. Hamann übersetzt Dangeuil (siehe Fußnote auf Seite 185).

305 Vgl. Philip Merlan (Parva Hamanniana: Hamann as Spokesman of the Middle Class. In: Journal of the History of Ideas. IX/3 [1948], S. 382), der soweit geht, eine klare Verbindung zwischen den Grundideen des jungen Hamann und denjenigen der franz. Revolution zu postulieren (ebd. S. 384).

306 *Beylage zu ›Dangeuil's‹ Anmerkungen über die Vortheile und Nachtheile von Frankreich und Großbritannien in Ansehung des Handels und der übrigen Quellen von der Macht der Staaten; nebst einem Auszuge eines Werkes über die Wiederherstellung der Manufakturen und des Handels in Spanien* (1756). N IV, S. 229f.

307 Ebd. S. 229.

> hat, um sich sowohl auf selbigen opfern zu lassen, als um mit desto mehr Vortheil die Ordnung der Natur bestreiten zu können.[308]

Hamann kombiniert also schon in seiner ersten Buchveröffentlichung Freundschaftskult, Freiheit, bürgerliche und patriotische Tugenden[309] mit dem Thema der Geschlechtlichkeit bei der Bildung von Sprache und Gesellschaft. Tausch und Handel, die den neuen und zugleich den alten *Geist* der Familie darstellen, sind als pragmatische Prinzipien – als Handeln – Ursache und Voraussetzung für das Verständnis, die Bildung und die Entwicklung der Sprache. Hamann versucht also die überholten Ideale der Ständeordnung – Familie und natürliche Ordnung – durch einen neuen Entwurf von Natur einzuholen, in dessen Zentrum nun die Bewegung des Handels steht. Er rekurriert dabei teilweise auf das konservative Gedankengut des *ordo naturalis*, tut dies jedoch mit dem Selbstverständnis eines angehenden Vertreters des Kaufmannsstandes und der zeitgenössischen Philosophie. Die unüberhörbaren Anklänge an die weit berühmteren Sätze aus der *Aesthetica in nuce* sollen dies verdeutlichen:

> Poesie ist die Muttersprache des menschlichen Geschlechts; wie der Gartenbau, älter als der Acker: Malerey, – als Schrift: Gesang, – als Deklamation: Gleichnisse, – als Schlüsse: Tausch, – als Handel.[310]

Der *Philologe* begleitet diese Kette von Ableitungen mit einer einzigen Anmerkung, die *Schlüsse* betrifft und auf Bacon geht:

> – – ut hieroglyphica literis: sic parabolae argumentis antiquores.[311]

Bacon unterstreicht den sinnlichen Charakter der Poesie und sieht insbesonders in der *gleichnishaften Poesie* eine Form der Kommunikation zwischen Gott und Menschheit. Eben diese beiden Punkte, die Sinnlichkeit und den göttlichen Ursprung, bringt unser Autor, wie wir schon bei der *Herab-*

---

308 Ebd. S. 231.

309 Die Verbindung von Freundschaft, Freiheit und Patriotismus zeigt auch, daß Hamann schon vor seiner Londoner Zeit mit der Sprache vertraut war, die im nachhinein von Hamann-Exegeten gerne ausschließlich als religiöse (zudem anti-aufklärerische) Gesinnung interpretiert wird. Zur ›Säkularisierung‹ des Pietismus innerhalb patriotischer Bewegungen vgl. Gerhard Kaiser: Pietismus und Patriotismus im literarischen Deutschland. Ein Beitrag zum Problem der Säkularisation. Frankfurt 1973; hier vor allem die Ausführungen zum Freiheitsbegriff (S. 109ff.). Zur ›revolutionären‹ und freiheitlichen Prägung des Patriotismus im 18. Jh. vgl. Otto Dann: Begriffe und Typen des Nationalen in der frühen Neuzeit. In: Nationale und kulturelle Identität. Studien zur Entwicklung des kollektiven Bewußtseins in der Neuzeit. Hg. v. Bernhard Giesen. Frankfurt a/M 1991, S. 62.

310 *Aesthetica in nuce*, N II, S. 197

311 Bacon, *De Augmentis*, II, XIII. In: *Works* I, S. 520.

lassung gesehen haben, zusammen und erweitert sie durch Garten, Gesang und Tausch.[312] Die Aussage, daß Poesie die Muttersprache der Menschheit sei, ist eine Konsequenz, die sich im Sensualismus Condillacs schon eineinhalb Jahrzehnte vorher verzeichnet findet und auf Gedanken der *Querelle* aufbaut:

> Le style, dans son origine, a été poétique, puisqu'il a commencé par peindre les idées avec les images les plus sensibles, et qu'il était d'ailleurs extrêmement mesuré; mais les langues devenant plus abondantes, le langage d'action s'abolit peu à peu, la voix se varia moins, le goût pour les figures et les métaphores [...] diminua insensiblement, et le style se rapprocha de notre prose.[313]

Und auch Batteux äußert sich in gleicher Richtung: *Der Gesang und der Tanz waren die ersten Ausdrücke der Empfindung.*[314]

Aus der Verbindung sensualistischer Formeln und religiöser Erwägungen entsteht einerseits die uns bekannte Offenbarungstheorie, andererseits ein weiter Komplex von Aussagen, der sich um das Zentrum der ›Lebendigkeit der Sprache‹ herum bildet. Aus der paulinischen Opposition zwischen dem *tötenden Buchstaben des Gesetzes* und dem *lebendigmachenden Geist*[315] wird bei unserem *Philologen* ein Kriterium für Authentizität, das dem Youngs gleichkommt, der im Gespräch (zwischen Freunden) das Gold

---

312 Die Ableitung des Geldes aus dem Tausch ist nicht nur, wie bereits gesehen, ein aristotelischer Gemeinplatz, sondern erhält durch Entdeckungsreisen und deren Berichte einen herausragenden Stellenwert in den Geld-Abhandlungen des 18. Jh. Vgl. hierzu: Jean-Michel Servet: La fable du troc. In: Économie et politique. Dix-huitième siècle (26) 1994, S. 103–115.

313 Condillac, *Essai sur l'origine des connaissances humaines*, II, 1, 8, § 67, *Œuvres philo.* I, S. 297. Vgl. auch die Ableitung der Deklamation aus dem Gesang (ebd. II, I, 3, § 16, S. 233–235), obwohl Condillac hier (ebd. II, I, 2, § 14, S. 231f.) kritisch bemerkt: »Il ne suffit point pour un chant que les sons s'y succèdent par degrés très-distinctes; il faut encore qu'ils soient assez soutenus pour faire entendre leurs harmoniques, et que les intervalles en soient appréciables. Il n'était pas possible que ce caractère fût ordinairement celui des sons par où la voix se variait à la naissance des langues, mais aussi il ne pouvait pas être bien éloigné de leur convenir. [...] Dans l'origine des langues, la manière de prononcer admettait des inflexions de voix si distinctes, qu'un musicien eût pu la noter en ne faisant que de légers changemens; ainsi je dirai qu'elle participait du chant.« Auch die anschließend erwähnte Vorgängerschaft des *Tanzes* vor der *Bewegung* findet sich bei Condillac (ebd. II, I, 1, § 10, S. 226: »Son expression [der Gebärdensprache] avait même quelque chose de fort et de grand, dont les langues, encore stériles, ne pouvaient approcher. Les anciens appelaient ce langage du nom de *danse*: voilà pourquoi il est dit que David dansait devant l'arche.« Das gleiche gilt für die Malerei und Schrift: »et le premier essai de l'écriture ne fut qu'une simple peinture.« (Ebd. II, I, 13, § 127, S. 358). Die Hinzufügung von Gartenbau und Acker sind wohl analog dazu und mit Blick auf das Paradies zu verstehen.

314 Batteux, *Einschränkung der schönen Künste auf einen einzigen Grundsatz*, S. 83. Eine weitere solche ›Ableitungsreihe‹ (Natur, Künste, Prosa) ebd. S. 51. Vgl. ebenfalls Smith, *Lectures on Rhetoric and Belles Lettres*, S. 136.

315 Röm. 7,6; 2. Kor. 3,6.

von der Schlacke zu trennen vermeint. Für den *Philologen* sind die Gegenwärtigkeit des Sprechers und die Muttersprachlichkeit Kriterien, die bei der Bibelkritik berücksichtigt werden müssen:

> Da diese Bücher [des neuen Bundes] nicht für Griechen geschrieben I Kor. I, 22.23. und die Gelehrten, die für und wider die Reinheit ihrer Sprache eingenommen sind, auch keine geborne Griechen, sondern wie Klaudius Lysias, der Chiliarch, in Ansehung ihres kunstrichterlichen Bürgerrechts in dieser Sprache bekennen müssen, es mit vielem Kopfbrechen erkauft zu haben, (εγω πολλου Κεφαλαιου πολιτειαν ταυτην εκτησσανην [316] Apostelg. 22,28) unterdessen sich Paulus in Ansehung ihrer auf seine längst zerrissene Kinderschuhe berufen könnte; da ferner keine Sprache aus Büchern allein übersehen werden kann, und die Autorsprache sich als eine todte zur Sprache des Umgangs verhält: so sind dies Merkmale genug, daß mehr Wahn als Wahrheit in allen diesen Untersuchungen zum Grunde liege.[317]

›Nähe‹ durch Abstammung ist also kritischer Distanz überlegen; ebenfalls um Distanz und Nähe geht es bei dem Verhältnis der *Autorsprache* zur *Sprache des Umgangs*. Der *Philologe* stellt die Forderung nach Unmittelbarkeit, d. h. nach einem lebendigen Verhältnis zwischen ›Sender‹ und ›Empfänger‹. Die Sprache gehorcht keinen zeit- und kontextlosen Kriterien der Richtigkeit; gerade die Spuren der Zeit, die Idiolekte und Soziolekte, sind ein Zeichen der Authentizität der Botschaft:

> Wenn es wahr ist, daß sie [die Bücher] im jüdischen Lande unter der Herrschaft der Römer von Leuten, die keine *literati* ihres *Seculi* waren, aufgesetzt worden: so ist der Charakter ihrer Schreibart der authentikeste Beweis für die Urheber, den Ort und die Zeit dieser Bücher.[318]

Über die sensualistische Philosophie gelingt es dem *Philologen*, Natürlichkeit und Wahrheit, Leidenschaft und Aufrichtigkeit, das Buch der Natur und die Bibel zu verbinden und innerhalb des rhetorischen Konstrukts der Kondeszendenz die Widersprüche zwischen echter Leidenschaft und rhetorischer Mittel zu glätten. Wie präzise hier vorgegangen wird, zeigen folgende Stellen:

> Der Rhythmus und die Accentuation vertrat die jüngere Dialectik: ein tactfestes Ohr und eine tonreiche Kehle gaben ehemals hermeneutische und homiletische Grundsätze ab, die den unsrigen an Gründlichkeit und Evidenz nichts nachgaben.[319]

---

[316] [Ich habe dies Bürgerrecht um eine große Summe erworben.] Es handelt sich wohlgemerkt in der Apostelgeschichte um das römische Bürgerrecht des Paulus.

[317] *Kleeblatt Hellenistischer Briefe*, N II, S. 170.

[318] Ebd. S. 169f.

[319] *Versuch über eine akademische Frage*, N II, S. 124. Die Passage erscheint als ein recht helles Echo von Condillacs Ausführungen über die Prosodie, der ja die Deklamation – wie auch unser Philologe – vom Gesang ableitet. Die Verbindung zwischen hermeneutischen, homiletischen Grundsätzen und sprachlicher Gestaltung legen jedoch schon die folgenden Verse aus Horaz' *Ars poetica* nahe: »format enim natura prius nos intus

Die starke Bewegung der Töne, die Gesten, die Lautstärke verraten durch ihre Ursprünglichkeit und Gefühlsnähe die Absichten und Gedanken. Eine empirizistische Grundhaltung begründet den Zusammenhang zwischen *sinnlichen Eindrücken* und *Rede*:

> Da sich unsere Denkungsart auf sinnliche Eindrücke und die damit verknüpfte Empfindungen gründet; so läßt sich sehr wahrscheinlich eine Übereinstimmung der Werkzeuge des Gefühls mit den Springfedern der menschlichen Rede vermuthen.[320]

Die kritische Beurteilung der Bibel muß die *Kraft Gottes* berücksichtigen, denn es ist diese Kraft, welche die Schrift belebt und die *hermeneutischen* und *homiletischen* Grundsätze bestimmt:

> Wenn es also der hebräischen Sprachlehre wie der Frau im Evangelio gehen sollte, die sieben Brüder zu Männern hatte, ohne Erben zu erhalten; so würde freylich ein solch Ebentheuer den Sadducäern unserer Zeit eine neue Parabel gegen unsere Religion an die Hand geben. Es könnte aber bey allen Kunstmitteln auch hier heißen: Ihr versteht die Schrift nicht, noch die Kraft GOTTes, weder ihre Eingebung noch Auslegung, die nicht von philosophischen Gründen abhängt.
> Die *Origines* der hebräischen Mundart mögen daher so tod seyn als der *Uterus* der Sara: – die wunderthätigsten Sprachforscher sind bisweilen auch die ohnmächtigsten Exegeten; – die strengsten Gesetzgeber die Zerscheiterer ihrer Tafeln, oder werden auch einäugigt durch die Schuld ihrer Kinder.[321]

Die Kombination von Natur und Offenbarung, von Sensualismus und Glaube zeigt sich in der Wortwahl des *Philologen*, die von der Paulinischen klar abweicht.[322] Mit den *wunderthätigsten Sprachforschern* visiert der *Philologe* wiederum speziell Michaelis an, dessen Titel *Beurtheilung der Mittel, welche man anwendet, die ausgestorbene hebräische Sprache zu verstehen* für

---

ad omnem/[...]/post effert animi motus interprete lingua.« (Epist. II, 3, v. 108 u. 111). Harris greift diese Verse auf und stellt sie in Zusammenhang zu *discourse* und erhebt die Rede zum eigentlichen *Medium* der *sentiments, manners and Passions*. James Harris: A Discourse on Music, Painting, and Poetry (1744). In: Ders.: Three Treatises. London ²1765, S. 89f.

320 *Versuch über eine akademische Frage*, N II, S. 123.

321 *Kleeblatt Hellenistischer Briefe*, N II, S. 182f. Die *Frau im Evangelio*, die *Sadducäer* und der Satz *Ihr versteht die Schrift nicht* des ersten Abschnitts finden sich bei Matthäus (22,24–29), wo sie eine der Antworten Jesu auf die Fragen der Hohenpriester und Sadducäer im Tempel zu Jerusalem betreffend der Auferstehung ist. Den Zweiflern wird *das Maul gestopft* (22,34). Der *Uterus der Sara* verweist auf die Unfruchtbarkeit Saras (1Mo 11,30), *Zerscheiterer ihrer Tafeln* auf Moses Wutausburch (2Mo 32,19) Wieso Eli hier einäugig ist, bleibt unklar. Geht es darum, den Widersinn – Eli schaut trotz seiner Blindheit (1Sm 2,33) auf den Weg, weil er sich um die Bundeslade sorgt – zu beseitigen, oder kommt hier die berühmte Stelle (Mt 18,9) der Versuchung durch das böse Auge hinzu? *Gebährmutter*, *Dunkelheit des Augapfels* sowie *Beauzée* und *Harris* erscheinen im gleichen Abschnitt des *Ritter von Rosencreuz*, N III, S. 31.

322 Heb 11,11: »Durch den Glauben empfing auch Sara Kraft, daß sie schwanger ward über die Zeit ihres Alters hinaus; denn sie achtete den treu, der es verheißen hatte.«

ihn widersprüchlich – und somit wunderbar – ist, da er das Tote und das Verstehen einander nicht zuordnen kann: Verstehen setzt Leben voraus. Diese Unstimmigkeit verführt den *Philologen* dazu, die Konzeption Michaelis' in Verbindung zum *apokalyptischen Tier* zu bringen:

> Nach der Beurtheilung zu schließen, ist die hebräische Sprache dem apokalyptischen Tier ähnlich, das gewesen ist und nicht ist und doch ist.[323]

Was er Michaelis hier vorwirft, ist eine logische Inkonsequenz, und zwar auf den metaphorischen Prämissen seiner (Hamanns) theologisch-philologischen Überzeugung, die auf der Gleichstellung von Verstehen und Beleben beruht bzw. auf der Selbstreflexivität der Sprache, die nur aus sich selbst heraus verstanden werden könne.[324] Verstehen setze ein lebendiges ›vis-à-vis‹ voraus, wie der Begriff der *Umgangssprache* verrät. Wo die Präsenz des Sprechers fehlt, ist es der Affekt des Stils, der belebt. *Eingebung* und *Auslegung* fallen im Begriff der Inspiration zusammen.[325] Auch diese Ansicht findet in der zeitgenössischen sensualistischen Ästhetik eine Stütze etwa bei Diderot, der *sentir* und *créer*[326] in Abhängigkeit zueinander setzt.[327] Die *Kraft* überträgt sich so von den Empfindungen auf den Ausdruck – und von hier aus schließlich auf die Empfindungen des Hörers. Die Gegenwärtigkeit, ja die Trunkenheit des Stils[328] stellt die Bücher des neuen Testaments

---

[323] *Kleeblatt Hellenistischer Briefe*, N II, S. 181f.

[324] Ganz explixit äußert dies Hamann in einem französischen Brief an einen unbekannt gebliebenen Adressaten (1762?), ZH II, S. 127: »Il sera donc necessaire de juger d'une lettre neologique sur les principes du langage neologique et non sur le sobre Purisme de la langue française.«

[325] Der metaphorische Begriff der Inspiration überbrückt die Mittelbarkeit durch die Präsenz des Hauchs (Gottes). Hamann macht diese Verbindung zwischen Enthusiasmus, Begeisterung und Hauch in seiner Schrift zur ›Rechtschreibereform‹ *Neue Apologie des Buchstaben h* (N III, S. 91f.). Das »h« greift so das Problem der massoretischen Zeichen wieder auf, welche die Seele der Wörter sind und den Text durch den Atem Gottes wieder beleben. Vgl. Baruch Spinoza: Abrégé de grammaire hébraïque. Paris 1968, S. 35f.; darüber hinaus kommt ihm eine lange Tradition innerhalb der kabbalistischen, hieroglypischen und neo-platonischen Sprachwissenschaft zu; vgl. Coudert, *Some Theories of a Natural Language*, S. 60.

[326] Diderot, *Lettre sur les sourds et muets*, S. 374.

[327] Hier zeichnet sich eine Lösung des Problems der Querelle ab, die in Deutschland – etwa in Lessings Laokoon – beträchtlichen Einfluß gewinnen wird. Als wichtige Quelle nebst Diderot müssen hier Edward Youngs *Gedanken über Originalwerke* (Übers. v. H. E. v. Teubern [1760]. Bonn 1910, S. 13), der mit dem Satz »Ahmet nach; aber nicht die Schriften, sondern den Geist« das Verhältnis zwischen Kreation und Schöpfung über die Brücke des ästhetischen Empfindens führt.

[328] Vgl. *Kleeblatt Hellenistischer Briefe*, N II, S. 170: »Je erbaulicher der Redner sein wird: desto mehr wird uns sein galliläisches Schiboleth in die Ohren fallen. Je mehr Feuer; desto mehr von jenem Canariensect, über den die Ismaeliten, (Kinder unserer Kirche nach dem Fleisch) ihr Gespötte treiben, (wie geschrieben steht, χλευαζοντεσ ελεγον, οτι γλευκους μεμεστωμενοι εισι [die anderen aber hatten ihren Spott und sprachen: sie sind voll süßen Weins]); desto mehr von jenem Thau der Morgenröthe, in deren

über die Bücher des klassischen Altertums. Der *Philologe* setzt somit an die Stelle des klassischen Mimesis-Begriffs – *imitatio naturae, imitatio veterum* – eine ›imitatio passionis‹, deren Kennzeichen ein kruder Realismus und stilistische Heterogenität sind. Die *Umgangssprache* ist gefärbt von den verschiedensten Einflüssen. Sie kann sich den Purismus nicht leisten, weil sie hier und jetzt wirken will.

Der *Philologe* entwirft ein ›kinetisches‹ Modell der Sprache als einer lebendigen Sprache; sie ist lebendig insofern sie zirkuliert, solange sie aber zirkuliert verändern sich ihre Werte. Dies führt zu einer bedeutenden Umkehrung der philologischen Methode: Die modernen Sprachen sollen nicht am klassischen Vorbild gemessen werden, sondern die alten an den modernen, lebenden Sprachen. Es ist dies die Konsequenz aus der *Metaphysik der Tiefen der Sprache* und der in der Empfindung gleichbleibenden menschlichen Natur eines Fontenelle, die diese Umkehrung ermöglichen.

Dieses kinetische Sprachmodell wird gestützt durch das zeitgenössische Interesse an Leidenschaften einerseits und Erhabenheit andererseits. Auch unser *Philologe* macht hier keine Ausnahme, ja er nennt Longins Περι υψοος sogar ein *Hahnengeschrey.*[329] Bei Longin findet sich denn auch die These des *Soloecismus*, der wir bereits begegnet sind:

> Ich weiß nun wohl, daß große Naturen keineswegs fehlerfrei sind; Korrektheit nämlich in allem birgt die Gefahr, kleinlich zu werden. Im Großen aber muß, wie bei Reichtum im Übermaß, auch etwas sein, was vernachlässigt wird; und vielleicht muß es sogar so sein, daß kleine und mittelmäßige Geister, die nie etwas wagen und nicht nach den Sternen greifen, in der Regel fehlerfrei und sicher bleiben, während das Große eben

---

Schoos uns die Sonne der Gerechtigkeit aufgegangen mit Heil unter ihren Flügeln –« Wir haben es wieder mit einem Bibel-Cento zu tun, dessen Zentrum das Pfingstwunder bildet (Ri 12,6; Apg 2,7; Apg 2,13; 1Mo 16,11; 1Mo 21,9; Ps 83,7; Ps 110,3; Mal 3,20). Die Verbindung von Wein, Enthusiasmus und Wahrheit findet sich – anders nuanciert – bei Michaelis, *De l'influence des opinions sur le langage et du langage sur les opinions*, S. 28: »La bonne humeur qui dit des vérités sans le savoir, la compagnie enjouée, le vin qui exalte le génie, la poesie, qui dans ses enthousiasmes enfante tant de nouveautés où le vrai est mêlé avec le faux [...]« Herder wird sich später der Verbindung von Wein, Inspiration, Dialekt, homiletischer und hermeneutischer Affektäußerung etc. in seinem *Von der Gabe der Sprachen am ersten christlichen Pfingstfest* (Riga 1794) erinnern. Seine Beurteilung des Enthusiasmus ist jedoch eine andere (98ff.), da dieser dem Unterricht vorausgehe.

329 *Kleeblatt Hellenistischer Briefe*, N II, S. 176. Wahrscheinlich eine Anspielung auf die Würdigung der Genesis in (Pseudo-)Longinus: Vom Erhabenen, 9,9: »Ebenso hat auch der Gesetzgeber der Juden, gewiß nicht der erste beste, weil er die Macht des Göttlichen würdig auffaßte, diese auch sprachlich geoffenbart, indem er gleich am Beginn seiner Gesetze schrieb ›Gott sprach‹ – was? ›Es werde Licht, und es ward Licht; es werde Land, und es ward‹.«

> durch seine Größe strauchelt. [...] spreche ich doch nicht so sehr von gewollten Fehlern als von Versehen aus Unachtsamkeit, die so von ungefähr, wie es der Zufall wollte, dem großen Geist in seiner Unbekümmertheit unterliefen.[330]

Es ist von hieraus nur ein kleiner Schritt zur Aussage des *Philologen*, daß Fehler Zeichen der Majestät und Göttlichkeit seien, ja daß sie wie *vestalische Jungfrauen* nur durch Ausnahmen befruchtet würden. Die Verlagerung des Akzents von der Regelhaftigkeit auf die Fehlerhaftigkeit führt jedoch zu einem ganz neuen Konzept des Erhabenen und Pathetischen, den sich wohl weder Longinus noch sein französischer Übersetzer Boileau hätten träumen lassen.[331] Dies hängt auch mit der Entwicklung des Begriffs der *Leidenschaft* (Pathos) zusammen, der – gemeinsam mit der *kraftvollen Fähigkeit, erhabene Gedanken zu zeugen* – die Quelle für den hohen Stil ausmache.[332] Die Verabsolutierung der Leidenschaft geht auf ein ganzes ›Rezeptionsnetz‹ zurück, dessen Fäden die lutherische Inspirationslehre (d.h. ihre Re-Interpretation im deutschen Pietismus), der Enthusiasmusbegriff Shaftesburys, der Sentimentalismus französischer Prägung[333] und die Behandlung der Leidenschaften bei Hume bilden.

Wie wir in den *Hellenistischen Briefen* gesehen haben, wirkt die Leidenschaft als Motor der Sprachveränderung: *jeder unmerkliche Übergang der Leidenschaften tingirt der Ausdruck unserer Begriffe.*[334] Der neue Begriff der Leidenschaft versucht die bereits erwähnte Authentizität zu beschreiben und unterscheidet sich wesentlich von demjenigen Longins, der in ihm gleichsam die Überbietung der rhetorischen Figürlichkeit sieht:

---

330 Ebd. 33, 2–4. Daß das Genie eben gerade durch seine Genialität fehle, wird zu einem beliebten Moment der Shakespeare-Rezeption und der Genieästhetik, da gerade dieses Fehlen (gegen soziale Normen) auf Freiheit gründet und Wahrheit ermöglicht. Vgl. etwa Christian Martin Wieland: Der Geist Shakespeare's (1773). In: Werke. Berlin o.J., 36. Teil, S.277.

331 In der Übertragung von Pathos, Regel und Schrift folgt der Philologe Lowth', dessen Beurteilung der Leidenschaft der des *Philologen* sehr nahe kommt: »En cela [c.-à-d. le sublime], nous suivons les principes de Longin, auteur du plus grand poids en cette matière, tant par la profondeur de ses pensées que par la noblesse avec laquelle il sait les exprimer. [...] La raison s'énonce avec calme, modération, douceur; elle dispose ses idées avec ordre, les rend avec netteté, les développe de la manière la plus distincte. Les passions, au contraire, ne s'occupent d'aucun de ces soins; les pensées affluent en tumulte dans l'ame émue, y luttent intérieurement; bientôt les plus animées s'élancent en désordre au dehors par le premier passage qui s'offre à elles.« Lowth, *De sacra poesi Hebraeorum*, S.209f. Siehe die Fußnote auf Seite 219.

332 (Pseudo-)Longinus, *Vom Erhabenen*, 8, 1.

333 Vgl. Alfred Baeumler: Das Irrationalitätsproblem in der Ästhetik und Logik des 18. Jahrhunderts bis zur Kritik der Urteilskraft (1923). Tübingen ^{2}1967, S.18–64; insbesondere: »die Verbindung von Urteil und Gefühl« (S.51) und »die Betonung der *Ausnahme* und des *Zufalls*« (S.56) bei Dubos.

334 *Kleeblatt Hellenistischer Briefe*, N II, S.170.

> Erhabenheit und Pathos sind deshalb Mittel gegen den Argwohn beim Gebrauch von Redefiguren und eine wunderbare Hilfe, und ein geschickt herangezogener Kunstgriff bleibt ansonsten durch Schönheit und Größe verborgen und entgeht jedem Verdacht.[335]

Eine ähnliche Auffassung vertritt Shaftesbury in seinem Brief vom Enthusiasmus, wobei gerade die Akzentverschiebung in Richtung Erfahrung hier von Bedeutung ist:

> Der Schein einer Wirklichkeit ist zur angenehmen Vorstellung einer Leidenschaft nothwendig; und wenn wir geschickt seyn wollen, andere zu bewegen, so müssen wir erst selbst bewegt seyn, oder wenigstens nach wahrscheinlichen Gründen bewegt zu seyn scheinen.[336]

Für Shaftesbury hängt *Leidenschaft* zumindest von der *Wahrscheinlichkeit* ab, die historisch-sozial bedingt ist und *Natürlichkeit* garantiert. Er verwendet aber, wie wir gesehen haben, die Begriffe *Leidenschaft* und *Schwärmerey* abwertend. Der *Philologe* spielt ironisch mit dieser Abwertung und vereinnahmt die Begriffe des (panischen) Schreckens und der Leidenschaft[337] zur Bestimmung seiner eigenen Position. Die Leidenschaft ist für den *Philologen* kein rhetorisches Register, sondern bezeichnet das Aussetzen der Kontrollfunktion der Vernunft über die Sprache. Damit ist sie unberechenbar und von ›göttlicher‹ Ironie, die der Form der Offenbarung entspricht.[338] Diese Uminterpretation der sprachlich(-rhetorischen) Leidenschaft von einer Figur zur Natur verdankt wohl ihren wesentlichen Impuls Hume. Dabei ist nicht so sehr der systematische Ort der *passion* in der Humeschen Psy-

---

335 (Pseudo-)Longinus, *Vom Erhabenen*, 17, 2.

336 Shaftesbury, *Sendschreiben von der Begeisterung*, N IV, S. 133.

337 Eine Verbindung beider Begriffe findet sich bei Edmund Burke: Philosophische Untersuchungen über den Ursprung unserer Ideen vom Erhabenen und Schönen (1757). Übers. von Fr. Bassenge. Hamburg 1980, S. 91: »Die Leidenschaft, die von dem Großen und Erhabenen in der *Natur* verursacht wird, wenn diese Ursachen am stärksten wirken, heißt Erschauern. Erschauern aber ist derjenige Zustand der Seele, in dem alle ihre Bewegungen gehemmt sind und ein gewisser Grad von Schrecken besteht.« Den Zusammenhang der Humeschen Psychologie mit der Betonung der ursprünglichen Erfahrung und Burkes Formulierung des Erhabenen betont Baldine Saint Girons (Fiat lux. Une philosophie du sublime. Paris 1993, S. 75).

338 Lowth, *De sacra poesi Hebraeorum*, II, XVI, S. 244f: »Il n'y a pas moins d'énergie dans la concession simulée, dans l'ironie attribuée à Dieu lui-même [...] La puissance divine et la faiblesse humaine, ainsi comparées, s'accroissent mutuellement par ce parallèle: l'absurdité manifeste qui se découvre par la comparaison de deux choses si inégales, montre avec la dernière évidence cette inégalité, et sépare les deux objets par une distance infinie.« Vgl. dazu den *Brief an den Bruder vom 21. May 1760*, ZH II, S. 23: »die Ironie, die in den Kindern des Unglaubens herrscht, [kommt] mir sehr schwach gegen den Gebrauch den die Propheten von dieser Figur machen [vor].« Zur Hamanns aus der Bibel gewonnenem Begriff der Ironie vgl. auch Eric A. Blackall: Irony and Imagery in Hamann. In: Publication of the Englisch Goethe Society. 26 (1957), S. 1–25.

chologie bedeutend, sondern die Verbindung von *passions*, *sensations* und *belief*, mitunter diejenige von Empirismus und Pyrrhonismus, die der *sokratischen Muse* unseres Autors gelegen kommt.[339]

Hume unterscheidet *passions* und *emotions* aufgrund ihrer Intensität (*violence*). Zusammen bilden sie die *reflective impressions*, die wiederum im Gegensatz zu den *impressions of sensation* stehen. Die *impressions of sensation* seien originär (*original*), die *impressions of reflection* aber daraus oder aus ihren Ideen abgeleitet (*secondary*).[340] Der Unterschied zwischen *impressions* und *ideas* beruht ebenfalls auf der Intensität. Die Ideen werden als *faint images* bezeichnet, während die *impressions with more force and violence* in den Verstand eingehen.[341] Die Ideen verhalten sich somit zu den Eindrücken als abgeleitet und als weniger lebhaft. Sie bewahren die *impressions of sensation* auf und dienen als Quelle für die *impressions of reflexion*, die ihrerseits wieder Materie zu neuen Ideen liefern. Die Intensität der Eindrücke ist generell der Grundstein unserer Überzeugungen und Leidenschaften:

> Nothing is more capable of infusing any passion into the mind, than eloquence, by which objects are represented in their strongest and most lively colours. [...]
> But eloquence is not always necessary. The bare opinion of another, especially when inforc'd with passion, will cause an idea of good or evil to have an influence upon us, which wou'd otherwise have been entirely neglected. This proceeds from the principle of sympathy or communication; and sympathy, as I have already observ'd, is nothing but the conversion of an idea into an impression by the force of imagination.
> 'Tis remarkable, that lively passions commonly attend a lively imagination. In this respect, as well as others, the force of the passion depends as much on the temper of the person, as the nature or situation of the object.
> I have already observ'd, that belief is nothing but a lively idea related to a present impression. This vivacity is a requisite circumstance to the exciting all our passions, the calm as well as the violent; nor has a mere fiction of the imagination any considerable influence upon either of them. 'Tis too weak to take hold of the mind, or be attended with emotion.[342]

Ziehen wir diese Aussagen zusammen, so sehen wir, daß Leidenschaften und Einbildungskraft durch ihre Intensität sich den Verlust an Unmittelbarkeit der Ideen zurückkaufen können: *Vivacity is a requisite circumstance* für die Erweckung der Leidenschaften und des *belief*. Der *Philologe* deutet den Humeschen *belief* – den Grundstein von dessen Skepsis – religiös um:[343]

---

339 Sokrates als Mitglied der pyrrhonischen Sekte findet sich etwa in René de Rapins *Betrachtungen über die Philosophie* (1686), die Hamann 1756 übersetzt. N IV, S. 45.

340 David Hume: A Treatise of Human Nature (1739–40). Hg. v. E. C. Mossner. Harmondsworth 1969, S. 327f.

341 Ebd. S. 49.

342 Ebd. S. 473f.

343 Eine zentrale Stelle, d. h. der Schluß des 1. Buches von Humes *Treatise*, übersetzte Hamann 1771 unter dem Titel *Nachtgedanken eines Zweiflers* für die *Königsbergsche Ge-*

Aus Kommunikation wird Offenbarung, aus *the conversion of an idea into an impression* Inspiration und Begeisterung. Der verbindende Terminus ist dabei die Sympathie als Angelpunkt von Mitteilung und Einbildung; die Sympathie ist zudem an Situation und Person gebunden.[344] Hier findet Hamann die theoretische Legitimation für *Enthusiasmus* und *Schwärmerey.* Die skeptisch(-nihilistische) Philosophie Humes dient so als Grundlage einer ›Wenn-Schon-Dann-Schon‹-Haltung, die im Faktum der Unmöglichkeit des Wissens ein Argument für einen direkten und persönlichen Glauben findet. Die Begriffe der *Schwärmerei* und des *Enthusiasmus* boten sich durch ihre Rehabilitation im deutschen Pietismus zu einer solchen Synthese an.[345] Ihre ästhetische und programmatische Durchschlagskraft erhalten sie

---

lehrte und politische Zeitungen (53 u. 55 Stück), wo u. a. zu lesen ist: »Alle gewöhnliche Eindrücke der Einbildungskraft zu verwerfen, [wäre] gefährlich [...], weil der Verstand, wenn er allein und nach seinen allgemeinsten Grundgesetzen handelt, sich selbst zu Grunde richtet.« (N IV, S. 366). Diese Einbildungskraft aber steht – für Hume – unter dem Einfluß der *passions* (*Treatise*, II, VII, S. 474). Dieser Text ist in der Nadler-Ausgabe nicht als Übersetzung gekennzeichnet; er findet sich prompt in einer neulich erschienenen Hamann-Anthologie mit äußerst fragwürdiger Begründung: »Daß es sich um eine Übersetzung handelt, hat Hamann dem Leser der ›Königsbergschen Zeitungen‹ verschwiegen. Und dies wohl auch mit Recht. Die Auswahl der übersetzten Passagen, ihr Neuarrangement und schließlich die wohlkalkulierte deutsche Wortwahl für den einzelnen englischen Ausdruck ergeben einen originären Hamann-Text, der mit den theoretischen Absichten David Humes nur noch wenig oder nur interpretatorisch-marginal (sic!) zu tun hat.« (Majetschak, Brev, S. 238). Zugegeben: Hamann hat die Stelle ausgewählt – das machen Übersetzer (und Herausgeber) des öftern. Von *Neuarrangement* kann nicht die Rede sein, da die Übersetzung genau der Anordnung Humes folgt und einzig zwei Sätze streicht, die zusammen ganze drei Zeilen ausmachen. Es handelt sich dabei um Verweise auf vorausgehende und folgende Ausführungen in der *Treatise.* Darüber hinaus fehlen der erste Satz des ersten Abschnitts und die drei letzten Sätze des letzten Abschnitts. Was Hamann also streicht, sind Formulierungen, die seine Autorschaft klar in Frage stellen würden. Ob Übersetzung und *wohlkalkulierte Wortwahl* sich prinzipiell ausschließen, mag ich nicht beurteilen; ich kann nur sagen, daß es sich um eine – auch nach heutigen Maßstäben – außergewöhnlich genaue Übersetzung handelt. Den offenkundigen Willen Majetschaks, aus einem Hume-›Plagiat‹ einen originären Hamann-Text zu machen, halte ich jedoch für bermerkenswert. – Henri Corbin (Hamann. Philosophe du Luthéranisme. Paris 1937, S. 43) faßt den Unterschied zwischen Hamann und Hume wie folgt: »Chez Hume, la croyance (belief) est dérivée, elle est un résultat, elle naît de l'habitude et a pour corrélatif la ›probabilité‹ non pas la vérité. Or, pour Hamann la foi est une relation originelle: elle n'est pas fondée sur des ›perceptions‹, elle les fonde.« M. E. ist der Unterschied nicht systematischer, sondern inhaltlicher Art: Sowohl für Hamann wie auch Hume ist der *belief* letztlich reflexiv; er begründet Wahrnehmung und ist gleichzeitig Produkt von Wahrnehmung. Metzkes (*J. G. Hamanns Stellung in der Philosophie des 18. Jahrhunderts*, S. 195–197) Beurteilung des Verhältnisses Hamann-Hume scheint mir ebenso und aus den gleichen Gründen irrig.

344 Siehe die obigen Ausführungen zu den *Sokratischen Denkwürdigkeiten* Seite 197.

345 Hans Sperber: Der Einfluß des Pietismus auf die Sprache des 18. Jahrhunderts. In: DVjS VIII/3 (1930), S. 514: »Eine Wertveränderung im entgegengesetzten Sinn, vom tadelnden zum lobenden Ausdruck hat im Lauf des 18. Jahrhunderts das Wort *Enthusiast* und seine Familie durchgemacht. Um 1700 ist es noch ganz wie zu Luthers Zeiten

jedoch erst auf dem Boden der Humeschen Terminologie.[346] Das Anliegen des Pietismus, Gott – den früher so lebendigen Gesprächspartner – aus den Schranken der Orthodoxie zu befreien und die unsystematisch individuelle Seite der Lehre Luthers[347] gegen deren andere Seiten zu betonen, fällt beim *Philologen* auf einen – von Ästhetik, Psychologie und Bibelphilologie gepflügten – Acker, auf dem die ehemalig rhetorischen Begriffe zu einem ›antirhetorischen‹ Konzept der Authentizität und Inspiration aufschießen.

Der Reichthum aller menschlichen Erkenntnis beruht auf dem Wortwechsel und *Die Natur würkt durch Sinne und Leidenschaften*:[348] Medium der Sinne und Leidenschaften ist die Sprache, Medium der Sprache aber die Sinne und die Leidenschaften. Zwischen diesen zwei Teilen der Erkenntnis besteht eine tautologische Abhängigkeit, die sich der Gefahr eines totalen Relativismus aussetzt, da sowohl die Perzeption des Wirklichen und Wahren wie auch Einbildung und Lüge sprachlich strukturiert sind. Glaube und Aberglaube unterscheiden sich für den *Philologen* also nicht strukturell, sondern durch die Intensität der Lebhaftigkeit. Humes (dis-)*belief* – verursacht durch die ›unkontrollierbare‹ Einbildungskraft – dient als Ausgangslage zur Überbietung. Als ›Fixpunkt‹ wählt der *Philologe* die emotionale Intensität, die aus einer Verbindung des problematischen Begriffs der Evidenz mit der paulinischen Metaphern der *lebendigen Wahrheit* und des *wahren Lebens* entsteht. Oder wie es im kruden Naturalismus des *Philologen* heißt:

---

etwa gleichbedeutend mit ›Schwarmgeist‹, vielfach sogar geradezu mit ›Ketzer‹.« Sperber vermutet einen doppelten Einfluß: Shaftesbury einerseits und Pietismus andererseits. Dazu zitiert er Arnolds *Abbildung der ersten Christen*: »Wie denn dieses Wort Enthusiast aus dem griechischen von *entheos* [inspiriert] herstammet und einen bedeutet, der von Gott inwendig getrieben und regieret wird.«

346 »In Hume findet Hamann die philosophisch ausgeführte Bestätigung der von Pietismus und säkular-sensualistischen Strömungen vertretenen Position, die Leidenschaften seien der eigentliche Motor des geistigen Lebens überhaupt oder die Stimme der Natur bzw. Gottes im Menschen.« Kondylis, *Die Aufklärung im Rahmen des neuzeitlichen Rationalismus*, S. 572.

347 Vgl. Martin Schmidt: Pietismus. Stuttgart 1972, S. 9f. u. 138–143. Der Einfluß des pietistischen Wortschatzes auf die Ästhetik läßt sich bei der Durchsicht von August Langens *Der Wortschatz des deutschen Pietismus* (Tübingen 1954) erkennen; auf den Freundschaftskult (S. 452f.). Dazu auch Peter Meinhold: Hamanns Theologie der Sprache. In: Acta des Internationalen Hamann Colloquiums (1976). Frankfurt 1979, S. 54: »Für die Bestimmung der Beziehung zwischen *Geist und Wort* ist Luther bekanntlich von dem Gedanken Augustins ausgegangen, daß der Geist im Buchstaben verborgen ist und nur durch die Vermittlung des Wortes, das ja von den einzelnen Buchstaben gebildet wird, erreicht werden kann. In Fortsetzung dieses Ansatzes hat Luther den Gedanken gebildet, daß das lebendige, gesprochene und geschriebene Wort die Mitte abgibt, unter der und in der der Geist recht gegenwärtig ist.«

348 *Aesthetica in nuce*, N II, S. 206.

> Wenn die Leidenschaften Glieder der Unehre sind, hören sie deshalb auf, Waffen der Mannheit zu seyn?[349]

Und weiter:

> – – Leidenschaft allein gibt Abstractionen sowohl als Hypothesen Hände, Füße, Flügel; – Bildern und Zeichen Geist, Leben und Zunge – Wo sind schnellere Schlüsse? Wo wird der rollende Donner der Beredsamkeit erzeugt, und sein Geselle – der einsylbichte Blitz – –

Die *Leidenschaft* erzeugt *Beredsamkeit*, nicht umgekehrt. Die Flügel aber, die den Ideen wachsen, führen uns zu Hume zurück:

> Men of bright fancies may in this respect be compar'd to those angels, whom the scripture represents as covering their eyes with their wings.[350]

Der *Philologe* löst das Problem des Maßstabs, d. h. das Fehlen einer sprachunabhängigen Instanz in der Sprachkritik, indem er die Bewegung selber, die Zirkulation, ins Zentrum seines Sprachbegriffs setzt. Sprache ist für ihn weder Sprachschatz noch Gedächtnisstütze, sondern Mitteilung:

> Da der Begrif von dem, was man unter Sprache versteht, so vielbedeutend ist; so wäre es am besten denselben nach der Absicht zu bestimmen, als das Mittel unsere Gedanken mitzutheilen und anderer Gedanken zu verstehen.[351]

Die Gedanken aber müssen hier nicht als Elemente der *res cogitans* verstanden werden, sondern bereits als sprachliche Gebilde, die sich – sozusagen durch Erregtheit – mitteilen und dann in die Umgangssprache übersetzt werden können:

> Reden ist übersetzen – aus der Engelsprache in eine Menschensprache, das heist Gedanken in Worte, – Sachen in Namen, – Bilder in Zeichen; die poetisch oder kyriologisch, historisch, oder symbolisch oder hieroglyphisch – und philosophisch oder charakteristisch seyn können. Diese Art der Übersetzung (verstehe Reden) kommt mehr, als irgend eine andere, mit der verkehrten Seite von Tapeten überein,
>
> *And shews the* STUFF, but not the workman's SKILL;
>
> oder mit einer Sonnenfinsternis, die in einem Gefäße voll Wassers in Augenschein genommen wird.[352]

Die Frage nach der Bedeutung der *Engelsprache* hat zu einer Reihe von Antworten geführt, welche *Engelsprache* meist mit Sprache der Natur, Got-

---

[349] Ebd. S. 208.
[350] Hume, *A Treatise of Human Nature*, S. 314.
[351] *Versuch über eine akademische Frage*, N II, S. 125.
[352] *Aesthetica in nuce*, N II, S. 199.

tes oder der Offenbarung – oder gleich mit allen dreien – gleichsetzen.[353] Das Problem liegt dabei nicht so sehr bei der Interpretation der *Engelsprache*, die zu einer (Un-)Menge von Texten in Verbindung gesetzt werden kann, sondern im Begriff des *Übersetzens*.

Betrachten wir jedoch kurz die Vorgeschichte der *Engelsprache*: Wir können diese sowohl in Zusammenhang mit der griechischen ›Dämonologie‹[354] und der sokratischen Muse als auch in der paulinischen Tradition und der zeitgenössischen Auslegung setzen, wobei sich beide Herleitungen problemlos kombinieren lassen.[355] So erläutert Bengel die ›Urstelle‹, d.h. die hier relevante Stelle der *Menschen- und Engelzungen*,[356] wie folgt:

> *Engel* gehen den Menschen vor; also auch deren Sprache (oder Sprachen) den menschlichen Sprachen. Der Sprachen also bedienen sich die Engel untereinander, oder doch wenigstens gegen die Menschen, Luc. 1. und 2. Von den Sprachen steigt die Rede auf zum Weissagen, Glauben, Austheilen.[357]

Ein weiterer Bedeutungskomplex eröffnet sich aus der zeitgenössischen Philosophie. Die metaphorische Verwendung der Engel und ihrer Flügel als Zeichen für die Einbildungskraft und ihrer Blindheit haben wir bei Hume gesehen. Ganz anders verhält es sich jedoch mit der cartesianischen Ansicht, daß Engel körperlose Substanzen seien, der eine nicht unbedeutende Rolle beim Streit um den Dualismus zwischen Geist und Körper zukam. So-

---

[353] So etwa Xavier Tilliette: Hamann und die Engelsprache. Über eine Stelle der ›Aesthetica in nuce‹. In: *Johann Georg Hamann. Acta des Internationalen Hamann-Colloquiums (1976)*, S.75. Josef Simon (Hamann und die gegenwärtige Sprachphilosophie. In: Acta des zweiten Internationalen Hamann-Colloquiums 1980, S.12ff.) hingegen betont die referentielle Freiheit *menschlicher Sprache*, während Stefan Majetschak (Über den ›Geschmack an Zeichen‹. Zu Johann Georg Hamanns Begriff des Textes, des sprachlichen Zeichens und des Stils. In: Kodikas/Code. 10 [1987], S.136f.) hier die Ableitung der *Wirklichkeitsrelation der Sprache* aus der *Mitteilungsfunktion* sieht. Oswald Bayer (Zeitgenosse im Widerspruch. Joh. Georg Hamann als radikaler Aufklärer. München 1988, S.182) schließlich erkennt darin »die harte Arbeit«, als »Signum der Sprache nach dem Fall«.

[354] Vgl. etwa Platon, *Symposion*, 202: Diotima sieht den Daimon als »ein Mittelding zwischen Gott und Mensch«, dessen Aufgabe es ist, »zu vermitteln und zu überbringen den Göttern die Angelegenheiten der Menschen und den Menschen die der Götter [...]«.

[355] Vgl. Michaelis, *De l'influence*, S.14: »Les Grecs donnoient souvent à leurs Dieux les noms de Démon & de Démonion; et les Juifs prenoient ces Dieux pour des Anges [...]«.

[356] 1Ko 13,1: »Wenn ich mit Menschen- und mit Engelzungen redete und hätte der Liebe nicht, wo wäre ich ein tönend Erz oder eine klingende Schelle.«

[357] Johann Albrecht Bengel: Gnomon Novi Testamenti (1742). Ich zitiere nach der deutschen Übersetzung: Gnomon oder Zeiger des Neuen Testaments. Übers. von C.F. Werner. Stuttgart 1853, Bd.II, S.180.

wohl Hobbes als auch Leibniz[358] wiesen die cartesianische Behauptung zurück und sprachen den Engeln – wie allen andern Wesen (außer Gott) – Körper zu. Die Identifizierung der *Engel* mit körperlosen Substanzen[359] erscheint unstatthaft, weil gerade diese Behauptung in klarem Gegensatz zu den gewählten Philosophemen des *Philologen* steht und in Richtung des verfemten Intellektualimus zeigt, der den körperlichen Einfluß auf Gedanken und Begriffe leugnet. Ein dritter Interpretationsansatz schließlich weist in die Richtung der Bibelphilologie; eine ironische Lesart, die sich in unseren Texten ja nie ausschließen läßt, stellt eine Verbindung zu dem zwei Seiten vorher genannten *Erzengel über die Reliquien der Sprache Kanaan*[360] her, einer kaum verhüllten Anspielung auf Michaelis.[361] Setzen wir nun für *Engelsprache* die *Sprache Kanaans* ein, dann ist *»reden« übersetzen* aus der ältesten Sprache der Menschheit.[362]

Die zweite Unbekannte in diesem Satz ist der Ausdruck *»übersetzen«*. Der *Philologe* verfügt über einen Ausdruck, der Zitat, Parodie, Ironie und – eigentliche – Übersetzung zusammenfaßt: *Metaschematismus*. Es handelt sich um eine Figur, die zur Beschreibung des eigenen Stils herbeigezogen

---

358 Hobbes, *Leviathan*, III,34, S.207ff. Leibniz z. Bsp. in den *Nouveaux Essais*, II, XXIII, 13, G V, S.204.

359 Weiß (*Johann Georg Hamanns Ansichten zur Sprache*, S.146f.; Johann Georg Hamann und die Sprachtheorie der Aufklärung. In: Understanding the Historiography of Linguistics. Hg. v. Werner Hüllen. Münster 1990, S.111) glaubt in Gérauld de Cordemoys (Discours physique de la parole [1668/^{2}1677]. Hg. v. Herbert Brekle. Stuttgart 1970) sprachphilosophischem Gedankenexperiment eine der *Bedeutungsschichten* der Engelsprache zu finden. Cordemoys Behauptung, daß die Engel ohne Körper kommunizieren und ihren Willen – *tout action de l'Ame consiste à vouloir* (S.191) – (wohlgemerkt: nicht ihre Leidenschaften oder Empfindungen) mitteilen können, haben mit Hamanns Sprachphilosophie nichts zu tun. Am deutlichsten zeigt sich dies bei der Inspiration, die Cordemoy von den *purs esprits* (S.184f.) ableitet. Setzen wir jedoch diesen Streitpunkt – die Möglichkeit einer körperlosen denkenden Substanz – und seine Konsequenz (ein klarer Voluntarismus, S.182) beiseite, so brauchen wir Cordemoy nicht, um etwa *Gedanken*, *Eingebungen* oder ›innere Stimme‹ mit *Engelsprache* gleichzusetzen.

360 *Aesthetica in nuce*, N II, S.197.

361 Vgl. Sven-Aage Jørgensen: Kommentar zur ›Aesthetica in nuce‹. Stuttgart 1968, S.80; Lumpp, *Philologia crucis*, 35ff.

362 Die *Sprache Kanaans* ist natürlich vorerst das Hebräische, scheint aber auch eine ironische Bezeichnung für eine salbungsvolle und unverständliche pietistische Ausdrucksweise gewesen zu sein. Vgl. Sperber, *Der Einfluß des Pietismus auf die Sprache des 18. Jahrhunderts*, S.503 (dort Beispiele). Lumpp (*Philologia crucis*, S.56) zitiert ein Stelle aus Johann David Michaelis' *Eklärung des Briefes an die Hebräer* ([1762]. Bd. I, S.69f.), die in diesen Zusammenhang paßt: »Es ist bekannt, daß über die Inspiration der Worte der Bibel gestritten wird: ich glaube sie [...], allein ich weiß auch, daß viele Theologen, die man keiner Heterodoxie beschuldigen wird, sie in Zweifel ziehen. Wie ist in Absicht auf alle diese die gantze Bibel anders, als eine *Uebersetzung*, von der der Grundtext verlohren ist? *Die Sachen allein waren göttlich*, und die Propheten, Apostel und Evangelisten *übersetzten sie in menschliche Worte*, und konnten dabey irren [...]«

wird und der Sprache der dreifachen Offenbarung strukturell verwandt ist:[363]

> Der Briefsteller dieses Klaggedicht hat die *Epitre à Uranie* und das Sendschreiben eines Materialisten an Doris sich zu seinen Mustern in einer solchen umgekehrten Nachahmung gewählt. Wo der Schulweise Schlüsse spinnt, und der Hofsirach Einfälle näht, ist die Schreibart des Liebhabers Leidenschaft und Wendung. Unter allen seinen Redefiguren bedient er sich am glücklichsten, so viel ich weiß, derjenigen, welche in den vertraulichen Briefen eines Originalautors Metaschematismus genannt wird.[364]

Die Stelle faßt noch einmal einen Teil der Ergebnisse meiner Untersuchung der Vorrede zusammen, die wir nun auf dem Hintergrund ihrer theoretischen Bedingungen noch einmal betrachten können. Der *Philologe* zeichnet hier das Bild dreier Formen der ›Sprachverwendung‹: den *Scholiasten*, den *Höfling* und den *Liebhaber.*[365] Diese Unterscheidung, welche große strukturelle und inhaltliche Ähnlichkeit mit derjenigen zwischen Philosoph, Kunstrichter und Liebhaber in Lessings *Laokoon* hat,[366] weist drei verschiedene Denk- und Sprechfiguren drei Typen von Sprechern zu: die deduktive Methode dem Philosophen, die induktive *Projektmacherei* dem Höfling und schließlich den *Metaschematismus* dem Liebhaber. Diese Figur *umgekehrter Nachahmung* nimmt die *verkehrte Seite von Tapeten* wieder auf und bringt sie – in Anlehnung an Paulus – in Zusammenhang mit der Kondeszendenzlehre:

> Solches aber, liebe Brüder, habe ich auf mich und Apollos gedeutet um euretwillen, damit ihr an uns lernet, was das heißt: Nicht über das hinaus, was geschrieben steht! auf daß sich nicht einer wider den andern um jemandes willen aufblase.[367]

Der Bezug zu »Übertragung«, »Handlung« (Hypokrisis) und Kondeszendenz geht aus der Erläuterung Bengels klar hervor:

---

363 Vgl. Terence J. German: Hamann in Language and Religion. Oxford 1981, S. 47: »All levels of living are a kind of translation.« Im kommunikativen Akt der Übersetzung kommen wiederum die hermeneutischen und homiletischen Grundsätze zum Tragen. Vgl. Eberhard Döring: Zufall der Forschung. Aspekte zur Kunst der Erkenntnis. Berlin 1992, S. 104: »Hamann [...] verweist [...] darauf, daß alles Sprechen im ›Übersetzen‹ von produktiver Rezeptivität und rezeptiver Produktivität im jedesmaligen Sprachgebrauch wiederkehrt.«

364 *Nachschrift für Leser, die Verstand haben, denen folglich mit Verstand gedient werden muß*, N II, S. 150.

365 Daß zur Beschreibung der ersten beiden Formen die Metapher der *Rhapsodie* verwendet wird, unterstreicht die Selbstironie. Das Bild ist in Hamanns Werk verbreitet. Vgl. auch die Ausführungen zur Vorrede und die Kritik an Moser in den *Vermischten Anmerkungen*: »Diese Rhapsodie ist zum Theil aus französischer Seyde gesponnen.«

366 Gotthold Ephraim Lessing: Laokoon oder über die Grenzen der Malerei und Poesie (1766). In: Werke. Hg. v. K. Wölfel. Bd. III. Frankfurt a/M 1967, S. 7. Lessing geht davon aus, daß weder das Gefühl noch die Schlüsse fehl gehen können.

367 1Ko 4, 6. Luther paraphrasiert μετασχηματιζω mit *auf mich gedeutet.* Eigentlich »umbilden«; von σχηματιζω: »bilden«; medial auch »verkleiden«, »vorgeben«. Wiederum »Hypokrisis« also.

Paulus läßt die Corinther eher errathen, was er sagen will, als daß er es unverblühmt heraussagt. Deshalb schreibt er V. 3 und 4. hauptsächlich in der ersten Person von sich und Apollo, zur Erinnerung für die Corinther, damit sie von den Gründen, warum Paulus und Apollo mäßiglich von sich hielten, auch ihrerseits sich möchten bewegen lassen, V. 16., nach solchem Muster von ihm zu denken, wie er selbst von sich dachte. Dieser Ausdruck konnte die Corinther von ihrer Höhe herabbringen, was Paulus V. 6–16. bezweckt, indem er ihnen ihre Niedrigkeit vorhält.[368]

Die Übertragung anderer Texte ist für den *Philologen* nicht nur eine Strategie – Hypokrisis als Handlung –, sondern zugleich ein zentraler Begriff seiner Kommunikationstheorie, welche die Isotopie zwischen Reden und Verstehen voraussetzt. Seine Schreibart ziemt dem *Liebhaber*, dessen vorzügliche *Redefigur*[369] auf *Leidenschaft und Wendung* aufbaut. Wahres Reden, d. h. lebendige Sprache, ist auf Leidenschaft und ›Akkomodation‹ angewiesen, welche die zunehmende Abstraktion im Gebrauch der Zeichen durch die *göttliche Kraft* mimisch zu erfassen imstande sei.

Gott teilt als ›Rhetor‹ die *göttliche Leidenschaft* mit. Sein Sprechen ist ein ›interessierter‹, rhetorischer Akt, während *Leidenschaft* – im Sinne des *Philologen* – und ihr anti-rhetorisches Potential dem Menschen als Naturwesen ansteht. Gott ist jedoch nicht nur Rhetor, sondern auch *Schriftsteller*; seine Schöpfung wird verglichen mit *Epik* und *Dramatik*:

Die Schöpfung des Schauplatzes verhält sich aber zur Schöpfung des Menschen: wie die epische zur dramatischen Dichtkunst. Jene geschah durchs Wort; die letzte durch Handlung.[370]

Der Übergang von der monologischen zur dialogischen Literaturgattung kommt demjenigen zwischen der Schöpfung der Natur und der Schöpfung des Menschen gleich. Die Schöpfung Gottes ist zugleich ein ›performativer‹ wie auch ›kommunikativer Sprechakt‹:

Rede, daß ich Dich sehe![371] – Dieser Wunsch wurde durch die Schöpfung erfüllt, die eine Rede an die Kreatur durch die Kreatur ist.[372]

---

[368] Bengel, *Gnomon oder Zeiger des Neuen Testaments*, Bd. II, S. 136.

[369] In der christlichen Tradition kommt der Verbindung von figürlichem Sprechen und *Übersetzen* – in den *signa translata* – eine bedeutende Rolle zu. Vgl. hierzu: Andreas Kablitz: Rhetorik vs. Hermeneutik?, Anmerkungen zum Allegorie-Verständnis in Augustinus' ›De doctrina christiana‹. In: Kodikas/Code 10 (1987), S. 122ff. Diese Ansichten Augustinus' hatten für Hamann Gewicht: vgl. den *Brief an Johann Gotthelf Lindner vom 1. Junius 1759*, ZH I, S. 336: »Nach den Gedanken des Augustinus von der Schreibart, sollte man den größten Fehler in eine Schönheit verwandelt sehen; die Klarheit in einen unbestimmten vieldeutigen Sinn.«

[370] *Aesthetica in nuce*, N II, S. 200.

[371] Nach Boehlich, (*Die historisch-kritische Hamann-Ausgabe*, S. 350) geht dieser Satz auf Erasmus zurück.

[372] *Aesthetica in nuce*, N II, S. 198.

Durch die Verwendung der zweifachen Bedeutung von *Kreatur* als Lebewesen und Schöpfung stoßen wir auf den bekannten Zirkel: Der Mensch ist Leser einer Botschaft, deren Teil er ist. Die Offenbarung ist ein Theaterstück, dessen Zuschauer gleichzeitig auch Schauspieler sind. Die Rede ist zugleich Kanal und Kriterium – und auch Gott teilt sich in der Schöpfung, Menschwerdung und schriftlichen Offenbarung sich selbst mit.

Wir sind nun an den Punkt gelangt, wo der Vergleich zwischen Geld und Sprache, Zirkulation und Kommunikation zu einem Abschluß gebracht werden kann. Dabei erscheint der Begriff der Handlung als zentral, der die normierten Systeme – *Sprache, Acker, Schrift, Deklamation, Schlüsse, Handel* – zu ihren natürlichen Wurzeln – *Poesie, Gartenbau, Malerey, Gesang, Gleichnisse, Tausch* – zurückzuführen imstande ist. Die Handlung als ein Prinzip der Schreibart und der Rede vermag die Kommunikation jenseits der Rhetorik – aus der der Begriff der Hypokrisis ja explizit entlehnt wird – gleichsam zu beseelen und ihrer semiotischen, vermittelten Natur zu befreien zugunsten einer neuen Authentizität.[373] Hier ist denn auch der Humesche Begriff der *Sympathie* in seiner Absetzung von der Rhetorik und in seiner ›belebenden‹ Funktion entscheidend. Wie wir gesehen haben, ist für den *Philologen* jedoch nicht nur die Intensität der Vorstellung bei der Kommunikation entscheidend, sondern auch die Situation. Die Bedeutung der Situation bei der Interpretion der *passion* anderer und der Schaffung analoger eigener bildet die Grundlage von Adam Smiths Sympathie-Lehre:

> Sympathy, therefore, does not arise so much from the view of the passion, as from that of the situation which excites it.[374]

Die ökonomische Bedeutung der Sympathie-Lehre liegt sowohl bei Hume wie bei Smith[375] in ihrer Rolle, eine theoretische Verbindung zwischen indi-

---

373 Der Begriffe »Aktion« und »Handlung«, deren Bedeutungen für Hamanns Rhetorik – Hypokrisis und Kinesis – aufgezeigt worden sind, stehen auch bei Hamanns Zeitgenossen Klopstock (Gedanken über die Natur der Poesie [1759]. In: *Ausgewählte Werke*, Bd. II, S. 993) und natürlich Lessing (*Laokoon*, XVI, S. 89–96) an zentraler Stelle.

374 Adam Smith: The Theory of Moral Sentiments (1759). In: The Works and Correspondence. Bd. I. Oxford 1976, S. 12. Die – in unserem Zusammenhang relevanten – Unterschiede zwischen der Sympathie-Lehre Humes und Smiths finden sich bei Bachmann-Medick (*Die ästhetische Ordnung des Handelns*, S. 272f.) erläutert.

375 Ansonsten darf die Beziehung zwischen Hamann und Smith in bezug auf Sympathie oder Kommunikation nicht als eine enge bezeichnet werden, insbesondere kommt der Gesellschaft bei der Bildung der Moral bei Hamann nicht die zentrale Bedeutung zu, die sie in der Smithschen Gleichsetzung zwischen *impartial spectator* und *the ideal man within the breast* (S. 147) innehat. Hamann teilt jedoch mit Hume und Smith die Ansicht, daß die Erkenntnis der eigenen Person auf der Spiegelung eines Kommunikationspartners beruht, wobei bei Hamann die Betonung mehr auf einem freundschaftlichen denn als einem gesellschaftlichen Gesprächspartner beruht. Vgl. Smith, *Theory*

viduellen und gesellschaftlichen Interessen zu sein – oder kurz: den gesellschaftsbildenden Faktor überhaupt darzustellen. Diese *Sympathie* als Mechanismus der Übertragung setzt die gleichbleibende menschliche Natur im emotionellen Bereich voraus, da die Kommunikation ja auf analoge Empfindungen aufbaut. Das patriotische Gefühl, von dem in dem *Vermischten Anmerkungen* die Rede war, beruht nun auf einem solchen emotionalen Zusammengehörigkeitsgefühl,[376] das ebenso geartete Menschen voraussetzt, also – in der Sprache des *Philologen – Liebhaber*. Der Sprachveränderungstheorie, die im Zentrum der kinetischen Sprachbetrachtung des *Philologen* steht, setzt – wie wir gesehen haben – den Liebhaber in Opposition zum *Miethsdichter*. Der *Philologe* beurteilt das ›gemeine Wesen‹ und die öffentliche *approbation* nun zwar weniger vorteilhaft als Hume oder Smith, dennoch fordert er patriotische Tugenden, die den Bürger – seinen *self-interest* zeitweilig vernachlässigend – bei der Bildung und Verteilung des nationalen Reichtums partizipieren läßt.

Wie Hume und Hamann aus ähnlichen Gedanken zu ganz verschiedenen Schlüssen und Urteilen gelangen, zeigt auch ein kurzer Blick auf Humes Geldtheorie. Diese beruht im wesentlichen auf zwei Punkten: Das Geld hat eine Tausch- und Maßstabfunktion für Waren und Arbeit;[377] die Preisbildung beruht auf der Proportion zwischen zirkulierendem Geld und Warenangebot.[378] Die großen theoretischen Neuerungen – Papiergeld und Zirkulationsgeschwindigkeit – finden hier keinen Eingang. Die positive Erwähnung Laws und der ›enthemmte‹ Gebrauch, den der *Philologe* von der *Lebhaftigkeit* macht, weisen auf klare Unterschiede. Hume bleibt in seine Geldtheorie zwar in bezug auf seine eigene Substanztheorie konsequent, indem er den Namen, die Farbe, das Gewicht etc. der Zahlungseinheiten als willkürlich mit Werten belegbar hält, nimmt jedoch Abstand von der Einführung des Papiergeldes, weil dem Geld keine quantitativen Schranken gesetzt sind, somit ›ad libido‹ vervielfacht werden kann und zu einer immensen Preissteigerung führe. Hume ist ein klarer Vertreter der Quantitätstheorie.[379] Außer diesem Wert, der relativ zur Quantität ist, spricht er dem Geld

---

of Moral Sentiments, S. 110: »Bring him into society, and he is immediately provided with the mirror which he wanted before.« und auch Hume, *A Treatise of Human Nature*, II,II,5, S. 414: »the minds of men are mirrors to one another, not only because they reflect each others emotions, but also because those rays of passions, sentiments and opinions may be often reverberated [...]«.

376 Hume nennt dies (inklusive das Nationalgefühl) *love of relations* (*Treatise of Human Nature*. II,II,4, S. 401.).

377 David Hume: On Money. In: Essays Moral, Political, and Literary (1752). In: Philosophical Works. Hg. v. T. Hill Green and T. H. Grose. London 1882. Bd. III, S. 309 u. 312f.

378 Ebd. S. 318.

379 Die Bedeutung der Geldzirkulation für den Handel wird nur nebenbei gestreift, ohne daß jedoch die Gelddefinition dadurch beeinflußt würde. Seine Zinstheorie bleibt – folgerichtig – von dieser Geldtheorie abgekoppelt, da die Höhe der Zinsen von Pro-

bloß einen fiktiven zu,[380] der äußeren und innern Wert gleichsam betrifft. Er ändert hierzu einen Vergleich ab, der uns sattsam bekannt ist:

It is indeed evident, that money is nothing but the representation of labour and commodities, and serves only as a method of rating or estimating them. Where coin is in greater plenty; as a greater quantity of it is required to represent the same quantity of goods; it can have no effect, either good or bad, taking a nation within itself; any more that it would make an alteration on a merchant's books, if, instead of the Arabian method of notation, which requires a few characters, he should make use of the Roman, which requires a great many.[381]

Geld, Zinsen und Bilanz folgen natürlichen, selbstregulativen Prinzipien. Hamanns Sprach- und Geldbegriff dagegen setzt eine Geldtheorie voraus, die den Wert der Münze nicht in der Relation zur Geld- und Warenmenge setzt, sondern zu seiner Lebhaftigkeit – oder zu seiner belebenden Funktion innerhalb der Zirkulation. *Velocity* des Geldumlaufs und *vivacity* der Vorstellung haben revolutionäre Sprengkraft und sind verantwortlich für die Veränderungen innerhalb der Sprache und der Güterverteilung einer Gesellschaft. So heißt es in der *Beylage zum Dangeuil* vom Handel:

Der Handel ist zugleich die Schaufel, welche das gehäufte Geld wie das Getreide umsticht, die es erhält entweder für den Schooß der Erde, oder für den Genuß ihrer Kinder. Durch ihn wird das Geld nicht nur vermehrt und fruchtbar, sondern auch gebraucht, und lebt für die Menschen. Wo er aber am höchsten steht, muß der Bürger in seinem Gewinn am mäßigsten seyn; indem, wenn alle genug haben wollen niemand weder zu viel noch zu wenig haben kann.[382]

Der Handel – der Tausch – belebt die Wirtschaft, ernährt das Volk und ist der Weg zur bürgerlichen Freiheit. Das Problem der Kluft zwischen privatem und gesellschaftlichem Interesse wird durch den Verweis auf den *Credit* gelöst:

Der öfffentliche Credit ist die Seele des Handels; er beruht auf dem Vertrauen, so sich einzeln Bürger durch ihre Ehrlichkeit erworben haben. Diese Masse des Privatcredits

---

duktivität und Handel und nicht von der Quanität an Edelmetall abhängt. Vgl. *Essays Moral, Political, and Literary/On interest*, S. 322.

380 Ebd. S. 321. Deleule sieht Humes Geldtheorie in der Nachfolge Pufendorfs und in Opposition zu Locke. Vgl. Didier Deleule: Hume et la naissance du libéralisme économique. Paris 1979, S. 59.

381 Hume, *On Money*, S. 312.

382 *Beylage zum Dangeuil*, N IV, S. 231. Die Stelle läßt durch das Bild mit der Schaufel an die ebenfalls radikalen Anfangszeilen der *Aesthetica in nuce* denken: »Nicht Leyer! – noch Pinsel – eine Wurfschaufel für meine Muse, die Tenne heiliger Litteratur zu fegen! –« N II, S. 197. Natürlich handelt es sich hier um ein Bibelzitat (Mt 3, 12): »Und er hat sein Worfschaufel in der Hand; er wird seine Tenne fegen und den Weizen in seine Scheune sammeln; aber die Spreu wird er verbrennen mit unauslöschlichem Feuer.« In beiden Fällen wird die Bewegung als belebendes Prinzip verabsolutiert – oder wie es in der *Aesthetica* weiter heißt: »stolze Hengste zum philologischen Wortwechsel«.

> vieler Mitbürger zusammengenommen ist eine Niederlage, die allen Mitgliedern der Gesellschaft heilig seyn sollte; weil es das unmittelbarste Interesse eines jeden mit sich bringt, nach seinem Vermögen den Credit der übrigen zu unterstützen, und alle Verfälschung oder Verminderung desselben zu verhüten.[383]

Wir finden hier die neomerkantilistische Hypostasierung des Kredits, dessen zentrale Bedeutung in der Handelstheorie wohl am besten durch die Substition des Geldes als Nerv oder Seele durch die des Kredits ersehen werden kann. Wie eng diese Faktoren mit der Kategorie der Freiheit zusammenhängen, mag ein so wichtiger Vertreter der Kredittheorie und Wegbereiter der Handelsfreiheit[384] wie Charles Davenant illustrieren. Als theoretische Vorlage dient ihm ganz klar die naturrechtliche Vertragslehre:

> Of all things that have existence only in the minds of men, nothing is more fantastical and nice than credit. 'Tis never to be forced; it hangs upon opinion [...] That trust and confidence in each other is as necessary to link and hold a people together, as obedience, love, friendship or the intercours of speech.[385]

Im Anschluß an Laws Geldexperimente, die letztlich auf dieser Überzeugung basieren, kam es zu einer Auseinandersetzung zwischen Anhängern der psychologisch und qualitativ argumentierenden Fiktionalitätsthese und Vertretern der naturwissenschaftlich vorgehenden Quantitätstheorie im Hinblick auf die Letztbegründung des monetären Systems.[386] Aus dieser Debatte lösten sich zwei Position, die den Vertretern und Förderern des Handels als eigentliche ›principia motum‹ erschienen: Kreislaufgeschwindigkeit und Kredit. Hamanns Generation verrät ein betontes Interesse an

---

383 *Beylage zum Dangeuil*, N IV, S. 235f.

384 »Trade is in its nature free, finds its own channels and best directeth its own course; and all laws to [...] limit and circumscribe it, may serve the particular ends of private men, but are seldom advantageous to the public.« Charles Davenant: Essay on the East India Trade (1697). London 1771, Bd. I, S. 98. Zit nach Hutchison, S. 50. Hamann besaß sechs Bände mit Schriften Davenants [Biga 113:248–253]. Zur Darstellung der anderen Leistungen Davenants in der Geschichte der Nationalökonomie vgl. Wilhelm Roscher: Zur Geschichte der englischen Volkswirtschaftslehre im sechzehnten und siebzehnten Jahrhundert. In: Abhandlungen der königlich sächsischen Gesellschaft der Wissenschaften. Leipzig 1857, S. 107–120; Rohbeck, *Egoismus und Sympathie*, S. 31–46.

385 Charles Davenant: Two Manuscripts (1695–1696). Hg. v. A. P. Usher. 1942, S. 75–76; zit. nach Hutchison, S. 52.

386 So etwa Cantillon, *Essai sur la nature du commerce en général*, S. 171. Cantillon besinnt sich mit dem Satz »L'argent seul est le vrai nerf de la circulation« alter Tugenden und richtet diese gegen Law (auch wenn er diesen nicht nennt), wie seine Verbindung von Instabilität und Zeichenhaftigkeit belegt (S. 167): »Une abondance d'argent fictif et imaginaire cause les mêmes désavantages, qu'une augmentation d'argent réel en circulation, pour y hausser le prix de la terre et du travail, soit pour enchérir les ouvrages et manufactures au hasard de les perdre dans la suite: mais cette abondance furtive s'évanouit à la première bouffée de discrédit, et précipite le désordre.«

der Vereinigung beider Kräfte – und auf eben diesen beiden, *Lebendigkeit* und *Glauben*, beruht die Sprachtheorie Hamanns, der viele Jahre später in seiner *Metakritik* zu Kants *Kritik der reinen Vernunft* noch schreiben wird:

> die *Sprache*, das einzige erste und letzte Organon und Kriterion der Vernunft, ohne ein ander Creditiv als *Überlieferung* und *Usum*.[387]

[387] *Metakritik über den Purismus der Vernunft* (1784), N III, S. 284.

III. Vom Nationalcredit

1810 ertönt in den von Heinrich von Kleist herausgegebenen *Berliner Abendblättern* der Ruf nach einem *harmonischen Ganzen*; er gilt nicht etwa einem noch zu schreibenden Epos, sondern einer *organischen Gesetzgebung*. Der Beitrag ist anonym und trägt den Titel *Vom Nationalcredit*. Beim Verfasser dürfte es sich um Friedrich von Raumer handeln.[1] Im Visier hat er den Publizisten Adam Müller. Dieser hatte nämlich bereits fünf Tage zuvor einen gleichnamigen Artikel in der gleichen Zeitschrift veröffentlicht, dessen Quintessenz in der ökonomischen Begründung des politischen Konservativismus durch den *Nationalcredit* liegt:

> – Respekt vor *deinen* Satzungen kannst du von deinen Enkeln nur verlangen und erwarten, in wiefern Du selbst Respekt hast vor den Satzungen *deiner Vorfahren*. – Wahren Credit haben Deine Versprechungen und Schuldverschreibungen nur, in wiefern du selbst die Versprechungen und Einrichtungen deiner Vorfahren aufrecht erhältst. Veränderungen der von den Vorfahren errichteten Verfassung können nothwendig werden, denn die Wendung der Umstände konnten sie nicht voraussehn, aber eine Verfassung, der edle patriotische Geist mit welchem sie gestiftet worden, läßt sich unter allen Veränderungen *heilighalten* wie man überhaupt den Geist eines Versprechens erfüllen kann, wenn es auch die Umstände unmöglich gemacht haben, den Buchstaben zu erfüllen.[2]

Sein ungenannter Widersacher parodiert diese Stelle wie folgt:

> Respekt vor deinen Satzungen kannst du von deinen Enkeln nur erlangen und erwarten, in so fern diese Satzungen auf die ewigen Gesetze der Natur gebaut sind. Alle Satzungen der Vorfahren, die nicht auf dieses Gesetz gebauet sind, sondern durch Eigennutz Einzelner, durch momentanen Drang der Umstände, auf Unkosten der allgemeinen Gerechtigkeit, gegründet wurden, sind nicht weniger als respektabel. Sie alsdann noch respektiren wollen, wenn die allgemeine Noth deren Aufhebung dringend fordert, wenn die allgemeine Volksstimme sie begehrt, wenn der Geist des Zeitalters schon deutlich ausgesprochen hat, doch sie sich selbst überlebt haben, würde Mangel an kräftigen Willen verrathen; sie dann noch respektiren wollen, wenn deren Beibehaltung nur durch gehäufte und wieder gehäufte, die National-Eintracht vollends zertrümmernde Ungerechtigkeiten, erhalten werden kann, würde Ueberfluß an bösen Willen verrathen.

---

1 Vgl. Louis Sauzin: Adam-Heinrich Müller (1779–1829). Sa vie et son œuvre. Paris 1937, S.550. Zu Raumer und seinem Verhältnis zu Müller, vgl. ebd. S.28f.

2 *Vom Nationalcredit* (1810). In: *Berliner* Abendblätter, 41tes Blatt (16. November), S.160.

Und er schließt revolutionär:

> Es giebt Verfassungen, die sich nicht vollenden, nur aufheben und mit einem kräftigen Schlage vernichten lassen, weil sie gleich dem Unkraut unter dem Weizen, aus jedem nicht vernichteten Saamenkorn wieder hervorwachsen, so wie ein Acker ohne Ausbrennen der Wurzeln schwerlich von Quecken gereinigt werden kann.[3]

Es stehen sich hier – scheinbar klar – zwei politische Positionen gegenüber, die verschiedene Modelle von staatlicher Einheit und legitimer Macht vertreten. Wie schon im 17. Jahrhundert die Frage nach der Rechtmäßigkeit eines (schlechten) Herrschers und die Möglichkeit, sich seiner zu entledigen, diskutiert wurde, steht hier die Verbindlichkeit von Verfassungen und Gesetzen auf dem Spiel. Adam Müller vertritt dabei die Ansicht, daß die *Satzungen der Alten*[4] – konkret: die Ständeordnung – die Einheit der Nation um das Zentrum des Glaubens (*Credit*) herum garantieren müsse, während sein Kontrahent diese Einheit in Naturrechtstheoremen des ausgehenden 18. Jahrhunderts finden zu können glaubt. Dabei ist nicht ersichtlich, ob Raumer mit seiner an den *Contrat social* erinnernden Ausdrucksweise[5]

---

[3] Anon.: Vom Nationalcredit. In: *Berliner* Abendblätter. 45tes Blatt (21. November), S. 175f.

[4] Es handelt sich um Burkes zentralen Gedanken, der sich in Formulierungen wie *inheritance of our forefathers* wiederfindet. Vgl. Edmund Burke: Reflections on the Revolution in France (1790). In: Reflections on the French Revolution and other Essays. London 1910, S. 29. Gentz, Müllers Mentor, hatte die *Reflections* 1793 übersetzt und ausgiebig kommentiert. Zur Aufnahme der *Reflections* im deutschen Sprachraum vgl. Hermann Kurzke: Romantik und Konservatismus. Das ›politische‹ Werk Friedrich von Hardenbergs (Novalis) im Horizont seiner Wirkungsgeschichte. München 1983, S. 88ff. Zum Staatsbegriff Burkes und seiner *civil society* vgl. Panajotis Kondylis: Konservativismus. Geschichtlicher Gehalt und Untergang. Stuttgart 1986, S. 269›271. Wörtliche Anlehnungen an Burke finden sich noch in den späten Werken Müllers, z. B. »your constitution was suspended before it was perfected« (Burke, S. 33) in *Von der Notwendigkeit einer theologischen Grundlage der gesammten Staatswissenschaften und der Staatswirthschaft insbesondere.* Leipzig 1819, S. 25f.

[5] Vgl. Jean-Jacques Rousseau: Du Contrat social ou, Principes du droit politique (1762). In: Œuvres complètes. Hg. v. Bernard Gagnebin u. Marcel Raymond. Bd. III. Paris 1964, S. 351–470. Ich denke hier an die *allgemeine Volksstimme* als *Volonté générale* (passim.), den *Législateur* (I, VII), der die eingangs erwähnte *harmonische Einheit* durch die *Gesetzgebung* (I, V) zu lenken und zu organisieren hat, die Auflösung des Vertrags, wenn der Volkswille nicht respektiert wird (II, X). Die ›theoretische‹ Nähe des Rousseauismus zum Konservatismus, die heute noch zu Fehlinterpretationen führt, erkennen wir auch beim jungen Hegel, dessen Position die weite Verbreitung solcher Aussagen, wie der uns vorliegenden, um die Jahrhundertwende illustriert: »Wie blind sind diejenigen, die glauben mögen, daß Einrichtungen, Verfassungen, Gesetze, die mit den Sitten, den Bedürfnissen, der Meinung der Menschen nicht mehr zusammenstimmen, aus denen der Geist entflohen ist, länger bestehen, daß Formen, an denen Verstand und Empfindung kein Interesse mehr nimmt, mächtig genug seien, länger das Band eines Volkes auszumachen!« Georg Wilhelm Friedrich Hegel: Über die neuesten inneren Verhältnisse Württembergs, besonders über die Gebrechen der Magistratsverfassung (1798). In: Schriften zur Politik und Rechtsphilosophie. Leipzig 1913, S. 151.

seine eigenen und somit radikalen Ansichten zum Ausdruck bringt oder diese nur polemisch gegen Müller verwendet,[6] dessen Neigungen und Abneigungen seit dem Erscheinen der *Elemente der Staatskunst* bekannt sind. Die manifesten persönlichen Interessen erlauben jedoch über ihre konkrete polemische Verwendung hinaus eine typische Anordnung von politischen Elementen zu rekonstruieren, welche die Positionen beider Lager bestimmen. Raumers naturrechtliche Forderung nach Einheit zwischen Satzung und homogenem Volkswillen verdeutlicht das Beharren Müllers auf der ständischen Tradition der Vorfahren, die Treu und Glauben zur Voraussetzung der Einheit in der Mannigfaltigkeit mache. Dabei argumentiert der erste vom absolutistischen Bild der Herrschaft des Kopfes über den Körper aus, während der zweite die *Lebendigkeit* des Staatskörpers in der Erhaltung der Stände und der Unabhängigkeit der vitalen Organe vom Kopf sieht.[7] Die Auseinandersetzung zeigt, daß die Forderung nach dem *organischen Ganzen*[8] zu diesem Zeitpunkt schon zur Allerweltsformel metatheoretischer Anleitung verkommen ist und verschiedensten Inhalten zur Verfügung steht.[9]

Müller nun sieht das organische Ganze als einen Körper sich widerstreitender Kräfte, deren antinomische oder *antigonale* Koexistenz sich in der Kugel auflöst. In dieser Konstruktion nimmt der *Credit* eine zentrale Stelle

---

6 Raumer verteidigt hier die Position Hardenbergs, dem die Attacke Adam Müllers gilt. Vgl. zu den historischen Umständen Tetsushi Harada: Politische Ökonomie des Idealismus und der Romantik. Korporatismus von Fichte, Müller und Hegel. Berlin 1989, S. 87.

7 Vgl. *Versuche einer neuen Theorie des Geldes* (1816), S. 125, wo Müller die bekannte Fabel Menenius Agrippas kommentiert: »Von jenem Römer, der so sinnvoll den Staatsprozeß mit dem Streit des Magens und der Glieder verglich, bis auf unsere Zeit herab, die nicht aufhört, neben ihren Summen und Maßen, auch von Circulation des Geldes, von Staatskörper, von politischer Arzeney, von Constitutionen und Organisationen zu sprechen, ohne zu wissen, welche große Sachen sie damit ausspricht, schwebt diese Wechselvorbildlichkeit des Staats und des menschlichen Körpers, wenigstens dämmernd vor den Augen aller.«

8 Zur Bedeutung und Entwicklung des Organismus-Begriffs in gesellschafts- und staatstheoretischer Hinsicht vgl. Ernst-Wolfgang Böckenförde: Organ, Organismus, Organisation, politischer Körper (2. Teil). In: Geschichtliche Grundbegriffe. Hist. Lexikon zur politischen und sozialen Sprache in Deutschland. Hg. v. O. Brunner, W. Conze und R. Koselleck. Bd. IV. Stuttgart 1978, S. 561–566 vor allem S. 602–606.

9 Die Konventionalität der Argumente läßt sich etwa auch an der Tatsache ersehen, daß Müller seinem Lehrer, Heeren, Friedrich von Raumers *Das brittische Besteuerungssystem* (1810) zusendet, der sich darüber wie auch über Müllers *Elemente* gleichermaßen freut (*Brief Arnold Hermann Ludwig Heerens an Müller, 1. Januar 1910*. In: LZ I, S. 517f.). Vgl. auch das Dokument über Müller und Raumers Zerwürfnis, ebd. S. 592ff. Wie der ›Maschinenstaat‹ sowohl von liberalen als auch konservativen Theoretikern gegen den Ständestaat bzw. aufgeklärten Absolutismus gebraucht wird, zeigen die Ausführungen Stollberg-Rilingers (*Der Staat als Maschine*, S. 202 u. 216ff.) deutlich. Vgl. auch Harald Winkel: Die deutsche Nationalökonomie im 19. Jahrhundert. Darmstadt 1977, S. 23.

ein. Hier fokussieren weite Teile seiner *Lehre vom Gegensatze*, seiner *Elemente der Staatskunst*, seiner *Geldtheorie* und seiner *theologischen Grundlage* und gehen Verbindung zu inhaltlichen Elementen wie Bewegung, Geschlecht, Herz etc. ein. In seinem *Versuche einer neuen Theorie des Geldes* definiert – oder besser: umschreibt – Müller den ›absoluten‹ Kredit durch eine Reihe von Begriffen, welche das Beziehungsgefüge seines Systems ausmachen und Gegenstand der folgenden Ausführungen sind:

> Denn auch in der Privatökonomie findet eigentlich kein Ueberschuß Statt: das über die Consumtion Erworbene oder Ersparte, muß von der Gesellschaft consumirt werden, oder in einer erweiterten Produktion des Erwerbers angelegt, das heißt: von dieser Produktion verzehrt werden;[10] was diese erweiterte Produktion ergibt, eben sowohl als der dabey angewendete Ueberschuß muß weiter consumirt werden, und die umfassendste Produktion dieser Art wäre vergeblich, wenn sie über die Consumtion oder den Absatz oder das Bedürfniß hinausschritten. Also stoßen wir nirgends auf einen absoluten an sich selbst geltenden Ueberschuß, und so lange wir bey den äußeren Erscheinungen stehen bleiben, hat die gesamte Oekonomie gar kein Resultat.
> Die Lage der Sache aber ändert sich von Grund aus, wenn wir auf jenes innerliche, unsichtbare und dennoch höchst vernehmliche Produkt Rücksicht nehmen, welches durch alle Produktion hindurchläuft, und sie unter allen Erzeugungen und unter allem Verzehren befestigt und wächst, wie der Baum unter beständiger Wiederkehr einer Zeit der Blüthe, der Frucht und der Entblätterung: die bürgerliche Gesellschaft, die anerkannte, der Glaube an sie, an die Sicherheit und Zuverlässigkeit des gesammten Beyeinanderseyns und Miteinanderwirkens, kurz der *Credit*.[11]

1. Der Gegensatz

Seit dem Erscheinen seiner *Lehre vom Gegensatz* im Jahre 1804 versucht Müller die Öffentlichkeit immer wieder auf die grundlegende Bedeutung dieses Werkes für sein eigenes Denken aufmerksam zu machen. In der Tat finden wir die Spuren dieser etwas verqueren Dialektik in allen späteren Werken. Sie bildet den Versuch, eine Figur zu konstituieren, aus der sich alle gesellschaftlichen, ästhetischen und naturphilosophischen Vorgänge erklären lassen. Das System als Ganzes selber aber müsse mit ›astronomischen‹ Augen betrachtet werden:

> So oft also wir den Ausdruck *System* gebrauchen, meinen wir es in dem Sinne, den ihm die Astronomie beigelegt hat; denn wie in die astronomische Weltbetrachtung, so kommt auch in die philosophische das wahre Leben nur durch die beständige, bewegliche Rücksicht von dem Standpunkt und der Bewegung der äußeren Himmelskörper

---

[10] Der Einfluß von Mirabeaus und Cantillons (*Essai sur la nature du commerce en général*, S. 38) ›Proto-Malthusianismus‹ in Verbindung mit Quesnays *Tableau économique* bestimmt die zwei Grundideen dieser Aussage. Bezeichnenderweise nennt Mirabeau diesen Vorgang die möglichst breit angelegte Konsumation der Produktion, *vivification*. Vgl. Victor Riqueti de Mirabeau: L'ami des hommes, ou traité de la population. Paris 1757, S. 20ff.

[11] *Versuche einer neuen Theorie des Geldes*, S. 74.

> oder Objekte auf den Standpunkt und die Bewegung des eigenen Planeten oder Subjekts.[12]

Die perspektivische Betrachtung versucht den – in der Aufklärung stark diskreditierten – Systembegriff von seiner Statik zu befreien und ihm durch die inflationäre Verwendung von »Bewegung« neue Geltung zu verschaffen. Die Nähe zu Leibniz scheint auf eine indirekte Erbschaft über den philosophischen Monismus deutscher Spätaufklärung zurückzugehen. Die Hypostasierung der Bewegung des Beobachters als eigentliches Leben kann jedoch nicht durch diesen Rekurs erklärt werden, sondern hat seinen Grund wohl in den Aporien des eigenen systematischen Ansatzes. Die Lehre vom Gegensatz beruht nämlich auf der Denkfigur »omnis determinatio est negatio«, d.h. daß ein Begriff nicht ohne einen anderen gedacht werden könne, daß ein bestimmtes Positives nicht ohne ein bestimmendes Negatives existiere,[13] ja, daß das Leben seinen Wert nur durch den Tod erhalte. Da nun das relationelle Erfassen der Elemente der Erkenntnis innerhalb eines *Systems* zur Abstraktion dieser Elemente führen würde und damit – gemäß der Denkgewohnheiten der ›romantischen Schule‹ – zu einem statischen Sein, so muß Müller diese Form ›begrifflicher Beschränkung‹ einerseits durch die Beliebigkeit des Standpunkts des Betrachters, andererseits durch die Umwandlung positiver und negativer Größen in *Vektoren* kompensieren. Diese Verbindung von *Gegensatz* und *Kraft* findet sich bei Kant vorgezeichnet:

> Denn es sind die negative Größen nicht Negationen von Größen, wie die Ähnlichkeit des Ausdrucks ihn hat vermuten lassen, sondern etwas an sich selbst wahrhaftig Positives, nur was dem andern entgegengesetzt ist. Und so ist die negative Anziehung nicht die Ruhe, [...] sondern die wahre Zurückstoßung.[14]

Als *Geschichte des Positiven und Negativen* sieht Müller die *Mathematik*, die *mit der Lehre vom Gegensatze gleichbedeutend* ist.[15] Die *Aufhebung* beider Kräfte ist bei Kant gleich *Null*. Als Beleg liefert er ein Beispiel und dieses ist die Bilanz:

---

[12] *Die Lehre vom Gegensatze* (1802), KS II, S.202.

[13] Müller bewertet – sicherlich unter dem Einfluß Schellings – die philosophischen Leistungen seiner Vordenker gerade auch unter dem Aspekt ihrer Bedeutung bei der Habilitierung des Negativen für die Philosophie. So stellt er (in ziemlicher Verkennung von Kants tatsächlicher Weiterführung des Gedankens im Begriff des »Widerstreits«) den vorkritischen Kant über dessen Spätwerk. Vgl. *Die Lehre vom Gegensatze*, KS II, S.203.

[14] Immanuel Kant: Versuch den Begriff der negativen Größen in die Weltweisheit einzuführen (1763). In: Werkausgabe. Hg. v. W. Weischedel. Bd.II. Frankfrut a/M 1977, S.781.

[15] *Die Lehre vom Gegensatze*, KS II, S.222.

Setzet, jemand habe die Aktivschuld A = 100 Rthlr. gegen einen andern, so ist dieses ein Grund einer eben so großen Einnahme. Es habe aber eben derselbe auch eine Passivschuld B = 100 Rthlr., so ist dieses ein Grund, so viel wegzugeben. Beide Schulden zusammen sind ein Grund vom Zero, d.i. weder Geld zu geben noch zu bekommen. Man siehet leicht ein: daß dieses Zero ein verhältnismäßiges Nichts sei, indem nämlich nur eine gewisse Folge nicht ist, wie in diesem Falle ein gewisses Kapital und in dem oben angeführten eine gewisse Bewegung nicht ist; dagegen ist bei der Aufhebung durch den Widerspruch schlechthin nichts. Demnach kann das nihil negativum nicht durch Zero = 0 ausgedrückt werden, denn dieses enthält keinen Widerspruch. Es läßt sich denken, daß eine gewisse Bewegung nicht sei, daß sie aber zugleich sei und nicht sei, läßt sich gar nicht denken.[16]

Null sei also die *Aufhebung* in = *0*, die Negation sowohl der positiven als auch der negativen Kraft. Diese natürliche Bilanz in der Aufhebung ist ein dynamisches Gleichgewicht, das an das beliebte Bild vom sich selbst regulierenden Wasserstand bei freier Zirkulation erinnert.[17] Im Gegensatz zu Kant findet nun bei Müller *Kraft* und *Antikraft* ihre Aufhebung in der *Einheit*, die wiederum im Gegensatz zur *Mannigfaltigkeit* steht und ein neues Positives bildet. Diese Figur wird auf inhaltlicher Ebene durch die Aufnahme einer Reihe von Dichotomien ergänzt, deren Synthese als ein zeitgenössisches Anliegen von enormer intellektueller Breitenwirkung betrachtet werden kann: Es ist der Versuch, ein umfassendes philosophisches System zu konstruieren, dessen grundlegende Ansprüche praktisch in alle Wissensbereiche hineinreichen. Dieser *vereinigungsphilosophische*[18] Ansatz ist es, der den Konservativismus Müllers mit der Romantik verbindet. Müller sinniert über Tod und Leben[19] – und natürlich auch über Mann und Frau, Tag und Nacht, Geist und Körper, Kunst und Natur, Einheit und Mannigfaltigkeit, Freiheit und Notwendigkeit, Frieden und Krieg etc. Die Antinomien, die er aufzeigt und als wesentlichen Motor der Kräfte im Universum, als Kraftzentren, bestimmt, finden ihren Ort der Aufhebung in der Einheit, als deren konsequente Darstellung er die *Kugel* wählt.

Die Kugelform als die Darstellung des Gesunden, der lebendigen Wahr-

---

[16] Kant, *Versuch den Begriff der negativen Größen*, S.784.

[17] Wie auch an die *invisible hand* bei Adam Smith. Vgl. Marc Shell, *Money, Language, and Thought*, S.135, der zusätzlich noch die Verbindung unserer Stelle zu Kants *Zum ewigen Frieden* untersucht.

[18] Der Ausdruck stammt aus Kondylis' Analyse der Dialektik und bezeichnet die philosophische Begründung eines Absoluten in der Identität bei gleichzeitiger Annahme der Existenz einer dynamisch gegensätzlichen Welt; vgl. Panajotis Kondylis: Die Entstehung der Dialektik. Eine Analyse der geistigen Entwicklung von Hölderlin, Schelling und Hegel bis 1802. Stuttgart 1979, S.609, 619f.

[19] »Wie nun der aufmerksame Forscher der Natur durch alle Erscheinungen, die sich ihm darbiethen, auf einen Doppelgesichtspunct geleitet wird, und ihm, wenn er sein Urtheil frey und unbefangen erhält, bald eine allgemeine Wechselwirkung, ein unendliches gegenseitiges Sichbedingen des Verzehrens und des Erzeugens, des Lebens und des Todes einleuchten muß; [...]« *Vesuche einer neuen Theorie des Geldes*, S.66f.

heit, liefert den Punkt,[20] aus dem heraus er der Gefahr des drohenden Amoralismus begegnet und zwar gerade durch den Rekurs auf das Leben: Das Isolierte ist tot, das isolierte Kunstwerk nichtswürdig, der isolierte Staat ein Geschwür. Eine idealische Ästhetik[21] des geschlossenen und harmonischen Ganzen dient ihm ebenso zur Legitimation der Stände- und Zunftordnung als auch zur Begründung seines Antisemitismus; in einer Fußnote zur *Theologischen Grundlage der gesammten Staatswissenschaften* lesen wir:

> Die Billigkeit erfordert es anzuerkennen, daß die Devise der Revolution: »Kein Staat im Staate« – einen löblichen Sinn haben könne. Es kann nämlich heissen: es solle keinen dem Prinzipe des wahren Staates widersprechenden Staat im Staate geben, – also z.B. innerhalb des christlichen Staates, oder innerhalb der bürgerlichen Vereinigungen, die auf der ewigen Wahrheit des Christenthumes beruhen – keinen heidnischen oder unchristlichen. Ein solcher verdammlicher Staat im Staate war die sogenannte Französische Republik innerhalb dem Staate der Europäischen Christenheit: ein solcher Staat im Staate ferner würde seyn, wenn den Juden die vollständigen Freyheiten und Standesrechte innerhalb der christlichen Staaten eingeräumt würden. Solche Staaten im Staate wären krankhafte Auswüchse oder Geschwüre des Körpers. Es giebt ihrer nur zu viele in den dermaligen Staaten; und eben dadurch haben sich die Wohldenkenden zu der thörichten Folgerung verleiten lassen, daß der Körper keine Glieder haben solle, weil er Geschwüre haben könne.[22]

---

[20] Natürlich kann dieser Punkt nur relativ zu einem Antipunkt bestehen, wie die Einheit zur Mannigfaltigkeit, das Subjekt zum Objekt, die Religion zur Wissenschaft: »Das Leben kann sich nicht ausdehnen, vervielfältigen, bereichern, ohne sich zu ordnen. Auf eine Heimat-, auf eine Lieblingsstelle, auf einen mehr oder minder bedeutenden Lebenszweck, auf eine Geliebte, auf ein religiöses Gefühl, auf ein philosophisches System, kurz, auf ein einfaches Bild des ewigwaltenden, einfachen Geistes in uns muß sich alles Besitztum, jedes Gefühl, jede Meinung, die ganze Mannigfaltigkeit des weiterschreitenden Lebens beziehen. Nur durch einen solchen festen Standpunkt für unser Auge und unser Herz entsteht ein Gesichtskreis, bildet sich ein Wirkungskreis.« (*Die Lehre vom Gegensatze*, KS II, S.243)

[21] Als eine solche präsentiert sich seine Lehre in den *Philosophisch-kritischen Miscellen* im 8. *Phöbus*-Heft (August 1808), dessen drei kurze Kapitel *Vom Organismus in Natur und Kunst, Vom Antorganismus* und *Einheit in der Zweiheit* (S.33–39) wohl die beste Zusammenfassung der Müllerschen *Lehre vom Gegensatze* am Beispiel der Kunst liefert.

[22] *Von der Notwendigkeit einer theologischen Grundlage*, S.8. Die Argumentation, die hier gebraucht wird, steht in klarem Zusammenhang mit den Interessen des Ständestaats. Vgl. *Brief an Friedrich August Ludwig von Marwitz, 21. Februar 1811* (LZ I, S.620): »Der Lump von Gesetzgeber, in der heutigen Vossischen Zeitung, beruft sich auf das göttliche Gesetz oder auf die Natur, während das große Kunststück der Natur überall darin besteht, daß sie *mit Schonung der Verschiedenartigkeit der Glieder*, ein Ganzes hervorbringt.« Auch Marwitz' eigener Angriff gegen Hardenberg in seiner Apologie des Adels verbindet Grundeigentum, Geld und Judentum in einer für Müller typischen Denkart (vgl etwa: *Über König Friedrich II und die Natur, Würde und Bestimmung der preußischen Monarchie* (1810). 1.–3. Vorlesung in: SzS, S.129), in dem er das Recht auf Grundstückserwerb der Juden als den Verfall der *Rittergüter* zu einem *neumodischen Judenstaat* anprangert und darin das Losreißen des Grundeigentümers vom Staat erkennt. *Die Lebuser Denkschrift* (1811). LZ I, S.652. Raumer hielt Müller – statt Marwitz – für den Verfasser der Eingabe. Interessant sind auch Hardenbergs Randnotizen (ebd. S.644f.), da sie den Hintergrund zu Raumers und Müllers Ausein-

Der emphatische Gebrauch des Wortes »Körper« zeigt den Versuch an, das Sollen aus dem Sein abzuleiten; ein Anliegen, das bekanntlich schon die modernen Naturrechtstheoretiker ins Zentrum ihrer juristischen Überlegungen stellten. Diese Natur darf für den Konservativen Müller jedoch nicht als Ausgangslage im Sinne eines Naturzustandstheorems gewählt werden, sondern ist ein Korrelat zur Kunst. Die Natur erscheint auf dieser (ersten) Ebene nicht als das schlechthin Gegebene oder gar als einziger Maßstab, sondern in Gemeinschaft mit der Kultur.[23] Das antinomische Verhältnis beider hebt sich jedoch wiederum organisch auf und ist wiederum ›Natur höherer Art‹; die künstliche Abstraktion ist eigentlich immer Negatives, das einem höheren Positiven dient, darf jedoch kein *Absolutes* sein.[24] Der Organismus als lebendiges Ganzes wird so aus dem Naturbereich herausgelöst und gleichzeitig metaphysisch, ästhetisch und moralisch als Zentrum der Naturphilosophie wiedereingeführt.[25]

---

andersetzung über den *Nationalcredit* im nachhinein erhellen. Die Verbindung von Grundbesitz – *to love the little platoon* – im Gegensatz zum beweglichen (und betrügerischen) (Papier-)Geld-Besitz der Juden findet sich schon bei Burke, *Reflections on the Revolution in France*, S. 44f.

[23] Die politischen und theologischen Gründe für dieses Insistieren zeigt kein Text so deutlich als Maistres *Anti-contrat social*, der gegen Rousseau und alle *Philosophes* die Gleichzeitigkeit von Menschsein und Gesellschaft betont und so die aristotelische Lehre des ›zoon politikon‹ zu rehabilitieren versucht, d. h. das Ganze vor den Teilen. Joseph de Maistre: De la souveraineté du peuple. Un anti-contrat social (1796/1870). Hg. v. Jean-Louis Darcel. Paris 1992, S. 95–103. Maistre zitiert hier (S. 101) Burkes Formel *art is man's nature* aus dessen *Appeal from the New to the Old Whigs* (1791).

[24] Vgl. *Die Lehre vom Gegensatze*, KS II, S. 237: »Ein Künstler, der die Welt über seinem Werk vergißt, wird nie durch das Werk zur Welt sprechen, wird das Werk vielleicht tot von sich losreißen, aber nie zu eignem freien und notwendigen Leben schließen können.« Und auch hier fehlt das Primat des Organismus über die Glieder, des Ganzen über die Teile nicht, das im Müllerschen Werk im Anschluß an *Die Elemente der Staatskunst* nur noch an Bedeutung zunehmen wird: »Den Staatsmann, der über den innern Verhältnissen seines Staates die auswärtigen vergißt, der nicht als belebender Antigegensatz in und über dem Gegensatz *beider* mit wahrhaft künstlerischer Ironie schwebt, wird eine ängstliche Sorge bald in die tote geist- und gefühllose Ruhe seines kränkelnden Körpers, des auf diese Weise so unglücklich isolierten Staates herabziehen; und die Vernachlässigung des *Einen* Gliedes wird sich an dem Hinsterben des Andern, anscheinend begünstigten Gliedes in gleichem Verhältnisse fühlen lassen.« (ebd. S. 237).

[25] Zur Idee der *zweiten Natur* bei Schelling und ihrer Verbindung zum politischen Denken vgl. Karl Mannheim: Konservatismus. Ein Beitrag zur Soziologie des Wissens (1925/27). Hg. v. David Kettler, Volker Meja u. Nico Stehr. Frankfurt a/M 1984, S. 202f. Vergleichen wir die *Lehre vom Gegensatze* mit dem sogenannten *Ältesten Systemprogramm* der Stiftler (In: Georg Wilhelm Friedrich Hegel: Werke. Hg. v. Eva Moldenhauer u. Karl Markus Michel. Bd. I. Frankfurt a/M 1971, S. 234ff.), so erkennen wir, daß Müller *Staat* und *mechanisches* Räderwerk eben gerade nicht identifiziert, da er den *Freiheitsbegriff*, wie er im Naturrecht vorliegt, als nicht uspründlich betrachtet, sondern simultan zum Staatsbegriff.

2. Haus und Burg

Es dürfte diese Aufhebung des Dualismus bei der gleichzeitigen Betonung der Gegensätze im geistigen und materiellen Bereich gewesen sein, welche die philosophische Analogie zwischen Müller und Kleist[26] begründete. Die ›Familienchemie‹, die in der *Marquise von O …* betrieben wird, geht zwar wahrscheinlich nicht auf Müller zurück, stimmt jedoch mit seinen Anschauungen zur Familie und Totalität – *zur gebrechlichen Einrichtung der Welt*[27] – überein: Die Familie sei der Nukleus des Staats, die Ehe und die Generationen spiegelten die Liebe und Macht, die gemeinschaftsbildenden Kräfte des Staates.[28] Die Familie ist jedoch nicht nur Modell des Staates, sondern auch der Nationalökonomie. In klarer Frontstellung zu Rousseau greift Müller frohgemut auf das ständische Modell des ›ganzen Hauses‹ zurück.[29] Die Haushaltung betrachtet er als die Grundlage der Staatshaushaltung und die Ehe als Modell jeglicher Produktion:

> Erwägen wir aber, daß das Wesen der Ehe nicht in dem mechanischen Beyeinanderseyn und Aneinanderhalten beruhe, daß vielmehr beyde verbundene Kräfte entgegengesetzter Art sich lebendig durchdringen, beyde, die Eine höhere Kraft, die sie durch ihre Wechseldurchdringung formiren, gründlich empfinden müssen, wenn etwas Menschliches nicht bloß producirt, aber auch ausgebildet werden soll, so ergibt sich, daß die bloß mechanische oder thierische Vereinigung, der mechanisch oder thierisch getheilten Kräfte zur Vollständigkeit des Produktes keineswegs hinreiche. Es kommt nähmlich darauf an, daß das Produkt auch selbst wieder eine dauerhafte und fruchtbare Verbindung (eine Ehe) schließen könne; kurz es kömmt darauf an, etwas Produktives zu produciren.[30]

Das organische Ganze des Staates findet sein Gegenstück in der organischen Einheit der Familie. Was in der Ehe nun die Liebe ist – wie wir gese-

---

26 Zum Verhältnis Kleist/Müller ist schon einiges geschrieben worden; die moralische Argumentation – wer verdirbt hier wen? – dieser Debatte scheint jedoch mehr als unbefriedigend.

27 Heinrich von Kleist: Die Marquise von O … (1808). In: Sämtliche Werke und Briefe. Bd. II, S. 143.

28 *Die Elemente der Staatskunst* (1810), Bd. I, 5. Vorlesung (*Wie sich in der natürlichen, allen Völkern gemeinschaftlichen Verfassung der Familie die Natur des Staates ausdrücke*), S. 89ff.

29 Hierin war ihm Justus Möser in seinen *Patriotischen Phantasien* vorausgegangen, der den althergebrachten Haushalt als eigentliche freiheitliche Gesellschaftsform zu rehabilitieren versucht hatte. Kürzesten Ausdruck fand seine Überzeugung in der paradoxen Maxime: »Das Recht der Menschheit: Leibeigenthum.« (Justus Möser: Ueber den Leibeigenthum. In: Sämtliche Werke. Hg. v. B. R. Abeken. Bd. V. Berlin 1858, S. 144.) Ähnliche Absichten hat wohl Müller, wenn er die ständische, an Haus und Scholle gebundene Abhängigkeit über das Sklaventum des Geldes (römische *obligatio*) setzt.

30 *Versuche einer neuen Theorie des Geldes*, S. 36.

hen haben – ist im Staat der *Credit, der Glaube an die bürgerliche Gesellschaft, an die Sicherheit und Zuverlässigkeit des gesamten Beyeinanderseyns und Miteinanderwirkens.* Symbol dieses staatserhaltenden Beieinanderseins der Geschlechter ist etwa der Tanz, der durch die verschiedenen ritualisierten Verhaltensweisen der Geschlechter untereinander auch den Nationalcharakter äußert.[31] Im Tanz gelingt es Müller, die Idee des Rousseauschen Volksfestes als Selbstrepräsentation der Gesellschaft[32] mit der geschlechtlichen Grundlage seiner Staats- und Familienpolitik zu verbinden. Das charitative Prinzip – Liebe und Glaube – der Leibnizschen Staatstheologie klingt hier nicht nur an, sondern rückt wieder ins Zentrum der Staats- und Vertragstheorie. Die ›perspektivische Verschränkung‹, welche das Verhältnis zwischen Politik und Ethik bei Leibniz regelt, wird zum Signum des konservativen Denkens.[33] In Müllers eigener Konzeption ist nun aber wiederum eine Gegenkraft erforderlich; er findet sie in *Krieg* und *Mißtrauen*. Mißtrauen gegen Staat oder Herrscher ist in absoluter Form jedoch tödlich. Ein Staat kann nicht – und hierin sind sich Müller, Raumer, Hegel und Rousseau einig – ohne die Zustimmung des Volkes weiterbestehen. Eine Variante zum 12. und 13. Aufzug von Kleists *Zerbrochenen Krug* mag dies verdeutlichen: Sie zeigt nicht nur das ›zerbrochene‹ Vertrauen in die Versprechen des Staates – die gebrochenen Versprechen und *Satzungen* – sondern auch eine interessante Methode jenes wiederherzustellen. Eve weist das Angebot Walters ab und gibt ihm den Geldbeutel zurück:

Walter: Das Geld? Warum das?
Vollwichtige neugeprägte Gulden sinds,
Sieh, das Antlitz hier des Spanierkönigs:
Meinst du, daß dich der König wird betrügen?
Eve: O lieber, guter, edler Herr, verzeiht mir.
– O der verwünschte Richter!
[...]
Walter: So glaubst du jetzt, daß ich dir Wahrheit gab?

---

31 *Über die Bedeutung des Tanzes.* In: Phöbus. Ein Journal für die Kunst. Hg. v. H. v. Kleist u. A. Müller. Erstes Stück. Dresden 1808, S. 36f. Zur mutmaßlichen Verfasserschaft Adam Müllers vgl. Sauzin, *Adam-Heinrich Müller*, S. 383.

32 Siehe unten Seite 282.

33 Müller will die Jurisprudenz wieder ins Zentrum der Staatswissenschaft stellen mit klarer Berufung auf *altfränkische Rechtsgesichtspunkte*: »Alle Staatsgelehrte der früheren Zeit waren in ihren Betrachtungen vom Rechte ausgegangen, als der Seele des Staates; es gab keine Vorbereitung zu Staatsämtern als durch die Jurisprudenz: dennoch existierte das Kameralwesen und der Handel längst und in unendlich vielen Gesetzen und Instituten jener vergangenen Zeiten zeigt sich eine Weisheit und Umsicht, welche unsere philosophischen Kameralisten niemals erschwingen werden.« *Welches sind die Erfordernisse eines zureichenden Staatswirtschaftlichen Systems?* (1810). In: Baxa, S. 32. Der Leibnizsche Caritas-Begriff wird hier mit Werten aus der Gefühlsphilosophie besetzt und dergestalt in die Rechtslehre zurückprojiziert.

Eve: Ob Ihr mir Wahrheit gabt? O scharfgeprägte,
Und Gottes leuchtend Antlitz drauf. O Jesus!
Daß ich nicht solche Münze mehr erkenne![34]

Das Vertrauen in den Staat, Religion und Wahrheit wird mit einem Schlag durch das Zeigen eines Gulden wiederhergestellt. Wo das Geld nicht mehr gilt, da scheint alles verloren. Auch – und vielleicht unabhängig davon – Adam Müller postuliert das Geld als Zentrum des Staatsvertrauens; es handelt sich um einen großangelegten Versuch, die ›nationale Identität‹ symbolisch zu fassen und aus dem Widerstreit zwischen Staats- und Privatinteresse erstehen zu lassen.

In seiner Schrift zu *Über König Friedrich II* setzt er sich mit dem Problem dieser Identität auseinander, d.h. mit dem Abbildungsverhältnis zwischen Individuum und Staat, der als Ganzes dem Einzelnen vorgeordnet wird:

> Alle einzelnen Bürger eines Staates können untereinander getrennt und das Ganze dennoch einer Vereinigung sehr nahe sein, eben weil in politischer Rücksicht das Ganze mehr ist als die Summe der einzelnen Teile, der Staat mehr als die Summe der einzelnen Privatmänner, und die öffentliche Meinung mehr als die Summe der einzelnen Privatmeinungen.[35]

Wie Rousseau, dessen Definition des Staatsvertrags – *Trouver une forme d'association qui défende et protège de toute la force commune la personne et les biens de chaque associé, et par laquelle chacun, s'unissant à tous, n'obéisse pourtant qu'à lui-même, et reste aussi libre qu'auparavant*[36] – eine der ungenannten Vorlagen zu Müllers Invektiven gegen die aufklärerische und naturrechtliche[37] Staatstheorie – *dieses Schaffner-Regiment über das bloß irdische Reisegepäck* – stellt Müller die *öffentliche Meinung* über die *Privat-*

---

[34] Heinrich von Kleist: Der zerbrochene Krug. Variant (Langer Schluß). Bd. II, S. 853f. Die Entstehungsdaten des Stücks und besonders dieser Variante sind nicht genau belegt. Sembdner (S. 958) nimmt an, daß es dieser Schluß war, der bei der Weimarer Uraufführung (1808) vorgelegen hatte. Ein Einfluß von Müllers geldtheoretischen Überlegungen läge in diesem Falle nicht vor. Interessant ist hier auch die ironische Erwähnung *Puffendorfs* (4. Auftritt, V. 312. S. 188) im Zusammenhang mit der Welt, in der *Huisum* nur ein kleiner – und mechanischer – Teil ist.

[35] *Über König Friedrich II*, SzS, S. 86.

[36] Rousseau, *Du Contrat social*, I, VI, *Œuvres complètes* III, S. 360. Auch die Abhängigkeit der Glieder und des Körpers findet sich bei Rousseau (S. 361): »*Chacun de nous met en commun sa personne et toute sa puissance sous la suprême direction de la volonté générale; et nous recevons en corps chaque membre comme partie indivisible du tout.*«

[37] Die Identifikation von Aufklärung mit Naturrecht und dieses wiederum mit Rousseau ist ein typisches Element des konservativen Selbstverständnisses. Zum virulenten Anti-Rousseauismus vgl. Maistre, *De la souveraineté du peuple*, passim; Louis-Gabriel-Ambroise de Bonald: Théorie du pouvoir politique et religieux dans la société civile (1796). In: Œuvres. Bd. III. Brüssel 1845, 9–117.

meinung, betont aber die eigentliche Zweckfreiheit des Staates, der nicht den Einzelnen schützt, sondern dessen höchstes Ziel, die Selbsterhaltung ist. Der staatliche *Bund* ist Selbstzweck[38] und tugendhaft an sich, da er dem menschlichen Gefühl unzerbrechlicher Treue entspricht. Denn wie soll ein *kümmerliches Lebensgerät*, fragt Müller,

> Völkern genügen, die einmal *auch* in ihrer Jugendzeit einen von Gott, Religion, Freiheit, Recht, Treue und allen Ideen bekräftigten Bund durchgelebt und durchgefühlt haben?[39]

Dieser Bund ist Müllers ›feste Burg‹, welche die kargen Mittel zur Bildung eines nationalen Gefühls in Preußen kompensieren soll und gleichsam als ideologische Festung die insularen Vorteile Englands einholen soll:[40]

> Lange glaubte der einzelne Mensch, die Unabhängigkeit wäre schon da, wenn nur draußen die Mauern an den Grenzen unverrückt ständen, oder wenn nur das Kriegsheer standhielte, welches, wie ein Panzer von Erz, den Leib des Staates beschirme. Wenn aber das Herz darin nicht von dem Geist einer kriegerischen Freiheit beseelt wird – warum soll uns die Natur den Schein von Mauer und Panzer lassen?[41]

Die *Nationalität*, welche die *Natur* Preußen versagt, muß die *wahre Kunst* und das *Bewußtsein* erzeugen.[42] Diese Nationalität ist *Bereicherung* für das Inland, *Reichtum* aber relativ zum Ausland, der gleichsam die gesteigerte Produktion des Inlands spiegelt. Die beiden Kräfte dieser nicht mehr zu bilanzierenden *nationalen Erhebung* sind *Geldzirkulation* und *Kriegsdienst*:

> Sobald aber die Menschheit auf den natürlichen Weg der Doppelbesteuerung in Geld und in Diensten zurückkehren wird, wohin die Papierzirkulation und Konskription deutet, so wird mit dem Addieren und Summieren der staatswirtschaftlichen Größen nicht mehr auszureichen sein. Dann wird sich zeigen, daß das Objekt der *innern* Staatswirtschaft nicht der *Reichtum*, sondern die *unendliche Bereicherung*, die ewige Erhebung der nationalen Gesamtkraft ist.[43]

---

[38] Für die Nationalökonomie bedeutet dies: »Und so sollte man eigentlich sagen: die Nationalexistenz selbst in ihrem ganzen Umfang sei der wahre Reichtum einer Nation.« *Adam Smith* (1808). In: Baxa, S. 78.

[39] *Über König Friedrich II*, SzS, S. 95.

[40] Vgl. *Ps. zum Schluß über C. J. Kraus* in den *Berliner Abendblätter* (48tes Blatt. 24. November 1810, S. 187f.), wo er die Benachteiligung gegenüber Englands Lage als Vorteil preist: »Das alles sagen wir, nicht mit Klagen über ein Versäumnis der Natur gegen uns, sondern mit stolzer Anerkennung unseres Herzens, mit selbst erbauten Schranken des Besitzes, des Genusses, des Gewerbes sollen sich dereinst die Staaten des Continents isolieren.«

[41] *Über König Friedrich II*, SzS, S. 87. Vgl. auch Novalis' Aussage: »Jeder Engländer ist eine Insel«. LZ I, S. 166.

[42] *Über König Friedrich II*, SzS, S. 85.

[43] *Welches sind die Erfordernisse eines zureichenden Staatswirtschaftlichen Systems?*, Baxa, S. 36.

Das Papiergeld ist für Müller kein Übel, sondern Höhepunkt des Staatsausdrucks. Gerade hier äußere sich das ›gestählte‹ Vertrauen an die staatliche Gemeinschaft im Bereich des Privaten; dieses Vertrauen sei größer als beim Gold, da der Metallismus den Glauben als staatliches Band weder fördere noch provoziere, sondern in einer kosmopolitischen und objektiven Illusion zerstöre. Das Papiergeld stelle wie der Krieg das patriotische Gefühl auf die Probe und treibe gleichsam als Bedrohung von Innen zum Sieg im internationalen Konkurrenzkampf.[44] Müllers Absicht wird auf dem Hintergrund von Burkes scharfer Verurteilung des Papiergeldes klar. Der englische Konservative sieht in den *assignats* das perfekte Symbol der Korruption, da sie im Gegensatz zu den englischen Wertpapieren per Dekret gelten und nicht auf gegenseitigem Vertrauen aufbauen: *Our paper is of value in commerce, because in law it is not.*[45] Müller greift diese Kritik auf und systematisiert sie in seinem eigenen Staatsentwurf nach dem Motto *our antagonist is our helper.*[46] Ein starker Staat wäre derjenige, bei dem die Gesetze ihren nominellen Charakter abstreifen und gleichzeitig mit ihrem Fundament, Boden und Sitte, im Glauben aufgehen würden.

Hier ist auch Müllers brutale Ablehnung von Fichtes Staatswirtschaftslehre anzusiedeln.[47] Diese Kritik hat System und ist nicht etwa eine jugendliche Spitzbüberei, es sei denn, Müllers Denken hätte sich aus diesem polemischen Mißgriff entwickelt. Seine radikale Verurteilung Fichtes baut auf einem enthusiastischen Bekenntnis zu Adam Smith auf,[48] den er später ebenso überempfindlich ablehnen wird, so daß man den Eindruck nicht los wird, als trachte Müller gewisse Gemeinsamkeiten zu verbergen. Betrachten wir die Gesellschaftskonstitution wie sie sich in der *Theory of Moral*

---

[44] Vgl. *Elemente der Staatskunst*, Bd. I, 4. Vorlesung, S. 85f. u. *Versuche einer neuen Theorie des Geldes*, S. 134.

[45] Burke, *Reflections on the Revolution in France*, S. 228.

[46] Ebd. S. 163.

[47] Zu den Umständen der Müllerschen Kritik vgl. die Einleitung zu: Joh. Gottlieb Fichte: Der geschlossene Handelsstaat (1800). Hg. v. H. Hirsch. Hamburg 1979, S. 16,66.

[48] Dies dürfte wohl mit ein Grund sein, daß sich Müllers erste Druckschrift, die Fichte-Kritik, in keiner der neueren Müller-Anthologien findet; vgl. *Über einen philosophischen Entwurf von Hrn. Fichte.* In: Neue Berlinische Monatsschrift. Dezember 1801, S. 345. Zu Adam Smith erfolgte 1812 eine Nachschrift, die diese Anerkennung als Entgleisung widerrief. Zum Hintergrund der Kritik vgl. Sauzin, *Adam-Heinrich Müller*, S. 73ff.; zu deren Inhalt: Harada, *Politische Ökonomie des Idealismus und der Romantik*, S. 69f. Eine Zusammenstellung der Müllerschen Invektiven aus den Jahren 1803 und 1809 liefert aus der Perspektive der DDR-Doktrin Günther Rudolph: Adam Müller im Zerrspiegel feudalabsolutistischer Apologetik durch Adam Müller. Ein Beitrag zur negativen Wirkungsgeschichte des Smithschen Systems in Deutschland. In: 200 Jahre Adam Smith' ›Reichtum der Nationen‹. Internationales Kolloquium in Halle. Hg. v. Peter Thaal. Taunus 1976, S. 98–104; eine Würdigung der Smith-Kritik findet sich hingegen bei Müllers austrofaschistischem Apologeten Othmar Spann: Fundament der Volkswirtschaftslehre. Jena ^{2}1921, S. 357–359.

Sentiment[49] als Reflexion des Individuums in der Gesellschaft findet, ja stellen wir gar diese der *Inquiry* gegenüber, so nähern wir uns trotz aller inhaltlicher Divergenz gefährlich dem Staatsentwurf, den Müller immer vom *mechanistischen* und egoistischen Smith entfernen will.[50] Mit ein Grund für diese Meinungsänderung dürfte wohl der Wandel der Einschätzung des englischen Naturrechtlers und Nationalökonomen bei Müllers ›Gesinnungsgenossen‹ gewesen sein.[51] So sieht bereits 1802 Franz von Baader im *liberal system* eben gerade kein System, sondern die Zerstörung der Ständeordnung durch den *Egoism* eines *Standes*, des Handelsstandes. Die problematische Beziehung zwischen Handelsinteresse und Staatsinteresse folgt hier also der Kritik Smiths am *mercantile system*, wobei Baader jedoch weder auf die Physiokraten noch auf die Merkantilisten zurückgreift, sondern auf die Kameralisten ›physiokratischer Prägung‹. Kurz, dieser schlägt eine Rückbesinnung auf Bechers *Politische Discurs* vor, der einzig das Überle-

---

49 So z.B. »Man [...] has a natural love for society, and desires that the union of mankind should be preserved for its own sake, and though he himself was to derive no benefit from it.« Adam Smith: The Theory of Moral Sentiments (1759/1790). In: The Works and Correspondence. Bd. I. Hg. v. D. D. Raphael und A. L. Macfie. Oxford 1976, S. 88. Daß Smith hier auch an ein organisches Staatsmodell denkt, zeigen seine Ausführungen über *the mechanism of a plant, or animal body* (ebd. S. 87).

50 Die einseitige Rezeption von Smiths Werk durch Adam Müller unter dem Motto des egoistischen Individualismus weist bereits auf die spätere Debatte um das ›Adam-Smith-Problem‹ voraus, d.h. auf die widersprüchlichen Beurteilungen des Zusammenhang zwischen den beiden Hauptwerken Smiths. Das Problem darf als gelöst betrachtet werden, da sowohl ein systematischer wie auch ein historischer Zusammenhang hergestellt werden konnte. Vgl. etwa Robert Boyden Lambs (Adam Smith's System: Sympathy Not Self-Interest. Journal of the History of Ideas 35 [1974], S. 682) Ableitung des Privatinteresses aus der gesellschaftlichen Kategorie der Sympathie.

51 Die ›späten Kameralisten‹, insbesondere Pfeiffer, waren in einer tradionalistischen, die pragmatischen und ständischen Kriterien berücksichtigenden Kritik an Smith der Generation Müllers vorausgegangen; vgl. Wilhelm Roscher: Die Ein- und Durchführung des Adam Smith-schen Systems in Deutschland. In: Berichte über die Verhandlungen der Königlichen Sächsischen Gesellschaft der Wissenschaften zu Leipzig. 19 (1867), S. 16. Müllers Kritik an Smith wird jedoch in der Dogmengeschichte des deutschen Anti-Smithianismus besonders hervorgehoben und verkommt nach und nach zum Schlagwort. So sieht Bruno Hildebrand in seinem bekannten Werk *Die Nationalökonomie der Gegenwart und Zukunft* (Frankfurt a/M 1848, S. 60) die wesentlichen Hauptpunkte der Ablehnung Smiths bei Müller und List in der Kritik »der drei Worte: Kosmopolitismus, Materialismus und Particularismus«, während List selber bei seiner Erwähnung Müllers in typischer List(i)scher Manier einen recht unbedeutenden Brief Alexander von Marwitz' an Rahel Varnhagen als Gewähr seiner (ehrrührigen) Kritik anführt. Vgl. Friedrich List: Das nationale System der Politischen Oekonomie (1841). Hg. v. Heinrich Waentig. Jena 1928,S. 36–38. Im Gegensatz zu den Behauptungen der faschistischen (Baxa, Spann) oder nationalsozialistischen (Wiskemann, Lüthke) ›Rehabilitoren‹ Müllers ist nirgends im 19. Jh. ein ›Vergessen‹ in bezug auf Müllers antiliberale Haltung festzustellen.

ben der drei Stände garantiere; in seiner Argumentation bedient er sich ebenfalls des Bildes vom Staatskörper:

> Und es ist ebenso klug gehandelt (denn daß es nicht recht gehandelt sei versteht sich von selbst), auf diese Wohlstandsvereinung in einem Lande Verzicht tun und durch den Wohlstand des einen oder anderen Standes ausschließend den Wohlstand einer ganzen Nation oder eines einzelnen Staats gründen und befördern zu wollen, wie es klug gehandelt sein würde, einen Leib an seinen wesentlichen Gliedern oder Organen, wenn auch nur an einem, zu verstümmeln in der Hoffnung, daß dieser Leib dessenohngeachtet gedeihen und die Nahrungssäfte um so mehr nun den übrigen Gliedern zuströmen würden.[52]

Die Meinungsänderung in Sachen Smith dürfte sich also unter dem Druck einer so gearteten dynamisch-organischen Kritik vollzogen haben,[53] die sich parallel zu Müllers eigener Entwicklung im politischen und naturphilosophischen Diskurs seiner Generation durchsetzt. Er muß sich so gegen seine Bundesgenossen verantworten und gleichzeitig weiterhin an seiner Fichte-Kritik festhalten. Dies tut er, indem er die Bedeutung des internationalen Konkurrenzkampfes und den freien Wettbewerb zur inneren Überlebensprobe des Staates als dessen individuellen Gegensatz postuliert. Die polemische Funktion des Geldes und speziell des Papiergeldes erwächst aus diesen Zwängen, ebenso seine Sprachauffassung, d.h. seine Gesprächs- und Nationalsprachentheorie. Bei der Behandlung der *Korruption* der *Staatswirtschaft* läßt es sich Müller nicht entgehen, auch den Zerfall der *Grammatik* und *Mathematik* zu beklagen, und benutzt diese Gelegenheit, um auf den Zusammenhang mit dem Geld einzugehen:

> Indes möchten wir doch in Ansehung der letzteren, der Grammatik nämlich, auf eine sehr ausführbare Parallele des *Wortes* mit dem *Gelde* hindeuten, die vielleicht praktischer ist als man denkt, da wir sehr lebhaft angemahnt werden von der Zeit, das Geld, wo es fehlt durch das Wort zu ersetzen. Die Sprache ist nationale und Privatsprache zugleich, Gemeingut und Besondergut, *feod* und *allod* zugleich, wie es der Reichtum überall sein sollte. Aber auch die Sprache, wie alles Nationaleigentum überhaupt, wird heutzutage vielmehr als Summe aller Privatrede, denn als nationales Gemeingut eines sprechenden Volkes betrachtet. Dessungeachtet sollte niemand etwas in andrer Art besitzen, als in welcher der Einzelne seine Sprache besitzt. Keine Parallele ist für die Staatswirtschaft fruchtbarer und befreiender als diese.[54]

---

52 Franz von Baader: Über das passive Staatswirtschaftssystem (1802). In: Franz von Baader: Gesellschaftslehre. Hg. v. H. Graßl. München 1957, S.61ff.

53 Die sich in mehr als bedenklich Nähe zu Smiths Kritik an der physiokratischen Behauptung begibt, daß der Handel an sich steril sei. Smith hatte nämlich bereits aufgezeigt, daß zehn Pfund Einnahmen und zehn Pfund Ausgaben in der Zirkualtion des Handels nicht gleich 0 seien, sondern sich auf zwanzig addieren und somit gleichsam als zwei Kinder aus einer Ehe betrachtet werden müssen. *Wealth of the Nations*, IV, xi, *Works* II/2, S.675f.

54 *Die heutige Wissenschaft der Nationalökonomie kurz und faßlich dargestellt* (1816). In: Baxa, S.39.

Müller verbindet hier den romantischen Gemeinplatz – »Wir sind nicht isoliert«[55] – mit der von ihm entworfenen Theorie des *feod* und *allod*,[56] d. h. der Gegenseitigkeit von Gemein- und Privateigentum. Die Sprache weist dieselbe Struktur auf, indem sie als bewegliches Gut *allod* ist, in ihrer Geltung aber *feod*. Der Tausch ist somit gemeinschaftlich und Ort der Vermittlung zwischen dem Individuum und der Gesellschaft:

> Das Geld demnach, wo es erscheint, und wie es erscheint, ob als Wort oder als Metall ist nur Geld, in wie fern es kein Privateigenthum, sondern in wie fern es der Staat selbst, Gemeindeeigenthum möglichst vieler, ja aller ist. Denn noch einmahl: nur im Moment des Umsatzes oder der Circulation sind die Substanzen des Geldes wirklich Geld: und in diesem Moment sind sie Feod.[57]

Die drei Formen des Eigentums – Privateigentum (Allod), Gemeindeeigentum (Feod) und das umfassende Staatseigentum – entsprechen in der Gesprächstheorie Müllers dem monologischen, dem dialogischen und dem dramatischen Sprechen;[58] andererseits sieht er im Feod als Grundstück wiederum den weiblichen Anteil, im Allod aber den männlichen;[59] dort Poesie, hier Beredsamkeit, dort Monolog, hier Dialog etc. Natürlich hebt sich dies in den entsprechenden Einheiten auf – Familie, Staatseigentum, Nationalsprache, Drama – um wiederum in Opposition zu anderen Einheiten zu treten.

Das Zentrum einer solchen Verbindung bildet das Geld, da es weibliches Prinzip – Glaube[60] – und männliches – Bewegung – verbinde und wie die

---

55 Joh. Gottlieb Fichte: Einige Vorlesungen über die Bestimmung des Gelehrten (1794). In: Fichtes Schriften zur Gesellschaftstheorie. Hg. v. H. Riehl. Bd. II. Jena 1929, S. 46; Maistre, *De la souveraineté du peuple*, S. 104.

56 *Versuche einer neuen Theorie des Geldes*, S. 23ff.

57 Ebd. S. 31.

58 *Fragmente über die dramatische Poesie und Kunst* (1. Stück, Jan. 1808), *Phöbus*, S. 41–52.

59 Vgl. etwa *Elemente der Staatkunst*, Bd. I, S. 154ff. u. 319ff., sowie *Über König Friedrich II*, SzS, S. 121f.: »In der mechanischen Staatslehre wird die innere, bindende und heilige Natur des Bodens und der Frauen völlig verkannt, weil sie sich, wie gewaltig sie auch sein, nicht auf mechanische Gesetze und Zahlen reduzieren läßt, und weil jene Staatslehre nur den eigentlichen Handarbeiter als Rad in ihrem großen Mechanismus statuiert: der Boden figuriert nur in den Produktions-Tabellen und in den Hypotheken-Büchern, die Frauen nur in den Populations-Tabellen und in der mechanischen Erziehung, durch die man, wie überhaupt durch eine gewisse kalkulatorische und grundsätzliche Moral, die höheren Anregungen der Ideen ersetzen will.« Die *Produktions-* und *Populations-Tabellen* müssen als polemische Anspielung auf die Physiokraten gelesen werden, genauer auf François Quesnays *Tableau économique*, obwohl gerade die Wahrung des Grundeigentums und die Betonung der Fruchtbarkeit zu den Hauptanliegen der Verbindung Mirabeau-Quesnay zählen; die Ablehnung der Physiokraten folgt dem uns schon bekannten Prinzip.

60 Vgl. *Vorlesungen über die deutsche Wissenschaft und Literatur* (1806). In: KS I, S. 43f. »Deutschland steht weiblich treu, leidend und duldend, unerkannt von den Berausch-

Ehe wiederum selbst produktiv sei. Geld könne ohne Zins nicht betrachtet werden, das Wort nicht ohne die Zahl. In seinen zahlreichen Ausführungen zur Zirkulation, zum Papiergeld, zur Geldtheorie und zum Bankwesen erweitert Müller diese Grundidee mit stets neuen Epitheta, wobei das Geld zunehmend als Mittelpunkt seiner gesamten publizistischen Tätigkeit erscheint. Er beabsichtigt – gerade durch die Integration seines eigenen Begriffs der Produktion in die Geldtheorie – sowohl die Physiokratie als auch Adam Smith nationalökonomisch zu erledigen und deren theoretische Schwerpunkte bei der Definition des Reichtums als isolierte Teilaspekte abzutun.[61]

3. Theorie des Geldes

In seinem *Versuche einer neuen Theorie des Geldes* finden wir die Kugelform wieder, welche die *unendliche Verhältnismäßigkeit aller Functionen der Kraft*[62] darstellt. Das Zentrum dieser *ökonomischen Functionen*, *das Bedürfnis aller Bedürfnisse*, bleibt der *Staat.*[63] Das Verlangen nach dem *Gelde* ist ein *bloßer unvollkommener Repräsentant des höheren Verlangens nach der Vereinigung, nach dem Staate*; diese Ableitung des Geldes aus dem staatlichen Bedürfnis hebt die Partikularität des Wollens auf. Es ist somit die staatliche Realpräsenz, das vertragliche Versprechen, das Wort des Staates, was den Geldwert garantiert, und nicht sein Metallgehalt:

> Wenn man also in neueren Zeiten die Sache so dargestellt, als sey ein Staatspapier ein bloßes Substitut der Metalle, oder als könne ein Versprechen des Staates die Metalle nur repräsentieren, und als sey selbiges ohne Beziehung auf die Metalle wesenlos, so hat man die Ordnung der Dinge umgekehrt: die Metalle sind die Repräsentanten; das große Bedürfnis des Zusammenhaltens, welches schon vor aller Theilung der Arbeit die einzelnen Organe des Menschen verbindet, dann später alle die verschiedenen ökonomischen Functionen unaufhörlich zu ihrem Ursprung und zur Vereinigung zurückzieht; das, was die Metalle durch den Stempel, wie durch eine Art von Creditiv

---

ten, in ihrer Mitte und bewahrt das Gesetz des Ursprungs und der Dauer aller germanischen Völker wie die alten gotischen Charaktere ihrer Schrift in einem steten, auf freudige Zukunft bauenden Herzen. – Nicht ohne Bedeutung haben deutsche Frauen alle Kronen von Europa fortpflanzen müssen. So ist Deutschland da, um die Herrschaft nicht eigensüchtig zu besitzen und zu genießen, sondern um sie auf die Zeitgenossen und die Zukünftigen fortzupflanzen, um als wahre Frau *dienend* zu *herrschen*. Alles, was die andern *haben*, ist nur etwas und bleibend das *Ihre*, insofern es sich vereinigt mit dem, was Deutschland *war*, *ist* und *sein wird*.«

[61] Vgl. die formelhafte Kritik an Colbert, Quesnay und Smith in den *Elementen der Staatskunst*, Bd. I, S. 375. Karl Murhard (Theorie des Geldes und der Münze. Leipzig 1817, S. 19) wird diese Kritik am ökonomischen Triumvirat plagieren.

[62] *Versuche einer neuen Theorie des Geldes*, S. 136.

[63] Ebd. S. 138.

> erst zum Gelde erhebt, und was endlich bey weiterer Entwicklung des bürgerlichen Lebens durch das Staatspapier ausgedrückt wird – ist das Principale.[64]

Dabei sind Wort und Metall die beiden Pole des Geldes, weil Metall die Sachen, das Wort aber die Personen verbinde. Metall- und Wortgeld bedingen sich also gegenseitig. Ihre Korrelation in der gesunden Wirtschaftstheorie bildet den gemeinsamen Maßstab. Die *Hauptfunktion,* die *Axe der ökonomischen Sphäre*, ist die *Function des Geldes.*[65] Der Begriff der Achse zeigt an, daß an den beiden Endpunkten der Linie sowohl der *Accent der Ruhe* als auch die *unendliche Bewegung* gegeben sind, welche beide die Kugel als Zentrum und Sphäre definieren.[66] Dieses Zentrum ist *jener Mittelpunct, jenes unsichtbare Geld*, das alle Werke der Menschen *trägt, zieht, regiert.*[67] Die Werke der Menschen und das Geld bestimmt Müller näher, indem er den obsoleten Ausdruck »Nährstand« auf ungekannte Weise reaktualisiert:

> Die drey *Nährstände* streben nach nichts anderem, und beruhen auf nichts anderem als auf dem Credit.[68]

Der Kredit ist der Mittelpunkt aller *lebendigen Wechselwirkung zwischen Person und Sache* und er ist das *eigentliche, wahre Geld.*[69] Der Maßstab ist also etwas *Idealisches*. Das Pfund Sterling ist nicht *imaginär,* sondern *idealisch*, da es auch der *recht realen Freyheit Großbrittaniens hervor gegangen.*[70] Die *unendliche Vermittlung*, die das Geld zwischen Personen und Sachen garantiert, ist nur möglich aufgrund dieses Kredits, der die *Person der Person*, den *Staat*, zum Stifter der *Aequivalenz* macht, die Tausch und Handel erst ermöglicht.[71] *Es gibt* somit *keinen Tausch der nicht zugleich Handel wäre*, da es keine Vermittlung zwischen Personen und Sachen geben kann ohne Geld. Das Verhältnis zwischen Ware und Geld wird bestimmt durch die Vermittlung von Markt und Maßstab, dem *Gesetz aller Gesetze*; der Markt fixiert den *arithmetischen Preis* des *ökonomischen Objekts*, während das Gesetz den *geometrischen Werth* bestimmt.[72] Damit greift Müller auf zwei Unterscheidungen zurück: Die Arithmetik unterscheidet sich von der Geometrie wie die *Stetigungen (Gleichungen)* von der *Stetigkeit – Zählungen (Messungen)* –, die wiederum der *Zahl* und der *Figur*, dem *Zeichen* und dem *Bild*,

---

64 Ebd. S. 139f.
65 Ebd. S. 147.
66 Ebd. S. 126. Müller spricht den Ursprung dieses Bildes Novalis zu und zitiert ihn: »jede Linie sey eine Weltaxe.«
67 Ebd. S. 148.
68 Ebd. S. 155.
69 Ebd. S. 163.
70 Ebd. S. 172.
71 Ebd. S. 177ff.
72 Ebd. S. 193.

der *Wissenschaftslehre* und der *Kunstlehre* entsprechen;[73] der Wert unterscheidet sich vom Preis als die *Gerechtigkeit* der *Verhältnisse* von der *Masse von Kraft*, der einer Sache in dem Augenblick inne ist.[74] Somit ist der *Maßstab* als *Gesetz* das Mittel, den *schwankenden Werth* der Metalle zu fixieren, diese Fixierung wiederum ist Aufgabe des Geldes; Geld ist somit Bild (Repräsentant) des Staates. Wir können schließen: Der Markt ist Gleichung, Natur; das Geld Messung, Kunst. Die Verbindung von beiden ist die zwischen Körper und Geist:

> durch die Münze geht eine wirkliche Transsubstantiation des Goldstücks in dem Leib des Staats vor sich [...]
> Aus allen diesen Gründen müssen die consequenten Gegner des Papiergelds, auch das Wunder des Münzstempels, als die Autorität des Gesetzes über die Haushaltung der Völker läugnen.[75]

Die ›Transsubstantiation‹ – nicht die unmittelbare Mitteilung – verbindet Gott und Menschen, Seele und Leib, Staat und Haus. Damit greift Müller eine ökonomische und politische Tradition auf, der wir bei Leibniz begegnet waren.[76] Der Kontext, in dem dieser Topos nun erscheint, steht unter dem Einfluß des konservativen Anliegens, die Willkür der Zeichen und damit die Machbarkeit von Gesellschaft und Geschichte zu bestreiten. Ein Blick auf Äußerungen von Hume und Jean Paul mag dies verdeutlichen.

In seiner *Treatise* beschreibt Hume den konstitutiven Akt der Gesetzgebung als einen magischen oder – in Austins Worten – als einen performativen Akt:

> I shall farther observe, that since every new promise imposes a new obligation of morality on the person who promises, and since this new obligation arises from his will; 'tis one of the most mysterious and incomprehensible operations that can possibly be imagin'd, and may even be compar'd to *transubstantiation*, or *holy orders*, where a certain form of words, along with a certain intention, changes entirely the nature of an external object, and even of a human nature.[77]

---

73 *Lehre vom Gegensatze*, S. 224 u. 227f.

74 *Versuche einer neuen Theorie des Geldes*, S. 59

75 Ebd. S. 196f.

76 Und der wir auch nach der *Theorie des Geldes* im romantischen Staatsdenken weiterhin begegnen. Vgl. die kleine Schrift *Über das Abendmahl* (1815) von Franz von Baader: »Aber wenn die Liebe herabsteigt, so erwartet sie billigerweise ihre Wiedererhebung von dem Geschöpfe, welchem sie ihre Substanz als einen Keim anvertraut und ausgesetzt, und wenn das Wort Fleisch wird und sich als Nahrung hingibt, so geschieht dies, um durch das Geschöpf wieder Geist zu werden, und es ist vorzugsweise der Mensch, dem es sozusagen diese Auferstehung verdanken will.« In: Franz von Baader: Vom Sinn der Gesellschaft. Schriften zur Social-Philosophie. Hg. v. H. A. Fischer-Barnicol. Köln o. J., S. 87.

77 Hume, *A Treatise of Human Nature*, S. 576.

Hume unterscheidet jedoch zwischen der sozialen Verpflichtung, die aus einem Versprechen erwächst, und den *monstrous doctrines* pfäffischer Erfindung, die in keinem Zusammenhang zu den gesellschaftlichen Interessen stehen und somit auch nicht in Widerspruch zu diesen stehen können. Diese ›reibungslose‹ Isoliertheit der Sakramente hält sie von Aporien fern und führt dazu, daß die ursprünglich zwar betrügerische Formel eine rationalere Entwicklung kennt als die Theorie gesellschaftlicher Verträge:

> Theologians clearly perceiv'd, that the external form of words, being mere sound, require an intention being once consider'd as a requisite circumstance, its absence must equally prevent the effect, whether avow'd or conceal'd, whether sincere or deceitful. Accordingly they have commonly determin'd, that the intention of the priest makes the sacrament [...]
> We may draw the same conclusion, concerning the origin of promises, from the *force*, which is suppos'd to invalidate all contracts, and to free us from their obligation.[78]

Es ist die ehrliche Absicht des Sprechers, welche die Formel des Versprechens oder der Sakramente von ihrer sprachlich bedingten Willkür befreit. Die Gültigkeit einer Äußerung hängt vom Willen ab, der als sinnstiftendes Zentrum hinter der Äußerung steht. Müller folgt Humes Erklärung des Versprechens, sieht jedoch die daraus entstehenden Verpflichtungen als ›heilige Banden‹ an, die für das *Recht* konstitutiv seien, wertet so den Priesterbetrug zu einem wahrhaft göttlichen Akt um und weitet den sakramentalen Bereich auf die Staatstheorie aus. Dies gelingt ihm um so eher, da er – im Gegensatz zu Hume[79] – die dauernde verbindliche Kraft des Versprechens als die positive Grundlage der innerstaatlichen Abhängigkeiten sieht.[80]

Die Münze vertritt jedoch nicht nur die Stelle des Gesetzes und Kredits als staatliches Dauerversprechen, sondern repräsentiert diesen Staat auch, da dessen Geist sich real und positiv in der Münze findet. Diese ›realistische‹ Zeichentheorie des Geldes steht in Analogie zur Metapherndefinition Jean Pauls:

> Wie schön, daß man nun Metaphern, diese Brotverwandlungen des Geistes, eben den Blumen gleich findet, welche so lieblich den Körper malen und so lieblich den Geist, gleichsam geistige Farben, blühende Geister![81]

---

[78] Ebd. S. 577.

[79] Ebd. S. 541: »For even promises themselves [...] arise from human conventions.«

[80] *Von der Notwendigkeit einer theologischen Grundlage*, S. 25ff. Bereits Mirabeau sieht in der Münze den Ausdruck vormaliger sächlicher Abhängigkeit im Lehensvertrag; statt der Naturalienabgabe begleiche der Untertan seine Schuld für den herrschaftlichen Schutz mit der Münze, die somit Ausdruck der gegenseitigen Abhängigkeiten zwischen Souverän und Volk sei. Vgl. Mirabeau, *L'ami des hommes*, S. 171f.

[81] Jean Paul: Vorschule der Ästhetik nebst einigen Vorlesungen in Leipzig über die Parteien der Zeit (1804). In: Werke. Hg. v. E. Berend. 7. Teil. Berlin o. J., S. 163. Müller for-

Die Maßstab- und die Zeichenfunktion des Geldes vereinigen sich bei Müller in der ›Impanation‹ bzw. Inkarnation[82] des Gesetzes in Wort und Münze und entledigen sich so der subjektiven und partikulären Grundlage, die ihre reflexive Struktur bei Hamann in der unmittelbaren, sinnlichen Wahrnehmung des Wortes und des Geldes erhalten hatte. Während die Transsubstantiation das Geld als Zeichen des Gesetzes durch den Geist konstituiert, dient die Menschwerdung Gottes dem lebendigen Maßstab als sakraler Vergleichspunkt: Ein *Exponent* könne nur leben, wenn er ein *Glied der Progression dazu erhält*, wie nur ein Gott *der zum Menschen* werde, *sich ins Unendliche offenbart.*[83] Transsubstantiation erscheint als Repräsentation, Menschwerdung als Produktion. Es ist nachgerade klar, daß ein solcher Maßstab nicht gleich dem *Gewicht*, sondern den *Werth aller Werthe* darstellt und seine Maßeinheit, *die Arthbennenung, das ökonomische Ganze, den Staat selbst* bedeutet,[84] als Vermittlung zwischen dem *Allerpersönlichsten*, dem *Wort*, und dem *Allersächlichsten*, dem *edlen Metall.*[85] In der Bank von England und im Nationalkredit des Papiergelds sieht Müller seine Theorie bestätigt:

> Die Realität, *par excellence*, unter allen Realitäten, Waaren, Sachen, ist in Großbrittanien so gut wie überall das edle Metall: die Realität, *par excellence*, in die aller Privatcredit umgesetzt werden muß, um allgemeine Wirkungen hervor zu bringen, ist die Bank von Großbrittanien. Die Bank von England ist, noch richtiger ausgedrückt, die Personalität, *par excellence*, unter allen Personalitäten, Wechseln, Obligationen, persönlichen Verpflichtungen.[86]

Papiergeld ist also nicht etwa ein *Surrogat, Substitut oder Nothzeichen des Metallgeldes*, sondern *Personalisirung alles Privatcredits.*[87] Müller unter-

---

derte Jean Paul zur Mitarbeit am Phöbus auf, Jean Paul wiederum schätzte Müller. Vgl. *Brief von Jean Paul an die Redaktion des Phöbus vom 5. Jan. 1808.* In: LZ I, S. 376. Einen direkten Bezug zwischen Geist, Gott, Geld und metaphorischer Redeweise finden wir bei Trench, der sehr wirksam die Gesprächssituation, wie wir sie von Young her kennen, hier einführt: »To do this [den Hörer bewegen] effectively will demand a fresh effort of his own; for while all language is, and must be figurative, yet long familiar use is continually wearing out the freshness and sharpness of the stamp [...] so that language is ever needing to be recalled, minted and issued anew, cast into novel forms, as was done by Him of whom it is said, that without a parable spake He nothing.« Richard Chenevix Trench: Notes on the Parables of our Lord (1840), S. 25; zit. nach: Hans Aarsleff: The study of language in England, 1780–1860. Princeton 1967, S. 233.

82 Vgl. *Theorie des Geldes*, S. 82: »Wir sehen das Wort zum Fleische auch der Staaten werden.«

83 Ebd. S. 198.

84 Ebd. S. 210f.

85 Ebd. S. 218f.

86 Ebd. S. 228.

87 Ebd. S. 231f.

scheidet analog hierzu drei Standards, die drei verschiedenen Legierungen entsprechen: der *Standard der Feinheit* als Produkt der Metallegierung, *Standard der ökonomischen Größe* als die *höhere Legirung* der Münze mit dem Gesetz und schließlich der *Standard des Werthes* als die *Legirung* des Metallgelds mit dem *Creditgeld*. Folglich gebe es auch drei Formen der *Depreciation* oder *Corruption des Standard* als Störung der legierten Verhältnisse.[88] Die dritte Form der *Depreciation* trete dann ein, wenn die Bank, statt Wechselbriefe zu *personalisiren*, Sachen borgen würde und so *personalisirte, was nur realisirt werden kann.*[89] Dies käme einer Verletzung der Grenze zwischen *sächlicher* und *personaler Hemisphäre* gleich und *würdigte* das *Creditgeld ab zu einem Surrogat des Metallgelds*,[90] was zu einer sofortigen Abwertung der Banknote führte. Das richtige *Creditgeld* könne jedoch nicht abgewertet werden, da es nach Müller auf Realität beruht:

> Ich frage: ist, was das Gesetz, die öffentliche Meinung, die ganze Staatshaushaltung von Großbrittanien, und was die Bank von England als vorhanden präsumirt, uns so behandelt, als sey es vorhanden, nicht so gut als wirklich vorhanden?[91]

Denn niemand zweifelt am Königtum oder an der Realität des Goldes; und wie der Prinzregent vom Parlament zum König bestimmt wird, so die Banknote von der Bank.[92] Metall- und Creditgeld *führen unter einander* einen *unendlichen Krieg*; andernfalls komme es zu *einseitigen Bluthäufungen*.[93] Diese Schäden können durch mechanische Eingriffe – z.B. Geldvermehrung – nicht behoben werden, sondern nur durch organische Maßnahmen, welche die Produktivität des Körpers als Zeichen seiner Gesundheit fördern:

> Der ganze Körper soll das Blut erzeugen, nicht aber soll ein einzelnes Organ für diese Bluterzeugung besonders eingerichtet und privilegirt werden. Die Regierung erzeugt also nur Geld, wirkliches Geld, in wie fern sie das Ganze, und alle sein Bedürfnisse, nicht aber etwa nur einen einseitigen Geldmangel, oder ein besonderes und augenblickliches Bedürfniß im Auge hat.[94]

Müller nimmt nun an, daß diese Weisheit in jedem Haushalt bekannt sei, daß sie aber in den Angelegenheiten des Staates *zum Bewußtseyn, zum Gesetz erhoben* werden müssen.[95] Er schließt überraschend mit der Klage, daß das *Gefühl des Ganzen* heute *ausgesprochen, abgeschrieben* werden müsse,

---

88 Ebd. S.237.
89 Ebd. S.240.
90 Ebd. S.241.
91 Ebd. S.242.
92 Ebd. S.243.
93 Ebd. S.252.
94 Ebd. S.273.
95 Ebd. S.274.

da die *unsichtbare Gewalt als Sitte* nicht mehr existiere. Sei jedoch die Sprache dessen nicht mächtig, so sollten die *Urformen, das heißt: die Geometrie zu Hülfe genommen werden*:

> Denn, wiewohl die Sprache, in ihrer gerechten und vollkommenen Ausübung, wie man sich aus den Werken der großen Dichter aller Zeiten davon überzeugen kann, sowohl ein bezeichnendes als ein abbildendes, ein arithmetisches sowohl als ein geometrisches Element enthält, so hat doch die Barbarey unsrer sowohl, als aller andern Alexandrischen Zeiten, das Wesen der Wissenschaft in eine strenge Aussonderung des bezeichnenden oder arithmetischen Elementes der Sprache gesetzt. Dasjenige höchst Wesentliche, ja Heilige, welches die Poesie durch ihren Rythmus, durch ihre Bilder, und durch den Wechsel ihrer Formen ausdrückt, glaubte man in der Wissenschaft nicht bloß entbehren zu können, sondern nicht dulden zu dürfen. Ja man räumte es der Poesie selbst nur als ein äußeres Beywesen, als einen unwesentlichen Schmuck, als ein Gewand, als ein Mittel zur Verstärkung und Belebung ihrer Eindrücke ein. Wissenschaft war dasjenige, was ausschließend in Zeichen, in Zahlen, in Chiffern verkehrte: und nach dem Grade des Mangels alles bildenden Vermögens sollte die Strenge, die Exaktheit der Wissenschaft beurtheilt werden. Wenn daher einige wenige größere Seelen für die Wissenschaft die künstlerische Form reklamirt haben, so haben sie damit etwas viel Höheres als die äußere Geschliffenheit oder die Eleganz des Gewandes, gemeint. Sie haben das zum Denken so gut als zum Dichten unentbehrliche bildende Vermögen zurück verlangt; [...]
> [Ich] beschließe [...], indem ich diejenige ökonomische Verfassung, welche ihren innern Verhältnissen am treuesten geblieben ist, weil sie sich von der Tyranney der Zahlen und der Buchstaben am entferntesten gehalten hat, in einer geometrischen Figur abbilde, die wahrscheinlich nach allem Vorausgeschickten keiner weiteren Erklärung bedürfen wird.[96]

Die Leibnizsche Unterscheidung zwischen Arithmetik und Geometrie als die Wissenschaft von der Größe und der Ähnlichkeit wird hier wieder aufgegriffen und in Verbindung mit den semiotischen Kategorien von Bezeichnen und Abbilden gesetzt. Das Geld nun ist trotz des Verlustes innerhalb der Sprachwissenschaften, der nur noch durch die Poesie kompensiert wird, ein ›Zeichen‹ geblieben, das nicht bloß die Quantität der Kräfte, sondern auch die Qualität als Repräsentation des Staates in sich trägt. Die Verbindung der beiden Pole, der Sache und der Person, erfährt hier eine Vermittlung, welche die Sprache innerhalb der Wissenschaft nicht mehr erfüllt, wobei die Philosophie mitgemeint ist.

Die zentrale Rolle des Kreditbegriffs innerhalb der Müllerschen Geldtheorie basiert auf zwei Theoremen der romantischen Naturphilosophie: der binären Struktur der ›Weltkraft‹ und der Produktion als Zeichen der Lebendigkeit und Gesundheit des Organismus. Die Formel, die Müller zur Definition der Produktion aufstellt, ist von lapidarer Einfachheit:

---

[96] Ebd. S. 275f.

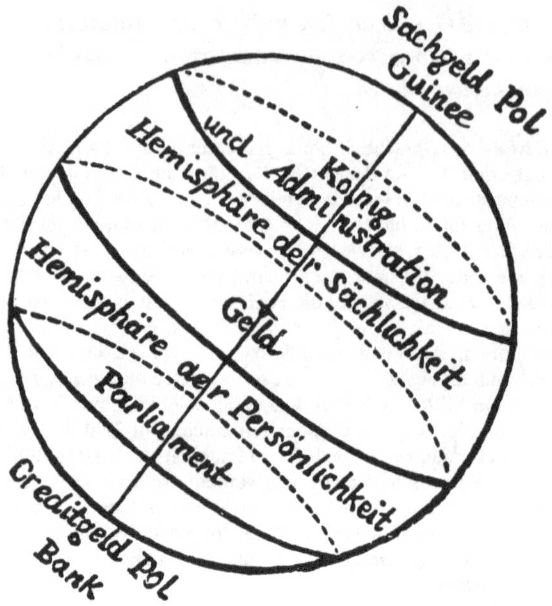

> *Produciren* heißt, *aus zwei Elementen etwas Drittes erzeugen, zwischen zwei streitenden Dingen vermitteln, und sie nöthigen, daß aus ihrem Streite ein drittes hervorgehe.*[97]

Der angesprochene *Streit* setzt den Begriff der Kraft voraus; die vektoriell gedachten, sich widerstreitenden Kräfte ergeben eine neue Kraft, die mit derjenigen der Produktion scheinbar identisch ist und deren Pole die Kugeloberfläche bilden. Auf die Ökonomie angewandt sind die widerstreitenden Kräfte, die zu Produktion führen, die *Arbeit* und das *Begehren* oder *Bedürfnis*. Das *Metallgeld-Capital* basiert somit sowohl auf der Arbeit als auch auf dem Begehren; es bildet zugleich den Maßstab der *erworbenen Lebenskraft* des *Privat=Ökonomen* ab, der sie – *in der wahren Ordnung der Dinge* – wieder in *sein Geschäft* wirft. Die Produktivität des Geldes sind seine *Zinsen.*[98] Das Papiergeld – wir haben es gesehen – erhebt diesen Vorgang aus der Sphäre der Privatökonomie in jene der Nation; und auf dieser Ebene kommen *Kraft* und *Credit* zur Deckung:

> In der Lehre vom Credit, welche für die Staatswirthe unsrer Zeit ein so überwiegendes Ansehen gewonnen hat, und vor der alle übrigen Objecte der ökonomischen Wissenschaften etwas in den Schatten treten – wird jenes höhere, einzig wahre Geld, von dem

---

[97] *Elemente der Staatskunst*, I, S. 390.
[98] Ebd. S. 387.

das Metallgeld nur ein unvollkommener Repräsentant ist, sichtbar, nehmlich das *National-Wort*, oder, was dasselbe sagen will, die *National-Kraft*.[99]

Sowohl aus nationalökonomischer als auch aus philosophiegeschichtlicher Sicht nimmt Adam Müller – trotz vehementer Polemik – über weite Strekken die Argumentation seiner ›Gegner‹ auf. Dabei ist der Grundtenor der Argumentation der, daß seit dem Ausgang des Mittelalters die verschiedenen Aspekte des Staates und des Individuums nur noch partikulär gedacht worden sind. Im Mittelalter hingegen sei – im bedingten und bedingenden Verhältnis von *allod* und *feod* – die Gemeinschaft vollkommen gelebt worden. Dies genüge jedoch für den modernen Staat nicht, da dieser durch seine Komplexität die *wahre Ordnung* im Gesetz zum Bewußtsein bringen müsse. Absolutistische und ständische Überlegungen kommen hier also zusammen, wie auch merkantilistische und physiokratische.[100] Im Zentrum der Kritik steht jedoch weder Colbert noch Quesnay, sondern Adam Smith.[101] Die Vorwürfe betreffen – wir haben es gesehen – dessen angeblichen Mechanizismus, die Beschränkung auf das Privateigentum, das Verhaftetsein im Naturrecht etc. Was die Produktion betrifft, wirft Müller Smith vor, diese als einen Prozeß zu definieren, der *ein Object hervorbringt, das Tauschwerth hat*.[102] Müller vermag darin keine adäquate Darstellung der eigenen Theorie von der Vermittlung zwischen Dauer[103] und beweglichem Produkt, zwischen Arbeit und Bedürfnis zu erkennen. Zwischen Individuum und Gemeinschaft müsse durch die Produktion der drei Stände (Lehr-, Wehr- und Nährstand) – wobei die Kunst[104] hier mitgemeint ist – vermittelt werden, weil hier das *Bedürfnis der Bedürfnisse*, der Staat und sein ökonomisches Pendant, der *Credit*, produziert werde. Bevor die merkantilistischen Denk- und Produktionsformen abgelöst werden könnten, müßten die *Herzen* befreit werden.[105]

---

99 Ebd. S. 359.

100 Obwohl Müller den Physiokraten geradezu den Vorwurf macht, den Boden nicht als Grundeigentum betrachtet zu haben. M. E. verkennt Müller die Absichten der Physiokraten.

101 Ebd. I, 19. Vorlesung (passim).

102 Ebd. I, S. 375.

103 Dauer begründet bei Müller den *Reichtum* und setzt ein *immer Dauerhafteres* voraus. Es ist diese Dauer der Kredit und das belebende Prinzip des Buchstabens. *Über deutsche Wissenschaft und Literatur*, KS I, S. 99.

104 Die Kritik an Smiths Ausschließung der Kunst aus dem Reich der produktiven Kräfte ist konventionell. Vgl. Earl of Lauderdale: An Inquiry into this Nature and Origin of Public Wealth, and into the Means and Causes of its Increase. Edinburg 1804, S. 37. Hier (S. 28) findet sich bereits eine Kritik an der These, daß die Arbeit Maßstab des Wertes sein könne. Die Bedeutung Lauderdales für die Entwicklung der subjektiven Werttheorie insbesonders der Grenznutzen-Theorems ist m. E. groß, jedoch nicht untersucht.

105 *Elemente der Staatskunst*, I, S. 364.

4. Organ und Organismus

a. Herz

Dem *Herz* kommt in der organizistischen Staatstheorie eine wichtige Funktion zu, da es die verschiedenen Teile als Ganzes konstituiert. In einer berühmten Passage der *Profession de foi du Vicaire Savoyard* schreibt Rousseau:

> Comparons les fins particuliéres, les moyens, les raports ordonés de toute espéce, puis écoutons le sentiment intérieur; quel esprit sain peut se refuser à son témoignage, à quels yeux non prévenus l'ordre sensible de l'univers n'annonce-t-il pas une suprême intelligence, et que de sophismes ne faut-il point entasser pour méconoitre l'harmonie des êtres et l'admirable concours de chaque piéce pour la conservation des autres? Qu'on me parle tant qu'on voudra de combinaisons et de chances: que vous sert de me réduire au silence si vous ne pouvez m'amener à la persuasion, et comment m'ôterez-vous le sentiment involontaire qui vous dément toujours malgré moi?[106]

Das Gefühl vereinigt sich mit der Vorstellung des Ganzen, da es die argumentative Basis für die Feststellung der Harmonie des Universums liefert. Damit greift Rousseau selber wieder auf eine Tradition zurück, die auf einer gefährlichen Gratwanderung zwischen persönlichem charitativen Gott und bald neoplatonischer, bald spinozistischer Weltseele den cartesianischen Intellektualismus zu besiegen beabsichtigt.[107] Die Vorstellung vom Ganzen und die Bedeutung des Gefühls bei der Konstitution des Ganzen erfährt ihre wesentliche Theoretisierung innerhalb der Gefühlsphilosophie des 18. Jahrhunderts. Die Rezeption Jacobis und – in unserem Zusammenhang vor allem – Hemsterhuis' durch die Tübinger Stiftler und den Jenaer Romantikerkreis kann in ihrer Bedeutung bei der Konstitution von Staatsvorstellungen, Geniedenken und der Rehabilitation von Leibniz und Spinoza wohl kaum überschätzt werden.[108] In seinen *Lettres sur l'Homme* spricht

---

[106] Jean-Jacques Rousseau: Emile ou de l'éducation (1762). In: Œuvres complètes. Hg. v. Bernard Gagnebin u. Marcel Raymond. Bd. IV. Paris 1969, S. 578.

[107] Eine hervorragende Darstellung dieser ›gegenläufigen‹ Entwicklungen in bezug auf die Konzeption der Natur liefert Wolfgang Proß: ›Zurück zur Natur‹ – ein Problem in der Literaturgeschichte der Neuzeit. In: Kultur und Natur. Hg. v. André Mercier u. Maja Svilar. Bern 1990/91, S. 160–176.

[108] Wie verfänglich nahe sich die Positionen beider Philosophen kommen, zeigen auch noch neuere Interpretationen des Determinismus-Animismus-Problems: Georges Friedmann: Leibniz et Spinoza. Paris 1962, S. 324f.; René Bouveresse: Spinoza et Leibniz. L'idée d'animisme universel. Paris 1992, S. 107–110, 155–183. – Zum Einfluß Jacobis und Hemsterhuis' auf die Tübinger vgl. Kondylis, *Die Entstehung der Dialektik*, S. 129–138, resp. 143–151. Zum Einfluß Hemsterhuis' auf Novalis vgl. dessen kommentierten Hemsterhuis' Exzerpten *Hemsterhuis-Studien*. In: Schriften. Die Werke Friedrich von Hardenbergs. Hg. v. Richard Samuel. Bd. II. Darmstadt 1960, S. 360ff.; wie auch die Untersuchungen zum Einfluß Hemsterhuis' auf Novalis in: Friedrich Strack:

Hemsterhuis dem Herzen die Rolle des ›moralischen Organs‹ zu, das verantwortlich sei, die Gesetzmäßigkeiten des sozialen Wollens und gleichzeitig eine *sensation* vom eigenen Ich als eines Teils dieser Gemeinschaft zu geben.[109] Er sieht im Herzen das Organ der Erkenntnis des Verhältnisses des Ich mit dem Außer-Ich begründet:

> cet organe [das Herz] enfin, qui nous fait sentir notre existence, puisqu'il nous fait sentir nos rapports aux choses qui sont hors de nous, tandis que nos autres organes ne nous font sentir que les rapports des choses hors de nous à nous.[110]

Die Tugend ist ein gemeinschaftlich konstituiertes Gefühl, das durch ›Übung‹ (Verfeinerung) des moralischen Organs in der Lage ist, die moralische Harmonie des Weltalls progressiv zu verstehen und zu genießen.[111] Gemeinschaft, Tugendgefühl und moralische Entwicklung sind also anthropologisch und ontologisch bedingt. Die Kommunikation zwischen den Mitgliedern der Gesellschaft[112] begründen die Empfindungen von *desir*, *devoir* und *vertu*.[113] Die augenscheinliche Differenz zwischen Hemsterhuis' Theorie der Gemeinschaft und Müllers Staatstheorie ist das Resultat einer vollkommen verschiedenen Stellung des moralischen Gefühls bei Hemsterhuis, dessen Ausführungen auf einen kosmopolitischen Tugendbegriff ausgehen, da die Voraussetzungen hierzu in jedem Einzelnen von Natur aus vorhanden sind. Die Passivität dieses Gefühls, welche die Objektivität des moralischen Empfindens garantieren soll, und die daraus resultierende Unmittelbarkeit stehen zwar in klarer Opposition zu Müllers Philosophie der Vermittlung, liefern jedoch ein Kriterium zur Beurteilung der Homogenität

---

Im Schatten der Neugier. Christliche Tradition und kritische Philosophie im Werk Friedrichs von Hardenberg. Tübingen 1982, S. 70f., 97ff.

109 François Hemsterhuis: Lettre sur l'homme et ses rapports (1772). In: Œuvres philosophiques. Hg. v. L. S. P. Meyboom. Leuwarde 1846, Bd. I, S. 115. Ein Vorbild für die Verschränkung des Moralsinns (Hemsterhuis unterscheidet nicht zwischen Organ und Sinn; ebd. S. 82), der Passivität und der gesellschaftlichen Reflexion findet sich bereits in Francis Hutchesons *moral sense* (*An Inquiry into the Original of our Ideas of Beauty and Virtue* [1725]; zit. nach der dt. gek. A.: Hamburg 1986, S. 29f.). Diderot lehnt auf der Basis seines sensualistischen Systems sowohl Hutchesons *moral sense* (Denis Diderot: Traité du beau. In: Œuvres. Hg. v. A. Billy. Paris 1951, S. 1084) wie auch das *Herz* Hemsterhuis' ab: »Ce n'est point un organe particulier; ce n'est toujours que la raison, ou la faculté intuitive appliqué à un nouvel objet; [...]« (François Hemsterhuis: Lettre sur l'homme et ses rapports; avec le commentaire de Diderot. Hg. v. G. May. New York 1964, S. 241). Diderot sieht bei beiden Autoren seinen Relativismus in moralischer und ästhetischer Hinsicht gefährdet.

110 Hemsterhuis, *Lettre sur l'homme et ses rapports*, S. 114.

111 Der Vergleich mit der Musik ist bewußt von Hemsterhuis gewählt, um auf die Analogie der Sinnesorgane und des moralischen Organs einzugehen; die Tugend ist für das Herz, was die Harmonie für das Gehör etc. Ebd. S. 124f., 127.

112 *Cœur* zusammen mit der *société* und *communication avec des êtres pensants* sind für Hemsterhuis (ebd. S. 115) ein und dasselbe.

113 Ebd. S. 130.

eines Ganzen. Dem schleichenden Amoralismus der Gegensatzlehre wird durch den Begriff des Organismus und damit durch ein Mittel zur Unterscheidung von Homogenem und Heterogenem entgegengewirkt, um dann wiederum aus dem Begriff des organisch Ganzen ein moralisches Argument zu entwickeln. Dieser positive Inhalt, der erlauben soll, die Positivität des *Rechtes*[114] zu begründen und die Naturgesetze sowie die Existenz Gottes zu belegen, entzieht sich dem Gegensatz zugunsten der Identität in der sinnlichen Erfahrung:

> das positive Recht ist zugleich das natürliche Recht, eine irdische Erfahrung kann über die Macht des wirklich Vorhandenen, keine menschliche Vernunft an sich und aus eignen Kräften über die sinnliche Gewißheit hinaussteigen.[115]

Die *sinnliche Gewißheit* der Positivität des *Rechts* einerseits und die *gewissens*volle und *kluge*[116] Verfolgung des *Nutzens* kann nur im Glauben an einen persönlichen Gott vereint werden:

> Wie sollte er [d.h. der Mensch] zwey gleich wesentliche und doch unendlich widersprechende Vorstellungen des Einen und untheilbaren Gottes zu verbinden, den unbedingten Gehorsam, welchen die Eine, die Fülle der Freyheit und Liebe, welche die andre herausfordert zu vertragen wissen? wenn nicht der, dem er mit Liebe und Freyheit zu gehorchen hat, selbst ihm entgegenkäme, die Hand reichte, und ihm in seiner heiligen Religion den Inbegriff seiner Gesetze und seiner Liebe in so inniger Durchdrungenheit zu hören und zu empfinden gäbe, daß nunmehr die einfache und kindliche Nachfolge seiner vollständig hinreicht, allen Widerstreit zwischen dem Rechte und dem Nutzen zu lösen.[117]

Die vermittelnde Rechtstheorie Müllers, die das Verhältnis des Bürgers zum Staat regeln sollte, kennt – da es jenseits des Staates nichts mehr gibt – nur noch den Verweis auf das *treue Herz*, das *befreit* (von den Fesseln der Vernunft) Gott unmittelbar hört und kindlich nachfolgt.[118] Die Harmonie, die Ordnung, ist in letzter Instanz ebenso wie bei Hemsterhuis auf einen

---

114 Gerade an diesem Punkt zeigt sich, wie stark Hemsterhuis' in seinem – an Jacobi und Hamann erinnernden – Gesetzesbegriff von Müller abweicht; dasselbe gilt auch für Hemsterhuis' kritische Einschätzung des Christentums, während das idealisierte Griechenbild als Ideal der Gemeinschaft wiederum bei beiden ähnlich ist (vgl. Kondylis, *Die Entstehung der Dialektik*, S. 150f.).

115 *Von der Nothwendigkeit einer theologischen Grundlage*, S. 24. Vgl. Burkes Gleichung zwischen *positive* und *hereditary* in Opposition zu *speculative right* und *theoretic science. Reflections on the Revolution in France*, S. 30.

116 Ebd. S. 26.

117 Ebd. S. 30.

118 Vgl. Hemsterhuis: »Meine Philosophie ... ist die Philosophie der Kinder, [...] es ist die, die wir alle im Grunde unseres Herzens, unserer Seele finden würden, wenn wir uns die Mühe geben wollten, sie dort zu suchen.« François Hemsterhuis: Sophilos. In: Philosophische Schriften. Hg. v. J. Hilß. Karlsruhe 1912, S. 12; zit. nach Kondylis, *Entstehung der Dialektik*, S. 144.

persönlichen Gott zurückzuführen und nicht auf eine materialistische oder deistische Naturphilosophie. Das Dilemma, worin sich Theodizee und Moral während des Spinoza-Streites[119] befunden hatten, lauert Müller in ähnlicher Weise auf. Der kann sich jedoch nun mit einem Verweis auf Jacobi behelfen, den er in der Terminologie seiner eigenen Philosophie rezipiert:

> Längst ist es geahndet und von dem vortrefflichen Verfasser des *Woldemar*, Friedrich Heinrich Jacobi, ausgesprochen worden, daß die Moral nichts anders sein könne denn eine wirkliche und echte schöne Kunst, daß jede Handlung des Menschen, falls sie schön sein sollte, Fleisch und Geist, bestimmte Kraft und unendliche Bedeutung in sich vereinigen müsse ebensogut als ein schönes Gedicht oder ein Werk bildender Kunst, daß menschlicher Anteil an irdischen und göttlicher Sinn für die ewigen Dinge zu *einem* schönen Werke werden müssen und daß Gott und der Welt mit derselben Handlung gedient werden soll; daß der Mensch sich selbst eine schöne Grenze zeichnen oder, mit andern Worten, himmlischen Glauben und irdischen Genuß in sich harmonisch vereinigen könne. Dies ist die wahre und ewige Moral![120]

b. Gesellige Kunst

Der Begriff des *Herzens* kann jedoch noch in einem weiteren Zusammenhang betrachtet werden, der nicht nur die Gemeinschaft stiftet und garantiert, sondern der gleichsam wiederum die Gemeinschaft beseelt, also nicht nur als Gefühls- und Gemeinschaftsorgan Gesellschaft wahrnimmt und den Einzelnen moralisch lenkt, sondern auch als übergeordnetes Zentrum des gesellschaftlichen Ganzen erscheint: das Herz als das Zentrum des Staatskörpers.[121] Das Herz ist in der Gesellschaftskonzeption Müllers Motor der Zirkulation im Staat und in jedem seiner Teilorganismen, die wiederum alle und jeder für sich produktiv sind. Bewegung und Produktivität, Herz und Geschlecht unterscheiden den Organismus vom Mechanismus, der nichts Neues zeugt und dessen Energie von außen stammt.

Weder die Unterscheidung zwischen Organismus und Mechanismus noch deren Kriterien sind neu. So finden wir bei Robinet sowohl die Fähigkeit zur Zeugung wie auch die Betonung der aus sich selbst ›machenden‹ Natur, deren Energie bereits im Samen angelegt ist:

> L'art assemble, & la nature organise. [...] On ne doit jamais perdre de vue ce grand principe lorsque on traite des Etres naturels. C'est faute de l'avoir présent à l'esprit que l'on compare les fossiles à des ouvrages de marqueteries, à un obélisque, à un portique, & la Nature à un artisan.
> [...] L'art ne peut faire un germe-obélisque, par exemple, lequel croisse & se deve-

---

119 Zur Spinoza-Rezeption bei Herder und der gleichzeitigen moralischen Aufwertung des Deismus eines Shaftesbury vgl. Wolfgang Proß: Kommentar zu Herders Spinoza-Gesprächen. In: J. G. Herder: *Werke* II, S. 1033–1040.

120 *Von der Idee der Schönheit* (1807/1808). In: KS II, S. 52f.

121 Die Metapher des Staatskörpers existiert ja bereits; ein neue Konzeption des Körpers hatte also beste Aussichten, sich auf die Staatstheorie auszuwirken.

> loppe jusqu'à un certain point; au lieu que tous les produits naturels commencent à exister sous la forme des germes. Mais l'art peut faire un obélisque plus ou moins haut sur une base plus ou moins large; au lieu que la grandeur des produits naturels est déterminée, ainsi que toutes leurs autres dimensions, par l'énergie particulière de chaque germe: car l'organisme universel est modifié & réglé par la structure des machines particulières & par l'artifice de leurs organes. Les ouvrages de l'art n'en produisent point de semblables: on n'a point vu de maison de produire une autre maison [...]. Enfin, tous les produits de la nature sont entiers, & l'art n'exécute aucun ouvrage que par parties.[122]

Robinets Organismuskonzeption ist deswegen in unserem Zusammenhang so interessant, weil sie nicht nur Müllers Vermittlung zwischen Kunst (Artefakt, Mechanismus) und Natur (Organismus),[123] sondern auch dessen Lehre von den Gegenkräften der Geschlechter durch seine These von dem männlichen und weiblichen Pol der Samen vorstrukturiert. Der Dualismus erscheint bei Robinet als Voraussetzung der Produktion. Er sieht in der Anlage der Samen nebst einem weiblichen und einem männlichen Prinzip auch eine natürliche Bilanz zwischen Gut und Böse. Die organistische Naturkonzeption Robinets betrifft die ganze Natur, da diese ein *acte unique* sei; er sieht die Samen sowohl bei Mensch und Tier als auch bei den Pflanzen, den Mineralen und den vier Elementen am Werk.[124] So betrachtet finden wir in Robinet einen klassischen Text für den Organizismus, da wir hier ansatzweise bereits die moralische Bilanz der Kantischen Gegenkräfte,[125] die Geschlechterlehre Schellings und schließlich die Weltseele angedeutet finden.

Die Arbeit der Natur als Produktion findet ein gewichtiges Echo in

---

[122] Jean-Baptiste-René Robinet: De la nature. Bd. I. Amsterdam 1766, S. 111–112. Zit. nach: Wolfgang Proß: Genie und Normierung. Goethes Übersetzungen und die Krise des klassizistischen Programms. Nachwort zu Goethes Übersetzungen. Unveröffentlicht. S. [10].

[123] Vgl. *Vom Organismus in Natur und Kunst* (1808), KS II, S. 266f.

[124] Robinet, *De la nature*, I, S. 284ff. Vgl. die Darstellung bei Jacques Roger: Les sciences de la vie dans la pensée française du XVIIIe siècle. La génération des animaux de Descartes à l'Encyclopédie. Paris 1963, S. 644f.

[125] Vgl. Hamann in seiner Rezension zu Robinets *Näschereyen; in die Dreßkammer eines Geistlichen in Oberland* (1762), N II, S. 190: »Ich kann nicht leugnen, daß dieser Schriftsteller hie und da mehr als Schulerkänntniß über den Begriff des Guten und Bösen verräth. Aber, was er durch Gleichgewicht versteht, ist so wächsern, daß man es drehen kann, wohin man will. – An einigen Stellen ist es die Summe von eben so viel positiven als negativen Größen = 0; an andern giebt er zu verstehen, daß ein einziger verlorner Einfall der Natur öfters ganze Blätter ihrer eigenen Handschrift durchstreiche. [...] Kurz, sein *Equilibrium* läuft entweder auf ein enges Wortspiel aus, oder verliert sich in den weitläufigsten Wortverstand; *aut aliquis latet error* – – –« Solange Robinet nicht zwischen der Identität zweier entgegengesetzter Summen und der Aufhebung entgegengesetzter Kräfte unterscheide, finde man im ersten Fall wohl nur Tautologie, im zweiten aber eine wirre Theodizee. Vgl. auch die Rezeption von Robinets moralischem Instinkt bei Herder, der Robinet gleichzeitig mit Hutcheson und Hume liest und diesen Instinkt als moralisches Organ physiologisch zu erfassen versucht. (*Aus Herders Nachlaß*. In: J. G. Herder, *Werke* II, S. 1226–1229).

Kants *Kritik der Urteilskraft*[126] und wird zu einer der Vorlagen der Nachahmung als Schöpfung der Natur und eines damit korrespondierenden Geniebegriffs. Den Zugriff auf das ›Ding an sich‹, der nach Kants Kritik zumindest als stark problematisch erscheinen mußte, findet bei den Romantikern eine Kompensation in der ästhetischen Tätigkeit. Die Voraussetzungen hierzu sind vielfältig und beschränken sich nicht auf die organizistische Naturphilosophie und die Gefühlsphilosophie, sondern müssen gleichermaßen auch die gegenläufigen Mechanismen der Poetisierung der Heiligen Schrift und der Sakralisierung der Poesie berücksichtigen.[127] Sie stimmen zudem mit den Begriffen der *Bildungs-* und der *Thatkraft* bei Moritz überein, durch welche die Natur den Menschen *mit sich selbst wetteifern, und sich von ihm, damit keine Kraft in ihm unentwickelt bleibe, sogar dem Scheine nach, übertreffen* lasse.[128] In dieser Imitation der Naturkräfte sieht Moritz die Schönheit begründet, deren konstitutives Merkmal die *Beziehung auf das Ganze* eines jeden *Teils dieses Ganzen* ist. Die Teile des Ganzen sind zweckmäßig in bezug auf dieses Ganze, das selbst aber für sich stehe:

> Hieraus sehen wir also, daß eine Sache um nicht nützlich sein zu dürfen, notwendig ein für sich bestehendes Ganze sein müsse, und daß also mit dem Begriff des Schönen der Begriff von einem für sich bestehenden Ganzen unzertrennlich verknüpft ist. – Daß aber dies demohngeachtet noch nicht zum Begriff des Schönen hinreicht, sehen wir daraus, weil wir z. B. mit dem Begriff vom Staat, ob derselbe gleich ein für sich bestehendes Ganze ist, dennoch den Begriff der Schönheit nicht wohl verknüpfen können,

---

126 Vgl. Immanuel Kant: Kritik der Urteilskraft (1790), S. 292f. Hamburg [6]1924, S. 237: »Ein organisiertes Wesen ist also nicht bloß Maschine, denn die hat lediglich *bewegende* Kraft, sondern es besitzt in sich *bildende* Kraft, und zwar eine solche, die es den Materien mitteilt, welche sie nicht haben (sie organisiert), also eine sich fortpflanzende bildende Kraft, welche durch das Bewegungsvermögen allein (den Mechanism) nicht erklärt werden kann.«

127 Ich denke hier an die Entwicklung, die mit Robert Lowth einsetzt, und in Deutschland in Joh. Gottfried Herders *Älteste Urkunde des Menschengeschlechts* (1774/1776) einen ersten Höhepunkt erreicht (vgl. Maurice Olender: Les langues du paradis. Aryens et Sémites: un couple providentiel. Paris 1989, S. 48). Herders umfassender Begriff der Hieroglyphe als Grundfigur der Genesis – »heilige Natursprache Poetisch und Genetisch« (Sämtliche Werke. Hg. v. Suphan. Bd. VI, Berlin 1883, S. 302) – wird in Ritters Naturphilosophie wiederaufgenommen und mit dessen naturwissenschaftlichen Kenntnissen gefüllt. Vgl. Joh. Wilhelm Ritter: Fragmente aus dem Nachlasse eines jungen Physikers. Ein Taschenbuch für Freunde der Natur (1810). Leipzig 1984, S. 22–26, 105–109; Fragm. 146–154.

128 Karl Philipp Moritz: Über die bildende Nachahmung des Schönen (1788). In: Werke. Bd. II. Frankfurt a/M 1981, S. 561. Proß (*Genie und Normierung*, S. [10f.]) stellt die Zusammenhänge zwischen Robinets Organismus-Begriff, Lavaters Inspirationslehre und Moritz' (Proto-)Idealismus zu Goethes ästhetischen Theorien her. Zu theoretischen Analogien zwischen Moritz' Auffassungen von Gemeinwohl, Selbsttätigkeit und Schönheit und Smiths ökonomischer Theorie, vgl. Anneliese Klingenberg: Smith-Rezeption als ideologische Einleitung der Kunstperiode. Beziehung von Ökonomie, Staatskritik und Kunstidee. In: Kunstperiode. Studien zur deutschen Literatur des ausgehenden 18. Jahrhunderts. Hg. v. Peter Weber. (Ost-)Berlin 1982, S. 86–93.

> indem derselbe *in seinem ganzen Umfange*, weder in unsern äußern Sinn fällt, noch von der Einbildungskraft umfaßt, sondern bloß von unserm Verstande gedacht werden kann.[129]

Schönheit und Staat sind Selbstzweck, unterscheiden sich aber im Hinblick auf die sinnliche und geistige Fassungskraft. Müller greift diese Beziehung zwischen dem Ganzen und der Schönheit auf. Im Gegensatz zu Moritz sieht er den Staat zwar als Selbstzweck nicht aber als etwas Beziehungsloses und betont gleichzeitig die sinnliche und ideelle Seite des Staatsganzen. Müller poetisiert den Staat, dessen Verhältnis zum Boden analog zum Verhältnis von Stoff und ideellem Gehalt, von Geometrie und Arithmetik, von Natur und Kunst sei. Aus dem spiegelbildlichen Verhältnis der Kunst zur Natur entsteht der Antigegensatz, der Moritz' Definition der Kunstschönheit entspricht:

> Von dem reellen und vollendeten Schönen also, was unmittelbar sich selten entwikkeln kann, schuf die Natur doch *mittelbar* den Widerschein durch Wesen in denen sich ihr Bild so lebhaft abdrückte, daß es sich ihr selber in ihre eigene Schöpfung wieder entgegenwarf. – Und so brachte sie, durch diesen verdoppelten Widerschein sich in sich selber spiegelnd, über ihrer Realität schwebend und gaukelnd, ein Blendwerk hervor, das für ein *sterbliches* Auge noch reizender, als sie selber ist.[130]

Die Übertragung der ästhetischen Überlegungen Moritz' von der Schönheit auf den Staat setzen die naturphilosophischen Überlegungen Müllers in ihrer Generalität für die ganze Sphäre des Existierenden als Lebendigem voraus; der *Verdoppelung* der Natur in ihrer Vorzugskreatur, dem Menschen, entspricht bei Müller die omnipräsente Natur in den gegensätzlichen Kräften, welche die Opposition der Kunst und der Natur in der Natur begründen und in ihr aufheben.

Moritz' Einfluß auf Goethe äußert sich in der ästhetischen Diskussion, wie sie in den späten 80er und den 90er Jahren in den neoklassizistischen Überlegungen in Weimar zum Ausdruck kommen.[131] Die Vorbildfunktion,

---

[129] Moritz, *Über die bildende Nachahmung des Schönen*, S. 558.

[130] Ebd. S. 561.

[131] Vgl. hierzu die Darstellung bei Proß, *Genie und Normierung*, S. [6ff.]. Die persönlichen Auseinandersetzungen zwischen Goethe/Schiller und der Jenaer Romantik (vor allem Friedrich Schlegel) darf uns nicht vergessen lassen, daß das Goethesche Programm mit dem einer Reihe von romantischen Denkern des ersten und zweiten Jahrzehnts des 19. Jh.s über weite Strecken identisch ist. Die Verschiebungen innerhalb der Romantik vom Idealischen, von der Forderung, das Absolute zu erfassen, zu einer Literatur, die immer stärker unter den Einfluß der Naturphilosophie gerät, führt Aspekte der ästhetischen Überlegungen Goethes und mancher Romantiker wieder näher zueinander. Vgl. Jean-Marie Schaeffer: La naissance de la littérature. Théorie et esthétique du romantisme allemand. Paris 1983, S. 16f.

die Müller Goethe zuspricht, bewährt sich bei der Untersuchung der ästhetischen Prinzipien Müllers, die in der Tat an die Überlegungen Goethes erinnern, wie sie sich in dessen kunsttheoretischen und naturwissenschaftlichen Schriften äußert. Nebst den berühmten poetologischen und kunsttheoretischen Definitionen von *Stil* und *Symbol*[132] finden wir bei Goethe in seinen naturwissenschaftlichen Schriften auch eine emphatische Verwendung des Begriffs des Lebendigen, das durch entgegengesetzte Kräfte konstituiert werde.[133] Die Vorbehalte Müllers gegen Goethe betreffen seine moralische Haltung und sein ›Heidentum‹. Die agnostische Haltung Goethes in nationalen und religiösen Fragen, die so viele seiner Zeitgenossen befremdete, kann als eine Konsequenz von Moritz' Schönheitsbegriff gesehen werden. Dem Schönen als *Endzweck* – und damit Befreiung von ethischen Pflichten – stellt Müller das Schöne im Dienst des Staates und der Nation als Endzweck entgegen.

Müller schließt hier an einen häufig unterschätzten Aspekt der *Kritik der Urteilskraft* an; diese bietet die *Geselligkeit* als konstitutives Moment des Schönen in dessen *empirischer* Betrachtung[134] auf und sieht gleichzeitig das Schöne wiederum als *Beförderungsmittel* des sozialen Lebens und der *natürlichen Neigungen*:

> Empirisch interessiert das Schöne nur in der *Gesellschaft*; wenn man den Trieb zur Gesellschaft als dem Menschen natürlich, die Tauglichkeit aber und den Hang dazu, d.i. die *Geselligkeit*, zur Erfordernis des Menschen als für die Gesellschaft bestimmten Geschöpfs, also als zur *Humanität* gehörige Eigenschaft einräumt, so kann es nicht fehlen, daß man nicht auch den Geschmack als Beurteilungsvermögen alles dessen, wodurch man sogar sein *Gefühl* jedem anderen mitteilen kann, mithin als Beförderungsmittel dessen, was eines jeden natürliche Neigung verlangt, ansehen sollte.[135]

Genie und Geschmack bedingen sich durch die gemeinschaftsbildende Funktion der Mitteilbarkeit der Kunst gegenseitig. In diesem Verhältnis

---

[132] Vgl. etwa Johann Wolfgang von Goethe: Einfache Nachahmung der Natur, Manier, Stil (1789). In: Sämtliche Werke. Jubiläums-Ausgabe. Bd. XXXIII. Die triplische Entwicklung zeigt die Verbindung von Abbilden und Bezeichnen – Geometrie und Arithmetik bei Müller – zum *höchsten Grad*, dem Stil (S. 59). Zur Entwicklung des Symbolbegriffs bei Goethe in den 90er Jahren vgl. Tzvetan Todorov: Théories du symbole. Paris 1977, S. 235ff.

[133] Die bekannteste Formulierung dürfte sein Lehrgedicht *Die Metamorphose der Pflanze* ([1798]. In: *Sämtliche Werke*, II, S. 247) sein; der Kampf dieser Kräfte untereinander betont *Metamorphosen der Tiere* ([1806], II, S. 50) wie auch die ›naturphilosophische‹ Verwendung solcher Ausdrücke wie *Diastole* und *Systole* (*Noten und Abhandlungen zum besseren Verständnis des West-östlichen Divans* [1819], V, S. 313); weitere Stellen und deren Quellen finden sich in Konrad Burdachs Anmerkungen (ebd. S. 326).

[134] Kant, *Kritik der Urteilskraft*, § 41, S. 163: »Für sich allein würde ein verlassener Mensch auf einer wüsten Insel weder seine Hütte noch sich selbst ausputzen [...]«

[135] Ebd. § 41, S. 162f.

spiegelt sich die Mittelstellung der *Kritik der Urteilskraft* in der Architektonik der drei Kritiken, denn die Urteilskraft vermittelt zwischen Verstand und Vernunft, die Kunst zwischen Natur und Freiheit und das Schöne schließlich zwischen Geschmack und Genie.[136] Es ist für Kant bezeichnend, daß er die Rechte des individuellen Genies zugunsten der Anforderungen des *universalen* Geschmacksurteils preisgibt, dessen Universalität in der regellosen, dennoch allgemeinen Gültigkeit den Begriff der Gesellschaft ›per definitionem‹ impliziert. Das Geschmacksurteil besitze ein Prinzip, das zwar nicht objektiv ist wie beim *Erkenntnisurteil*, noch etwa gar ganz fehlt wie beim *Sinnengeschmack*, sondern subjektiv, aber allgemein ist: den *Gemeinsinn*.[137] Müllers Forderung, die Kunst in den Dienst des Staates zu stellen, hat ein systematisches Fundament bei Kant; andererseits ergibt sich daraus auch die Ästhetisierung des Staates, da die Gemeinschaft wiederum durch die gemeinsame *Empfindung*, durch das gemeinsame *Gefühl* der Lust und Unlust vorangetrieben wird.[138] Der Schritt schließlich zur Kategorie des *Glaubens*, die in die Mitte des Müllerschen Staates, ja zum Staat selbst als Positives[139] führt, entsteht, wenn wir die Ausführungen Kants mit den Überlegungen Hemsterhuis' zum *Herz* als *moralischem Organ* und damit zur Stimme des persönlichen Gottes zusammenbringen. Damit ist die Verbindung zwischen der Idee des Schönen, der Gesellschaft und der Ganzheit vollzogen, wie sie Müller vom Künstler fordert.

Die Dichotomie »Kunst/Natur« soll sich durch die *Vermittlung* der Künstlichkeit entledigen. War bei Hume das *artifice* noch ein Mittel des Menschen, durch Gesellschaft oder Staat seine monströse Natur aus unstill-

---

[136] Vgl. ebd. §50, S.202f.

[137] Ebd. §20, S.64.

[138] Eine wichtige Vorlage zur kulturellen Selbstrepräsentation nationaler Gemeinschaft findet sich beereits in Rousseaus *Lettre sur les spectacles*, wo das Volk sich im Tanze selbst darstellt und diese Repräsentation ihm auch Lust bereitet. Die Aktualität der Rousseauschen Forderung scheint bei Müllers Zeitgenossen durch Friedrich Schlegels *Versuch über den Begriff des Republikanismus* von 1796 (Kritik an Kants *Zum ewigen Frieden*; für Müller vor allem durch die Opposition: Repräsentant vs. Surrogat relevant. Vgl. Kritische Ausgabe. Hg. v. Ernst Behler. Bd.VII. München 1966, S.21) und Novalis' *Glauben und Liebe* ([1798]. §37, *Werke in einem Band*, S.500: »Für diese jungen Männer aber wären diese Lehrjahre das glänzendste Fest ihres Lebens, der Anlaß einer lebenslänglichen Begeisterung«) garantiert, wobei Novalis die Rousseausche Idee des ›pädagogischen Volksfestes‹ (Jean-Jacques Rousseau: *Lettre à d'Alembert sur son article Geneve/Lettre sur les spectacles* [1758]. In: Mélanges. Bd.I. Genf 1781, S.440: *reste profondément gravé dans leurs cœurs*) mit derjenigen der königlichen Repräsentation und des ›Festes der Familie‹ in Francis Bacons *Nova Atlantis* (1627; *Works* III, S.149f.) verbindet. Vgl. auch Novalis' Forderungen nach Uniformen, Bildern der Monarchen etc., die Staat und Person vereinigen sollten.

[139] Das höhere Produkt, das aus dem Widerstreit von *Consumtion* und *Produkt* (Leben und Tod) erwächst, ist »der Credit, der Nationalcredit, die Nationalmacht, es ist der Glaube an den Staat, also der Staat selbst.« *Theorie des Geldes*, S.70

barem Bedürfnis und Schwäche abzustreifen,[140] so deutet Müller Verstand und Urteil nicht mehr als Fähigkeit, mit der eigenen Natur fertig zu werden, sondern bestimmt deren Zentrum in der natürlichen, sinnlichen Evidenz, die sämtliche *artifices* im voraus (und im nachhinein) der Natur einverleibt – der *Natur höherer Art.*

c. Das Ganze und das Eine

Die Ästhetisierung der verschiedenen Wissensbereiche gehört mit zum Programm der deutschen Romantik im weitesten Sinne, die in der ›systematischen‹ Erfassung heterogenster Gedanken und Beobachtungen ein Qualitätskriterium zur Beurteilung der philosophischen Leistung erblickt. Begriffe wie Schönheit oder Poesie liefern die Ausgangspunkte und die Zentren solcher Systematisierungsversuche.[141] So heißt es auch im Tübinger *Systemprogramm* apodiktisch: *die Idee, die alle vereinigt, die Idee der Schönheit.*[142] Die eigene Wissenschaft partizipiert gemeinhin an Kunst oder Poesie: Schleiermacher ›ästhetisiert‹ die Religion,[143] Ritter sieht die Physik als Kunst,[144] Novalis poetisiert den Staat etc. Auch in der Müllerschen Naturphilosophie ist die Analogie der Lebens- und Wissensbereiche Programm. Aus diesem oder mit diesem entsteht seine Gleichung zwischen Schönheit, Organismus, Leben und Existenz:

> Schönheit und Leben hatten sich als ein und dasselbige gezeigt, daher die Nähe der Poesie in allen Verkündigungen der neueren Naturphilosophie.[145]

Der Ausgangspunkt für die Identität von *Leben* und *Schönheit* ist diesmal die Krux der ästhetischen Überlegungen des 18. Jahrhunderts: die konventionelle Definition des Schönen als Einheit in der Mannigfaltigkeit,[146] die

---

[140] Hume, *A Treatise of Human Nature*, S. 540f.

[141] Als Schlagwort tritt ›System‹ polemisch gegen die Systemfeindlichkeit eines Teils – vor allem der Lockeschen Schule – der Aufklärung auf. (Vgl. etwa Novalis, *Glauben und Liebe*, § 18, *Werke in einem Band*, S. 492: »Die Monarchie ist deswegen ächtes System, weil sie an einen absoluten Mittelpunct geknüpft ist [...]« u. § 36, S. 498: »aber der rohe Eigennutz scheint durchaus unermeßlich, antisystematisch zu sein.«) Es ist also durchaus falsch, in dieser denkerischen Tätigkeit der Romantiker eine Weiterführung eines genuin aufklärerischen Anspruchs zu sehen.

[142] ... und weiter: »Ich bin nun überzeugt, daß der höchste Akt der Vernunft, der, indem sie alle Ideen umfaßt, ein ästhetischer Akt ist –« *Das sogenannte ›Älteste Systemprogramm‹*. In: Hegel: *Werke* I, S. 235.

[143] Friedrich Schleiermacher: Über die Religion. Reden an die Gebildeten unter ihren Verächtern (1799). Stuttgart 1969, S. 50.

[144] Joh. Wilhelm Ritter: Die Physik als Kunst (1806). In: Fragmente aus dem Nachlasse eines jungen Künstlers. Leipzig 1984.

[145] *Von der Idee der Schönheit*, KS II, S. 23.

[146] Die Formel geht wohl auf Jean-Pierre de Crousaz (Traité du beau [1715]. Paris 1985, Kap. 3 [passim]) zurück. Vgl. Alfred Baeumler: Das Irrationalitätsproblem in der

im Zusammentreten mit dem Problem der sinnlichen Erkenntnis bei Baumgarten die Ästhetik begründete. Müller versucht, das Konzept der Anschauung oder *perceptio sensitiva* zu dynamisieren, indem er Mannigfaltiges und Bewegtes, Einheit und Ruhe gleichsetzt:

> Die Erklärung der *Schönheit*, da man sagt, sie sei überall da, wo sich ein Mannigfaltiges in einem Einfachen oder in Einheit offenbart, ist also so uneben nicht: eine mannigfaltige Bewegung in einer einfachen, die Unruhe in der Ruhe, die Leidenschaft in der Gemütsstille.[147]

Analytische und synthetische *Kräfte* bilden die beiden Pole der Bewegung, die Müller bei der Bildung des Schönen am Werk sieht. Die Ästhetik entledigt sich hier vollständig sowohl ihrer Funktion als Fundierung der Erkenntnistheorie, die sie in Baumgartens Ästhetik im Begriff der *distinctio extensiva* der *cognitio sensitiva*[148] im Anschluß an Leibniz' *cognitio intuitiva* inne hat, als auch ihrer Analogie zur Logik. Diese Unterscheidungen entfallen, da die ›Ästhetisierung‹ aller Wissensbereiche die Trennung von Logik und Ästhetik nicht mehr erlaubt. Müller fordert die Synthese von *Vorstellung* und *Begriff* (der – nach der Baumgartischen und Kantischen Ästhetik – in Opposition zur *schönen Vorstellung* steht), von *Natur* und *Gesetz* in Wissenschaft und Kunst. Die Aufhebung geschieht in der Kategorie des Lebens:

> Wie nämlich aus recht eigentümlicher Ausbildung beider Geschlechter die Menschheit und die Erkenntnis der Menschheit hervorgeht, so gebären Wahrheit und Gesetzmäßigkeit die Schönheit, Handeln und Wissen das Leben und Mannigfaltigkeit und Einheit die Welt.[149]

Einheit und unendliche Mannigfaltigkeit bedingen sich gegenseitig und können nur simultan wahrgenommen werden. Dieser Vorgang entspricht nicht mehr Leibniz' Begriff der Synthese als Inversion der Analyse. Auch im Bereich der Ästhetik versucht Müller, durch den Organismusgedanken im Begriff des Schönen (= Leben) das Problem der Vereinigung von Geist und Körper zu lösen:

Ästhetik und Logik des 18. Jahrhunderts bis zur Kritik der Urteilskraft (1923). Repr. Darmstadt ^{2}1967, S. 43.

147 *Von der Idee der Schönheit*, KS II, S. 14.

148 Zum begründenden Verhältnis der niederen (ästhetischen) zu den oberen (logischen) Erkenntniskräften vgl. Alexander Gottlieb Baumgarten: Aesthetica (1750/58). § 7, § 41. Hamburg ^{2}1988, S. 4, 24. Die Vollkommenheit (*perfectio*) der *repraesentatio sensitiva* ist also zugleich Voraussetzung der Schönheit und Logik; vgl. ders.: Meditationes philosophicae de nonnullis ad poema pertinentibus (1735). § VII-IX. Hamburg 1983, S. 10 u. *Aesthetica*, § 439, S. 66f. Eine hervorragende Analyse der Verwendung des Besonderen und des Allgemeinen bei Baumgarten liefert Baeumler, *Das Irrationalitätsproblem*, S. 214–231. Hier auch die Verbindung zu den Leibnizschen Begriffen *cognitio* und *unitas*.

149 *Vorlesungen über die deutsche Wissenschaft und Literatur*, KS I, S. 81.

Deshalb hatte Friedrich Schlegel recht, die organische Ganzheit und Geschlossenheit und dann wieder die Unendlichkeit im Kunstwerk (den Körper desselben) und den unendlichen Zusammenhang (die Seele desselben) als eins und dasselbe zu betrachten. Nicht bloß aber als eins, als identisch, sondern auch als unendlich getrennt und entgegengesetzt. Er sagte, beide sind eins, und ward durch dieses Wort eine höhere Seele oder Einheit für die vorige Differenz von Körper und Seele, von Mannigfaltigkeit und Einheit des Kunstwerks. Er mußte also in dem Geiste des Satzes handeln, den er aussprach, die neue höhere Seele mußte ihren Körper, den vorigen Gegensatz von Körper und Seele, auf dieselbe richtige Weise beseelen, als auf welche der vorige Körper nach ihrer Behauptung von seiner Seele beseelt wurde. Die Einheit zwischen Körper und Seele oder zwischen zwei und eins durfte keine absolute sein, denn sonst hätte er behauptet, die Zwei, die Trennung, die Differenz existiere gar nicht. Er mußte demnach, obschon mit andern Worten, behaupten *eine gegensätzische Identität*, d.h. behaupten, Körper und Seele des Kunstwerks seien eins insofern und in dem Maße, als sie entgegengesetzt und getrennt sein: man könne die Teile des Kunstwerks nur betrachten mit Rücksicht auf das Ganze, aber umgekehrt, das Ganze nur mit Rücksicht auf die Teile.[150]

»Organismus« und »Ganzheit« werden durch die gegenseitige Durchdringung ihrer Kennzeichen zu Synonymen: Erstens setzt der Organismus die Ganzheit zur Bestimmung seiner Teile und seine Teile zur Bestimmung des Ganzen[151] voraus, zweitens ist es gerade diese Rückläufigkeit, welche die Definition des Organismus mitbestimmt und folglich die Produktionsfähigkeit qua Einbildungskraft in das Konzept der Ganzheit trägt, und drittens ist in der vorausgesetzten Simultaneität der ästhetischen Erkenntnis sowohl die *creatio spontanea* als blitzartige Schöpfung als auch – ihr Pendant – die Erleuchtung als *inspiratio*[152] gegeben, die zusammen den göttlichen Charakter des Genies als Schöpfer und Ausleger bestimmen.

---

150 *Vom Organismus in Natur und Kunst*, KS II, S.268.

151 Zum Verhältnis von Teil und Ganzem zum Organismus vgl. Georges Canguilhem: Le tout et la partie dans la pensée biologique (1966). Etudes d'histoire et de philosophie des sciences. Paris [5]1983, S.319–333; zur Entwicklung des Verhältnisses von Teil und Ganzem vgl. Peter Hanns Reill: Das Problem des Allgemeinen und des Besonderen im geschichtlichen Denken und in den historiographischen Darstellungen des späten 18. Jahrhunderts. In: Teil und Ganzes. Zum Verhältnis von Einzel- und Gesamtanalyse in Geschichts- und Sozialwissenschaften. Beiträge zur Historik. Bd.6. Hg. v. Karl Acham u. Winfried Schulze. München 1990, S.141–168.

152 Vgl. *Vom Nationalcredit*, S.161: »*Hört es: die Hypothek aller Hypotheken ist das wahre, durch Jahrhunderte bestandene Gesetz*, und es ist ein Kinderspiel zu zeigen, wie diese Erzhypothek allen andern Hypotheken erst den lebendigen Odem einhaucht. Auch das Grundeigenthum wird erst hypothekabel durch die ihm deligierte Kraft des dauerhaften und gedauerten Gesetzes.« Diese erste Hypothek aber geht auf ein religiöses Erlebnis zurück, das sich nicht aus Burkes Konservativismus, sondern aus einer religiösen Erfahrung à la Schleiermacher ableiten läßt.

d. Dynamische Ganzheit

Die Verbindung von Ganzheit, Ästhetik, Gegenkräften, Gefühl etc. im naturphilosophischen Begriff des Organismus ist in keiner Weise eine philosophische Leistung Müllers. Unter den zeitgenössischen Autoren, die Müller mit Achtung erwähnt, finden wir nebst Goethe und Schlegel, auch Burke, Novalis und Schelling. In ihnen glaubt Müller die Vertreter des endlich sich weckenden Geistes zu sehen, der Deutschland aus dem egoistischen und selbstverschuldeten Schlaf der Aufklärung reißen werde. Was er ihnen ›verdankt‹, kann kaum überschätzt werden. Wie jedoch gezeigt, greift der Organismusgedankens, wie er sich bei Müller äußert, vor allem auf eine Tradition zurück, die im 18. Jahrhundert bereits eine beachtliche Entwicklung durchgemacht hatte.[153] Natürlich kann die Tradition weiter zurückgeführt werden, bis wir schließlich über die Aristotelische Differenz von πav und oλov bei Heraklits Harmonie aus Gegenkräften anlangen. Daß der *Krieg der Vater aller Dinge* sei, mag zwar der ›polemischen‹ Naturphilosophie Müllers als Vorlage gedient haben, trägt jedoch nichts zur Klärung der komplizierten moralischen und religiösen Probleme bei, die in den ersten Jahrzehnten des 19. Jahrhunderts die intellektuelle Diskussion bestimmen. Betrachten wir also die ›Streitmächte‹ dieses Krieges etwas näher!

Der Begriff der positiven und negativen Kraft, den Müller explizit in der erwähnten Abhandlung Kants begründet sieht, erfährt weite Verbreitung durch die Erforschung und Popularisierung des Galvanismus. Unter die rührigsten Vertreter der Elektrizitäts- und Magnetismus-Lehre gehört Johann Wilhelm Ritter. Sein Konzept der ›galvanischen Kette‹, die wiederum nur Glied einer übergeordneten Kette ist, kombiniert experimentale ›Elektrochemie‹[154] mit dem Topos der ›catena aurea‹, indem er dieses als Beschreibungsmodell des Weltenbaus durch die elektrischen Kräfte bemüht. In diesem Bild wiederbelebt Ritter eine Vorstellung, die eine gewichtige

---

[153] Die Identifizierung der Aufklärung mit dem mechanizistischen Denken gehört mit zu den Ammenmärchen der romantischen Schule, die nicht ganz desinteressiert zustande gekommen sind. Leibniz' Monadologie und vor allem Spinozas Pantheismus wirken ununterbrochen als ungenannte Vorlage oder Gegenfolie für das biologistische Denken im 18. Jh.; vgl. Jean Ehrard: L'idée de nature en France dans la première moitié du XVIIIe siècle. Paris 1963, S. 95–109, 166–174 u. 211; Kondylis, *Die Aufklärung im Rahmen des neuzeitlichen Rationalismus*, S. 235–257 wie auch Roger, *Les sciences de la vie dans la pensée française du XVIIIe siècle* (passim).

[154] Ostwald sieht in Ritter den Entdecker der elektrochemischen Beziehungen. Vgl. Wilhelm Ostwald: Johann Wilhelm Ritter. Rede gehalten auf der ersten Jahresversammlung der Deutschen Elektrochemischen Gesellschaft am 5. Oktober 1894 in Berlin. In: Ritter, *Fragmente aus dem Nachlasse eines jungen Physikers*, S. 331. Vgl. dazu auch: Hans Schimank: Johann Wilhelm Ritter. Der Begründer der wissenschaftlichen Elektrochemie. In: Deutsches Museum. Abhandlungen und Berichte. V/6. Berlin 1933, S. 186f.

Rolle im Denken der Theodizee und des ganzen 18. Jahrhundert gespielt hat. In seinem einflußreichen Lehrgedicht *Essay on Man* entledigte Pope den Menschen des Rechtes, über Gottes Schöpfung zu urteilen, mit folgenden Versen:

> The strong connections, nice dependencies,
> Gradations just, has thy pervading soul
> Look'd thro'? or can a part contain the whole?
>   Is the great chain, that draws all to agree,
> And drawn supports, upheld by God or thee?[155]

Ritter knüpft also an Theodizee-Gedanken und pantheistische Theoreme[156] an, und auch hier ist der Weg vom εν και παν zum moralischen Indifferentismus ein Katzensprung.[157] Die positive Kraft legitimiert nicht nur die Existenz der negativen, sondern setzt sie voraus. Der Erfolg des Magnetismus geht auf seine Kompatibilität mit der pantheistischen – oder pantheisierenden – Naturphilosophie zurück. Der Einfluß der ›galvanischen Batterie‹ auf die Entwicklung der Dialektik und das Konzept der Triplizität beschränkt sich jedoch nicht auf diesen Punkt: Nicht nur stammen die Begriffe der *Positivität* und *Negativität* aus der Elektrizitätslehre, sondern auch die These, daß jedwedes Handeln Heterogenität voraussetzt, die Tätigkeit selber jedoch nach Homogenität strebt.[158] Die geschlossene Kette und ihre

---

155 Alexander Pope: An Essay on Man (1733). Epistle I, v. 30–34. In: The Poems of Alexander Pope. Hg. v. John Butt. London ²1968, S. 505.

156 Joh. Wilhelm Ritter: Beweis, daß ein beständiger Galvanismus den Lebensproceß in dem Thierreich begleite. Weimar 1798, S. 171 (der Text geht auf Vorlesungen zurück, die im Oktober des Vorjahres vor der *Naturforschenden Gesellschaft zu Jena* gehalten wurden): »Wo ist eine Sonne, wo ist ein Atom, die nicht Theil wäre, der nicht gehörte zu diesem *Organischen ALL, lebend in keiner Zeit, jede Zeit fassend in sich?* – Wo bleibt denn der Unterschied zwischen den Theilen des Thieres, der Pflanze, dem Metall und dem Steine? – Sind sie nicht sämmtlich Theile des *großen All-Thiers*, der *Natur?* – Ein allgemeines bisher noch nicht gekanntes *Naturgesetz* scheint uns entgegen zu leuchten! –«

157 Die Erkenntnis, daß alles was lebe, gut sei, setzt auch im theologischen Bereich das Ganze der Gottheit gleich; es ist interessant, daß Schleiermacher in seiner Formulierung auf Paulus (Rö 9,20) zurückgreift. Dieselbe Stelle hatte bereits Hamann zur Charakterisierung des monströsen Stils der Schöpfung verwendet, wobei er gerade das Gegenteil behauptet: Gott schafft Gefäße der Ehre und Unehre (*Ästhetica in Nuce*, N II, S. 200f.) und deshalb ist er göttlich. Vgl. Schleiermacher, *Über die Religion*, S. 62: »Das ist eine irreligiöse Ansicht, daß er [*der Genius der Menschheit* als *universellster Künstler*] Gefäße der Ehre verfertige und Gefäße der Unehre; einzeln müßt ihr nichts betrachten, aber erfreut Euch eines jeden an der Stelle, wo es steht.« Der Einfluß Schleiermachers auf Müller dürfte m. E. groß sein (vgl. *Brief an Gentz vom 20. Feb. 1803*, LZ I, S. 95; u. vor allem der *Brief an Brinkmann vom 22. Okt. 1804*, LZ I, S. 149f., der das spinozistische Bekenntnis Müllers enthält), ein Punkt, der wahrscheinlich von persönlicher und konfessioneller Abneigung Schleiermachers gegen Müller überschattet wird. Vgl. auch die Fußnote in: *Von der Idee der Schönheit*, KS II, S. 44.

158 Vgl. ebd. S. 156. Später (*Fragmente aus dem Nachlasse eines jungen Physikers*,

›dreifaltigen‹ Glieder – *Zwey sich zu Verbindende, und Ein Verbundenes*; bzw. *das zu Trennende, und die Zwey Getrennten* – führt zur *fortdauernden Thätigkeit in der fortdauernd geschlossenen Kette.*[159] Das Produkt ist eine neue Kraft:

> *Wieviel* verschiedene Raumerfüllungs-Individuen können auf einmal *unmittelbar allein*, indem sie einander berühren, auf einander wirken, dynamisches Gleichgewicht herstellen, *ohne gänzlichen* Uebergang der Differenz zur Einheit? – *Zwey.* Und das Product ist? – *Electricität.*[160]

Die breite Vermittlung der Ritterschen Thesen geht auf dessen direkten Einfluß auf Schelling und Novalis zurück, die mit Ritter in mehr oder weniger engem Kontakt und unter dem Einfluß seiner Forschungen standen.[161] Schellings frühe naturphilosophische Schriften, von den *Ideen* über die *Weltseele* bis zum *Ersten Entwurf eines Systems der Naturphilosophie*, zeugen von dieser Rezeption und liefern uns schon sämtliche Ingredienzen, welche die Müllersche *Lehre vom Gegensatz* ausmachen.[162] Es lohnt sich hier etwas zu verweilen, weil gerade die Schellingsche Konstruktion der Dialektik begriffliche Schwankungen aufzeigt, denen wir bei der Übertragung der *Lehre vom Gegensatz* auf die Staats- und Geldtheorie bereits begegnet sind oder noch begegnen werden. Schellings Grundproblem liegt in der Beantwortung der Frage, wie die Dichotomie zwischen Einheit und Mannigfaltigkeit[163] – im Anschluß an Kant und Fichte nach wie vor virulent – innerhalb einer organizistischen Allnatur neu und vermittelnd darge-

---

Fragm. 161, S. 113) greift Ritter den Begriff der Indifferenz auf und kritisiert diesen, da *eine absolute Indifferenz* ebenso unmöglich sei wie absolute Differenz.

159 Ebd. S. 158.

160 Ebd. S. 175.

161 Müller erwähnt Ritter in seiner *Lehre vom Gegensatze* als einen – seiner – Vorläufer, der vom Herausgeber jedoch mit Heinrich Ritter (Wer ist hier wohl gemeint? der 13jährige August Heinrich?) identifiziert wird und nicht mit Joh. Wilhelm Ritter. Vgl. Novalis' Fragment *Die Naturlehre*, das sowohl als Materialien zum *Lehrling von Saïs* (Werke, S. 235) als auch in den *Dialogen* (S. 519) abgedruckt ist: »– Doppelte Wege – vom Einzelnen – vom Ganzen – Von Innen – von außen. Naturgenie. Mathematik. *Göthe. Schelling. Ritter.* [...]«

162 Vgl. *Brief an Gentz, 20. Februar 1803*: »Schelling ist und bleibt der erste. [...] Bei seiner Rückkehr werde ich ihn vom Gegensatz aus begrüßen.« (LZ I, S. 95). Später wirft er ihm vor, nicht erkannt zu haben, daß es eine *Naturgeschichte des Staates giebt* (*Elemente der Staatskunst*, 2. Vorlesung, Bd. I, S. 47). Müllers Begeisterung für Schelling scheint sich auch aus anderen Gründen abgekühlt zu haben; so sagt er, daß in der *Schule* Schellings der Gegensatz zwischen *›Mann und Weib‹ nun ein kindisches, modisches Unwesen treibt* (ebd. S. 101). Und schon 1804 spottet er mit Schelver zusammen über Schellings Hinwendung zum *Sündenfall* (*Brief an Brinkmann vom 21. August 1804*, LZ I, S. 133).

163 Vgl. Kondylis, *Die Entstehung der Dialektik*, S. 562–566. Kondylis erklärt hier die Entstehung der Dialektik aus der Spannung zwischen den Konzepten der Homogenität und Heterogenität in der Formel des spinozistischen εν και παν.

stellt werden könne. Die Antwort, die sich in den Jahren zwischen 1797 bis 1799 bei Schelling abzeichnet, läuft durch die Betonung der *Empirie* geradezu auf eine Versöhnung seines eigenen früheren Idealismus mit Goethes[164] Position hinaus:

> Wenn es nun Aufgabe der Transcendentalphilosophie ist, das Reelle dem Ideellen unterzuordnen, so ist es dagegen Aufgabe der Naturphilosophie, das Ideelle aus dem Reellen zu erklären: beide Wissenschaften sind also Eine, nur durch die entgegengesetzten Richtungen ihrer Aufgaben sich unterscheidende Wissenschaft [...][165]

Die Gegenkräfte, die jeweils die untere Ebene des (proto-)dialektischen Dreischritts bilden, stehen in einem – man könnte sagen – ›modischen‹ Zusammenhang mit der Vorliebe für binäre Naturkräfte.[166] Einen ganz besonderen Stellenwert erhalten die Ritterschen Thesen zur Elektrizität, die durch ihre gegensätzlichen Pole die dynamische Struktur der Einheit darstellen:

> Ist das, was die elektrischen Erscheinungen bewirkt, ursprünglich Eine Kraft oder Eine Materie [...], so läßt sich daraus begreifen, warum entgegengesetzte Elektrizitäten sich zufliegen – entzweite Kräfte zu vereinigen streben. Offenbar ist, daß beide nur in ihrem Streit wirklich sind, daß nur das wechselseitige Streben nach Vereinigung beiden eine eigene abgesonderte Existenz gibt.[167]

Obwohl die Elektrizität bei Schelling anfänglich durchaus als mechanisch – d. h. *anorgisch* – gilt, finden wir sie im *Allgemeinen Schema* der *Stufenfolgen* zu einer *allgemeinen Kraft* erhoben, die in der *allgemeinen Natur* wirkt und zusammen mit dem *Licht* in der *Ursache des Magnetismus* aufgehoben ist. Diese Aussage ist nur auf der Basis eines naturwissenschaftlichen Monis-

---

164 Goethes Mißfallen an Schellings *Ideen zu einer Philosophie der Natur* gehen auf dessen Versuch zurück, sich als *transzendenteller Idealist ganz oben* auf die *Stufen des Anschauens* der Natur zu stellen (vgl. *Brief an Schiller, 6. Januar 1798*. In: Gedenkausgabe der Werke, Briefe und Gespräche. Hg. v. Ernst Beutler. Bd. XX. Zürich 1950, S. 488). Zu Goethe und Schelling vgl. Hinrich Knittermeyer: Schelling und die romantische Schule. München 1929, S. 139.

165 Friedrich Wilhelm Joseph von Schelling: Einleitung zu dem Entwurf eines Systems der Naturphilosophie oder über den Begriff der speculativen Physik und die innere Organisation eines Systems dieser Wissenschaft (1799). In: Ausgewählte Schriften. Hg. v. Manfred Frank. Bd. I. Frankfurt a/M 1985, S. 340f.

166 Man denke an Hallers *Irritabilität* und *Sensibilität* der Muskeln bzw. Nerven, an Browns *Sthenie* und *Asthenie*, an Goethes *Sistole* und *Diastole*, an Winterls *begeistende* Prinzipien der Chemie etc. Vgl. hierzu etwa: Dietrich von Engelhardt: Schellings philosophische Grundlegung der Medizin. In: Natur und geschichtlicher Prozeß. Studien zur Naturphilosophie F. W. J. Schellings. Hg. u. eing. v. Hans Jörg Sandkühler. Frankfurt a/M 1984, S. 305–325.

167 Friedrich Wilhelm Joseph von Schelling: Idee zu einer Philosophie der Natur als Einleitung in das Studium dieser Wissenschaft (1797). In: Sämtliche Werke. Bd. II, S. 127. Zit. nach: Kondylis, *Entstehung der Dialektik*, S. 562.

mus möglich, der die Unterscheidung zwischen organischer, anorganischer und allgemeiner Natur durch den *acte unique* der *dynamischen Stufenfolge*[168] ersetzt. Diese Stufenfolge baut auf dem *Gegensatz* auf, wobei die erkenntnistheoretische Position der Negativität in Fichtes Wissenschaftslehre sich leicht mit dem Topos der Gegenkräfte innerhalb der Naturwissenschaften verbindet.[169] Wie nahe die Schellingsche Gegensatzlehre bei der Müllerschen *Lehre vom Gegensatz* steht, zeigt folgende Stelle und ihre Fußnote:

> Der Gegensatz ist Aufhebung der Identität. Aber die Natur ist *ursprünglich* Identität. – Es wird also in jenem Gegensatz wieder ein Streben nach Identität seyn müssen. Dieses Streben ist [...] bedingt *durch* den Gegensatz; denn wäre kein Gegensatz, so wäre Identität, absolute Ruhe, und auch kein *Streben* nach Identität. [...]
> Hauptsatz: Keine Identität der Natur ist absolut, sondern alle nur Indifferenz.
> [Fußnote:] Die Natur ist eine Thätigkeit, die beständig nach Identität *strebt*, also eine Thätigkeit, die, um *als* solche fortzudauern, den Gegensatz beständig voraussetzt.[170]

Die Ablehnung des Absoluten, die in Müllers Staatstheorie eigentlicher moralischer Angelpunkt ist, geht hier Hand in Hand mit dem Begriff der *Indifferenz*.[171] Kant hatte die *indifferentia* noch als *Mangel* der *Gründe* zu *Lust* und *Unlust* bezeichnet, während er in der Aufhebung dieser *Realopposition* das *Gleichgewicht* erblickte.[172] Schelling schließt den ersten Fall aus und ersetzt in der zweiten Definition den Begriff des *Gleichgewichts* durch

---

[168] Friedrich Wilhelm Joseph von Schelling: Erster Entwurf eines Systems der Naturphilosophie. Für Vorlesungen (1799), I/3,9. In: *Ausgewählte Schriften* I, S. 325.

[169] Vgl. Kondylis, *Entstehung der Dialektik*, S. 582; Knittermeyer, *Schelling und die romantische Schule*, S. 142f.

[170] Schelling, *Einleitung zu dem Entwurf eines Systems der Natursphilosophie*, S. 377 (I/3, 309).

[171] Der Begriff hat nicht nur seine logische ›Notwendigkeit‹, sondern auch eine moralische. Vgl. Friedrich W. Schmidt: Zum Begriff der Negativität bei Schelling und Hegel. Stuttgart 1971, S. 41. Dies dürfte wohl auch für die (suggerierte) ›agnostische‹ Posititon Müllers in seiner *Lehre* zutreffen, der den Antigegensatz getrost auch als *X* bezeichnen will: »Es ist also *datum*, ohne Geber nicht denkbar, dieser Gegner heiße nun Antigegensatz, das Absolute, das Entgegengestellte, die Einheit, Ich, Gott oder wie es wolle; genug, er selbst, dieses Unbekannte, dieses große X in der Gleichung des Lebens kann in keiner Gestalt, also auch unter keinem Namen als solches absolut isoliert erscheinen; und für unsern Zweck reicht das Zeichen: Antigegensatz vollständig hin.« (*Die Lehre vom Gegensatz*, KS II, S. 223). Müller rechtfertigt diesen *Indifferentismus* Gentz gegenüber, indem er den polemischen Charakter Gentz' und den *Streit* zwischen den Gegensätzen in der Schellingschen Naturphilosophie gleichschaltet und sich für ein Akzeptieren des Existenten stark macht: »Sie, mein Freund, lieben sich für einen Parteimenschen auszugeben, der ohne parteilichen Haß und Zuneigung nicht leben könne; so sollten Sie mich loben, daß ich, trotz des vermeintlichen *Indifferentismus* meines Gegensatzes, dennoch und aus Gründen dieses Gegensatzes Ihre ganze, kritische, polemische, parteiliche Existenz und Ihre Schriften rechtfertige.« (LZ I, S. 399).

[172] Kant, *Versuch den Begriff der negativen Größen in die Weltweisheit einzuführen*, S. 793.

Indifferenz.[173] Als *Realopposition* kommt der *Indifferenz* wie bei Kant eine natürliche Dynamik zu, die zum unmöglichen Ausgleich und zur fortwährenden Entwicklung führt. Dieser *Thätigkeit* dürfte in der Müllerschen Entwicklung der Staatstheorie wohl ein ebenso großes Gewicht zukommen wie dem *Gegensatz*: Es handelt sich um die *Produktion.* Schon bei Aristoteles' Gelddefinition im Leibniz-Kapitel sind wir auf die ›Ungleichheit‹ gestoßen, die Voraussetzung für Staat und Tausch ist. Wie das Heterogene in Ritters Untersuchungen als Voraussetzung und Katalysator der *Tätigkeit* fungiert, führt sie bei Aristoteles zum Handel. Perpetuiert man nun diese Ungleichheit, so ist ständiger Handel; und das heißt für Müller: unendliche Produktion. Auch hier folgt er Schelling – und zwar bis in den Wortlaut. Das Organismuskonzept bedingt *teleologisch* das *Produciren des Produktiven*, denn in der *Zweckmäßigkeit* sieht Schelling das *Ganze* als *Mittel* begründet.[174] Die *Produktivität* als ›antigegensätzische Konsequenz‹ ist mit ein Kernpunkt der *Einleitung zu den Ideen*:

> *In der Natur kann es weder zur reinen Produktivität noch zum reinen Produkt kommen.*
> Jene ist absolute Negation alles Produkts, dieses Negation aller Produktivität.
> [...]
> Die Natur wird also ursprünglich das Mittlere aus beiden seyn, und so gelangen wir zum Begriff *einer auf dem Uebergang ins Produkt begriffenen Produktivität, oder eines Produkts, das ins Unendliche produktiv ist.*[175]

Das *Produkt aller Produkte* ist in der Müllerschen ›Staatskugel‹ der *Credit.*[176] Der Kreditbegriff basiert auf der Naturphilosophie und nicht etwa auf der Transzendentalphilosophie. Müller hält am Realen – mit Berufung auf Goethe – fest, da das Ideale als Gegenkraft auf der Stufe des Antigegensatzes zu einem Realen wird. Das heißt, daß Begriffe wie Staat, Gesetz, Nation als organisch Positives verstanden werden müssen, welche über den mechanischen Künsten stehen – die Natur ist nicht das Naturrecht des Einzelnen, der Staat ist nicht ein Kontrakt, sondern Naturnotwendigkeit.[177] Der *Antigegensatz* ist das *Gemeinschaftliche* und immer ein *neues*

---

173 Ein Zug, den Hegel ihm nicht abnehmen wird. Georg Wilhelm Friedrich Hegel: Phänomenologie des Geistes (1807). In: *Werke* III, S. 48–49.

174 Friedrich Wilhelm Joseph von Schelling: Einleitung zu: Ideen zu einer Philosophie der Natur als Einleitung in das Studium dieser Wissenschaft (1797). In: *Ausgewählte Schriften* I, S. 292.

175 Schelling, *Einleitung zu dem Entwurf eines Systems der Natursphilosophie.* In: *Ausgewählte Schriften* I, S. 367.

176 *Versuche einer neuen Theorie des Geldes*, S. 72.

177 Vgl. Burke (*Reflections on the Revolution in France*, S. 16), der die »*necessity*, in the strictest moral sense« in der Erhaltung der Kontinuität und erblichen Nachfolge betrachtet. Der Wandel von Naturzustand (*état naturel*) zu Naturordnung (*ordre naturel*) wird unter dem ständisch-restaurativen Einfluß von Mirabeaus bereits bei den Physiokraten vollzogen. Pierre-Samuel Dupont de Nemours (De l'origine et des progrès

Positives.[178] Das Konzept der Produktivität schließt den Begriff des Absoluten aus und erweitert die horizontale Bestimmung des Staates als Wohlfahrtsstaat durch die vertikale Kategorie der unendlichen Progression, die klar heilsgeschichtliche Züge trägt. Daraus resultiert ein Freiheitsbegriff, der auf persönlicher und positiver und nicht auf sächlicher und abstrakter Abhängigkeit basiert, wie dies bei der römischen *obligatio* der Fall sei.[179] Müller verwirft denn auch den Begriff der Freiheit als einen Absoluten und dies in klarer Opposition zum ungeliebten Schiller:[180]

> Alle noch so künstlich ersonnen Erklärungen des sogenannten moralischen Begriffs der Freiheit werden weder an philosophischer Vollständigkeit noch an poetischer Geschlossenheit [...] mit der einfachen Definition: Freiheit ist dasjenige, was der Antifreiheit, das heißt der Notwendigkeit entgegensteht, zu vergleichen sein.[181]

e. Im Herzen der Kugel

Der bald spiralförmigen, bald *cyclischen – die Natur wird eine Kreislinie, die in sich selbst zurückläuft*[182] – Konstruktion Schellings stellt Müller eine *kugelförmige* gegenüber. Das Bild, das ihm hierbei vorschwebt, scheint der Kosmos zu sein: Kugeln, die in kreisförmigen Bewegungen um andere Kugeln kreisend eine neue Kugel bilden.[183] Innerhalb dieses dynamischen Konstrukts glaubt er, der *absoluten Identität*, wie sie etwa in der euklidischen Axiomatik vorliege, durch eine *sphärische* Definition zu entkommen.[184] Hier war Herder in seinen *Ideen* Müller vorausgegangen. Für Her-

---

d'une science nouvelle [1768]. In: Physiocrates. Hg. v. Eugène Daire. Paris 1846, S. 342) liefert eine Formel, die als eine Art Synthese zwischen den respektiven Beiträgen Quesnays und Mirabeau zum physiokratischen Programm erscheint: »Les conventions ne peuvent être faites entre les hommes que pour reconnaître et pour se garantir mutuellement ces droits et ces devoirs établis par Dieu même.« Vgl. auch Quesnays Kritik an Hobbes' Naturrechtslehre und der Möglichkeit der Transgression. Pierre Naville: Thomas Hobbes. Paris 1988, S. 231.

178 *Die Lehre vom Gegensatze*, KS II, S. 222.

179 Vgl. *Elemente der Staatskunst*, Bd. II, 13. Vorlesung, S. 246ff. u. Baxa, S. 184.

180 Im Gegensatz zu Schiller (Über die ästhetische Erziehung des Menschen [1795]. In: Werke. Säkularausgabe. Bd. 12, S. 118) sieht Müller in der *Schönheit* nicht ein Mittel, durch das *jedes Wesen seiner Schranken vergißt*, sondern ein Band, das die staatliche, notwendige und gesetzhafte Gemeinschaft noch enger zusammenschnürt. Der Staatsbegriff Müllers geht also wesentlich weiter als dies beim Begriff der *relativen*, *politischen Freiheit* und *Abhängigkeit* des pragmatisch argumentierenden Gentz der Fall ist. Vgl. Friedrich Gentz: Abhandlungen zur französischen Revolution (1793). In: Edmund Burke/Friedrich Gentz: Über die Französische Revolution. Betrachtungen und Abhandlungen. Hg. v. Hermann Klenner. Berlin 1991, S. 409.

181 *Die Lehre vom Gegensatze*, KS II, S. 218.

182 Schelling, *Einleitung zu: Ideen zu einer Philosophie der Natur*. In: *Ausgewählte Schriften* I, S. 292.

183 *Die Lehre vom Gegensatze*, KS II, S. 202.

184 Ebd. S. 223.

der war die Kugelgestalt der Erde und sämtlicher Planeten tiefer Ausdruck der *Einheit in der Mannichfalitgkeit* und der *Abwechslung*, wobei auch das Motive der *Union* im gemeinsamen Drang zum *Mittelpunkt* Erwähnung findet.[185] Auch Müller erkennt diesen Vorzug der Kugel, über ein Zentrum zu verfügen, einen *Vereinungspunct*, zu dem hin alle Kräfte konvergieren – ein Umstand, der die Rede vom Staatskörper, von der Monarchie etc. ungemein erleichtert. Abgesehen von der astronomischen Vorlage dürfte hier ein Satz von Novalis und dessen staatstheoretische Ansichten in seinen Fragmenten von grundlegender Bedeutung sein. In seinem *Versuche einer neuen Theorie des Geldes* greift Müller auf Euklid zurück: *Eine gerade Linie individualisiert sich, wird zur bestimmten Linie, nur durch eine andere auf sie in Beziehung gesetzte, das heißt: mit ihr in der Verlängerung convergierende Linie.*[186] Durch den, bereits zitierten,[187] Satz von Novalis wird nun die Verbindung hergestellt zu Schelling und Ritter:

> [Man] denke [sich] eine solche gerade Linie, durch alle die unendlich anderen gleich großen geraden Linien, die von allen Seiten her nach demselben Vereinungspunct möglich sind, bestimmt, so hat man zugleich das Skelett der Kugel. Hierdurch ist nun auch die besagte gerade Linie befriedigend bestimmt. Man setze auf den einen Endpunct einer geraden Linie den Accent der Ruhe, auf den andern die unendliche Bewegung, so erhält man gleichfalls das Schema der Kugel.
> Ein großer ahndungsvoller Autor, dem wir unzählige Berichtungen unserer Ansicht verdanken, der verstorbene Friedrich von Hardenberg (Novalis) sagt: »jede Linie sey eine Weltaxe.«[188]

Mit dieser Konstruktion der Kugel und dem entsprechenden Mittelpunkt löst sich das Problem des Indifferentismus zugunsten einer ›gräkisierenden‹[189]

---

185 Joh. Gottfried Herder: Ideen zur Philosophie der Geschichte der Menschheit. I, IV (1784). In: J. G. Herder: *Werke* III. München [1997], S. [28–30]. Zu Herders Vorlagen in bezug auf die Kugelgestalt vgl. Wolfgang Proß' Kommentar. Ästhetisch hat das Bild der Kugel eine wichtige Formulierung bei Jean Paul erhalten, die den Zusammenhang zu den obigen Ausführungen (Einheit und Mannigfaltigkeit) herstellt und hier ebenfalls als Vorlage in Frage kommt: »Am schwersten wird der Phantasie die Vor- und Nachbildung einer menschlichen Schönheit aus Worten, welche wie die Kugel den größten Reichtum in die kleinste Form einschließt. Sie findet an ihr lauter Verschiedenheiten, aber ineinanderschmelzend; folglich weder die Hülfe der Linie, worin das Ganze den Teil wiederholt, noch die Hülfe der Häßlichkeit, deren Bestandteile als leidige Kontraste sich schärfer und schneller vordrängen. Ohne Überblick festgehaltner Teile aber gibt es keine Schönheit, diese Tochter des Ganzen oder des Verhältnisses.« (*Vorschule der Ästhetik*, S. 247). Vgl. *Von der Idee der Schönheit*, KS II, S. 43: »*Poesie ist geschlossene Kunstdarstellung des Lebens durch das Wort.*«

186 *Versuche einer neuen Theorie des Geldes*, S. 61.

187 Vgl. oben Seite 274.

188 *Versuche einer neuen Theorie des Geldes*, S. 126.

189 Vgl. Müllers Ausführungen zu den *Kunstmonumenten des griechischen Altertums* (*Von der Idee der Schönheit*, KS II, S. 48f.: »Was ist besser, oben oder unten? vor oder nach mir? wesenslose Frage. Hier in der Mitte schlägt mein Herz«. Bei Aristoteles (*Niko-*

Totalität, deren Bewegung und Produktion zwar unendlich, deren Zentrum aber Gott ist. Der Materialismus-Verdacht, welcher der Schellingschen Naturphilosophie dieser Epoche anhaften mochte, ist für Müller dadurch aus der Welt (oder aus der Kugel) geschafft, daß er in der letzten (Groß-)Kugel, die die Staaten umfaßt, als ruhenden Pol den Glauben und sein Organ, das Herz, setzt:

> Haltungsloser Wechsel von Steigen und Fallen, eine Reihe von einzelnen Phänomenen und Meteoren, die höchstens dazu dient, das Irrlicht vor uns mit einer Feuerkugel, die vor tausend Jahren gesehen worden, in historischen Parallelen zu vergleichen – ist die Geschichte für den, der sie nicht als Ganzes, als Lebendiges zu sehen vermag. Bewegung, Zusammenhang, Fortschreiten wird er hier und da erblicken, aber den Total-Sinn des Lebens nicht eher fassen, als bis er das Herz ergriffen hat, den wirklichen, den ewigen Mittler, ohne den die alte Welt selbst den höheren Geist entbehrt.[190]

Dies belegen auch Müllers ganz klaren Urteile, die immer wieder die Grenze zwischen dem ›lebendig Guten‹ und dem ›toten Übel‹ – das hier scheinbar aufhört, Gegensatz zum Lebendigen zu sein – zu ziehen vermögen, damit nicht etwa ein Ungleichgewicht eintrete, von dessen selbstregulierenden Tugenden Müller aber anderenorts ohne weiteres überzeugt scheint. Die Gefährdung scheint er nur medizinisch diagnostizieren zu können, wie etwa in den bereits erwähnten *Geschwüren*, wie auch *Bluthäufungen* oder *Amputationen*. Grundlage des moralischen Diskurses ist also der Staatskörper und darin kommt – wie schon zu Leibniz' Zeiten – der Geldkreislauf mit unverminderter Popularität zur Geltung. Interessant ist hier der Vergleich mit Novalis, der in *Glauben und Liebe* von den Müllerschen Thesen an einem entscheidenden Punkt abweicht:

> Gold und Silber sind das Blut des Staats. Häufungen des Bluts am Herzen und im Kopfe verrathen Schwäche in beiden. Je stärker das Herz ist, desto lebhafter und freigiebiger treibt es das Blut nach den äußern Theilen. Warm und belebt ist jedes Glied, und rasch und mächtig strömt das Blut nach dem Herzen zurück.[191]

Obwohl sich Novalis hier ebenfalls eines medizinischen Jargons bedient (Browns Sthenie und Asthenie gehören zu seinem festen ›Ideenschatz‹), liegt eine klare Differenz in der Beurteilung des Geldes vor: Für Novalis ist Geld Gold und Silber, Papiergeld hingegen gleichbedeutend mit Wertlosigkeit und Betrug.[192] In den *Dialogen* fragt *B.* den kritischen *A.*, als dieser die

---

machische Ethik, 1133^{a}20) ist das Geld ebenfalls die Mitte der durch Ungleichheit gefestigten Gesellschaft.

190 *Vorlesungen über die deutsche Wissenschaft und Literatur*, KS I, S. 87.

191 Novalis: *Glauben und Liebe*, § 10, *Werke in einem Band*, S. 490. Vgl. hierzu: *Über König Friedrich II*, SzS, S. 108f.

192 Novalis: Vermischte Bemerkungen (1797?). In: *Werke in einem Band*, S. 474: »Jedes *nützliche* Buch muß wenigstens starck legirt seyn. Rein ist das edle Metall in Handel und Wandel nicht zu brauchen. [...] Vielen wahren Büchern geht es wie den Gold-

Bücherflut kritisiert, ob *nicht das Geld zum Beleben da* sei;[193] es scheint jedoch die *Last der Buchstaben* zu sein, die diesen *Ideenhandel* dem Kontrahenten *A.* so unschmackhaft machen.[194] Novalis sieht konsequent, daß die Willkür der Zeichenstiftung und der historische Prozeß zunehmender Abstraktion (seit dem Buchdruck etwa) zur Verankerung der Geltung in der menschlichen Psyche und in der wankelmütigen und modischen Vorstellung führt. Diese Verbindung zwischen der *Willkühr der Menschen*, die den *Zeichen den Ursprung* gegeben habe,[195] und der rein *ideellen* Repräsentation[196] hat der einflußreiche Wirtschaftstheoretiker Johann Georg Büsch ein Jahrzehnt zuvor gesehen und durch die soziale Vernetzung zu stabilisieren versucht, dessen *reeller Wert* durch die *Übereinstimmung des Volkes* bestimmt wird.[197] Damit versucht Büsch zu erweisen,

> daß das Geld nicht alle Eigenschaften eines Equivalents, oder eines Maaßtabes von dem Wehrt der Dinge habe. [...] Die Folge, die hiermit zusammenhängt, ist die Entkräftung der so leicht hingeworfenen Theorien über das Steigen und Fallen des Wehrts der Dinge mit der Zunahme der in einem Volke vorhandenen Geldmasse.[198]

Büsch betont gegen die quantifizierenden Geldtheorien vor allem den Zeichencharakter. Es spielt für ihn deshalb auch keine Rolle, welches Material als Zeichenträger gewählt wird, da er die Homogenität zwischen Maßstab und Gemessenem als sekundär betrachtet. Diese Akzentverlagerung zwischen den Polen der traditionellen Definition des Geldes führt in eine Aporie, die sowohl das Geld als Maßstab (aufgrund der *Willkühr*) als auch als

---

klumpen in Irland. Sie dienen lange Jahre, nur als Gewichte. Unsere Bücher sind ein unförmiges Papiergeld, das die Gelehrten in Kurs bringen. Die Papiermünzliebhaberey der modernen Welt, ist der Boden, auf den sie, oft in Einer Nacht, emporschießen.«

193 Novalis: Dialogen und Monolog (1798/1802). In: *Werke in einem Band*, S. 511.

194 Ebd. S. 510. Damit parodiert Novalis die beliebte Wendung des Ideenhandels, der wir bei Leibniz bereits begegnet sind und die in der zweiten Hälfte des 18. Jh.s zu einer beliebten Metapher des Fortschritts der Erkenntnis geworden war. Wohl am deutlichsten äußert sich dies im kleinen Werk von J. L. Gosch: Über den Ideenumlauf (Kopenhagen 1789). Der Autor bringt einerseits den Ideenhandel ganz klar in Verbindung mit einem mechanizistischen Weltbild (S. 2) und sieht den Sinn des Menschendaseins in der Anhäufung eines großen Vorrats an Ideen (S. 3). Am schönsten zeigt sich dies wohl in seiner Erfindung eines *Seelenspiegels*, der es erlauben würde, ins Innere eines Leibniz oder Haller zu schauen und dort die ungeheure Anzahl der *Begriffe* zu bestaunen (S. 86f.).

195 Johann Georg Büsch: Abhandlung von dem Geldsumlauf in anhaltender Rücksicht auf Staatswirtschaft und Handlung. Hamburg u. Kiel 1780, I, II, § 23, S. 151.

196 Ebd. I, II, § 55, S. 228.

197 Ebd. I, II, § 10, S. 308. Zur Geschichte der *Produktion des Ideellen*, vgl. Birger P. Priddat: Natur-Stoff und Wert-Form. In: Zur Modernisierung des Naturbegriffs in der Ökonomie des 18. und 19. Jahrhunderts. Stuttgart 1991, S. 84f., 92f.

198 Johann Georg Büsch: Schriften über Staatswirtschaft und Handlung. Hamburg u. Kiel 1784, S. 474. (V. Teil: Erklärung über einige Stellen in meiner Abhandlung von dem Geldsumlaufe).

Zeichen (aufgrund der mangelnden Gesamtmenge des zu Repräsentierenden) unmöglich macht.

Müller folgt im wesentlichen dieser Konstruktion Büschs: Für ihn ist das Papiergeld die Ausbildung der ideellen Seite, insofern es auf dem Vertrauen des Volkes in das Versprechen des Staates beruht. Im Gegensatz zu Büsch veranschlagt er die Bedeutung des Staates bei der Vertrauensbildung wesentlich höher, während dieser nur von der *Lust* oder auch *Kauflust* des Volkes spricht.[199] Dieses Volk ist bei beiden Autoren vorzugsweise frei. Diese Freiheit ist es, die das Vertrauen garantiert. Für Müller kennt dieses Vertrauen zwei *Pole*: Das Papiergeld stellt den *Skeptizismus* dar, die Tradition des Metalls hingegen den *Dogmatismus*.[200] Demgegenüber finden wir bei Novalis den Gegensatz zwischen *Id[ealism]* und *Dogm[atism]* in Analogie zu *Gold* und *Silber*.[201] Beide verhalten sich nach Novalis umgekehrt proportional zueinander: Der Überfluß des einen führt zur stärkeren Nachfrage des anderen und dieser Mangel wiederum zu einem höheren Preis, so daß der Preis das mangelnde Metall auf den Markt lockt und das Gleichgewicht mit dem überflüssigen Metall wieder eintritt. Die scheinbar große Differenz zwischen Novalis und Müller hebt sich also bei näherer Betrachtung in diesem Punkt beinahe auf: Beiden ist die symbolische Selbstrepräsentation des Staates im Geld eine Verbindung des Ideellen mit dem Reellen, des Neuen mit dem Alten und der *öffentlichen Meinung*[202] mit der Nation.[203]

---

199 Vgl. etwa Büsch, *Abhandlung von dem Geldsumlauf*, I, ii, § 57, S. 234.

200 Vgl. Dogmatismus vs. Skeptizismus in: *Über deutsche Wissenschaft und Literatur*, KS I, S. 60.

201 *Schriften* III, S. 387f. Die Stelle ist schwierig und wird durch einen Fehler – wie mir scheint – bei den Ergänzungen noch erschwert: es darf hier nicht *allgemeiner Dinge* heißen, sondern *allgemeine*. Erstens ergibt dies einen Sinn, zweitens wäre so die Analogie des Geldes mit der *Wissenschaftslehre*, die des Silbers und des Goldes mit denjenigen von Dogmatismus und Idealismus bzw. Skeptizismus (wie sie auch bei Schelling vorkommen) garantiert.

202 Vgl. *Über König Friedrich II*, SzS, S. 79: »das zunächst Höhere ist die National-Existenz, ihre Verteidigung der höchste Prüfstein der Ehre, den wir kennen, also der Glaube an das Vaterland eine Ehrensache. Wenn diese schönste Überzeugung alle Gemüter zu durchdringen anfängt, dann ist die öffentliche Meinung, von der ich rede, im Anzug; dann wird das unscheinbarste Werkzeug des bürgerlichen Lebens zu einer Art von Waffe für das herrschende Haus; dann ist in allen Verrichtungen des Volkes ein belebender und befruchtender Geist zugegen, in allen Werkstätten des Geistes und der Hände jene unaussprechliche Kraft, welche erhält und sichert.«

203 Kurzke, *Romantik und Konservativismus*, S. 178ff. sieht die Differenz (im Hinblick auf *Glauben und Liebe* und den Luisenkult) zwischen den eher programmatischen Äußerungen Novalis' und den eher *pragmatischen* Müllers. Die Verwandtschaft der staatstheoretischen Motive beider Autoren ist eine sehr enge. Die Ansichten Othmar Spanns oder Jakob Baxas, daß bei Novalis die ganze Staatstheorie der Romantiker schon enthalten sei, ist natürlich nicht haltbar, weist jedoch auf einen breiten Fundus von konservativ-›kontrarevolutionären‹ Ideen, die sich schon zuvor mit der deutschen Gefühlsphilosophie verbunden hatten. Zwischen Novalis und Müller ist eine beachtliche Anzahl von Übereinstimmungen feststellbar: So z. B. die Lebensalter-Regel und

5. Geld und Sprache

Während bei Hamann die *vox dei* noch *vox populi* war und meist als *Solipsismus* ein fröhliches Dasein fristete, betont Müller die unifizierende Kraft der Nationalsprache, verlangt nach einem *Dictionnaire de l'Académie* für die Deutschen. Daß dabei zu viel Reinigkeit schade, lehrten bereits Leibniz und Hamann.[204] Müller vergleicht dieses Ausmerzen schlechter Wörter mit dem Tilgen von Scheidemünzen:

> Auch hier sollte im Mittelpunkte einer tausendstämmigen Nation und einer in unzählige Dialekte gebrochenen Sprache ein Bezirk für das wahre, echte und schöne Deutsch abgesteckt werden. Auch hier wähnte man, die gesellige, allgemeingültige Schönheit gewisser Schriftsteller und Sprecher bestände hauptsächlich in ihrer Reinheit von Provinzialismen oder individuellen Sprachschönheiten aller Art. Demnach, wie in einem Lande, wo bisher ohne allen Plan, bloß nach Maßgabe des unmittelbaren Bedürfnisses, Courant und Scheidemünze geprägt worden wäre und kursiert hätte und wo nun mit einem Male an gewissen Orten, z.B. bei den öffentlichen Kassen, die Scheidemünze wegen des ihr häufiger anklebenden Schmutzes außer Kurs gesetzt würde, ebenso glaubte man auch hier den Kurs jener Sprachscheidemünze, jener deutschen Provinzialismen und Dialekte wenigstens in den öffentlichen Kassen der Literatur, in den gedruckten Schriften, verbieten zu können. An der Spitze dieser Scheidemünztilgungskommission stand ein Dresdener Gelehrter, schätzbar, ja verehrungswürdig wegen seltener, wissenschaftlicher Anstrengungen, aber mit der erhabenen Station eines Sprachgesetzgebers, eines Königs der Literatur, die *Adelung* sich selbst anmaßte, durch seine engherzige, unbeholfene und linkische Natur im lächerlichsten Widerspruche. Nebenbei etablierte sich, noch patriotischer gesinnt, eine andere Kommission, welche die Jagd auf die fremden Münzen, welche sich auf den vielfachen literarischen Märkten unserer Nation ins Land schleichen mochten, mit unbeschreiblicher Emsigkeit, und die Umprägung solcher Überläufer, da ihnen ein gewisser innrer Gehalt einmal nicht abzusprechen war, mit ebenso unbeschreiblicher Eilfertigkeit und Industrie betrieb: solches Verfahren haben wir eben nicht zu unserm Ruhme dem *Dictionnaire de l'Académie* und seinen Urhebern entgegenzusetzen.[205]

---

die staatlichen Kräfte (Novalis: Politische Aphorismen [1798/1802]. *Werke in einem Band*, S.504f.; vgl. *Elemente der Staatskunst*, Bd.I, S.91ff.), Familie, Ehe und Staat (Vgl. Novalis, *Glauben und Liebe* [40], *Werke in einem Band*, S.502 u. die *Heilige Familie* bei Müller, vor allem in: *Über Deutsche Wissenschaft und Literatur*, KS I, S.101), *Krieg muß auf Erden seyn* (Novalis: *Fragmente und Studien* [1799/1800], §628, *Schriften* III, S.677) Staat und Glaube, Herz und Staatsköprer, Abendmahlslehre etc. Die aufgezählten Punkte finden sich jedoch auch, vorher und nachher, bei James Stewart und Burke, bei Bonald, Saint-Martin und Maistre, bei Görres und natürlich bei Baader. Für die Einordnung und Darstellung der Argumentation dieser Autoren sei auf Kondylis' *Konservativismus* verwiesen. Die Untersuchungen, die Kurzke an Novalis' Vorläufern (vor allem S.224ff.) unternimmt, könnte – mit Abweichungen natürlich – auch diejenige Müllers sein.

204 Herder hatte bereits auf diese Idee wie auch auf Hamanns Darstellung des Sprachwandels im ersten Teil seiner Fragmente zurückgegriffen. Joh. Gottfried Herder: Über die neuere Deutsche Literatur. Fragmente (1766/67). In: *Werke* I, S.71–74.

205 *Von der Idee der Schönheit*, KS II, S.29f.

Die eigentliche Schönheit liegt, wie könnte es auch anders sein, in der Vermittlung von *individueller* und *geselliger* Schönheit zu einem Mittelpunkt im Lande hin, zu welchem die *Kraft* und das *individuell-schöne* Rohe zusammenfließen. *Im Herzen von Deutschland* als einer *Sonne*, die der *Planeten nicht entbehren* kann, tritt uns das zitierte Bild der Zirkulation aus Harveys Einleitung wieder entgegen. Es ist jedoch kein *König*, der diesen Platz einnehmen kann, sondern Gott selbst, der zwar vom König – falls dieser natürlich – repräsentiert werden kann, der aber im Gegensatz zu diesem nicht repräsentiert.[206] Die *vox populi* ist für Müller Repräsentation der beiden Pole der Nation: Bewegung und Ruhe, Veränderung und Tradition.[207] Die scheinbar so ähnlichen Gedanken Hamanns in seinem *Versuch über eine akademische Frage* unterscheiden sich darin, daß sich das Göttliche bei ihm durch das Volk in der Abweichung vom Sprachusus äußert, in der Sprache der Leidenschaft und nicht in derjenigen des *Miethsdichters*.

Die Betonung des Papiergeldes, des Gesetzes, des Buchstabens[208] führt bei Müller dazu, daß Gott nicht nur unmittelbar, sondern auch vermittelt zu uns spricht, denn *Christus* sei *nicht bloß für die Menschen, sondern auch für die Staaten gestorben*.[209] Wie Gott im einzelnen zu uns spricht, sagen uns die

---

206 Vgl. *Versuch einer neuen Theorie des Geldes*, S. 84: »Hier gibt es weiter keine Repräsentation; hier muß der Glaube an den Mittelpunct, an die unendliche Vermittlung (*mediation*) oder an den Mittler, selbst zum Mittelpuncte werden. Hier muß Gott selbst seiner Menschheit unmittelbar zu Hülfe kommen, denn die irrdischen Hülfsmittel der Repräsentation reichen hier nicht mehr aus.«

207 Vgl. die von Sauzin (*Adam-Heinrich Müller*, S. 533) zitierte Randnotiz Müllers zu seinen *Friedrich*-Vorträgen.

208 Am klarsten wird die Differenz bei der Behandlung der *Philologie* bei Novalis und bei Müller. Novalis (*Die Christenheit und Europa* [1799/1826], *Werke in einem Band*, S. 531f.): »Luther behandelt das Christenthum überhaupt willkührlich, verkannte seinen Geist, und führte eine andere Religion ein, nemlich die heilige Allgemeingültigkeit der Bibel, und damit wurde leider eine andere höchst fremde irdische Wissenschaft in die Religionsangelegenheiten gemischt – die Philologie – deren auszehrender Einfluß von da an unverkennbar wird. [...] Dem religiösen Sinn war diese Wahl höchst verderblich, da nichts seine Irritabilität so vernichtet, wie der Buchstabe.« Oder wiederum in der medizinischen, hier Hallerschen Sprache Novalis', der Buchstabe führt zur *Atonie*. Demhingegen sieht Müller im Protestantismus den *Skeptizismus* am Werk, der als *Geist* Voraussetzung ist, damit der *Körper* (Dogmatismus) lebe. *Glauben* und *Zweifel* begründen *Wahrheit* und *Schönheit* (*Über deutsche Wissenschaft und Literatur*, KS I, S. 60).

209 Vgl. *Die Elemente der Staatskunst*, Bd. II, 34. Vorlesung, S. 178 u. vor allem S. 186: »Das ist nun der schöne Schmerz so vieler würdigen Zeitgenossen unter uns, [...], daß eine dunkle Sage von vollständiger Genugthuung durch den lebendigen Glauben an ein menschliches Ganzes von der Kindheit her in ihren Ohren liegt, daß es aber übertäubt ist von den Tönen einer einstürzenden Welt. Der *Privat-Charakter* Christi, wenn ich mich so ausdrücken darf, ist von ihnen verstanden worden, doch nicht der *politische* [...]«

tatsächlichen Machtverhältnisse[210] und unser Gewissen, das etwa so spricht, wie Burke schreibt.

Die parallele Entwicklung staatstheoretischer und ästhetischer Überlegungen im Werke Adam Müllers – die Vorträge der *Elemente der Staatskunst* markieren das Ende der *Phöbus*-Beiträge – erklären die strukturelle Verwandtschaft zwischen Geldtheorie und ästhetischer Zeichentheorie nur zum Teil. Die Originalität Müllers besteht gerade in der Übertragung seines ästhetisch-naturphilosophischen Instrumentariums auf die Staats- und Geldtheorie. Vereinfacht gesagt wird hier eine organische Kunsttheorie, die sich aus der Naturwissenschaft des 18. Jahrhunderts und den ästhetischen Überlegungen gegen Ende desselben Jahrhunderts entwickelt hatte, auf die Natur (denn Physik ist nun Kunst und Botanik Poesie) zurückgeworfen und von dieser wiederum auf das Geld als den ausgesprochenen Vereinigungspunkt von Boden und Staat, von Person und Sache, von Mangel und Bedürfnis – und schließlich von Geist und Körper. Die *Ehe* dieser zwei aber garantiere die *Produktion* eines *Produzierenden*, Zinserträge eines lebendigen Verhältnisses. Daß aber Eins plus Eins Drei ergibt, setzt den Begriff der Dauer als Tradition, des Genies als Kreation und den Glauben in eine höhere Gemeinschaft voraus. Es sind dies die Grundannahmen der hermeneutischen Vergegenwärtigung, deren Voraussetzungen hier im Begriff des Kredits und des Zinses erprobt werden. Dabei ist es nun der Wert kommunikativer Produktivität, der auf Ewigkeit den Buchstaben beleben und den ›Mehrwert‹ der Kunst vor anderen Äußerungen garantieren soll. Der *Glauben* und die *Reinheit des Herzens* machen diese Kunstauffassung wohl zum alleinigen Jagdgebiet derjenigen, die reinen Herzens glauben.

---

210 Vgl. *Von der Nothwendigkeit einer theologischen Grundlage*, S. 24f.: »und, wenn nicht Gott unmittelbar und selbst hilft, sich offenbart, einspricht, gebietet, *so gehört von Rechtswegen und ohne Appellation dem Stärkeren die Welt.*«

IV. Zusammenfassung

Die drei vorausgehenden Kapitel haben versucht, im Rekurs auf das für die topische Untersuchung zentrale Rekonstruieren der Denkstandorte die grundlegenden sprachphilosophischen und nationalökonomischen Überlegungen dreier Autoren im Hinblick auf deren Zeichenbegriff zu erklären. Diese Denkstandorte (1) erschienen als geprägt von den jeweils vorherrschenden Rationalitäten des Merkantilismus, des Neo-Merkantilismus und der romantischen Wirtschaftstheorie. Es ist dem Verfasser dieser Studie bewußt, daß die Form dieser Prägung vom eigenen Forschungsstandpunkt abhängt, der darin besteht, die strukturbildende Funktion der ökonomischen Wertelehre auf Aspekte der Ästhetik und der Sprachwissenschaft aufzuzeigen und nicht umgekehrt – bewußt, aber nicht verdächtig. Der Ort der Geldwerttheorie scheint vielmehr gut gewählt, kommen hier doch theoretische und praktische Philosophie, qualitative und quantitative Untersuchungsmethode zusammen, die die Konstitution der Moderne zwischen Spätbarock und Romantik bestimmen. Dabei ist die Banalität zu beachten, daß in den drei gewählten ›Epochen‹ jeweils mehrere theoretische Antworten und praktische Ausrichtungen existieren, die sich jedoch häufig um eine kleine Anzahl von Schwerpunkten herum organisieren, da ihren Vertretern eine Reihe von interessegeleiteten Inhalten und Werten gemeinsam ist (2). Die moralischen, politischen und ästhetischen *Wollungen*[1] stehen in Korrelation zu den theoretischen Konstrukten, die wiederum durch die inhärierende Forderung nach Kohärenz und Objektivität eine Tendenz zur Verselbständigung haben und tatsächlich an einen Punkt gelangen, an dem die Motivation der beteiligten Denkgemeinschaft weder von ihr noch von einer anderen Öffentlichkeit anderswo gesehen werden als in dem einzigen Willen, wissenschaftliche Probleme und Aporien – die schließlich aus eigenen Ansätzen resultieren – zu lösen. Diese zu Evidenzsystemen stabilisierten Wissensbereiche liefern die Grundlage oder ›Folien‹, die bei wissenschaftlichen ›Innovationen‹ verwendet, bekämpft oder auch ignoriert werden. Das in

---

[1] Der Ausdruck stammt von Mannheim; er bezeichnet das Bindeglied zwischen den verschiedenen Wissensinhalten und der *Weltanschauungstotalität* und bringt diese wiederum in Korrelation zu einer *Etappe des sozialen Seins*; vgl. Karl Mannheim: Das Problem einer Soziologie des Wissens (1925). In: Wissenssoziologie. Auswahl aus dem Werk. Hg. v. Kurt H. Wolff. Berlin 1964, S. 308–387.

Frage stehende Selbstverständnis basiert auf dem bewußten Zurückgreifen auf formale Überlegungen, denen bei der Neukonstitution einer Denkrichtung eine sehr hohe Bedeutung zugemessen wird (3). Jede metawissenschaftliche Überlegung ist jedoch vom Paradox gezeichnet, die formalen Grundlagen zu materialen Inhalten ihrer Argumentation zu machen und folglich selber – wenigstens vorübergehend – in einem theorielosen Raum zu denken und zu argumentieren. Die Unmöglichkeit dieser Annahme illustriert das in der Einleitung erwähnte *Neurath*sche Schiff; die Trägheit der Systeme und Theorien, die daraus resultiert, ermöglicht unser Rekonstruieren.

1. Denkstandort

Wir finden im Merkantilismus sowohl einen naturrechtlich systematischen Bezugsrahmen als auch eine praktisch-politisch ausgerichtete ›Memoranden‹-Literatur, die das Produkt der neuzeitlichen Erscheinung des ›homo politicus‹ und seiner lebensweltlichen Interessen ist. Der hierzu analoge ›homo oeconomicus‹ tritt in der folgenden neo-merkantilistischen Phase von der praktischen Seite vermehrt ins Zentrum der Theoriebildung, da die zunehmende Bedeutung des ›Handelsplatzes‹ innerhalb der volkswirtschaftlichen Literatur gleichzeitig zu einer Hypostasierung der Kreditbildung als Quelle der Wohlfahrt als auch des Bodens führt, der sich im Anschluß an die Physiokraten auch momentan als Träger eines gesunden und organischen Begriffs von Reichtum durchzusetzen schien. Der vereinigungsphilosophische Ansatz der romantischen Tradition schließlich bedient sich einer Reihe von Voraussetzungen, die um den Begriff des Organismus herum, sowohl das statische als auch das dynamische Modell des Handels, wie sie im Merkantilismus und Neo-Merkantilismus vorliegen, verwenden wird. Die aufgrund ihrer Programmatik manifesten Erscheinungen des Liberalismus und des Konservativismus unterscheiden sich nicht so sehr in den philosophischen Voraussetzungen ihrer Denkfiguren oder ihres Denkstils, sondern vor allem in der Ablehnung bzw. im Rückgriff auf die antimodernistische Gesellschaftsordnung des Ständesystems als Alternative zu demokratischen oder (modern-)naturrechtlichen Vorstellungen der gesellschaftlichen Repräsentation.

2. Denkinhalte und Denkfiguren

Das Leibniz-Kapitel artikuliert sich um das Problem herum, ob Zeichen Monaden sind. Die Leibnizsche Philosophie scheint darauf keine Antwort zu geben – wahrscheinlich, daß sie dies auch nicht könnte. Die Aporie entwickelt sich aus dem Problem des Verhältnisses von Geist und Körper; die jeweiligen Existenzen setzen die logische Möglichkeit ihrer Koexistenz voraus und umgekehrt: Eine Seele kann nicht ohne Körper sein, ein Körper nicht ohne Seele, ein Zeichen hat auch immer einen Zeichenkörper. So betrachtet wären die Zeichen Monaden. Jedoch liegt das Mißliche hier in der Annahme, daß Zeichen natürlich auch logisch Unmögliches, d. h. für Leibniz Nicht-Reales, darstellen können. Im Begriff der *Fiktion* etwa verdeutlicht sich das Problem: Leibniz' Umgang mit diesem Begriff zeigt, daß er einerseits die Fiktion als Darstellung von logisch Möglichem zu begrüßen hat, andererseits den gleichen Ausdruck wählt, um nichtige philosophische Spekulationen zu diskreditieren. Zeichen können also auch Falschgeld sein. Gerade unter diesem Gesichtspunkt entlehnt Leibniz bei Hobbes die Unterscheidung von Worten und Rechenpfennigen einerseits, Sachen (d. h. Wahrheiten) und Geld andererseits. Der Wert der Rechenpfennige ist aus der realen Welt herausgelöst und auf einen kleinen Wirkungsraum beschränkt, der die Widerspruchsfreiheit der Verbindungen zwischen den Rechenpfennigen überprüft. Die Worte sind partikulär, da sie national beschränkt sind; ihren Wirkungsraum können sie nur vergrößern, falls sie eingelöst, d. h. einem universalen Maßstab verpflichtet werden. Diese Einlösung ist jedoch nur über die *cognitio intuitiva* möglich, der sinnlichen Erfassung eines Gegenstandes. Das Denken mit den Begriffen als *computatio* (Rechnen) baut auf der Identitätsrelation auf: Die Prädikate sind im Subjekt. Die Gleichungen sind von der Art 6 + 3 + 7 = 16; Grundlage der Gleichungen ist 1 = 1. Den Übergang zwischen hypothetischem und realem Zeichengebrauch bildet das Gleichheitszeichen. An diesem Übergang finden sich die hier diskutierten Bereiche des Leibnizschen Denkens; es sind dies seine Geldtheorie, die Monadologie und seine Lehre von der Eucharistie. In allen drei Punkten ist die Wertfrage heikel; in allen drei Punkten ist die Frage nach der Existenz des Geistigen im Körperlichen noch heikler. Das entelegische Prinzip der Monadologie und die damit verbundene Kräftelehre, die beide zur Rettung der Weltordnung entwickelt werden, durchbrechen ja die Statik der erwähnten Zeichenrelationen. So entwickelt sich die – parallel zum enzyklopädischen Erfassen der Bestandteile der Welt formulierte – Kombinatorik aufgrund der Probleme ›unsauberer‹, d. h. nicht klar erfaß- und darstellbarer Zeichenrelationen zu einer Dynamik. Diese erscheint als Schlußtein eines Bogens, der die drei Funktionen des Geldes – Horten, Tauschen und Messen – gleichzeitig im Entwurf der *Monadologie* zu ermöglichen versucht und zwar als Enzyklopädie/Lexikon, Kombinatorik/Dynamik und Perzeption als *qualitas*. Dabei bleibt die sprachliche Syntax unangetastet und zwar durch die semantische Begründung der Zeichen als Rechenpfennige. Die Fundierung dieser Rechenpfennige auf letztlich realem Geld, das den Sprung über das Gleichheitszeichen geschafft hat, führt jedoch das Problem des unbestimmten Charakters des Zeichens durch die Hintertür wiederum in die Sprachbetrachtungen ein: gerade die Sinnlichkeit der Sprachzeichen vermag innerhalb der deutschen Sprache den Wahrheitswert dieser Ausdrücke zu garantieren; die Sprachzeichen erscheinen nun wieder als Geld, da hier die Sinnlichkeit der Ausdrücke Gold ist. Der Weg zu einer ästhetischen Betrachtung der Sprache ist damit gewiesen.

Das halbe Jahrhundert, das Hamanns *Vermischte Anmerkungen* von Leibniz' *Unvorgreiflichen Gedanken* trennt, ist gezeichnet durch intensive Veränderungen innerhalb der Ökonomie und Philosophie. Hamann, der sich explizit auf Leibniz beruft, hebt den Gegensatz Rechenpfennig/Geld wieder auf; es ist gerade der kulturelle Relativismus der Sprache, des Schönen, des Geldes, der bei Hamann diesen Erscheinungen Wert verleiht. Hamann betrachtet die Welt als Zeichenkonstrukt, Erfahrung und Erkenntnis als Kommunikation. Das Sinnzentrum, das hinter der Mitteilung (Offenbarung) steht, ist der Glaube. Innerhalb dieser Prämissen vermag Hamann die Erkenntnisse des französischen Sensualismus, des englischen Idealismus und Skeptizismus zu verbinden. Die Mitteilung ist sinnlich, doch kann ich den Sinnen nur trauen, weil ich ihrer Kraft vertraue (*belief*). Der Akt des Glaubens ist der Akt des Verstehens; mein Gesprächspartner wird in mir gegenwärtig durch seine Mitteilung. Medium der Kommunikation ist primär die Sprache. Ihre Struktur ist die des Geldes und spiegelt gerade die gesuchte Reflexivität zwischen Kommunikationsmedium und -kriterium. Die Aporie zwischen Tausch- und Zeichenfunktion des Geldes dient hier wiederum als Grundlage. Im Gegensatz zu Leibniz' klar auf merkantilistischen Konzeptionen aufbauenden Geldbegriff macht Hamanns ›Kommunikationsmodell‹ bei neo-merkantilistischen Überlegungen Anleihen, die einen emphatischen Freiheitsbegriff mit der Kategorie des Handels und der Handlung schlechthin verbinden. Der Freiheitsbegriff erscheint nach Hamanns Londoner Zeit als zentral, da problematisch: Wie können wir frei sein, wenn unsere moralischen Vorstellungen von der Vernünftigkeit abhängig sind und sich gegen die Sinne richten? Dies führt Hamann zur Kritik an Kants *Was ist Aufklärung?* Und schon Jahre zuvor schreibt er demselben Autor auf den Vorschlag hin, Artikel aus der *Encyclopédie* zu übersetzen, mit gekonnter Ironie:

> Der Artikel über das Schöne ist ein Geschwätz und Auszug von Hutchinson. Der von der Kunst ist seichter also süßer als das Gespräch des Engl. über nichts als ein Wort. Bliebe also noch ein einziger übrig, der würklich eine Uebersetzung verdiente. Er handelt von dem Schaarwerk und Gehorcharbeitern. Jeder verständige Leser meines Heldenbriefes wird die Mühe derjenigen aus der Erfahrung kennen, über solche Leute gesetzt zu seyn, aber auch das Mitleiden mit allen Gehorcharbeitern haben, was der Verfasser meines Artikels mit ihnen hat, und die Misbräuche zu verbessern suchen, wodurch es ihnen unmöglich gemacht wird gute Gehorcharbeiter zu seyn. Weil ich aber selbst keiner zu werden Lust habe, und kein Amt von der Art auf der Welt verwalte, wo ich von der Laune derjenigen, die unter mir sind, abhan-

> gen darf: so wird dieser Artikel Übersetzer genung antreffen, die einen Beruf dazu haben.[2]

Vermutlich spielt Hamann hier auf den Artikel *Corvée* an, dessen hervorstechendste Aussage ist: *Les servitudes sont odieuses, la liberté au contraire est toûjours favorable.*[3] Dieses resolute Freiheitsverlangen äußert sich sprachlich in ›stilistischen Eigenheiten‹, denkerisch aber in der konsequenten Bevorzugung von Bewegung, kruder Realität und individuellen Bezugssystemen gegenüber sämtlicher Formen der Klassizität. Die Verbindung dieser Punkte liegt in der Kommunikation als belebendem Punkt, da hier Austausch, lebendiges Wort und persönlicher Glaube (Kredit) zusammenkommen. Hinter dieser Konstruktion der Kommunikation steckt der Begriff der Energie und wird somit zu einem Verbindungspunkt zwischen Idealismus und Sensualismus, zwischen Berkeley und Condillac oder Law und Turgot. Es ist nirgends ersichtlich, daß Hamann diese Verbindung je aufgegeben hätte. Sie dient ihm noch als Grundlage seiner *Metakritik*.[4]

Der Kreditbegriff bleibt auch bei Adam Müller im Zentrum des theoretischen Interesses. Müller glaubt in Kredit und Geld die Punkte zu entdekken, an denen der Dualismus zwischen Intellekt und Sinnlichkeit in den Monismus des Lebens umschlägt. Leibniz' juristisch-christliche Konstruktion, die nun als typisch für den Ständestaat erkannt wird (was sie jedoch nur bedingt war), tritt erneut auf, wobei die Kategorien des Glaubens und der Liebe auch hier nicht fehlen; andererseits finden wir die Hypostasierung des Kredites und der Bewegung – wie bei Hamann – die *antigonal* und kriegerisch die Tugenden der Väter gleichsam vor der Verwesung in deren Ruhelage erretten sollen. Nur was lebt, ist wahr; und nur was in einem Organismus steht, lebt. Der Organismus aber setzt die Einheit voraus. Diese Einheit, die letzte Einheit – und hier holt der Klassizismus Hamann ein – ist der Glaube. Dieser entspricht jedoch nicht mehr dem Humeschen *belief*, sondern vielmehr dem Burkeschen *faith*.[5] Was also bei Hamann die Betonung des Heterogenen und die Ablehnung der klassizistischen Stilideale zugunsten eines radikalen Freiheitsbegriffs, den er im Relativismus (zu Recht) garantiert sieht, liefert gerade die Grundlage der Vereinigungsphilosophie Müllers. Seine Kritik an Adam Smith z.B. träfe auf Hamann genauso – wenn

---

2 Hamann, *Brief an Immanuel Kant vom 27. Juli 1759*, ZH I, S.374.

3 Art. *Corvée*. In: *Encyclopédie*, IV (1754), S.282. Ich lese *Schaarwerk* als *corvée*, *Gehorcharbeiter* als *corvéables*.

4 Vgl. Hamann, *Metakritik über den Purismus der Vernunft* (1784), N III, S.283.

5 Burke, *Reflections on the Revolution*, S.19: »The constituent parts of a state are obliged to hold their public faith with each other, and with all those who derive any serious interest under their engagements, as much as the whole state is bound to keep its faith with separate communities.«

nicht genauer – zu. Die persönlichen Verbindungen zwischen Hamann und den ›Gefühlsphilosophen‹[6] hat oft vergessen lassen, daß Hamann im *Herzen* eben nicht dieses gemäßigte und wohlwollende Organ Hutchesons oder Hemsterhuis' erblickt, sondern das Sprachrohr heftiger Leidenschaften, das nicht der Konstitution von staatlichen Gesellschaften dient, sondern vorerst nur Zweierbeziehungen ermöglicht. Ganz im Gegensatz hierzu ist es bei Müller die Vermittlung zwischen Staat und Individuum, zwischen Objektivität und Subjektivität, welche ›fruchtbar‹ ist. Es handelt sich dabei – weder im Fall Hamann noch Müller – um ein Wortspiel, sondern um zentrale Punkte ihrer Philosophie. Es ist dies mit eine der Konsequenzen, die sich aus der gleichzeitigen Entstehung der modernen, quantifizierenden Naturwissenschaften mit dem Begriff der Kraft ergeben, da gerade in der Forderung nach zahlenmäßiger Beherrschung der sinnlichen Natur gleichzeitig ein Faktor der Entgrenzung hinzu kam, der die Einfachheit der Beschreibung geradezu hätte garantieren sollen. Damit wurde jedoch auch die Grundlage dazu geschaffen, aus dem vormals skalaren Additionsbegriff einen vektoriellen zu machen. Dieser Übergang wurde augenscheinlich als mehr erlebt, als er tatsächlich war, wenn wir auf den Geniekult blicken, der in der Kraft die Fähigkeit zur Schöpfung und damit zu einem offenen Weltbild erblickt.

Die Formel, die auf die Produktion durch Vereinigung im Denken Müllers zutrifft, ist die der Wertschöpfung, die nicht mehr additiv und auch nicht mehr in einfacher Multiplikation verläuft, sondern »2×2 = 5«[7] setzt.

3. Entwicklung

Die folgenden neun Punkte fassen die Entwicklung der formalen Bedingungen semiotischer Systeme, wie sie sich für den besprochenen Zeitraum, die erwähnten Inhalte und die behandelten Autoren ergeben, nochmals knapp zusammen:

---

[6] Zu Hamann, Jacobi und dem Kreis in Münster vgl. Klaus Hammacher: Der persönliche Gott im Dialog? J. G. Hamanns Auseinandersetzungen mit F. H. Jacobis Spinozabriefen. In: Acta des Internationalen Hamann-Colloquiums in Lüneburg 1976. Frankfurt a/M 1979, S. 194ff.

[7] Die Formel ist Schleidens Abrechnung mit der Schellingschen Naturphilosophie entnommen. Der Kontext ist polemisch und nicht der unsere: »Wenn ein Mann mit prätendirter Philosophie zu entwickeln sucht, daß 2×2 = 5 sey, so mag der Kritiker sich anstellen wie er will, der Mann wird immer als Gegenstand des Mitleids oder des moralischen Unwillens dastehen.« Matthias Jakob Schleiden: Schelling's und Hegel's Verhältnis zur Naturwissenschaft (1844). Hg. v. O. Breidbach. Repr. Weinheim 1988, S. V.

§ 1. Der cartesianische Dualismus von Geist und Materie führt zu ungelösten Fragen, welche die Kommunikation zwischen diesen beiden heterogenen Bereichen und die gegenseitige Abbildung betreffen.

§ 2. Leibniz *substantialisierte Formen* (*Monaden*) sind eine doppelte Antwort, da der Begriff der ›immanenten‹ Kraft Geist und Materie vereint, der Monade zudem auch eine Abbildfunktion zukommt, die sowohl variabel (*appetito*) als auch kombinier- und kalkulierbar ist (*combinatoria, computatio*).

§ 3. Unter allen semiotischen Systemen erscheint das Geld durch seine Variabilität, seine Komputabilität und seine einfache Kombinatorik als ideales Vorbild solcher Überlegungen; darüber hinaus verfügt Geld bereits über eine theoretische Tradition als ›Kraftzeichen‹. Der Moment der Kraftübertragung – vom Geist auf die Materie – vermag im Bereich des Geldes Argumente juristischer, theologischer und naturphilosophischer Art aufzunehmen und semiotisch im Bereich der Politik zu verorten, wie dies etwa aus einem scheinbar banalen Eintrag in eine der unzähligen Entwürfe zu einer Enzyklopädie zu ersehen ist:

> »Existimationis est doctrina politica.
> Opum est doctrina oeconomica, quae agit de instrumentis irrationalibus, quae sunt vera et fictitia per opinionem rationalium, quale pecunia, cujus proinde tractatio videtur ad politicam pertinere.«[8]

§ 4. Das Problem, das sich bei der Lektüre Leibniz' manifestiert, resultiert aus der unmöglichen Gleichzeitigkeit von fiktiv und real, von körperlich und ideell, von formal und material, die sich wiederum aus den Bestimmungen der Monaden und der Zeichen – des Wortes als Rechenpfennig und als Geld – ergibt.

§ 5. Der Sensualismus (oder Affektualismus) ist eine der Möglichkeiten, das skizzierte Problem anzugehen, wobei die von Hamann gewählte Form alle diesbezüglichen Fragen mit dem Begriff der Kommunikation als Kraftübertragung zu beantworten versucht. Dieses ›Modell‹ wird mit anderen Begriffen in eine grundlegende Korrelation gebracht: Handlung, Aktion, Kondeszendenz.

§ 6. Die (spontane) kommunikative Belebung und der Freiheitsbegriff entsprechen dem Geldbegriff des Neo-Merkantilismus im Übergang zum Liberalismus. Die für diese Phase der Geschichte der Wirtschaftstheorie

---

[8] Leibniz, *Philosophia est complexus Doctrinarum universalium* (?), Couturat, S. 525.

wichtige Hypostasierung des Kreditbegriffs zeigt Ähnlichkeiten mit dem ästhetisch relevanten Begriff »Enthusiasmus« und der philosophischen Bedeutung des *belief* im Skeptizismus und Idealismus.

§7. Der Vorwurf der Einseitigkeit und des Subjektivismus, der Hamann seit Hegel gemacht wird, liegt wohl darin begründet, daß das modernistische und unausweichliche Gefühl der *Entzweiung der Totalität* – wie es bei Hegel heißt – in der Ablehnung jeglicher Gesellschaftsform jenseits des Dialogs für die nach Lösung der Beziehung zwischen Gesellschaft und Staat suchende Romantikergeneration keine Antwort zu liefern weiß – und schon gar kein überzeugendes Mittel zur Gesellschaftsbildung.

§8. Müller greift den Gegensatz von Tradition und Innovation auf, wie er sich bereits in Hamanns Sprachtheorie findet, wobei nun seine Sympathien den Schwerpunkt auf die erhaltenden Kräfte verlagern. Diese konservative Grundhaltung sieht sich jedoch veranlaßt, den typischen Ort konservativer Ökonomen, d.h die natürlichen Werte realer und anschaulicher Güter: Nation, Boden, Familie etc. – durch den Kredit (lebendiger Glauben) zu erweitern, da nur so der Anschluß an die romantische Schule zu bewerkstelligen, die Dekadenz der altväterischen Sitten zu erklären und ihre Renaissance herbeizuführen ist.

§9. Der romantische – vereinigungsphilosophische – Ansatz Müllers führt zur (dialektischen) Identität zwischen Anschauung und Begriff in der hermeneutischen Theoretisierung der Metapher und des Geldes. Die in der Einleitung erwähnte Konstruktion der *Ideologie des Ästhetischen* kommt hier in der programmatischen Betonung der Synthese – z.B. zwischen Liberalismus und Merkantilismus – zum Ausdruck. Unter diesem Deckmantel kaschiert sie ihre streng konservative Ausrichtung, die in ihrer Betonung von Gefühl und Glauben als lebensunmittelbaren Bedingungen einer Kunstphilosophie den Kunstbegriff bis zum heutigen Tag nachhaltig beeinflußt hat.

C. Anhang

Der Anhang enthält einzig die in B.II.1. und 2. kommentierten Texte Hamanns. Die Reihenfolge wurde in einem Punkt geändert, d.h. das *Register* steht vor den *Vermischten Anmerkungen*. Die jeweiligen Seitenzahlen am Schluß der einzelnen Texte verweisen auf Nadlers Ausgabe. Fehler der Nadlerschen Ausgabe wurden stillschweigend korrigiert. Als Grundlage diente hierzu die kritische Rezension der Ausgabe Nadler von Walter Boehlich,* sowie eigene Vergleiche. Um das Verweisen zu erleichtern, wurden die Abschnitte mit kleinen römischen Ziffern in eckigen Klammern durchnummeriert. Die handschriftlichen Nachträge Hamanns wurden durch Buchstaben als Fußnotenzeichen von den eigentlichen Fußnoten abgesetzt; editorische Anmerkungen wurden hingegen mit Sternchen gekennzeichnet. Kursive Schreibweise wurde – wie in allen abgesetzten Zitaten von *Werte und Worte* – immer dann verwendet, wenn der Text von ›normaler‹ Fraktur abweicht. Eine kritische Edition der *Kreuzzüge* müßte in Zukunft auch die verschiedenen Schriftgrößen und Sperrungen berücksichtigen; dies erschien hier jedoch als zu umständlich.

---

* Boehlich, *Forschungsbericht*, S. 345–347.

Übersicht zu den ausgewählten Texten aus Hamanns *Kreuzzügen*

Paratexte (zu B. II. 1.)

1. Titelblatt
2. Vorrede: *Dem Leser unter der Rose!*
3. Inhaltsverzeichnis
4. *Kleiner Versuch eines Registers über den einzigen Buchstaben P.*

Text (zu B. II. 2.)

5. *Vermischte Anmerkungen über die Wortfügung in der französischen Sprache, zusammengeworfen, mit patriotischer Freyheit, von einem Hochwohlgelahrten Deutsch=Franzosen.*

Paratexte (Texte zu B. II. 1)

Titelblatt (Anh. 1)

[i] Kreuzzüge des Philologen

Virgil in der Ekloge: Pollio.

[ii] --- *erunt etiam altera bella,*
atque iterum ad Troiam magnus mittetur Achilles

[iii]

[iv] MDCCLXII

[v] *Pred. Salom. XII, 11.*
[und von einem Hirten gegeben]*

(N II, S. 113–114)

* [Hebräisch im Original.]

[i] Dem Leser unter der Rose!

[ii] Die drey ersten Abhandlungen in gegenwärtiger Sammlung haben sich schon die unverdiente Schande erschlichen, daß sie in den wöchentlichen Königsbergischen Frag= und Anzeigungs=Nachrichten des 1760sten Jahrgangs eingerückt, prangern -- Das zweyte Buch der Makkabäer führt einen Aristobulum, des Königs Ptolomäi Philometors Schulmeister an, der vom priesterlichen Stamme war - Mehr weiß ich von diesem apokryphischen Patrone nichts; weil ich kein Theolog bin, wie die meisten Kinder unsers schriftstellerischen, gleisnerischen, unzüchtigen Geschlechts: sondern (mit Gunst zu melden!) ein Kühhirte, der wilde Feigen[1] ablieset --

[iii] Eins oder zwey ausgenommen, haben alle übrigen Stücke gleichfalls schon die Probe des Drucks und das Fegfeuer - ausgehalten. Was die Bekanntmachung des Projects besonders betrift, so gehört selbige zu den kleinen Versuchen unsers deutschen Thespis[2] ---

[iv] Diesem trübsinnigen Verfasser eines Nach= oder vielmehr Vorspiels soll eine fremde unbekannte Hand (vermuthlich statt einer Kritick darüber) die durch zwo Uebersetzungen sattsam gepriesene Welfencur, den Polypum des guten Verstandes einzupfropfen, überschickt - und ihr französisches Geschenk mit folgenden Billet doux begleitet haben:

»Vt vos admoniti -- Vergil.«

»Nimm hin, du sterbliches Gerippe Apollens! nimm hin dieses Buch, und wage dich nie weider yber den Rubicon der Narrheit.«

- So viel ist genug, zum Leitzeug unseres Extractes, um wenigstens das Motto aus dem Lucan verständlich zu machen. --

[v] »Es ist wohl wahr«, sagt der Herr von Alembert in seinen stattlichen Betrachtungen über die Person und die Werke des Abts Terrasson, „es ist wohl wahr, unsere Erde ist von dem Planeten Saturn hinunter nur ein Punct; allein es setzt sich nicht ein jeder dahin, wer da will« - Mit diesem höchsten[a] Planeten Saturn und seinem Ringe verglich Marsilius Ficinus[3] zu seiner Zeit

---

[1] Die Frucht des syrischen Baums, *Ficus fatua* genannt, ist unter den Namen von Pharaonsfeigen; des ägyptischen (*Sycomori*) von Adamsfeigen bekannt. Wem mit Gründlichkeit und Gelehrsamkeit gedient ist, der muss die Ausleger und Zeichendeuter, vornehmlich die botanischen über Amos VII, 14. zu Rathe ziehen.

[2] Siehe die hamburgische Nachrichten aus dem Reiche der Gelehrsamkeit, im sieben und funfzigsten Blatte des 1761sten Jahres. (*Tribus Anticyris caput insanabile!*)

[a] *Altissimo orbe. Tac. Hist. V. 4.*

[3] *Marsilii Ficini* Argumentum *Apologiae* in *Platonis* operibus: Si quaeras: qualis Socratis *Daemon* fuerit? respondebitur -- Saturnius, quoniam intentionem mentis quotidie

das Genie des Sokrates -- Um auch unserer neuern sokratischen Muse die Nativität zu stellen, so könnte man dichten, daß selbige in den Sternbildern des Scorpions oder Widders zur Miethe gewohnt, und daselbst vielleicht von den Einflüssen des glühenden Mars beschwängert worden, wie ehmals die vestalische Mutter des kanonisirten Brudermörders, Quirini! -- Endlich hab ich noch vermittelst geomantischer Spiegel, (mit syllogistischen Mittelbegriffen von gleichem Stoffe!) gefunden, daß dieses Bändchen, (welches ich die Ehre habe Dir, geneigter Leser! in die Tasche zu spielen) nicht Beängstigungen, sondern Kruezzüge des Philologen heißen sollte; denn wie Eugen,

-- schlägt er die heuchelnden Trommeln
Hier und dort bricht er ein --- Siechbett

[vi] »Die hellenistischen Briefe«, (werden sie sagen, die nichts verstehen, weil sie sich bey sich selbst messen und allein von sich selbst halten) „sind schwer und stark, aber die Gegenwärtigkeit der Person ist schwach und die Rede verächtlich.« – Handlung,[b] sagte Demosthenes, ist die Seele der Beredsamkeit, und auch der Schreibart. Ein Autor, der Handlung liebt, muß daher keinem Kunstrichter noch Zeitungsschreiber ins Wort fallen, und die Spielleute nicht irren, wenn er in seinen Handlungen ungestört bleiben will; doch einem Schriftsteller, der ins Gras beissen muß, ist der Mund gestopft genug --

ille mihi ante alios fortunatusque laborum
egregiusque animi, qui, nequid tale videret,
procubuit moriens et humum semel ore momordit.
Virgil. Aeneid. XI. 416 ect.

[vii] Das Commissbrodt, was die Bürger zu Gibeon mit sich nahmen, war hart und schimmlicht[4] --Also ist Kabbala; und damit holla!

[Was meine Seele widerte anzurühren,
*das ist meine Speise, mir zum Ekel.][5]

mirum in modum abstrahebat à corpore – Non prouocabat vnquam, quia non *Martius*; sed saepe ab actionibus reuocabat, quia *Saturnius*.

[b] Υποκρισις.

[4] Jos. IX.

[5] Hiob. VI, 7.

* [Hebräisch im Original.]

[viii] Blitz, Donner und Hagel, und wie die verzweifelte Worte weiter lauten, womit sich Balacin vernehmen ließ, als er von einem Hügel bey Anbruch des Tages die grosse und prächtige Stadt Pegu übersehen konnte; – noch der epische Roman, den ein ehrwürdiger Pfaff intonirt[6] – kommen in einige Vergleichung mit dem lächerlichen Unfuge, der uns droht, daß jeglicher Sergeant ehstens seine Canapee= und Campagnengedichte, und jeglicher Träumer im bunten Rock[7] ehstens seine Exercitiums zum allgemeinen Besten gemeinnützig machen wird– – –

[ix] Den Nachtrab schliesst ein kindliches Denkmal – Dem Verfasser desselben werden zärtlich gestimmte Gemüther mit mir wünschen, daß er getröstet werden möge, – wie jener Erzvater (der seinen Namen zwar vom Lachen empfing, dessen herrschende Leidenschaft aber Furcht scheint gewesen zu seyn) über seiner Mutter getröstet wurde.[8] – – Doch falls der Holzschnitt des Titelblatts den Philologen in effigie oder seine schöne Natur etwa vorstellen soll; – dann muß er sich bey den Antipoden seine Maintenon aussuchen, die mit gleicher Innbrunst eine komische Misgeburt und den allerchristlichsten Eulenspiegel zu lieben im stande ist – – – –

[x] Man überwindet leicht das doppelte Herzeleid, von seinen Zeitverwandten nicht verstanden, und dafür gemishandelt zu werden, durch den Geschmack an den Kräften einer besseren Nachwelt. – Glücklich ist der Autor, welcher sagen darf: Wenn ich schwach bin, so bin ich stark! – aber noch seeliger ist der Mensch, dessen Ziel und Laufbahn sich in die Wolke jener Zeugen verliert, – der die Welt nicht werth war.

[xi] Lesern, die an solche Denkungsart einigen Theil nehmen; – wie auch allen denjenigen, die an der Zueignungsschrift oder Vorrede schon genug gelesen haben, empfielt sich bestens

der Herausgeber.

(N II, S. 115–117; korr.)

---

[6] Siehe lyrische, elegische und epische Poesien etc. Halle 1759. Diesem dicken Bande ist es wie einem Ölbaum ergangen, den man so kahl klopft, daß kaum zwey, drey Beeren auf dem Wipfel, oder vier, fünf Beeren an den Ästen, die sehr voll hiengen, übrig bleiben. Weil *summum ius summa iniuria* ist; sollte ein anakreontischer Bidermann billig an das Sprüchwort denken, wenn man nämlich Most in einer Traube findt und spricht: Verderbe es nicht! denn es ist ein Seegen darinnen! Jes. LXV, 8. XVII, 6.

[7] [bunter Rock–Träumer (Hebräisch im Original.)] I. Buch Mos. XXXVII, 3. 19.

[8] I. Buch Mos. XXIV, 67. XXI, 6. XXXI, 42.

Inhaltsverzeichnis (Anh. 3)

Inhalt.

(N II, S. 118)

Kleiner Versuch eines Registers über den einzigen Buchstaben P.

Seite

Paulus, des Apostels, Briefe lassen sie noch einmal so gut in §. §. und Tabellen lesen [xy]*
- ein dunkler Schriftsteller, den ein Doctor Juris zu Padua wegen seiner infamen Dunkelheit prostituiren wollte

Petrus, der Apostel, mit einem Leviten vergleichen, der große Augen macht

Philolog schämt sich nich seiner Ahnen
- zieht seine Wärterinnen den Aristarchen vor
- hat eine Reise gethan und Beobachtungen unter den lettischen Bauern angestellt
- wünscht sich eine Wurfschaufel
- warnt einen kleinen Näscher in den elisäischen Feldern für *aliena cornua fronti addita* durch Beispiele und Gleichnisreden
- meldet dem Näscher in den elisäischen Feldern, woran Sokrates eigentlich gestorben, und daß Bensons Übersetzung mit der Vorrede eines Hofpredigers herausgekommen
- vergleicht sich selbst mit Alexander des Grossen Leibpferde
- " " " " dem holländischen Wapen
- " " " " einer *Margot la Ravaudeuse*
- " " " " einem Vogel
- hat defecte Bücher in seiner Bibliothek
- redt in Prosopopeen mit der Leiche seiner Mutter
- " " " " einem Erzengel
- vergleicht den Reim mit dem Schlucken
- beschwert sich über des Reims spröden Hagestolz, womit er seine Muse abgeschreckt
- ärgert sich über den ästhetischen Spinozismus
- " " " " exegetischen Materialismus

---

* [Da das Register sich auf die gesamte Sammlung der *Kreuzzüge* bezieht, schien es wenig sinnvoll, hier die Seitenzahlen einzufügen. Die einegefügten Siglen referieren auf die Absatzzählung der *Vermischten Anmerkung* in Anh. 5; kursiv bezeichnet eine Fußnote zum entsprechenden Abschnitt]

- muß kein Kostverächter seyn
- hat ein eigensinnig Gedächtniß
- hat bey seiner Rhapsodie nicht an Horazens Frage gedacht: *amphora coepit Institui, currente rota cur vrceus exit?*
- meynt vielleicht unter Pollio jeden unpartheyischen Correspondenten
- versteht weder arabisch noch hebräisch
- erbaut sich für die lange Weile aus einem arabischen Wörterbuche
- thut sich auf das Recht der Erstgeburt viel zu gut
- affectirt eine kauderwelsche Schreibart, und redt gleichwohl von klaßischer Vollkommenheit
- nimmt von seinen Lesern mit gerührtem Herzen Abschied

Philologen sind Banquiers [vii]

Philosophen sind freche Buler

- geben Mönchengesetze

Phrygier halten wenig von etymologischen Complimenten [*xi*]

- daß ihre Sprache die allerälteste ist, hat ein Monarch sehr bündig bewiesen aus dem bekannten *loco communi: de pane lucrando*
- ihre Sprache wird als eine irdische der Göttersprache entgegen gesetzt

Propheten sind Herodes und Kaiphas

Publicum ist ein Schulmeister, dem mit Kindern gedient ist, die ihre Lection fein aufsagen können

- das aus einem einzigen Leser besteht, wie dies Register aus einem einzigen Buchstaben

Pythischen Wahrsagerin stehen die Haare zu Berge

Cetera desunt

Text (zu B. II. 2):

Vermischte Anmerkungen (Anh. 5)

[i]

Vermischte Anmerkungen
über die Wortfügung in der französischen Sprache,
zusammengeworfen,
mit patriotischer Freyheit,
von einem
Hochwohlgelahrten Deutsch=Franzosen.

LECTORI MALEVOLO S.
Adulescens! quoniam sermones habes non publici saporis, et quod rarissimum est, amas bonam mentem, non fraudabo te arte secreta.
T. PETRONIVS ARBITER.

[ii]

Num furis? an prudens ludis me obscura canendo?

Horat. Lib. II. Sat. 5.

[iii] Das Geld und die Sprache sind zween Gegenstände, deren Untersuchung so tiefsinnig und abstract, als ihr Gebrauch allgemein ist. Beyde stehen in einer näheren Verwandschaft,[a] als man muthmaßen sollte. Die Theorie des einen erklärt die Theorie des andern; sie scheinen daher aus gemeinschaftlichen Gründen zu fließen. Der Reichthum aller menschlichen Erkenntnis beruhet auf dem Wortwechsel;[1] und es war ein Gottesgelehrter von durchdringendem Witz, der die Theologie, – diese älteste Schwester der höheren Wissenschaften, – für eine Grammatick zur Sprache der heiligen Schrift erklärte. Alle Güter hingegen des bürgerlichen oder gesellschaftlichen Lebens beziehen sich auf das Geld als ihren allgemeinen Maasstab, dafür es auch Salomo[2] schon nach einigen Übersetzungen erkannt haben soll.
[iv] Man darf sich also nicht wundern, daß die Beredsamkeit in den Staatsunternehmungen der ältesten Zeiten ein eben so stark Gewicht gehabt, als das Finanzwesen in der Klugheit und im Glück der unsrigen[3]. Im gegenwärtigen Jahrhundert würde es dem Julius Cäsar[b] vielleicht so nützlich geschienen haben, ein außerordentlicher Münzmeister zu werden, als es ihm damals rühmlich dauchte ein feiner Grammaticker zu seyn. Seine Bücher *de analogia* sind verloren gegangen, und waren vermuthlich nicht von so gutem Gehalt als die Geschichte seiner Heldenthaten, wie jeder kritische Leser leicht erachten kann.
[v] Es darf uns eben so wenig befremden, daß ein Varro durch seine Werke über die Landwirthschaft und Etymologie den Titel des gelehrtesten Römers[c] behauptet; wenn eine astronomische Reisebeschreibung von der Milchstraße, die Schutzschrift eines metaphysischen Losungswortes, die Empfehlung neuer *concinnitatum et ingeniosarum ineptiarum* (wie Bacon sich irgendwo ausdrückt) in der Natur= und Sittenlehre, dem Namen unserer jüngsten Scribenten oft Flügel, wenigstens wächserne, geben.
[vi] Die Gleichgültigkeit der meisten Kaufleute, besonders der glücklichen, ist eine Wohlthat für das gemeine Wesen, das in Ermangelung patriotischer Tugenden bey kläreren Einsichten weit mehr Gefahr laufen würde, als es jetzt durch den Unterschleif ihrer Feigenblätter Schaden leiden mag.

---

[a] V. Leibnitzens unvorgreifl. Gedanken betreffend die Ausübung und Verbesserung der deutschen Sprache in *Collectaneis Etymologic. P. 1.*

[1] *Speech, thought's canal! speech, thought's criterion too! Young.*

[2] [Herbr.: – und das Geld muß ihnen alles zuwege bringen] *Eccles. X, 19* –– Ἑν δη τι ειναι· τοϑτο δε εξ υποϑεσεςως· διο νομισμα καλειται· τουτο γαρ παντα ποιει σψμμετρα· μετρειται γαρ παντα νομισματι· *Aristoteles de Moribus Lib. V. cap. 8.* Im ersten Buch *de republica* nennt er das Geld στοιχειον και περας της αλλαγης.

[3] Αμοιβη γαρ εοικε νομισματος η του λογου χρεια. – *Plutarchus de Pythiae oraculis metricis.* Eben derselbe im Leben Phocions: ως η του νομισματος αξια πλειστην εν ογκω βραξυτατω δυναμιν εχει, ουτω λογου δεινοτης πολλα σημαινων απ' ολιγων.

[b] *V. de la Pause* im Leben Suetons seiner französisch. Übersetzung. p. XXXIV. XXXV.

[c] *doctissimus togatorum. Cicero, Quaest. Acad.*

Law, der berühmte Actienhändler, hatte über das Geld als ein Weltweiser und Staatsmann studiert; er kannte den Handel besser als das Wagspiel, dem er zu Gefallen ein irrender Ritter wurde. Sein Herz aber war seinem Verstande nicht gewachsen; dies brach seinen Entwürfen den Hals und hat sein Andenken verhaßt gemacht, dessen Ehrenrettung ich blos auf seine hinterlassene Schriften einschränke.

[vii] Die Unwissenheit des Gelehrten in den Tiefen[d] der Sprache biethet gleichfalls unendlichen Misbräuchen die Hand, kommt aber vielleicht noch grösseren zuvor, die dem menschlichen Geschlecht desto nachtheiliger fallen würden, je weniger die Wissenschaften ihr Versprechen den Geist zu bessern, heutiges Tages erfüllen. Dieser Vorwurf beschämt die Sprachkünstler und Philologen am stärksten, so man als die Banquiers der gelehrten Republick ansehen kann. *Pace* Vestra *liceat dixisse,* primi omnium -- *Petron.*

[viii] In der Vergleichung, welche man bey Gelegenheit einer Streitfrage zwischen der lateinischen und französischen Sprache angestellt, gerieth man auch auf eine Untersuchung der Lehre von den Inversionen.[e] Es ist bekannt, wie weit die Freyheit in der römischen Sprache geht die Wörter zu versetzen, und daß man in Schulen die Gewohnheit hat, diese Schönheit der alten Schriftsteller, durch das sogenannte *construiren*, zu vernichten; weil durch diesen methodischen Unfug dem Ohr der Jugend die Übung des Wohlklangs, der zu einem lateinischen Perioden gehört, entzogen wird, und zugleich der Nachdruck des Sinns vielmals verloren geht, wo durch die Stellung der Wörter die Aufmerksamkeit des Lesers oder Zuhörers erweckt und stuffenweise unterhalten werden soll.

[ix] Die deutsche Sprache ist ihrer Natur nach vor andern dieser Inversionen fähig; und ihre Kühnheit trägt mit zum Ansehn unserer poetischen Schreibart bey. Ich will ein leichtes Beyspiel anführen. Wir können ohne Abbruch der Reinigkeit und Deutlichkeit sagen:

Er hat mir das Buch gegeben.
Mir hat er das Buch gegeben.

---

[d] *L'etablissement des langues n'a pas ete fait par des raisonnemens et des discussions academiques mais par l'assemblage bizarre en apparence d'une infinité de hazards compliqués; et cependent il y regne au fond une espece de Metaphysique fort subitle, qui a tout conduit – Un des plus penibles soins – est de developper – cette Metaphysique, qui se cache et ne peut etre apperçüe que par des yeux assez perçans. L'esprit d'ordre, de clarté, de precision necessaire dans ces recherches delicates est celui qui sera la* clef des plus hautes sciences, *pourvu qu'on l'applique de la maniere qui leur convient.* Fontenelle. *Tom. 3. p. 382. etc.*

[e] Œuvres du Conte Algarotti. Vol. VII. p. 304.

Das Buch hat er mir gegeben.
Gegeben hat er mir das Buch.

Die erste Wortfügung ist die geradeste; oder der Nachdruck derselben kann auf denjenigen, der gegeben hat, gelegt werden. In der zwoten ruht der Hauptbegrif auf dem Worte mir; in der dritten weist man auf das Buch; in der letzten auf die Handlung des Zeitwortes. Man sieht hieraus, daß die Inversion nicht schlechterdings willkührlich oder zufällig, sondern dem Urtheil des Verstandes und des Gehörs unterworfen ist.

[x] Die Ursache nun, warum der Syntax einiger Sprachen diese Versetzung der Wörter mehr oder weniger erlaubt, hängt gröstentheils von der Beschaffenheit ihrer grammatischen Etymologie ab. Je characteristischer selbige ist, desto mehr Inversionen finden in der Wortfügung statt. Je mannigfaltiger und je sinnlicher die Veränderungen der beweglichen Redetheile, nämlich, der Nenn= und Zeitwörter, durch die Etymologie der Sprachkunst bezeichnet werden: desto ungebundener kann ihre syntactische Zusammensetzung seyn. Die Etymologie der französischen Sprachkunst hat aber theils nicht so viele theils nicht so kenntliche Merkmale; daher verbietet sich der Gebrauch der Inversionen in ihrer Wortfügung von selbst.

[xi] Es fehlt dem Französischen gänzlich an Fallendungen und folglich an Deklinationen.[4] Um die Abhängigkeit der Nennwörter anzuzeigen, bedient man sich am häufigsten der Vorwörter *de* (von) und *à* (ad), wie die englische Sprach *of* (af) und *to* (zu), die man mit + und – (den Zeichen der beyden Hauptveränderungen in der Größenlehre) vergleichen könnte.

[xii] Ein Nennwort, so unmittelbar (das heißt, ohne Präposition) von dem Zeitwort regiert wird, muß also ordentlich seine Stelle hinter demselben einnehmen, wenn ich seine Abhängigkeit gewahr werden soll.

»Le jeune Hébreu tua le géant
Le géant tua le jeune Hébreu«

»Memes articles: memes mots: & deux sens contradictoires«, sagt der Schriftsteller, aus dem ich dies Exempel borge.[5] Das Deutsche hingegen leidet hier eine Versetzung ohne Umkehrung des Verstandes.

Der hebräische Jüngling erlegte den Riesen.

---

[4] – – Φρυγες σμικρον τι παρακλινοντες. Sokrates in Platons Kratylus.

[5] *La Méchanique des langues ou l'art de les enseigner. Par Mr. Pluche, à Paris 1751* im ersten Buch.

oder: Den Riesen erlegte der hebräische Jüngling. Die Endung des deutschen Artickels und Nennwortes ist hinlänglich das Gebieth des *Verbi* zu unterscheiden, und die Stellung der Wörter hebt diesen Unterscheid nicht auf.

[xiii] Wie die lateinische Deklinationsform durch eine falsche Anwendung sich in die französische Sprachkunst eingeschlichen; so ist die Lehre von den Artickeln darin, durch eine seichte Beobachtung verworren gerathen. Der Kürze[6] wegen verweise auf die Grammaire des Restaut, den ich mir weder die Mühe zusammen zu ziehen noch zu ergänzen geben mag.

[xiv] Man hat das Herkommen des Artickels den Saracenen zuschreiben wollen; mit wie viel Grunde, weiß ich nicht. Sollten sie nicht auch das Glockenspiel oder Geläute des Reims in die Dichtkunst eingeführt haben.[7] [8]

[xv] In einer Abhandlung des Bischofs Pontoppidan über die dänische Sprache, erinnere mich gelesen zu haben, daß selbige das besondere an sich habe, die Artickel ihren Nennwörtern hinten anzuhängen.[f] Einen ziemlich ähnlichen Contrast macht die *Emphasis Aramaea* in den morgenländischen Mundarten.

[xvi] Der wahre Gebrauch des Artickels ist vornemlich logisch,[9] und dient der Bedeutung eines Wortes seine Einschränkung, oder eine besondere Richtung zu geben.

[xvii] Worin eigentlich aber die Natur der Bestimmung bestehe, die in dem Artickel *le, la* liegt, und die Arten dieser Bestimmung sind noch nicht

---

[6] *– – qua nihil apud aures vacuas atque eruditas potest esse perfectius. Quint. Lib. X.*

[7] *Rhythmi cum alliteratione auidissimae sunt aures Arabum. Alb. Schultens in Florileg. Sentent. Arabic. adi. Rudimentis Linguae Arabicae auctore Thoma Erpenio p.160.* In der Vorrede sagt Schultens von dieser Blumenlese: *Florilegium Sententiarum excerptum ex MS. Codice Bibliothecae publicae, in quibus linguae arabicae Genius egregie relucet, natiuumque illum cernere licet caracterem qui per rhythmos & alliterationes mera vibrat acumina. – – Dignum est totum illud opusculum commentario Zamachsjarii, Philologorum arabum facile principis, illustratum, quod diem adspiciat.*

[8] Dieser Einfall ist schon von vielen Gelehrten für eine historische Wahrheit angenommen worden. Nur neulich laß in Giannoni Geschichte von Neapel Buch IV. Kap. X. daß die Sicilianer zuerst die Reime von den Arabern erhalten haben sollen, hierauf die übrigen Italiener. Thomas Campanella wuste ein sklavonisch Lied auswendig, worin stand, daß die Araber den Reim nach Spanien gebracht. Der Herausgeber.

[f] *Les Basques designent le meme sens par une particule enclitique qu'ils mettent à la fin des noms. Beauzée dans la Grammaire generale. Tom. 1. p. 313.*

[9] *Articulus numeralis* (ein, eine) *notat vocis generalis pariculari cuidam (siue speciei, siue indiuiduo saltem vago) applicationem – – Articulus demonstratiuus* (der, die, das) *notat particularium vnius pluriumve (quibus actu applicatur vox generalis) determinationem. Neuter horum articulorum praefigitur vel voci generali generaliter significanti (vtpote cuius significatio particularibus actu non applicatur) vel nomini proprio (quod ex se satis innuit & indiuiduum & quidem determinatum) vel etiam vbi aliud aliquod adiectiuum adest, quod hos articulos virtualiter contineat (redundarent enim). Jo. Wallis, Geometriae Professoris Sauiliani Grammatica Linguae Anglicanae. Oxoniae 1653. Cap. 3.*

deutlich genug auseinander gesetzt worden.[10] Die Schuld liegt meines erachtens größtentheils an den mangelhaften Erklärungen von dem rechten Begrif eines selbstständigen Nennwortes und eines Beywortes (*nominis Sustantiui & Adiectiui*) der eine Oberstelle unter den ontologischen Aufgaben verdiente. Alle *nomina Propria* sind bloße Beywörter,[11] daher sie keinen Artickel heischen, sondern durch den Zuwachs desselben zu *Appellatiuis*, wie die *Adiectiua* zu *Substantiuis* im Französischen werden. Hierauf gründen sich die Hauptregeln von dem Geschlecht der Wörter im Lateinischen und andern Sprachen. Diese Zweydeutigkeit in der grammatischen Qualität der Nennwörter, ist durch die *Reflexions philosophiques sur l'origine des langues & sur la signification des mots* eines Maupertuis --
(*Quis desiderio sit pudor aut modus*
Tam chari capitis? --)
nicht gehoben worden.

[xviii] Leser, die nicht nur dasjenige einsehen, worüber man schreibt, sondern auch was man zu verstehen geben will,[12] werden gegenwärtige Anmerkungen leicht und gern ohne fernere Handleitung über die etymologische Signatur der Zeitwörter, die im Französischen mehr in das Aug als Ohr fällt, fortsetzen können. Für Kinder, denen man den Brey fertiger Bissen in den Mund schieben muß, gehören Schriftsteller, die gründlichere Lehrmeister sind, als ein Notenschreiber seyn darf. Kennern und Liebhabern, die selbst Anmerkungen zu machen wissen, fehlt es nicht an der Gabe anderer ihre anzuwenden, und an der Behändigkeit die Ellipses einer Abhandlung ohne einen Lambertus Bos[13] aufzulösen.

[xix] Überhaupt ist die Dienstfertigkeit der persönlichen Fürwörter im Französischen ein bequemes Wahrzeichen der Zeitwörter, welche ihren Endungen nach sich selten von den Nenn= und Bestimmungswörtern unterscheiden, auch wird der sonst unvermeidliche Misverstand der Personen, wie im Deutschen, dadurch völlig verhütet.

[xx] Das Verneinungszeichen *ne*, das Beziehungswörterchen *y* und *en*, welche den Zeitwörtern im Französischen vorangeschickt werden, haben sich vermuthlich selbst diese Stelle ihrer Sicherheit wegen wählen müssen, da dem Verstande eines Satzes an ihrem Monadenkörper unendlich gelegen

---

[10] *Grammaire generale & raisonnée. Ouvrage de l'invention du grand Arnauld & de la composition de Dom. Cl. Lancelot. Edition de Meynier à Erlang. 1746. pag. 49.*

[11] Leibniz machte bekanntermaßen ein *Axioma* daraus: *Omnia nomina propria aliquando fuisse appellatiua.*

[12] *In unius eius operibus intelligitur plus semper quam pingitur*, sagt Plinius vom Pinsel des Timanths Hist. Nat. Lib. XXXV, Cap. 74.

[13] Ein holländischer Gelehrter, dessen Glossarium über die elliptische Redensarten der griechischen Sprache auf Schulen bekannt ist.

ist. Die Ordnung aller dieser Redetheilchen, wohin noch einige Fürwörter gehören, scheinet hiernächst auch nach der Flüssigkeit der Aussprache und einigen Zufälligkeiten ihrer Vereinigung eingefädelt zu seyn.

Ordinis haec virtus erit & Venus (aut ego fallor)
Ut iam nunc dicat, iam nunc debentia dici
Pleraque differat & praesens in tempus omittat;
Hoc amet, hoc spernat promissi carminis auctor.
HOR. ad PIS.

[xxi] Ich schüttle jetzt den Staub der Werkstäte von meiner Feder ab, die zur Abwechselung noch einen Ausfall in das freyere Feld der Betrachtung und des Geschmacks wagen soll; wenn ich vorher eine Erinnerung für diejenige gemacht habe, welche die französische Sprache in ihrer Wortfügung einer Monotonie beschuldigen, ohne zu erwägen, daß eine ebenmäßige durch die hörbare Endungen und ihre öftere Zusammenkunft im Lateinischen unvermeidlich ist.

[xxii] Rousseau, der Philosoph von Genf, hat in einem Sendschreiben über die französische Musick, dieser Nation aus den Eigenschaften ihrer Sprache alle Ansprüche auf einige Verdienste in der Tonkunst abzustreiten gesucht. Gewonnen Spiel für ihn, wenn man entweder die Kirchenmusick unserer Kolonisten zum Muster der Vergleichung; oder die schwärmerische Stimme welscher Verschnittenen zur Schiedsrichterin der Harmonie machen will. Die Fehler aber, welche man den Sprachen aufbürdet, rühren immer von der Untüchtigkeit eines Autors oder Componisten her, in der Wahl seiner Materie und in der Art selbige zu behandeln:

Suam cuique culpam auctores ad negotia transferunt.[14]
-- Cui lecta potenter erit res,
nec facundia deseret hunc, nec lucidus ordo.[15]

[xxiii] Daß die französische Sprache selbst zur epischen Dichtkunst aufgelegt ist, möchte eher einigen Vaudevillen als der Henriade anzusehen seyn. Der Schluß von einem Gassenliedchen auf die künftige Würklichkeit eines Heldengedichts wird niemanden ebentheuerlich vorkommen, seit der Entdeckung einer Meisterhand von dem Ursprung eines wichtigeren Werkes, als eine Epopee ist, und das, in Frankreich nämlich, von einem nichtigen Vaudeville herzuleiten. *Les Bourbons*, bekennt eine glaubwürdige Ge-

---

[14] *Sallust. in Iugurtha.*
[15] *Horat. ad Pison.*

schichtschreiberin ihres Geschlechts,[16] *sont gens fort appliqués aux bagatelles -- peut-etre moi meme aussi bien que les autres --*

[xxiv] Die Reinigkeit einer Sprache entzieht ihrem Reichthum; eine gar zu gefesselte Richtigkeit, ihrer Stärke und Mannheit. - In einer so grossen Stadt, als Paris ist, liessen sich jährlich, ohne Aufwand, vierzig gelehrte Männer aufbringen, die unfehlbar verstehen, was in ihrer Muttersprache lauter und artig, und zum Monopol dieses Trödelkrams nöthig ist. - Einmal aber in Jahrhunderten geschieht es, daß ein Geschenk der Pallas, - ein Menschenbild, - vom Himmel fällt, bevollmächtigt, den öffentlichen Schatz einer Sprache mit Weisheit, - wie ein Sülly, zu verwalten, oder mit Klugheit, - wie ein Colbert, zu vermehren.

(Textvorlage: N II, S. 127–136; korrigiert)

---

[16] Siehe den Herrn und den Diener geschildert mit patriotischer Freyheit, S. 147. Um der Aufschrift meiner vermischten Anmerkungen ein Genüge zu leisten, bediene mich dieser zufälligen Anführung, meinen hochwohlgelahrten Patriotismus über die Schilderey des Herrn und des Dieners auszulassen. - Diese Rhapsodie ist zum Theil aus französischer Seyde gesponnen; daher man so gewissenhaft gewesen, Frankreich mit Wucher für den Gebrauch ihrer Materialien Erstattung zu thun. Ein abermaliger Beweis deutscher Ehrlichkeit, die aber dem Wachsthum der Klugheit oft Eintrag thut. Da die glänzende Haut des Originals viel Aufsehens gemacht; so soll eine summarische Zergliederung des inneren Baues hier eingerückt werden. »Der Autor scheint ein Fremdling im Kabinet, doch desto bekannter im Audienzsaal und der Kanzelley zu seyn. -- Die wahre Staatskunst, zu thätig und zu schlau, sich mit *piis desideriis* aufzuhalten, muß auch nicht mit Sittensprüchen, Wirthschaftsvortheilen und Ceremonialgesetzen verwechselt werden. -- Seine Bücher= und Welt=Kenntniß ist unzuverlässig, *Fundusque mendax* - auf den sich deuten ließe, was Horatz vom Umgange mit Matronen meynt:

--- vnde laboris,
Plus haurire mali est, quam et re decerpere fructus.

Ein Magazin des schönen Geschmacks kann die Urkunden der Gelehrsamkeit nicht vertreten. Das unstätige Aug eines neugierigen (ohne den starren Blick eines prüfenden) Beobachters (zumahl auf Reisen, und noch mehr an Höfen) ermüdet ohne zu sätigen, giebt mehr Zerstreuung als Unterricht, gewöhnt zwar zum Verwundern, aber nicht zum Urtheilen, das im Tadeln richtiger und feiner seyn muß als im Loben. -- Die Unverdaulichkeit der Sachen macht die Schreibart ungesund, die mehr nach Galle und Essig als Salz und Gewürz schmeckt, mit Frost und Hitze abwechselt.« (S. im XI. Th. der Briefe die neueste Literatur betreffend, die Nachschrift des 180sten S. 37.) haben, und in der That am nöthigsten hätten) wird diese *licentiam poeticam* eines Scholiasten mit derjenigen Mäßigung aufzunehmen wissen, die zu dem hohen Alter und den Früchten desselben rathsam ist, wovon die Vorrede weissagt. Des Herrn von Mosers Gemüth ist übrigens zu edel, als daß er die Küsse eines Wäschers, den es recht gut meynenden Schlägen eines Liebhabers, vorziehen sollte.

D. Literaturverzeichnis

Unter »Primärliteratur« (I) figurieren sowohl die verwendeten Ausgaben der Schriften der Hauptautoren (1) – Leibniz (a), Hamann (b) und Müller (c) – als auch Quellentexte (2), d. h. Texte vor 1820; unter »Sekundärliteratur« (II) hingegen die restlichen Titel zum Hauptteil (1) als auch die Literatur zur Einleitung (2).

I. Primärliteratur

1. Leibniz, Hamann, Müller

a. Leibniz

AA	Gottfried Wilhelm Leibniz: Sämtliche Schriften und Briefe. Hg. v. der Akademie der Wissenschaften. Leipzig, Darmstadt. Berlin 1923ff.
I/5	Erste Reihe: Allgemeiner politischer und historischer Briefwechsel. Fünfter Band. Berlin 1954.
IV/1	Vierte Reihe: Politische Schriften. Erster Band: 1667–1676. Berlin 1983.
IV/3	Vierte Reihe: Politische Schriften. Dritter Band: 1677–1689. Berlin 1986.
VI/1	Sechste Reihe: Philosophische Schriften. Erster Band: 1663–1672. Darmstadt 1930.
Dutens IV	Gothofredi Guillelmi Leibnitii: Opera omnia. Bd. IV. Genf 1786.
G I–VII	Die philosophischen Schriften von Gottfried Wilhelm Leibniz. Hg. v. C. J. Gerhardt. Berlin 1875–1890. Repr. Hildesheim 1978.
Math I–VII	G. W. Leibniz: Mathematische Schriften. Hg. v. C. I. Gerhardt. Halle 1849–1863. Repr. Hildesheim 1971.
Couturat	Opuscules et fragments inédits de Leibniz. Extraits des manuscrits de la Bibliothèque de Hanovre. Hg. v. Louis Couturat. Paris 1903. Repr. Hildesheim 1961.
H I–II	Gottfried Wilhelm Leibniz: Hauptschriften zur Grundlegung der Philosophie. Übers. von A. Buchenau. Hg. v. Ernst Cassirer (1904). Hamburg ^{3}1966.
Jago	Leibnitiana Elementa Philosophiae arcanae de summa rerum. Hg. v. I. Jagodinsky. Kazan 1913.
N. A.	Gottfried Wilhelm Leibniz. Neue Abhandlungen über den menschlichen Verstand. Übers. u. hg. v. Ernst Cassirer (1915). Repr. Hamburg 1971.
Grua I–II	Gottfried Wilhelm Leibniz: Textes inédits d'après les manuscrits de la Bibliothèque provinciale de Hannovre. Paris 1948.
Conf	Confessio philosophi. Lat.-Franz. Hg. u. übers. v. Yvon Belaval. Paris 1970.
Dial	Gottfried Wilhelm Leibniz: Ein Dialog zur Einführung in die Arithmetik und Algebra. Hg., übers. u. komm. v. Eberhard Knobloch. Stuttgart 1976.
OPC	Gottfried Wilhem Leibniz: Opuscules philosophiques choisis. Übers. v. Paul Schrecker. Paris 1978.
Spec	Gottfried Wilhelm Leibniz: Specimen Dynamicum. Lat.-Deut. Hg. u. übers. v. H. G. Dosch, G. W. Most u. E. Rudolph. Mit Erl. v. J. Aichelin, H. G. Dosch, P. Keller, H. Lichtenberger, H. J. Maul, G. W. Most u. E. Rudolph. Hamburg 1982.
Rec	Gottfried Wilhelm Leibniz: Unvorgreifliche Gedanken, betreffend die Ausübung und die Verbesserung der deutschen Sprache. Zwei Aufsätze. Hg. v. Uwe Pörksen. Stuttgart (=Reclam) 1983.

b. Hamann

Der Text der *Vermischten Anmerkungen* findet sich im Anhang. Alle Zitate aus der Nadlerschen Ausgabe der *Kreuzzüge* wurden aufgrund von Textvergleichen (Roth, Wiener) und Editionskritiken stillschweigend korrigiert.

N I–V	Johann Georg Hamann: Sämtliche Werke. Hg. v. Josef Nadler. Wien 1949–1953.
N VI	Als sechster Band der Gesamtausgabe erschien: Der Schlüssel (1750–1788). Alphabetisches Nachschlagewerk zu Hamanns Werk von Josef Nadler. Wien 1957.
Biga	Im fünften Band der Gesamtausgabe erschien: Biga Bibliothecarum. Verzeichnis der Bibliothek Hamanns. Zit. nach der Originalzählung.
Roth	Hamanns Schriften. Hg. v. Friedrich Roth. Bd. II. Berlin 1821.
Wiener	Im achten Band der Ausgabe Roth: Nachträge, Erläuterungen und Berichtigungen v. G. A. Wiener. Berlin 1842.
ZH I–VII	Johann Georg Hamann: Briefwechsel. Hg. v. Walther Ziesemer u. Arthur Henkel. Wiesbaden resp. Frankfurt a/M 1955–1979.
HH II	Hamanns Hauptschriften erklärt. Bd. II: Sokratische Denkwürdigkeiten. Hg. u. erläutert v. Fritz Blanke. Gütersloh 1959.
HH IV	Hamanns Hauptschriften erklärt. Bd. IV: Über den Ursprung der Sprache. Hg. u. erläutert v. Elfriede Büchsel. Gütersloh 1963.
Brev	Vom Magus im Norden. Ein Hamann-Brevier. Hg. v. Stefan Majetschak. München 1988.

c. Müller

KS I–II	Adam Müller: Kritische/ästhetische und philosophische Schriften. Hg. v. Walter Schroeder und Werner Siebert. Neuwied 1967.
SzS	Adam Müller: Schriften zur Staatsphilosophie. Hg. v. Rudolf Kohler. München 1923.
Baxa	Adam Müller: Ausgewählte Abhandlungen. Hg. v. Jakob Baxa. Jena 1931.
LZ I–II	Adam Müllers Lebenszeugnisse. Hg. v. Jakob Baxa. Bd. I u. II. München 1966.

Die *Elemente der Staatskunst*. Hg. v. Jakob Baxa. Bd. I u. II. Jena 1922.

Versuche einer neuen Theorie des Geldes mit besonderer Rücksicht auf Großbritannien. Hg. v. H. Lieser. Jena 1922.

Von der Notwendigkeit einer theologischen Grundlage der gesammten Staatswissenschaften und der Staatswirthschaft insbesondere. Leizpzig 1819.

Phöbus. Ein Journal für die Kunst. Hg. v. Heinrich von Kleist und Adam H. Müller. Dresden 1808.

Berliner Abendblätter. Hg. v. Heinrich von Kleist. Repr. Leipzig 1925. Erw. d. Nachw. u. Register v. Helmut Sembdner. Wiesbaden o. J.

2. Quellen

Alembert, Jean Le Rond d': Mélanges de Littérature, d'Histoire et de Philosophie. Bd. II. Amsterdam 1770.

Algarotti: Opere. Bd. IX. Venedig 1762.

[Antoine Arnauld/Claude Lancelot]: Grammaire générale et raisonnée ou La Grammaire de Port-Royal. Paris ^{2}1676. Repr. hg. v. H. E. Brekle. Stuttgart 1966.

Apollodorus: Bibliotheke/The Library. Harvard 1976.

Aristoteles: Les Économiques. Übers. v. J. Tricot. Paris ^{3}1989.

– Politik. Übers. u. komm. v. E. Rolfes. Hg. v. G. Bien. Hamburg ^{4}1980.

– Nikomachische Ethik. Übers. v. E. Rolfes. Hg. v. G. Bien. Hamburg ^{4}1985.

– Rhetorik. Übers. u. hg. v. F. G. Sieveke. München 1980.

– De interpretatione/De l'interprétation. Organon II. Übers. u. hg. v. J. Tricot. Paris 1969.

– Les Topiques. Organon V. Übers. u. hg. v. J. Tricot. Paris 1984.

– Parva Naturalia/Petits traités d'histoire naturelle. Übers. u. hg. v. R. Mugnier. Paris 1953.
Arnauld: cf. unter I.2. *Grammaire générale.*
Baader, Franz von: Gesellschaftlehre. Hg. v. H. Grassl. München 1957.
– Vom Sinn der Gesellschaft. Schriften zur Social-Philosophie. Hg. v. H. A. Fischer-Barnicol. Köln o. J.
Bacon, Francis: The Works. Hg. v. J. Spedding, R. L. Ellis u. D. D. Heath. London 1858f. Repr. Stuttgart 1963.
– The Essays. Hg. v. J. Pitcher. Harmondsworth 1985.
Baggesen, Jens: Das Labyrinth oder Reise durch Deutschland in die Schweiz 1789. Übers. u. Hg. v. G. Perlet. Leipzig 1985.
Balzac, Jean Louis Guez de: Le Socrate chretien. Amsterdam 1662.
Barbeyrac, Jean: cf. I.2. *Pufendorf.*
Batteux, Charles: Cours de belles lettres. Paris 1747–1748.
– Principes de la littérature. Paris 1764.
– Einschränkung der schönen Künste auf einen einzigen Grundsatz. Übers. u. erläutert v. J. A. Schlegel. Leipzig ³1770. Repr. Hildesheim 1976.
Baumgarten, Alexander Gottlieb: Aesthetica. Übers. u. hg. H. R. Schweizer. Hamburg ²1988.
– Meditationes philosophicae de nonnullis ad poema pertinentibus. Lat.-Deut. Übers. u. hg. v. H. Paetzold. Hamburg 1983.
Bayle, Pierre: Œuvres diverses. Bd. I. Den Hague 1727. Repr. eingel. v. E. Labrousse. Hildesheim 1964.
Beauzée, Nicolas: Grammaire générale ou exposition raisonnée des éléments nécessaires du langage, pour servir de fondement à l'étude de toutes les langues. Paris 1819.
Becher, Johann Joachim: Politische Discurs,Von den eigentlichen Ursachen/ des Auf= und Abnehmens der Stadt/ Länder und Republicken/ In specie, Wie ein Land Volckreich und Nahrhafft zu machen/und in eine rechte Societatem civilem zu bringen. Frankfurt ³1673.
Bengel, Johann Albrecht: Gnomon Novi Testamenti/Gnomon oder Zeiger des Neuen Testaments. Übers. v. C. F. Werner. Stuttgart 1853.
Berkeley, George: The Works. Hg. v. A. C. Fraser. Oxford 1901.
Blackwell, Thomas: Letters Concerning Mythology. London 1748.
Bodin, Jean: Responce aux Paradoxes sur le faict des Monnoy de Malestroit. Paris 1578.
Boileau, Nicolas: Œuvres complètes. Hg. v. N. Chaix. Paris 1865.
Boisguillebert, Pierre Le Pesant de: Dissertation sur la nature des richesses, de l'argent et des tributs, ou l'on découvre la fausse idée qui règne dans le monde à l'égard de ces trois articles. In: Économistes-financiers du XVIIIᵉ siècles. Hg. v. E. Daire. Paris 1843.
Bonald, Louis-Gabriel-Ambroise de: Œuvres. Bd. III. Brüssel 1845.
Bornitius, Jacobus [Jakob Bornitz]: De nummis in Repub. percutiendis & conservandis. Libri Duo. Hannover 1608.
Breitinger, Johann Jacob: Critische Dichtkunst/Worinnen die Poetische Mahlerey/In Absicht auf den Ausdruck und die Farben abgehandelt wird, mit einer Vorrede von Johann Jacob Bodmer. Zürich 1740. Repr. Stuttgart 1966.
Brosses, Charles de: Traité de la formation méchanique des langues et des principes physiques de l'étymologie. Übers. v. M. Hißmann. Hamburg 1777.
Büsch, Johann Georg: Abhandlung von dem Geldsumlauf in anhaltender Rücksicht auf Staatswirtschaft und Handlung. Hamburg u. Kiel 1780.
– Schriften über Staatswirtschaft und Handlung. Hamburg u. Kiel 1784.
Burke, Edmund: Reflections on the Revolution in France and other Essays. London 1910.
– Philosophische Untersuchungen über den Ursprung unserer Ideen vom Erhabenen und Schönen. Übers. v. F. Bassenge. Hamburg 1980.
– Über die Französische Revolution. Betrachtungen und Abhandlungen. Übers. u. komm. von Friedrich Gentz. Hg. v. H. Klenner. Berlin 1991.

Cantillon, Richard: Essai sur la nature du commerce en général. Hg. v. A. Sauvy u.a. Paris 1952.
Cicero: De Oratore/Über den Redner. Lat./Dt. Übers. u. hg. v. H. Merklin. Stuttgart 1976.
– Orator/L'orateur. Übers. v. H. Bornecque. Paris 1921.
– Topica/Topik. Lat./Dt. Übers. u. hg. H. G. Zekl. Hamburg 1983.
A *Compendious* or briefe examination of certayne ordinary complaints, of divers of our country men in these our days which although they are in some part unjust and frivolous, yet are they by way of dialogues throughly debated and discussed. In: Ecrits notables sur la Monnaie. XVIe siècle. De Copernic a Davanzati. Hg. v. J.-Y. Le Branchu. Bd.2. Paris 1934, S.15–215.
Condillac, Etienne Bonnot de: Œuvres philosophiques. Parma ^{2}1792.
– Le Commerce et le gouvernement considérés rélativement l'un à l'autre. Paris 1795. Repr. hg. v. G. Romeyer-Dherbey. Genève 1980.
Cordemoys, Gerauld de: Discours physique de la parole. Paris ^{2}1677. Repr. hg. v. H. Brekle. Stuttgart 1970.
Coste, cf. unter I.2. *Locke.*
[Court, Pierre de la:] Mémoires de Jean de Witte, Grand Pensionnaire de Hollande. Franz. v. M. de ***. Den Haag 1709.
Crousaz, Jean-Pierre de: Traité du beau. Paris 1985.
[Dangeul, René-Joseph Plumard de/Pseud. John Nickolls]: Remarques sur les Avantages et les Desavantages de la France et de la Gr. Bretagne par rapport au Commerce, & aux Sources de la Puissance des Etats. Paris ^{3}1754.
Davanzati, Bernardo: Lezione delle Monete. In: Ecrits notables sur la Monnaie. XVIe siècle. De Copernic à Davanzati. Hg. v. J.-Y. Le Branchu. Bd.2. Paris 1934, S.217–242.
Descartes, René: Œuvres philosophiques. Hg. v. F. Alquié. Bd.I. Paris 1963.
Diderot, Denis: Œuvres complètes. Hg. v. J. Assézat. Bd.I. Paris 1875.
– Œuvres. Hg. v. A. Billy. Paris 1951.
Dubos, Charles: Reflexions critiques sur la poésie et sur la peinture. Utrecht ^{2}1732.
Du Marsais, César Chesneau: Les véritables principes de la grammaire et autres textes. 1729–1756. Paris 1987.
– Des Tropes ou des différents sens. Paris 1988.
Dupont de Nemours, Pierre-Samuel: De l'origine et des progrès d'une science nouvelle. In: Physiocrates. Hg. v. E. Daire. Paris 1846.
Dutot: Réflexions politiques sur les finances et le commerce. Hg. v. P. Harsin. Liège 1935.
Encyclopédie ou dictionnaire raisonné des sciences, des arts et des métiers. Hg. v. D'Alembert u. Diderot. 1751ff.
Fénelon, François de Salignac de la Mothe. Œuvres. Bd.I. Hg. v. J. Le Brun. Paris 1983.
Fichte, Johann Gottlieb: Schriften zu Gesellschaftstheorie. Hg. v. H. Riehl. Jena 1929.
– Der geschlossene Handelsstaat. Hg. v. H. Hirsch. Hamburg 1979.
Fielding, Henry: The History of Tom Jones. Harmondsworth 1986.
Fontenelle, Bernard le Bovier de: Œuvres. Paris 1752.
Forbonnais, François Véron: Elemens de Commerce. Amsterdam 1754.
Fougeret de Monbron, Jean: Margot la Ravaudeuse. In: Roman libertins du XVIIIe siècle. Hg. v. R. Trousson. Paris 1993.
Frédéric II: Œuvres philosophiques. Paris 1985.
Galiani, Ferdinando: Della Moneta. Libri Cinque. Napoli 1750 (eigentl. 1751).
Gellert, Christian Fürchtegott: Fabeln und Erzählungen. Berlin o. J.
Gellius, Aulus: Attische Nächte. Übers. u. hg. v. H. Berthold. Leipzig 1987.
Gemeine stimmen von der Müntz/und ob es dem hause und Fürstentumb zu Sachssen Ehrlicher und zutreglicher sey/die alte gute Müntz zubehalten oder geringere anzunemen. In: Ecrits notables sur la Monnaie. XVIe siècle. De Copernic a Davanzati. Hg. v. J.-Y. Le Branchu. Bd.1. Paris 1934, S.31–47.
Gentillet, Innocent: Anti-Machiavel. Hg. v. C. E. Rathé. Genf 1968.
Gentz, Friedrich: cf. unter I.2. *Burke.*
Girault-Duvivier, Charles-Pierre: Grammaires des Grammaires. Bruxelles ^{13}1851.

Goethe, Johann Wolfgang von: Sämtliche Werke. Jubiläums-Ausgabe. Hg. v. E. von der Hellen. Stuttgart o. J.
- Briefwechsel mit Friedrich Schiller. Gedankausgabe der Werke, Briefe und Gespräche. Hg. v. E. Beutler. Bd. XX. Zürich 1950.
Gosch, J. L.: Über den Ideenumlauf. Kopenhagen 1789.
Gottsched, Johann Christoph: Versuch einer Critischen Dichtkunst [...] Leipzig ^{4}1751. Repr. Darmstadt 1982.
Grammaire générale et raisonnée ou La Grammaire de Port-Royal: cf. unter I. 2. *Arnauld*.
Graumann, Joh. Philip: Gesammelte Briefe von dem Gelde; von dem Wechsel und dessen Cours [...] Berlin 1762.
Gresham, Thomas: L'avis de Sir Thomas Gresham Mercier, concernant la chute du Change, à sa très excellente majesté la Reine. In: Ecrits notables sur la Monnaie. XVIe siècle. De Copernic a Davanzati. Hg. v. J.-Y. Le Branchu. Bd. 2. Paris 1934, S. 1–13.
Grotius, Hugo: De jure Belli ac Pacis Libri Tres, in quibus Jus Naturae & Gentium, item Juris Publici praecipua explicantur. Amsterdam 1646. Repr. Washington 1913.
- Drei Bücher vom Recht des Krieges und des Friedens nebst einer Vorrede von Christian Thomasius zur ersten deutschen Ausgabe [...] vom Jahre 1707. Hg. u. übers. v. W. Schätzel. Tübingen 1970.
Gryphius, Andreas: Leo Armenius. In: Die Deutsche Literatur vom Mittelalter bis 20. Jahrhundert. Band III. Das Zeitalter des Barock. Texte und Zeugnisse. Hg. v. Albrecht Schöne. München 1968.
Harris, Joseph: An Essay Upon Money and Coins. London 1757. Repr. New York 1970.
Harsdörffer, Georg Philipp: Frauenzimmer Gesprächspiele. Bd. II. Nürnberg 1641. Repr. Tübingen 1968.
Harvey, William: Exercitatio anatomica. Übers. v. R. Willis. In: Great Books of the Western World. Encyclopaedia Britannica. Bd. 28. Chicago ^{22}1978.
Hegel, Georg Wilhelm Friedrich: Schriften zur Politik und Rechtsphilosophie. Hg. v. G. Lasson. Leipzig 1913.
- Werke. Hg. v. E. Moldenhauer u. K. M. Michel. Frankfurt a/M 1970ff.
Hemsterhuis, François: Œuvres philosophiques. Hg. v. L. S. P. Meyboom. Leuwarde 1846.
- Lettre sur l'homme et ses rapports; avec le commentaire de Diderot. Hg. v. G. May. New York 1964.
Herbert, Claude Jacques: Essai sur la police générale des Grains, sur leur prix et sur les Effets de l'Agriculture. Berlin 1757.
Herder, Johann Georg: Werke. Hg. v. W. Proß. Bd. I. München 1984; Bd. II. München 1987; Bd. III. München [1997].
- Von der Gabe der Sprachen am ersten christlichen Pfingstfest. Riga 1794.
- Sämtliche Werke. Hg. v. B. Suphan. Bd . VI u. XVIII. Berlin 1883.
- Über den Ursprung der Sprache. Hg. v. W. Proß. München 1978.
Hobbes, Thomas: Vom Körper. Elemente der Philosophie I. Hamburg ^{2}1967.
- Vom Menschen. Elemente der Philosophie II/Vom Bürger. Elemente der Philosophie III. Hamburg ^{3}1977.
- Leviathan, or the Matter, Forme, & Power of a Common-Wealth Ecclesiasticall and Civill. Repr. der Edition 1651. Oxford 1909.
Hörnigk, Philipp Wilhelm: Österreich über alles/Wann es nur will. Hg. v. H. Knapp. Wien 1983.
Horaz: Carmina. Hg. v. B. Wyss. Frauenfelden 1947.
Houdar de la Motte, Antoine: Œuvres. Bd. I. Paris 1753.
Hume, David: A Treatise of Human Nature. Hg. v. E. C. Mossner. Harmondsworth 1969.
- Philosophical Works. Hg. v. T. Hill, Green and T. H. Grose. Bd. III. London 1882.
Hutcheson, Francis: An Inquiry into the Originial of our Ideas of Beauty and Virtue/Über den Ursprung unserer Ideen von Schönheit und Tugend. Übers. u. hg. v. W. Leidhold. Hamburg 1986.
Hygin: De Astronomia/L'astronomie. Hg. u. übers. v. A. Le Bœuffle. Paris 1983.

Jean Paul: Werke. Hg. v. E. Berend. Berlin o. J.
- Leben des Quintus Fixlein. Stuttgart 1972.
Jocelyn, J.: An Essay on Money and Bullion [...] London 1718. Repr. New York 1970.
Johnson, Samuel: The Idler. No. 36 (1758). In: Works. Hg. v. W. J. Bate. Bd. II. New Haven 1970.
Justi, Johann Heinrich Gottlob von: Staatswirthschaft oder Systematische Abhandlung aller Oeconomischen und Cameralwissenschaften, die zur Regierung eines Landes erfordert. Bd. I. Leipzig 1755.
Kant, Immanuel: Werkausgabe. Hg. v. W. Weischedel. Bd. II. Frankfurt a/M 1977.
- Kritik der Urteilskraft. Hg. v. K. Vorländer. Hamburg [6]1924.
Kleist, Heinrich von: Sämtliche Werke und Briefe. Hg. v. H. Sembdner. München [8]1985.
- cf. auch I. 1. c. *Berliner* Abendblätter u. *Phöbus.*
Klopstock, Friedrich Gottlieb: Ausgewählte Werke. Hg. v. K. A. Schleiden. München [4]1981.
Lafitau, Joseph-François: Die Sitten der amerikanischen Wilden im Vergleich zu den Sitten der Frühzeit. Übers. v. S. J. Baumgarten. Halle 1752. Repr. Weinheim 1987.
La Mettrie, Julien Offray de: Œuvres philosophiques. Paris 1987.
Lamy, Bernard: La Rhétorique ou l'Art de parler. Amsterdam [4]1699.
Lang, Franz: Dissertatio de actione scenica cum figuris eandem explicantibus [...]. Repr. hg. mit deut. Übers. v. A. Rudin. Bern 1975.
Lauderdale, James Maitland Earl of: An Inquiry into this Nature and Origin of Public Wealth, and into the Means and Causes of its Increase. Edinburg 1804.
Law, John: Œuvres complètes. Hg. v. P. Harsin. Vaduz 1980.
- Opuscules divers. In: Économistes-financiers du XVIIIe siècles. Hg. v. E. Daire. Paris 1843.
Lessing, Ephraim Gotthold: Sämtliche Schriften. Hg. v. K. Lachmann. Bd. 4. Stuttgart [4]1889.
- Werke. Bd. III. Hg. v. K. Wölfel. Frankfurt a/M 1967.
[Lindner, Johann Gotthelf:] Vénus métaphysique. Cf. unter I. 2. *La Mettrie* (Œuvres II, S. 337–352).
Locke, John: An Essay concerning Human Understanding. Hg. v. A. C. Fraser. Oxford 1894. Repr. New York 1959.
- Essai philosophique concernant l'entendement humain. Übers. v. M. Coste. Amsterdam 1758.
- The Works of John Locke. Bd. V. London 1823. Repr. Aalen 1963.
- Essay concerning Toleration. In: Scritti editi e inediti sulla toleranza. Hg. v. C. A. Viano. Turin 1961.
Longin (Pseudo-): Περι υψους/Vom Erhabenen. Griech.-Deut. Übers. u. hg. v. O. Schönberger. Stuttgart 1988.
Lowth, Robert: De sacra poesi Hebraeorum/Leçons sur la poésie sacrée des Hébreux. Übers. v. E.-J. Sicard. Avignon 1839.
Maistre, Joseph de: De la souveraineté du peuple. Un anti-contrat social. Hg. v. J.-L. Darcel. Paris 1992.
Malestroit: Les Paradoxes sur le faict des Monnoyes. Paris 1578.
Marsais, César Chesneau Du: cf. unter I. 2. *Du Marsais.*
Maupertuis, Pierre Louis Moreau de: Œuvres. Lyon 1756.
- Vénus physique. Berlin 1745.
- Sprachphilosophische Schriften. Übers. u. hg. v. W. Franzen. Hamburg 1988.
Melon, Jean François: Essais politiques sur le commerce. Augmentée de sept Chapitre, & où les lacunes des Editions précédentes sont remplies. o. O. 1761.
Mercier, Louis-Sébastien: Néologie, ou Vocabulaire de mots nouveaux, à renouveler, ou pris dans des acceptions nouvelles. Paris 1801.
Michaelis, Johann David: De l'influence des opinions sur le langage et du langage sur les opinions. Bremen 1762. Repr. Stuttgart 1974.
Mirabeau, Victor de Riqueti: L'ami des hommes, ou traité de la population. Paris 1757.

– Philosophie rurale ou Économie générale et politique de l'agriculture pour servir de suite à l'Ami des hommes. Amsterdam 1766.
Möser, Justus: Vermischte Schriften. Hg. v. F. Nicolai. Zweyter Theil. Berlin 1798.
– Sämtliche Werke. Hg. v. B. R. Abeken. Berlin ²1858.
Montaigne, Michel de: Œuvres complètes. Hg. v. A. Thibaudet u. M. Rat. Paris 1962.
Montanari, Geminiano: La Zecca in consulta di stato. Trattato mercantile [...] In: Economisti del cinque e seicento. Hg. v. A. Graziani. Bari 1913.
Montchrétien, Antoyne de: Traicté de l'œconomie politique. Hg. v. T. Funck-Brenatano. Paris o. J.[1889].
Moritz, Karl Philipp: Werke. Hg. v. H. Günther. Frankfurt a/M 1981.
Moscherosch, Hans Michael: Philanders von Sittewald wunderlich und wahrhaftige Geschichte. Hg. v. K. Müller. Leipzig o. J.
Moser, Friedrich Carl von: Der Herr und der Diener geschildert mit patriotischer Freyheit. Frankfurt 1761.
Mun, Thomas: Englands treasure by forraign trade, or the balance of our forraign trade in the role of our Treasure. London 1664.
Murhard, Karl: Theorie des Geldes und der Münze. Leipzig 1817.
Neukirch, Benjamin: Vorrede von der deutschen Poesie. In: Herrn von Hoffmannswaldau und andrer Deutschen auserlesener und bissher ungedruckter Gedichte. Hg. v. A. G. de Capua u. E. A. Philippson. Tübingen 1961.
Newton, Isaac: Vorstellung der Geld- und Silberspecien, mit dererselben gerechten Werth durch gantz Europa. In: *Graumann* (cf. unter I. 2.)
North, Dudley: Discourses Upon Trade Principally Directed to the Cases of the Interest, Coynage, Clipping, Increase of Money. London 1691. Repr. New York 1970.
Novalis: Schriften. Die Werke Friedrich von Hardenbergs. Hg. v. R. Samuel. Bd. II-IV. Darmstadt 1960–1975.
– Werke in einem Band. Hg. v. H.-J. Mähl u. R. Samuel. München ³1984.
Ovid: Fasti. Lat.-Engl. Übers. u. hg. v. J. G. Frazer. Harvard 1951.
[Pâris-Duverney, Joseph, François Deschamps:] Examen du livre intitulé Réflexions politiques sur les finances et le commerce. La Haye 1740.
Ophellot de la Pause, Henri: cf. unter I. 2. *Sueton*.
Perrault, Charles: Parallèles des Anciens et des Modernes en ce qui regarde les arts et les sciences. Paris 1688. Repr. hg. v. H.-R. Jauß. München 1964.
Petronius: Opera. Harvard 1975.
Petty, William: The Economic Writings of Sir William Petty. Hg. v. C. H. Hull. Cambridge 1899. Repr. Fairfield 1986.
Pfeifer, Johann Friedrich von: Der Teutsche Seidenbau. Berlin 1748.
Platon: Sämtliche Werke. Übers. v. F. Schleiermacher. Hg. v. W. F. Otto, E. Grassi u. G. Plamböck. Hamburg 1957–1959.
Plinius: Naturalis historiae/Naturkunde. Buch XXXIII. München 1989.
– Naturalis historiae/Naturkunde. Buch XXXV. München 1978.
Pluche, Natalis Anton: Linguarum aritficium. Paris 1751.
Plutarch: De Defectu oraculorum u. De Pythiae oraculis. In: Œuvres morales. Hg. u. übers. v. R. Flacelière. Bd. VI. Paris 1974.
– Moralia. Griech.-Engl. Bd. VII. Harvard 1984.
– Vitae/Phocion. In: The Age of Alexander. Nine Greek Lives. Übers. u. hg. v. I. Scott-Kilvert. Harmondsworth 1973.
– Lives. Übers. v. J. u. W. Langhorne. London 1823.
Pope, Alexander: The Poems of Alexander Pope. Hg. v. J. Butt. London ²1968.
Potter, William: The Key of Wealth: Or, a New Way, for Improving of Trade. London 1650.
Pufendorf, Samuel: De jure naturae et gentium. Libri octo (1672/1688). Repr. Oxford 1934.
– De officio hominis et civis juxta legem naturalem. Libri duo (1673/1682). Repr. Oxford 1927.
– Le droit de la nature et des gens. Übers. u. komm. v. J. Barbeyrac. Amsterdam 1714.

Quesnay, François: Œuvres économiques et philosophiques. Hg. v. A. Oncken. Paris 1888.
Quintilian: Institutio Oratoria. Hg. v. L. Rademacher u. V. Buchheit. Leipzig 1971.
Rabelais, François: Gargantua. Hg. v. P. Michel. Paris 1965.
Raumer, Friedrich von: cf. unter I. 1. c. *Berliner Abendblätter.*
Ritter, Johann Wilhelm: Beweis, daß ein beständiger Galvanismus den Lebensproceß in dem Thierreich begleite. Weimar 1798.
– Fragmente aus dem Nachlasse eines jungen Physikers. Ein Taschenbuch für Freunde der Natur. Hg. v. S. u. B. Dietzsch. Leipzig 1984.
Robinet, Jean-Baptiste-René: De la nature. Amsterdam 1766.
Rousseau, Jean-Jacques: Œuvres complètes. Hg. v. B. Gagnebin u. M. Raymond. Paris 1959–1969.
– Œuvres. Hg. v. Lahurie. Bd. IV. Paris 1863.
– Mélanges. Bd. I. Genf 1781.
Sabatier de Castres, Antoine: Les trois siècles de notre littérature. Amsterdam 1773.
Sallust: De coniuratione Catilinae/De bello Iugurthino. Hg. v. W. W. Capes. Oxford 1897.
Scarron, Paul: Le roman comique. Hg. v. Y. Giraud. Paris 1981.
Scaruffi, Gasparo: L'Alitinonfo, per fare ragione e concordanza d'oro e d'argento, che servirá in universale tanto per provedere agli infiniti abusi del tosare e guastare monete, quanto per regolare ogni sorte di pagamenti e ridurre anco tutto il mondo ad una sola moneta. In: Economisti del cinque e seicento. Hg. v. A. Graziani. Bari 1913.
Schelling, Friedrich Wilhelm Joseph von: Ausgewählte Schriften. Hg. v. M. Frank. Frankfurt a/M 1985.
Schiller, Friedrich von: Sämtliche Werke. Säkularausgabe. Hg. v. E. von der Hellen. Stuttgart o. J.
Schlegel, Friedrich: Kritische Ausgabe. Hg. v. E. Behler. Bd. VII. Paderborn 1966.
Schlegel, Johann Adolf: cf. unter I. 2. *Batteux.*
Schleiden, Matthias Jakob: cf. unter II. 1.
Schleiermacher, Friedrich: Über die Religion. Reden an die Gebildeten unter ihren Verächtern. Stuttgart 1969.
Schottelius, Justus Georg: Der schreckliche Sprachkrieg. Horrendum Bellum Grammaticale. Hg. v. F. Kittler u. S. Rieger. Leipzig 1991.
Schreber, Daniel Gottfried: Zwo Schriften von der Geschichte und Nothwendigkeit der Cameralwissenschaften in so ferne sie als Universitätswissenschaften anzusehen sind. Leipzig 1764.
Seckendorff, Veit Ludwig von: Teutscher Fürstenstaat. Mit Anm. u. Reg. v. A. Simson von Biechling. Jena ^{7}1737. Repr. Aalen 1972.
Semler, Johann Jakob Salomo: Abhandlung von freier Untersuchung des Canons. Halle ^{2}1772.
Shaftesbury, Anthony Earl of: Characteristicks of Men, Manners, Opinions, Times. London ^{2}1714. Repr. Farnborough 1968.
Shakespeare, William: The Tragedy of Coriolanus. Hg. u. eing. v. J. D. Wilson. Cambridge 1969.
Smith, Adam: The Glasgow Edition of the Works and Correspondence. Hg. v. D. D. Raphael, A. S. Skinner u. a. Oxford 1976–1983.
Spinoza, Baruch de: Opera quotquot reperta sunt. Hg. v. J. Van Vloten u. J. P. N. Land. Den Haag ^{3}1914.
– Abrégé de grammaire hébraïque. Hg. v. J. Askénazi u. J. Askénazi-Gerson. Paris 1968.
Suarez, Francisco: Tractatus de legibus ac deo legislatore in decem libros distributus. Coimbra 1612. Repr. Oxford 1944.
Sueton: Leben der Caesaren. Übers. u. hg. v. A. Lambert. Zürich 1960.
– Histoires des douze Césars. Übers., eingel. u. komm. v. H. Ophellot de la Pause. Paris 1771.
Tacitus: Historiae/The Histories. Harvard 1979.
Thomasius, Christian: Vorrede von der Historie des Rechts der Natur bis auf Grotium;

von der Wichtigkeit des Grotianischen Werks und von dem Nutzen gegenwärtiger Übersetzung. Vgl. Grotius, *De jure belli ac pacis.*

Thomas von Aquin: Expositionem in Duodecim Libros Metaphysicos Aristotelis. In: Divi Thomae Aquinatis [...] Bd. IV. Venedig 1593.

Tucker, Josiah: Reflections on the Expediency of a Law for the Naturalization of Foreign Protestants London 1751.

– A Brief Essay on the Advantages and Disadvantages with respectively attend France and Great Britain, with Regard to Trade. London [3]1753.

Turgot, Anne Robert Jacques: Œuvres. Hg. v. E. Daire u. H. Dussard. Paris 1844.

– Über die Fortschritte des menschlichen Geistes. Hg. v. J. Rohbeck u. L. Steinbrügge. Frankfurt a/M. 1990.

Vanderlint, Jacob: Money answers all Things, or, an Essay to make Money sufficiently plentiful [...] London 1734. Repr. New York 1971.

Vauban, Sébastien Le Prestre de: Mémoire pour le rapport des Huguenots. Carrières-sous-Poissy 1985.

– La dîme royale. Hg. v. E. Le Roy Ladurie. Paris 1992.

Vaugelas, Claude Favre de Péroges de: Remarques sur la langue françoise. Hg. v. A. Chassang. Paris o. J.

Vaughan, Rice: A Discourse of Coin and Coinage: The first Invention, Use, Matter, Forms, Proportions and Differences [...] London 1675.

Vergil: Opera. Hg. v. R. A. B. Mynors. Oxford 1969.

Voltaire: La Henriade. Paris (Firmin Didot) 1801.

Wallis, John: Grammatica Linguae Anglicanae. Oxford 1653.

Weise, Christian: Sämtliche Werke. Bd. XI. Hg. v. H.-G. Roloff. Berlin 1976.

Wieland, Christian Martin: Werke. Berlin o. J.

Wit, Jean de: cf. unter I. 2. *Court.*

Wolff, Christian: Vernünftige Gedanken von den Kräften des menschlichen Verstandes und ihrem richtigen Gebrauche in Erkenntnis der Wahrheit. Hg. v. H. W. Arndt. Hildesheim 1978.

Xenophon: Œuvres complètes. Hg. u. übers. v. P. Chambry. Bd. I. Paris 1967.

Young, Edward: The Works of the Author of the Night-Thoughts. London 1762.

– Gedanken über die Originalwerke in einem Schreiben an Samuel Richardson. Übers. v. H. E. v. Teubern. Bonn 1910.

II. Sekundärliteratur

1. Zum Hauptteil

Aarsleff, Hans: The study of language in England, 1780–1860. Princeton 1967.
- The Eighteenth Century, Including Leibniz. In: Current Trends in Linguistic. Hg. v. T. A. Sebeok. Bd. 13. Historiography in Linguistics. Berlin 1976.
- From Locke to Saussure. Essays on the Study of Language and Intellectual History. London 1982.

Auroux, Sylvain: L'encyclopédie ›grammaire‹ et ›langue‹ au XVIIIe siècle. o. O. (=Mame) 1973.

Bachmann-Medick, Doris: Die ästhetische Ordnung des Handelns. Moralphilosophie und Ästhetik in der Popularphilosophie des 18. Jahrhunderts. Stuttgart 1989.

Baeumler, Alfred: Das Irrationalitätsproblem in der Ästhetik und Logik des 18. Jahrhunderts bis zur Kritik der Urteilskraft. Tübingen ^{2}1967.

Baudler, Georg: ›Im Worte sehen‹. Das Sprachdenken Johann Georg Hamanns. Bonn 1970.

Baxa, Jakob: Adam Müllers Philosophie, Ästhetik und Staatswissenschaft. Berlin 1929.
- cf. unter I. 1. c. als Herausgeber von *Müller.*

Bayer, Oswald: Zeitgenosse im Widerspruch. Joh. Georg Hamann als radikaler Aufklärer. München 1988.

Becker, Oskar: Grundlagen der Mathematik in geschichtlicher Entwicklung. Frankfurt a/M 1975.

Becq, Annie: Genèse de l'esthétique française moderne 1680–1814. Paris ^{2} 1994.

Belaval, Yvon: Leibniz critique de Descartes. Paris 1960.
- Etudes leibniziennes. De Leibniz à Hegel. Paris 1976.
- Leibniz. De l'âge classique aux lumières. Lectures Leibniziennes. Hg. v. M. Fichant. Paris 1995.

Biographie universelle ou dictionnaire historique. Hg. v. M. Weiss. Paris 1841.

Bitbol-Hespériès, Annie: Le principe de vie chez Descartes. Paris 1990.

Blackall, Eric A.: Die Entwicklung des Deutschen zur Literatursprache. Stuttgart 1966.
- Irony and Imagery in Hamann. In: Publication of the Englisch Goethe Society. 26 (1957), S. 1–25.

Blanke, Fritz: Hamann-Studien. Zürich 1956.

Bloch, Howard: Etymologie et généalogie. Une anthropologie littéraire du Moyen Age français. Paris 1989.

Bloch, Marc: Esquisse d'une histoire monétaire de l'Europe. Paris 1954.

Blumenberg, Hans: Licht als Metapher der Wahrheit. Im Vorfeld der philosophischen Begriffsbildung. In: Studium Generale 7 (1957).
- Anthropologische Annäherung an die Aktualität der Rhetorik. In: Wirklichkeiten in den wir leben. Stuttgart 1981, S. 104–136.
- Die Lesbarkeit der Welt. Frankfurt a/M ^{2}1983.

Bobbio, Norbert: Thomas Hobbes and the Natural Law Tradition. Übers. v. D. Gobetti. Chicago 1993.

Böckenförde, Ernst-Wolfgang: Organ, Organismus, Organisation, politischer Körper. In: Geschichtliche Grundbegriffe (2. Teil). Hist. Lexikon zur politisch-sozialen Sprache in Deutschland. Hg. v. O. Brunner, W. Conze u. R. Koselleck. Bd. IV. Stuttgart 1978, S. 561–622.

Boehlich, Walter: Die historisch-krtische Hamann-Ausgabe (Forschungsbericht). In: Euphorion 50/3 (1956), S. 341–356.

Bogdandy, Armin von: Hegels Theorie des Gesetzes. München 1989.
Borkenau, Franz: Der Übergang vom feudalen zum bürgerlichen Weltbild. Studien zur Geschichte der Philosophie der Manufakturperioden. Paris 1934.
Bouveresse, René: Spinoza et Leibniz. L'idée d'animisme universel. Paris 1992.
Boyden Lamb, Robert: Adam Smith's System: Sympathy Not Self-Interest. Journal of the History of Ideas 35 (1974), S.671–682.
Brauneder, Wilhelm: Bechers Lehre vom Staat. In: Johann Joachim Becher (1635–1682). Hg. v. G. Frühsorge u. G. F. Strasser. Wolfenbütteler Arbeiten zur Barockforschung. Bd.XXII. Wiesbaden 1993, S.41–69.
Brunner, Otto: Neue Wege der Verfassungs- und Sozialgeschichte. Göttingen [2]1968.
Büchsel, Elfriede: Über den göttlichen und menschlichen Ursprung der Sprache. In: Johann Georg Hamann. Insel Almanach auf das Jahr 1988. Hg. v. O. Bayer, B. Gajek u. J. Simon. Frankfurt a/M 1987.
Burmester, Ute: Schlagworte der frühen deutschen Aufklärung. Exemplarische Textanalyse zu Gottfried Wilhelm Leibniz. Frankfurt a/M 1992.
Busse, Dietrich: Historische Semantik. Analyse eines Programms. Stuttgart 1987.
Canguilhem, Georges: Etudes d'histoire et de philosophie des sciences. Paris [5]1983.
– La connaissance de la vie. Paris [2]1989.
Chalk, Alfred F.: Natural Law and the rise of Economic Inividualism in England. In: The Journal of Political Economy. LIX/4 (1951), S.332–347.
Chevalier, Jean-Claude: Histoire de la syntaxe. Naissance de la notion de complément dans la grammaire française (1530–1750). Genève 1968.
Corbin, Henri: Hamann. Philosophe du Luthéranisme. Paris 1937.
Coudert, Allison: Some Theories of a Natural Language from the Renaissance to the Seventeenth Century. In: Studia Leibnitiana. Sonderheft 7. Hg. v. K. Müller, H. Schepers u. W. Totok. Wiesbaden 1978, S.56–114.
Couturat, Louis: La Logique de Leibniz. D'après des documents inédits. Paris 1901.
– cf. unter I.1. a. als Herausgeber von *Leibniz*.
Curtius, Ernst Robert: Europäische Literatur und lateinisches Mittelalter. Bern [10]1984.
Dahan-Dalmedico, Any u. Jeanne Peiffer: Une histoire des mathématiques. Routes et dédales. Paris [2]1986.
Dann, Otto: Begriffe und Typen des Nationalen in der frühen Neuzeit. In: Nationale und kulturelle Identität. Studien zur Entwicklung des kollektiven Bewußtseins in der Neuzeit. Hg. v. B. Giesen. Frankfurt a/M 1991, S.56–73.
Darnton, Robert: Edition et sédition. L'univers de la littérature clandestine au XVIIIe siècle. Paris 1991.
Dascal, Marcelo: Leibniz. Language, Signs and Thought. Amsterdam 1987.
Deleule, Didier: Hume et la naissance du libéralisme économique. Paris 1979.
Derathé, Robert: Jean-Jacques Rousseau et la science politique de son temps. Paris 1950.
Deyon, Pierre: Le mercantilisme. Paris 1969.
Dillmann, Eduard: Eine neue Darstellung der leibnizischen Monadenlehre auf Grund der Quellen. Leipzig 1891. Repr. Hildesheim 1974.
Dippel, Horst: Individuum und Gesellschaft. Soziales Denken zwischen Tradition und Revolution: Smith – Condorcet – Franklin. Göttingen 1981.
Dittrich, Erhard: Die deutschen und österrreichischen Kameralisten. Darmstadt 1974.
Döring, Eberhard: Zufall der Forschung. Aspekte zur Kunst der Erkenntnis. Berlin 1992.
Dohrn-Van-Rossum, Gerhard: Organ, Organismus, Organisation, politischer Körper (1. Teil). In: Geschichtliche Grundbegriffe. Hist. Lexikon zur politisch-sozialen Sprache in Deutschland. Hg. v. O. Brunner, W. Conze u. R. Koselleck. Bd.IV. Stuttgart 1978, S.519–560.
Droixhen, Daniel: La linguistique et l'appel de l'histoire (1600–1800). Genf 1978.
Duchet, Michèle: Anthropologie et histoire au siècle des lumières. Buffon, Voltaire, Rousseau, Helvétius, Diderot. Paris [2]1977.
Dumas, Marie-Noëlle: La pensée de la vie chez Leibniz. Paris 1976.
Dutz, Klaus D.: ›Lingua Adamica nobis certe ignota est‹. Die Sprachursprungsdebatte

und Gottfried Wilhelm Leibniz. In: Theorien vom Ursprung der Sprache. Hg. v. J. Gessinger u. W. v. Rahden. Bd. I. Berlin 1989.
Eco, Umberto: La recherche de la langue parfaite. Hg. u. eingel. v. J. Le Goff, übers. v. J. P. Manganaro. Paris 1994.
Edel, Susanne: Die individuelle Substanz bei Böhme und Leibniz. Studia Leibnitiana. Sonderheft 23. Stuttgart 1995.
Ehrard, Jean: L'idée de nature en France dans la première moitié du XVIIIe siècle. Paris 1963.
Engfer, Hans-Jürgen: Philosophie als Analyse. Studien zur Entwicklung philosophischer Analysekonzeptionen unter dem Einfluß mathematischer Methodenmodelle im 17. und frühen 18. Jahrhundert. Stuttgart 1982.
Engelhardt, Dietrich von: Schellings philosophische Grundlegung der Medizin. In: Natur und geschichtlicher Prozeß. Studien zur Naturphilosophie F. W. J. Schellings. Hg. u. eing. v. H. J. Sandküher. Frankfurt a/M 1984.
Euchner, Walter: Egoismus und Gemeinwohl. Studien zur Geschichte der bürgerlichen Philosophie. Frankfurt a/M 1973.
– Naturrecht und Politik bei John Locke. Frankfurt a/M 1979.
Faure, Edgar: La Banqueroute de Law. 17 Juillet 1720. Paris 1977.
Fichant, Michel: La notion de système dans la physique de Leibniz. In: La notion de nature chez Leibniz. Hg. v. M. de Gaudemar. Studia Leibnitiana. Sonderheft 24. Stuttgart 1995, S. 43–57.
Fornari, Tommaso: Delle Teorie Economiche nelle provincie napolitane dal secolo XIII al MDCCXXXIV. Milano 1882.
Foucault, Michel: cf. unter II. 2.
Frühsorge, Gotthardt: Der politische Körper. Zum Begriff des Politischen im 17. Jahrhundert und in den Romanen Christian Weises. Stuttgart 1974.
Fumaroli, Marc: L'âge de l'éloquence. Rhétorique et ›res literaria‹ de la Renaissance au seuil de l'époque classique. Paris [2]1994.
– L'empire des femmes, ou l'esprit de joie. In: La diplomatie de l'esprit. De Montaige à La Fontaine. Paris 1994, S. 321–339.
Fox-Genovese, Elizabeth: The Origins of Physiocracy. Economic Revolution and Social Order in Eighteenth-Century France. London 1976.
Friedmann, Georges: Leibniz et Spinoza. Paris 1962.
Frye, Northrop: Typologie als Denkweise und rhetorische Figur. In: Typologie. Hg. v. V. Bohn. Frankfurt a/M 1988.
Gajek, Bernhard: Sprache beim jungen Hamann. Bern 1967.
German, Terence J.: Hamann in Language and Religion. Oxford 1981.
Gide, Charles u. Charles, Rist: Histoire des doctrines économiques. Paris [4]1922.
Glacken, Clarence J.: Traces on the Rhodian Shore. Nature and Culture in Western Thought from Ancient Times to the End of the Eighteenth Century. Berkeley 1967.
Graeser, Andreas: Die Philosophie der Antike. Bd. 2. Sophistik und Sokratik, Plato und Aristoteles. München 1983.
Grice-Hutchinson, Marjorie: The School of Salamanca. Readings in Spanish Monetary Theory 1544–1605. Oxford 1952.
Groenewegen, Peter: La ›French connection‹. Influences françaises sur l'économie politique britannique. In: Économie et politique. Dix-huitième siècle (26) 1994, S. 15–36.
Gründer, Karlfried: Figur und Geschichte, Johann Georg Hamanns ›Biblische Betrachtungen‹ als Ansatz einer Geschichtsphilosophie. Freiburg 1958.
Gueroult, Martial: Leibniz. Dynamique et métaphysique. Paris 1967.
Guhrauer, Gottschalk Eduard: Gottfried Wilhelm Freiherr von Leibnitz. Eine Biographie. Breslau 1842.
Gumbrecht, Hans Ulrich: Modern. In: Geschichtliche Grundbegriffe. Historisches Lexikon zur politisch-sozialen Sprache in Deutschland. Hg. v. O. Brunner, W. Conze u. R. Koselleck. Bd. IV. 1978, S. 93–131.
Gurwitsch, Aron: Leibniz. Philsophie des Panlogismus. Berlin 1974.

Guyénot, Émile: Les Sciences de la vie aux XVIIe et XVIIIe siècles. L'idée de l'évolution. Paris 1941.
Hammacher, Klaus: Der persönliche Gott im Dialog? J. G. Hamanns Auseinandersetzungen mit F. H. Jacobis Spinozabriefen. In: Acta des Internationalen Hamann-Colloquiums in Lüneburg 1976. Frankfurt a/M 1979, S. 194–210.
– Shandyismus. Hamanns kritisches Verhör von Jacobis Spinozabüchlein. In: Johann Georg Hamann. Insel-Almanach auf das Jahre 1988. Hg. v. O. Bayer, B. Gajek u. J. Simon. Frankfurt a/M 1987.
Hammerstein, Notker: Samuel Pufendorf. In: Staatsdenker im 17. und 18. Jahrhundert. Reichspublizistik, Politik, Naturrecht. Hg. v. M. Stolleis. Frankfurt a/M 1987, S. 172–196.
Harada, Tetsushi: Politische Ökonomie des Idealismus und der Romantik. Korporatismus von Fichte, Müller und Hegel. Berlin 1989.
Hasbach, Wilhelm: Die allgemeinen philosophischen Grundlagen der von François Quesnay und Adam Smith begründeten politischen Ökonomie. In: Staats- und socialwissenschaftliche Forschungen. Hg. v. G. Schmoller. 10/2. Frankfurt 1890.
Hecht, Jacqueline: Malthus avant Malthus. In: Économie et politique. Dix-huitième siècle (26) 1994, S. 69–78.
Heckscher, Eli F.: Der Merkantilismus. Jena 1932.
Hempelmann, Heinzpeter: Gott ein Schriftsteller. Johann Georg Hamann über die End-Äußerung Gottes ins Wort der Heiligen Schrift und ihre hermeneutischen Konsequenzen. Wuppertal 1988.
Hermann, Karl: Das Staatsdenken bei Leibniz. Bonn 1958.
Hesse, Bodo: ›Ordre naturel‹ und ›inversion‹. Studien zur Sprach- und Dichtungstheorie des französischen 17. und 18. Jahrhunderts. Diss. Bochum 1974.
Hildebrand, Bruno: Die Nationalökonomie der Gegenwart und Zukunft. Frankfurt a/M 1848.
Hoffmann, Volker: Johann Georg Hamanns Philologie. Hamanns Philologie zwischen enzyklopädischer Mikrologie und Hermeneutik. Stuttgart 1972.
Hohner, Ulrich: Zur Problematik der Naturnachahmung in der Ästhetik des 18. Jh. Erlangen 1976.
Hübener,Wolfgang: Zum Geist der Prämoderne. Würzburg 1985.
Hüther, Michael: Die ›Sattelzeitgerechte‹ Entstehung der Nationalökonomie. Ein Beitrag zur Dogmengeschichte. In: Jahrb. für Nationalök. u. Stat. Bd. 205/2 (1988), S. 150–162.
Hutchison, Terence: Before Adam Smith. The Emergence of Political Economy, 1662–1776. Oxford 1988.
Ifrah, Georges: Die Zahlen. Die Geschichte einer großen Erfindung. Übers. v. P. Wanner. Frankfurt a/M 1992.
Ilting, Karl-Heinz: Naturrecht und Sittlichkeit. Begriffsgeschichtliche Studien. Stuttgart 1983.
Jørgensen, Sven-Aage: Kommentar zur ›Aesthetica in nuce‹. Stuttgart 1968.
– Johann Georg Hamann. Stuttgart 1976.
– Zu Hamanns Stil. In: Johann Georg Hamann. Hg. v. R. Wild. Darmstadt 1978.
– Hamanns hermeneutische Grundsätze. In: Aufklärung und Humanismus. Hg. v. R. Toellner. Heidelberg 1980.
Kablitz, Andreas: Rhetorik vs. Hermeneutik? Anmerkungen zum Allegorie-Verständnis in Augustinus' ›De doctrina christiana‹. In: Kodikas/Code. 10 (1987).
Kaiser, Gerhard: Pietismus und Patriotismus im literarischen Deutschland. Ein Beitrag zum Problem der Säkularisation. Frankfurt 1973.
Kalinowski, Georges: La logique juridique et son histoire. In: Archives de Philosophie du Droit. 27 (1982), S. 277–289.
Klibansky, Raymond, Erwin Panofsky u. Fritz Saxl: Saturne et la Mélancolie. Übers. v. F. Durand-Bogaert u. L. Evrard. Paris 1989.
Klingenberg, Anneliese: Smith-Rezeption als ideologische Einleitung der Kunstperiode. Beziehung von Ökonomie, Staatskritik und Kunstidee. In: Kunstperiode. Studien zur deutschen Literatur des ausgehenden 18. Jahrhunderts. Hg. v. P. Weber. (Ost-)Berlin 1982, S. 73–103.

Knittermeyer, Hinrich: Schelling und die romantische Schule. München 1929.
Koepp, Wilhelm: Der Magier unter Masken. Göttingen 1964.
Kondylis, Panajotis: Die Entstehung der Dialektik. Ein Analyse der geistigen Entwicklung von Hölderlin, Schelling und Hegel bis 1802. Stuttgart 1979.
– Die Aufklärung im Rahmen des neuzeitlichen Rationalismus. München ²1986.
– Konservativismus. Geschichtlicher Gehalt und Untergang. Stuttgart 1986.
– Die neuzeitliche Metaphysikkritik. Stuttgart 1990.
Korshin, Paul J.: Typologie als System. In: Typologie. Hg. v. V. Bohn. Frankfurt a/M 1988.
Koselleck, Reinhart: Kritik und Krise. Eine Studie zur Pathogenese der bürgerlichen Welt. Frankfurt a/M ²1959.
Kracht, Thomas: Erkenntnisfragen beim jungen Hamann. Frankfurt a/M 1981.
Kraus, Hans-Joachim: Geschichte der historisch-kritischen Erforschung des Alten Testaments. Neukirchen ³1982.
Krauss, Werner: Cartaud de la Villate. Ein Beitrag zur Entstehung des geschichtlichen Weltbildes in der französischen Aufklärung. Bd. II. Berlin 1960.
– Das Mittelalter in der Aufklärung. In: Medium Aevum Romanicum. Festschrift für Hans Rheinfelder. Hg. v. H. Bihler u. A. Noyer-Weidner. München 1963.
Kurzke, Hermann: Romantik und Konservatismus. Das ›politische‹ Werk Friedrich von Hardenbergs (Novalis) im Horizont seiner Wirkungsgeschichte. München 1983.
Lagrée, Jacqueline: La religion naturelle. Paris 1991.
– La raison ardente. Religion naturelle et raison aux XVIIe siècle. Hugo Grotius. Paris 1991.
– Juste Lipse. La restauration du stoïcisme. Paris 1994.
Lange, Diedrich: Zur sozial-philosophischen Gestalt der Marktwirtschaftstheorie bei Adam Smith. München 1983.
Langen, August: Der Wortschatz des deutschen Pietismus. Tübingen 1954.
Langholm, Odd: Price and Value in the Aristotelian Tradition. A study in scholastic economic sources. Bergen 1979.
Lasswitz, Kurt: Geschichte der Atomistik. Hamburg 1890.
Lenders, Winfried: Die Verwendung des Terminus ›Kommunikation‹ bei G. W. Leibniz und Chr. Wolff. In: IPK-Forschungsbericht 68/2.
List, Friedrich: Das nationale System der Politischen Oekonomie. Hg. v. H. Waentig. Jena 1928.
Loemker, Leroy E.: Struggle for Synthesis. The Seventeenth Century Background of Leibniz's Synthesis of Order and Freedom. Cambridge 1972.
Lütke, Heinz: vgl. unter II. 1. *Wiskemann*.
Lumpp, Hans-Martin: Philologia crucis. Zu Johann Georg Hamanns Auffassung von der Dichtkunst. Mit einem Kommentar zur ›Aesthetica in nuce‹. Tübingen 1970.
Lutfalla, Michel: Aux origines de la pensée économique. Prodromes, épigones et périparadigmatiques. Paris 1981.
Maier, Hans: Die ältere deutsche Staats- und Verwaltungslehre. München ³1986.
Majetschak, Stefan: Über den ›Geschmack an Zeichen‹. Zu Johann Georg Hamanns Begriff des Textes, des sprachlichen Zeichens und des Stils. In: Kodikas/Code.10 (1987), S. 135–151.
Mannheim, Karl: vgl. unter II. 2.
Marouby, Christian: Utopie et primitivisme. Essai sur l'imaginaire anthropologique à l'âge classique. Paris 1990.
Marx, Karl: Das Kapital. Kritik der politischen Ökonomie. Berlin ¹¹1962.
Mathiot, Jean: Adam Smith. Philosophie et économie. De la sympathie à l'échange. Paris 1990.
Mauss, Marcel: cf. unter II. 2.
Medick, Hans: Naturzustand und Naturgeschichte der bürgerlichen Gesellschaft. Göttingen 1973.
Meinhold, Peter: Hamanns Theologie der Sprache. In: Johann Georg Hamann. Acta des Internationalen Hamann Colloquiums (1976). Frankfurt a/M 1979, S. 53–64.

Mercer, Christia: The Seventeenth-Century Debate Between the Moderns and the Aristotelians: Leibniz and Philosophia Reformata. In: Leibniz' Auseinandersetzung mit Vorgängern und Zeitgenossen. Hg. v. Ingrid Marchlechwitz u. Albert Heinekamp. Studia Leibnitiana Supplementa. Bd. XXVII. Stuttgart 1990, S. 18–29.

Merlan, Philip: Parva Hamanniana. Hamann as Spokesman of the Middle Class. In: Journal of the History of Ideas. IX/3 (1948), S. 380–384.

Metzke, Erwin: J. G. Hamanns Stellung in der Philosophie des 18. Jahrhunderts. Eine Preisarbeit. Halle a/S 1934. Repr. Darmstadt 1967.

Miranda-Justo, José: Michaelis' Preisschrift und Hamanns Sprachauffassung bis 1760. Versuch einer Gegenüberstellung. In: Johann Georg Hamann und die Krise der Aufklärung. Acta des fünften Internationaler Hamann-Kolloquiums in Münster i. W. (1988) Frankfurt a/M 1990, S. 239–254.

Moll, Konrad: Der junge Leibniz. Bd. I. Die wissenschaftstheoretische Problemstellung seines ersten Systementwurfs. Der Anschluß an Erhard Weigels Scientia Generalis. Stuttgart 1978.

– Der junge Leibniz. Bd. II. Der Übergang vom Atomismus zu einem mechanistischen Aristotelismus. Der revidierte Anschluß an Pierre Gassendi. Stuttgart 1982.

– Die erste Monadenkonzeption des jungen Leibniz und ihre Verbindung zur mechanistischen Wahrnehmungstheorie von Thomas Hobbes. In: Leibniz' Auseinandersetzung mit Vorgängern und Zeitgenossen. Hg. v. I. Marchlewitz u. A. Heinekamp. Studia Leibnitiana. Supplementa. Bd. XXVII. Stuttgart 1990, S. 52–62.

Muff, Margrit: Leibnizens Kritik der Religionsphilosophie von John Toland. Diss. Zürich 1940.

Nadler, Josef: Johann Georg Hamann. Der Zeuge des Corpus mysticum. Salzburg 1949.

– Die Hamannausgabe. Vermächtnis – Bemühungen – Vollzug. Tübingen 1930.

– cf. unter I. 1. b. als Herausgeber von *Hamann*.

Naville, Pierre: Thomas Hobbes. Paris 1988.

Nonnenmacher, Günther: Die Ordnung der Gesellschaft. Mangel und Herrschaft in der politischen Philosophie der Neuzeit: Hobbes, Locke, Adam Smith, Rousseau. Weinheim 1989.

Olender, Maurice: Les langues du paradis. Aryens et Sémites: un couple providentiel. Paris 1989.

Ostwald, Wilhelm: Johann Wilhelm Ritter. Rede gehalten auf der ersten Jahresversammlung der Deutschen Elektrochemischen Gesellschaft am 5. Oktober 1894 in Berlin. Cf. unter I. 2. *Ritter* (Fragmente).

Panichi, Nicola: Antoine de Montchrétien. Il Circolo dello Stato. Napoli 1989.

Pentzlin, Heinz: Das Geld. Berlin 1982.

Philonenko, Alexis: Le transcendantal et la pensée moderne. Etudes d'histoire de la philosophie. Paris 1989.

Pichler, Aloys: Die Theologie des Leibniz. München 1870.

Piske, Irmgard: Offenbarung, Sprache, Vernunft. Zur Auseinandersetzung Hamanns mit Kant. Frankfurt a/M 1989.

Pombo, Olga: Leibniz and the Problem of a Universal Language. Münster 1987.

Priddat, Birger P.: Natur-Stoff und Wert-Form. In: Zur Modernisierung des Naturbegriffs in der Ökonomie des 18. und 19. Jahrhunderts. Stuttgart 1991, S. 67–99.

Proß, Wolfgang: ›Natur‹, Naturrecht und Geschichte. Zur Entwicklung der Naturwissenschaften und der sozialen Selbstinterpretation im Zeitalter des Naturrechts (1600–1800). In: Internationales Archiv für Sozialgeschichte der deutschen Literatur. Bd. 3 (1978), S. 38–67.

– J. G. Herder ›Über den Ursprung der Sprache‹. Text, Materialien, Kommentar. München 1978.

– ›Zurück zur Natur‹ – ein Problem in der Literaturgeschichte der Neuzeit. In: Kultur und Natur. Hg. A. Mercier u. M. Svilar. Bern 1990/91, S. 147–186.

– Einführung in die Diskussion. (Kommentierung naturwissenschaftlicher Texte) In: Acta historica Leopoldina 20 (1992), S. 121–132.

– Genie und Normierung. Goethes Übersetzungen und die Krise des klassiszistischen Programms. Unveröffentlicht.
Pulte, Helmut: Das Prinzip der kleinsten Wirkung und die Kraftkonzeption der rationalen Mechanik. Eine Untersuchung zur Grundlegungsproblematik bei Leonhard Euler, Pierre Louis Moreau de Maupertuis und Joseph Louis Lagrange. Studia leibnitiana. Sonderheft 19. Stuttgart 1989.
Reill, Peter Hanns: Das Problem des Allgemeinen und des Besonderen im geschichtlichen Denken und in den historiographischen Darstellungen des späten 18. Jahrhunderts. In: Teil und Ganzes. Zum Verhältnis von Einzel- und Gesamtanalyse in Geschichts- und Sozialwissenschaften. Hg. v. K. Acham u. W. Schulze. Beiträge zur Historik. Bd. 6. München 1990, S. 141–168.
Ricken, Ulrich: Rationalismus und Sensualismus in der Diskussion über die Wortstellung. In: Literaturgeschichte als geschichtlicher Auftrag. Festschrift für W. Krauss. Hg. v. W. Bahner. Berlin 1961.
– Die Kontroverse Du Marsais und Beauzée gegen Batteux, Condillac und Diderot. Ein Kapitel der Auseinandersetzung zwischen Sensualismus und Rationalismus in der Sprachdiskussion der Aufklärung. In: History of Linguistic thought and Contemporary Linguistics. Hg. v. H. Parret. Berlin 1976.
– Sprache, Anthropologie, Philosophie in der französischen Aufklärung. Berlin 1984.
– Leibniz, Wolff und einige sprachtheoretische Entwicklungen in der deutschen Aufklärung. Berlin 1989.
– Von Descartes zu Locke und Leibniz. In: Sprachtheorie und Weltanschauung in der europäischen Aufklärung. Berlin 1990.
Rist, Charles: Geschichte der Geld- und Kredittheorien. Von John Law bis heute. Bern 1947.
Robinet, André: Le langage à l'âge classique. Paris 1978.
– Sens et rôle philosophique de la Spécieuse. La symbolique du calcul différentiel et intégral. In: Studia leibnitiana. Sonderheft 14. Stuttgart 1986.
– G. W. Leibniz. Le meilleur des mondes par la balance de l'Europe. Paris 1994.
Roger, Jacques: Les sciences de la vie dans la pensée française du XVIIIe siècle. La génération des animaux de Descartes à l'Encyclopédie. Paris 1963.
– Leibniz et les Sciences de la Vie. In: Studia Leibnitiana. Supplementa. Bd. II. Hg. v. K. Müller u. W. Totok. Wiesbaden 1969, S. 209–219.
Rohbeck, Johannes: Egoismus und Sympathie. David Humes Gesellschafts- und Erkenntnistheorie. Frankfurt 1978.
– cf. unter I. 2. *Turgot.*
Rohner, Ludwig: Der deutsche Essay. Materialien zur Geschichte und Ästhetik einer literarischen Gattung. Neuwied 1966.
Ronan, Colin: Histoire mondiale des sciences. Übers. v. C. Bonnafont. Paris 1983.
Roscher, Wilhelm: Zur Geschichte der englischen Volkswirtschaftslehre im sechzehnten und siebzehnten Jahrhundert. In: Abhandlungen der königlich sächsischen Gesellschaft der Wissenschaften zu Leipzig. 3 (1857), S. 1–146.
– Wilhelm Roscher: Die Ein- und Durchführung des Adam Smith-schen Systems in Deutschland. In: Berichte über die Verhandlungen der Königlichen Sächsischen Gesellschaft der Wissenschaften zu Leipzig. 19 (1867), S. 1–74.
– Geschichte der Nationalökonomik in Deutschland. München 1874.
Ross, George Macdonald: Leibniz and Alchemy. In: Studia Leibnitiana. Sonderheft 7. Hg. v. K. Müller, H. Schepers u. W. Totok. Wiesbaden 1978, S. 166–180.
Rossi-Landi, Ferruccio: Semiotik, Ästhetik und Ideologie. Übers. v. B. Kroeber. München 1976.
Rudolph, Günther: Adam Müller im Zerrspiegel feudalabsolutistischer Apologetik durch Adam Müller. Ein Beitrag zur negativen Wirkungsgeschichte des Smithschen Systems in Deutschland. In: 200 Jahre Adam Smith' ›Reichtum der Nationen‹. Internationalcs Kolloquium in Halle. Hg. v. P. Thaal. Taunus 1976, S. 98–104.
Sahlin, Gunvor: César Chesneau Du Marsais et son rôle dans l'évolution de la grammaire générale. Paris 1928.

Saint Girons, Baldine: Fiat lux. Une philosophie du sublime. Paris 1993.
Salmony, Hansjörg Alfred: Johann Georg Hamanns metakritische Philosophie. Zollikon 1958.
Salz, Arthur: Leibniz als Volkswirt, ein Bild aus dem Zeitalter des deutschen Merkantilismus. In: Jahrbuch für Gesetzgebung, Verwaltung und Volkswirtschaft im Deutschen Reich. 24/3 (1910), S. 197–222.
Santebin, Hyppolyte: Un linguiste français du XVIIIe siècle. Le président de Brosses. Diss. Bern 1899.
Sauzin, Louis: Adam-Heinrich Müller (1779–1829). Sa vie et son œuvre. Paris 1937.
Scaglione, Aldo: Komponierte Prosa von der Antike bis zur Gegenwart. Bd. I. Die Theorie der Textkomposition in den klassischen und den westeuropäischen Sprachen. Stuttgart 1981.
– The Theory of German Word Order from the Renaissance to the Present. Minnesota 1981.
Schaeffer, Jean-Marie: La naissance de la littérature. Théorie et esthétique du romantisme allemand. Paris 1983.
Scheel, Günther: Leibniz auf den Spuren von Alchemisten in Berlin zur Zeit König Friedrichs I. In: Leibniz in Berlin. Studia Leibnitiana. Sonderheft 16. Hg. v. H. Poser u. A. Heinekamp. Stuttgart 1990, S. 253›270.
Schiedermair, Hartmut: Das Phänomen der Macht und die Idee des Rechts bei Gottfried Wilhelm Leibniz. Wiesbaden 1970.
Schimank, Hans: Johann Wilhelm Ritter. Der Begründer der wissenschaftlichen Elektrochemie. In: Deutsches Museum. Abhandlungen und Berichte. V/6 (1933).
Schleiden, Matthias Jakob: Schelling's und Hegel's Verhältniß zur Naturwissenschaft Leipzig 1844. Repr. hg. v. O. Breidbach. Weinheim 1988.
Schmidt, Friedrich W.: Zum Begriff der Negativität bei Schelling und Hegel. Stuttgart 1971.
Schmidt, Martin: Pietismus. Stuttgart 1972.
Schmidt-Biggemann, Wilhelm: Topica universalis. Eine Modellgeschichte humanistischer und barocker Wissenschaft. Hamburg 1983.
– Theodizee und Tatsachen. Das philosophische Profil der deutschen Aufklärung. Frankfurt a/M 1988.
Schneider, Hans-Peter: Justitia Universalis. Quellenstudien zur Geschichte des ›christlichen Naturrechts‹ bei Gottfried Wilhelm Leibniz. Frankfurt a/M 1967.
– Gottfried Wilhelm Leibniz. In: Staatsdenker im 17. und 18. Jahrhundert. Reichspublizistik, Politik, Naturrecht. Hg. v. M. Stolleis. Frankfurt a/M 1987, S. 197–226.
Schönrich, Gerhard: Zeichenhandeln. Untersuchungen zum Begriff einer semiotischen Vernunft im Ausgang von Ch. S. Peirce. Frankfurt a/M. 1990.
Schulenburg, Sigrid von der: Leibnizens Gedanken und Vorschläge zur Erforschung der deutschen Mundarten. In: Abhandlungen der Preußischen Akademie der Wissenschaften. 2 (1937).
– Leibniz als Sprachforscher. Hg. v. K. Müller. Frankfurt a/M 1973.
Schumpeter, Joseph A.: Geschichte der ökonomischen Analyse. Bd. 1. Göttingen 1965.
Schurtz, Heinrich: Urgeschichte der Kultur. Leipzig 1900.
Sédillot, René: Histoire morale & immorale de la monnaie. Paris 1989.
Sève, René: Leibniz et l'École moderne du droit naturel. Paris 1989.
Senger, Anneliese: Deutsche Übersetzungstheorie im 18. Jahrhundert (1734–1746). Bonn 1971.
Servet, Jean-Michel: La fable du troc. In: Économie et politique. Dix-huitième siècle (26) 1994, S. 103–115.
Shell, Marc: cf. unter II. 2.
Simon, Frank: Dialekt und Hellenismus ›Kleeblatt hellenistischer Briefe‹. In: Johann Georg Hamann. Insel Almanach auf das Jahr 1988. Hg. v. O. Bayer, B. Gajek u. J. Simon. Frankfurt a/M. 1987, S. 53–60.
Simon, Josef: Hamann und die gegenwärtige Sprachphilosophie. In: Acta des zweiten Internationalen Hamann-Colloquiums 1980. Marburg 1983.

Small, Albion W.: The Cameralists. The Pioneers of German Social Polity. Chicago 1909.
Sombart, Werner: Der moderne Kapitalismus. Historisch-systematische Darstellung des gesamteuropäischen Wirtschaftslebens von seinen Anfängen bis zur Gegenwart. I. Bd. München ^{5}1922.
Sommer, Louise: Die Österreichischen Kameralisten. In Dogmengeschichtlicher Darstellung. Wien 1920/1925.
Sommer, Robert: Grundzüge einer Geschichte der deutschen Psychologie und Aesthetik von Wolff-Baumgarten bis Kant-Schiller. Würzburg 1892. Repr. Hildesheim 1975.
Spann, Othmar: Fundament der Volkswirtschaftslehre. Jena ^{2}1921.
Sperber, Hans: Der Einfluß des Pietismus auf die Sprache des 18. Jahrhunderts. In: DVjS VIII/3 (1930), S.497–515.
Strack, Friedrich: Im Schatten der Neugier. Christliche Tradition und kritische Philosophie im Werk Friedrichs von Hardenberg. Tübingen 1982.
Stackelberg, Jürgen von: Die Académie Française. In: Der Akademiegedanke im 17. und 18. Jahrhundert. Hg. v. F. Hartmann u. R. Vierhaus. Wolfenbütteler Forschungen. Bd.3. Bremen und Wolfenbüttel 1977.
Stampe, Ernst: War Carolus Malinaeus Nominalist? Eine Untersuchung über seinen ›Valor extrinsecus monetae‹. In: Sitzungsberichte der preußischen Akademie der Wissenschaften. Phil.-hist. Klasse (1926), S.37–66.
Stollberg-Rilinger, Barbara: Der Staat als Maschine. Historische Forschungen. Bd.30. Berlin 1986.
Stolleis, Michael: Pecunia Nervus Rerum. Zur Staatsfinanzierung der frühen Neuzeit. Frankfurt a/M 1983.
Strasser, Gerhard F.: Lingua Universalis. Kryptologie und Theorie der Universalsprachen im 16. und 17. Jahrhundert. Wolfenbütteler Forschungen Bd.38. Wiesbaden 1988.
Srbik, Heinrich von: Wilhelm von Schröder. Ein Beitrag zur Geschichte der Staatswissenschaften. In: Sitzungsberichte der Kais. Akademie der Wissenschaften in Wien. 164/1.
Teich, Mikulás: Interdisciplinarity in J.J. Becher's Thought. In: In: Johann Joachim Becher (1635–1682). Hg. v. G. Frühsorge u. G. F. Strasser. Wolfenbütteler Arbeiten zur Barockforschung. Bd.XXII. Wiesbaden 1993, S.23–40.
Tilliette, Xavier: Hamann und die Engelsprache. Über eine Stelle der ›Aesthetica in nuce‹. In: Johann Georg Hamann. Acta des Internationalen Hamann-Colloquiums (1976). Frankfurt a/M 1979, S.66–76.
Todorov, Tzvetan: Théories du symbole. Paris 1977.
Trabant, Jürgen: Traditionen Humboldts. Frankfurt a/M 1990.
Tymieniecka, Anna-Teresa: Individualität, Zeugung und Biologie in Leibniz' Metaphysik. In: Studia Leibnitiana. Supplementa. Bd.II. Hg. v. K. Müller u. W. Totok. Wiesbaden 1969, S.220–230.
Unger, Rudolf: Hamanns Sprachtheorie in Zusammenhang seines Denkens. Grundlegung zu einer Würdigung der geistesgeschichtlichen Stellung des Magus im Norden. München 1905.
– Hamann und die Aufklärung. Studien zur Vorgeschichte des romantischen Geistes im 18. Jahrhundert. Jena 1911.
Vilar, Pierre: Gold und Geld in der Geschichte. Vom Ausgang des Mittelalter bis zur Gegenwart. München 1984.
Viner, Jacob: Essays on the Intellectual History of Economics. Princeton 1991.
Weber, Adolf: Die Geldqualität der Banknote. Eine juristisch-socialökonomische Untersuchung. Leipzig 1900.
Weber, Max: Wirtschaft und Gesellschaft. Grundriß der verstehenden Soziologie. Tübingen ^{5}1972.
– Gesammelte Aufsätze zur Wissenschaftslehre. Hg. v. J. Winckelmann. Tübingen ^{7}1988.
Weimar, Klaus: Gesichte der deutschen Literaturwissenschaft bis zum Ende des 19. Jahrhunderts. München 1989.
Weinacht, Paul-L.: Fünf Thesen zum Begriff der Saatsräson. In: Staatsräson. Studien zur Geschichte eines politischen Begriffs. Hg. v. R. Schnur. Berlin 1975.

Weiß, Helmut: Johann Georg Hamanns Ansichten zur Sprache. Versuch einer Rekonstruktion aus dem Frühwerk. Münster 1990.
- Johann Georg Hamann und die Sprachtheorie der Aufklärung. In: Understanding the Historiography of Linguistics. Hg. v. W. Hüllen. Münster 1990, S. 99–115.
Welzel, Hans: Die Socialitas als oberstes Prinzip der Naturrechtslehre Samuel Pufendorfs. Heidelberg 1930.
- Naturrecht und materielle Gerechtigkeit. Prolegomena zu einer Rechtsphilosophie. Göttingen 1951.
Weulersse, Georges: Le mouvement physiocratique en France (de 1756 à 1770). Paris 1910.
- Les Physiocrates. Paris 1931.
Whitney, Charles: Francis Bacon. Die Begründung der Moderne. Frankfurt a/M 1989.
Willoweit, Dietmar: Hermann Conring. In: Staatsdenker im 17. und 18. Jahrhundert. Reichspublizistik, Politik, Naturrecht. Hg. v. M. Stolleis. Frankfurt a/M 1987, S. 129–147.
Winkel, Harald: Die deutsche Nationalökonomie im 19. Jahrhundert. Darmstadt 1977.
Wiskemann, Erwin u. Heinz Lütke: Der Weg der deutschen Volkswirtschaftslehre. Ihre Schöpfer und Gestalter im 19. Jahrhundert. Berlin 1937.
Wolff, Michael: Geschichte der Impetustheorie. Untersuchungen zum Ursprung der klassischen Mechanik. Frankfurt a/M. 1978.
Woolhouse, Roger S.: Descartes, Spinoza, Leibniz. The Concept of Substance in Seventeenth Century Metaphysics. London 1993.
Zarka, Yves-Charles: Le droit naturel selon Leibniz. In: La notion de nature chez Leibniz. Hg. v. M. de Gaudemar. Studia Leibnitiana. Sonderheft 24. Stuttgart 1995, S. 181–192.
Zielenziger, Kurt: Die alten deutschen Kameralisten. Jena 1914.
Zimmermann, Albert: Das sinnliche Strebevermögen gemäß Thomas von Aquin. In: Aristotelisches Erbe im Arabisch-Lateinischen Mittelalter. Hg. v. A. Zimmermann. Berlin 1986, S. 43–52.

2. Zur Einleitung

Aristoteles: cf. unter I. 2.
Austin, John Langshaw: How to Do Things With Words. Oxford ^{2}1975.
- Performative Äußerungen. In: Logik und Sprache. Hg. v. A. Menne u. G. Frey, Bern 1974.
Baeumer, Max L.: Vorwort; in: Toposforschung. Hg. v. dems. Darmstadt 1973, S. VII-XVII.
Barner, Wilfried: Barockrhetorik. Untersuchungen zu ihren geschichtlichen Grundlagen. Tübingen 1970.
Barthes, Roland: Literatur oder Geschichte. Übers. v. H. Scheffel. Frankfurt a/M 1969.
Blumenberg, Hans: cf. unter II. 1.
Böhringer, Hannes: Die ›Philosophie des Geldes‹ als ästhetische Theorie. Stichworte zur Aktualität Georg Simmels für die moderne bildende Kunst. In: Georg Simmel und die Moderne. Neue Interpretationen und Materialien. Hg. v. H.-J. Dahme u. O. Rammstedt. Frankfurt a/M 1984, S. 178–182.
Bogdandy, Armin von: cf. unter II. 1.
Bornscheuer, Lothar: Topik. Zur Struktur der gesellschaftlichen Einbildungskraft. Frankfurt a/M 1976.
- Bemerkungen zur Toposforschung. In: Mittellateinisches Jahrbuch. Bd. 11 (1976), S. 312–320.
- Topik. In: Reallexikon der deutschen Literaturgeschichte. Bd. IV. Hg. v. K. Kanzog u. A. Masser. Berlin ^{2}1984, S. 454–475.
- Bemerkungen zur Toposforschung. In: Mittellateinisches Jahrbuch. Bd. 22 (1987), S. 312–320.
Bourdieu, Pierre: Ce que parler veut dire. L'économie des échanges linguistiques. Paris 1982.

– Les règles de l'art. Genèse et structure du champ littéraire. Paris 1992.
Breuer, Stefan: Ästhetischer Fundamentalismus. Stefan George und der deutsche Antimodernismus. Darmstadt 1995.
Brunschwig, Jacques: Rhétorique et dialectique, ›Rhétorique‹ et ›Topiques‹. In: Aristotles' ›Rhetoric‹. Philosophical Essays. Hg. v. D. J. Furley u. A. Nehamas. Princeton 1994, S. 57–96.
Busse, Dietrich: Historische Semantik. Analyse eines Programms. Stuttgart 1987.
Cavalli, Alessandro: Max Weber und Georg Simmel: Sind die Divergenzen wirklich so groß? In: Max Webers Wissenschaftslehre. Interpretation und Kritik. Hg. v. G. Wagner u. H. Zipprian. Frankfurt a/M 1994, S. 224–238.
Chomsky, Noam: Aspekte der Syntax-Theorie. Frankfurt a/M 1973.
Cicero: cf. unter I. 2.
Cizek, Alexander: Zur Bedeutung der ›topoi enkomiastikoi‹ in der antiken Rhetorik. In: Topik. Beiträge zur interdisziplinären Diskussion. Hg. v. D. Breuer u. H. Schanze. München 1981, S. 33–41.
Corneille, Jean-Pierre: La linguistique structurale. Sa portée, ses limites. Paris 1976.
Coseriu, Eugenio: Sprachtheorie und allgemeine Sprachwissenschaft. München 1975.
Coulmas, Florian: Die Wirtschaft mit der Sprache. Eine sprachsoziologische Studie. Frankfurt a/M 1992.
Davidson, Donald: What Metaphors Mean. In: Inquiries into Truth and Interpretation. Oxford 1984.
Delègue, Yves: La perte des mots. Essai sur la naissance de la ›littérature‹ aux XVIe et XVIIe siècles. Strassbourg 1990.
De Man, Paul: Allegories of Reading. Figural Language in Rousseau, Nietzsche, Rilke and Proust. New Haven 1979.
– The Resistance to Theory. Minnesotta 1986.
– Die Ideologie des Ästhetischen. Hg. v. C. Menke, übers. v. J. Blasius. Frankfurt a/M 1993.
Derrida, Jacques: De la grammatologie. Paris 1967.
– Donner le temps. 1. La fausse monnaie. Paris 1991.
Dumarsais: cf. unter I. 2.
Erlich, Victor: Russischer Formalismus. Übers. v. M. Lohner. Frankfurt a/M 1973.
Feyerabend, Paul: Erkenntnis für freie Menschen. Veränderte Ausgabe. Frankfurt/M 1980.
Fleck, Ludwik: Entstehung und Entwicklung einer wissenschaftlichen Tatsache. Einführung in die Lehre vom Denkstil und Denkkollektiv. Hg. v. L. Schäfer u. T. Schnelle. Frankfurt a/M ^{2}1993.
– Schauen, sehen, wissen. In: Erfahrung und Tatsache. Gesammelte Aufsätze. Hg. v. L. Schäfer u. T. Schnelle. Frankfurt a/M 1983, S. 147–174.
Foucault, Michel: Les mots et les choses. Une archéologie des sciences humaines. Paris 1966.
– Archéologie du savoir. Paris 1969.
Frank, Manfred: Was ist Neostrukturalismus? Frankfurt a/M 1983.
Frege, Gottlob: Funktion, Begriff, Bedeutung. Hg. v. G. Patzig. Göttingen 1962.
Genette, Gérard: Figures III. Paris 1972.
Garvin, Paul L.: Review of the ›Prolegomena to a theory of language‹ by Louis Hjelmslev. In: Language 30/1 (1954), S. 69–96.
– Palimpsestes. La littérature au second degré. Paris 1982.
– Seuils. Paris 1987.
– Fiction et diction. Paris 1991.
Gochet, Paul: Quine zur Diskussion. Ein Versuch vergleichender Philosophie. Frankfurt 1984.
Goodman, Nelson: When is Art? In: The Arts and Cognition. Hg. v. D. Perkins u. B. Leondar. Baltimore 1977.
Goody, Jack: Die Logik der Schrift und die Organisation von Gesellschaft. Übers. v. U. Opolka. Frankfurt a/M 1990.

Goux, Jean-Joseph: Les monnayeurs du langage. Paris 1984.
Gräser, Andreas: cf. unter II. 1.
Haack, Susan: Philosophy of Logics. Cambridge 1978.
- Rebuilding the Ship While Sailing on the Water. In: Perspectives on Quine. Hg. v. R. Barrett u. R. Gibson. Cambridge 1990.
Hörisch, Jochen: cf. unter II. 2. *Sohn-Rethel.*
Halliday, M. A. K.: Language as social semiotic. The social interpretation of language and meaning. London 1978.
Hillmann, Karl-Heinz: Wertwandel. Zur Frage soziokultureller Voraussetzungen alternativer Lebensformen. Darmstadt ^{2}1989.
Jakobson, Roman: Linguistik und Poetik. Übers. v. H. Blumensath u. R. Kloepfer, übera. v. J. Ihwe. In: Literaturwissenschaft und Linguistik. Eine Auswahl Texte zur Theorie der Literaturwissenschaft. Bd. I. Hg. v. J. Ihwe. Frankfurt a/M 1972, S. 99–135.
Jauß, Hans Robert: Literaturgeschichte als Provokation. Frankfurt a/M 1970.
Katz, Jerrold J. u. Paul M. Postal: Théorie globale des descriptions linguistiques. Übers. v. J. Y. Pollock. Paris 1973.
Kemper, Jozef A. R.: Topik in der antiken rhetorischen Techne. In: Topik. Beiträge zur interdisziplinären Diskussion. Hg. v. D. Breuer u. H. Schanze. München 1981, S. 17–32.
Kettler, David/Volker Meja u. Nico Stehr: Politisches Wissen. Studien zu Karl Mannheim. Übers. v. R. Blomert. Frankfurt a/M 1989.
Lacan, Jacques: Écrits I. Paris 1966.
Lévi-Strauss, Claude: Anthropologie structurale. Paris 1958.
Link, Jürgen: Literaturwissenschaftliche Grundbegriffe. Eine programmierte Einführung auf strukturalistischer Basis. München ^{2}1979.
Lutfalla, Michel: cf. unter II. 1.
Mannheim, Karl: Wissenssoziologie. Auswahl aus dem Werk. Hg. v. K. H. Wolff. Berlin 1964.
- Strukturen des Denkens. Hg. v. D. Kettler, V. Meja u. N. Stehr. Frankfurt a/M 1980.
- Konservatismus. Ein Beitrag zur Soziologie des Wissens. Hg. v. D. Kettler, V. Meja u. N. Stehr. Frankfurt a/M 1984.
Martinet, André: Au sujet des ›Fondements de la théorie linguistique‹ de Louis Hjelmslev. In: Bulletin de la Sociéte de linguistique 42/2 (1946), S. 19–42.
Mauss, Marcel: Œuvres. Bd. II. Hg. v. V. Karady. Paris 1968.
Moos, Peter von: Geschichte als Topik. Das rhetorische Exemplum von der Antike zur Neuzeit und die ›historiae‹ im ›Policraticus‹ Johanns von Salisbury. Hildesheim 1988.
Nedelmann, Birgitta: ›Psychologismus‹ oder Soziologie der Emotionen? Max Webers Kritik an der Soziologie Georg Simmels. In: Simmel und die frühen Soziologen. Nähe und Distanz zu Durkheim, Tönnies und Max Weber. Hg. v. O. Rammstedt. Frankfurt a/M 1988, S. 11–35.
Nietzsche, Friedrich: Werke. Bd. I. Leipzig 1924.
Pater, W. A. de: Les Topiques d'Aristote et la Dialectique Platonicienne. Fribourg 1965.
Piaget, Jean: Le structuralisme. Paris 1968.
Proß, Wolfgang: cf. unter II. 1.
Putnam, Hilary: Vernunft, Wahrheit und Geschichte. Übers. v. J. Schulte. Frankfurt a/M 1982.
Quine, Willard Van Orman: Notes on Existence and Necessity. In: Journal of Philosophy 40 (1943).
- Willard Van Orman Quine: Word and Object. Cambridge 1960.
- Grundzüge der Logik. Übers. v. D. Siefkes. Frankfurt a/M 1974.
- Willard Van Orman Quine: Roots of Reference. La Salle 1974.
- Theorien und Dinge. Übers. v. J. Schulte. Frankruft a/M 1985.
- Three Indeterminacys. In: Perspectives on Quine. Hg. v. R. Barrett u. R. Gibson. Cambridge 1990.
Quintilian: cf. unter I. 2.
Ricœur, Paul: Die Metapher und das Hauptproblem der Hermeneutik. In: Theorie der Metapher. Hg. v. A. Haverkamp. Darmstadt 1983.

Röska-Hardy, Louise: Die ›Bedeutung‹ in natürlichen Sprachen. Frankfurt a/M 1988.
Saussure, Ferdinand de: Cours de linguistique générale. Hg. v. T. de Mauro. Paris ²1983.
Savigny, Eike von: Grundkurs im wissenschaftlichen Definieren. München 1970.
Scheler, Max: Versuch einer Philosophie des Lebens. In: Vom Umsturz der Werte. Bern ⁵1972, S. 313–339.
Schmidt-Biggemann, Wilhelm: cf. unter II. 1.
Schütz, Alfred: Das Problem der Relevanz. Frankfurt a/M 1971.
Shell, Marc: The Economy of Literature. Baltimore 1979.
– Money, Language, and Thought. Literary and philosophical economies from the medieval to the modern era. Berkeley 1982.
Simiand, François: La monnaie réalité sociale. In: Annales sociologiques. D/1 (1934), S. 1–59.
Simmel, Georg: Die Probleme der Geschichtsphilosophie. Leipzig ⁵1923.
– Philosophie des Geldes. Hg. v. D. P. Frisby u. K. C. Köhnke. Frankfurt a/M 1989.
– Das Geld in der modernen Cultur. In: Aufsätze und Abhandlungen 1894 bis 1900. Hg. v. H.-J. Dahme u. D. P. Frisby. Frankfurt a/M 1992.
Sklovskij, Viktor: Kunst als Verfahren. In: Russischer Formalismus. Texte zur allgemeinen Literaturtheorie und zur Theorie der Prosa. Hg. v. J. Striedter. München ³1981, S. 4–35.
Sohn-Rethel, Alfred: Geistige und körperliche Arbeit. Zur Theorie der gesellschaftlichen Synthesis. Frankfurt a/M 1973.
– Das Geld, die bare Münze des Apriori. Berlin 1990.
Sperber, Dan u. Deirdre Wilson: La pertinence. Communication et cognition. Übers. v. A. Gerschenfeld u. D. Sperber. Paris 1989.
Ströker, Elisabeth: Über die mehrfache Bedeutung der Rede vom Ganzen und Teilen. Bemerkungen zum sogenannten hermeneutischen Zirkel. In: Theorie der Geschichte. Beiträge zur Historik. Bd. 6. Teil und Ganzes. Hg. v. K. Acham u. W. Schulze. München 1990, S. 278–298.
Szondi, Peter: Hölderlin-Studien. Frankfurt a/M ²1970.
Toulmin, Stephen: Die Verleumdung der Rhetorik. In: Neue Hefte für Philosophie 26 (1986).
Tynjanov, Jurij: Das literarische Faktum. In: Russischer Formalismus. Texte zur allgemeinen Literaturtheorie und zur Theorie der Prosa. Hg. v. J. Striedter. München ³1981, S. 393–431.
Vilar, Pierre: cf. unter II. 1.
Visker, Rudi: Michel Foucault. Genealogie als Diskurs. München 1991.
Warncke, Carsten-Peter: Sprechende Bilder – sichtbare Worte. Das Bildverständnis der frühen Neuzeit. Wolfenbütteler Forschungen. Bd. 33. Wiesbaden 1987.
Weber, Max: cf. unter II. 1.
Weinrich, Harald: Münze und Wort. Untersuchungen an einem Bidlfeld. In: Romanica. Festschrift für Gerhard Rohlfs. Hg. v. H. Lausberg u. H. Weinrich. Halle 1958.
Wendel, Hans Jürgen: Benennung, Sinn, Notwendigkeit. Eine Untersuchung über die Grundlagen kausaler Theorien des Gegenstandsbezugs. Frankfurt a/M 1987.
White, Hayden: Auch Klio dichtet oder Die Fiktion des Faktischen. Studien zur Tropologie des historischen Diskurses. Übers. v. B. Brinkmann-Siepmann u. T. Siepmann. Stuttgart 1986.
Zedelmaier, Helmut: Bibliotheca universalis und Bibliotheca selecta. Das Problem der Ordnung des gelehrten Wissens in der frühen Neuzeit. Köln 1992.

Personenregister

FSC
www.fsc.org
MIX
Papier | Fördert
gute Waldnutzung
FSC® C083411

Kolibri 360 GmbH
Ferdinand-Jühlke-Straße 7
99095 Erfurt, Deutschland
produktsicherheit@kolibri360.de